DSSSB PGT

टियर-1 (अनुभाग-I)

नवीनतम संस्करण
अभ्यास किट

11 टेस्ट्स
11 मॉक टेस्ट्स

वास्तविक परीक्षा प्रारूप पर आधारित टेस्ट

✓ पूर्णतः संशोधित और अद्यतन

✓ सभी बहुविकल्पीय प्रश्नो का विस्तृत विश्लेषण

<table>
<tr><td>शीर्षक</td><td>: DSSSB PGT टियर-1 (अनुभाग-I)</td></tr>
<tr><td>लेखक का नाम</td><td>: Mr. Rohit Manglik</td></tr>
<tr><td>प्रकाशक</td><td>: EduGorilla Community Pvt. Ltd.</td></tr>
<tr><td>प्रकाशक का पता</td><td>: 12/651 प्रथम तल, अरविन्दो पार्क के सामने, निकट जामा मस्जिद, इंदिरा नगर लखनऊ, उत्तर प्रदेश, 226016, भारत।</td></tr>
</table>

कॉपीराइट EduGorilla

अस्वीकरण EduGorilla

Compiled and created by EduGorilla Community Pvt. Ltd

EduGorilla Community Pvt. Ltd. द्वारा मुद्रित

रोहित मांगलिक
सीईओ, *EduGorilla*

प्रिय छात्रों,

एक बहुत ही प्रचलित कहावत है कि "सफलता उन्हीं को मिलती है जो उसके लिए कड़ी मेहनत करते हैं।" लेकिन मैंने लोगों को उनकी परीक्षाओं के लिए दिन-रात एक करके मेहनत करते हुए देखा है, पर फिर भी वे सफल नहीं हो पाते। तो वहीं दूसरी ओर, कुछ लोग बस आधी मेहनत करके परीक्षा में सफलता प्राप्त करते हैं। तो, क्या वे किस्मत वाले हैं? नहीं मेरा मानना है, कि ऐसा इसलिए है क्योंकि वे सिर्फ़ कड़ी नहीं बल्कि कुशल तरीके से अपनी तैयारी करते हैं। इसी तरह आपको भी अपनी परीक्षाओं की तैयारी के लिए अपनी योजना बनानी चाहिए, ताकि आपकी भी सफलता की संभावना बढ़ सके। तो तैयार हो जाइये EduGorilla के साथ अपनी परीक्षा में चयन होने की संभावना को 16 गुना बढ़ाने के लिए।

EduGorilla आपको न केवल कड़ी मेहनत करने में मदद करता है, बल्कि एक स्मार्ट और योजनाबद्ध तरीके से तैयारी करने में भी सहायता प्रदान करता है। EduGorilla की तैयारी पैकेज के साथ आप अपने परीक्षा में चयन होने के रास्ते को सहज और मनोरंजक बना सकते हैं। अपनी तैयारी के लिए सही रास्ता खोजना मुश्किल हो सकता है, यदि आप ये नहीं जानते कि आपको किस दिशा में जाना है। चिंता न करें हम आपके साथ खड़े हैं! EduGorilla आपकी सफलता में आपका मार्गदर्शक बनेगा। हमारे तैयारी पैकेज के साथ आप रणनीतिक रूप से तैयारी कर, अपनी परीक्षा में सिर्फ़ एक ही प्रयास में सफल हो सकते हैं।

EduGorilla के तैयारी पैकेज में शामिल हैं–

• टेस्ट सीरीज़　　　　　　• किताबें

हमारे तैयारी पैकेज को सभी तरह के नये बदलवों, विशेषज्ञों की राय एवं छात्रों के प्रतिक्रिया के अनुसार तैयार किया गया है। जो आपको परीक्षा के प्रत्येक चरण की चयन प्रक्रिया को पार करने के योग्य बनाता है।

हमारी किताबें शिक्षकों और विशेषज्ञों द्वारा आपकी परीक्षा के लिए तैयार की गई हैं, 150+ वर्षों के अनुभव के साथ; ताकि आपको आसान, कुशल और प्रभावी शिक्षण प्रदान किया जा सके। हमारी स्मार्ट किताबें न सिर्फ आपको प्रश्नों के उत्तर देने की समझ देती हैं, अपितु आपके अभ्यास के लिए समान रूप के प्रश्न भी प्रदान करती हैं।

EduGorilla की सक्षम टेस्ट सीरीज आपको वास्तविक अनुभव और आत्मविश्वास प्रदान करती हैं, जिसके माध्यम से आप केवल एक प्रयास में अपनी ऑफलाइन अथवा ऑनलाइन परीक्षा पास कर सकते हैं। वर्तमान में हम 83,000+ मॉक टेस्ट्स और 1,440+ प्रतियोगी एवं शैक्षणिक परीक्षाओं की तैयारी कराते हैं।

अर्थात, EduGorilla आपकी तैयारी में आपकी सहायता करने का कोई भी मौका नहीं छोड़ता है और परीक्षा के सभी चरणों को कवर करता है, ताकि परीक्षा की तैयारी के लिए आपको कहीं और भटकना ना पड़े।

हम आपको डिफेन्स, बैंकिंग, टीचिंग और अन्य राष्ट्रीय एवं राज्य स्तरीय परीक्षाओं के लिए सम्पूर्ण तैयारी पैकेज प्रदान करते हैं। अतः इससे कोई फर्क नहीं पड़ता कि आप किस परीक्षा के लिए तैयारी कर रहे हैं, क्योंकि आप सफलता हासिल करेंगे।

आपको परीक्षा की शुभकामनाएं!

रोहित मांगलिक,
संस्थापक और मुख्य कार्यकारी अधिकारी, EduGorilla

प्रस्तावना

EduGorilla छात्रों को उनकी परीक्षा में सफल होने के लिए मार्गदर्शन प्रदान करता है। जिसको ध्यान में रखते हुए हमारे कुल 150+ वर्षों का अनुभव रखने वाले प्रतिष्ठित विशेषज्ञों ने कड़े प्रयासों के द्वारा "DSSSB PGT : टियर-1 (अनुभाग-I)" को तैयार किया है। इस किताब के प्रश्नों को हाल ही में परीक्षा के पाठ्यक्रम और पैटर्न में हुए सभी बदलावों को ध्यान में रखकर बनाया गया है। वो प्रश्न जिनकी DSSSB PGT टियर-1 (अनुभाग-I) परीक्षा में आने कि संभवना काफी प्रबल है, उनको इस किताब मे रखा गया है। आप EduGorilla की "DSSSB PGT : टियर-1 (अनुभाग-I)" के माध्यम से अपनी सफलता की संभावना को 16 गुना बढ़ा सकते हैं।

EduGorilla ये अपनी संपूर्ण तैयारी पैकेज के माध्यम से साकार करता है। इस किट में आपको प्रश्न अच्छी तरह अवधारित एवं संरचित रूप मे मिलेंगे जिन्हे आपकी जरूरतों के अनुसार बनाया गया है। इसके माध्यम से आपको स्मार्ट तरीके से परीक्षा के लिए अभ्यास करने में मदद मिलेगी। साथ ही आपको सहायक, समाधान और स्मार्ट उत्तर पत्रिका भी प्रदान की जायेंगी। जिससे आप अपना मूल्यांकन स्वयं कर सकते हैं। आप स्वयं की समीक्षा कर, उन सभी बिन्दुओं पर खुद को बेहतर तरीके से तैयार कर सकते हैं।

EduGorilla आपको अपनी परीक्षा में सफ़लता दिलाने और आपके लक्ष्य को हासिल करने में आपकी सहायता करने का वादा करता हैं। हम अपने प्रतिभागियों पर पूरा भरोसा करते हैं और उन्हें मेरिट सूची के शीर्ष पर देखते हैं। शीर्ष स्थान की ओर आपका पहला कदम है हमारे साथ तैयारी शुरू करना। EduGorilla की "DSSSB PGT : टियर-1 (अनुभाग-I)" की विशेषताएं कुछ इस प्रकार हैं।

➤ अच्छी तरह से शोध किया हुआ पाठ्यक्रम

➤ उच्च गुणवत्ता

➤ विस्तृत उत्तर और विश्लेषण

➤ स्मार्ट उत्तर पत्रिका

➤ परीक्षा सुसंगत प्रश्न

इस प्रकार EduGorilla आपकी तैयारी को मजबूत और आपको परीक्षा में सफल होने के योग्य बनाता है।

DSSSB PGT टियर-1 (अनुभाग-I)
परीक्षा की योग्यता, परीक्षा पैटर्न, विषय को जानने
के लिए **QR** कोड को स्कैन करें।

Book ID: 0714

विषय-सूची

General Intelligence & Reasoning Ability

Q.1 निर्देश: निम्नलिखित प्रश्न में, दिए गए विकल्पों में से सम्बन्धित शब्द चुनिए।

किसान : खेत : : चित्रकार : ?

A. गैलरी   **B.** मंच   **C.** थिएटर   **D.** दुकान

Q.2 निर्देश: निम्नलिखित प्रश्न में, : : के बाईं ओर के अक्षरों के बीच का संबंध, : : के दाईं ओर के अक्षरों के बीच के संबंध के समान है। इसके सन्दर्भ में उस उपयुक्त विकल्प का चयन करें जो दोनों '?' को प्रतिस्थापित करेगा।

STOP : TRVT : : ? : ?

A. MIND : IQLO   **B.** HAIL : PLCI

C. SAND : UDHS   **D.** BANK : CCQO

Q.3 निर्देश: निम्नलिखित प्रश्न में, दिए गए विकल्पों में से संबंधित संख्या को चुनिए जो '?' के स्थान पर आएगा।

60 : 15 : : 100 : ?

A. 45   **B.** 35   **C.** 5   **D.** 25

Q.4 नीचे दी गई श्रृंखला में, '?' के स्थान पर कौन सी संख्या आएगी?

10, 100, 10000, ?

A. 100000000   **B.** 100001010

C. 100011110   **D.** इनमें से कोई नहीं

Q.5 दिए गए विकल्पों में से विषम शब्द ज्ञात कीजिए।

A. APPLE   **B.** ANGLE   **C.** AMPLE   **D.** ADORE

Q.6 निर्देश: निम्नलिखित जानकारी को ध्यान से पढ़ें और नीचे दिए गए प्रश्न के उत्तर दें।

1. छह व्यक्तियों के परिवार में, L, M, N, F, P, Q, दो विवाहित जोड़े हैं।

2. F, L की दादी है और M की माता है।

3. N, M की पत्नी है और Q की माता है।

4. Q, P की पोती है।

निम्नलिखित में से कौन एक जोड़ी हैं?

A. N-F   **B.** P-F

C. P-M   **D.** इनमें से कोई नहीं

Q.7 निर्देश: नीचे एक आकृति दी गई है, जो विकल्पों में दी गई चार आकृतियों में से एक आकृति के अंदर सन्निहित है। उस उपयुक्त विकल्प का चयन करें उत्तर के रूप में जिसमें नीचे दी गई आकृति है।

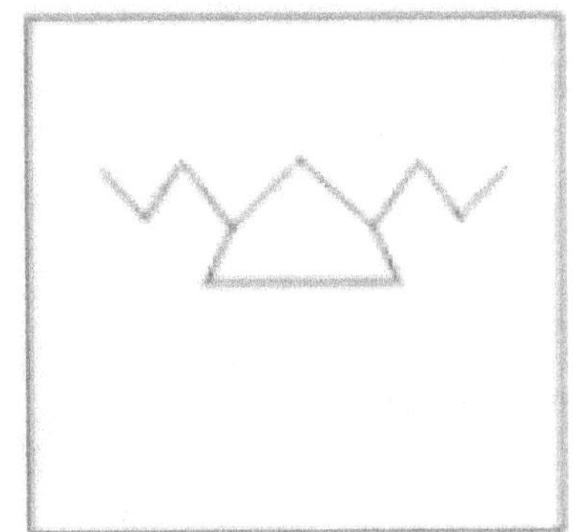

A. 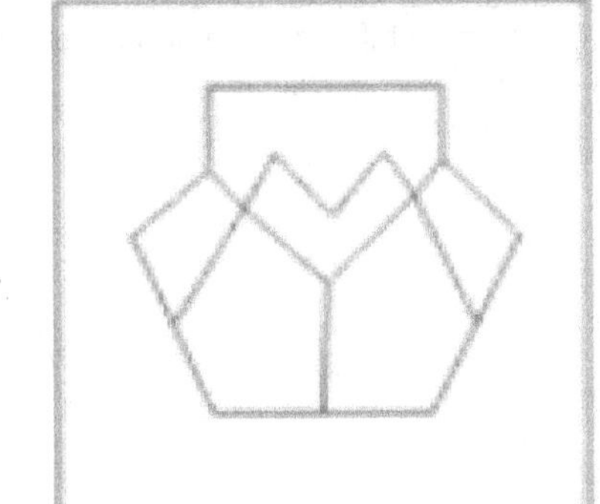

B. 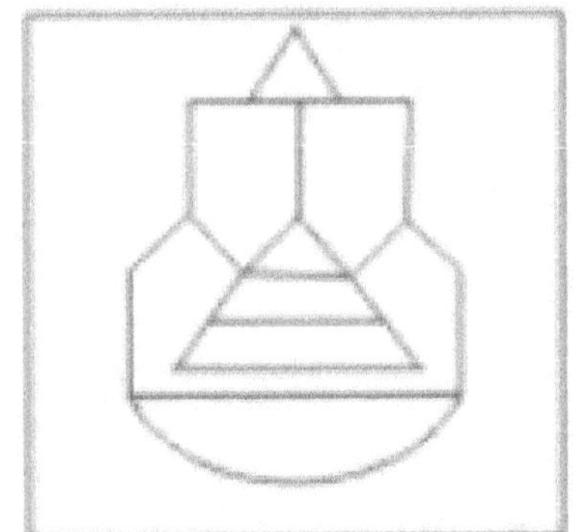

C. 

D.

Q.8 निचे दी गयी श्रृंखला में कौन सी संख्या ' ?' के स्थान पर आएगा?

15,30,90,360, ?

A. 720   **B.** 1800   **C.** 1440   **D.** 1080

Q.9 निर्देश: नीचे एक आकृति दी गई है, जो विकल्पों में दी गई चार आकृतियों में से एक आकृति के अंदर सन्निहित है। उस उपयुक्त विकल्प का चयन करें उत्तर के रूप में जिसमें नीचे दी गई आकृति है।

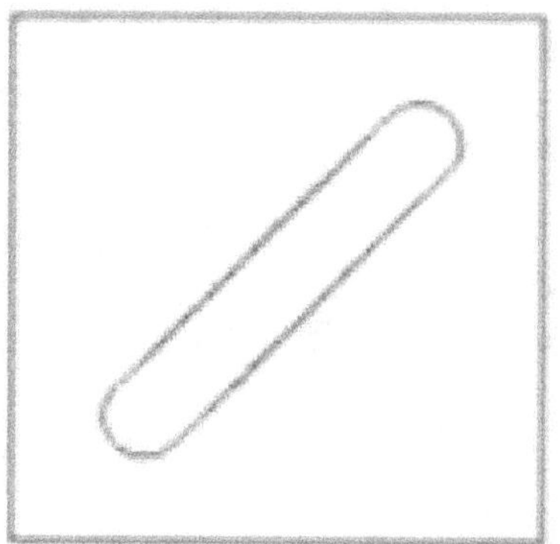

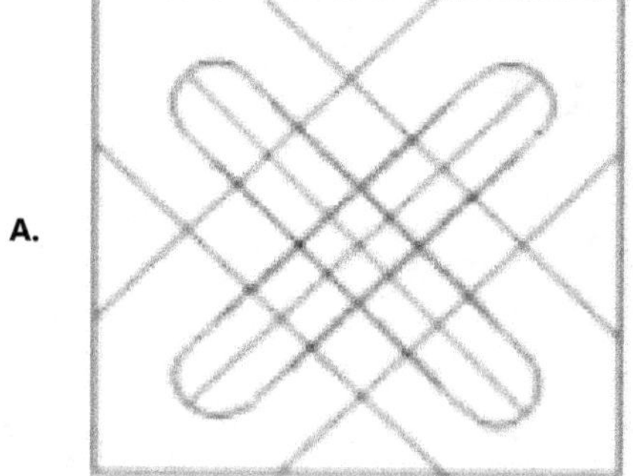

A.

B.

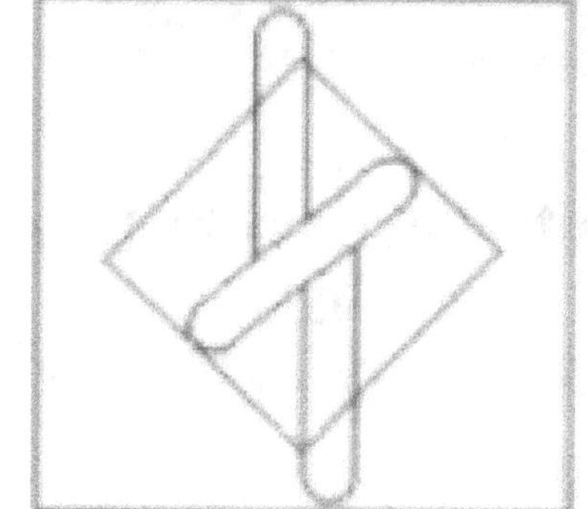

C.

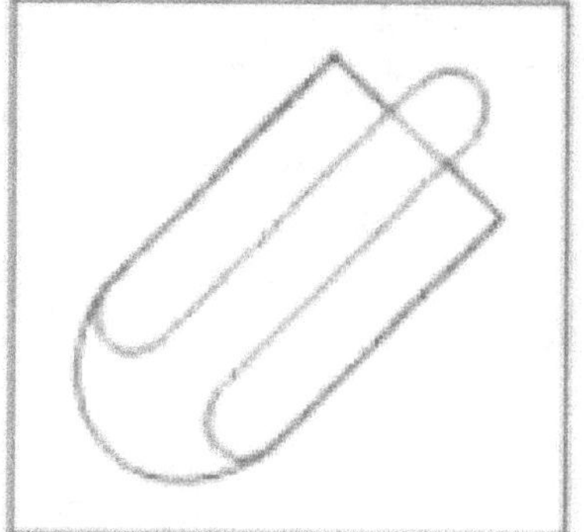

D.

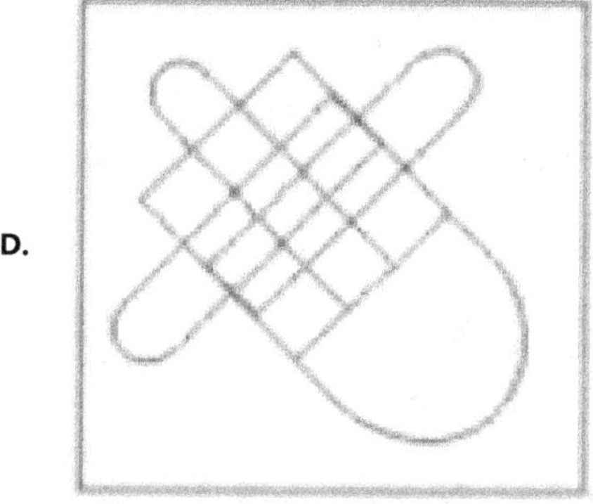

Q.10 दिए गए शब्दों को उस क्रम में व्यवस्थित करें जिसमें वे शब्दकोश में आते हैं।

1. Habit
2. Habitat
3. Handle
4. Hammer
5. Harvest

A. 21453   **B.** 12435   **C.** 21435   **D.** 14253

Q.11 एक निश्चित कोड भाषा में, FIRE को DGPC के रूप में कोडित किया गया है। SHOT के लिए कोड शब्द का अंतिम अक्षर क्या होगा?

A. Q   **B.** R   **C.** S   **D.** P

Q.12 यदि एक दर्पण, रेखा AB पर रखा जाता है, तो निम्नलिखित में से कौन सी आकृति नीचे दी गई प्रश्न आकृति का सही दर्पण प्रतिबिम्ब दिखाती है?

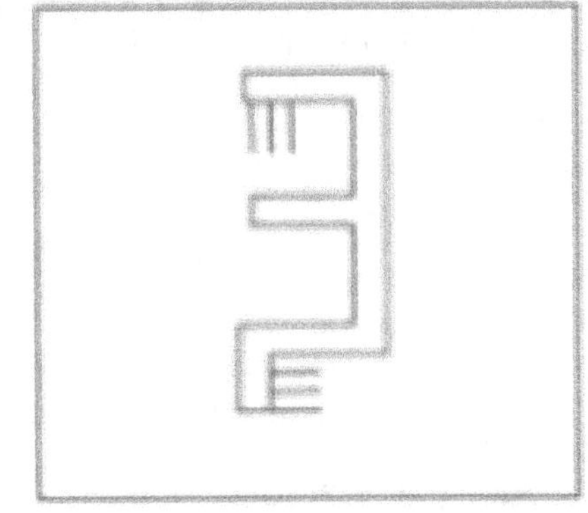

C.

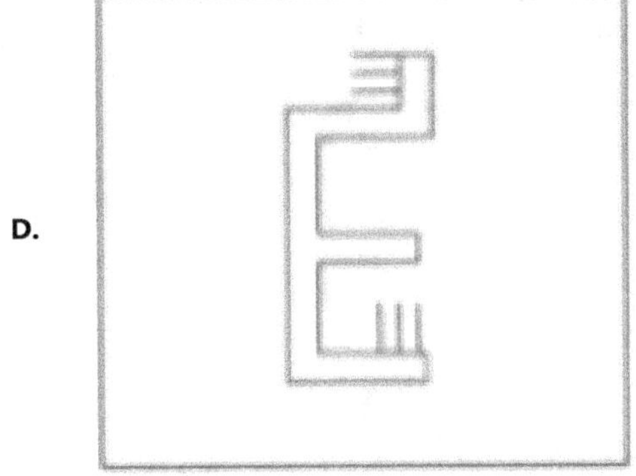

D.

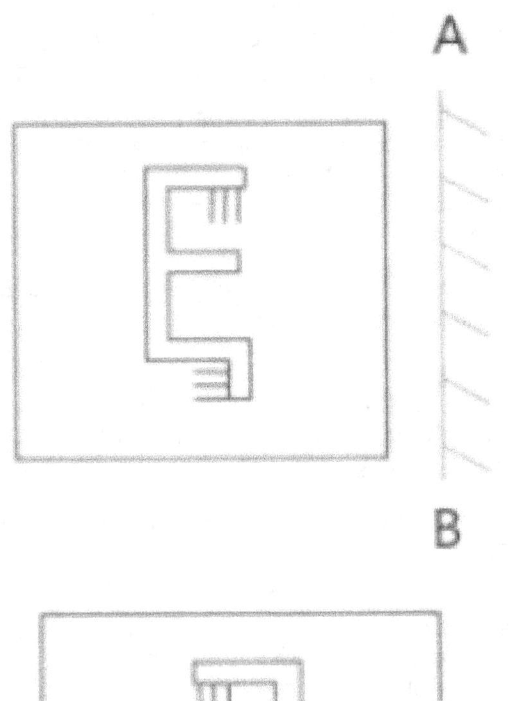

A.

B.

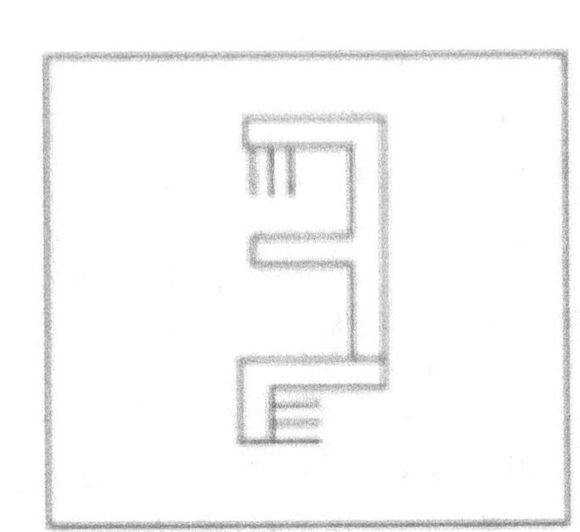

Q.13 कुंदन 15 किमी दक्षिण की ओर यात्रा करता है, फिर एक बाएं मोड़ लेता है और 10 किमी यात्रा करता है। फिर वह एक बाएं मोड़ लेता है और 15 किमी आगे यात्रा करता है। वह अपने शुरुआती स्थान से कितनी दूर है?

A. 40 किमी   **B.** 25 किमी   **C.** 10 किमी   **D.** 15 किमी

Q.14 कारों की एक पंक्ति में, लाल कार बायें से 14वें और दायें से 23वें स्थान पर है। पंक्ति में कितनी कारें हैं?

A. 36   **B.** 37   **C.** 35   **D.** 34

Q.15 निम्नलिखित प्रश्न में, विकल्पों में से संख्या का चयन करें जो ' ?' के स्थान पर आएगा।

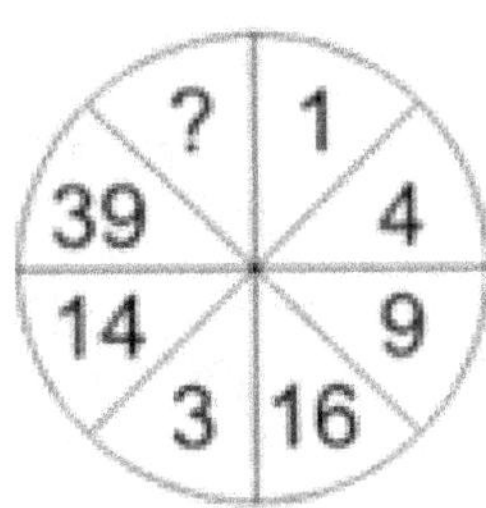

A. 84   **B.** 91   **C.** 83   **D.** 95

Q.16 निम्नलिखित श्रृंखला में प्रश्न चिन्ह (?) को प्रतिस्थापित करने वाली संख्या का चयन कीजिए।

211, 215, 231, 267, ?

A. 312   **B.** 421   **C.** 296   **D.** 331

Q.17 निर्देश: नीचे दिए गए प्रश्न में, दो कथन दिए गए है जिसके बाद दो निष्कर्ष I और II दिए गए हैं। आपको दिए गए कथनों को सत्य मानना है, भले

ही वे सर्वज्ञात तथ्यों से भिन्न प्रतीत होते हों। निष्कर्षों को ध्यान से पढ़ें और तय करें कि कौन सा निष्कर्ष तार्किक रूप से अनुसरण करता है।

कथन:

कुछ कवियों, कविताएं हैं।

कोई कविताएं, गीत नहीं हैं।

निष्कर्ष:

I. कुछ कविताएं, गीत नहीं हैं।

II. कुछ गीत, कविताएं हैं।

A. केवल निष्कर्ष I. अनुसरण करता है

B. केवल निष्कर्ष II. अनुसरण करता है

C. या निष्कर्ष I. या II. अनुसरण करता है

D. न निष्कर्ष I. और न II. अनुसरण करता है

Q.18 एक पासे की तीन स्थितियाँ नीचे दी गई हैं। उन्हें ध्यान से देखें और ज्ञात करें कि कौन सी संख्या 2 के विपरीत है?

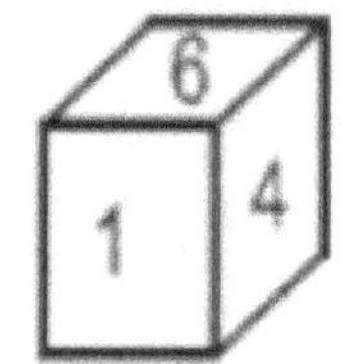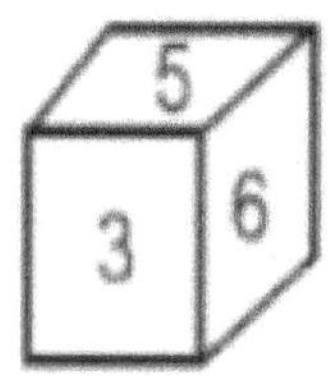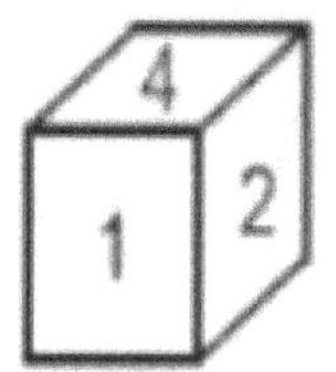

A. 6　　　　B. 3　　　　C. 4　　　　D. 1

Q.19 अर्जुन और उसकी पुत्री की आयु का योग 48 वर्ष है। अर्जुन, उसकी पुत्री और उसके पुत्र की आयु का औसत 25 वर्ष है। अर्जुन के पुत्र की आयु कितनी है?

A. 18 वर्ष　　B. 36 वर्ष　　C. 27 वर्ष　　D. 21 वर्ष

Q.20 गौरव उत्तर की ओर 20 मीटर चलता है। वह फिर बाएं मुड़ता है और 40 मीटर चलता है। वह फिर से बाएं मुड़ता है और 20 मीटर चलता है। इसके अलावा, वह दाईं ओर मुड़ने के बाद 20 मीटर चलता है। वह अपने मूल स्थान से कितनी दूर है?

A. 40 मीटर　　B. 50 मीटर　　C. 60 मीटर　　D. 70 मीटर

Arithmetical & Numerical Ability

Q.21 दो संख्याओं 88 और 33 का H.C.F 11 है। संख्याओं का L.C.M. ज्ञात करें।

A. 264　　　B. 235　　　C. 238　　　D. 246

Q.22 150 और 300 के बीच ऐसी कितनी संख्याएँ हैं जो 7 से विभाज्य हैं?

A. 22　　　B. 21　　　C. 20　　　D. 24

Q.23 दो कारों की गति का अनुपात 5:7 है। पहली कार 5 घंटे में 350 किमी की दूरी तय करती है। दूसरी कार की गति ज्ञात करें (मीटर/सेकंड में)।

A. 31.55　　B. 26.44　　C. 27.22　　D. 21.44

Q.24 अभि, भीष्म से 4 गुना अच्छा कर्मकार है और इसलिए भीष्म से 90 दिन कम में एक कार्य को पूरा करने में सक्षम है। एक साथ काम करते हुए, वे कार्य को पूरा कर सकते हैं-

A. 20 दिनों में　　B. 15 दिनों में　　C. 24 दिनों में　　D. 30 दिनों में

Q.25 एक आयत की लंबाई और चौड़ाई के बीच का अंतर 23 मीटर है। यदि आयत का परिमाप 206 मीटर है, तो आयत की लंबाई ज्ञात कीजिए।

A. 54 मीटर　　B. 57 मीटर　　C. 60 मीटर　　D. 63 मीटर

Q.26 दो शहरों के बीच बस का किराया 5:7 के अनुपात में बढ़ाया गया है। यदि मूल किराया 625 रुपये है, तो किराए में कितनी वृद्धि हुई है?

A. 875 रुपये　　B. 175 रुपये　　C. 350 रुपये　　D. 250 रुपये

Q.27 एक कंपनी के लगातार 11 वर्षों का औसत राजस्व 66 लाख रुपये है। यदि पहले 6 वर्षों का औसत राजस्व 61 लाख रुपये है और अंतिम 6 वर्षों का औसत राजस्व 73 लाख रुपये है, तो छठे वर्ष के लिए राजस्व क्या है?

A. 80 लाख रुपये　　　　B. 76 लाख रुपये

C. 78 लाख रुपये　　　　D. 74 लाख रुपये

Q.28 यदि 800 रुपये की एक टी-शर्ट खरीदने पर दो टी-शर्ट मुफ्त में दी जाती हैं, तो प्रत्येक टी-शर्ट पर प्रभावी छूट क्या है?

A. 25%　　B. 33.33%　　C. 66.67%　　D. 15%

Q.29 एक व्यक्ति अपनी आय का 68% खर्च करता है और शेष की बचत करता है। वह अपने खर्च का कितना प्रतिशत बचाता है?

A. 83.64%　　B. 95.88%　　C. 92.68%　　D. 47.06%

Q.30 दो घनों के किनारों का अनुपात 1:2 है। उनके आयतन का अनुपात ज्ञात कीजिए।

A. 1:8　　B. 8:27　　C. 27:8　　D. 8:1

Q.31 एक विक्रेता एक घड़ी को 5% हानि पर बेचता है। यदि उसने इसे 20% अधिक पर खरीदा होता और इसे 115 रुपये कम पर बेचा होता, तो उसे 40% की हानि होती। घड़ी का क्रय मूल्य ज्ञात कीजिए।

A. 650 रुपये　　B. 600 रुपये　　C. 550 रुपये　　D. 500 रुपये

Q.32 दिए गए व्यंजक का मान ज्ञात कीजिये।

$$\frac{(75.8)^2-(55.8)^2}{20}$$

A. 191.8　　B. 171.2　　C. 131.6　　D. 111.6

Q.33 एक मिसाइल 1116 किमी/घंटा की गति से यात्रा करती है। यह एक सेकंड में कितने मीटर की यात्रा करता है?

A. 360　　B. 368　　C. 310　　D. 348

Q.34 चक्रवृद्धि ब्याज पर निवेश की गई एक राशि 2 वर्षों में स्वयं का तीन गुना हो जाती है। ब्याज दर ज्ञात कीजिए।

A. 63.2%　　B. 71.2%　　C. 64.2%　　D. 73.2%

Q.35 दो संख्याओं 4 और 28 का तीसरा समानुपाती क्या है?

A. 52　　　B. 56　　　C. 84　　　D. 196

Q.36 A एक कार्य को 20 दिनों में पूरा कर सकता है और B उसी कार्य को 30 दिनों में पूरा कर सकता है। A और B, कार्य का 25% कितने दिनों में पूरा कर सकते हैं?

A. 6　　　B. 5　　　C. 4　　　D. 3

Q.37 200 और 400 के बीच कितनी संख्याएँ 7 से विभाज्य हैं?

A. 28　　　B. 29　　　C. 30　　　D. 31

Q.38 क्रय मूल्य और विक्रय मूल्य का अनुपात 5:9 है। लाभ प्रतिशत ज्ञात कीजिए।

A. 80%　　B. 85%　　C. 90%　　D. 95%

Q.39 $\dfrac{(856+167)^2+(856-167)^2}{856\times856+167\times167}$ का मान ज्ञात करें।

A. 689　　B. 1023　　C. 1　　D. 2

Q.40 एक वस्तु के मूल्य में 10% की कमी की जाती है। इसे मूल मूल्य पर बहाल करने के लिए, घटे हुए मूल्य को बढ़ाया जाना चाहिए-

A. 10% से   **B.** $9\frac{1}{11}$% से   **C.** 11% से   **D.** $11\frac{1}{9}$% से

General Awareness

Q.41 हाल ही में चल रहे स्वच्छता सर्वेक्षण 2021 में बिहार को किस स्थान पर शामिल किया गया है?

[Delhi Forest Guard, 2021], [UPSSSC Rajasva Lekhpal, 2015]

A. 1   **B.** 10   **C.** 12   **D.** 13

Q.42 तरकारी एक्सप्रेस बिहार के निम्नलिखित में से किस शहर से शुरू की गई थी?

A. दरभंगा   **B.** पटना   **C.** गया   **D.** मुंगेर

Q.43 डेनिश ईस्ट इंडिया कंपनी का गठन किस वर्ष किया गया था?

A. 1614   **B.** 1615   **C.** 1616   **D.** 1617

Q.44 भारतीय संविधान में कितने मौलिक अधिकारों का उल्लेख है?

A. पांच   **B.** छह   **C.** सात   **D.** आठ

Q.45 राष्ट्रवादी कांग्रेस पार्टी की स्थापना किस वर्ष हुई थी?

A. 1949   **B.** 1999   **C.** 1972   **D.** 1997

Q.46 42वें संविधान संशोधन 1976 में प्रस्तावना में कौन सा शब्द जोड़ा गया?

A. लोकतंत्रीय   **B.** समानता   **C.** धर्मनिरपेक्ष   **D.** संघीय

Q.47 सोडियम धातु को संग्रहित करना चाहिए-

A. हाइड्रोक्लोरिक अम्ल में   **B.** पानी में
C. मिट्टी के तेल में   **D.** मद्य में

Q.48 उष्माक्षेपी प्रतिक्रिया क्या है?

A. वह प्रतिक्रिया जिसमें ऊष्मा निकलती है
B. वह प्रतिक्रिया जिसमें ऊष्मा अवशोषित होती है
C. वह प्रतिक्रिया जिसमें न तो ऊष्मा निकलती है और न ही अवशोषित होती है
D. इनमें से कोई नहीं

Q.49 पीतल मिश्र धातु के मुख्य घटक क्या हैं?

A. कॉपर और जिंक
B. कॉपर और स्ट्रोंशियम
C. कॉपर, जिंक और निकल
D. कॉपर और निकल

Q.50 अग्निशामक से कौन सी गैस निकलती है?

A. कार्बन मोनोआक्साइड   **B.** क्लोरीन
C. कार्बन डाइऑक्साइड   **D.** नाइट्रोजन

Q.51 भारत छोड़ो प्रस्ताव का मसौदा किसने तैयार किया?

A. वल्लभभाई पटेल   **B.** जवाहरलाल नेहरू
C. आचार्य कृपलानी   **D.** इनमें से कोई नहीं

Q.52 ऋग्वेद के सूक्तों की रचना कहाँ हुई थी?

A. पंजाब   **B.** गुजरात
C. राजस्थान   **D.** उत्तर प्रदेश

Q.53 उपराष्ट्रपति को उसके पद से कौन हटा सकता है?

A. राष्ट्रपति   **B.** प्रधान मंत्री
C. सर्वोच्च न्यायालय   **D.** इनमें से कोई नहीं

Q.54 निम्नलिखित में से कौन सा अनुच्छेद उपराष्ट्रपति के चुनाव से संबंधित है?

A. अनुच्छेद 64   **B.** अनुच्छेद 68
C. अनुच्छेद 66   **D.** अनुच्छेद 62

Q.55 "लुड्डी" नृत्य किस राज्य में किया जाता है?

A. पंजाब   **B.** मध्य प्रदेश
C. हरियाणा   **D.** इनमें से कोई नहीं

Q.56 निम्नलिखित में से कौन सा देश सार्क का सदस्य नहीं है?

A. पाकिस्तान   **B.** भारत   **C.** चीन   **D.** श्रीलंका

Q.57 दूध की शुद्धता मापने के लिए किस यंत्र का प्रयोग किया जाता है?

A. लैक्टोमीटर   **B.** क्रायोमीटर
C. सायनोमीटर   **D.** बैरोमीटर

Q.58 भारतीय अर्थव्यवस्था का मुख्य आधार क्या है?

A. सार्वजनिक क्षेत्र   **B.** कृषि
C. व्यापार   **D.** विनिर्माण

Q.59 पृथ्वी के वायुमंडल की किस परत में ओजोन परत है?

A. ट्रोपोस्फीयर   **B.** मीसोस्फीयर
C. आयनोस्फीयर   **D.** स्ट्रैटोस्फियर

Q.60 किस भारतीय बल्लेबाज को "गॉड ऑफ द फोर्थ इन्निंग्स" कहा जाता है?

A. सचिन तेंदुलकर   **B.** वी.वी.एस. लक्ष्मण
C. राहुल द्रविड़   **D.** विराट कोहली

English Language & Comprehension

Q.61 Direction: In the following question, out of the four options, select the option which is the best substitute of the phrase given below-

Average in amount or quality.

A. Moderate   **B.** Supernatant
C. Hobble   **D.** Hum

Q.62 Direction: In the following question, out of the four options, select the option which is the best substitute of the phrase given below-

To make a person or animal go away by waving one's arms at them.

A. Scram   **B.** Shoo   **C.** Vamoose   **D.** Scoot

Q.63 Direction: In the following question, out of the four options, choose the one which best expresses the meaning of the given word.

DISCERNING

A. Naive   **B.** Asinine   **C.** Inept   **D.** Astute

Q.64 Direction: In the following question, out of the four options, choose the one which best expresses the meaning of the given word.

SUCCULENT

A. Torrid   **B.** Luscious   **C.** Arid   **D.** Bare

Q.65 Direction: In the following question, out of the four options, choose the one which best expresses the meaning of the given word.

ARTICULATE

A. Dominate **B.** Distinct
C. Helper **D.** Unsteady

Q.66 Direction: In the following question, out of the four options, choose the one which best expresses the same meaning to that of the given word.

INTROVERT

A. Loner **B.** Socialize **C.** Elite **D.** Indecent

Q.67 Direction: In the following question, out of the four options, choose the one which best expresses the meaning opposite to that of the given word.

LIBERTY

A. Bondage **B.** Choice **C.** License **D.** Right

Q.68 Direction: In the following question, out of the four options, choose the one which best expresses the meaning opposite to that of the given word.

INTRINSIC

A. Elemental **B.** Innate
C. Talented **D.** Acquired

Q.69 Direction: In the following question, an idiom is given followed by four options. Choose the option which best expresses the meaning of the idiom as your answer-

A dime a dozen

A. Strength is in numbers
B. People who say bad things have no value
C. Very common and of no particular value
D. You save more if you buy in large numbers

Q.70 Direction: In the following question, an idiom is given followed by four options. Choose the option which best expresses the meaning of the idiom as your answer-

A drop in the bucket

A. So much silence that even a drop can be heard
B. A very small amount compared to what is needed
C. The final act before the task is done
D. A small favor is worth a lot to a person in trouble

Q.71 Direction: Fill in the blank with the correct word in order to make the sentence grammatically correct.

Each of the girls _______ received an award.

A. does **B.** is **C.** has **D.** were

Q.72 Direction: Fill in the blank with the correct word in order to make the sentence grammatically correct.

Anyone _______ write a poem on this topic.

A. can **B.** may **C.** ought **D.** never

Q.73 Direction: Fill in the blank with the correct word in order to make the sentence grammatically correct.

It is possible that Christopher Marlowe _________ have written plays for Shakespeare.

A. might **B.** should
C. will **D.** None of these

Q.74 Direction: In the following question, a part of the sentence may have an error. Find out which part of the sentence has an error and select the appropriate option. If a sentence is free from error, select the fourth option as the answer-

My brother finds it difficult (1)/ to pass away the time (2)/ at our grandparent's house. (3)/ No Error (4)

A. 1 **B.** 2 **C.** 3 **D.** 4

Q.75 Direction: In the following question, a part of the sentence may have an error. Find out which part of the sentence has an error and select the appropriate option. If a sentence is free from error, select the fourth option as the answer-

No sooner had he finished (1)/ his morning walk (2)/ when it began to rain. (3)/ No Error (4)

A. 1 **B.** 2 **C.** 3 **D.** 4

Q.76 Direction: In the following question, four words are given. Out of them, one word is incorrectly spelt. Find the incorrectly spelt word.

A. Surveillence **B.** Stupefaction
C. Preferential **D.** Mandatory

Q.77 Direction: In the following question, four words are given. Out of them, one word is incorrectly spelt. Find the incorrectly spelt word.

A. Fractional **B.** Obsolete
C. Acquired **D.** Pracious

Ques (78-80):Direction: Read the passage given below carefully and answer the question given below-

If you wish to be a writer, you must learn to develop your own point of view. All good writers make us see things in a different light. You may be writing about the same thing as your classmates, but your presentation must reflect your personality and individuality. There are so many interesting subjects you can write about in different forms but here we will try to attempt writing short stories. There is a good market for the following types: the humorous stories, the adventurous stories, the domestic stories, the mysteries and stories related to animals and strange experiences. Don't worry if your story turns out to be short, some of the best stories are quite short. Be very careful about the climax or end of the story. It must be what the reader fears, desires, expects or best of all doesn't expect. So, get down to it. Think of a plot, make points on how the story will progress and pen it down.

Q.78 The most important thing about being a writer is-
A. You must have a pen and paper
B. You must have a degree in writing
C. You must have a painful heart
D. You must learn to develop your own point of view

Q.79 The narrator advises the reader to write in order to-
A. Earn a livelihood
B. Show his intelligence to others
C. Make him famous among his people
D. Encourage him to become a writer

Q.80 Most of the people like to read-
A. Love stories
B. Humorous and adventurous stories

C. Social stories

D. Horror stories

<u>Hindi Language & Comprehension</u>

Q.81 "बेइंसाफी" में प्रयुक्त उपसर्ग है-

A. बे **B.** इन **C.** बेइ **D.** बेइन

Q.82 "बहाव" शब्द में प्रयुक्त प्रत्यय कौन सा है?

A. बह **B.** हाव **C.** आव **D.** आवा

Q.83 "भवानी" का पुल्लिंग है-

A. भवा

B. भावी

C. भव

D. इनमे से कोई नहीं

Q.84 "कमरा" शब्द का बहुवचन है-

A. कमरें

B. कमराओ

C. कामराये

D. इनमे से कोई नहीं

Q.85 "पथभ्रष्ट" में कौन सा समास है?

A. अव्ययीभाव

B. द्वन्द्व

C. तत्पुरुष

D. कर्मधारय

Q.86 "पक्षी" का उचित पर्यायवाची शब्द है-

A. द्रग **B.** विप्र **C.** खग **D.** व्योम

Q.87 "अतिथि" का उचित पर्यायवाची शब्द है-

A. नगर

B. ग्रामवासी

C. आगंतुक

D. इनमे से कोई नहीं

Q.88 निम्नलिखित विकल्पों में से "आलोक" का विलोम है-

A. अद्भुत

B. अज्ञात

C. अंधकार

D. इनमे से कोई नहीं

Q.89 निम्नलिखित विकल्पों में से "बंधन" का विलोम है-

A. प्रवर **B.** मोक्ष **C.** विमुख **D.** विरह

Q.90 निम्नलिखित विकल्पों में से "विस्तार" का विलोम है-

A. लघु

B. संक्षेप

C. सूक्ष्म

D. इनमे से कोई नहीं

Q.91 "तरनि तनूजा तट तमाल तरुवर बहु छाए" में कौन-सा अलंकार है?

A. अनुप्रास **B.** यमक **C.** उत्प्रेक्षा **D.** उपमा

Q.92 "चरण कमल बंदौ हरिराई" में कौन सा अलंकार है?

A. श्लेष

B. उपमा

C. रूपक

D. अतिश्योक्ति

Q.93 निराशा का सही संधि विच्छेद है-

A. निरा + आशा

B. निर + आशा

C. नि: + आशा

D. निर : + आशा

Q.94 "बुरी तरह हारना" के लिए सही मुहावरा है-

A. मूंह खून लगना

B. मुंह ताकना

C. मुंह की खाना

D. मुंह उतरना

Q.95 "छाती पर मूँग दलना" का अर्थ है-

A. कठिन काम करना

B. बात-बात पर लड़ना

C. पास रहकर दुःख देना

D. इनमे से कोई नहीं

Q.96 "वानर" का तद्भव रूप है-

A. बन्दर **B.** बांदर

C. बान्दर **D.** इनमे से कोई नहीं

Q.97 नीचे दिए गए वाक्य के लिए उपयुक्त एक शब्द का चयन कीजिए- जिसका संबंध पृथ्वी से हो

A. पार्थिव **B.** यायावर **C.** पृथ्व्य **D.** युयुत्सु

Ques (98-100):निर्देश: नीचे दिए गए प्रश्न में, एक गद्यांश दिया गया है। गद्यांश को ध्यान से पढ़े और उसके निचे दिए गए प्रश्न का उत्तर दे-

मेरे मकान के आगे चौराहे पर ढाबे के आगे फुटपाथ पर खाना खाने वाले लोग बैठते हैं- रिक्शेवाले, मजदूर, फेरीवाले, कबाड़ी वाले। आना-जाना लगा ही रहता है। लोग कहते हैं- "आपको बुरा नहीं लगता? लोग सड़क पर गंदगी फैला रहे हैं और आप इन्हें बरदाश्त कर रहे हैं? इनके कारण पूरे मोहल्ले की आबोहवा खराब हो रही है।" मैं उनकी बातों को हल्के में ही लेता हूँ। मुझे पता है कि यहाँ जो लोग जुटते हैं वे गरीब लोग होते हैं। अपने काम-धाम के बीच रोटी खाने चले आते हैं और खाकर चले जाते हैं। ये आमतौर पर बिहार से आए गरीब ईमानदार लोग हैं जो हमारे इस परिसर के स्थायी सदस्य हो गए हैं। ये उन अशिष्ट अमीरों से भिन्न हैं जो साधारण-सी बात पर भी हंगामा खड़ा कर देते हैं। लोगों के पास पैसा तो आ गया पर धनी होने का स्वर नहीं आया। अधजल गगरी छलकत जाए की तर्ज पर इनमें दिखावे की भावना उबल खाती है। असल में यह ढाबा हमें भी अपने माहौल से जोड़ता है। मैं लेखक हूँ तो क्या हुआ? गाँव के एक सामान्य घर से आया हुआ व्यक्ति हूँ। बचपन में गाँव-घरों की गरीबी देखी है और भोगी भी है। खेतों की मिट्टी में रमा हूँ, वह मुझमें रमी है। आज भी उस मिट्टी को झाड़झुड कर भले ही शहरी बनने की कोशिश करता हूँ, बन नहीं पाता। वह मिट्टी बाहर से चाहे न दिखाई दे, अपनी महक और रसमयता से वह मेरे भीतर बसी हुई है। इसीलिए मुझे मिट्टी से जुड़े ये तमाम लोग भाते हैं। इस दुनिया में कहा-सुनी होती है, हाथापाई भी हो जाती है लेकिन कोई किसी के प्रति गाँठ नहीं बाँधता। दूसरे-तीसरे ही दिन परस्पर हँसते-बतियाते और एक-दुसरे के दुःख-दर्द में शामिल होते दिखाई पड़ते हैं। ये सभी कभी-न-कभी एक-दूसरे से लड़ चुके हैं लेकिन कभी प्रतीत नहीं होती कि ये लड़ चुके हैं। कल के गुस्से को अगले दिन धुल की तरह झाड़कर फेंक देते हैं।

Q.98 लेखक, लोगों की शिकायतों को हल्के में लेता है क्योंकि-

A. शिकायत करना लोगों की आदत होती है

B. वह किसी बात को गंभीरता से नहीं लेता

C. लेखक उन्हें जानता-पहचानता है

D. जुटने वाले लोग गरीब और ईमानदार हैं

Q.99 साधारण बात पर भी हंगामा कौन खड़ा कर देते हैं?

A. लेखक के परिचित लोग

B. अशिष्ट रेहड़ी-पटरी वाले

C. गाँव से आए गरीब मजदूर

D. अमीर किन्तु असभ्य लोग

Q.100 लोग लेखक से क्यों पूछते हैं कि "क्या आपको बुरा नहीं लगता"?

A. वे लोग आसपास गंदगी बिखेर देते हैं

B. वे लेखक से रुष्ट रहते हैं

C. उन्हें गरीबों से मेल-जोल पसंद नहीं

D. वे बुरे लोग हैं

// स्मार्ट उत्तर पुस्तिका //

सही उत्तर — उन छात्रों के प्रतिशत को इंगित करता है जिन्होंने प्रश्नों का सही उत्तर दिया था।

छोड़ दिया — उन छात्रों के प्रतिशत को इंगित करता है जिन्होंने प्रश्नों को छोड़ दिया था।

प्रश्न संख्या	उत्तर	सही उत्तर / छोड़ दिया
1	A	86.52 % / 11.82 %
2	B	83.75 % / 13.57 %
3	D	76.33 % / 14.24 %
4	A	68.18 % / 30.17 %
5	D	78.67 % / 19.78 %
6	B	62.16 % / 33.2 %
7	D	61.54 % / 33.91 %
8	B	86.58 % / 10.64 %
9	A	67.93 % / 30.3 %
10	B	85.53 % / 10.75 %
11	B	85.39 % / 12.71 %
12	C	86.61 % / 10.78 %
13	C	53.48 % / 41.64 %
14	A	77.72 % / 19.49 %
15	A	87.79 % / 11.35 %
16	D	42.95 % / 51.82 %
17	A	86.01 % / 12.92 %
18	A	69.97 % / 30.01 %
19	C	50.91 % / 44.79 %
20	C	45.81 % / 31.93 %
21	A	86.36 % / 10.7 %
22	B	82.45 % / 13.6 %
23	C	62.35 % / 35.48 %
24	C	87.97 % / 10.83 %
25	D	60.57 % / 36.99 %
26	D	79.02 % / 17.02 %
27	C	47.49 % / 31.16 %
28	C	82.33 % / 14.08 %
29	D	53.08 % / 35.83 %
30	A	78.49 % / 14.72 %
31	D	52.86 % / 34.72 %
32	C	86.39 % / 11.86 %
33	C	80.18 % / 11.45 %
34	D	57.64 % / 33.71 %
35	D	76.23 % / 13.8 %
36	D	45.16 % / 47.36 %
37	B	83.17 % / 14.07 %
38	A	47.42 % / 32.89 %
39	D	10.33 % / 77.75 %
40	D	80.06 % / 14.57 %
41	D	68.92 % / 30.58 %
42	B	57.32 % / 32.24 %
43	C	48.6 % / 39.54 %
44	B	86.3 % / 10.53 %
45	B	82.17 % / 16.66 %
46	C	44.96 % / 46.85 %
47	C	53.44 % / 46.25 %
48	A	86.04 % / 12.48 %
49	A	41.61 % / 57.38 %
50	C	85.56 % / 12.24 %
51	B	63.13 % / 35.93 %
52	A	55.8 % / 30.51 %
53	C	79.58 % / 19.14 %
54	C	46.74 % / 38.78 %
55	A	68.84 % / 30.16 %
56	C	60.25 % / 38.96 %
57	A	87.87 % / 10.01 %
58	B	88.39 % / 10.4 %
59	D	83.67 % / 13.66 %
60	B	60.83 % / 36.32 %
61	A	40.77 % / 45.34 %
62	B	67.11 % / 32.78 %
63	D	88.06 % / 11.57 %
64	B	67.4 % / 30.58 %
65	B	53.71 % / 43.72 %
66	A	86.04 % / 13.35 %
67	A	76.96 % / 10.69 %
68	D	46.02 % / 46.39 %
69	C	49.53 % / 49.46 %
70	B	67.44 % / 30.58 %
71	C	54.42 % / 44.13 %
72	A	54.46 % / 35.4 %
73	A	64.94 % / 31.05 %
74	B	76.1 % / 10.89 %
75	C	65.85 % / 33.81 %
76	A	59.65 % / 30.63 %
77	D	68.49 % / 30.03 %
78	D	56.32 % / 32.8 %
79	D	69.96 % / 30.01 %
80	B	68.42 % / 30.37 %

प्रश्न संख्या	उत्तर	सही उत्तर / छोड़ दिया
81	A	57.53 % / 42.37 %
82	C	54.87 % / 40.4 %
83	C	40.22 % / 42.33 %
84	A	88.78 % / 10.4 %

प्रश्न संख्या	उत्तर	सही उत्तर / छोड़ दिया
85	C	76.63 % / 14.52 %
86	C	89.07 % / 10.61 %
87	C	88.49 % / 11.49 %
88	C	79.9 % / 18.74 %

प्रश्न संख्या	उत्तर	सही उत्तर / छोड़ दिया
89	B	76.16 % / 16.44 %
90	B	69.49 % / 30.46 %
91	A	57.26 % / 31.09 %
92	C	40.66 % / 33.51 %

प्रश्न संख्या	उत्तर	सही उत्तर / छोड़ दिया
93	C	88.14 % / 11.31 %
94	C	53.76 % / 42.49 %
95	C	59.83 % / 36.04 %
96	A	44.5 % / 39.64 %

प्रश्न संख्या	उत्तर	सही उत्तर / छोड़ दिया
97	A	69.55 % / 30.2 %
98	D	53.98 % / 43.99 %
99	D	46.02 % / 53.84 %
100	A	58.75 % / 32.84 %

कार्य विश्लेषण

औसत अंक (%)	32.0%
टॉपर्स स्कोर (%)	63.0%
आपका स्कोर	

//संकेत और समाधान//

1. किसान, खेत में काम करता है और चित्रकार, गैलरी में काम करता है।

अतः विकल्प (A) सही है।

2.

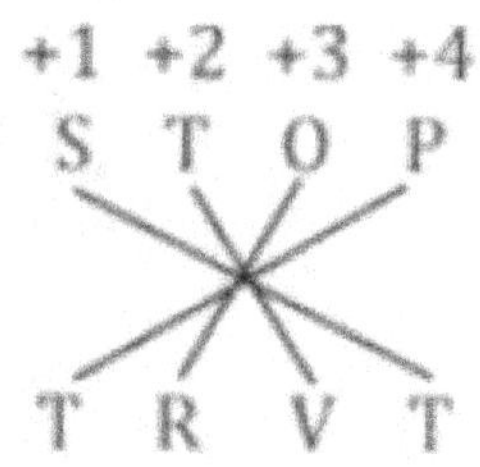

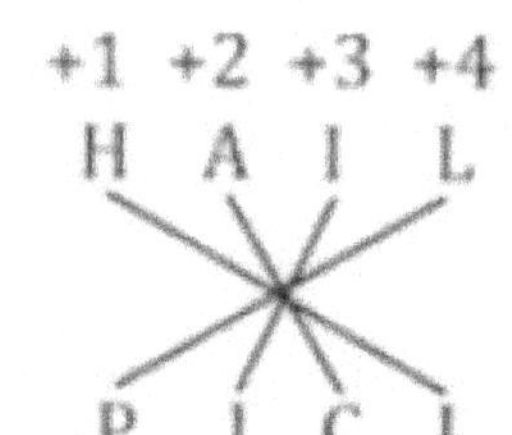

अतः विकल्प (B) सही है।

3. दिया है-

60 : 15 : : 100 : ?

लागू किया गया तर्क है-

$$\Rightarrow 15 = \frac{60}{4}$$

समान तर्क लागू करने पर,

$$\Rightarrow ? = \frac{100}{4}$$

$$\Rightarrow ? = 25$$

'?' के स्थान पर 25 आएगा।

अतः विकल्प (D) सही है।

4. दी गयी श्रृंखला है-

10, 100, 10000, ?

अनुसरण होने वाला पैटर्न है-

$$\Rightarrow (10)^2 = 100$$

$$\Rightarrow (100)^2 = 10000$$

समान पैटर्न का अनुसरण करने पर,

$$\Rightarrow (10000)^2 = ?$$

$$\Rightarrow 100000000 = ?$$

अतः विकल्प (A) सही है।

5. APPLE, ANGLE और AMPLE शब्दों में तीन अक्षर समान हैं- A, L और E। ये सभी अक्षर ADORE में नहीं हैं।

ADORE विषम शब्द है।

अतः विकल्प (D) सही है।

6. दी गई जानकारी के अनुसार, नीचे दिया गया चित्र बनाया जा सकता है-

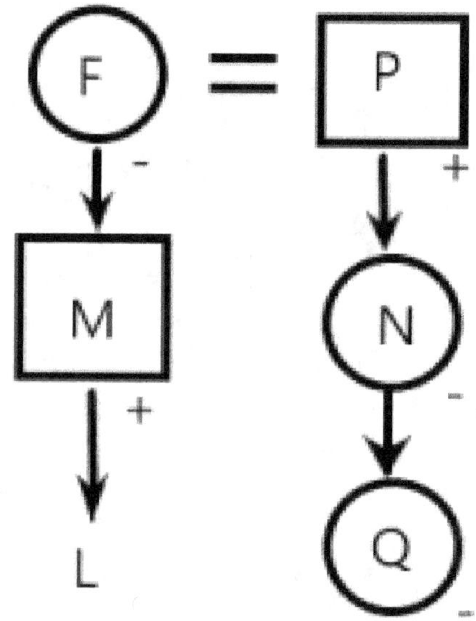

N, M की पत्नी है।

तो M-N एक जोड़ी हैं। F, L की दादी है। M, F का पुत्र है और उसकी पत्नी N, Q की माता है। F, Q की भी दादी है। लेकिन Q, P की पोती है। इसलिए P, Q का दादा है और उसकी पत्नी F है।

इस प्रकार, P-F भी एक जोड़ी हैं।

अतः विकल्प (B) सही है।

7. प्रश्न में दी गई आकृति चौथे आकृति में सन्निहित है जैसा कि नीचे दिखाया गया है-

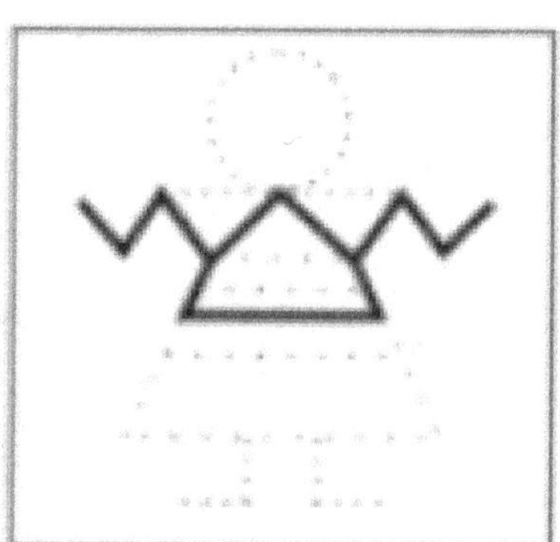

अतः विकल्प (D) सही है।

8. दी गई श्रृंखला है-

15, 30, 90, 360, ?

अनुसरण हुआ पैटर्न है-

$$\Rightarrow 15 \times 2 = 30$$

$$\Rightarrow 30 \times 3 = 90$$

$$\Rightarrow 90 \times 4 = 360$$

समान पैटर्न का अनुसरण करने पर,

$\Rightarrow 360 \times 5 =?$

$\Rightarrow 1800 =?$

अतः विकल्प (B) सही है।

9. प्रश्न में दी गई आकृति पहले आकृति में सन्निहित है जैसा कि नीचे दिखाया गया है-

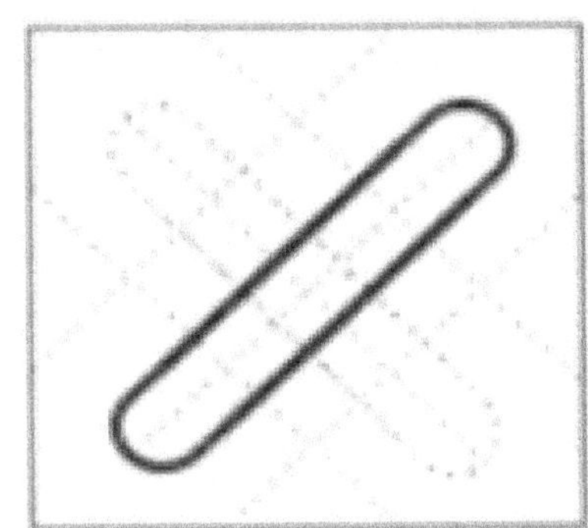

अतः विकल्प (A) सही है।

10. शब्दकोश के अनुसार, दिए गए शब्दों को निम्नलिखित क्रम में व्यवस्थित किया जाएगा:

1. Habit 2. Habitat 4. Hammer 3. Handle 5. Harvest

अतः विकल्प (B) सही है।

11. दिया है-

FIRE को DGPC के रूप में कोडित किया गया है।

अनुसरण होने वाला तर्क है-

F(6) - 2 = D(4)

I(9) - 2 = G(7)

R(18) - 2 = P(16)

E(5) - 2 = C(3)

SHOT में समान तर्क लागू करने पर,

S(19) - 2 = Q(17)

H(8) - 2 = F(6)

O(15) - 2 = M(13)

T(20) - 2 = R(18)

SHOT को QFMR के रूप में कोडित किया जाएगा।

SHOT के लिए कोड शब्द का अंतिम अक्षर R होगा।

अतः विकल्प (B) सही है।

12. प्रश्न आकृति का सही दर्पण प्रतिबिम्ब नीचे दिखाया गया है-

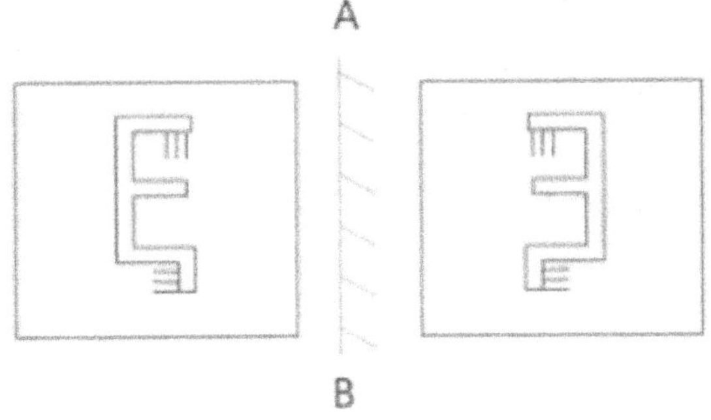

अतः विकल्प (C) सही है।

13. निर्देशों के अनुसार, नीचे दिया गया चित्र बनाया जा सकता है-

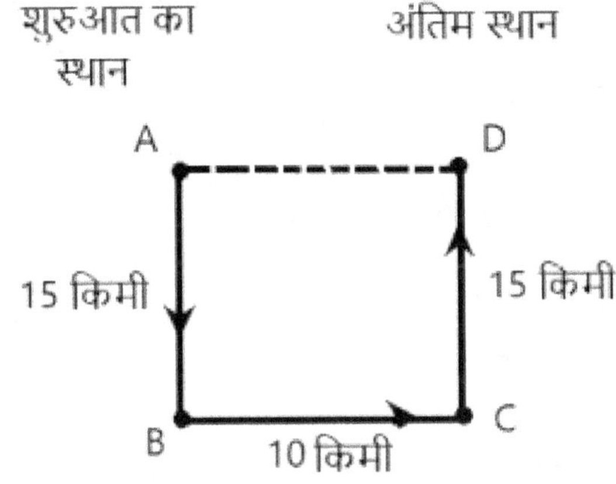

$\therefore AD = BC = 10$ किमी

इसलिए वह अपने शुरुआती स्थान से 10 किमी दूर है।

अतः विकल्प (C) सही है।

14. जैसा कि हम जानते हैं-

पंक्ति में कुल कारों की संख्या = दाई ओर से कारों की संख्या + बाई ओर से कारों की संख्या − 1

पंक्ति में कुल कारें = 23 + 14 − 1 = 36

अतः विकल्प (A) सही है।

15. दिया है-

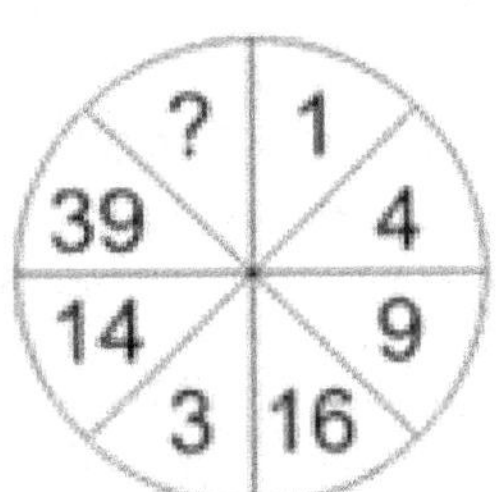

अनुसरण किया गया पैटर्न है-

$\Rightarrow (1 \times 2) + 1 = 3$

$$\Rightarrow (4 \times 3) + 2 = 14$$

$$\Rightarrow (9 \times 4) + 3 = 39$$

समान पैटर्न का अनुसरण करने पर,

$$\Rightarrow (16 \times 5) + 4 = ?$$

$$\Rightarrow 80 + 4 = ?$$

$$\Rightarrow 84 = ?$$

अतः विकल्प (A) सही है।

16. दी गयी श्रृंखला है,

211, 215, 231, 267, ?

उपरोक्त श्रृंखला निम्नलिखित तर्क का अनुसरण करती है,

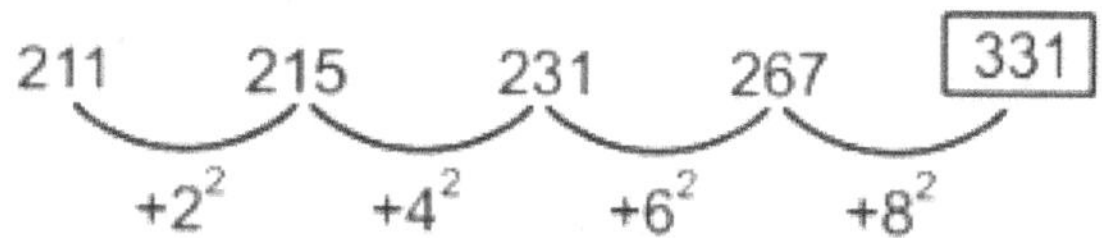

इसलिए, उपरोक्त श्रृंखला में प्रश्न चिन्ह (?) को प्रतिस्थापित करने वाली संख्या '331' है।

अतः विकल्प (D) सही है।

17. कथनों के अनुसार, जो वेन आरेख बनाया जा सकता है, वह नीचे दिखाया गया है-

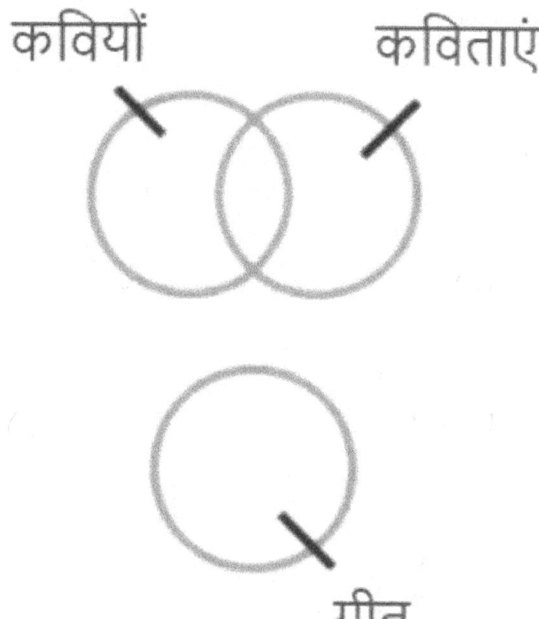

वेन आरेख से, हम देखते हैं कि केवल निष्कर्ष। अनुसरण करता है।

अतः विकल्प (A) सही है।

18. दिया है-

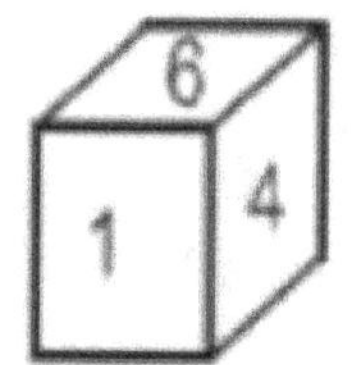
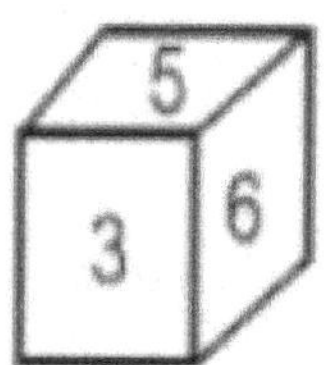
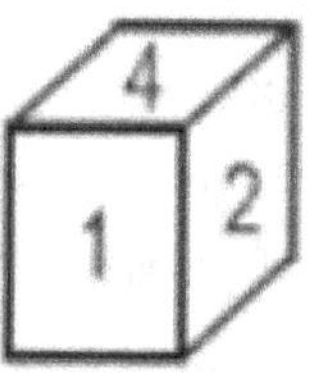

1 और 4 पहली और तीसरी स्थिति में हैं। शेष संख्याएँ 6 और 2 एक दूसरे के विपरीत हैं।

2 के विपरीत 6 है।

अतः विकल्प (A) सही है।

19. माना कि,

A = अर्जुन की आयु

D = अर्जुन की पुत्री की आयु

S = अर्जुन के पुत्र की आयु

प्रश्न के अनुसार,

$$A + D = 48 \dots (1)$$

$$\frac{A+D+S}{3} = 25 \dots (2)$$

(1) के मान को (2) में रखने पर,

$$\Rightarrow \frac{(48+S)}{3} = 25$$

$$\Rightarrow 48 + S = 75$$

$$\Rightarrow S = 75 - 48$$

$$\Rightarrow S = 27$$

अर्जुन के पुत्र की आयु 27 वर्ष है।

अतः विकल्प (C) सही है।

20. निर्देशों के अनुसार, जो चित्र बनाया जा सकता है वह नीचे दिखाया गया है-

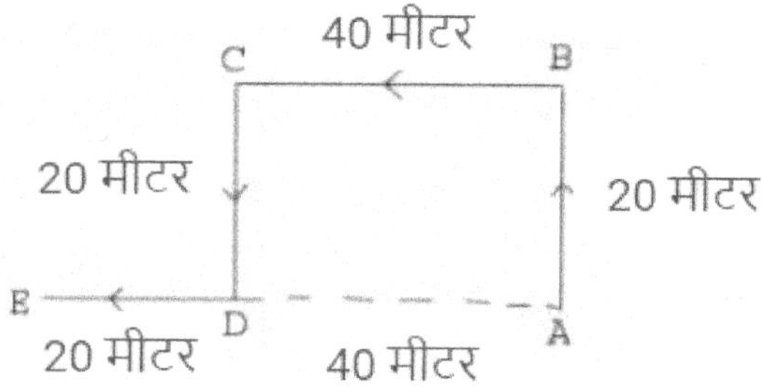

[जहां A मूल स्थान है और E अंतिम स्थान है]

AE = (AD+DE) = (40+20) मीटर = 60 मीटर

गौरव अपने मूल स्थान से 60 मीटर दूर है।

अतः विकल्प (C) सही है।

21. दिया है-

दो संख्याओं 88 और 33 का HCF, 11 है।

सूत्र के अनुसार-

$HCF \times LCM =$ दो संख्याओं का गुणनफल

$\Rightarrow 11 \times LCM = 88 \times 33$

$\Rightarrow LCM = 264$

अतः विकल्प (A) सही है।

22. 150 और 300 के बीच संख्याएँ हैं जो 7 से विभाज्य हैं:- 154, 161, 168, ---------, 287, 294

हमारे पास 7 के सामान्य अंतर के साथ एक अंकगणितीय श्रृंखला है।

सूत्र के अनुसार-

$L = F + (N - 1)D$

[जहां L अंतिम संख्या है, F पहली संख्या है, N मूल्यों की संख्या है और D सामान्य अंतर है]

$\Rightarrow 294 = 154 + (N - 1) \times 7$

$\Rightarrow 294 - 154 = (N - 1) \times 7$

$\Rightarrow 140 = (N - 1) \times 7$

$\Rightarrow 20 = (N - 1)$

$\Rightarrow 21 = N$

अतः विकल्प (B) सही है।

23. दिया है-

दो कारों की गति का अनुपात 5:7 है।

माना कि पहली कार की गति = 5k

दूसरी कार की गति = 7k

प्रश्न के अनुसार,

$\Rightarrow 5k = \dfrac{350}{5}$

$\Rightarrow 5k = 70$

$\Rightarrow k = 14$ किमी/घंटा

दूसरी कार की गति = 7k = 98 किमी/घंटा

दूसरी कार की गति (मीटर/सेकंड में) = $98 \times \dfrac{5}{18} = 27.22$

अतः विकल्प (C) सही है।

24. दिया है-

अभि, भीष्म से 4 गुना अच्छा कर्मकार है।

अभि और भीष्म की दक्षताओं का अनुपात = 4 : 1

लिए गए समय का अनुपात हमेशा दक्षता का व्युक्रम अनुपात होता है।

अभि और भीष्म द्वारा लिए गए समय का अनुपात = 1 : 4

माना कि लिया गया समय 1x, 4x है।

अभि एक कार्य को भीष्म से 90 दिन कम में पूरा करने में सक्षम है।

$\Rightarrow 4x - 1x = 90$

$\Rightarrow 3x = 90$

$\Rightarrow x = 30$

अभि द्वारा लिया गया समय = x = 30 दिन

भीष्म द्वारा लिया गया समय = 4x = 120 दिन

माना अभि और भीष्म द्वारा कार्य को पूरा करने में लिया गया समय t है।

$\Rightarrow \dfrac{1}{t} = \dfrac{1}{30} + \dfrac{1}{120}$

$\Rightarrow \dfrac{1}{t} = \dfrac{4+1}{120}$

$\Rightarrow \dfrac{1}{t} = \dfrac{5}{120}$

$\Rightarrow t = 24$ दिन

अतः विकल्प (C) सही है।

25. दिया है,

एक आयत की लंबाई और चौड़ाई के बीच का अंतर 23 मीटर है।

माना कि आयत की लंबाई = L

माना कि आयत की चौड़ाई = B

दी गई जानकारी के अनुसार,

$\Rightarrow L - B = 23$ मीटर -------- (1)

आयत का परिमाप 206 मीटर है।

$\Rightarrow 2 \times (L + B) = 206$ मीटर

$\Rightarrow (L + B) = 103$ मीटर -------- (2)

समीकरण (1) और समीकरण (2) से,

$2L = 126$

$L = \dfrac{126}{2} = 63$ मीटर

अतः विकल्प (D) सही है।

26. दिया है-

दो शहरों के बीच बस का किराया 5:7 के अनुपात में बढ़ाया गया है।

मूल किराया 625 रुपये है।

माना कि मूल किराया = 5k

बढ़ा हुआ किराया = 7k

प्रश्न के अनुसार,

$\Rightarrow 5k = 625$

$\Rightarrow k = 125$

बढ़ा हुआ किराया = 7k

$= 7 \times 125$

$= 875$ रुपये

किराए में वृद्धि = (875-625) रुपये = 250 रुपये

अतः विकल्प (D) सही है।

27. दिया है-

एक कंपनी के लगातार 11 वर्षों का औसत राजस्व 66 लाख रुपये है।

एक कंपनी के लगातार 11 वर्षों का कुल राजस्व = 11×66 = 726 लाख रुपये

पहले 6 वर्षों का औसत राजस्व 61 लाख रुपये है।

पहले 6 वर्षों का कुल राजस्व = 6×61 = 366 लाख रुपये

अंतिम 6 वर्षों का औसत राजस्व 73 लाख रुपये है।

अंतिम 6 वर्षों का कुल राजस्व = 6×73 = 438 लाख रुपये

छठे वर्ष के लिए राजस्व = [726 - (366+438)] लाख रुपये = 78 लाख रुपये

अतः विकल्प (C) सही है।

28. दिया है-

एक टी-शर्ट का क्रय मूल्य = 800 रुपये

एक टी-शर्ट खरीदने पर दो टी-शर्ट मुफ्त में दी जाती हैं।

विक्रय मूल्य = 800 रुपये

अंकित मूल्य = 3×800 = 2400 रुपये

छूट राशि = (2400-800) रुपये = 1600 रुपये

प्रत्येक टी-शर्ट पर प्रभावी छूट $= \left(\frac{1600}{2400} \times 100\right)\% = 66.67\%$

अतः विकल्प (C) सही है।

29. दिया है-

एक व्यक्ति अपनी आय का 68% खर्च करता है और शेष की बचत करता है।

प्रतिशत बचत = (100-68)% = 32%

माना कि 68% का x%, 32% है।

$$\Rightarrow \frac{x}{100} \times 68\% = 32\%$$

$$\Rightarrow \frac{x}{100} \times \frac{68}{100} = \frac{32}{100}$$

$$\Rightarrow x = \frac{32}{68} \times 100$$

$$\Rightarrow x = 47.06\%$$

अतः विकल्प (D) सही है।

30. दिया है-

दो घनों के किनारों का अनुपात $1:2$ है।

माना कि पहले घन का किनारा $= 1k$

दूसरे घन का किनारा $= 2k$

पहले घन का आयतन $= (1k)^3 = k^3$

दूसरे घन का आयतन $= (2k)^3 = 8k^3$

आयतन का अनुपात $= k^3 : 8k^3 = 1:8$

अतः विकल्प (A) सही है।

31. दिया है-

एक विक्रेता एक घड़ी को 5% हानि पर बेचता है।

माना कि घड़ी का क्रय मूल्य (CP), A है।

घड़ी का विक्रय मूल्य (SP) = 95%×A

यदि उसने इसे 20% अधिक पर खरीदा होता और इसे 115 रुपये कम पर बेचा होता, तो उसे 40% की हानि होती।

घड़ी का नया क्रय मूल्य (CP) = 120%×A

घड़ी का नया विक्रय मूल्य (SP) = (95%×A)-115

$$\Rightarrow (95\% \times A) - 115 = \frac{60}{100} \times (120\% \times A)$$

$$\Rightarrow \frac{95A}{100} - 115 = \frac{60}{100} \times \frac{12A}{10}$$

$$\Rightarrow \frac{95A}{100} - 115 = \frac{72A}{100}$$

$$\Rightarrow \frac{23A}{100} = 115$$

$$\Rightarrow A = 500$$

घड़ी का क्रय मूल्य 500 रुपये है।

अतः विकल्प (D) सही है।

32. दिया गया व्यंजक है,

$$\frac{(75.8)^2-(55.8)^2}{20}$$

हम जानते हैं कि, $a^2 - b^2 = (a+b)(a-b)$

उपरोक्त सर्वसमिका का उपयोग करके,

$$\Rightarrow \frac{(75.8)^2-(55.8)^2}{20} = \frac{(75.8+55.8)(75.8-55.8)}{20}$$

$$\Rightarrow \frac{131.6 \times 20}{20} = 131.6$$

अतः विकल्प (C) सही है।

33. दिया है-

एक मिसाइल 1116 किमी/घंटा की गति से यात्रा करती है।

किमी/घंटा को मीटर/सेकंड में बदलने के लिए, हम दी गई संख्या को $\frac{5}{18}$ से गुणा करते हैं।

$$\Rightarrow 1116 \text{ किमी/घंटा } = 1116 \times \frac{5}{18} \text{ मीटर/सेकंड}$$

$$= 310 \text{ मीटर/सेकंड}$$

मिसाइल एक सेकेंड में 310 मीटर की दूरी तय करती है।

अतः विकल्प (C) सही है।

34. दिया है-

चक्रवृद्धि ब्याज पर निवेश की गई एक राशि 2 वर्षों में स्वयं का तीन गुना हो जाती है।

माना कि राशि = p

मिश्रधन (A) = 3p

समय (T) = 2 वर्ष

सूत्र के अनुसार-

$$A = P\left(1 + \frac{R}{100}\right)^T$$

[जहां R ब्याज दर है, P राशि है]

$$\Rightarrow 3p = p\left(1 + \frac{R}{100}\right)^2$$

$$\Rightarrow 3 = \left(1 + \frac{R}{100}\right)^2$$

$$\Rightarrow \sqrt{3} = \left(1 + \frac{R}{100}\right)$$

$$\Rightarrow 1.732 = 1 + \frac{R}{100}$$

$$\Rightarrow 1.732 - 1 = \frac{R}{100}$$

$$\Rightarrow 0.732 = \frac{R}{100}$$

$$\Rightarrow R = 0.732 \times 100$$

$$\Rightarrow R = 73.2\%$$

अतः विकल्प (D) सही है।

35. माना कि t दो संख्याओं 4 और 28 का तीसरा समानुपाती है।

$$\Rightarrow \frac{4}{28} = \frac{28}{t}$$

$$\Rightarrow 4t = 28 \times 28$$

$$\Rightarrow t = 196$$

अतः विकल्प (D) सही है।

36. दिया है-

किसी कार्य को पूरा करने में A द्वारा लिया गया समय (a) = 20 दिन

उसी कार्य को पूरा करने में B द्वारा लिया गया समय (b) = 30 दिन

माना कि A और B द्वारा 100% कार्य को पूरा करने में लिया गया समय t है।

$$\Rightarrow \frac{1}{t} = \frac{1}{20} + \frac{1}{30}$$

$$\Rightarrow \frac{1}{t} = \frac{3+2}{60}$$

$$\Rightarrow \frac{1}{t} = \frac{5}{60}$$

$$\Rightarrow \frac{1}{t} = \frac{1}{12}$$

$$\Rightarrow t = 12 \text{ दिन}$$

कार्य का 25% पूरा करने के लिए A और B द्वारा लिया गया समय $= \frac{12}{4} = 3$ दिन

अतः विकल्प (D) सही है।

37. 200 और 400 के बीच की संख्याएँ जो 7 से विभाज्य हैं:- 203, 210, 217, ----------, 392, 399

पहली संख्या (f) = 203

अंतिम संख्या (l) = 399

सामान्य अंतर (d) = 7

सूत्र के अनुसार-

$$l = f + (n-1)d$$

[जहां n मानों की संख्या है]

$$\Rightarrow 399 = 203 + (n-1) \times 7$$

$$\Rightarrow 399 - 203 = (n-1) \times 7$$

$$\Rightarrow 196 = (n-1) \times 7$$

$$\Rightarrow 28 = (n-1)$$

$$\Rightarrow n = 29$$

अतः विकल्प (B) सही है।

38. दिया है-

क्रय मूल्य और विक्रय मूल्य का अनुपात 5:9 है।

माना कि क्रय मूल्य = 5k

विक्रय मूल्य = 9k

लाभ राशि = 9k-5k = 4k

लाभ प्रतिशत $= \left(\frac{4k}{5k} \times 100\right)\% = 80\%$

अतः विकल्प (A) सही है।

39. दिया है-

$$\frac{(856+167)^2 + (856-167)^2}{856 \times 856 + 167 \times 167}$$

$$= \frac{(856+167)^2 + (856-167)^2}{(856)^2 + (167)^2}$$

सूत्र के अनुसार-

$$\frac{(a+b)^2 + (a-b)^2}{a^2 + b^2} = 2$$

$$\Rightarrow \frac{(856+167)^2 + (856-167)^2}{(856)^2 + (167)^2} = 2$$

अतः विकल्प (D) सही है।

40. दिया है-

एक वस्तु के मूल्य में 10% की कमी की जाती है।

माना कि मूल मूल्य = A

घटा हुआ मूल्य = 90%×A $= \frac{9A}{10}$

घटे हुआ मूल्य को मूल मूल्य पर बहाल करने के लिए,

मूल्य में वृद्धि $= A - \frac{9A}{10} = \frac{A}{10}$

प्रतिशत वृद्धि $= \left(\frac{\frac{A}{10}}{\frac{9A}{10}} \times 100\right)\%$

$$= \frac{100}{9}\%$$

$$= 11\frac{1}{9}\%$$

अतः विकल्प (D) सही है।

41. केंद्र सरकार ने स्वच्छता सर्वेक्षण 2021 की राज्य रैंकिंग जारी की, जिसमें बिहा 100 से अधिक नगर निकायों वाले राज्यों में 13वें स्थान पर है, जबकि गया जिल अखिल भारतीय की जिला रैंकिंग में देश भर के 659 जिलों में से 289वें स्थान है। वहीं सुपौल को 300वां, पटना को 313वां और मुजफ्फरपुर को 351वां स्थान मिला है।

अतः विकल्प (D) सही है।

42. बिहार के सहकारिता मंत्री सुभाष सिंह ने 24 अगस्त, 2021 को तरकारी एक्सप्रेस का शुभारंभ किया। यह पटना के निवासियों को उनके दरवाजे पर आधी कीमत पर सब्जियां पहुंचाने की सेवा है। सब्जियां सीधे किसानों के खेतों से प्राप्त होती हैं और पटना के सभी मोहल्लों में ई-रिक्शा से पहुंचती हैं।

अतः विकल्प (B) सही है।

43. डेनिश ईस्ट इंडिया कंपनी का गठन 1616 में हुआ था। डेनिश ईस्ट इंडिया कंपनी दो अलग-अलग डेनिश-नॉर्वेजियन चार्टर्ड कंपनियों को संदर्भित करती है। पहली कंपनी 1616 और 1650 के बीच संचालित हुई। दूसरी कंपनी 1670 और 1729 के बीच अस्तित्व में थी।

अतः विकल्प (C) सही है।

44. भारतीय संविधान में छह मौलिक अधिकारों का उल्लेख है। वो हैं-

1. समानता का अधिकार

2. स्वतंत्रता का अधिकार

3. शोषण के खिलाफ अधिकार

4. धर्म की स्वतंत्रता का अधिकार

5. सांस्कृतिक और शैक्षिक अधिकार

6. संवैधानिक उपचार का अधिकार

अतः विकल्प (B) सही है।

45. राष्ट्रवादी कांग्रेस पार्टी की स्थापना वर्ष 1999 में हुई थी। राष्ट्रवादी कांग्रेस पार्टी, भारत के आठ राष्ट्रीय दलों में से एक है। इसकी स्थापना शरद पवार, तारिक अनवर और पी.ए. संगमा ने की।

अतः विकल्प (B) सही है।

46. 42वें संशोधन ने प्रस्तावना में संशोधन किया और भारत के विवरण को "संप्रभु लोकतांत्रिक गणराज्य" से "संप्रभु, समाजवादी धर्मनिरपेक्ष लोकतांत्रिक गणराज्य" में बदल दिया और "राष्ट्र की एकता" शब्द को "राष्ट्र की एकता और अखंडता" में बदल दिया।

अतः विकल्प (C) सही है।

47. सोडियम धातु को मिट्टी के तेल में संग्रहित करना चाहिए। सोडियम एक अत्यंत क्रियाशील धातु है। इसे ऑक्सीजन और नमी के संपर्क में आने से रोकने के लिए मिट्टी के तेल में रखा जाता है। यदि यह ऑक्सीजन और नमी के संपर्क में आता है, तो यह नमी के साथ प्रतिक्रिया करता है और सोडियम हाइड्रॉक्साइड बनाता है जिससे बहुत अधिक गर्मी उत्पन्न होती है।

अतः विकल्प (C) सही है।

48. ऊष्माक्षेपी प्रतिक्रिया, एक रासायनिक प्रतिक्रिया है जो ऊष्मा या प्रकाश के रूप में ऊर्जा निकालती है। यह एक ऊष्माशोषी प्रतिक्रिया के विपरीत है।

अतः विकल्प (A) सही है।

49. पीतल एक धातु मिश्र धातु है जो कॉपर और जिंक से बना होता है। कई वाद्य यंत्रों में पीतल का प्रयोग किया गया है। यह पाइप और फिटिंग के माध्यम से पानी के परिवहन के लिए एक आदर्श मिश्र धातु है। यह समुद्री इंजन और पंप भागों में उपयोग के लिए भी उपयुक्त है।

अतः विकल्प (A) सही है।

50. अग्निशामक एक सक्रिय अग्नि सुरक्षा उपकरण है जिसका उपयोग अक्सर आपातकालीन स्थितियों में छोटी आग को बुझाने या नियंत्रित करने के लिए किया जाता है। इनमें शुद्ध कार्बन डाइऑक्साइड होता है जो एक स्वच्छ बुझाने वाला यंत्र है, कोई अवशेष नहीं छोड़ता है। अग्निशामक से कार्बन डाइऑक्साइड निकलता है जो आग को दबाता है और अंततः उसे बुझा देता है।

अतः विकल्प (C) सही है।

51. भारत छोड़ो प्रस्ताव जवाहरलाल नेहरू ने तैयार किया था। भारत छोड़ो आंदोलन महात्मा गांधी के तत्काल स्वतंत्रता के आह्वान के जवाब में एक सविनय अवज्ञा आंदोलन था।

अतः विकल्प (B) सही है।

52. ऋग्वेद, वैदिक संस्कृत सूक्तों का एक संग्रह है जिसे वेदों के नाम से जाने जाने वाले चार हिंदू धार्मिक ग्रंथों में गिना जाता है। ऋग्वेद की रचना संभवतः 1700 से 1100 ईसा पूर्व के बीच हुई थी, जिससे यह किसी भी भारतीय-ईरानी भाषा के सबसे पुराने ग्रंथों में से एक बन गया और जो दुनिया के सबसे पुराने धार्मिक ग्रंथों में से एक है। इसके सूक्त, पंजाब में रचे गए थे।

अतः विकल्प (A) सही है।

53. संविधान के अनुच्छेद 71(1) के अनुसार, सर्वोच्च न्यायालय उपराष्ट्रपति को चुनावी कदाचार करने और पद पर रहते हुए राज्यसभा सदस्य के लिए पात्रता मानदंड को पूरा नहीं करने के लिए हटा सकता है।

अतः विकल्प (C) सही है।

54. भारत का उपराष्ट्रपति, राष्ट्रपति के बाद भारत सरकार में दूसरा सर्वोच्च संवैधानिक कार्यालय है। अनुच्छेद 66 उपराष्ट्रपति के चुनाव से संबंधित है। वह संसद के दोनों सदनों के सभी निर्वाचित सदस्यों से मिलकर एक निर्वाचक मंडल द्वारा चुने जाते हैं और 5 वर्ष की अवधि के लिए पद धारण करते हैं।

अतः विकल्प (C) सही है।

55. "लुड्डी" नृत्य एक उत्सव नृत्य के रूप में किया जाता है जो किसी भी क्षेत्र में किसी भी पंजाबी की जीत का जश्न मनाता है। यह आमतौर पर लोक संस्कृति में पुरुषों द्वारा किया जाता है।

अतः विकल्प (A) सही है।

56. सार्क एक क्षेत्रीय अंतर सरकारी संगठन है जिसका उद्देश्य दक्षिण एशिया क्षेत्र के भीतर आर्थिक विकास, सामाजिक प्रगति और सांस्कृतिक विकास को बढ़ावा देना है। चीन सार्क का सदस्य नहीं है।

अतः विकल्प (C) सही है।

57. लैक्टोमीटर एक ऐसा यंत्र है जिसका प्रयोग दूध के घनत्व को मापकर उसकी शुद्धता को मापने के लिए किया जाता है।

अतः विकल्प (A) सही है।

58. रोजगार और आजीविका सृजन में इसकी उच्च हिस्सेदारी के कारण कृषि, भारतीय अर्थव्यवस्था का मुख्य आधार है। यह कच्चे पदार्थ का एक महत्वपूर्ण स्रोत भी है और कई औद्योगिक उत्पादों विशेष रूप से उर्वरक, कीटनाशक, कृषि उपकरण और विभिन्न उपभोक्ता वस्तुओं की मांग है।

अतः विकल्प (B) सही है।

59. वायुमंडलीय ओजोन की एक बड़ी मात्रा स्ट्रैटोस्फियर में केंद्रित है जो पृथ्वी की सतह से लगभग 9 से 18 मील ऊपर है। ओजोन एक अणु है जिसमें तीन ऑक्सीजन परमाणु होते हैं। किसी भी समय, स्ट्रैटोस्फियर में ओजोन के अणु लगातार बनते और नष्ट होते रहते हैं।

अतः विकल्प (D) सही है।

60. वी.वी.एस. लक्ष्मण को "गॉड ऑफ़ द फोर्थ इन्निंग्स" कहा जाता है क्योंकि उन्होंने टेस्ट मैच में कई मौकों पर टीम को जीत दिलाई थी जब सचिन, सौरव, राहुल जैसे खिलाड़ी रन बनाने में असफल रहे थे।

अतः विकल्प (B) सही है।

61. Moderate means average in amount, intensity, quality, or degree.

Average in amount or quality is Moderate.

Hence, the correct option is (A).

62. Shoo means to make a person or an animal go away by waving one's arms at them and behaving in a discouraging manner.

Hence, the correct option is (B).

63. The meanings of the words are as follows-

Discerning: able to recognize the quality of somebody.

Astute: good at judging people.

Naive: without enough experience of life and too ready to believe or trust other people.

Asinine: extremely stupid or foolish.

Inept: having or showing no skill.

Hence, the correct option is (D).

64. The meanings of the words are as follows-

Succulent: containing a lot of juice and tasting very good.

Luscious: having a delicious taste or smell.

Torrid: full of or involving strong emotions.

Arid: with little or no rain.

Bare: not covered by something.

Hence, the correct option is (B).

65. The meanings of the words are as follows-

Articulate: to be able to express ideas clearly and effectively in speech or writing.

Distinct: something that is clear and well defined.

Dominate: to put someone else down by power.

Helper: a person who helps people.

Unsteady: something which is not firm and keeps changing.

Hence, the correct option is (B).

66. The meanings of the words are as follows-

Introvert: a person who does not like to talk much to people and focusses more on internal thoughts and feelings and less on external things.

Loner: a person who prefers not to associate with others.

Socialize: to participate in social activities and to mix with people.

Elite: belonging to a superior class.

Indecent: not conforming with generally accepted standards of behavior.

Hence, the correct option is (A).

67. The meanings of the words are as follows-

Liberty: the state of being free and independent.

Bondage: the state of being a slave.

Choice: an option or a possibility to be chosen.

License: an authority or a power to do something.

Right: something that is morally good and acceptable.

Hence, the correct option is (A).

68. The meanings of the words are as follows-

Intrinsic: something that exists naturally.

Acquired: something that is not natural and is achieved through practice or any other means.

Elemental: the basic and fundamental component of something.

Innate: something that exists from birth.

Talented: having a natural skill of doing something.

Hence, the correct option is (D).

69. A dime a dozen refers to something that exists in a huge amount, is always available and has no significant value.

A dime a dozen is to be very common and of no particular value.

Hence, the correct option is (C).

70. A drop in the bucket refers to a very small amount of something of very little significance in comparison to what actually is required.

A drop in the bucket means a very small amount compared to what is needed.

Hence, the correct option is (B).

71. Has is used when we talk about receiving by one particular individual or for having something by one particular individual.

Does is used when an action is stated in general in present tense.

We use **is** when we state about one particular thing.

Were is plural form of past tense was which tells us about the existence of a number of things in the past.

Has fits appropriately in this context.

Each of the girls **has** received an award.

Hence, the correct option is (C).

72. Can is used when we talk about the capability of a person to do something.

May is used when we express a wish or talk about a possibility.

Ought is used for showing correctness and duty of someone.

Never is a word used in negative sense to show that something will not happen all the time.

Can fits appropriately in this context.

Anyone **can** write a poem on this topic.

Hence, the correct option is (A).

73. Might means a possibility of an event to have happened.

Should is a word used for giving suggestions, while expecting something.

Will means a surety of something, something that is bound to happen.

Might fits appropriately in this context.

It is possible that Christopher Marlowe **might** have written plays for Shakespeare.

Hence, the correct option is (A).

74. In second part of the sentence, "to pass" should be used in place of "to pass away". "To pass away" means to die and "to pass" means to spend something especially time.

The correct sentence is- My brother finds it difficult to pass the time at our grandparent's house.

Hence, the correct option is (B).

75. In third part of the sentence, "when" should be replaced by "than" as conjunction "no sooner" is always followed by "than".

The correct sentence is- No sooner had he finished his morning walk than it began to rain.

Hence, the correct option is (C).

76. The correct spelling of the word Surveillence is Surveillance.

All the other words are spelt correctly.

Hence, the correct option is (A).

77. The correct spelling of the word Pracious is Precious.

All the other words are spelt correctly.

Hence, the correct option is (D).

78. The passage in the very beginning states-

"If you wish to be a writer, you must learn to develop your own point of view. All good writers make us see things in a different light. You may be writing about the same thing as your classmates, but your presentation must reflect your personality and individuality."

The most important thing about being a writer is that you must learn to develop your own point of view.

Hence, the correct option is (D).

79. On reading the passage, we understand that the narrator advises the reader to write in order to encourage him to become a writer.

There is no mention of earning a livelihood, showing his intelligence to others or making him famous among his people.

Hence, the correct option is (D).

80. The passage states-

"There is a good market for the following types: the humorous stories, the adventurous stories, the domestic stories, the mysteries and stories related to animals and strange experiences."

Most of the people like to read humorous and adventurous stories.

Hence, the correct option is (B).

81. "बेइंसाफी" में प्रयुक्त उपसर्ग "बे" है।

उपसर्ग, वह अव्यय है जो किसी शब्द के पहले लगकर शब्द का अर्थ परिवर्तित कर देता है।

अतः विकल्प (A) सही है।

82. "बहाव" शब्द में प्रयुक्त प्रत्यय "आव" है।

प्रत्यय, वह अव्यय है जो किसी शब्द के बाद लगकर शब्द का अर्थ परिवर्तित कर देता है।

अतः विकल्प (C) सही है।

83. जिस संज्ञा के शब्द से पुरुष जाति का ज्ञात होता है, उसे पुल्लिंग कहते हैं।

"भवानी" का पुल्लिंग "भव" हैं।

अतः विकल्प (C) सही है।

84. संज्ञा का एक से अधिक का बोध करानेवाले रूप को बहुवचन कहते है।

"कमरा" शब्द का बहुवचन "कमरें" है।

अतः विकल्प (A) सही है।

85. "पथभ्रष्ट" में तत्पुरुष समास है।

जिस समास में उत्तर पद प्रधान हो तथा दोनों पदों के मध्य का कारक चिन्ह लुप्त हो जाए तब वहाँ पर तत्पुरुष समास होता है।

अतः विकल्प (C) सही है।

86. "पक्षी" का उचित पर्यायवाची शब्द "खग" है।

पक्षी के अन्य पर्यायवाची- चिड़िया, गगनचर, पखेरू, विहंग, नभचर।

एक ही अर्थ में प्रयुक्त होने वाले शब्द, जो बनावट में भले ही अलग हों, को पर्यायवाची शब्द कहते है।

पर्यायवाची शब्द को समानार्थी शब्द भी कहा जाता है।

अतः विकल्प (C) सही है।

87. "अतिथि" का उचित पर्यायवाची शब्द "आगंतुक" है।

अतिथि के अन्य पर्यायवाची- पहुना, मेहमान, अभ्यागत।

एक ही अर्थ में प्रयुक्त होने वाले शब्द, जो बनावट में भले ही अलग हों, को पर्यायवाची शब्द कहते है।

पर्यायवाची शब्द को समानार्थी शब्द भी कहा जाता है।

अतः विकल्प (C) सही है।

88. एक-दूसरे के विपरीत अर्थ देने वाले शब्द, विलोम कहलाते है।

"आलोक" का विलोम "अंधकार" है।

आलोक का अर्थ- प्रकाश।

अंधकार का अर्थ- अँधेरा।

अतः विकल्प (C) सही है।

89. एक-दूसरे के विपरीत अर्थ देने वाले शब्द, विलोम कहलाते है।

बंधन का अर्थ- बँधने या बाँधने की अवस्था या भाव।

मोक्ष का अर्थ- मुक्ति, छुटकारा।

अतः विकल्प (B) सही है।

90. एक-दूसरे के विपरीत अर्थ देने वाले शब्द, विलोम कहलाते है।

विस्तार का अर्थ- फैलाव, विवरण।

संक्षेप का अर्थ- कम, अल्प।

अतः विकल्प (B) सही है।

91. "तरनि तनूजा तट तमाल तरुवर बहु छाए" में अनुप्रास अलंकार है।

जब किसी काव्य को सुंदर बनाने के लिए किसी वर्ण की बार-बार आवृति हो तो वह अनुप्रास अलंकार कहलाता है। किसी विशेष वर्ण की आवृति से वाक्य सुनने में सुंदर लगता है।

अतः विकल्प (A) सही है।

92. "चरण कमल बंदौ हरिराई" में रूपक अलंकार है।

जब गुण की अत्यंत समानता के कारण उपमेय को ही उपमान बता दिया जाए अर्थात् उपमेय और उपमान में अभिन्नता दर्शायी जाए तब वह रूपक अलंकार कहलाता है।

अतः विकल्प (C) सही है।

93. जब दो शब्द मिलते हैं तो पहले शब्द की अंतिम ध्वनि और दूसरे शब्द के पहले ध्वनि आपस में जो बदलाव लेकर आती है, वह संधि कहलाती है। संधि के दिए गए शब्दों को अलग-अलग करके पहले की तरह करना, संधि विच्छेद कहलाता हैं।

निराशा का सही संधि विच्छेद नि: + आशा हैं।

अतः विकल्प (C) सही है।

94. "बुरी तरह हारना" के लिए सही मुहावरा "मुंह की खाना" है।

वाक्य प्रयोग: सरपंच के चुनाव में रामलाल को मुंह की खानी पड़ी।

अतः विकल्प (C) सही है।

95. "छाती पर मूँग दलना" का अर्थ, पास रहकर दुःख देना है।

वाक्य प्रयोग- हमारा पडोसी हमारी दुकान के सामने अपनी दुकान खोल कर हमारी छाती पर मूँग दल रहा है।

अतः विकल्प (C) सही है।

96. "वानर" का तद्भव रूप "बन्दर" है।

तद्भव, एक संस्कृत शब्द है जो मध्यकालीन भारत-आर्य भाषाओं के सन्दर्भ में उन शब्दों को कहते हैं जो संस्कृत के मूल शब्द नहीं हैं बल्कि संस्कृत के किसी मूल शब्द से निकले हैं।

अतः विकल्प (A) सही है।

97. जिसका संबंध पृथ्वी से हो, वह पार्थिव कहलाता है।

अतः विकल्प (A) सही है।

98. गद्यांश के अनुसार-

"मैं उनकी बातों को हल्के में ही लेता हूँ। मुझे पता है कि यहाँ जो लोग जुटते हैं वे गरीब लोग होते हैं। अपने काम-धाम के बीच रोटी खाने चले आते हैं और खाकर चले जाते हैं। ये आमतौर पर बिहार से आए गरीब ईमानदार लोग हैं जो हमारे इस परिसर के स्थायी सदस्य हो गए हैं।"

अतः विकल्प (D) सही है।

99. गद्यांश के अनुसार-

"मुझे पता है कि यहाँ जो लोग जुटते हैं वे गरीब लोग होते हैं। अपने काम-धाम के बीच रोटी खाने चले आते हैं और खाकर चले जाते हैं। ये आमतौर पर बिहार से आए गरीब ईमानदार लोग हैं जो हमारे इस परिसर के स्थायी सदस्य हो गए हैं। ये उन अशिष्ट अमीरों से भिन्न हैं जो साधारण-सी बात पर भी हंगामा खड़ा कर देते हैं। लोगों के पास पैसा तो आ गया पर धनी होने का स्वर नहीं आया।"

अतः विकल्प (D) सही है।

100. गद्यांश के अनुसार-

"मेरे मकान के आगे चौराहे पर ढाबे के आगे फुटपाथ पर खाना खाने वाले लोग बैठते हैं- रिक्शेवाले, मजदूर, फेरीवाले, कबाड़ी वाले। आना-जाना लगा ही रहता है। लोग कहते हैं- "आपको बुरा नहीं लगता? लोग सड़क पर गंदगी फैला रहे हैं और आप इन्हें बरदाश्त कर रहे हैं? इनके कारण पूरे मोहल्ले की आबोहवा खराब हो रही है।"

अतः विकल्प (A) सही है।

General Intelligence & Reasoning Ability

Q.1 निम्नलिखित प्रश्न में, चार विकल्पों में से तीन किसी न किसी प्रकार से संबंधित हैं और एक अन्य से भिन्न है। विषम का चयन कीजिये।

A. 1014   B. 4011   C. 2112   D. 5241

Q.2 निर्देश: निम्नलिखित प्रश्न में, दिए गए विकल्पों में से सम्बंधित अक्षरों का चयन कीजिये।

JKLM : IIII : : PQRS : ?

A. PPPP   B. OOOO   C. TTTT   D. OOPP

Q.3 निर्देश: निम्नलिखित प्रश्न में, दिए गए विकल्पों में से सम्बंधित संख्या का चयन कीजिये।

4 : 17 :: 7 : ?

A. 49   B. 50   C. 51   D. 52

Q.4 निम्नलिखित प्रश्न में, दिए गए विकल्पों में से विषम अक्षरों का चयन कीजिये।

A. FHJ   B. LNQ   C. JLN   D. NPR

Q.5 निम्नलिखित प्रश्न में, दिए गए विकल्पों में से विषम संख्या युग्म का चयन कीजिये।

A. 11 - 121   B. 13 - 169   C. 19 - 391   D. 21 - 441

Q.6 एक पुरुष ने एक औरत से कहा, "तुम्हारे इकलौते भाई की बहन मेरी माँ है" बताएँ कि उस औरत का पुरुष के नानी से क्या संबंध है?

A. माँ   B. ननद   C. पुत्री   D. बहन

Q.7 निर्देश: निम्नलिखित प्रश्न में, दी गई श्रृंखला से लुप्त संख्या ज्ञात कीजिए।

1, 3, 6, 11, 18, ?

A. 27   B. 28   C. 29   D. 31

Q.8 एक पुरुष की ओर संकेत करते हुए रितिका ने कहा "वह मेरे दादा के इकलौते पुत्र का पुत्र है।" रितिका उस पुरुष से किस प्रकार संबंधित है?

A. आंटी   B. बहन   C. माँ   D. पत्नी

Q.9 चार पुस्तकों में से, पुस्तक- 1, पुस्तक- 2 से दुगुनी भारी है। पुस्तक- 3 का भार, पुस्तक- 2 के भार का आधा है। पुस्तक- 4 का भार, पुस्तक- 2 की तुलना में 60 ग्राम अधिक है, लेकिन पुस्तक- 1 की तुलना में 60 ग्राम कम है। सबसे भारी पुस्तक कौन सी है?

A. पुस्तक- 1   B. पुस्तक- 2
C. पुस्तक- 3   D. पुस्तक- 4

Q.10 एक निश्चित कूट भाषा में "MASTER" को "682145" के रूप में लिखा जाता है तथा "STAMP" को "21869" के रूप में लिखा जाता है। इस कूट भाषा में "PASTE" को क्या लिखा जाएगा?

A. 82145   B. 98214   C. 69218   D. 95184

Q.11 यदि एक निश्चित कूट भाषा में, COPY को EQRA के रूप में लिखा जाता है, तो उसी भाषा में HINT को किस प्रकार लिखा जाएगा?

A. JKQU   B. KJOP   C. KHTY   D. JKPV

Q.12 राकेश अपने स्थान से दक्षिण की और चलना प्रारंभ करता हैं कुछ दूर जाने के बाद वह बायें मुड़ जाता है, फिर कुछ दूर चलने के बाद दायें मुड़ जाता है, अंत में वह दायें मुड़कर चलना प्रारंभ करता है। बताएँ, वह किस दिशा में जा रहा है?

A. दक्षिण   B. पश्चिम   C. पूरब   D. उत्तर

Q.13 निर्देश: निम्नलिखित प्रश्न में दिए गए विकल्पों में से प्रश्नवाचक चिह्न(?) के स्थान पर आने वाली संख्या का चयन कीजिये।

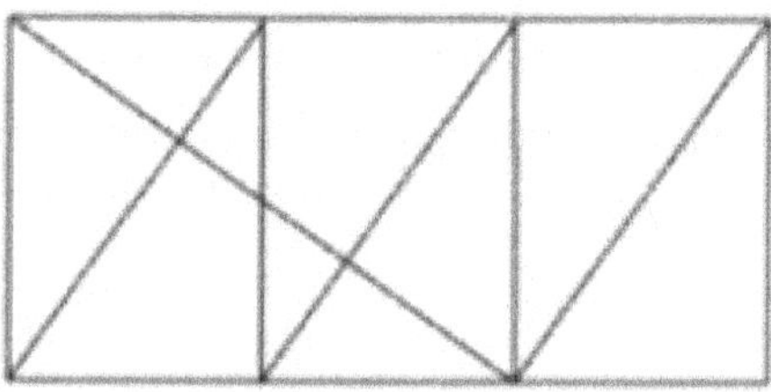

3	2
5	4
1	7

1	2
7	6
4	2

2	1
3	11
1	?

[SSC Sub Inspector (CPO), 2020]

A. 2   B. 4   C. 6   D. 8

Q.14 निर्देश: दी गई आकृति में कितने त्रिभुज हैं?

[NCERT National Talent Search Exam, 2018]

A. 28   B. 18   C. 40   D. 48

Q.15 निर्देश: निम्नलिखित प्रश्न में से दिए गए विकल्पो मे से लुप्त संख्या का पता लगाएं।

4	9	2
3	5	7
8	1	?

A. 9   B. 6   C. 15   D. 14

Q.16 निर्देश: एक घन के दो पदों को नीचे दिखाया गया है, 'B' युक्त चेहरे के विपरीत क्या आएगा?

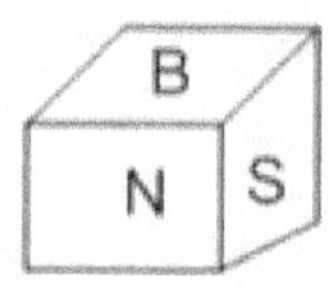

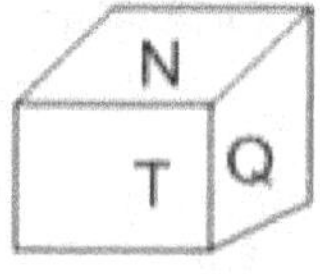

A. Q   B. T   C. S   D. Q या T

Q.17 निर्देश: दी गई आकृति में, कितने गत्ते डिब्बे सफ़ेद नहीं हैं?

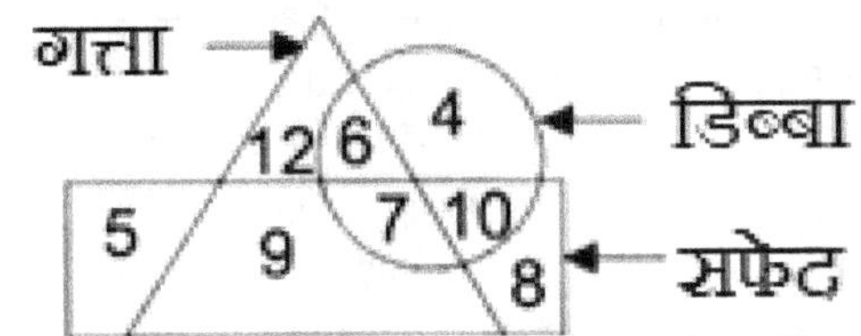

[Delhi Forest Guard, 2020], [NCERT National Talent Search Exam, 2019]

A. 6 B. 13 C. 7 D. 9

Q.18 निर्देश: दिए गए उत्तर के आकृतियों से, वह प्रश्न चुनें, जिसमें प्रश्न आकृति छिपी हुई / अंतर्निहित है?

प्रश्न आकृति

उत्तर आकृति

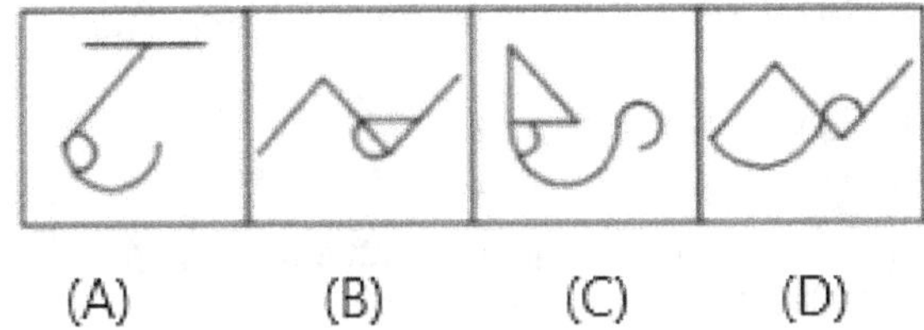

(A) (B) (C) (D)

[Jawahar Navodaya Entrance Class VI, 2019]

A. (A) B. (B) C. (C) D. (D)

Q.19 निर्देश: कागज का एक टुकड़ा मुड़ा और नीचे दिखाया गया है। दी गई प्रतिक्रियाओं से, इंगित करें कि खुले होने पर यह कैसे दिखाई देगा?

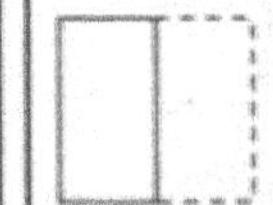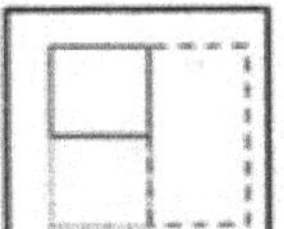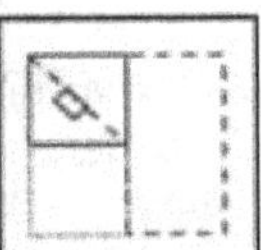

[Jawahar Navodaya Entrance Class VI, 2022], [Jawahar Navodaya Entrance Class VI, 2021], [AFCAT, 2021]

A. 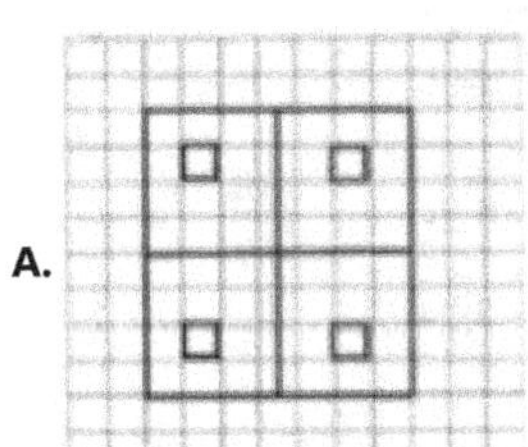

B. 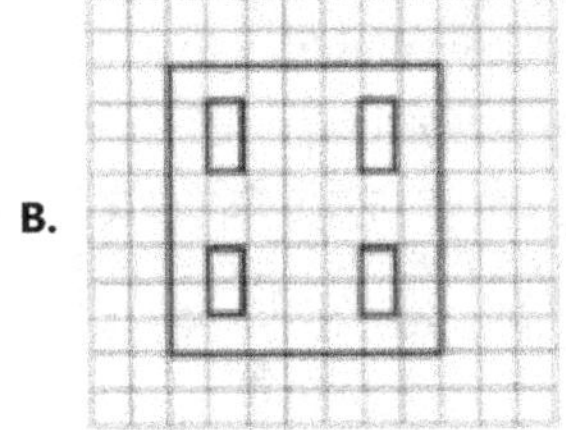

C. 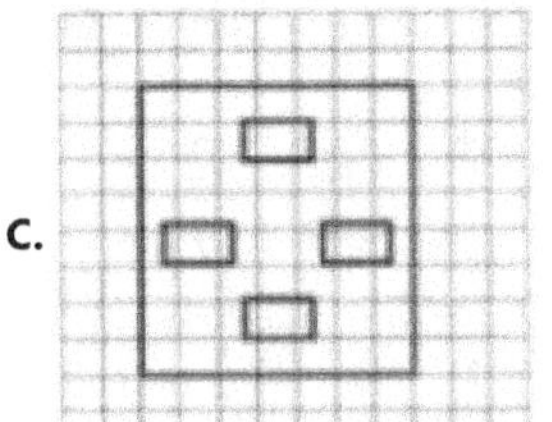

D. 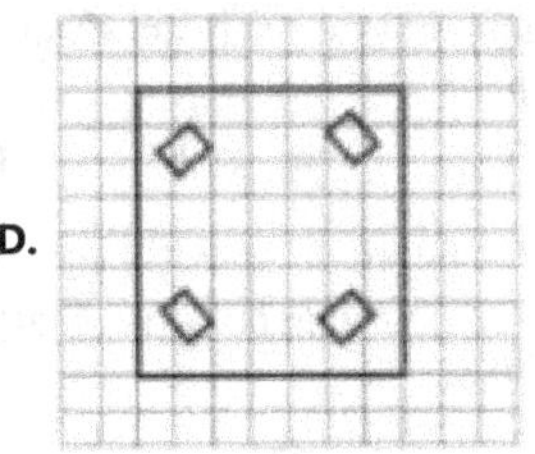

Q.20 400 लगातार वर्ष में किसी माह का 29 तारीख कितनी बार आएगा?

A. 4497 B. 1237 C. 5012 D. 4490

Arithmetical & Numerical Ability

Q.21 मंजीत ने 12160 रुपये में एक लोहे की तिजोरी खरीदी। और इसके परिवहन के लिए 340 रुपये दिए। फिर उसने इसे 12875 रुपये में बेच दिया। उसके द्वारा अर्जित लाभ का प्रतिशत ज्ञात करें।

A. 3% B. 4% C. 5% D. 6%

Q.22 बड़की 9 घंटों में 45 केक बना सकती है, बड़की और छुटकी एकसाथ 10 घंटे में 80 केक बना सकती हैं। 40 घंटो में छुटकी कितने केक बना सकती है?

A. 125 B. 10 C. 120 D. 20

Q.23 5 संख्याओं में से जिनका औसत 72 है, पहली संख्या अन्य चार के योग का $\frac{1}{8}$ गुना है, तो पहली संख्या है ___?

A. 60 B. 26 C. 40 D. 80

Q.24 यदि एक संख्या के $\frac{8}{5}$ का $\frac{6}{7}$, 192 है, तो उस संख्या का $\frac{3}{4}$ कितना होगा?

A. 105 B. 77 C. 36 D. 80

Q.25 दो संख्याओं का महत्तम समापवर्तक 18 है और उनका गुणनफल 12960 है, तो उनका लघुत्तम समापवर्त्य ज्ञात कीजिए?

A. 720 B. 820 C. 620 D. 920

Q.26 एक स्कूल में 70% छात्र लड़के हैं और लड़कियों की संख्या 504 है। स्कूल में लड़कों की संख्या ज्ञात कीजिए।

A. 1176 B. 1276 C. 1076 D. 1476

Q.27 यदि एक व्यापारी सूची मूल्य पर 30% की छूट देता है, तो उसे 16% की हानि होती है। यदि वह सूची मूल्य के 20% की छूट पर बेचता है तो उसे कितना % लाभ या % हानि होगी?

A. 14 प्रतिशत लाभ B. 4 प्रतिशत हानि
C. 26 प्रतिशत लाभ D. 8 प्रतिशत लाभ

Q.28 दो संख्याओं का पता लगाएं, जैसे कि उनके बीच का मतलब आनुपातिक 28 है और उनके लिए तीसरा आनुपातिक 224 है?

A. 14.56 B. 15.56 C. 16.56 D. 17.56

Q.29 कोई राशि 2 वर्ष के लिए 20% की वार्षिक दर से चक्रवृद्धि ब्याज पर लगायी जाती है। यदि ब्याज छमाही रूप से देय होता है तो यह वार्षिक के हिसाब से 482 रुपए अधिक देय होगा। कुल राशि ज्ञात कीजिए।

A. 20000 रुपए B. 30000 रुपए
C. 25000 रुपए D. 40000 रुपए

Q.30 4 अंकों की सबसे छोटी संख्या ज्ञात कीजिए जिसे 5 से भाग देने पर शेषफल 4 प्राप्त होता है।

A. 996   **B.** 1012   **C.** 1006   **D.** 1004

Q.31 एक कार्य को A, 20 दिनों में और B, 50 दिनों में कर सकता है। यदि वे उस कार्य को एक साथ 5 दिन के लिए करते हैं, तो कार्य का कितना भाग शेष रह जायेगा?

A. $\frac{13}{20}$ **B.** $\frac{1}{3}$ **C.** $\frac{1}{6}$ **D.** $\frac{2}{9}$

Q.32 $4b^2 + \frac{1}{b^2} = 2$, तो $8b^3 + \frac{1}{b^3}$ का मान है?

A. 0   **B.** 1   **C.** 2   **D.** 5

Q.33 एक ट्रेपेजियम के आकार का क्षेत्र 480 मीटर^2 है। दो समानांतर भुजाओं के बीच की दूरी 15 मीटर है और समानांतर भुजाओं में से एक 20 मीटर है। दूसरी समानांतर भुजा ज्ञात कीजिए।

A. 44 मीटर   **B.** 45 मीटर   **C.** 46 मीटर   **D.** 47 मीटर

Q.34 एक क्रिकेट खिलाड़ी की 10 पारियों की औसत रन संख्या 32 थी। उसे अपनी अगली पारी में कितने रन बनाने चाहिए ताकि उसके रनों का औसत रन संख्या में 4 रनों की वृद्धि हो?

A. 76   **B.** 79   **C.** 85   **D.** 87

Q.35 कागज का एक 11 सेमी × 4 सेमी आयताकार टुकड़ा बिना ओवरलैपिंग के 4 सेमी ऊँचाई के एक सिलेंडर बनाने के लिए मोड़ा गया है। सिलेंडर का आयतन ज्ञात कीजिए।

A. 38.5 सेमी^{3} **B.** 40.5 सेमी^{3}

C. 45.5 सेमी^{3} **D.** 50.5 सेमी^{3}

Q.36 दो कार शहर A से शहर B तक क्रमशः 30 और 44 किमी/घंटे की गति से यात्रा करती है। यदि एक कार यात्रा के लिए दूसरी कार से 3.5 घंटे कम समय लेती है, तो शहर A और शहर B के बीच की दूरी कितनी है?

A. 330 किमी   **B.** 396 किमी   **C.** 495 किमी   **D.** 264 किमी

Q.37 राहुल एक मशीन को 50 लाख रुपये में बेचता है।अगर उसने इसे 60 लाख, रुपये में बेचा होता, तो उसका लाभ पहले नुकसान का 7 गुना होगा। मशीन की लागत मूल्य क्या है?

A. 51.25 लाख   **B.** 58.75 लाख

C. 67.14 लाख   **D.** 43.75 लाख

Q.38 12 सेमी, 0.25 सेमी मोटे और 15 सेमी लंबे बाहरी व्यास के खाली सिलेंडर में डालने के लिए 2 सेमी व्यास के ठोस सिलेंडर की कितनी लम्बाई, लेनी चाहिए?

A. 42.3215 सेमी   **B.** 44.0123 सेमी

C. 44.0625 सेमी   **D.** 44.6023 सेमी

Q.39 सरल करें: $8\frac{1}{2} - \left[3\frac{1}{4} + \left\{ 1\frac{1}{4} - \frac{1}{2}\left(1\frac{1}{2} - \frac{1}{3} - \frac{1}{6} \right) \right\} \right]$

A. $4\frac{1}{2}$ **B.** $4\frac{1}{6}$ **C.** $9\frac{1}{2}$ **D.** $\frac{2}{9}$

Q.40 $\left(\frac{0.943 \times 0.943 - 0.943 \times 0.057 + 0.057 \times 0.057}{0.943 \times 0.943 \times 0.943 + 0.057 \times 0.057 \times 0.057} \right)$ का मान है:

A. 0.32   **B.** 0.886

C. 1.1286   **D.** None of these

General Awareness

Q.41 बिहार के किस वैज्ञानिक और उनकी टीम ने बैक्टीरिया की पहचान करने के लिए एक नई तकनीक का आविष्कार किया है?

[UPSSSC Rajasva Lekhpal, 2015]

A. डॉ. अमर त्रिपाठी   **B.** रवि भूषण पांडेय

C. डॉ. उज्ज्वल वर्मा   **D.** डॉ. राधाकृष्ण प्रसाद

Q.42 बिहार में एकमात्र जीनोम सीकेंसिंग लैब कहाँ से शुरू हुई है?

[Delhi Forest Guard, 2021]

A. पटना   **B.** दरभंगा   **C.** गया   **D.** वैशाली

Q.43 मानव विकास सूचकांक - 2016 में भारत को कितने अंकप्राप्त हुए हैं?

[UPPSC Staff Nurse, 2017], [UPSSSC Rajasva Lekhpal, 2015]

A. 0.623   **B.** 0.624   **C.** 0.625   **D.** 0.626

Q.44 निम्नलिखित में से कौन सी जलधारा, शीत जलधारा नहीं है?

A. हम्बोल्ट जलधारा   **B.** ब्राजील जलधारा

C. ओयाशियो जलधारा   **D.** कैनरी जलधारा

Q.45 ________ रिट उच्च न्यायालय (उच्च न्यायालय या सुप्रीम कोर्ट) द्वारा जारी किया जाता है, जब निचली अदालत को लगता है कि कोई केस उसके अधिकार क्षेत्र से बाहर जा रहा है।

A. बन्दी प्रत्यक्षीकरण   **B.** परमादेश

C. निषेधाज्ञा   **D.** अधिकार पृच्छा

Q.46 निम्नलिखित में से किस राज्य में, अनुच्छेद 370 भारतीय संविधान से संबंधित है?

A. अरुणाचल प्रदेश   **B.** मेघालय

C. हिमाचल प्रदेश   **D.** जम्मू और कश्मीर

Q.47 वह नदी जो बिहार के छोटानागपुर पठार में कमरपेट पहाड़ी से निकलती है और जिसे "रिवर ऑफ़ सॉरो" कहा जाता है?

A. महानदी   **B.** दामोदर   **C.** कृष्णा   **D.** गोदावरी

Q.48 केल्विन (K) ________ की माप की इकाई है।

A. घनत्व   **B.** दबाव   **C.** द्रव्यमान   **D.** तापमान

Q.49 सूर्य के चारों ओर चक्कर लगाते समय पृथ्वी हमेशा अपनी धुरी को इंगित करती रहती है निम्नलिखित में से कौन सी है?

A. पृथ्वी   **B.** चांद   **C.** ध्रुव तारा   **D.** शनि

Q.50 ऑक्सीजन गैस की खोज किसने की?

A. जोसेफ प्रिस्टले   **B.** एर्लिच

C. चाडविक   **D.** तनस्ले

Q.51 एक अर्थव्यवस्था या उत्पादन प्रक्रिया में एक फर्म द्वारा खपत की जाने वाली पूंजी के किस रूप में जाना जाता है?

A. पूंजी की हानि   **B.** उत्पादन लागत

C. कुल भार नुकसान   **D.** मूल्यह्रास

Q.52 निम्नलिखित में से कौन सा सही प्रतियोगिता की विशेषता नहीं है?

A. बड़ी संख्या में खरीदार और विक्रेता

B. खरीदारों और विक्रेताओं की एक छोटी संख्या

C. निः शुल्क प्रवेश और निकास

D. सामान सजातीय हैं

Q.53 निम्नलिखित में से कौन सबसे अधिक विद्युतीय तत्व है?

A. आयोडीन   **B.** ऑक्सीजन

C. नियोन   **D.** कार्बन

Q.54 मेलानोर्निया (त्वचा कैंसर) के किसके साथ जुड़ा हुआ है?

A. ओजोन संचय   **B.** ओजोन का क्रमिक ह्रास

C. अम्ल वर्षा   **D.** एलर्जी

Q.55 निम्नलिखित में से कौन UNO से संबद्ध नहीं है?

A. ILO   **B.** WHO

C. ASEAN   **D.** उपर्युक्त सभी

Q.56 संयुक्त राष्ट्र सुरक्षा परिषद की अध्यक्षता परिषद के सदस्यों के बीच कितने समय में परिवर्तित होती है?

A. हर 6 महीने में   **B.** हर 3 महीने में

C. हर साल   **D.** हर महीने

Q.57 किस तारीख को, भारत सरकार ने सिविल सेवा दिवस मनाया?

A. 20 अप्रैल   **B.** 22 अप्रैल   **C.** 21 अप्रैल   **D.** 23 अप्रैल

Q.58 निम्नलिखित में से कौन सा आलू का वैज्ञानिक नाम है?

A. डौकास करोटा   **B.** सोलानम ट्यूबरोसम

C. राफानस सतिवस   **D.** सोलानम मेलोंगेना

Q.59 'स्टेलमेट' शब्द किस खेल से संबंधित है?

A. बिलियर्ड्स   **B.** बेसबॉल

C. शतरंज   **D.** बास्केटबाल

Q.60 हाइड्रोक्लोरिक अम्ल हमारे पाचन तंत्र के किस भाग में स्रावित होता है?

A. मुंह   **B.** पेट   **C.** लीवर   **D.** छोटी आंत

English Language & Comprehension

Ques (61-65):Direction: Read the following passage carefully and answer the question.

The swollen wave broke through the restraint of his will. The old man sobbed, and threw himself on the ground; his milk-white hair was mingled with the sand of the sea. Forty years had passed since he had seen his country, and God knows how many since he heard his native speech and now that speech had come to him itself — it had sailed to him over the ocean, and found him in solitude on another hemisphere — it so loved, so dear, so beautiful! In the sobbing which shook him, there was no pain — only a suddenly aroused immense love, in the presence of which other things are as nothing. With that great weeping, he had simply implored forgiveness of that beloved one, set aside because he had grown so old, had become so accustomed to his solitary life and had so forgotten it that in him even longing had begun to disappear. But now it returned as if by a miracle; therefore the heart leaped in him.

Moments vanished one after another; he lay there continually. The mews flew over the lighthouse, crying as if alarmed for their old friend. The hour in which he fed them with the remnants of his food had come; therefore, some of them flew down from the lighthouse to him; then more and more came, and began to pick and to shake their wings over his head. The sound of the wings roused him. He had wept his fill and had now a certain calm and brightness, but his eyes were as if inspired. He gave unwittingly all his provisions to the birds, which rushed at him with an uproar, and he himself took the book again. The sun had gone already behind the gardens and the forest of Panama and was going slowly beyond the isthmus

to the other ocean, but the Atlantic was full of light yet; in the open air there was still perfect vision; therefore, he read further:

"Now bear my longing soul to those forest slopes, to those green meadows."

Q.61 The old man was in sobs because:

A. He was tired of living alone

B. He wanted to go home

C. Of his old age

D. He was happy to see someone from his land

Q.62 In the old man, even the desires had begun to vanish because:

A. He had got used to loneliness

B. He was tired of listening to people command him

C. He had only birds around him

D. He was growing old and weak

Q.63 What part of speech is "implored" in "...he had simply implored forgiveness"?

A. Adjective   **B.** Verb

C. Adverb   **D.** Noun

Q.64 What is the antonym of "loved"?

A. Occupied   **B.** Hated

C. Mistaken   **D.** Principled

Q.65 "...He had wept his fill ..."

What does "fill" mean here?

A. Occupy   **B.** Share

C. Enough   **D.** Response

Q.66 Direction: Choose the option that is in the indirect form of the sentence.

Sumanth was reading a book.

    [SSC Sub Inspector (CPO), 2018], [SSC Sub Inspector (CPO), 2017]

A. A book was being read by Sumanth

B. A book is being read by Sumanth

C. A book is read by Sumanth

D. A book has been read by Suman

Q.67 Direction: Choose the option that is in the indirect form of the sentence.

The teacher told me, "Children had been playing since morning."

A. The teacher told me that children have been playing since morning.

B. The teacher told me that children had been playing since morning.

C. The teacher told me that children were playing since morning.

D. The teacher told me that children are playing since morning.

Q.68 Direction: Choose an appropriate Synonym for the given word-

Deceptive

A. Ignorant   **B.** Humble

C. Misleading   **D.** Malefic

Q.69 Direction: Find the antonym of the question word:

Conventional

A. Convenient   **B.** Controverisal

C. Undisputed   **D.** Non Traditional

Q.70 Direction: In the following question, out of the four alternatives, choose the alternative which best expresses the meaning of the idiom/Phrase.

We must work with **all our might and main**, otherwise we cannot succeed.

A. Full force   **B.** Complete trust

C. Exceptional skill   **D.** Full unity

Q.71 Direction: Choose the correct part of speech for the underlined word.

Waves of corporate downsizing have <u>devastated</u> employee morale.

A. Adverb   **B.** Verb

C. Adjective   **D.** Noun

Q.72 Direction: Choose the correct meaning of the underlined idioms and phrases from the alternatives given below.

I have to pass through the <u>acid test</u> of her father's approval

A. to meet someone

B. to propose

C. to beg for something

D. to take a critical test

Q.73 Direction: Change the sentence from direct speech to indirect speech.

The teacher told the students, "NaCl is the chemical formula of Sodium Chloride."

A. The teacher told the students that NaCl is the chemical formula of Sodium Chloride.

B. The teacher told the students NaCl is the chemical formula of Sodium Chloride.

C. The teacher said to the students that NaCl is the chemical formula of Sodium Chloride.

D. The teacher told the students that NaCl was the chemical formula of Sodium Chloride.

Q.74 Direction: In the following question, choose the word opposite in meaning to the given word.

Sacred

A. Pious   **B.** Hallowed

C. Fellow   **D.** Profane

Q.75 Direction: In the following question, out of the four alternatives, select the alternative which best expresses the meaning of the Idiom/ Phrase.

Many moons ago

A. To ruminate about the past

B. To regret the passing of time

C. To be seen rarely

D. A long time ago

Q.76 Direction: Choose the correct prefix to get a meaningful word.

___lateral.

A. un-   **B.** im-   **C.** ir-   **D.** uni-

Q.77 Direction: Choose the correct suffix to get a meaningful word.

Home___

A. -al   **B.** -less   **C.** -ing   **D.** -ful

Q.78 Direction: Rewrite the sentence in the passive voice.

Kritika is not chopping vegetables.

A. Vegetables are not being chopped by Kritika.

B. By Kritika, vegetables are not being chopped.

C. Vegetables are not been chopped by Kritika.

D. Vegetables have not being chopped by Kritika.

Q.79 Direction: Read the following passage carefully and answer the questions given below it in the context of the passage.

NASA's Mars helicopter Ingenuity is less than a week away from attempting its first flight on the Red Planet and the space agency wants to share the epic feat with students in a webcast on Thursday (April 8).

Engineers with NASA's Jet Propulsion Laboratory (JPL) will host an Ingenuity talk Thursday for kids at 1 p.m. EDT (1700 GMT). The Livestream will be available on the NASA JPL Education YouTube channel here at the start time.

Today's talk follows a series of press conferences, webinars and info sessions by JPL to inform the public of Ingenuity's upcoming first flight, which could take off on Sunday (April 11). This project will allow students to build their own lightweight helicopter using paper, scissors, a pencil, measuring tape and a ribbon.

What does the space agency plan for students?

A. to share the achievement of NASA's Mars helicopter Ingenuity

B. to share the achievement of NASA's Jupiter helicopter Ingenuity

C. to share the achievement of NASA's Earth helicopter Ingenuity

D. to share the achievement of NASA's Moon helicopter Ingenuity

Q.80 Direction: Read the following passage carefully and answer the questions given below it in the context of the passage.

NASA's Mars helicopter Ingenuity is less than a week away from attempting its first flight on the Red Planet and the space agency wants to share the epic feat with students in a webcast on Thursday (April 8).

Engineers with NASA's Jet Propulsion Laboratory (JPL) will host an Ingenuity talk Thursday for kids at 1 p.m. EDT (1700 GMT). The Livestream will be available on the NASA JPL Education YouTube channel here at the start time.

Today's talk follows a series of press conferences, webinars and info sessions by JPL to inform the public of Ingenuity's upcoming first flight, which could take off on Sunday (April 11). This project will allow students to build their own lightweight helicopter using paper, scissors, a pencil, measuring tape and a ribbon.

Who will host the Ingenuity talk?

A. Engineers with NASA's Space Propulsion Laboratory

B. Engineers with NASA's Jet Propulsion Laboratory

C. Technicians with NASA's Jet Rocket Laboratory

D. Technicians with NASA's Jet Propulsion Laboratory

Hindi Language & Comprehension

Q.81 निम्नलिखित विकल्पों में विसर्ग सन्धि का उदाहरण है-

A. हृदयानन्द B. हरिश्चन्द्र C. ज्ञानोपदेश D. महीश

Q.82 'से' किस कारक का चिह्न है?

A. करण कारक B. कर्म कारक

C. संबंध कारक D. कर्ता कारक

Q.83 'घोसले में चिड़िया है' में कौन-सा कारक है?

[UPTET Paper - I, 2019]

A. सम्बन्ध कारक B. अधिकरण कारक

C. अपादान कारक D. सम्प्रदान कारक

Q.84 ठकुराइन शब्द किस प्रत्यय से बना हुआ है?

A. राइन B. आइन

C. इन D. उपरोक्त में से कोई नहीं

Q.85 इनमें से क्रियाविशेषण का कौन सा भेद है?

A. रीतिवाचक B. कालवाचक

C. विस्मयादिबोधक D. सम्बन्धबोधक

Ques (86-88):निर्देश: निम्नलिखित शब्द के लिए उसके नीचे दिए गए विकल्पों में से सही पर्यायवाची शब्द चुनकर उत्तर दीजिए।

Q.86 आत्मज

A. सहोदर B. पति C. प्रेमी D. तनुज

Q.87 खर

A. रावण B. कुण्ठित C. गधा D. मुर्ख

Q.88 कैवल्य

A. दण्ड B. प्रीति C. केशव D. निर्वाण

Q.89 निर्देश: निम्नलिखित गद्यांश को ध्यानपूर्वक पढ़िए और प्रश्न का उत्तर दीजिए।

महिला आरक्षण विधेयक पर हर कोई अपने विचार व्यक्त कर रहा है। कोई इससे सहमत है तो कोई असहमत। लोकतंत्र में सबका अपना विचार हो सकता है, लेकिन इसका अथ यह कदापि नहीं कि हम महिलाओं का विरोध करें। जातिगत आरक्षण जैसे सुधार तो आवश्यकता होने पर बाद में भी किए जा सकते हैं। हर बार विरोध करना घोर वैचारिक पिछड़ापन है। जो दल विभिन्न आधार सुझा रहे हैं, वे अपनी पार्टी में उसको लागू करने के लिए स्वतंत्र है। बार-बार विरोध करने से नीयत पर शक होना जरूरी है। हो-हल्ला करके कई वर्षों से इस बिल को रोकने का प्रयास किया जा रहा है। महिलाओं ने भी आज़ादी के लिए पुरुषों के साथ मिलकर संघर्ष किया था। क्या आज़ाद भारत में आज अपने अधिकारों के लिए उन्हें याचना करनी

पड़ेगी? बेहतर होगा कि सभी दल इस दिशा में सहयोग करें और सर्वमान्य समाधान निकालें।

जातिगत आरक्षण क्या है?

A. जाति के आधार पर दिया गया आरक्षण

B. किसी भी प्रकार का आरक्षण

C. महिलाओं का आरक्षण

D. धर्म के आधार पर आरक्षण

Q.90 निर्देश: निम्नलिखित गद्यांश को ध्यानपूर्वक पढ़िए और प्रश्न का उत्तर दीजिए।

महिला आरक्षण विधेयक पर हर कोई अपने विचार व्यक्त कर रहा है। कोई इससे सहमत है तो कोई असहमत। लोकतंत्र में सबका अपना विचार हो सकता है, लेकिन इसका अथ यह कदापि नहीं कि हम महिलाओं का विरोध करें। जातिगत आरक्षण जैसे सुधार तो आवश्यकता होने पर बाद में भी किए जा सकते हैं। हर बार विरोध करना घोर वैचारिक पिछड़ापन है। जो दल विभिन्न आधार सुझा रहे हैं, वे अपनी पार्टी में उसको लागू करने के लिए स्वतंत्र है। बार-बार विरोध करने से नीयत पर शक होना जरूरी है। हो-हल्ला करके कई वर्षों से इस बिल को रोकने का प्रयास किया जा रहा है। महिलाओं ने भी आज़ादी के लिए पुरुषों के साथ मिलकर संघर्ष किया था। क्या आज़ाद भारत में आज अपने अधिकारों के लिए उन्हें याचना करनी पड़ेगी? बेहतर होगा कि सभी दल इस दिशा में सहयोग करें और सर्वमान्य समाधान निकालें।

हर बार विरोध करने को क्या कहा गया?

A. शोर-गुल B. महिलाओं का विरोध

C. घोर वैचारिक पिछड़ापन D. वैचारिक स्वतंत्रता

Q.91 निर्देश: निम्नलिखित गद्यांश को ध्यानपूर्वक पढ़िए और प्रश्न का उत्तर दीजिए।

महिला आरक्षण विधेयक पर हर कोई अपने विचार व्यक्त कर रहा है। कोई इससे सहमत है तो कोई असहमत। लोकतंत्र में सबका अपना विचार हो सकता है, लेकिन इसका अथ यह कदापि नहीं कि हम महिलाओं का विरोध करें। जातिगत आरक्षण जैसे सुधार तो आवश्यकता होने पर बाद में भी किए जा सकते हैं। हर बार विरोध करना घोर वैचारिक पिछड़ापन है। जो दल विभिन्न आधार सुझा रहे हैं, वे अपनी पार्टी में उसको लागू करने के लिए स्वतंत्र है। बार-बार विरोध करने से नीयत पर शक होना जरूरी है। हो-हल्ला करके कई वर्षों से इस बिल को रोकने का प्रयास किया जा रहा है। महिलाओं ने भी आज़ादी के लिए पुरुषों के साथ मिलकर संघर्ष किया था। क्या आज़ाद भारत में आज अपने अधिकारों के लिए उन्हें याचना करनी पड़ेगी? बेहतर होगा कि सभी दल इस दिशा में सहयोग करें और सर्वमान्य समाधान निकालें।

आज़ादी के लिए महिलाओं ने क्या किया था?

A. कुछ नहीं किया था

B. पुरुषों के साथ मिलकर संघर्ष किया था

C. अधिकारों के लिए याचना की थी

D. विरोध किया था

Q.92 मेघ आए बड़े बन ठन के सँवर के 'पाहुन ज्यों आए हों गाँव में शहर के' पंक्तियों में कौन सा अलंकार है?

A. उपमा B. रूपक

C. उत्प्रेक्षा D. मानवीकरण

Q.93 चौराहा' शब्द में कौन-सा समास है?

A. द्वंद्व B. द्विगु

C. अव्ययीभाव D. कर्मधारय

Q.94 मन रे तन कागद का पुतला में कौन सा रस है?

A. भक्ति रस B. श्रृंगार रस C. करुण रस D. शांत रस

Q.95 वीर रस का स्थायी भाव है?

A. रति   **B.** उत्साह   **C.** अद्भुत   **D.** क्रोध

Q.96 'अंधेर नगरी' का अर्थ है-

A. जहाँ अँधेरा हो

B. राज्यविहीन जगह

C. अन्याय की जगह

D. जहाँ छोटे-बड़े का ख्याल न रखा जाता हो

Q.97 'नेकी और पूछ-पूछ कर' का अर्थ है-

A. नेकी करने के पहले पूछने की जरूरत नहीं होती है

B. बदनाम व्यक्ति को बुराई का क्या डर

C. पूछ-पूछ कर नेकी करना

D. सोच-समझ कर किसी के साथ नेकी करनी चाहिए

Q.98 निम्नलिखित में से कौन सा शब्द स्त्रीलिंग नहीं है?

A. इच्छा   **B.** उपेक्षा   **C.** कलंक   **D.** करुणा

Q.99 'जिसे बुलाया न गया हो', इस वाक्यांश के लिए एक शब्द का चयन कीजिए, जो अर्थ की दृष्टि से समान है।

A. अपरिमेय   **B.** अप्रत्याशित

C. अनवगत   **D.** अनाहूत

Q.100 ईमानदारी कौन-सी संज्ञा है?

A. जातिवाचक   **B.** भाववाचक

C. व्यक्तिवाचक   **D.** समूह वाचक

// स्मार्ट उत्तर पुस्तिका //

सही उत्तर — उन छात्रों के प्रतिशत को इंगित करता है जिन्होंने प्रश्नों का सही उत्तर दिया था।

छोड़ दिया — उन छात्रों के प्रतिशत को इंगित करता है जिन्होंने प्रश्नों को छोड़ दिया था।

प्रश्न संख्या	उत्तर	सही उत्तर / छोड़ दिया
1	D	89.47 % / 10.51 %
2	B	79.39 % / 19.3 %
3	B	63.41 % / 35.82 %
4	B	79.43 % / 13.11 %
5	C	80.89 % / 11.24 %
6	C	66.14 % / 33.25 %
7	C	42.06 % / 32.86 %
8	B	42.07 % / 43.1 %
9	A	87.76 % / 11.53 %
10	B	67.01 % / 31.56 %
11	D	84.13 % / 12.83 %
12	B	55.93 % / 43.08 %
13	B	55.89 % / 31.48 %
14	B	64.99 % / 30.39 %
15	B	53.51 % / 45.44 %
16	A	68.07 % / 30.12 %

प्रश्न संख्या	उत्तर	सही उत्तर / छोड़ दिया
17	A	88.22 % / 10.06 %
18	D	88.61 % / 10.96 %
19	D	81.74 % / 10.58 %
20	A	48.12 % / 35.49 %
21	A	41.29 % / 47.15 %
22	C	76.29 % / 10.42 %
23	C	65.71 % / 30.61 %
24	A	87.22 % / 12.39 %
25	A	80.17 % / 11.79 %
26	A	82.91 % / 14.75 %
27	B	47.03 % / 35.04 %
28	A	64.29 % / 31.85 %
29	A	49.32 % / 31.75 %
30	D	82.75 % / 13.9 %
31	A	58.53 % / 31.27 %
32	A	24.59 % / 71.61 %

प्रश्न संख्या	उत्तर	सही उत्तर / छोड़ दिया
33	A	40.02 % / 41.27 %
34	A	60.16 % / 33.19 %
35	A	64.53 % / 31.43 %
36	A	55.58 % / 37.55 %
37	A	59.32 % / 30.52 %
38	C	60.85 % / 35.51 %
39	A	21.81 % / 76.31 %
40	D	45.08 % / 44.45 %
41	C	60.2 % / 33.52 %
42	A	41.05 % / 49.56 %
43	B	29.74 % / 69.47 %
44	B	40.14 % / 50.66 %
45	C	53.31 % / 32.6 %
46	D	63.33 % / 34.74 %
47	B	85.05 % / 12.61 %
48	D	51.25 % / 34.96 %

प्रश्न संख्या	उत्तर	सही उत्तर / छोड़ दिया
49	C	61.95 % / 36.33 %
50	A	49.41 % / 42.62 %
51	D	63.18 % / 32.18 %
52	B	45.58 % / 49.32 %
53	B	29.13 % / 67.99 %
54	B	58.52 % / 41.08 %
55	C	48.8 % / 39.85 %
56	D	65.92 % / 31.8 %
57	C	65.49 % / 30.02 %
58	B	44.94 % / 51.54 %
59	C	46.78 % / 39.55 %
60	B	57.29 % / 42.23 %
61	D	76.4 % / 22.25 %
62	A	56.13 % / 43.86 %
63	B	52.57 % / 42.53 %
64	B	46.94 % / 52.34 %

प्रश्न संख्या	उत्तर	सही उत्तर / छोड़ दिया
65	C	80.87 % / 14.08 %
66	A	79.07 % / 20.43 %
67	B	54.55 % / 39.4 %
68	C	67.71 % / 31.17 %
69	D	51.21 % / 34.6 %
70	A	64.65 % / 33.38 %
71	B	63.76 % / 31.18 %
72	D	52.35 % / 37.78 %
73	A	85.49 % / 10.21 %
74	D	78.23 % / 19.39 %
75	D	42.01 % / 42.57 %
76	D	41.6 % / 51.89 %
77	B	82.07 % / 14.1 %
78	A	48.08 % / 30.45 %
79	A	50.72 % / 36.01 %
80	B	65.54 % / 33.54 %

प्रश्न संख्या	उत्तर	सही उत्तर / छोड़ दिया
81	B	53.08 % / 43.27 %
82	A	84.54 % / 13.45 %
83	B	76.23 % / 10.67 %
84	B	53.68 % / 39.72 %

प्रश्न संख्या	उत्तर	सही उत्तर / छोड़ दिया
85	B	61.75 % / 37.34 %
86	D	69.61 % / 30.18 %
87	C	63.91 % / 34.34 %
88	D	41.33 % / 39.62 %

प्रश्न संख्या	उत्तर	सही उत्तर / छोड़ दिया
89	A	55.84 % / 33.64 %
90	C	40.07 % / 59.3 %
91	B	47.99 % / 44.39 %
92	A	49.98 % / 45.82 %

प्रश्न संख्या	उत्तर	सही उत्तर / छोड़ दिया
93	B	50.5 % / 45.51 %
94	D	45.83 % / 40.98 %
95	B	56.34 % / 41.4 %
96	C	81.32 % / 11.01 %

प्रश्न संख्या	उत्तर	सही उत्तर / छोड़ दिया
97	A	46.73 % / 39.0 %
98	C	79.48 % / 10.91 %
99	D	51.66 % / 41.41 %
100	B	80.9 % / 18.79 %

कार्य विश्लेषण

औसत अंक (%)	56.0%
टॉपर्स स्कोर (%)	73.0%
आपका स्कोर	

//संकेत और समाधान//

1. तर्क:

दी गई संख्याओं में सभी अंकों का योग 6 के बराबर है, 5241 को छोड़कर।

1014	$1 + 0 + 1 + 4 = 6$
4011	$4 + 0 + 1 + 1 = 6$
2112	$2 + 1 + 1 + 2 = 6$
5241	$\mathbf{5 + 2 + 4 + 1 = 12}$

यहाँ 5241 अंकों का योग 12 है जो शेष संख्याओं से भिन्न है।

अतः विकल्प (D) सही है।

2. प्रश्न के अनुसार,

JKLM

J - 1 = I, K - 2 = I,

L - 3 = I, M - 4 = I

PQRS

P - 1 = O, Q - 2 = O,

R - 3 = O, S - 4 = O

अतः विकल्प (B) सही है।

3. पैटर्न इस प्रकार है:

$4 \times 4 + 1 = 17$

उसी प्रकार,

$7 \times 7 + 1 = 50$

इसलिए, अगली लुप्त संख्या 50 होगी।

अतः विकल्प (B) सही है।

4. प्रश्न के अनुसार,

F + 2 = H + 2 = J

J + 2 = L + 2 = N

N + 2 = P + 2 = R

L + 2 = N + 2 = P (ये सही नहीं है।)

अतः विकल्प (B) सही है।

5. प्रश्न के अनुसार,

$11^2 = 121$

$13^2 = 169$

$21^2 = 441$

$19^2 = 361 \neq 391$

अतः विकल्प (C) सही है।

6. पुरुष के कथनानुसार, तुम्हारे इकलौते भाई की बहन यानी कि औरत के भाई की बहन अर्थात औरत की बहन उसकी (पुरुष की) माँ है, यानी वह औरत उसकी मौसी है और मौसी नानी की पुत्री होती है। अतः वह औरत, पुरुष की नानी की पुत्री है।

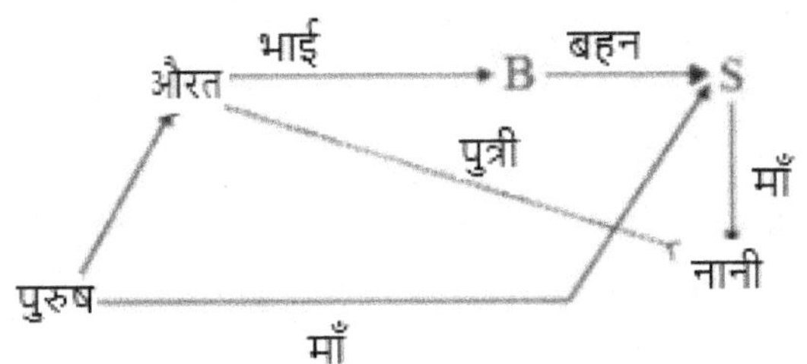

पुरुष की माँ का भाई ⇒ मामा,

मामा की बहन ⇒ मौसी,

मौसी ⇒ नानी की पुत्री

इसलिए वह औरत, पुरुष की नानी की पुत्री है।

अतः विकल्प (C) सही है।

7.

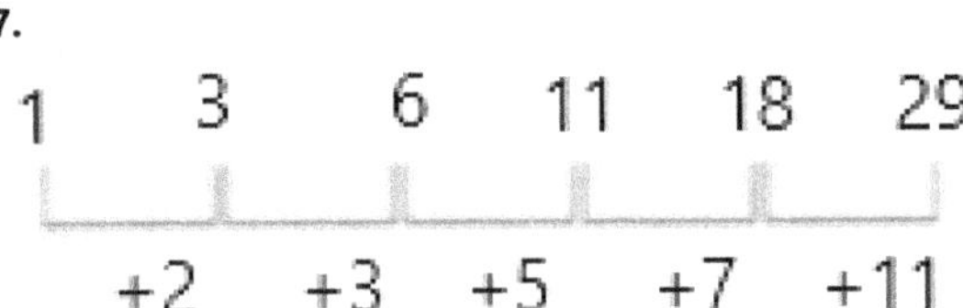

अभाज्य संख्याओं का जोड़ है।

अतः विकल्प (C) सही है।

8.

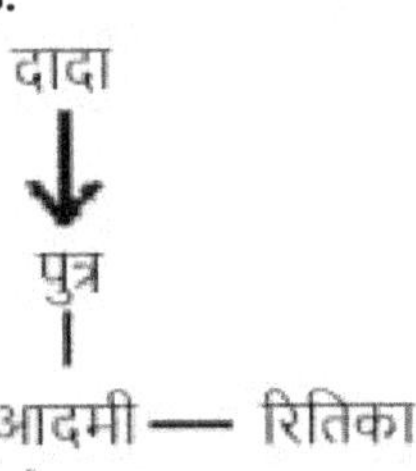

रितिका के दादा के इकलौते बेटे उनके पिता होंगे और वह आदमी उनके पिता का बेटा है। इस प्रकार, रितिका उनकी बहन होगी।

अतः विकल्प (B) सही है।

9. पुस्तक 1 को $B1$ मान लेते हैं, पुस्तक 2 को $B2$ मान लेते हैं और इसी तरह बाकी पुस्तकों को भी मन लेते हैं।

इसलिए,

$B1 = 2B2$ ($B1$ $B2$ का दोगुना है)

$B3 = \frac{1}{2}B2$ ($B3$ $B2$ का आधा है)

$B4 = 60 + B2$ ($B4$ $B2$ से 60 ज्यादा है)

इसके अलावा, $B4 = 60 - B1$ ($B4$ $B1$ से 60 से कम है)

यदि हम इन समीकरणों को देखते हैं, तो हम ऐसा कह सकते है

$B1 > B2 > B3$

इसके अलावा, $B4 > B2$

इसलिए, $B1 > B4 > B2 > B3$

पुस्तक 1 सबसे भारी है।

अतः विकल्प (A) सही है।

10. दिया गया है:

कोडित भाषा में "MASTER" को "682145" और "STAMP" को "21869" लिखा जाता है।

तो, समान कूट भाषा में "PASTE" को "98214" लिखा जाएगा।

अतः विकल्प (B) सही है।

11. स्वरूप निम्न प्रकार है:

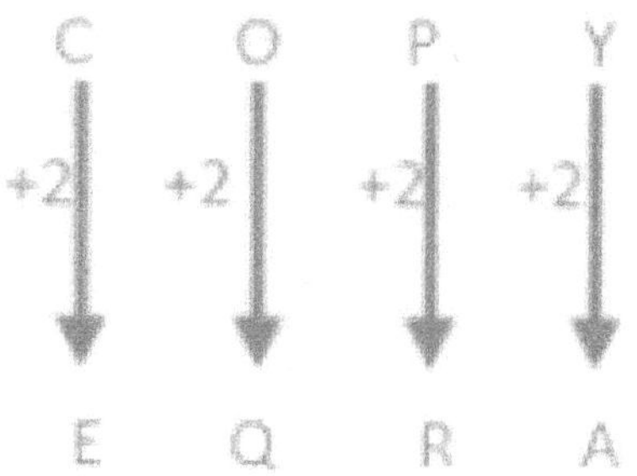

इसी तरह,

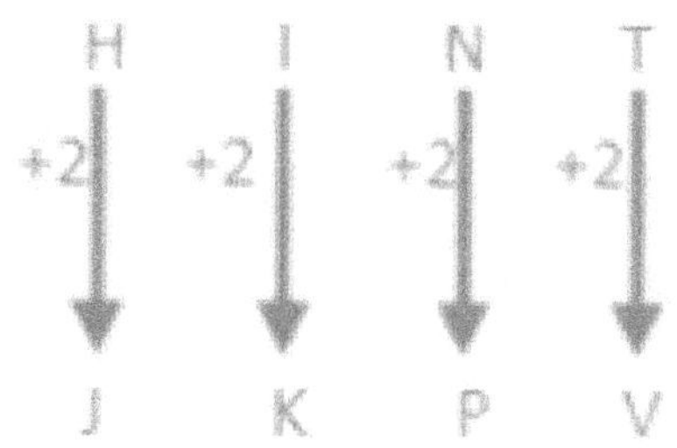

इस प्रकार, सही कूट JKPV है।

अतः विकल्प (D) सही है।

12.

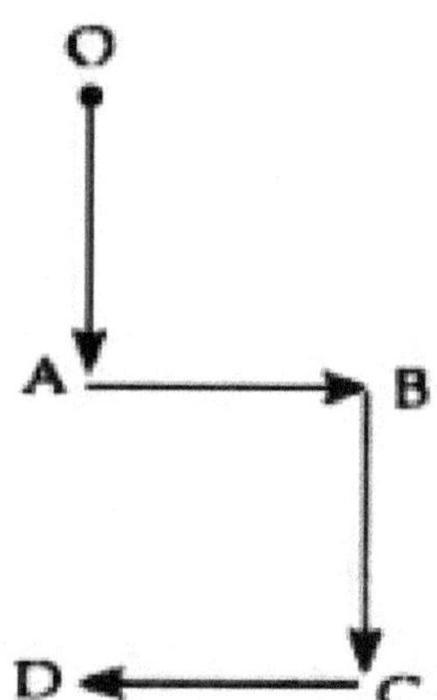

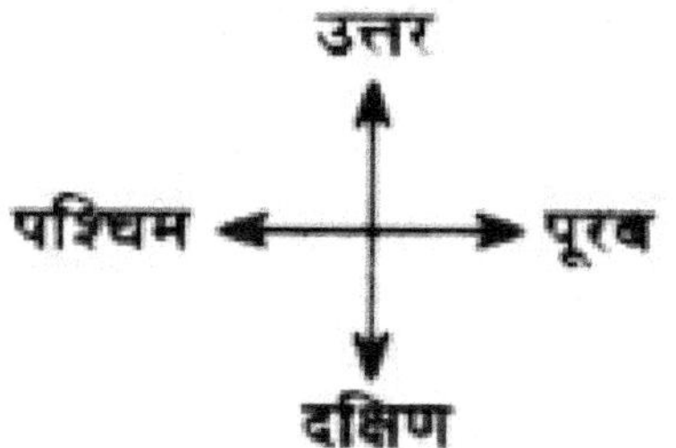

इस प्रश्न में प्रारंभिक बिंदु O है। राकेश O से दक्षिण की दिशा में जाता है। A बिंदु से वह बायें मुड़ जाता है और B तक पहुँचता है। चित्र से स्पष्ट है कि A से B की दूरी उसने पूरब दिशा में जाते हुए पूरी की है फिर B बिंदु से वह दायें मुड़ गया और C तक पहुँचा अर्थात B से C की दूरी उसने दक्षिण की दिशा में जाते हुए पूरी की। अंत में C पर पहुँचने के बाद पुनः दायें मुड़ा और अंतिम बिंदु D की ओर बढ़ा अर्थात वह पश्चिम की ओर बढ़ा जो चित्र से स्पष्ट है।

अतः विकल्प (B) सही है।

13. प्रश्न के अनुसार,

$3 + 2 + 5 + 4 + 1 + 7 = 22$

$1 + 2 + 7 + 6 + 4 + 2 = 22$

इसी तरह,

$2 + 1 + 3 + 11 + 1 + 4 = 22$

अतः विकल्प (B) सही है।

14. दी गयी आकृति में 18 त्रिकोण मौजूद हैं।

वे हैं- AHC, HCE, CED, EFC, BFC, BGF, AGB, AHG, BKC, FKC, IGJ, HIG, HIA, BKJ, HFC, HJG, HCF, HKF

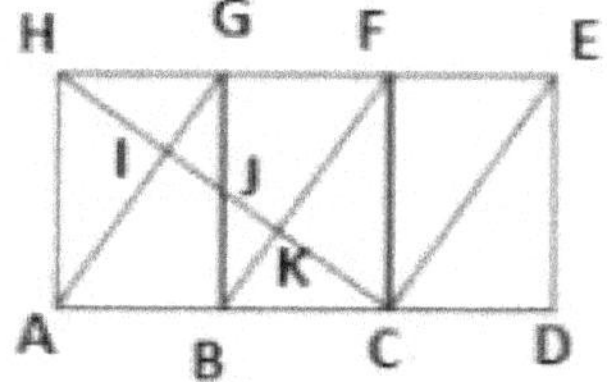

अतः विकल्प (B) सही है।

15. प्रत्येक कॉलम की संख्याओं का योग 15 है

पहला कॉलम $= 4 + 3 + 8 = 15$

दूसरा कॉलम $= 9 + 5 + 1 = 15$

इसी तरह, तीसरा कॉलम $= 2 + 7 + ? = 15$ या

$? = 15 - 9$

$= 6$

अतः विकल्प (B) सही है।

16. एक सामान्य वर्णमाला यानी 'N' को पकड़कर घड़ी के नियम का पालन करें।

इसलिए,

N B S

N Q T

इस प्रकार, Q, B के विपरीत आएगा।

अतः विकल्प (A) सही है।

17. दी गई आकृति के अनुसार,

'6' सफ़ेद भाग को कवर नहीं करता है और (कार्डबोर्ड + बॉक्स) के अंतर्गत आता है। इसलिए '6' सही उत्तर है।

अतः विकल्प (A) सही है।

18. उत्तर चित्र का ध्यानपूर्वक अवलोकन करने पर हम देखते है कि, प्रश्न चित्र की आकृति, उत्तर चित्र (D) में अंतर्निहित है।

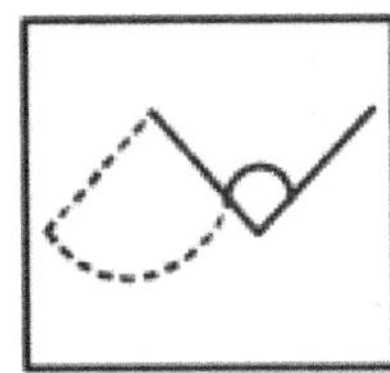

अतः विकल्प (D) सही है।

19.

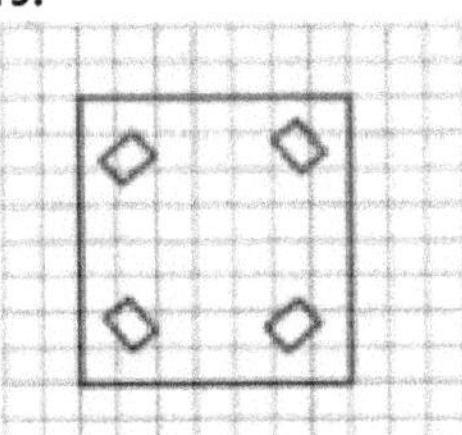

अतः विकल्प (D) सही है।

20. लगातार 400 वर्षों में 97 लीप वर्ष होते हैं।

इसलिए, लगातार 400 वर्षों में फरवरी का 29वां दिन 97 बार होता है और शेष ग्यारह महीनों में 29वां दिन 400 $\times$ 11 या 4400 बार होता है।

इसलिए, महीने का 29वां दिन (4400 + 97) या 4497 बार आता है।

अतः विकल्प (A) सही है।

21. दिया गया,

लोहे का क्रय मूल्य $= 12160$ रुपये

इसके परिवहन के लिए भुगतान किया $= 340$ रुपये

कुल लागत $= 12160 + 340 = 12500$ रुपये

विक्रय मूल्य $= 12875$ रुपये

लाभ $=$ विक्रय मूल्य - क्रय मूल्य

$= 12875 - 12500 = 375$ रुपये

लाभ $\%$ $=$ (लाभ $\times$ 100)/क्रय मूल्य

$= \dfrac{375 \times 100}{12500}$

$= 3\%$

अतः विकल्प (A) सही है।

22. दिया गया,

बड़की 9 घंटे में 45 केक बनाती है|

बड़की की क्षमता $= \dfrac{45}{9} = 5$

बड़की + छुटकी एक साथ 10 घंटे में 80 केक बनाती है|

बड़की छुटकी की क्षमता $= \dfrac{80}{10} = 8$

छुटकी की क्षमता $= 8 - 5 = 3$

हम जानते है,

कुल कार्य $=$ क्षमता $\times$ कुल घंटे

छुटकी 40 घंटे में $= 3 \times 40 = 120$ केक बना सकती है|

अतः विकल्प (C) सही है।

23. माना कि 5 नंबर a, b, c, d और e है।

प्रश्न के अनुसार,

$\dfrac{a+b+c+d+e}{5} = 72$

$\Rightarrow a + b + c + d + e = 72 \times 5 = 360 \ldots(i)$

$\Rightarrow 8a = (b + c + d + e) \ldots(ii)$

समीकरण (ii) के मान को समीकरण (i) में रखने पर हमें प्राप्त होता है

$\Rightarrow a + 8a = 360$

$\Rightarrow a = 40$

अतः विकल्प (C) सही है।

24. माना कि संख्या x है।

प्रश्न के अनुसार,

$\dfrac{6}{7} \times \dfrac{8}{5} \times x = 192$

$\Rightarrow x = 140$

$\therefore \dfrac{3}{4} \times x = \dfrac{3}{4} \times 140$

$= 105$

$$\dfrac{3}{4} \times 140 = 105$$

अतः विकल्प (A) सही है।

25. दिया गया है:

दो संख्याओं का महत्तम समापवर्तक = 18

दो संख्याओं का गुणनफल = 12960

माना उनका लघुत्तम समापवर्त्य x है।

सूत्र का उपयोग करते हुए, महत्तम समापवर्तक $\times$ लघुत्तम समापवर्त्य $-$ दो संख्याओं का गुणनफल

18 $\times$ x = 12960

$x = \dfrac{12960}{18}$

x = 720

इसलिए उनका लघुत्तम समापवर्त्य 720 है।

अतः विकल्प (A) सही है।

26. माना कि छात्रों की कुल संख्या 100 है।

तो, लड़कों की संख्या $= 70$

लड़कियों की संख्या $= (100 - 70)$

$= 30$

लड़कियों की संख्या 30 होने पर छात्रों की कुल संख्या $= 100$

जब लड़कियों की संख्या 504 है, तो, छात्रों की कुल

संख्या $\left(\dfrac{100}{30} \times 504 \right)$

$= 1680$

लड़कों की संख्या $= 1680 - 504$

$= 1176$

अतः विकल्प (A) सही है।

27. माना कि क्रय मूल्य होगा, चिह्नित मूल्य होगा और विक्रय मूल्य होगा।

सूत्र का उपयोग करने पर

क्रय मूल्य/चिह्नित मूल्य = (100 - प्रतिशत छूट)/ (100 - प्रतिशत हानि)

क्रय मूल्य/चिह्नित मूल्य $= \dfrac{(100-30)}{(100-16)}$

क्रय मूल्य/चिह्नित मूल्य $= \dfrac{70}{84}$

यदि छूट $= 20\%$

नए विक्रय मूल्य $= 67.2$

हानि $\% = \dfrac{70-67.2}{70} \times 100$

$= 4\%$ प्रतिशत लाभ

अतः विकल्प (B) सही है।

28. मान लीजिये कि दो नंबर a और b हैं।

दिया, 28 मतलब आनुपातिक है $a : 28 : 28 : b$

$\therefore ab = (28)^2 = 784$

$\Rightarrow a = \dfrac{784}{b}$ ......(i)

दिया गया, (224) तीसरा आनुपातिक है

$\therefore a : b : : b : 224$

$\Rightarrow b^2 = 224a$ .....(ii)

(ii) में a के मान को प्रतिस्थापित करना

$b^2 = 224 \times \dfrac{784}{b}$

$\Rightarrow b^3 = 224 \times 784$

$\Rightarrow b^3 = 175616 = (56)^3$

$\therefore b = 56$

अब (i) में b का मान प्रतिस्थापित कर रहा है।

$a = \dfrac{784}{56} = 14$

तो, दो संख्याएं $14, 56$ हैं।

अतः विकल्प (A) सही है।

29. मान लेते हैं कि धन का योग P है।

दिया गया है कि

ब्याज दर $r = 20\%$

$= 0.2$

समय, $t = 2$ साल

केस i: जब ब्याज वार्षिक है, $t = 1$

चक्रवृद्धि ब्याज के सूत्र के अनुसार

$$A_1 = P\left(1 + \dfrac{r}{100}\right)^t$$
$$= P\left(1 + \dfrac{0.2}{100}\right)^2$$
$$= 1.44P$$

केस ii: जब ब्याज छमाही है, $t = 2$

$$A_2 = P\left(1 + \dfrac{r}{100}\right)^t$$
$$= P\left(1 + \dfrac{0.2}{100}\right)^4$$
$$= 1.4641P$$

प्रश्न के अनुसार,

$A_2 - A_1 = 482$

$\Rightarrow 1.4641P - 1.44P = 482$

$\Rightarrow 0.0241P = 482$

$\Rightarrow P = 20000$ रुपए

अतः विकल्प (C) सही है।

30. दिया गया है:

4 अंकों की सबसे छोटी संख्या जो 5 से विभाज्य है = 1000

लेकिन, शेषफल 4 देती है

$\Rightarrow$ संख्या है 1000 + 4 = 1004

$\therefore$ 4 अंकों की सबसे छोटी संख्या जिसे 5 से विभाजित करने पर शेषफल 4 प्राप्त होता है, 1004 है।

अतः विकल्प (D) सही है।

31. दिया हुआ,

A 20 दिन में कार्य कर सकता है।

B 50 दिन में कार्य कर सकता है।

माना कि कुल कार्य 100 है।

तो, A द्वारा 20 दिन में किया गया कार्य $= 100$

$\therefore A$ द्वारा 1 दिन में किया गया कार्य $= \frac{100}{20}$

$= 5$

B द्वारा 50 दिन में किया गया कार्य $= 100$

$\therefore B$ द्वारा 1 दिन में किया गया कार्य $= \frac{100}{50}$

$= 2$

तो, $(A + B)$ द्वारा 5 दिन में किया गया कार्य

$= (5 + 2) \times 5$

$= 35$ इकाइयाँ

शेष कार्य का भाग $= \frac{100 - 35}{100}$

$= \frac{65}{100}$

$= \frac{13}{20}$

अतः सही विकल्प (A) है।

32. $4b^2 + \frac{1}{b^2} = 2$

$\Rightarrow (2b)^2 + \left(\frac{1}{b}\right)^2 + 4 - 4 = 2$

$\Rightarrow \left(2b + \frac{1}{b}\right)^2 - 4 = 2$

$\Rightarrow \left(2b + \frac{1}{b}\right)^2 = 6$

$\Rightarrow 2b + \frac{1}{b} = \sqrt{6}$

दोनों तरफ से घन लीजिए

$\Rightarrow \left(2b + \frac{1}{b}\right)^3 = \left(\sqrt{6}\right)^3$

$\Rightarrow 8b^3 + \frac{1}{b^3} + 3 \times 2b \times \frac{1}{b}\left(2b + \frac{1}{b}\right) = 6\sqrt{6}$

$\Rightarrow 8b^3 + \frac{1}{b^3} + 6\sqrt{6} = 6\sqrt{6}$

$\Rightarrow 8b^3 + \frac{1}{b^3} = 6\sqrt{6} - 6\sqrt{6}$

$\Rightarrow 8b^3 + \frac{1}{b^3} = 0$

अतः विकल्प (A) सही है।

33. दिया गया ,

ट्रेपेजियम के समानांतर भुजाओं में से एक है $= 20$ मीटर, ऊंचाई $h = 15$ मीटर

माना कि एक और समानांतर भुजा b है।

ट्रेपेजियम का दिया गया क्षेत्र $= 480$ मीटर^2

सूत्र द्वारा,

एक ट्रेपेजियम का क्षेत्रफल $= \frac{1}{2} h(a + b)$

$\Rightarrow 480 = \frac{1}{2}(15)(20 + b)$

$\Rightarrow 20 + b = \frac{(480 \times 2)}{15}$

$\Rightarrow b = 64 - 20 = 44$ मीटर

अतः विकल्प (A) सही है।

34. दिया गया,

क्रिकेट खिलाड़ी के रनों का औसत 10 पारी $= 32$

औसत $=$ कुल रन/पारी की संख्या

तो, कुल रन $=$ औसत $\times$ पारी की संख्या $= 32 \times 10$

$= 320$

अब औसत में वृद्धि $= 4$ रन

तो, नया औसत $= 32 + 4$

$= 36$ रन

कुल रन $=$ नया औसत $\times$ पारी की नई संख्या $= 36 \times 11$

$= 396$

11 वीं पारी में बने रन $= 396 - 320$

$= 76$

अतः विकल्प (A) सही है।

35. दिया गया,

सिलेंडर के आधार की परिधि $= 11$ सेमी

कागज की लंबाई सिलेंडर के आधार की परिधि होगी और चौड़ाई इसकी ऊंचाई होगी।

जैसा कि हम जानते हैं,

सिलेंडर के आधार की परिधि $= 2\pi r$

$\Rightarrow 2 \times \frac{22}{7} \times r = 11$ सेमी

$\Rightarrow r = \frac{7}{4}$ सेमी

सिलेंडर का आयतन $= \pi r^2 h$

$= \left(\frac{22}{7}\right) \times \left(\frac{7}{4}\right)^2 \times 4$

$= 38.5$ सेमी^{3}

अतः विकल्प (A) सही है।

36. माना कि A तथा B शहर के बीच की दूरी D किमी है।

कार 1 की गति = 30 किमी / घंटा

कार 1 द्वारा लिया गया समय = $\frac{D}{30}$ घंटे

कार 2 की गति = 44 किमी / घंटा

कार 2 द्वारा लिया गया समय = $\frac{D}{44}$ घंटे

कार 2 कार 1 की तुलना में 3.5 घंटे कम समय लेता है क्योंकि कार 2 की गति 3.5 घंटे अधिक है = $\frac{7}{2}$ घंटे

$$\frac{D}{30} - \frac{D}{44} = \frac{7}{2}$$

दोनों पक्ष, द्वारा 44×15 गुणा करने पर, हमें मिलता हैं

$$\Rightarrow 22D - 15D = 7 \times 22 \times 15$$

$$\Rightarrow 7D = 7 \times 22 \times 15$$

$$\Rightarrow D = 22 \times 15$$

$$\Rightarrow D = 330 \text{ किमी}$$

तो शहर A और शहर B के बीच की दूरी 330 किमी है।

अतः विकल्प (A) सही है।

37. माना कि मशीन की लागत मूल्य x रुपये है।

विक्रय मूल्य= 50 लाख रुपये

मशीन का नया विक्रय मूल्य= 60 लाख रुपये

लाभ= $7(x - 50)$

प्रश्न के अनुसार,

$$7(x - 50) = 60 - x$$

$$\Rightarrow 7x - 350 = 60 - x$$

$$\Rightarrow 8x = 410$$

$$\Rightarrow x = 51.25 \text{ लाख}$$

अतः विकल्प (A) सही है।

38. दिया गया,

बाहरी त्रिज्या = 6 सेमी

आंतरिक त्रिज्या = (6 - 0.25)

= 5.75 सेमी

खाली सिलेंडर में सामग्री की मात्रा:

$$= \left[\frac{22}{7} \times \{(6)^2 - (5.75)^2\} \times 15\right] \text{ सेमी}^3$$

$$= \left(\frac{22}{7} \times 11.75 \times 0.25 \times 15\right) \text{ सेमी}^3$$

$$= \left(\frac{22}{7} \times \frac{1175}{100} \times \frac{25}{100} \times 15\right) \text{ सेमी}^3$$

$$= \left(\frac{11 \times 705}{56}\right) \text{ सेमी}^3$$

माना ठोस बेलन की लम्बाई h है

फिर,

$$\frac{22}{7} \times 1 \times 1 \times h = \left(\frac{11 \times 705}{56}\right)$$

$$\Rightarrow h = \left(\frac{11 \times 705}{56} \times \frac{7}{22}\right)$$

$$\Rightarrow h = 44.0625 \text{ सेमी}$$

अतः विकल्प (C) सही है।

39. प्रश्न के अनुसार,

$$8\frac{1}{2} - \left[3\frac{1}{4} + \left\{1\frac{1}{4} - \frac{1}{2}\left(1\frac{1}{2} - \frac{1}{3} - \frac{1}{6}\right)\right\}\right]$$

$$\Rightarrow \frac{17}{2} - \left[\frac{13}{4} + \left\{\frac{5}{4} - \frac{1}{2}\left(\frac{3}{2} - \frac{1}{3} - \frac{1}{6}\right)\right\}\right]$$

$$\Rightarrow \frac{17}{2} - \left[\frac{13}{4} + \left\{\frac{5}{4} - \frac{1}{2}\left(\frac{9-2-1}{6}\right)\right\}\right]$$

$$\Rightarrow \frac{17}{2} - \left[\frac{13}{4} + \left\{\frac{5}{4} - \frac{1}{2} \times 1\right\}\right]$$

$$\Rightarrow \frac{17}{2} - \left[\frac{13}{4} + \left\{\frac{5-2}{4}\right\}\right]$$

$$\Rightarrow \frac{17}{2} - \left[\frac{13}{4} + \frac{3}{4}\right]$$

$$\Rightarrow \frac{17}{2} - \frac{16}{4}$$

$$\Rightarrow \frac{34-16}{4}$$

$$\Rightarrow \frac{9}{2}$$

$$\Rightarrow 4\frac{1}{2}$$

अतः विकल्प (A) सही है।

40. दी गई अभिव्यक्ति:

$$= \frac{(0.943)^2 - (0.943 \times 0.057) + (0.057)^2}{(0.943)^3 + (0.057)^3}$$

$$= \frac{a^2 - ab + b^2}{a^3 + b^3}$$

$$= \frac{1}{a+b}$$

$$= \frac{1}{0.943 + 0.057}$$

$$= 1$$

अतः विकल्प (D) सही है।

41. बिहार के युवा वैज्ञानिक डॉ. उज्जवल वर्मा और उनकी टीम ने बैक्टीरिया की पहचान के लिए एक नई तकनीक का आविष्कार किया है। कदमकुआं पटना के रहने वाले और कर्नाटक के मणिपाल इंस्टीट्यूट ऑफ टेक्नोलॉजी में

इलेक्ट्रॉनिक्स एंड कम्युनिकेशन इंजीनियरिंग के प्रोफेसर डॉ. उज्जवल वर्मा ने चीनी को धागों में डालकर और बैक्टीरिया को खिलाने के लिए कल्चर डिश में डालकर चीनी के रासायनिक परिवर्तन को देखा है।

अतः विकल्प (C) सही है।

42. पटना के पास राज्य की एकमात्र जीनोम सीकेंसिंग लैब है। पटना स्थित इंदिरा गांधी इंस्टीट्यूट ऑफ मेडिकल साइंसेज (आईजीआईएमएस) में बिहार की पहली और एकमात्र जीनोम-अनुक्रमण सुविधा अभिकर्मकों की कमी के कारण पिछले सप्ताह से गैर-संचालन हो गई है। कोविड - 19 के ओमिक्रॉन संस्करण का पता लगाने के लिए इस समय राज्य में किसी भी नमूने का परीक्षण नहीं किया जा रहा है।

अतः विकल्प (A) सही है।

43. मानव विकास सूचकांक - 2016 में भारत को 0.624 अंक प्राप्त हुए हैं।

मानव विकास सूचकांक 2016:

- 2016 के मानव विकास सूचकांक (HDI) में 188 देशों में भारत 131वें स्थान पर था।

- भारत ने 0.624 अंक प्राप्त किया और उसे मध्यम मानव विकास श्रेणी में रखा गया।

- संयुक्त राष्ट्र विकास कार्यक्रम (UNDP) द्वारा प्रकाशित मानव विकास रिपोर्ट (HDR) 2016 शीर्षक के तहत हाल ही में सूचकांक का अनावरण किया गया था।

अत: विकल्प (B) सही है।

44. ब्राजील जलधारा दक्षिण अटलांटिक महासागर में प्रवाहमान उच्च तापक्रम और उच्च लवणता वाली गर्म धारा है। इसकी उत्पत्ति दक्षिण विषुवत रेखीय धारा के सनरॉक के पास ब्राजील तट से टकराकर द्विशाखन के कारण होता है। गर्म जलधारा है, जो अंटलांटिक महासागर में स्थित है।

अतः विकल्प (B) सही है।

45. निषेधाज्ञा रिट उच्च न्यायालय (उच्च न्यायालय या सुप्रीम कोर्ट) द्वारा जारी किया जाता है, जब निचली अदालत को लगता है कि कोई केस उसके अधिकार क्षेत्र से बाहर जा रहा है।

जब कोई निचली अदालत या एक अर्ध न्यायिक निकाय एक विशेष मामले में अपने अधिकार क्षेत्र में प्रदत्त अधिकारों को अतिक्रमित कर किसी भी मुक़दमें की सुनवाई करती है तो सुप्रीम कोर्ट या अन्य कोई भी उच्च न्यायालय द्वारा रिट जारी की जाती है। भारत में, निषेधाज्ञा को मनमाने प्रशासनिक कार्यों से व्यक्ति की रक्षा के लिए जारी किया जाता है।

अतः विकल्प (C) सही है।

46. भारतीय संविधान के अनुच्छेद 370 ने जम्मू और कश्मीर को विशेष दर्जा दिया, भारतीय उपमहाद्वीप के उत्तरी भाग में स्थित एक क्षेत्र जिसे भारत द्वारा 1954 से 31 अक्टूबर 2019 तक एक राज्य के रूप में प्रशासित किया गया था, ने इसे एक अलग साम्राज्य का दर्जा दिया था। राज्य के आंतरिक प्रशासन पर एक राज्य ध्वज और स्वायत्तता। भारतीय प्रशासित जम्मू और कश्मीर कश्मीर के बड़े क्षेत्र का हिस्सा है जो 1947 से भारत, पाकिस्तान और आंशिक रूप से चीन के बीच विवाद का विषय रहा है।

संविधान के भाग XXI में "अस्थायी, संक्रमणकालीन और विशेष प्रावधान" शीर्षक से मसौदा तैयार किया गया था। जम्मू और कश्मीर की संविधान सभा ने, इसकी स्थापना के बाद, भारतीय संविधान के उन लेखों की सिफारिश करने का अधिकार दिया था, जिन्हें राज्य में लागू किया जाना चाहिए। अनुच्छेद 370 को पूरी तरह से निरस्त करना।

अतः विकल्प (D) सही है।

47. बिहार के छोटानागपुर पठार में कमरपेट पहाड़ी से निकलने वाली नदी और "रिवर ऑफ़ सॉरो" कहलाने वाली नदी दामोदर। दामोदर नदी को पहले "रिवर ऑफ़ सॉरो" के रूप में जाना जाता था क्योंकि यह बर्धमान, हुगली,

हावड़ा और मेदिनीपुर जिलों के कई क्षेत्रों में बाढ़ लाती थी। अब भी बाढ़ कभी-कभी निचली दामोदर घाटी को प्रभावित करती है, लेकिन पहले के वर्षों में इसने जो विनाश किया वह अब इतिहास का विषय है।

अतः विकल्प (B) सही है।

48. केल्विन स्केल एक निरपेक्ष थर्मोडायनामिक तापमान पैमाना है जिसका उपयोग इसके शून्य बिंदु निरपेक्ष शून्य के रूप में किया जाता है, वह तापमान जिस पर सभी थर्मल गति ऊष्मागतिकी के शास्त्रीय विवरण में बंद हो जाते हैं। केल्विन (प्रतीक: K) अंतर्राष्ट्रीय प्रणाली इकाइयों (SI) में तापमान की आधार इकाई है।

अतः विकल्प (D) सही है।

49. सूर्य के चारों ओर चक्कर लगाते हुए पृथ्वी हमेशा अपनी धुरी को ध्रुव तारे की ओर इंगित करती रहती है।

ध्रुव तारा एक चमकीला तारा है जो हमेशा उत्तरी ध्रुव के ऊपर होता है और जो चौबीसों घंटे और पूरे वर्ष आकाश में एक ही स्थिति में रहता है।

इसे 'उत्तर सितारा' के नाम से भी जाना जाता है।

अतः विकल्प (C) सही है।

50. ऑक्सीजन गैस की खोज वैज्ञानिक जोसेफ प्रिस्टले ने 1773 में की थी। यह पृथ्वी पर जीवन के लिए सबसे महत्वपूर्ण गैस है। यह प्रकाश संश्लेषण की प्रक्रिया द्वारा पौधों द्वारा निर्मित होता है लेकिन श्वसन द्वारा प्रक्रिया द्वारा जानवरों द्वारा सेवन किया जाता है।

अतः विकल्प (A) सही है।

51. एक अर्थव्यवस्था या उत्पादन प्रक्रिया में एक फर्म द्वारा खपत की जाने वाली पूंजी को मूल्यह्रास के रूप में जाना जाता है। अर्थशास्त्र में, मूल्यह्रास एक फर्म, राष्ट्र या अन्य इकाई के पूंजीगत स्टॉक के आर्थिक मूल्य में क्रमिक कमी है, या तो भौतिक मूल्यह्रास, अप्रचलन या प्रश्न में पूंजी की सेवाओं की मांग में परिवर्तन के माध्यम से।

अतः विकल्प (D) सही है।

52. खरीदारों और विक्रेताओं की एक छोटी संख्या सही प्रतियोगिता की विशेषता नहीं है। परिपूर्ण प्रतियोगिता की ये तीन आवश्यक विशेषताएं हैं:

बाजार में खरीदारों और विक्रेताओं की संख्या बहुत बड़ी है।

ये खरीदार और विक्रेता आपस में प्रतिस्पर्धा करते हैं।

बड़ी संख्या के कारण, कोई भी खरीदार या विक्रेता बाजार में मांग या आपूर्ति को प्रभावित नहीं करता है।

अतः विकल्प (B) सही है।

53. किसी तत्व की विद्युतीयता अवधि के दौरान बढ़ जाती है। जैसे-जैसे अवधि में परमाणु संख्या बढ़ती है, सबसे बाहरी शेल में इलेक्ट्रॉनों की संख्या भी बढ़ती है और इसी तरह नाभिक में प्रोटॉन की संख्या बढ़ जाती है। इस प्रकार इन बाहरी इलेक्ट्रॉनों पर आकर्षण का परमाणु बल भी बढ़ जाता है और इसलिए यह तत्व पूरे अवधि में अधिक विद्युतीय हो जाता है। इन अणुओं में, ऑक्सीजन दूसरी अवधि (फ्लोरीन से पहले) के सबसे अंत में स्थित है और इसलिए इसमें सबसे अधिक विद्युतीयता है।

अतः विकल्प (B) सही है।

54. त्वचा कैंसर त्वचा कोशिकाओं की असामान्य वृद्धि है। यह अक्सर सूरज की किरणों के संपर्क में आने वाली त्वचा के क्षेत्रों पर विकसित होता है। त्वचा कैंसर सभी रंगों और नस्लों के लोगों को प्रभावित करता है, हालांकि हल्की त्वचा वाले जो आसानी से सनबर्न करते हैं उनमें इसका खतरा अधिक होता है।

अतः विकल्प (B) सही है।

55. इंटरनेशनल लेबर ऑर्गनाइजेशन (ILO) एक संयुक्त राष्ट्र एजेंसी है जिसका जनादेश अंतर्राष्ट्रीय श्रम मानकों को निर्धारित करके सामाजिक न्याय को बढ़ावा देने और सभ्य कार्यों को बढ़ावा देने के लिए है। डब्ल्यूएचओ का मतलब विश्व स्वास्थ्य संगठन है।

विश्व स्वास्थ्य संगठन संयुक्त राष्ट्र की एक विशेष एजेंसी है जो अंतर्राष्ट्रीय सार्वजनिक स्वास्थ्य से संबंधित है। यह 7 अप्रैल 1948 को स्थापित किया गया था और इसका मुख्यालय जिनेवा, स्विट्जरलैंड में है। WHO संयुक्त राष्ट्र विकास समूह का सदस्य है।

एसोसिएशन ऑफ साउथईस्ट एशियन नेशंस (ASEAN) का उद्देश्य दक्षिण पूर्व एशिया में एसोसिएशन एक क्षेत्रीय अंतर-सरकारी संगठन है, जिसमें दक्षिण-पूर्व एशिया के दस देश शामिल हैं, जो अंतर-सरकारी सहयोग को बढ़ावा देता है और एशिया में इसके सदस्यों और अन्य देशों के लिए आर्थिक, राजनीतिक, सुरक्षा, सैन्य, शैक्षिक और समाजशास्त्रीय एकीकरण की सुविधा प्रदान करता है। इसलिए, आसियान संयुक्त राष्ट्र के साथ जुड़ा नहीं है।

अतः विकल्प (C) सही है।

56. संयुक्त राष्ट्र सुरक्षा परिषद की अध्यक्षता मासिक आधार पर उनके अंग्रेजी नाम के आधार पर सभी सदस्यों के बीच वर्णानुक्रम में परिवर्तित होती है।

अतः विकल्प (D) सही है।

57. भारत सरकार हर साल 21 अप्रैल को 'सिविल सेवा दिवस' के रूप में मनाती है, क्योंकि सिविल सेवकों को नागरिक के कारण के लिए खुद को फिर से संगठित करने और सार्वजनिक सेवा और काम में उत्कृष्टता के लिए अपनी प्रतिबद्धताओं को नवीनीकृत करना है।

अतः विकल्प (C) सही है।

58. आलू एक जड़ सब्जी है, जो प्लांटी के जगत से संबंधित है।

यह सोलानम ट्यूबरोसम पौधे का स्टार्चयुक्त कंद है।

मक्का, गेहूं और चावल के बाद आलू दुनिया की चौथी सबसे बड़ी खाद्य फसल है।

सबसे बड़े आलू उत्पादक देश हैं -

1. चीन
2. भारत
3. रूस
4. यूक्रेन
5. संयुक्त राज्य अमेरिका

अतः विकल्प (B) सही है।

59. स्टेलमेट, शतरंज में एक प्रकार का ड्रॉ है जब खिलाड़ी को आगे बढ़ना होता है और उसके पास कोई कानूनी कदम नहीं होता है।

अखिल भारतीय शतरंज संघ का मुख्यालय चेन्नई में है।

संजय कपूर ऑल इंडिया चेस फेडरेशन के अध्यक्ष हैं।

भारत में 6वीं शताब्दी के आलसपास शतरंज के प्रारंभिक रूपों की उत्पत्ति हुई है।

शतरंज के सेट में 32 टुकड़े हैं, 16 प्रति पक्ष।

शतरंज की शर्तें- ग्रैंडमास्टर, इंटरनेशनल मास्टर, गैम्बिट, आदि।

अतः विकल्प (C) सही है।

60. हाइड्रोक्लोरिक अम्ल हमारे पाचन तंत्र के पेट में स्रावित होता है।

हाइड्रोक्लोरिक अम्ल पाचन की प्रक्रिया के दौरान पेट द्वारा गठित पाचन तरल पदार्थ है।

यह खाद्य कणों में मौजूद हानिकारक सूक्ष्मजीवों को नष्ट करके कार्य करता है।

मानव शरीर की पाचन प्रणाली में अंगों का एक समूह शामिल होता है जो भोजन को ऊर्जा में परिवर्तित करने और शरीर को शक्ति प्रदान करने के लिए अन्य बुनियादी पोषक तत्वों में एक साथ काम करता है।

पेट एक पेशी बैग के रूप में कार्य करता है जो पेट की गुहा की बाईं ओर डायाफ्राम के नीचे स्थित है।

यह महत्वपूर्ण अंग भोजन के भंडारण के रूप में कार्य करता है और भोजन को पचाने के लिए पर्याप्त समय प्रदान करता है।

पेट पाचन एंजाइम और हाइड्रोक्लोरिक अम्ल भी पैदा करता है जो पाचन की प्रक्रिया को बनाए रखता है।

अतः विकल्प (B) सही है।

61. The first paragraph describes the old man was sobbing out of happiness. And he was happy because "Forty years had passed since he had seen his country and now that speech had come to him itself — it had sailed to him over the ocean and found him in solitude on another hemisphere."

Hence, the correct option is (D).

62. According to the last few lines of the first paragraph of the passage, the old man "had become so accustomed to his solitary life, and had so forgotten it that in him even longing had begun to disappear." "Longing" means yearnings or desires, and "solitary" means lonely. So, since the old man had become used to loneliness, he had forgotten his desires.

Hence, the correct option is (A).

63. "Simply" is an adverb, hence, it would modify a verb. Therefore, "implored" is a verb here which means requested.

Hence, the correct option is (B).

64. The antonym of love is hated.

Occupied- busy

Mistaken - wrong, not correct

Principled- ethical, one who has values

Hence, the correct option is (B).

65. In the given expression, "fill" means refers to the amount of something which is as much as one wants or can bear. The old man has wept enough or in plenty.

Hence, the correct option is (C).

66. We need to follow these instructions while changing the voice of an assertive sentence.

Find the subject and object of the sentence and exchange their places; make changes in their cases as well if subject and object are pronouns.

Use preposition by before agent. (Sumanth)

Use helping verb in passive form according to the tense of active form. (past continuous - was/were + being)

Always use the third form of the main verb in passive form. (read)

At last line up the remaining part.

Hence, the correct option is (A).

67. The given sentence is an assertive sentence.

While changing the narration of an assertive sentence, we need to follow the given steps-

Replace comma (,) and inverted commas (" ") with the conjunction 'that'.

'Told' is remains unchanged.

If the reporting clause is in the past perfect continuous tense, the tense of the reported verb does not change.

The final sentence- The teacher told me that children had been playing since morning.

Hence, the correct option is (B).

68. Deceptive: giving an appearance or impression different from the true one; misleading.

Misleading: giving the wrong idea or impression.

Ignorant: lacking knowledge or awareness in general; uneducated or unsophisticated.

Humble: having or showing a modest or low estimate of one's importance.

Malefic: causing harm or destruction, especially by supernatural means.

Hence, the correct option is (C).

69. Conventional means ordinary rather than different or original, in accordance with an accepted manner, model, or tradition, always behaving in a traditional or normal way.

Non traditional means not following or conforming to tradition, not adhering to past on conventions.

Convenient means suitable or practical for a particular purpose, not causing difficulty, close to something, in a useful position.

Controversial means of, relating to, or characteristic of controversy, or prolonged public dispute, debate, or contention.

Undisputed means something that cannot be questioned or shown to be false, that cannot be argued against, that everyone accepts or recognizes.

Hence, the correct option is (D).

70. All our might and main means with as much effort or strength as one can muster.

Hence, the correct option is (A).

71. Here, in the given sentence the underlined part 'devastated' is a verb.

A 'Verb' is a word or phrase that describes an action, condition, or experience

The word 'devastated' means 'to cause great damage or suffering to something or someone, or to violently destroy a place'.

Example: The town was devastated by a hurricane in 1928.

Hence, the correct option is (B).

72. Acid test- the true test of the value of something.

Example:

It looks good, but will people buy it? That's the acid test.

Hence, the correct option is (D).

73. While changing the narration of an assertive sentence, we need to follow the given steps-

The conjunction 'that' should be used in place of a comma (,) and inverted commas (" ").

'Told' remains unchanged.

If reported speech is a historical event, universal truth, phrase, idiom, proverb, habitual action, or scientific fact, the tense of the reported speech does not change.

The reported speech is a scientific fact, so the tense of the reported speech will not be changed.

Hence, the correct option is (A).

74. Sacred means connected with God or a god or dedicated to a religious purpose and so deserving veneration and profane means not relating to that which is sacred or religious; secular.

Profane means showing a lack of respect for sacred or holy things.

Piou means shaving or showing a deep belief in religion.

Hallowed means greatly revered and honoured.

Fellow means a member of an academic or professional organization, or of certain universities.

Hence, the correct option is (D).

75. Many moons ago: a very long time

Examples:

- I visited my old school yesterday for the first time in many moons.
- But that was all many moons ago.

Synonyms: a long time ago, years ago, ages ago, donkey's years ago

Hence, the correct option is (D).

76. The prefix is a letter or a group of letters that appears at the beginning of a word and changes the word's original meaning.

The word legal consists of the prefix 'Uni'- which means 'One' combined with the root (or stem) word 'lateral' the word becomes Unilateral.

There are some words related to the prefix 'Uni' are - Unanimous, Universal.

Unilateral(adjective): Involving only one group or country.

Example: A unilateral action.

Hence, the correct option is (D).

77. A suffix is a letter or a group of letters that is usually attached to the end of a word to form a new word, as well as alter the way it functions grammatically.

The word Homeless consists of the root word 'Home' combined with the suffix '-less' which means 'without, not affected by'.

There are some words related to the Suffix '-less' are - Meaningless, Hopeless.

Homeless(adjective): Accommodation needs to be found for thousands of homeless families.

Example: The family was left homeless.

Hence, the correct option is (B).

78. The given sentence is in Present Continuous Tense and in Active Voice.

The rule for changing a Negative sentence of Present Continuous Tense from Active voice to Passive voice:

Subject + is/am/are+ not+ v1+ ing+ object (Active Voice) into Object + is/am/are+ not + being+V3+ by Subject (Passive Voice)

Example: Esha is not singing a song. (Active Voice)

A song is not being sung by Esha. (Passive Voice)

Therefore, the correct answer is 'Vegetables are not being chopped by Kritika.'

Hence, the correct option is (A).

79. 'NASA's Mars helicopter Ingenuity is less than a week away from attempting its first flight on the Red Planet and the space agency wants to share the epic feat with students in a webcast on Thursday (April 8).'

It can be concluded from the above line that the space agency plans to share the achievement of NASA's Mars helicopter Ingenuity with students.

Therefore, the correct answer is 'to share the achievement of NASA's Mars helicopter Ingenuity'.

Hence, the correct option is (A).

80. Engineers with NASA's Jet Propulsion Laboratory (JPL) will host an Ingenuity talk Thursday for kids at 1 p.m.

It can be concluded from the above line that the Ingenuity talk will be hosted by engineers with NASA's Jet Propulsion Laboratory.

Therefore, the correct answer is 'Engineers with NASA's Jet Propulsion Laboratory'.

Hence, the correct option is (B).

81. हरिश्चन्द्र= हरिः + चन्द्र

हरिश्चन्द्र विसर्ग सन्धि का उदाहरण है।

जहाँ विसर्ग के साथ स्वर या व्यंजन के मेल से विकार उत्पन्न होता है। वहाँ विसर्ग सन्धि होती है।

अत: विकल्प (B) सही है।

82. दिए गए विकल्पों में 'से' 'करण कारक' का चिह्न है।

संज्ञा या सर्वनाम के जिस रूप की सहायता से क्रिया सम्पन्न होती हैं, उसे करण कारक कहते हैं। जैसे- रामा ने मोहन को डंडे से मारा।

अत: विकल्प (A) सही है।

83. 'घोसले में चिड़िया है' वाक्य में अधिकरण कारक है क्योंकि इसमें विभक्ति चिन्ह 'में' प्रयोग हुआ है। भीतर, ऊपर, अंदर, बीच' आदि शब्दों का प्रयोग इस कारक में किया जाता है।

अत: विकल्प (B) सही है।

84. ठकुराइन शब्द ठाकुर+आइन प्रत्यय से बना हुआ है।

अत: विकल्प (B) सही है।

85. वे क्रियाविशेषण शब्द जो हमें क्रिया के होने वाले समय का बोध कराते हैं, वह शब्द कालवाचक क्रियाविशेषण कहलाते हैं। यानी जब क्रिया होती है उस समय का बोध कराने वाले शब्दों को कालवाचक क्रियाविशेषण कहलाते हैं।

जैसे- आज बरसात होगी। इस वाक्य से हमें बरसात क्रिया के होने के समय का बोध हो रहा है।

जैसे- परसों, पहले, पीछे, कभी, अब तक, अभी-अभी, बार-बार।

अतः विकल्प (B) सही है।

86. आत्मज के पर्यायिवाची शब्द हैं – बेटा, आत्मज, सुत, वत्स, तनुज, तनय, नंदन।

अतः विकल्प (D) सही है।

87. खर के पर्यायिवाची शब्द हैं- गधा, गर्दभ, खोता, रासभ, वैशाखनंदन।

अतः विकल्प (C) सही है।

88. कैवल्य का अर्थ है – मोक्ष।

निर्वाण का अर्थ है- मोक्ष, मुक्ति।

अतः विकल्प (D) सही है।

89. जातिगत आरक्षण जाति के आधार पर दिया गया आरक्षण है।

अतः विकल्प (A) सही है।

90. हर बार विरोध करने को घोर वैचारिक पिछड़ापन कहा गया है।

अतः विकल्प (C) सही है।

91. आज़ादी के लिए महिलाओं ने पुरुषों के साथ मिलकर संघर्ष किया था।

अतः विकल्प (B) सही है।

92. 'पाहुन ज्यों आए हों गाँव में शहर के' पंक्ति में उपमा अलंकार है। जहाँ किसी वस्तु या व्यक्ति की किसी अन्य वस्तु या व्यक्ति के समान गुण-धर्म के आधार पर तुलना की जाए या समानता बतायी जाए, वहाँ उपमा अलंकार होता है। प्रस्तुत उदाहरण में बादल की तुलना या समानता मेहमान से की गई है। इसलिए यहाँ उपमा अलंकार है।

अतः विकल्प (A) सही है।

93. चौराहा' शब्द में द्विगु समास है। जिस समास का पूर्व पद संख्या वाचक हो और उत्तरपद संज्ञा हो तो उस समास को द्विगु समास कहते है।

अतः विकल्प (B) सही है।

94. मन रे तन कागद का पुतला। लागै बूँद बिनसि जायस छिन में गरब करै क्यों इतना। इन पंक्तियों में शांत रस है। शांत रस की परिभाषा अनुसार – संसार की नश्वरता और ईश्वर की सत्ता का ज्ञान को जाने पर सांसारिक माया-मोह के प्रति ग्लानि या वैराग्य सा हो जाता है। इस वैराग्य भावना को ही 'निर्वेद' कहते हैं, यही 'निर्वेद' स्थायी भाव; विभाव, अनुभाव तथा संचारी भावों से संयुक्त होकर रस रूप में परिणत हो जाता है, तब 'शांत रस' कहलाता है।

अतः विकल्प (D) सही है।

95. जब किसी रचना या वाक्य आदि से वीरता जैसे स्थायी भाव की उत्पत्ति होती है, तो उसे वीर रस कहा जाता है। वीर रस का स्थायी भाव उत्साह होता है।

अतः विकल्प (B) सही है।

96. 'अंधेर नगरी' का अर्थ है- अन्याय की जगह।

अतः विकल्प (C) सही है।

97. 'नेकी और पूछ-पूछ कर' का अर्थ है- नेकी करने के पहले पूछने की जरूरत नहीं होती है।

अतः विकल्प (A) सही है।

98. इच्छा, उपेक्षा और करुणा स्त्रीलिंग शब्द हैं। 'कलंक' एक पुल्लिंग शब्द हैं।

अतः विकल्प (C) सही है।

99. अनाहूत – जिसे बुलाया न गया हो।

अपरिमेय – जिसका परिमाण जाना न जा सके।

अप्रत्याशित – जिसकी पहले से आशा न की गई हो।

अनवगत – जो जाना न गया हो, जो अवगत न हो।

अतः विकल्प (D) सही है।

100. जिस संज्ञा शब्द से पदार्थों की अवस्था, गुण-दोष, भाव या दशा,धर्म आदि का बोध हो उसे भाववाचक संज्ञा कहते हैं।"ईमानदारी" शब्द भाववाचक संज्ञा का एक उदाहरण है।

अतः विकल्प (B) सही है।

General Intelligence & Reasoning Ability

Q.1 निर्देश: दिए गए विकल्पों में से संबंधित शब्द का चयन करें।
गुणनफल : गुणन : : योगफल : ?

A. तुलना **B.** प्रतिशत **C.** संख्या **D.** योग

Q.2 निर्देश: दिए गए विकल्पों में से संबंधित अक्षरों के समूह का चयन करें।
FHK : DFI : : OQT : ?

A. NPS **B.** PRT **C.** MOR **D.** QSV

Q.3 निर्देश: दिए गए विकल्पों में से संबंधित संख्या का चयन करें।
10001 : 10101 : : 101 : ?

A. 11 **B.** 201 **C.** 100 **D.** 121

Q.4 विषम ज्ञात करें।

A. केला **B.** आम **C.** काजू **D.** अमरूद

Q.5 दिए गए विकल्पों में से अक्षरों के विषम समूह का चयन करें।

A. *EHK* **B.** *ZBD* **C.** *LOR* **D.** *SVY*

Ques (6-7):निर्देश: नीचे दी गई श्रृंखला में, '?' के स्थान पर कौन सी संख्या आएगी?

Q.6 512, 49, 216, 25, ?

A. 64 **B.** 27 **C.** 8 **D.** 1

Q.7 0, 3, 8, 15, 24, ?

A. 35 **B.** 16 **C.** 18 **D.** 9

Q.8 निर्देश: एक पासे की दो स्थितियाँ नीचे दर्शाई गई हैं। जब 1 ऊपर होता है, तो नीचे कौन सी संख्या होती है?

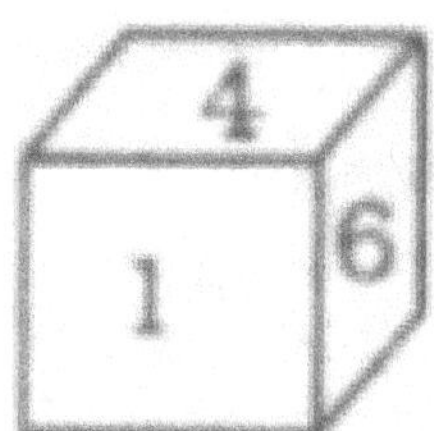
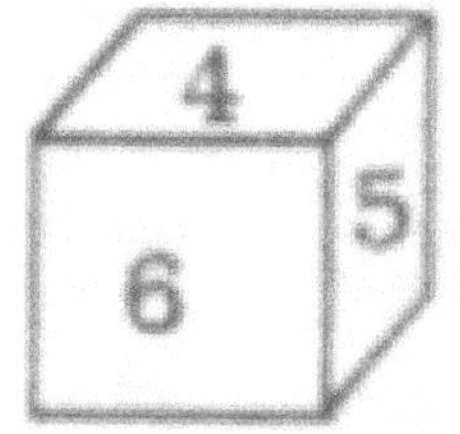

[UP Police Sub Inspector, 2021], [NCERT National Talent Search Exam, 2019]

A. 6 **B.** 5 **C.** 4 **D.** 2

Q.9 निर्देश: नीचे एक आकृति दी गई है, जो विकल्पों में दी गई चार आकृतियों में से एक आकृति के अंदर सन्निहित है। उस उपयुक्त विकल्प का चयन करें उत्तर के रूप में जिसमें नीचे दी गई आकृति है।

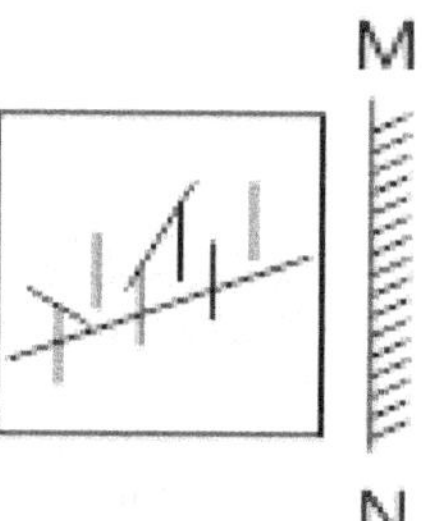

[Jawahar Navodaya Entrance Class VI, 2022], [Jawahar Navodaya Entrance Class VI, 2021], [AFCAT, 2021]

A. 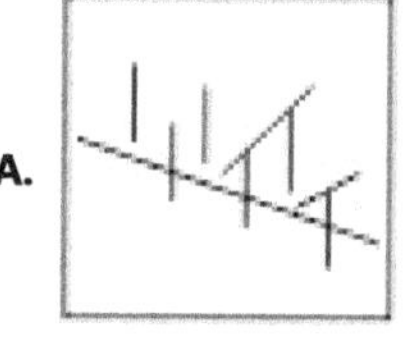 **B.** 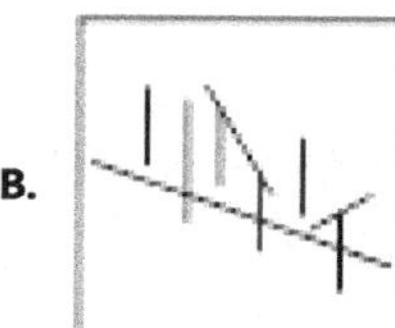

C. 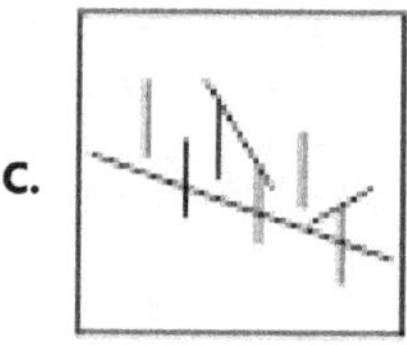 **D.** 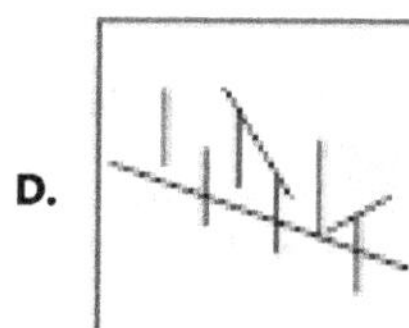

Q.10 एक निश्चित कोड भाषा में, COMPUTER को SFUVQNPD के रूप में लिखा जाता है। उसी कोड भाषा में INVERTER को कैसे लिखा जाएगा?

A. MFEDJJOE **B.** EOJDEJFM
C. SFUSFWOJ **D.** EOJDJEFM

Q.11 यदि $+, \times$ का प्रतिनिधित्व करता है, $-, +$ का प्रतिनिधित्व करता है, $\times, \div$ का प्रतिनिधित्व करता है और $\div, -$ का प्रतिनिधित्व करता है, तो $80 + 2 \div 25 + 5 - 10$ का मान ज्ञात करें।

A. 35 **B.** 98 **C.** 36 **D.** 45

Q.12 दो अंकों की एक संख्या में, इकाई का अंक दहाई के अंक से 2 अधिक है और दी गई संख्या का गुणनफल और उसके अंकों का योग 144 के बराबर है। संख्या ज्ञात कीजिए।

A. 24 **B.** 26 **C.** 42 **D.** 46

Q.13 यदि GBOQX अक्षर HAPPY के लिए है, तो CROSS अक्षर किस शब्द के लिए हैं?

A. BSPTR **B.** BSNTR **C.** BNSTR **D.** BSNRT

Q.14 अजय पूर्व की ओर 24 किमी चलता है, अपने दायें ओर मुड़ता है और 10 किमी चलता है। फिर वह अपने दायें ओर मुड़ता है और पश्चिम की ओर 10 किमी चलता है। फिर वह अपने बायें ओर मुड़ता है और 8 किमी चलता है। उसके बाद, वह अपने दायें ओर मुड़ता है और 14 किमी चलता है। वह अपने प्रारंभिक बिंदु से कितनी दूर है?

A. 20 किमी **B.** 18 किमी **C.** 16 किमी **D.** 10 किमी

Q.15 निर्देश: निम्नलिखित जानकारी का ध्यानपूर्वक अध्ययन करें तथा निम्नलिखित प्रश्न के उत्तर दें।

एक परिवार के आठ सदस्य अर्थात A, B, C, D, E, F, G और H हैं। 3 पीढ़ियों में दो विवाहित युगल हैं। E, H की नानी है, जो D का एकमात्र पुत्र है। D, F का ब्रदर-इन-लॉ है और इसके विपरीत है। F, B का मामा है। C, G की बहू है। A, F का पिता है, जिसका एक सहोदर है।

परिवार में कितने पुरुष सदस्य हैं?

A. 4

B. 5

C. 3

D. निर्धारित नहीं किया जा सकता

Q.16 निर्देश: '?' के स्थान पर कौन सी उत्तर आकृति आएगी और नीचे दी गई प्रश्न आकृति को पूरा करेगी?

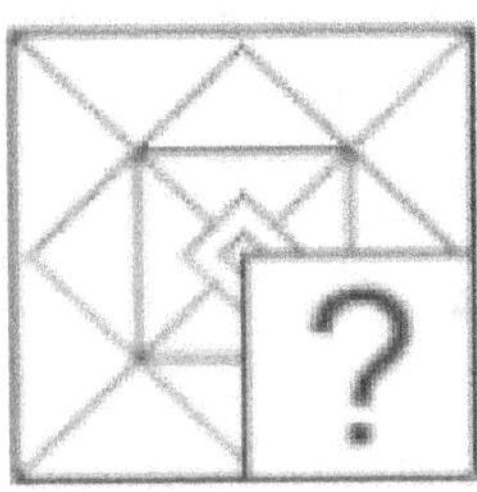

[*Jawahar Navodaya Entrance Class VI, 2022*], [*Jawahar Navodaya Entrance Class VI, 2021*], [*AFCAT, 2021*]

 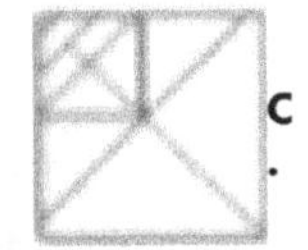 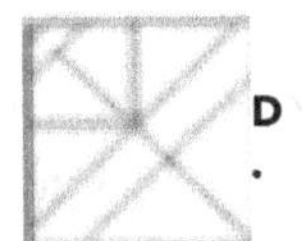 

A.   B.   C.   D.

Q.17 निर्देश: निम्नलिखित वेन आरेख में, वर्ग चित्रकारों का प्रतिनिधित्व करता है, त्रिभुज महिलाओं का प्रतिनिधित्व करता है, वृत्त लेखाकारों का प्रतिनिधित्व करता है और आयत अमेरिकियों का प्रतिनिधित्व करता है। कौन सा अक्षर अमेरिकी महिलाओं का प्रतिनिधित्व करता है जो लेखाकार हैं?

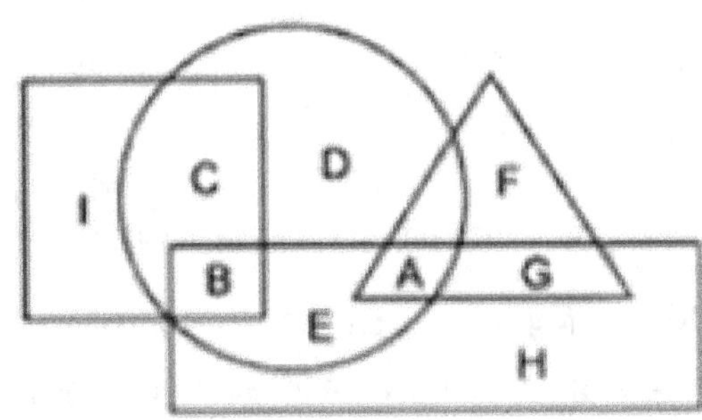

[*Jawahar Navodaya Entrance Class VI, 2018*]

A. D   **B.** G   **C.** E   **D.** A

Q.18 निर्देश: निम्नलिखित जानकारी का ध्यानपूर्वक अध्ययन करें तथा निम्नलिखित प्रश्न के उत्तर दें।

एक परिवार के आठ सदस्य अर्थात A, B, C, D, E, F, G और H हैं। 3 पीढ़ियों में दो विवाहित युगल हैं। E, H की नानी है, जो D का एकमात्र पुत्र है। D, F का ब्रदर-इन-लॉ है और इसके विपरीत है। F, B का मामा है। C, G की बहू है। A, F का पिता है, जिसका एक सहोदर है।

यदि G एक महिला है तो G, B से किस प्रकार संबंधित है?

A. दादी/नानी   **B.** माता

C. चाची/मामी (आंट)   **D.** बहन

Q.19 निर्देश: एक घन को इस तरह से रंगा जाता है कि आसन्न फलकों का एक जोड़ा हरे रंग से रंगा जाता है, विपरीत फलकों के एक जोड़े को पीले रंग से और दूसरे जोड़े के आसन्न चेहरों को लाल रंग से रंगा जाता है। यह घन अब 125 समान घनों में काटा जाता है।

कितने छोटे घनों के ठीक 2 फलक हरे रंग से रंगे हुए हैं?

A. 10   **B.** 7   **C.** 5   **D.** 6

Q.20 एक परिवार में, पिता ने केक का $\frac{1}{4}$ लिया और उसके पास अन्य सदस्यों की तुलना में 3 गुना अधिक था। परिवार के सदस्यों की कुल संख्या है-

A. 9   **B.** 10

C. 8   **D.** इनमें से कोई नहीं

Arithmetical & Numerical Ability

Q.21 60 विद्यार्थियों की एक कक्षा में 30 लड़कियां है। इन लड़कियों का औसत वजन 58 किलोग्राम है तथा पूरी कक्षा का औसत वजन 63 किलोग्राम है। कक्षा के लड़कों का औसत वजन क्या है?

A. 67 किलोग्राम   **B.** 66 किलोग्राम

C. 68 किलोग्राम   **D.** 65 किलोग्राम

Q.22 दो छात्र एक परीक्षा के लिए उपस्थित हुए। उनमें से एक ने दूसरे से 21 अंक अधिक प्राप्त किए और उसका अंक, उनके अंकों के योग का 80% था। उनके द्वारा प्राप्त अंक थे-

A. 67 और 88   **B.** 68 और 89

C. 7 और 28   **D.** 77 और 98

Q.23 मोहन एक कार्य का एक तिहाई 20 दिनों में पूरा कर सकता है और साई, शेष कार्य को 10 दिनों में पूरा कर सकता है। वे मिलकर कार्य को कितने दिनों में पूरा कर सकते हैं?

A. 12   **B.** 6   **C.** 3   **D.** 24

Q.24 गिरिधर का वेतन, हरिराज के वतन का $\frac{5}{3}$ गुना है और शौनक का वेतन, हरिराज के वेतन का $\frac{2}{3}$ गुना है। गिरिधर के वेतन और शौनक के वेतन का अनुपात क्या है?

A. $9:10$ **B.** $10:9$ **C.** $5:2$ **D.** $2:5$

Q.25 चक्रवृद्धि ब्याज पर निवेश की गई एक राशि 2 वर्षों में स्वयं का चार गुना हो जाती है। ब्याज की दर ज्ञात कीजिए।

A. 50%   **B.** 75%

C. 100%   **D.** इनमें से कोई नहीं

Q.26 लुप्त अंक क्या होना चाहिए जिससे संख्या 275_476, 11 से पूर्णतः विभाज्य हो जाए?

A. 6   **B.** 4   **C.** 2   **D.** 3

Q.27 यदि $\frac{144}{0.144} = \frac{14.4}{A}$, A का मान ज्ञात करें।

A. 1440   **B.** 14.4   **C.** 144   **D.** 0.0144

Q.28 यदि $1.15A = 0.07B$, $\frac{B+A}{B-A}$ का मान ज्ञात कीजिए।

A. $\frac{41}{54}$ **B.** $\frac{27}{31}$ **C.** $\frac{61}{54}$ **D.** $\frac{54}{61}$

Q.29 यदि 4 सेमी त्रिज्या और 8 सेमी ऊँचाई वाले एक बेलन को पिघलाकर समान त्रिज्या का एक शंकु बनाया जाए, तो शंकु की ऊँचाई क्या होगी?

A. 8 सेमी   **B.** 10 सेमी   **C.** 12 सेमी   **D.** 24 सेमी

Q.30 दो घनों के आयतनों का अनुपात $8 : 27$ है। उनके कुल पृष्ठीय क्षेत्रफलों का अनुपात ज्ञात कीजिए।

A. $4 : 7$ **B.** $5 : 9$ **C.** $4 : 5$ **D.** $4 : 9$

Q.31 $16\frac{2}{3}\% \times 600 - 33\frac{1}{3}\% \times 180$ का मान ज्ञात करें।

A. 55   **B.** 50   **C.** 45   **D.** 40

Q.32 दो कारों की गति का अनुपात $4 : 5$ है। यदि पहली कार 2 घंटे में 100 किमी की दूरी तय करती है, तो दूसरी कार की गति ज्ञात कीजिए।

A. 12.5 किमी/घंटा   **B.** 22.5 किमी/घंटा
C. 52.5 किमी/घंटा   **D.** 62.5 किमी/घंटा

Q.33 यदि $21A + 21B + 21C = 567$, तो A, B और C का औसत ज्ञात कीजिए।

A. 6   **B.** 7   **C.** 8   **D.** 9

Q.34 सरल करें: $\dfrac{(469+174)^2 - (469-174)^2}{(469 \times 174)}$

A. 443   **B.** 695   **C.** 2   **D.** 4

Q.35 एक वस्तु का अंकित मूल्य रु. 1000 है। $10\%, 20\%$ और 30% की लगातार तीन छूट दी गई हैं। वस्तु का विक्रय मूल्य ज्ञात कीजिए।

A. 564 रु   **B.** 404 रु   **C.** 544 रु   **D.** 504 रु

Q.36 एक वस्तु पर अंकित मूल्य 2000 रुपये लेकिन दुकानदार ने 20% और 15% की दोहरी छूट की पेशकश की। उसने आखिर कितनी वस्तु बेची?

A. 640 रुपये   **B.** 1300 रुपये
C. 1360 रुपये   **D.** 1600 रुपये

Q.37 x का मान ज्ञात करें-

$(9 - 3x) - (17x - 10) = -1$

A. $\frac{4}{5}$ **B.** $\frac{9}{10}$ **C.** 2   **D.** 1

Q.38 यदि $A - B = -7$ और $A^2 + B^2 = 85$ तो AB को ज्ञात कीजिए।

A. 12   **B.** 14   **C.** 16   **D.** 18

Q.39 सरल करें: $7\frac{1}{2} - \left[2\frac{1}{4} \div \left\{1\frac{1}{4} - \frac{1}{2}\left(1\frac{1}{2} - \frac{1}{3} - \frac{1}{6}\right)\right\}\right] = ?$

A. $\frac{2}{9}$ **B.** $4\frac{1}{2}$ **C.** $9\frac{1}{2}$ **D.** $1\frac{77}{228}$

Q.40 एक अशून्य संख्या तथा इसके व्युत्क्रम के तीन गुना का योगफल $\frac{52}{7}$ है तो संख्या ज्ञात कीजिए।

A. 8   **B.** 9   **C.** 7   **D.** 6

General Awareness

Q.41 मार्च 2018 तक भारत का सबसे तेज सुपर कम्प्यूटर निम्नलिखित में से कौन-सा है?

[Super TET Paper - I, 2019]

A. समिट   **B.** सिएरा   **C.** मिहिर   **D.** प्रत्युष

Q.42 किस संस्थान ने 'महिलाएं और लड़कियां पीछे छूट गईं: महामारी प्रतिक्रियाओं में स्पष्ट अंतराल' रिपोर्ट जारी की?

[Delhi Forest Guard, 2021]

A. विश्व आर्थिक मंच   **B.** विश्व बैंक
C. यूएन वुमैन   **D.** नीति आयोग

Q.43 नीतीश कुमार ने 15 अगस्त 2021 को आजादी के बाद गाँधी मैदान में सर्वाधिक 15 वीं बार झंडा फहराकर किस पूर्व मुख्यमंत्री के 14 बार झंडा फहराने का रिकॉर्ड तोड़ा?

A. गोपाल   **B.** श्री कृष्णा सिंह
C. दीक्षा   **D.** जगन्नाथ मिश्रा

Q.44 निम्नलिखित में से किस क्षेत्र में भारत और रूस के बीच जनवरी 2022 में पैसेज अभ्यास आयोजित किया गया था?

A. लाल सागर   **B.** अरब सागर
C. दक्षिण चीन सागर   **D.** भूमध्य सागर

Q.45 डेक्कन में बहमनी साम्राज्य का संस्थापक कौन था?

A. महमूद गवन   **B.** हसन गंगू
C. सिकंदर शाह   **D.** मलिक अम्बर

Q.46 निम्नलिखित में से कौन सी पवन, भूमध्य सागर से भारत के उत्तरी-पश्चिमी हिस्सों में बहती है?

A. पश्चिमी विक्षोभ   **B.** नोर्वेस्टर
C. लू   **D.** आम्र वर्षा

Q.47 एक भू-परिदृश्य जो पृथ्वी में दरार के कारण होता है, जिसमें एक ओर दूसरे के संदर्भ में नीचे चली जाती है-

A. रिफ्ट घाटी   **B.** यू आकार की घाटी
C. वी आकार की घाटी   **D.** हैंगिंग घाटी

Q.48 विश्व की सबसे बड़ी और गहरी रेल सुरंग गॉथर्ड बेस सुरंग किस देश में स्थित है?

A. बेल्जियम   **B.** ऑस्ट्रिया
C. स्विट्जरलैंड   **D.** स्वीडन

Q.49 कथकली किस राज्य में प्रचलित नृत्य रूप है?

A. आंध्र प्रदेश   **B.** कर्नाटक   **C.** तमिलनाडु   **D.** केरल

Q.50 कैनिस वल्प्स किसका वैज्ञानिक नाम है-

A. कुत्ता   **B.** भेड़िया   **C.** लोमड़ी   **D.** लकड़बग्घा

Q.51 यूरिया को एंजाइम द्वारा अमोनिया और कार्बन डाइऑक्साइड में परिवर्तित किया जाता है-

A. डायस्टेज   **B.** यूरीज   **C.** लाइपेज   **D.** एमाइलेस

Q.52 निम्न में से कौन सा सबसे अधिक प्रयोग किए जाने वाले प्राकृतिक रेशे का उदाहरण है?

A. फ्लैक्स   **B.** हेंप
C. अंगोरा   **D.** उपरोक्त सभी

Q.53 उस वैज्ञानिक का नाम बताइए जिसने यह पाया था कि कुछ अणुओं में छाया चित्र होते हैं?

A. लॉर्ड केल्विन   **B.** हेनरी मोसले
C. लुई पाश्चर   **D.** रॉबर्ट हूक

Q.54 अपने उद्यम- टेनविक स्पोर्ट्स की ओर से 'बेस्ट कंपनी प्रोमोटिंग स्पोर्ट्स (निजी क्षेत्र)' पुरस्कार किसने प्राप्त किया?

A. इरफान पठान   **B.** अनिल कुंबले

C. हरभजन सिंह　　　　**D.** सचिन तेंडुलकर

Q.55 भारतीय संविधान में मौलिक कर्तव्यों को _______ के संविधान से गृहीत किया गया है।

A. फ्रांस　　　　　　**B.** कनाडा

C. यूएसएसआर　　　　**D.** ब्रिटेन

Q.56 मध्य प्रदेश सरकार का प्रसिद्ध कालिदास सम्मान निम्नलिखित में से किस क्षेत्र में दिया गया है?

A. शास्त्रीय नृत्य　　　**B.** रंगमंच

C. शास्त्रीय संगीत　　　**D.** ऊपर के सभी

Q.57 सामग्री की आपूर्ति से आपका क्या अभिप्राय है?

A. समय की प्रति यूनिट एक विशेष मूल्य पर बिक्री के लिए पेश किए गए सामान की मात्रा

B. सामग्री का वास्तविक उत्पादन

C. गोदाम में कुल स्टॉक

D. बिक्री के लिए उपलब्ध स्टॉक

Q.58 झारखंड में संसदीय निर्वाचन क्षेत्र की कुल संख्या ___ है।

A. 14　　**B.** 23　　**C.** 13　　**D.** 15

Q.59 न्यायधीश के अंतर्राष्ट्रीय न्यायालय का मुख्यालय है:

A. जिनेवा　　**B.** द हेग　　**C.** रोम　　**D.** वियना

Q.60 2018 बार्सिलोना ओपन टेनिस टूर्नामेंट किसने जीता?

A. डोमिनिक थिम　　　**B.** राफेल नडाल

C. केई निशिकोरी　　　**D.** स्तीफेनोज सितसिपास

English Language & Comprehension

Ques (61-62):Direction: Choose the correct preposition from the given options the following sentence:

Q.61 My brother _______ to Kampala next year.

A. will go　**B.** had gone　**C.** has gone　**D.** went

Q.62 There is a label _______ the bottle.

A. on　**B.** in　**C.** at　**D.** into

Q.63 Give the antonym of Foremost.

A. Hindmost　　　　**B.** Unimportant

C. Disposed　　　　**D.** Mature

Q.64 Give the synonym of Fostering.

A. Safeguarding　　　**B.** Neglecting

C. Ignoring　　　　　**D.** Nurturing

Q.65 Direction: In the following question, out of the four alternatives, choose the one which best expresses the meaning of the given word.

Voracious

A. Angry　**B.** Hungry　**C.** Quick　**D.** Wild

Q.66 Direction: Select the option that means the same as the given idiom.

To sound a red alert.

A. To wave a red flag

B. To press a red button

C. To raise an alarm

D. To hear an alarm

Q.67 Direction: Read the following passage to answer the given question based on it.

In the end, the hoped-for knight-in-shining armor never arrived and Jet Airways is now in insolvency court. This marks the last act in a long-winded saga that saw the beleaguered airline and its stakeholders lurch from despondency to hope to gloom once again. The debt-laden airline's troubles began when it defaulted on a loan last December. Hectic salvage attempts at the airline since then have come to naught. Thousands of employees and many operational creditors may end up being the biggest losers in the fiasco.

Among the many factors that led to this state of affairs was the promoter Naresh Goyal's intransigence on valuation and not ceding majority control — till he was eventually forced out in end-March. Then came the volte-face by the SBI-led lender consortium on its emergency funding commitment of Rs. 1,500 crore, which scuttled the bidding process. The airline's already truncated operations rapidly unravelled and it stopped flying mid-April. Jet's assets — prized airport slots, valuable fleet, trained employees — were up for grabs and the competition has since moved in for the kill. Not surprisingly, most potential suitors for Jet Airways backed off and just one conditional bid was received for a minority stake from strategic partner Etihad Airways. Later, the Hinduja Group also threw its hat into the ring. But lenders seem to have found these offers unappealing and have now decided to refer Jet to the National Company Law Tribunal (NCLT) for insolvency proceedings.

Higher value could have been salvaged for all of Jet's stakeholders, had the lenders acted sooner and more decisively. The saga as it has played out has been beset with avoidable delays and wrong signals. First, Naresh Goyal was given an inordinately long rope by the lenders which worked to the detriment of everyone else. Thankfully the prospect of a backdoor entry by the promoter was thwarted. But the lenders' decision to put off the IBC route in favour of a majority equity stake for themselves is difficult to explain. This leads one to wonder whether the need to avoid the bad optics of job losses and fare hikes in the election season was at play. Debt restructuring was a more pragmatic course if they were worried about long delays under IBC but that required lenders to follow through of their emergency funding commitment. It isn't clear what really changed in a fortnight that the lenders backtracked on that commitment. In the bargain, almost everyone except Jet's rivals has lost value. While the creative destruction cycle in businesses should be allowed to play out, the process should be fair, transparent and above reproach. The lenders now say that under the IBC, it is possible to give potential investors the exemptions they seek from SEBI norms. This offers a glimmer of hope that some resolution, even if sub-optimal, may be possible. But stakeholders should keep expectations low, given that the resolution of cases so far referred under IBC have been fraught with long delays and disputes.

Which among the following gives us the correct picture regarding the opinion of the author about the IBC proceedings?

A. The author is very much optimistic regarding the IBC proceedings since they are very efficient in handling such situations.

B. The author is not at all optimistic about the IBC proceedings in the country since it takes a lot of time and is not always free from disputes.

C. The author does not want the lenders to wait for the IBC proceedings to get over because lenders need money at the earliest.

D. The author is very much optimistic regarding the IBC proceedings since they are very efficient in handling such situations.

Q.68 Direction: Read the following passage to answer the given question based on it.

In the end, the hoped-for knight-in-shining armor never arrived and Jet Airways is now in insolvency court. This marks the last act in a long-winded saga that saw the beleaguered airline and its stakeholders lurch from despondency to hope to gloom once again. The debt-laden airline's troubles began when it defaulted on a loan last December. Hectic salvage attempts at the airline since then have come to naught. Thousands of employees and many operational creditors may end up being the biggest losers in the fiasco.

Among the many factors that led to this state of affairs was the promoter Naresh Goyal's intransigence on valuation and not ceding majority control — till he was eventually forced out in end-March. Then came the volte-face by the SBI-led lender consortium on its emergency funding commitment of Rs. 1,500 crore, which scuttled the bidding process. The airline's already truncated operations rapidly unravelled and it stopped flying mid-April. Jet's assets — prized airport slots, valuable fleet, trained employees — were up for grabs and the competition has since moved in for the kill. Not surprisingly, most potential suitors for Jet Airways backed off and just one conditional bid was received for a minority stake from strategic partner Etihad Airways. Later, the Hinduja Group also threw its hat into the ring. But lenders seem to have found these offers unappealing and have now decided to refer Jet to the National Company Law Tribunal (NCLT) for insolvency proceedings.

Higher value could have been salvaged for all of Jet's stakeholders, had the lenders acted sooner and more decisively. The saga as it has played out has been beset with avoidable delays and wrong signals. First, Naresh Goyal was given an inordinately long rope by the lenders which worked to the detriment of everyone else. Thankfully the prospect of a backdoor entry by the promoter was thwarted. But the lenders' decision to put off the IBC route in favour of a majority equity stake for themselves is difficult to explain. This leads one to wonder whether the need to avoid the bad optics of job losses and fare hikes in the election season was at play. Debt restructuring was a more pragmatic course if they were worried about long delays under IBC but that required lenders to follow through of their emergency funding commitment. It isn't clear what really changed in a fortnight that the lenders backtracked on that commitment. In the bargain, almost everyone except Jet's rivals has lost value. While the creative destruction cycle in businesses should be allowed to play out, the process should be fair, transparent and above reproach. The lenders now say that under the IBC, it is possible to give potential investors the exemptions they seek from SEBI norms. This offers a glimmer of hope that some resolution, even if sub-optimal, may be

possible. But stakeholders should keep expectations low, given that the resolution of cases so far referred under IBC have been fraught with long delays and disputes.

Which among the following has/have been attributed to the failure of Jet Airways, as per the given passage?

A. The management of the company could have been handled in a better manner by the lenders without any valid reason

B. The lenders could not take decisions when required since they have not applied their best minds to solve the crisis.

C. SEBI has not given Jet Airways the right to go ahead and file for funding proposals from the market.

D. Both (A) and (B)

Q.69 Direction: Read the passage and answer the following question based on the passage.

In the end, the hoped-for knight-in-shining-armor never arrived and Jet Airways is now in insolvency court. This marks the last act in a long-winded saga that saw the beleaguered airline and its stakeholders lurch from despondency to hope to gloom once again. The debt-laden airline's troubles began when it defaulted on a loan last December. Hectic salvage attempts at the airline since then have come to naught. Thousands of employees and many operational creditors may end up being the biggest losers in the fiasco.

Among the many factors that led to this state of affairs was the promoter Naresh Goyal's intransigence on valuation and not ceding majority control — till he was eventually forced out in end-March. Then came the volte-face by the SBI-led lender consortium on its emergency funding commitment of Rs. 1,500 crore, which scuttled the bidding process. The airline's already truncated operations rapidly unraveled and it stopped flying in mid-April. Jet's assets — prized airport slots, valuable fleet, trained employees — were up for grabs and the competition has since moved in for the kill. Not surprisingly, most potential suitors for Jet Airways backed off and just one conditional bid was received for a minority stake from strategic partner Etihad Airways. Later, the Hinduja Group also threw its hat into the ring. But lenders seem to have found these offers unappealing and have now decided to refer Jet to the National Company Law Tribunal (NCLT) for insolvency proceedings.

Higher value could have been salvaged for all of Jet's stakeholders, had the lenders acted sooner and more decisively. The saga as it has played out has been beset with avoidable delays and wrong signals. First, Naresh Goyal was given an inordinately long rope by the lenders which worked to the detriment of everyone else. Thankfully the prospect of a backdoor entry by the promoter was thwarted. But the lenders' decision to put off the IBC route in favor of a majority equity stake for themselves is difficult to explain. This leads one to wonder whether the need to avoid the bad optics of job losses and fare hikes in the election season was at play. Debt restructuring was a more pragmatic course if they were worried about long delays under IBC but that required lenders to follow through on their emergency funding commitment. It isn't clear what really changed in a fortnight that the lenders backtracked on that commitment. In the bargain, almost everyone except Jet's rivals has lost value. While the creative destruction cycle in businesses should be allowed to play out, the process should be fair, transparent and above reproach. The lenders now say that under the IBC, it is possible to give potential investors the exemptions they seek from SEBI norms. This offers a glimmer of hope that some resolution, even if sub-optimal, may be possible. But stakeholders should keep expectations low, given that the resolution of cases so far referred under IBC has been fraught with long delays and disputes.

Which among the following is the reason that the lenders have not accepted the bids received to acquire Jet Airways?

A. The lenders wanted to refer the case to Jet Airways anyways making it an inevitable case and they wanted to buy some time

B. The lenders have decided to refer the case to the bidders once the NCLT proceedings are done with

C. The lenders have not found the bids accepted in line with their expectations and that is why they decided against accepting the same

D. None of these

Q.70 Direction: In the following question, out of the four alternatives, choose the alternative which best expresses the meaning of the idiom/Phrase.

Pandora's box

A. Arguments for and against
B. To act dubiously
C. Popular
D. A prolific source of trouble

Ques (71-73):Direction: Fill in the blank with the most appropriate word.

Q.71 There are _______ views on the issue of giving bonuses to the employees.

A. Independent
B. Divergent
C. Modest
D. Adverse

Q.72 The decision to resume the full-scale training _________ after thorough observation of the epidemic situation in the country.

A. Will be taken
B. Will take
C. Is taken
D. Was take

Q.73 My cousin has invested a lot of money ____ farming.

A. Into
B. In
C. On
D. For

Ques (74-76):Direction: In the following question, some part of the sentence may have errors. Find out which part of the sentence has an error and select the appropriate option. If a sentence is free from error, select 'No Error'.

Q.74 If Kamal wouldn't have (A)/ come, you (B)/ would've drowned. (C)/ no error (D)

A. If Kamal wouldn't have
B. Come, you
C. Would've drowned
D. No error

Q.75 I am not on duty (A)/ now and is writing (B)/ a book these days. (C)/ No error(D)

A. I am not on duty
B. Now and is writing
C. A book these days.
D. No error

Q.76 When it become (A)/useless, we shall (B)/ surely sell it. (C)/ No error (D)

A. When it become
B. Useless, we shall
C. Surely sell it
D. No error

Q.77 Direction: Choose the correct suffix to get meaningful word.

Jealous____.

A. -ous
B. -ily
C. -est
D. -y

Q.78 Direction: Choose the correct prefix to get a meaningful word.

____terminate.

A. fore-
B. ir-
C. ex-
D. uni-

Q.79 Direction: Select the most appropriate ANTONYM of the given word.

Attracted

A. Repelled
B. Enchanted
C. Transformed
D. Disturbed

Q.80 Direction: Select the most appropriate antonym of the given word.

Compulsory

A. Optional
B. Essential
C. Important
D. Choice

Hindi Language & Comprehension

Q.81 निम्नलिखित पंक्ति में कौन सा अलंकार है?
मैं तो राम विरह की मारी, मोरी मुंदरी हो गयी कंगना।
A. यमक अलंकार
B. उपमा अलंकार
C. अतिश्योक्ति अलंकार
D. उल्लेख अलंकार

Q.82 गलत विलोम युग्म छाँटिए:
A. आकर्षण-विकर्षण
B. वैकल्पिक-ऐच्छिक
C. आभ्यंतर-बाह्य
D. आग्रह-दुराग्रह

Q.83 अति मलीन वृषभानुकुमारी। अधोमुख रहित, उरध नहिं चितवत, ज्यों गथ हारे थकित जुआरी। छूटे चिहुर बदन कुम्हिलानो, ज्यों नलिनी हिमकर की मारी। प्रस्तुत पंक्तियों में कौन-सा रस है ?
A. विप्रलंभ श्रृंगार
B. करुण रस
C. संयोग श्रृंगार
D. हास्य

Q.84 निम्नलिखित में मात्रिक छंद का कौन - सा उदहारण है?
A. चौपाई
B. सोरठा
C. दोहा
D. ये सभी

Q.85 उच्छ्वास का सही संधि-विच्छेद है?
A. उत्+श्वास
B. उत्+छवास
C. उच्+शवास
D. उच्+छवास

Q.86 निर्देश: निम्नलिखित प्रश्न में दिए गए शब्द के लिए उचित पर्यायवाची शब्द का चयन कीजिए।
'विपिन'
A. वन
B. असुर
C. शिव
D. अमृत

Ques (87-90):निर्देश: निम्नलिखित गद्यांश को ध्यानपूर्वक पढ़कर उसके नीचे दिये गये बहुविकल्पी प्रश्न में सही विकल्प का चयन करें।

शिक्षा साध्य नहीं है, अपितु साध्य तक पहुँचने का एक साधन है। हम बच्चों को केवल शिक्षित बनाने के उद्देश्य से ही शिक्षा नहीं देते बल्कि हमारा उद्देश्य उन्हें जीवन के लिए सक्षम बनाना है। ज्यों ही हम इस तथ्य को जान लेते हैं हम शिक्षा के वास्तविक लक्ष्य से परिचित हो जाते हैं। बहुत से आधुनिक देशों में यह सोचना फैशन हो गया है कि अमीर-गरीब, चतुर-मूर्ख सबको विद्यालयों नि:शुल्क शिक्षा देकर कोई भी समाज अपनी सब समस्याएँ सुलझा सकता है और परिपूर्ण राष्ट्र का निर्माण कर सकता है परंतु यह काफी नहीं है। ऐसे देशों में हमें अनेक डिग्रीधारी नवयुवक बेरोजगार दिखाई पड़ते हैं, क्योंकि वे हाथ से काम करने को हेय दृष्टि से देखने लगते हैं। इस परिप्रेक्ष में हमें अपनी शिक्षा-व्यवस्था पर पुनर्विचार करने की बड़ी भारी आवश्यकता है। इतना काफी नहीं है कि शिक्षा की तो व्यवस्था पहले मिले, उसे चुन लिया जाए अथवा अपनी पुरानी शिक्षा व्यवस्था को चालू रखा जाय, बिना इस बात की परीक्षा किये और देखें कि यह वास्तव में उपयुक्त है अथवा नहीं।

Q.87 शिक्षा का उद्देश्य है-
A. गरीबी मिटाओ
B. जीवन के लिए सक्षम बनाना
C. नि: शुल्क
D. बेरोजगारी को दूर करना

Q.88 नि:शुल्क शिक्षा से क्या हानि है?
A. अनेक युवक बेरोजगार रहते हैं
B. हाथ से कार्य करने में बुरा मानते है
C. उपरोक्त दोनों
D. इनमें से कोई नहीं

Q.89 बच्चों को किस उद्देश्य से शिक्षा दी जाती है?
A. नौकरी प्राप्त करने के लिए
B. अच्छे नागरिक बनने के लिए
C. शिक्षित बनाने के लिए
D. जीवन को सक्षम बनाने के लिए

Q.90 समाज की सभी समस्याएँ दूर की जा सकती हैं।
A. सभी को शिक्षित कर
B. समाज का विकास कर
C. अमीरों को शिक्षित कर
D. गरीबों को शिक्षित कर

Q.91 कौन सा शब्द य प्रत्यय से नहीं बना है?
A. पाथेय
B. आदित्य
C. दैत्य
D. माधुर्य

Q.92 इनमें से 'मठ' किसका पर्यायवाची शब्द है?
A. पट
B. सरोज
C. आश्रम
D. अंशु

Q.93 इनमें से कौन सा शब्द तत्सम है?
A. सूरज
B. सावन
C. ऋक्ष
D. बिच्छु

Q.94 साधु शब्द का बहुवचन रूप क्या होगा?
A. साधुओं
B. साधुऐ
C. साधू
D. इनमें से कोई नहीं

Q.95 'श्रीमती' शब्द का बहुवचन होगा?
A. श्रीमतिनी
B. श्रीमतीएँ
C. श्रीमतीय
D. श्रीमतियाँ

Q.96 'सिर हथेली पर रखना', मुहावरे का अर्थ है-
A. वीरता का प्रदर्शन करना
B. पराजय स्वीकार कर लेना
C. मरने के लिए तैयार होना
D. अहम् का विसर्जन करना

Q.97 सर्वनाम कितने प्रकार के होते हैं?
A. 3
B. 4
C. 5
D. 6

Q.98 निम्नलिखित में से कौन सा शब्द स्त्रीलिंग है?
A. सुशिल
B. हेमन्त
C. सुशीला
D. चाचा

Q.99 दिये गए विकल्पों में से तत्सम शब्द चुनें-
A. प्रस्तर
B. बहू
C. पंछी
D. दीवाली

Q.100 पूत कपूत तो क्यों धन संचय। पूत सपूत तो क्यों धन संचय॥ प्रस्तुत पंक्तियों में कौन-सा अलंकार है?
A. छेकानुप्रास
B. लाटानुप्रास
C. वृत्यनुप्रास
D. अत्यानुप्रास

// स्मार्ट उत्तर पुस्तिका //

सही उत्तर उन छात्रों के प्रतिशत को इंगित करता है जिन्होंने प्रश्नों का सही उत्तर दिया था।

छोड़ दिया उन छात्रों के प्रतिशत को इंगित करता है जिन्होंने प्रश्नों को छोड़ दिया था।

प्रश्न संख्या	उत्तर	सही उत्तर / छोड़ दिया	प्रश्न संख्या	उत्तर	सही उत्तर / छोड़ दिया	प्रश्न संख्या	उत्तर	सही उत्तर / छोड़ दिया	प्रश्न संख्या	उत्तर	सही उत्तर / छोड़ दिया	प्रश्न संख्या	उत्तर	सही उत्तर / छोड़ दिया
1	D	84.47 % / 11.61 %	17	D	66.62 % / 32.79 %	33	D	58.36 % / 41.24 %	49	D	60.88 % / 32.09 %	65	B	44.29 % / 52.43 %
2	C	49.45 % / 44.71 %	18	A	56.03 % / 36.76 %	34	D	81.61 % / 15.02 %	50	C	50.71 % / 41.23 %	66	C	82.98 % / 10.87 %
3	B	85.08 % / 14.77 %	19	C	32.62 % / 67.31 %	35	D	60.48 % / 32.99 %	51	B	67.21 % / 30.18 %	67	B	52.63 % / 35.51 %
4	C	79.79 % / 16.54 %	20	B	64.66 % / 34.38 %	36	C	67.62 % / 31.79 %	52	D	77.1 % / 15.69 %	68	D	69.25 % / 30.33 %
5	B	52.23 % / 46.99 %	21	C	50.74 % / 30.84 %	37	D	81.95 % / 13.99 %	53	C	44.25 % / 44.61 %	69	C	58.14 % / 30.48 %
6	A	51.9 % / 42.6 %	22	C	41.38 % / 36.79 %	38	D	77.11 % / 15.75 %	54	B	65.76 % / 31.12 %	70	D	46.97 % / 43.51 %
7	A	89.67 % / 10.3 %	23	A	51.87 % / 45.06 %	39	B	56.61 % / 32.7 %	55	C	58.75 % / 38.72 %	71	B	78.69 % / 17.53 %
8	B	88.42 % / 11.03 %	24	C	52.03 % / 34.11 %	40	C	86.79 % / 10.89 %	56	D	48.48 % / 41.58 %	72	A	60.17 % / 30.37 %
9	C	65.25 % / 33.12 %	25	C	58.14 % / 37.36 %	41	D	61.94 % / 34.13 %	57	A	44.88 % / 36.73 %	73	B	46.51 % / 40.83 %
10	C	56.78 % / 42.61 %	26	D	47.14 % / 32.33 %	42	C	41.36 % / 46.02 %	58	A	43.02 % / 51.53 %	74	A	85.61 % / 10.41 %
11	D	45.13 % / 43.25 %	27	D	50.84 % / 32.18 %	43	B	44.09 % / 37.95 %	59	B	68.72 % / 30.3 %	75	B	69.94 % / 30.05 %
12	A	63.23 % / 32.57 %	28	C	48.33 % / 44.6 %	44	B	42.37 % / 43.4 %	60	B	45.55 % / 45.69 %	76	A	54.49 % / 37.99 %
13	B	52.75 % / 43.72 %	29	D	82.91 % / 10.3 %	45	B	41.01 % / 54.98 %	61	A	79.58 % / 19.79 %	77	D	46.51 % / 30.31 %
14	B	44.97 % / 49.27 %	30	D	57.36 % / 32.33 %	46	A	57.46 % / 33.46 %	62	A	63.99 % / 30.03 %	78	C	46.37 % / 53.18 %
15	D	67.84 % / 31.94 %	31	D	67.68 % / 31.68 %	47	A	59.85 % / 30.3 %	63	B	65.71 % / 32.4 %	79	A	65.73 % / 32.18 %
16	D	16.73 % / 73.86 %	32	D	48.68 % / 51.21 %	48	C	84.34 % / 10.71 %	64	D	66.17 % / 33.79 %	80	A	44.39 % / 40.75 %

प्रश्न संख्या	उत्तर	सही उत्तर / छोड़ दिया
81	C	67.61 %
		31.98 %
82	B	87.24 %
		10.36 %
83	A	63.91 %
		35.82 %
84	A	67.85 %
		31.51 %

प्रश्न संख्या	उत्तर	सही उत्तर / छोड़ दिया
85	A	53.23 %
		33.85 %
86	A	43.32 %
		44.86 %
87	B	52.95 %
		34.52 %
88	B	48.23 %
		46.82 %

प्रश्न संख्या	उत्तर	सही उत्तर / छोड़ दिया
89	D	81.63 %
		16.54 %
90	A	42.02 %
		38.03 %
91	A	62.02 %
		33.89 %
92	C	66.35 %
		31.97 %

प्रश्न संख्या	उत्तर	सही उत्तर / छोड़ दिया
93	C	68.99 %
		30.91 %
94	D	66.13 %
		33.54 %
95	D	44.22 %
		43.01 %
96	C	50.19 %
		38.92 %

प्रश्न संख्या	उत्तर	सही उत्तर / छोड़ दिया
97	D	60.7 %
		36.33 %
98	C	41.19 %
		30.46 %
99	A	81.19 %
		13.48 %
100	B	86.67 %
		10.53 %

कार्य विश्लेषण	
औसत अंक (%)	50.0%
टॉपर्स स्कोर (%)	72.0%
आपका स्कोर	

//संकेत और समाधान//

1. दिया है-

गुणनफल : गुणन : : योगफल : ?

गुणनफल का उपयोग गुणन के लिए किया जाता है। इसी तरह, योगफल का उपयोग योग के लिए किया जाता है।

अतः विकल्प (D) सही है।

2. दिया है-

FHK : DFI : : OQT : ?

प्रयोग किया गया तर्क है-

F(6) - 2 = D(4)

H(8) - 2 = F(6)

K(11) - 2 = I(9)

OQT में समान तर्क प्रयोग करने पर,

O(15) - 2 = M(13)

Q(17) - 2 = O(15)

T(20) - 2 = R(18)

MOR, '?' के स्थान पर आएगा।

अतः विकल्प (C) सही है।

3. दिया है-

10001 : 10101 : : 101 : ?

$\Rightarrow$ 10101 = 10001+100

इसी प्रकार,

$\Rightarrow$? = 101+100

$\Rightarrow$? = 201

अतः विकल्प (B) सही है।

4. केला, आम और अमरूद फल हैं जबकि काजू एक ड्राई फ्रूट है।

काजू विषम है।

अतः विकल्प (C) सही है।

5. विकल्प (A) से: $EHK : E + 3 = H, H + 3 = K$

विकल्प (B) से: $ZBD : Z + 2 = B, B + 2 = D$

विकल्प (C) से: $LOR : L + 3 = O, O + 3 = R$

विकल्प (D) से: $SVY : S + 3 = V, V + 3 = Y$

ZBD, अक्षरों का विषम समूह है।

अतः विकल्प (B) सही है।

6. दिया है-

512, 49, 216, 25, ?

अनुसरण किया गया पैटर्न है-

$8^3, 7^2, 6^3, 5^2, ?$

समान पैटर्न का अनुसरण करने पर,

$\Rightarrow ? = (4)^3$

$\Rightarrow ? = 64$

अतः विकल्प (A) सही है।

7. दी गई श्रृंखला है-

0, 3, 8, 15, 24, ?

अनुसरण किया गया पैटर्न है-

$\Rightarrow 0 + 3 = 3$

$\Rightarrow 3 + 5 = 8$

$\Rightarrow 8 + 7 = 15$

$\Rightarrow 15 + 9 = 24$

समान पैटर्न का अनुसरण करने पर,

$\Rightarrow 24 + 11 = ?$

$\Rightarrow 35 = ?$

अतः विकल्प (A) सही है।

8. दिया है-

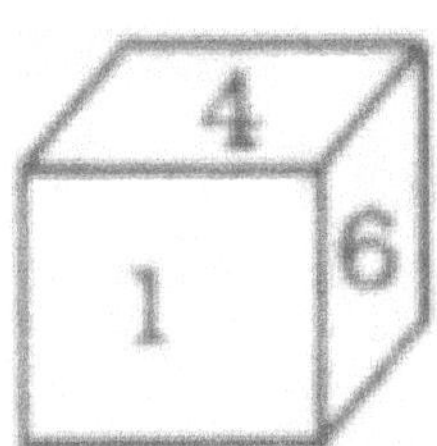

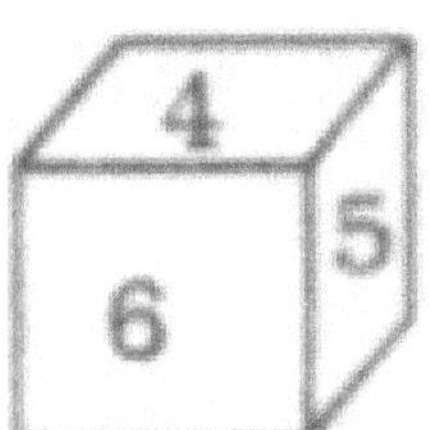

4 और 6 दोनों स्थितियों पर मौजूद हैं। शेष संख्या 1 और 5 एक दूसरे के विपरीत हैं।

जब 1 ऊपर होता है, तो 5 नीचे होता है।

अतः विकल्प (B) सही है।

9.

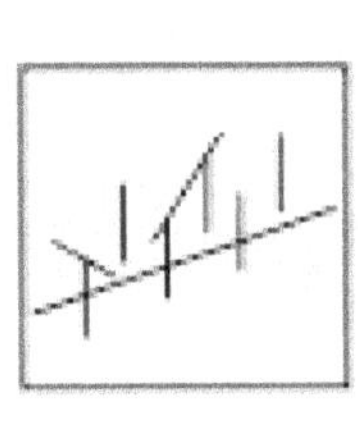

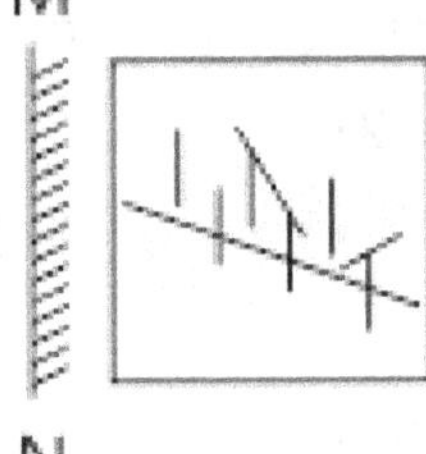

अतः विकल्प (C) सही है।

10. दिया है-

एक निश्चित कोड भाषा में, COMPUTER को SFUVQNPD के रूप में लिखा जाता है।

तर्क नीचे दिखाया गया है-

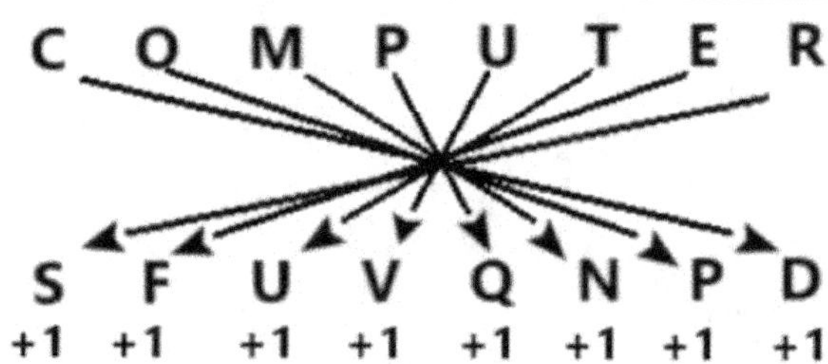

INVERTER में समान तर्क लागू करने पर,

अतः विकल्प (C) सही है।

11. दिया है-

$$80 + 2 \div 25 + 5 - 10$$

चिन्हों को बदलने पर,

$$= 80 \times 2 - 25 \times 5 + 10$$

$$= 160 - 125 + 10$$

$$= 170 - 125$$

$$= 45$$

अतः विकल्प (D) सही है।

12. दिया है-

दो अंकों की एक संख्या में, इकाई का अंक दहाई के अंक से 2 अधिक है।

माना कि दहाई का अंक x है।

इकाई अंक $= x + 2$

संख्या $= 10x + (x + 2) = 11x + 2$

दी गई संख्या का गुणनफल और उसके अंकों का योग 144 के बराबर है।

$$\Rightarrow (11x + 2)(2x + 2) = 144$$

$$\Rightarrow 22x^2 + 26x - 140 = 0$$

$$\Rightarrow 11x^2 + 13x - 70 = 0$$

$$\Rightarrow (x - 2)(11x + 35) = 0$$

$$\Rightarrow x = 2 \ [\ x \ \text{का भिन्नात्मक मान अमान्य हो जाता है}]$$

संख्या $= 11x + 2 = 24$

अतः विकल्प (A) सही है।

13. GBOQX = HAPPY

HAPPY शब्द का पहला अक्षर GBOQX शब्द के पहले अक्षर का अगला अक्षर है और HAPPY शब्द का दूसरा अक्षर GBOQX शब्द के दूसरे अक्षर का पिछला अक्षर है। यह अनुक्रम फिर दोहराया जाता है।

इसलिए,

CROSS = BSNTR

अतः विकल्प (B) सही है।

14. दिए गए निर्देशों के अनुसार, जो चित्र बनाया जा सकता है वह नीचे दिखाया गया है-

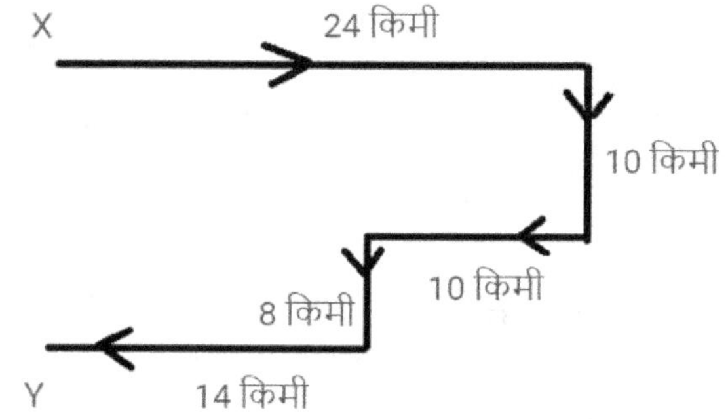

[जहाँ X प्रारंभिक बिंदु है और Y अंतिम बिंदु है।]

प्रारंभिक बिंदु और अंतिम बिंदु के बीच की दूरी = XY की लंबाई = (10+8) किमी = 18 किमी

अजय अपने प्रारंभिक बिंदु से 18 किमी दूर है।

अतः विकल्प (B) सही है।

15. वर्ग पुरुष को दर्शाता है और वृत्त महिला को दर्शाता है। दोहरी रेखा युगल को दर्शाती है। सिंगल वर्टिकल/स्लेंट लाइन माता-पिता के रिश्ते को दर्शाती है। एकल क्षैतिज रेखा भाई-बहनों को दर्शाती है।

प्रश्न में, यह पूर्व-परिभाषित है कि जोड़े हैं और A के दो बच्चे हैं। तो, A, E की पत्नी है। G या तो D की माता या पिता है।

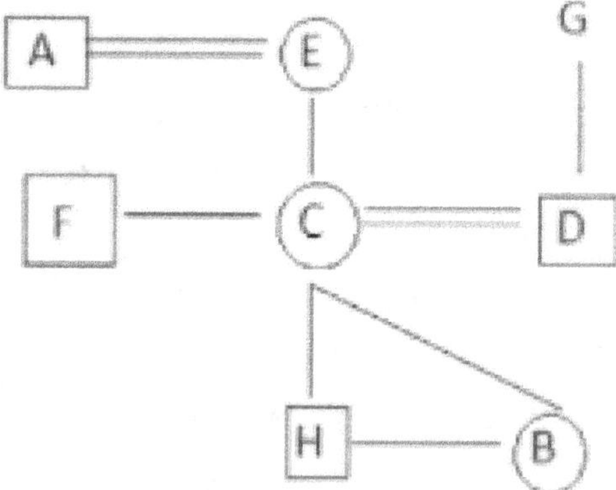

स्पष्ट रूप से, G का लिंग अज्ञात है, इसलिए पुरुष सदस्यों की संख्या निर्धारित नहीं किया जा सकता है।

अतः विकल्प (D) सही है।

16. चौथे विकल्प में दी गई उत्तर आकृति '?' के स्थान पर आएगी और नीचे दी गई प्रश्न आकृति को पूरा करेगी

अतः विकल्प (D) सही है।

17. दिया है-

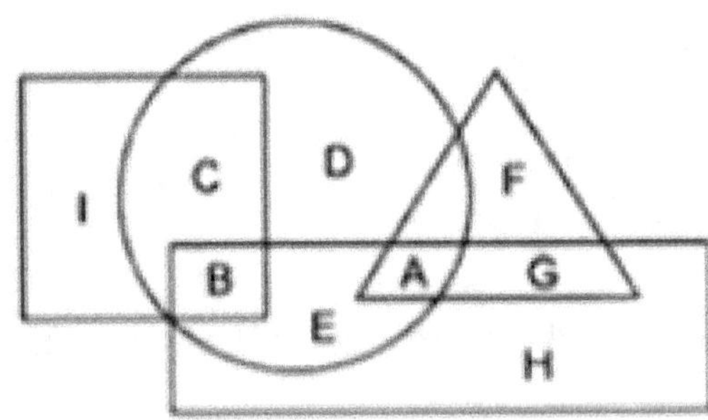

अमेरिकी महिलाओं का प्रतिनिधित्व करने वाला अक्षर वह है जो आयत, त्रिकोण और वृत्त के अंदर आता है।

अक्षर A अमेरिकी महिलाओं का प्रतिनिधित्व करने वाला है जो लेखाकार हैं।

अतः विकल्प (D) सही है।

18. वर्ग पुरुष को दर्शाता है और वृत्त महिला को दर्शाता है। दोहरी रेखा युगल को दर्शाती है। सिंगल वर्टिकल/स्लेंट लाइन माता-पिता के रिश्ते को दर्शाती है। एकल क्षैतिज रेखा भाई-बहनों को दर्शाती है।

प्रश्न में, यह पूर्व-परिभाषित है कि दो जोड़ें हैं और A के दो बच्चे हैं। तो, A, E की पत्नी है। G या तो D की माता या पिता है।

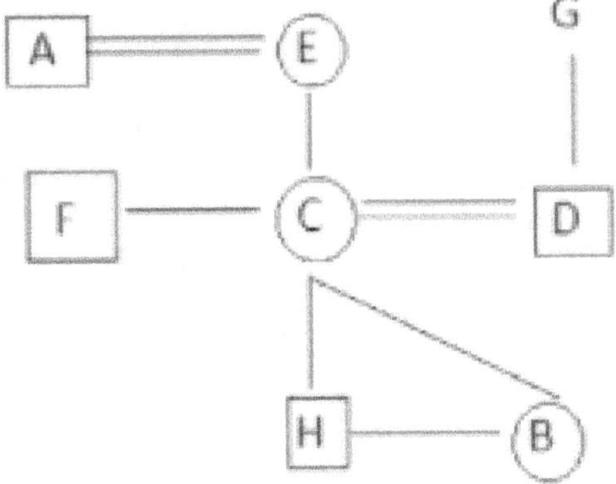

यदि G एक महिला है, तो वह B की दादी है।

अतः विकल्प (A) सही है।

19.

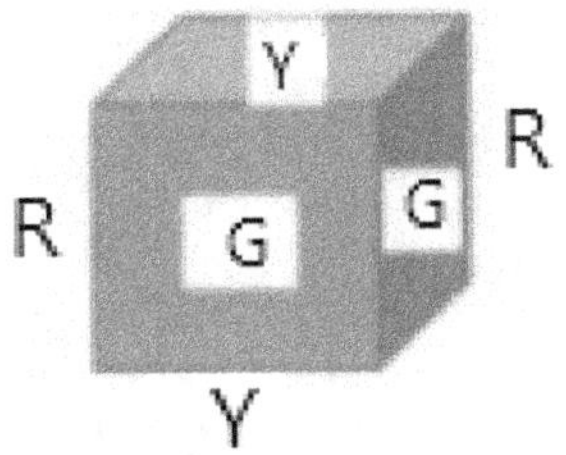

रंग संयोजन है-

कॉर्नर - GGY - 2 पीस, RRY - 2 पीस, RGY - 4 पीस।

किनारे - GG - 1 किनारा, RR - 1 किनारा, GY - 4 किनारे, RY - 4 किनारे, RG - 2 किनारे।

चेहरे का मध्य - G - 2 फलक, R - 2 फलक, Y - 2 फलक।

चूँकि इसे 125 घनों के साथ काटा जाता है, इसलिए प्रत्येक किनारे पर छोटे घनों की संख्या 5 है।

हरे रंग से रंगे हुए ठीक 2 फलक वाले छोटे घनों की संख्या GG-किनारे - 5 घनों के साथ पाई जाती है।

अतः विकल्प (C) सही है।

20. मान लीजिए केक की मात्रा $= 100$

पिता ने $= \frac{1}{4} \times 100 = 25$ लिया

शेष $= 100 - 25 = 75$

मान लीजिए लोगों की संख्या $= x$

परिवार के सदस्यों को वितरण = 75(केक की शेष राशि) / x(परिवार के सदस्यों की संख्या)

इसके दिए गए पिता के पास अन्य सदस्यों में से प्रत्येक के पास 3 गुना अधिक था,

इसलिए, 25(पिता के केक की राशि) $= 3$ अन्य सदस्यों में से प्रत्येक के जितना $\left(\frac{75}{x}\right)$ गुना

फिर, $25 = 3 \times \left(\frac{75}{x}\right)$

$x = 9$

कुल $= 9 + 1$ (पिता) $= 10$ परिवार के सदस्य

अतः विकल्प (B) सही है।

21. दिया है-

कक्षा में विद्यार्थियों की कुल संख्या = 60

लड़कियों की संख्या = 30

लड़कियों का औसत वजन = 58 किलोग्राम

पूरी कक्षा का औसत वजन = 63 किलोग्राम

दिए गए डेटा से हम गणना कर सकते हैं,

कक्षा में लड़कों की संख्या = 60 - 30

= 30 (विद्यार्थियों की कुल संख्या - लड़कियों की संख्या)

लड़कियों के दिए गए औसत वजन से हम गणना कर सकते हैं,

लड़कियों का कुल वजन = 58 × 30

=1740 किलोग्राम (औसत वजन × लड़कियों की कुल संख्या)

उसी प्रकार,

पूरी कक्षा का कुल वजन = 63 × 60

= 3780 किलोग्राम (औसत वजन × कक्षा में विद्यार्थियों की कुल संख्या)

ऊपर दिखाए गए गणनाओं से हम गणना कर सकते हैं,

लड़कों का कुल वजन = 3780 - 1740

= 2040 किलोग्राम (पूरी कक्षा का कुल वजन - लड़कियों का कुल वजन)

लड़कों के कुल वजन से, हम गणना कर सकते हैं,

लड़कों का औसत वजन = कक्षा में लड़कों का कुल वजन / लड़कों की संख्या

लड़कों का औसत वजन $= \dfrac{2040}{30}$

= 68 किलोग्राम

अतः विकल्प (C) सही है।

22. माना कि दो छात्रों द्वारा प्राप्त अंक x और $(x + 21)$ थे।

प्रश्न के अनुसार,

$\Rightarrow (x + 21) = \dfrac{80}{100}(x + x + 21)$

$\Rightarrow 100x + 2100 = 160x + 1680$

$\Rightarrow 60x = 420$

$\Rightarrow x = 7$

उनके द्वारा प्राप्त अंक 7 और 28 थे।

अतः विकल्प (C) सही है।

23. दिया है-

मोहन एक कार्य का एक तिहाई 20 दिनों में पूरा कर सकता है।

पूरा कार्य पूरा करने में मोहन द्वारा लिया गया समय $(m) = 20 \times 3$

$= 60$ दिन

साई, शेष कार्य को 10 दिनों में पूरा कर सकता है।

पूरा कार्य पूरा करने में साई द्वारा लिया गया समय $(s) = 10 \times \dfrac{3}{2}$

$= 15$ दिन

माना कि मोहन और साई द्वारा एक साथ कार्य को पूरा करने में लिया गया समय t है।

$\Rightarrow \dfrac{1}{t} = \dfrac{1}{m} + \dfrac{1}{s}$

$\Rightarrow \dfrac{1}{t} = \dfrac{1}{60} + \dfrac{1}{15}$

$\Rightarrow \dfrac{1}{t} = \dfrac{1+4}{60}$

$\Rightarrow \dfrac{1}{t} = \dfrac{5}{60}$

$\Rightarrow t = 12$ दिन

अतः विकल्प (A) सही है।

24. प्रश्न के अनुसार,

गिरिधर का वेतन $= \dfrac{5}{3}$ (हरिराज का वतन) ------- समीकरण (1)

शौनक का वेतन $= \dfrac{2}{3}$ (हरिराज का वतन) ------- समीकरण (2)

समीकरण (1) को समीकरण (2) से भाग देने पर हमे प्राप्त होता है,

गिरिधर का वेतन : शौनक का वेतन $= \dfrac{5}{3} : \dfrac{2}{3}$

गिरिधर का वेतन : शौनक का वेतन $= 5 : 2$

अतः विकल्प (C) सही है।

25. दिया है-

चक्रवृद्धि ब्याज पर निवेश की गई एक राशि 2 वर्षों में स्वयं का चार गुना हो जाती है।

माना कि निवेश की गई राशि $(P) = p$

मिश्रधन $(A) = 4p$

समय $(T) = 2$ वर्ष

सूत्र के अनुसार-

$A = P\left(1 + \dfrac{R}{100}\right)^{T}$

[जहाँ R ब्याज दर है]

$\Rightarrow 4p = p\left(1 + \dfrac{R}{100}\right)^{2}$

$\Rightarrow 4 = \left(1 + \dfrac{R}{100}\right)^{2}$

$\Rightarrow \sqrt{4} = \left(1 + \dfrac{R}{100}\right)$

$\Rightarrow 2 = \left(1 + \dfrac{R}{100}\right)$

$\Rightarrow \dfrac{R}{100} = 1$

$\Rightarrow R = 100\%$

अतः विकल्प (C) सही है।

26. माना कि लुप्त अंक x है।

11 की विभाज्यता के नियम को इस प्रकार परिभाषित किया गया है:

यदि किसी संख्या के वैकल्पिक अंकों के योग का अंतर शून्य हो, तो वह संख्या 11 से पूर्णतः विभाज्य होती है।

$$\Rightarrow (2 + 5 + 4 + 6) - (7 + x + 7) = 0$$

$$\Rightarrow x = 3$$

अतः विकल्प (D) सही है।

27. दिया है-

$$\frac{144}{0.144} = \frac{14.4}{A}$$

$$\Rightarrow \frac{144 \times 1000}{144} = \frac{144}{A \times 10}$$

$$\Rightarrow 1000 = \frac{144}{A \times 10}$$

$$\Rightarrow A = \frac{144}{10000}$$

$$\Rightarrow A = 0.0144$$

अतः विकल्प (D) सही है।

28. दिया है-

$$1.15A = 0.07B$$

$$\Rightarrow \frac{115}{100}A = \frac{7}{100}B$$

$$\Rightarrow 115A = 7B$$

$$\Rightarrow \frac{B}{A} = \frac{115}{7}$$

कॉम्पोनेंडो और डिविडेंड विधि लागू करने पर,

$$\Rightarrow \frac{B+A}{B-A} = \frac{115+7}{115-7}$$

$$\Rightarrow \frac{B+A}{B-A} = \frac{122}{108}$$

$$\Rightarrow \frac{B+A}{B-A} = \frac{61}{54}$$

अतः विकल्प (C) सही है।

29. बेलन के लिए-

त्रिज्या $(r) = 4$ सेमी

ऊंचाई $(h) = 8$ सेमी

आयतन ($V_1 = \pi r^2 h$

$$\Rightarrow V_1 = \pi \times (4)^2 \times 8$$

$$\Rightarrow V_1 = 128\pi$$

शंकु के लिए-

त्रिज्या $(R = 4$ सेमी

आयतन ($V_2 = \frac{1}{3}\pi R^2 H$

[जहाँ H शंकु की ऊँचाई है]

$$\Rightarrow V_2 = \frac{1}{3}\pi(4)^2 H$$

$$\Rightarrow V_2 = \frac{16\pi H}{3}$$

चूँकि एक बेलन को पिघलाकर एक शंकु बनाया जाता है, इसलिए उनके आयतन बराबर होते हैं।

$$\Rightarrow 128\pi = \frac{16\pi H}{3}$$

$$\Rightarrow H = 24 \text{ सेमी}$$

अतः विकल्प (D) सही है।

30. दिया है-

दो घनों के आयतनों का अनुपात $8 : 27$ है।

माना कि घनों के किनारे a, b है।

प्रश्न के अनुसार,

$$\Rightarrow \frac{a^3}{b^3} = \frac{8}{27}$$

$$\Rightarrow \frac{a}{b} = \frac{2}{3}$$

कुल पृष्ठीय क्षेत्रफलों का अनुपात $= 6a^2 : 6b^2$

$$= \frac{6a^2}{6b^2}$$

$$= \left(\frac{a}{b}\right)^2$$

$$= \frac{4}{9}$$

$$= 4 : 9$$

अतः विकल्प (D) सही है।

31. दिया है-

$$16\frac{2}{3}\% \times 600 - 33\frac{1}{3}\% \times 180$$

$$\Rightarrow \left(\frac{50}{3}\% \times 600\right) - \left(\frac{100}{3}\% \times 180\right)$$

$$\Rightarrow \left(\frac{50}{300} \times 600\right) - \left(\frac{100}{300} \times 180\right)$$

$$\Rightarrow 100 - 60$$

$$\Rightarrow 40$$

अतः विकल्प (D) सही है।

32. दिया है-

दो कारों की गति का अनुपात $4 : 5$ है।

माना कि दो कारों की गति $4k, 5k$ है।

पहली कार 2 घंटे में 100 किमी की दूरी तय करती है।

पहली कार की गति $= \frac{100}{2}$

$= 50$ किमी/घंटा

दूसरी कार की गति $= 5k$

$= 5 \times 12.5$

$= 62.5$ किमी/घंटा

अतः विकल्प (D) सही है।

33. दिया है-

$21A + 21B + 21C = 567$

$\Rightarrow 21(A + B + C) = 567$

$\Rightarrow (A + B + C) = \frac{567}{21}$

$\Rightarrow (A + B + C) = 27$

A, B और $C = \frac{A+B+C}{3}$ का औसत

$= \frac{27}{3}$

$= 9$

अतः विकल्प (D) सही है।

34. दिया है-

$\frac{(469+174)^2 - (469-174)^2}{(469 \times 174)}$

सूत्र के अनुसार-

$\frac{(A+B)^2 - (A-B)^2}{(A \times B)} = 4$

$= \frac{(469+174)^2 - (469-174)^2}{(469 \times 174)}$

$= 4$

अतः विकल्प (D) सही है।

35. दिया है-

वस्तु का अंकित मूल्य $(MP) = 1000$ रु

पहली छूट $(D_1) = 10\%$

दूसरी छूट $(D_2) = 20\%$

तीसरी छूट $(D_3) = 30\%$

सूत्र के अनुसार-

$SP = MP(1 - D_1\%)(1 - D_2\%)(1 - D_3\%)$

[जहां SP वस्तु का विक्रय मूल्य है]

$\Rightarrow SP = 1000(1 - 10\%)(1 - 20\%)(1 - 30\%)$

$\Rightarrow SP = 1000\left(1 - \frac{10}{100}\right)\left(1 - \frac{20}{100}\right)\left(1 - \frac{30}{100}\right)$

$\Rightarrow SP = 1000 \times \frac{90}{100} \times \frac{80}{100} \times \frac{70}{100}$

$\Rightarrow SP = 504$

वस्तु का विक्रय मूल्य 504 है।

अतः विकल्प (D) सही है।

36. दिया है-

वस्तु का अंकित मूल्य $(MP) = 2000$ रुपये

पहली छूट $(d_1) = 20\%$

दूसरी छूट $(d_2) = 15\%$

सूत्र के अनुसार-

$SP = MP(1 - d_1\%)(1 - d_2\%)$

[जहाँ SP वस्तु का विक्रय मूल्य है]

$\Rightarrow SP = 2000(1 - 20\%)(1 - 15\%)$

$\Rightarrow SP = 2000\left(1 - \frac{20}{100}\right)\left(1 - \frac{15}{100}\right)$

$\Rightarrow SP = 2000 \times \frac{80}{100} \times \frac{85}{100}$

$\Rightarrow SP = 1360$

दुकानदार ने आखिरकार वस्तु को 1360 रुपये में बेच दिया।

अतः विकल्प (C) सही है।

37. दिया है-

$(9 - 3x) - (17x - 10) = -1$

$\Rightarrow 9 - 3x - 17x + 10 = -1$

$\Rightarrow 19 - 20x = -1$

$\Rightarrow 20x = 20$

$\Rightarrow x = 1$

अतः विकल्प (D) सही है।

38. दिया है-

$A - B = -7$

$A^2 + B^2 = 85$

सूत्र के अनुसार-

$(A - B)^2 = A^2 + B^2 - 2AB$

$\Rightarrow (-7)^2 = 85 - 2AB$

$\Rightarrow 49 = 85 - 2AB$

$\Rightarrow 2AB = 36$

$\Rightarrow AB = 18$

अतः विकल्प (D) सही है।

39. दिया है:

$$7\frac{1}{2} - \left[2\frac{1}{4} \div \left\{1\frac{1}{4} - \frac{1}{2}\left(1\frac{1}{2} - \frac{1}{3} - \frac{1}{6}\right)\right\}\right]$$

$$= \frac{15}{2} - \left[\frac{9}{4} \div \left\{\frac{5}{4} - \frac{1}{2}\left(\frac{3}{2} - \frac{1}{3} - \frac{1}{6}\right)\right\}\right]$$

$$= \frac{15}{2} - \left[\frac{9}{4} \div \left\{\frac{5}{4} - \frac{1}{2}\left(\frac{9-2-1}{6}\right)\right\}\right]$$

$$= \frac{15}{2} - \left[\frac{9}{4} \div \left\{\frac{5}{4} - \frac{1}{2}\right\}\right]$$

$$= \frac{15}{2} - \left[\frac{9}{4} \div \left\{\frac{5-2}{4}\right\}\right]$$

$$= \frac{15}{2} - \left[\frac{9}{4} \div \frac{3}{4}\right]$$

$$= \frac{15}{2} - \left[\frac{9}{4} \times \frac{4}{3}\right]$$

$$= \frac{15}{2} - 3$$

$$= \frac{15-6}{2}$$

$$= \frac{9}{2}$$

$$= 4\frac{1}{2}$$

अतः विकल्प (B) सही है।

40. दिया है-

एक पूर्ण संख्या और उसके व्युत्क्रम के तीन गुना का योग $\frac{52}{7}$ होता है।

मान लीजिए कि संख्या A है।

प्रश्न के अनुसार,

$$\Rightarrow A + \frac{3}{A} = \frac{52}{7}$$

$$\Rightarrow \frac{A^2+3}{A} = \frac{52}{7}$$

$$\Rightarrow 7A^2 + 21 = 52A$$

$$\Rightarrow 7A^2 - 52A + 21 = 0$$

$$\Rightarrow 7A^2 - 49A - 3A + 21 = 0$$

$$\Rightarrow 7A(A - 7) - 3(A - 7) = 0$$

$$\Rightarrow (A - 7)(7A - 3) = 0$$

$$\Rightarrow A = 7, \frac{3}{7}$$

चूंकि संख्या पूर्ण है,

$$\Rightarrow A = 7$$

अतः विकल्प (C) सही है।

41. मार्च 2018 तक भारत का सबसे तेज सुपर कम्प्यूटर प्रत्युष है।

प्रत्युष की स्थापना पुणे में भारतीय उष्णकटिबंधीय मौसम विज्ञान संस्थान (आईआईटीएम) में की गई है और इसका उपयोग मौसम और जलवायु पूर्वानुमान के लिए किया जाता है।

भारत के सबसे शक्तिशाली सुपरकंप्यूटर प्रत्युष, देश का पहला बहु-पेटाफ्लॉप उपकरण है, जिसका उपयोग मौसम और जलवायु भविष्यवाणियों को बेहतर बनाने के लिए किया जा रहा है, ने दुनिया के शीर्ष 500 सुपर कंप्यूटरों की सूची में 39वें स्थान पर जगह बनाई है।

- 4 पेटाफ्लॉप सुपरकंप्यूटर ने पहली बार उच्च 300s से लेकर 50 की सूची में भारत की रैंकिंग में सुधार किया है।
- एक पेटाफ्लॉप प्रति मिलियन मिलियन फ्लोटिंग पॉइंट ऑपरेशन है और यह एक सिस्टम की कंप्यूटिंग क्षमता का प्रतिबिंब है।
- प्रत्युष का उपयोग अधिक सटीक मौसम और जलवायु पूर्वानुमान करने के लिए किया जाएगा, जिसमें सभी महत्वपूर्ण मानसून पूर्वानुमान शामिल हैं।

अतः विकल्प (D) सही है।

42. यूएन वुमैन ने हाल ही में 'महिलाएं और लड़कियां पीछे छूट गईं: महामारी प्रतिक्रियाओं में स्पष्ट अंतराल' शीर्षक से एक नई रिपोर्ट जारी की।

रिपोर्ट के अनुसार, महिलाओं को सरकार से कोविड 19 राहत मिलने की संभावना कम थी। बच्चों के साथ रहने वाले 20 प्रतिशत कामकाजी पुरुष की तुलना में बच्चों के साथ रहने वाली 29 प्रतिशत कामकाजी माताओं ने अपनी नौकरी खो दी। रिपोर्ट के अनुसार, बच्चों के साथ रहने वाली एकल महिलाओं को अधिक पीछे छोड़ दिया गया।

अतः विकल्प (C) सही है।

43. नीतीश कुमार ने 15 अगस्त 2021 को आजादी के बाद गाँधी मैदान में सर्वाधिक 15 वीं बार झंडा फहराकर श्री कृष्णा सिंह पूर्व मुख्यमंत्री के 14 बार झंडा फहराने का रिकॉर्ड तोड़ा।

15 अगस्त को बिहार के मुख्यमंत्री नीतीश कुमार ने 15 वीं बार तिरंगा झंडा फहराया। इससे पहले सबसे अधिक बार बिहार के मुख्यमंत्री रहते हुए झंडा फहराने का रिकॉर्ड श्री कृष्णा सिंह के पास था।

अतः विकल्प (B) सही है।

44. भारत और रूस की नौसेनाओं ने 14 जनवरी 2022 को अरब सागर में एक पासिंग अभ्यास किया।

भारतीय नौसेना के स्वदेशी रूप से डिजाइन और निर्मित निर्देशित-मिसाइल विध्वंसक आईएनएस कोच्चि ने रूसी संघ की नौसेना के विध्वंसक एडमिरल ट्रिब्यूट्स के साथ अभ्यास किया। यह सुनिश्चित करने के लिए एक पासिंग अभ्यास किया जाता है कि इसमें भाग लेने वाली दो नौसेनाएं आपदा या युद्ध के समय में सुचारू रूप से समन्वय और संवाद करने में सक्षम हों।

अतः विकल्प (B) सही है।

45. बहमनी साम्राज्य के संस्थापक अलाउद्दीन बहमन शाह थे जिन्हें 1347 में हसन गंगू के नाम से भी जाना जाता है। वह देवगिरी के एक तुर्की अधिकारी थे। अरब सागर से लेकर बंगाल की खाड़ी तक फैला उनका राज्य, गुलबर्ग में अपनी राजधानी के साथ कृष्णा नदी तक के पूरे डेक्कन को शामिल करता था।

अतः विकल्प (B) सही है।

46. एक पश्चिमी विक्षोभ भूमध्यसागरीय क्षेत्र में उत्पन्न होने वाला एक अतिरिक्त उष्णकटिबंधीय तूफान है जो भारतीय उपमहाद्वीप के उत्तर-पश्चिमी भागों में अचानक सर्दियों की बारिश लाता है।

अतः विकल्प (A) सही है।

47. भू-परिदृश्य जो कि पृथ्वी में दरार के कारण होता है, जिसमें एक ओर दूसरे के संदर्भ में नीचे चली जाती है, जिसे रिफ्ट घाटी के रूप में जाना जाता है। एक दूसरे से सटे हुए गतिशील और संकुचित बल कार्य करते हैं, आयामी बल उन दोषों के लिए जिम्मेदार होते हैं जो गहरे हो जाते हैं और दरार घाटियां बन जाते हैं जबकि संपीडनात्मक बल भूमि के उत्थान के लिए जिम्मेदार होते हैं और इस प्रकार ब्लॉक पर्वत का निर्माण होता है।

अतः विकल्प (A) सही है।

48. दुनिया की सबसे लंबी और गहरी रेलवे सुरंग गॉथर्ड बेस सुरंग का उद्घाटन स्विट्जरलैंड में किया गया। गॉथर्ड बेस सुरंग 57 किलोमीटर लंबी है और उत्तरी और दक्षिणी यूरोप को जोड़ती है और कई रेल मार्गों के लिए यात्रा का समय भी कम करती है।

अतः विकल्प (C) सही है।

49. नृत्य रूप का नाम दो अलग-अलग शब्दों 'कथा' (कहानी) और 'काली' (कला और प्रदर्शन) का योग है।

यह एक भारतीय शास्त्रीय नृत्य रूप है जिसमें कलाकार उत्कृष्ट चेहरे के भाव, हावभाव और फुटवर्क के माध्यम से अपने दर्शकों को कहानी सुनाते हैं।

इस नृत्य शैली की विशेष विशेषताएं हैं- चटकीले श्रृंगार, अनूठी वेशभूषा, और नृत्य गतिविधि जो केरल और आसपास के क्षेत्रों में प्रचलित सदियों पुरानी मार्शल आर्ट और एथलेटिक परिपाटी को दर्शाति हैं।

अतः विकल्प (D) सही है।

50. लोमड़ी का वैज्ञानिक नाम कैनिस वल्प्स है। वल्प्स उप-परिवार कैनिने का एक जीनस है। सच्चे लोमड़ियों को जीनस कैनिस के सदस्यों से अलग किया जाता है, जैसे कि पालतू कुत्ते, भेड़िये, गीदड़ और कोयोट, उनके छोटे आकार (5-11 किग्रा), लंबे, झाड़ीदार पूंछ और चापलूसी खोपड़ी द्वारा।

अतः विकल्प (C) सही है।

51. यूरीज एक एंजाइम है जो यूरिया के हाइड्रोलिसिस को उत्प्रेरित करता है, जिससे अमोनिया और कार्बन डाइऑक्साइड बनता है।

अतः विकल्प (B) सही है।

52. प्राकृतिक रेशे पौधों और जानवरों द्वारा उत्पादित बहुत बड़े पदार्थ होते हैं जिन्हें रेशों, धागों या रस्सी के रूप में काता जाता है। ये बुने हुए, चटाई के जैसे बंधे हुए वह कपड़े बनाते हैं जो समाज के लिए आवश्यक हैं। फ्लैक्स, हेंप और अंगोरा सभी प्राकृतिक रेशों का उदाहरण हैं।

अतः विकल्प (D) सही है।

53. लुई पास्चर ने पाया कि कुछ अणुओं में छाया चित्र होते हैं और उन्हें रासायनिक यौगिक के बाएँ हाथ और दाहिने हाथ के संस्करणों के रूप में समझाया जाता है।

अतः विकल्प (C) सही है।

54. पहलवान बजरंग पुनिया और शूटर इलावेनिल वलारिवन - ने FICCI इंडिया स्पोर्ट्स अवार्ड्स 2020 में शीर्ष सम्मान हासिल किया।

2019-20 सत्र में शानदार प्रदर्शन करने वाले दोनों एथलीटों ने अपनी-अपनी श्रेणियों में स्पोर्ट्सपर्सन ऑफ द ईयर का पुरस्कार जीता।

क्रिकेट के दिग्गज अनिल कुंबले को उनके उद्यम - टेनविक स्पोर्ट्स के लिए 'बेस्ट कंपनी प्रोमोटिंग स्पोर्ट्स (निजी क्षेत्र)' पुरस्कार मिला।

अतः विकल्प (B) सही है।

55. भारतीय संविधान में मौलिक कर्तव्यों को यूएसएसआर के संविधान से गृहीत किया गया है। यूएसएसआर को सोवियत संघ के संविधान के रूप में जाना जाता है। यूनियन ऑफ सोवियत सोशलिस्ट रिपब्लिक उत्तरी यूरेशिया में एक संघीय समाजवादी राज्य था जो 1922 से 1991 तक अस्तित्व में था।

भारतीय संविधान ने मौलिक कर्तव्यों और न्याय के आदर्श (सामाजिक, आर्थिक और राजनीतिक) को यूएसएसआर से प्रस्तावना में गृहीत किया था। दक्षिण अफ्रीका, जापान और फ्रांस से कई अन्य विचारों को गृहीत किया गया था।

अतः विकल्प (C) सही है।

56. कालिदास सम्मान भारत में मध्य प्रदेश सरकार द्वारा प्रतिवर्ष प्रस्तुत एक प्रतिष्ठित कला पुरस्कार है। कालिदास सम्मान की स्थापना वर्ष 1980-81 में की गई थी। इस पुरस्कार में रु 2,00,000 और शास्त्रीय संगीत, शास्त्रीय नृत्य, रंगमंच और दृश्य कला के क्षेत्र में प्रशस्ति पत्र प्रदान किया जाता है।

अतः विकल्प (D) सही है।

57. सामग्री की आपूर्ति का मतलब समय की प्रति यूनिट एक विशेष मूल्य पर बिक्री के लिए पेश किए गए सामग्री की संख्या है। जब मांग अधिक होती है तो मूल्य में मुद्रास्फीति होती है।

अतः विकल्प (A) सही है।

58. झारखंड में संसदीय निर्वाचन क्षेत्र की कुल संख्या 14 सदस्य हैं और वे झारखंड के राज्य निर्वाचकों द्वारा सीधे चुने जाते हैं। सदस्य पांच साल के लिए चुने जाते हैं। राज्य / केंद्र शासित प्रदेश को आवंटित सीटों की संख्या, राज्य / केंद्र शासित प्रदेश की जनसंख्या से निर्धारित होती है।

अतः विकल्प (B) सही है।

59. अंतर्राष्ट्रीय न्यायालय, जिसे विश्व न्यायालय भी कहा जाता है, संयुक्त राष्ट्र का मुख्य न्यायिक अंग है। यह जून 1945 में संयुक्त राष्ट्र के चार्टर द्वारा स्थापित किया गया था और अप्रैल 1946 में काम करना शुरू किया। कोर्ट की सीट द हेग (नीदरलैंड) में पीस पैलेस में है।

अतः विकल्प (B) सही है।

60. स्पेन के पेशेवर टेनिस खिलाड़ी राफेल नडाल ने 29 अप्रैल 2018 को अपना 11 वां बार्सिलोना ओपन टेनिस खिताब अपने नाम किया था और क्ले पर जीते गए 46 लगातार सेटों के अपने रिकॉर्ड को बढ़ाया। फाइनल में, उन्होंने ग्रीक किशोरी स्टेफानोस त्सित्सिपास को 6-2 6-1 से हराया।

अतः विकल्प (B) सही है।

61. The given sentence is in the simple future tense. The simple future is a verb tense that is used to talk about things that haven't happened yet.

The formula for the simple future tense is will + (root form of the verb).

Hence, the correct option is (A).

62. On: It is used to refer to the surface of something.

E.g. The book is kept on the table.

In: It is used to indicate a location.

E.g. We are currently staying in the hotel.

At: It is used to indicate a place.

E.g. people were enjoying the football match at the stadium.

Into: It is used to indicate movement toward the inside of a place.

E.g. The children jumped into the pool.

Clearly, out of all the options, option 1), i.e., "on" would be most appropriate for indicating the position of the label on the bottle.

Hence, the correct option is (A).

63. Foremost: Most prominent in rank, importance, or position

Unimportant: Lacking in importance or significance

Hindmost: Furthest back, latest, or ultramodern

Disposed: Inclined or willing

Mature: Fully developed physically, Full-grown

Hence, the correct option is (B).

64. Fostering: Encourage the development of (something, especially something desirable)

Nurturing: Care for and protect (someone or something) while they are growing

Safeguarding: A measure is taken to protect someone or something or to prevent something undesirable

Neglecting: Fail to care for properly

Ignoring: Refuse to take notice of or acknowledge; disregard intentionally.

Hence, the correct option is (D).

65. 'Voracious' means very eager for something, especially for food. E.g. He has a voracious appetite. 'Hungry' means wanting food. 'Angry' means annoyed or upset with something or something. ' Quick' means fast. 'Wild' means not controlled.

Hence, the correct option is (B).

66. The exact meaning of the given idiom 'To sound a red alert' is a sudden dangerous situation.

Example: Sirens sounded an end to the red alert.

Hence, the correct option is (C).

67. Refer to, "But stakeholders should keep expectations low, given that the resolution of cases so far referred under IBC has been fraught with long delays and disputes."

It is clear from the above lines that the author is not very hopeful regarding the IBC proceedings in India since most of the times such proceedings have taken too much time to complete and also most of the times they have not been free from the disputes regarding the awards pronounced through such proceedings. All the parties have not agreed to such awards ultimately.

Hence, the correct option is (B).

68. In the passage that the owner of Jet Airways has been given a lot of chances to revive the airline but it is hard to explain on what basis the person has been given so many opportunities. The lenders should have handled the situation in a better manner. Refer to, "First, Naresh Goyal was given an inordinately long rope by the lenders which worked to the detriment of everyone else. Thankfully the prospect of a backdoor entry by the promoter was thwarted." The fact that it is hard to explain why the lenders delayed in referring the case to the National Company Law Tribunal and also they decided to take a majority stake without any valid reason. Therefore it has been the case that the lenders have shown a lack of judgment in the whole episode. Refer to, "But the lenders' decision to put off the IBC route in favour of a majority equity stake for themselves is difficult to explain."

Hence, the correct option is (D).

69. Refer to, "Not surprisingly, most potential suitors for Jet Airways backed off and just one conditional bid was received for a minority stake from strategic partner Etihad Airways. Later, the Hinduja Group also threw its hat into the ring. But lenders seem to have found these offers unappealing and have now decided to refer Jet to the National Company Law Tribunal (NCLT) for insolvency proceedings."

It is very much clear from the above lines that the lenders have not found the bids submitted by Etihad Airways and Hinduja Group as acceptable and that is why they have rejected the bids altogether and have referred the case to the National Company Law Tribunal.

Hence, the correct option is (C).

70. Pandora's box: A process that once begun generates many complicated problems.

Hence, the correct option is (D).

71. There are divergent views on the issue of giving bonuses to the employees. Divergent means different or becoming different from something else.

Hence, the correct option is (B).

72. The decision to resume the full-scale training will be taken after thorough observation of the epidemic situation in the country. The second half of the sentence mentions an action that will have a direct impact on the first part of the sentence. Only after "a thorough observation", the training will resume. Hence, we need a simple future tense in the first half of the sentence. But since the sentence is in the passive voice.

Hence, the correct option is (A).

73. My cousin has invested a lot of money in farming. Because "in" a preposition that fits with the sentence.

Hence, the correct option is (B).

74. If +sub+ would have+v3 in place of wouldn't have must be replaced according to this grammar rule.

Hence, the correct option is (A).

75. "Is" cannot be used with subject "I". In this "am" is already used with "I" So it should be I am not on duty now and writing a book these days.

Hence, the correct option is (B).

76. Become is a plural verb and "it" is a singular pronoun which should have a singular verb. Changing "become" to "becomes".

Hence, the correct option is (A).

77. A suffix is a letter or a group of letters that is usually attached to the end of a word to form a new word, as well as alter the way it functions grammatically.

The word Jealousy consists of the root word 'Jealous' combined with the suffix '-y' which means 'full of, denoting a condition, or a diminutive'.

There are some words related to the Suffix '-y' are - Dainty, Beauty.

jealousy(noun). Feeling of unhappiness and anger because someone has something or someone that you want.

Example: He broke his brother's new bike in a fit of jealousy.

Hence, the correct option is (D).

78. The prefix is a letter or a group of letters that appears at the beginning of a word and changes the word's original meaning.

The word legal consists of the prefix 'Ex'- which means 'former, out of' combined with the root (or stem) word 'terminate' the word becomes Exterminate.

There are some words related to the prefix 'Ex' are - Ex-president, Excluding.

Exterminate(verb): To kill all the animals or people in a particular place or of a particular type

Example: Once cockroaches get into a building, it's very difficult to exterminate them.

Hence, the correct option is (C).

79. Attracted means cause (someone) to have a liking for or interest; to come closer.

Repelled- be repulsive or distasteful to something; move apart from.

Enchanted- filled with delight; charmed.

Transformed- make a marked change in the form, nature, or appearance.

Disturbed- having a normal pattern or functioning disrupted.

Hence, the correct option is (A).

80. Compulsory means required by law or a rule; obligatory.

Optional- available to be chosen but not obligatory.

Essential- absolutely necessary; extremely important.

Important- of great significance or value.

Choice- an act of choosing between two or more possibilities.

Hence, the correct option is (A).

81. उपर्युक्त पद्य में अतिश्योक्ति अलंकार है, जहाँ पर बात को बहुत बड़ा-चढ़ा कर बताया जाये वहां अतिश्योक्ति अलंकार होता है। यहाँ पर राम जी के वियोग में सीता जी इतनी पतली हो गयी कि मानो उनकी अंगूठी कंगना के समान हो गयी है।

यमक अलंकार- यमक अलंकार में एक शब्द की आवृत्ति बार -बार होती है लेकिन हर एक शब्द का अर्थ हर बार भिन्न होता है।

उपमा अलंकार- जब दो अलग - अलग वस्तुओं कि तुलना आपस में आकृति, स्वभाव, गुण के आधार पर की जाये तब वहां उपमा अलंकार होता है।

उल्लेख अलंकार- जब एक वास्तु का वर्णन अनेक तरीके से किया जाये, वहां उल्लेख अलंकार होता है।

अतः विकल्प (C) सही है।

82. वैकल्पिक-ऐच्छिक का जो विलोम युग्म है, वह यहाँ गलत है।

वैकल्पिक का सही विलोम- अनिवार्य (युग्म: वैकल्पिक-अनिवार्य)

ऐच्छिक का सही विलोम- अनैच्छिक (युग्म: ऐच्छिक-अनैच्छिक)

अतः विकल्प (B) सही है।

83. इन पंक्तियों में विप्रलंभ श्रृंगार है। विप्रलभ श्रृंगार में नायक नायिका के विरहजन्य संताप आदि का वर्णन होता है। यहां वृषभानुकुमारी अर्थात राधा की तुलना अप्रस्तुत के गुणों से की गई है।

अतः विकल्प (A) सही है।

84. चौपाई - यह मात्रिक छंद है। इसमें चार चरण होते हैं। प्रत्येक चरण में सोलह मात्राएँ होती हैं। पहले चरण की तुक दूसरे चरण से तथा तीसरे चरण की तुक चौथे चरण से मिलती है। प्रत्येक चरण के अंत में यति होती है।

अतः विकल्प (A) सही है।

85. उच्छ्वास का सही संधि-विच्छेद है- उत्+श्वास। वर्णों के परस्पर मेल से उत्पन्न परिवर्तन को संधि कहते हैं। वर्णों में संधि करने पर स्वर, व्यंजन अथवा विसर्ग में परिवर्तन आता है। अतः संधि तीन प्रकार की होती है–1 स्वर संधि 2. व्यंजन संधि 3. विसर्ग संधि।

अतः विकल्प (A) सही है।

86. 'विपिन' के पर्यायवाची शब्द हैं- वन, जंगल, कानन, अरण्य।

अतः विकल्प (A) सही है।

87. शिक्षा व्यक्ति की अंतर्निहित क्षमता तथा उसके व्यक्तित्त्व का विकसित करने वाली प्रक्रिया है। यही प्रक्रिया उसे समाज में एक वयस्क की भूमिका निभाने के लिए समाजीकृत करती है तथा समाज के सदस्य एवं एक जिम्मेदार नागरिक बनने के लिए व्यक्ति को आवश्यक ज्ञान तथा कौशल उपलब्ध कराती है और जीवन के लिए सक्षम बनाती है।

अतः विकल्प (B) सही है।

88. समाज में 'समानता' की अवधारणा को स्थापित करने के लिए निःशुल्क शिक्षा की व्यस्था की गयी है, किन्तु इस व्यवस्था से अनेक बेरोजगार हाथ से कार्य करने में बुरा मानते है।

अतः विकल्प (B) सही है।

89. हम बच्चों को केवल शिक्षित बनाने के उद्देश्य से ही शिक्षा नहीं देते बल्कि हमारा उद्देश्य उन्हें जीवन के लिए सक्षम बनाना है।

अतः विकल्प (D) सही है।

90. सभी को शिक्षित कर समाज की सभी समस्याएँ दूर की जा सकती हैं और परिपूर्ण राष्ट्र का निर्माण कर सकता है।

अतः विकल्प (A) सही है।

91. पाथेय शब्द में य प्रत्यय है जो शब्दांश किसी शब्द के बाद लगकर उसके अर्थ को बदल देते हैं और नए अर्थ का बोध कराते हैं उसे प्रत्यय कहते हैं।

अतः विकल्प (A) सही है।

92. 'मठ' के अन्य पर्यायिवाची शब्द - विहार, कुटी, स्तर, अखाड़ा, संघ

अतः विकल्प (C) सही है।

93. रीछ का तत्सम शब्द 'ऋक्ष' है। सूरज का तत्सम शब्द 'सूर्य' है, सावन का तत्सम शब्द श्रावण है और बिच्छु का तत्सम शब्द वृश्चिक है।

अतः विकल्प (C) सही है।

94. साधु सही उत्तर है। वे शब्द जो किसी वस्तु की बहुलता को प्रकट करते हैं उन्हें बहुवचन के रूप में जाना जाता है। लड़के, कुत्ते, बिल्लियाँ आदि बहुवचन के कुछ उदाहरण हैं। हालाँकि, कुछ शब्द ऐसे हैं जो साधु, बैग आदि दोनों रूपों में समान हैं।

अतः विकल्प (D) सही है।

95. 'श्रीमती' शब्द का बहुवचन होगा श्रीमतियाँ। वो शब्द जो किसी भी रूप से अनेकता का बोध हो उसे बहुवचन कहते हैं। जैसे-लड़के, गायें, कपड़े, टोपियाँ, मालाएँ, माताएँ, पुस्तकें, वधुएँ, गुरुजन, रोटियाँ, स्त्रियाँ, लताएँ, बेटे आदि।

अतः विकल्प (D) सही है।

96. 'सिर हथेली पर रखना', मुहावरे का अर्थ है- मरने के लिए तैयार होना।

अतः विकल्प (C) सही है।

97. सर्वनाम-संज्ञा के बदले में आनेवाले शब्दों को सर्वनाम कहते हैं। जैसे-वह, तुम, मैं, हम, मेरा, उसका, हमलोग आदि।

सर्वनाम 6 प्रकार के होते हैं-

पुरूषवाचक सर्वनाम, निश्चयवाचक सर्वनाम, अनिश्चयवाचक सर्वनाम, निजवाचक सर्वनाम, संबंधवाचक सर्वनाम और प्रश्नवाचक सर्वनाम ।

अतः विकल्प (D) सही है।

98. सुशिल, हेमन्त, चाचा सभी पुल्लिंग शब्द है,अर्थात सुशीला - स्त्रीलिंग शब्द है।

अतः विकल्प (C) सही है।

99. प्रस्तर शब्द पत्थर का तत्सम शब्द है और बहू, पंछी, दीवाली के तत्सम क्रमशः वधु, पक्षी और दीपावली हैं।

अतः विकल्प (A) सही है।

100. पूत कपूत तो क्यों धन संचय। पूत सपूत तो क्यों धन संचय।। पंक्ति में लाटानुप्रास अलंकार है। लाटानुप्रास अलंकार की परिभाषा – जहाँ शब्द और वाक्यों की आवर्ती हो इसके अलावा हरेक जगह पर अर्थ भी वही पर अन्वय करने पर भिन्नता आ जाये वहाँ लाटानुप्रास अलंकार होता है।

अतः विकल्प (B) सही है।

General Intelligence & Reasoning Ability

Q.1 निर्देश: निम्नलिखित प्रश्न में दिए गए विकल्पों में से संबंधित शब्द का चयन करें।

एम्पेयर : विद्युत धारा : : फ़ैदम : ?

A. पानी की गहराई
B. आवृत्ति
C. ध्वनि - स्तर
D. कार्य या ऊर्जा

Q.2 निर्देश: निम्नलिखित प्रश्न में, दिए गए विकल्पों में से सम्बंधित संख्या का चयन कीजिये।

AKP : 1121256 : : LNO : ?

A. 196125144
B. 144196225
C. 144225196
D. 41521196

Q.3 निर्देश: निम्नलिखित प्रश्न में, दिए गए विकल्पों में से सम्बंधित लुप्त संख्या-युग्म का चयन कीजिये।

534 : 2 : : ? : ?

A. 102 : 9
B. 553 : 6
C. 884 : 2
D. 999 : 2

Q.4 वह शब्द चुनें, जो अन्य से अलग हो?

A. ऋग्वेद
B. यजुर्वेद
C. अथर्ववेद
D. आयुर्वेद

Q.5 निर्देश: सही विकल्प का चयन कीजिये जो दी गई श्रृंखला को पूरा करेगा।

69, 66, 68, 65, 67, 64, ?

A. 65
B. 66
C. 67
D. 68

Q.6 निर्देश: दो शब्दों के निम्नलिखित प्रश्न जिनका आपस में एक निश्चित संबंध है, उसके बाद चार अक्षरों वाले शब्द जोड़े हैं। सही अक्षर युग्म का चयन करें जिसमें वही संबंध होना चाहिए जो शब्दों के प्रश्न युग्म में है।

कागज : रीम

A. टहनियाँ : बुश
B. भोजन : पैकेट
C. किताबें : पाइल
D. अंडे : दर्जन

Q.7 यदि एक कोड भाषा में FIREWOOD को ERIFDOOW प्रकार से लिखा जाता है तो, FRACTION को कैसे लिखा जाएगा?

A. ARFITCNO
B. NOITCARF
C. CARFNOIT
D. CRAFONIT

Q.8 निर्देश: दिए गए प्रश्न का उत्तर देने के लिए निम्नलिखित जानकारी का ध्यानपूर्वक अध्ययन करें।

यदि 'J % H' का अर्थ है कि J, H का पिता है,

'J + H' का अर्थ है कि J, H की बहन है,

'जे ? H' का अर्थ है कि J, H की पुत्री है

ऊपर दी गई जानकारी के अनुसार, निम्नलिखित में से किस विकल्प का अर्थ है कि K, L का दादा है?

A. M + L % K
B. L % K ? M
C. L ? M ? K
D. K % M % L

Q.9 निर्देश: उत्तर आकृति में निम्नलिखित में से कौन सा घन प्रश्न आकृति में खुले घन के आधार पर नहीं बनाया जा सकता है?

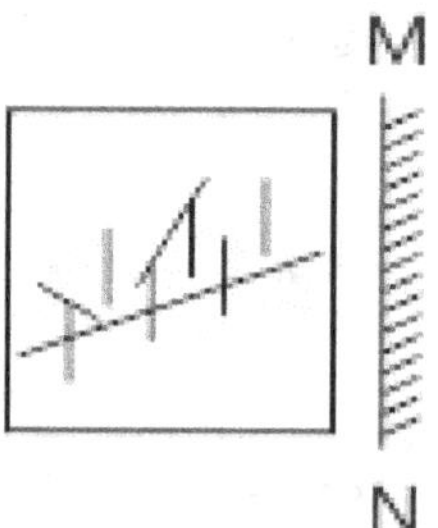

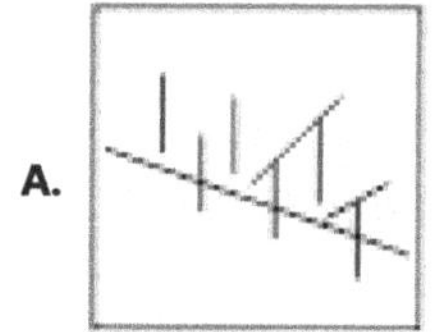

[Jawahar Navodaya Entrance Class VI, 2022], [Jawahar Navodaya Entrance Class VI, 2021], [AFCAT, 2021]

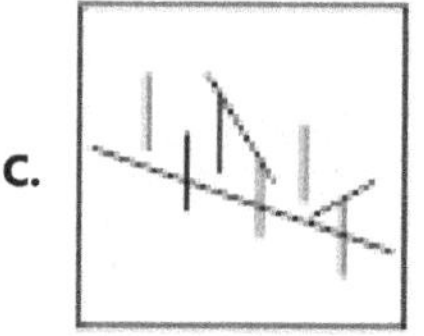

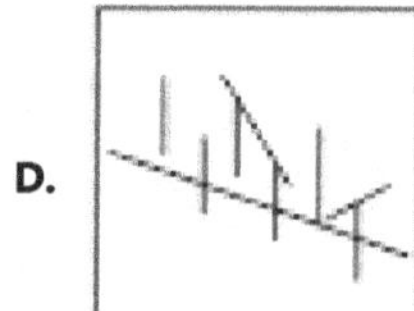

Q.10 निर्देश: निम्नलिखित आकृतियों में, चार आकृतियों (A), (B), (C) और (D) में से तीन एक निश्चित तरीके से समान हैं, लेकिन एक आकृति अन्य तीन से भिन्न है।

उस आकृति का चयन कीजिए जो अन्य से भिन्न है।

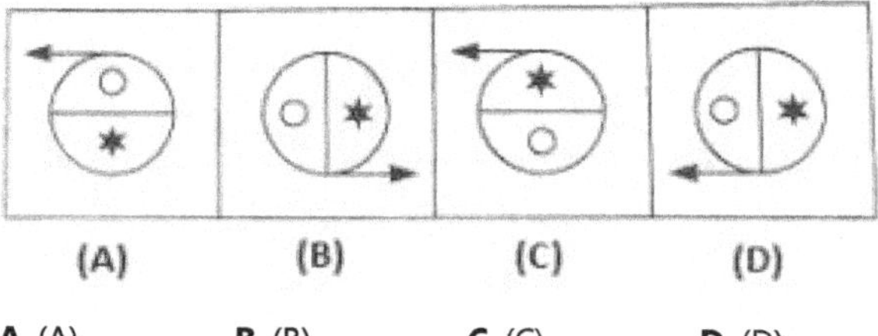

A. (A)
B. (B)
C. (C)
D. (D)

Q.11 तीन दोस्तों A, B और C के बीच 153 रुपये की कुल राशि को इस प्रकार वितरित किया जाना है कि C को A की तुलना में 5 गुना राशि प्राप्त हो और B को A की तुलना में 3 गुना राशि प्राप्त हो। B को कितनी राशि प्राप्त होती है?

A. 65
B. 51
C. 61
D. 66

Q.12 निर्देश: वर्गीकरण में समस्या आकृतियाँ स्वयं भी उत्तर आकृतियाँ होती हैं। चार आकृतियों में से A, B, C और D चार एक निश्चित तरीके से समान हैं। एक आकृति अन्य चार की तरह नहीं है। इसका मतलब है कि तीन आकृति एक वर्ग के हैं। प्रश्न यह है कि इनमें से कौन-सी आकृति इस वर्ग की नहीं है। उम्मीदवार को इसे खोजना होगा।

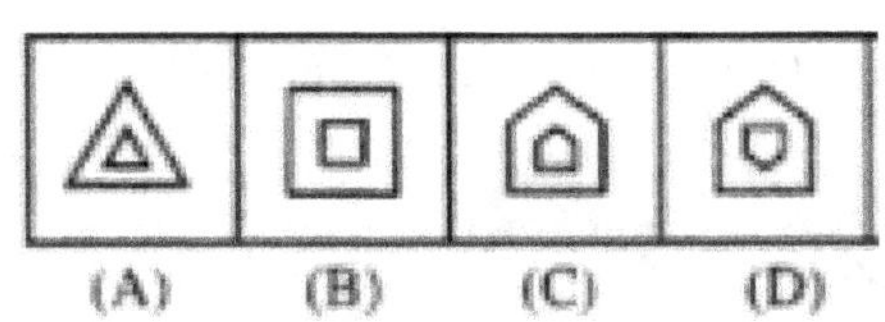

[Jawahar Navodaya Entrance Class VI, 2019]

A. (A) **B.** (B) **C.** (C) **D.** (D)

Q.13 निर्देश: निम्नलिखित प्रश्न में, उस संख्या का चयन करें जिसे दिए गए विकल्पों में से प्रश्न चिह्न (?) के चिह्न पर रखा जा सकता है।

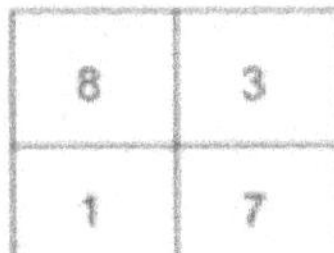
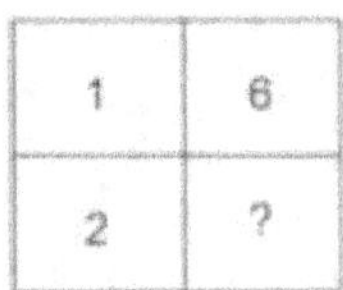

A. 2 **B.** 7 **C.** 14 **D.** 28

Q.14 निर्देश: दी गई आकृति में कितने त्रिभुज हैं?

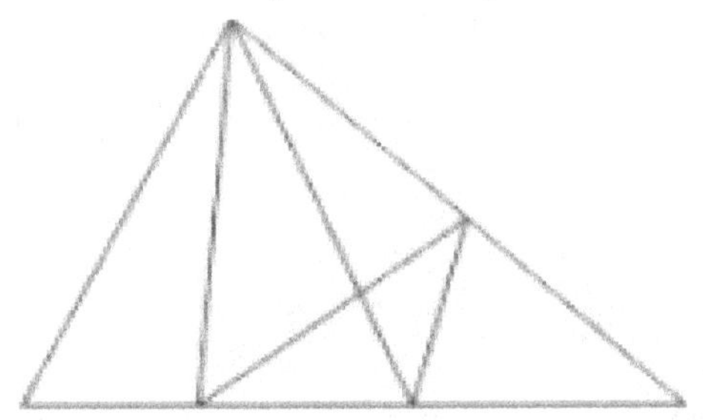

[NCERT National Talent Search Exam, 2018]

A. 13 **B.** 14 **C.** 15 **D.** 16

Q.15 उस आरेख की चयन करें जो अन्य से भिन्न है।

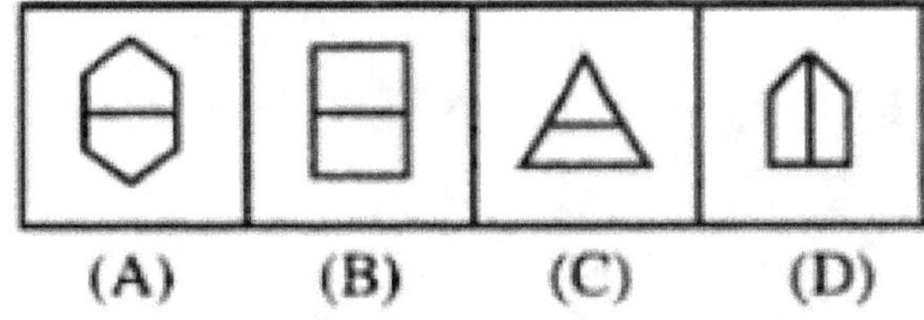

A. (A) **B.** (B) **C.** (C) **D.** (D)

Q.16 निर्देश: उस घन को चुनें जो दी गई शीट (X) से बने घन के समान है।

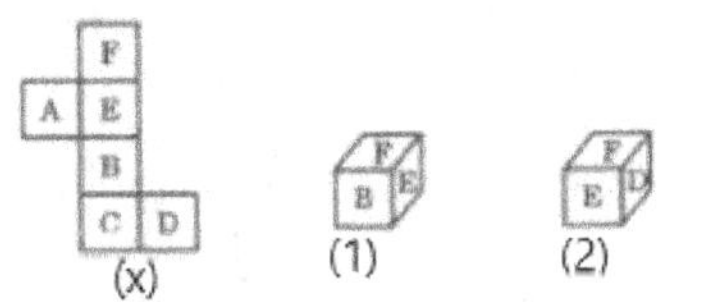

A. केवल (1)
B. केवल (2)
C. केवल (1) और (3)
D. (1), (2), (3) और केवल (4)

Q.17 निर्देश: उस आकृति का चयन करें जो निम्नलिखित श्रृंखला में आगे आएगी।

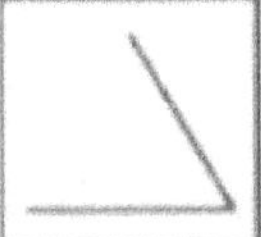
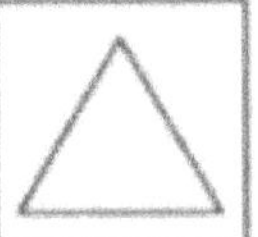

[SSC CHSL (Combined Higher Secondary Level), 2021]

A. 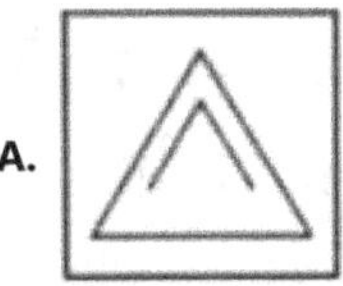 **B.** 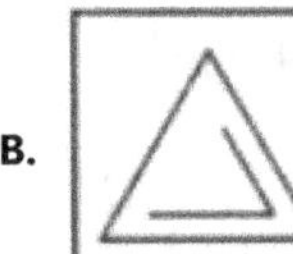

C.  **D.** 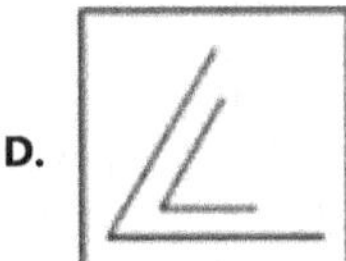

Q.18 गीता सीता से अधिक सुंदर है लेकिन रीता जितनी सुंदर नहीं है। तब,
A. सीता गीता जितनी सुंदर नहीं है।
B. सीता गीता जितनी सुंदर नहीं है।
C. रीता गीता जितनी सुंदर नहीं है।
D. गीता, रीता से अधिक सुंदर है।

Q.19 निर्देश: आकृति में दिए गए टुकड़ों से कौन सी आकृतियाँ 1, 2, 3 और 4 बनाई जा सकती हैं?

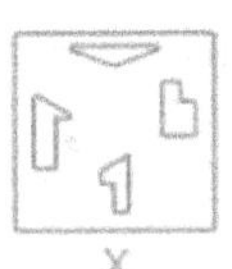
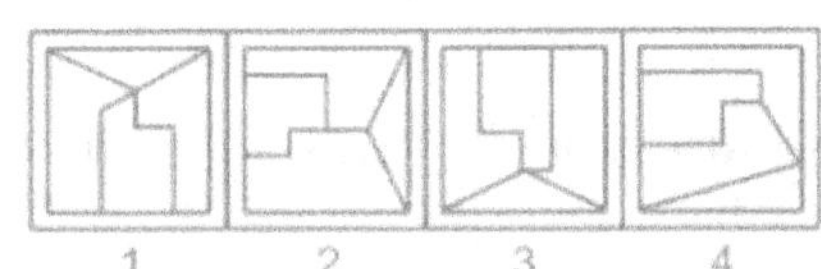

[Telangana Police Constable, 2015]

A. 2 **B.** 3 **C.** 1 **D.** 4

Q.20 निर्देश: चार विकल्पों में से एक आकृति का चयन करें, जो जब आकृति (x) के रिक्त स्थान में रखा जाता है।

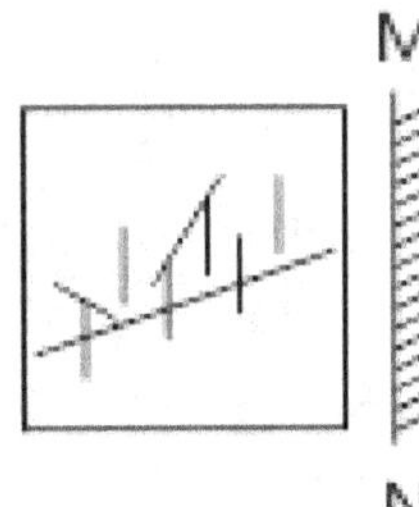

[Jawahar Navodaya Entrance Class VI, 2022], [Jawahar Navodaya Entrance Class VI, 2021], [AFCAT, 2021]

A. 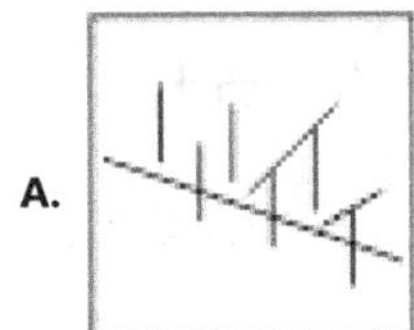 **B.** 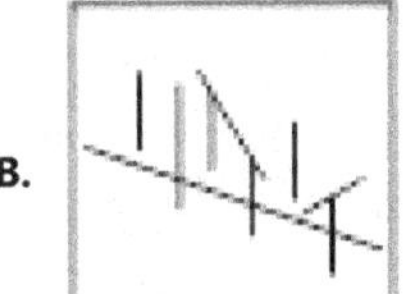

C. 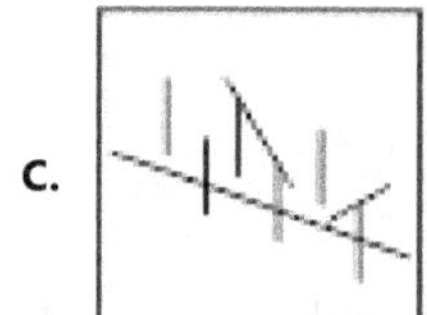 D. 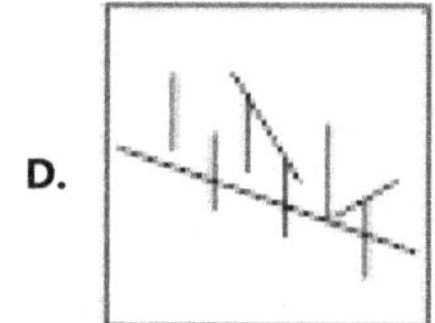

Arithmetical & Numerical Ability

Q.21 एक मिश्र धातु में, कॉपर और जिंक का अनुपात $5:2$ है। यदि 17 किग्रा 500 ग्राम मिश्र धातु में 1.250 किग्रा जिंक मिलाया जाता है, तो कॉपर और जिंक का अनुपात होगा?

A. $2:1$ **B.** $2:3$ **C.** $3:2$ **D.** $1:2$

Q.22 $\left(\dfrac{0.125+0.027}{0.5\times0.5+0.09-0.15}\right)$ का मान ज्ञात कीजिए।

A. 0.08 **B.** 0.2 **C.** 0.8 **D.** 1

Q.23 105 मीटर और 90 मीटर लंबी दो ट्रेनें, समानांतर पटरियों पर विपरीत दिशाओं में क्रमशः 45 किमी प्रति घंटे और 72 किमी प्रति घंटे की गति से चलती हैं। वे एक दूसरे को पार करने के लिए जो समय लेती हैं वह है:

A. 8 सेकंड **B.** 6 सेकंड **C.** 7 सेकंड **D.** 5 सेकंड

Q.24 10% प्रति वर्ष पर 2 वर्षों के लिए एक निश्चित राशि पर चक्रवृद्धि ब्याज 525 रु है। प्रति वर्ष की दर से आधी दर पर दोगुना समय के लिए समान धन पर साधारण ब्याज है?

A. 1000 रु **B.** 500 रु **C.** 200 रु **D.** 800 रु

Q.25 दो संख्याओं का ल.स. 2079 हैं और उनका म.स. 27 है। यदि संख्या में से एक 189 है, तो दूसरी संख्या है?

A. 297 **B.** 584 **C.** 189 **D.** 216

Q.26 एक अशून्य संख्या और इसके व्युत्क्रम के दोगुने का योगफल $\dfrac{33}{4}$ है। तो संख्या ज्ञात कीजिए।

A. 9 **B.** 10 **C.** 11 **D.** 8

Q.27 एक गाँव में लड़कियों की तुलना में लड़कों की संख्या का अनुपात $3:2$ है। अगर 30% लड़के और 70% लड़कियां एक परीक्षा में उपस्थित हुए। एक ही परीक्षा में उपस्थित और अनुपस्थित हुए छात्रों की संख्या का अनुपात है:

A. $1:1$ **B.** $27:23$ **C.** $9:14$ **D.** $23:27$

Q.28 एक व्यापारी 20% की व्यापार छूट और माल की चिह्नित मूल्य पर $6\frac{1}{4}\%$ की नकद छूट की अनुमति देता है और क्रय मूल्य पर 20% का शुद्ध लाभ प्राप्त करता है। बिक्री के लिए सामानों के ऊपर माल की मूल्य कितनी होनी चाहिए?

A. 40% **B.** 50% **C.** 60% **D.** 70%

Q.29 A, B और C ने 1800 रुपये का काम पूरा किया। A ने 6 दिन, B ने 4 दिन और C ने 9 दिन काम किया। यदि उनकी दैनिक मजदूरी $5:6:4$ के अनुपात में है, तो A को कितनी राशि मिलेगी?

A. 600 रुपये **B.** 750 रुपये **C.** 800 रुपये **D.** 900 रुपये

Q.30 पाँच क्रमागत संख्याओं का औसत 15 है, इन संख्याओं में सबसे बड़ी संख्या है:

A. 12 **B.** 19 **C.** 17 **D.** 15

Ques (31-35):निर्देश: पाई-चार्ट देखें और दिए गए प्रश्न का उत्तर दें।

5 स्टोर द्वारा बेचे गए डेल लैपटॉप के कुल संख्या का वितरण:

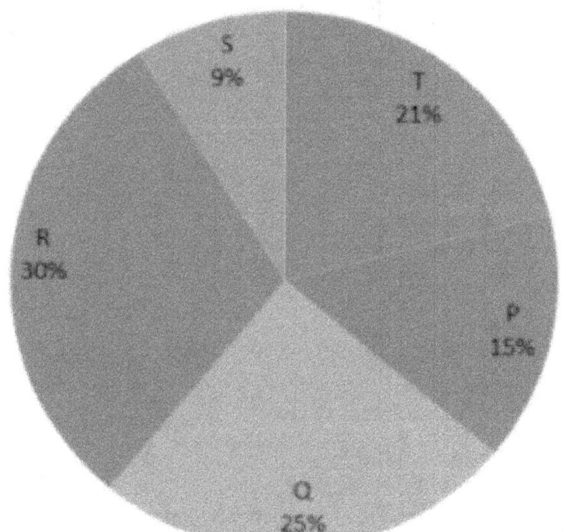

2011 में 5 स्टोर द्वारा लैपटॉप (डेल और लेनोवो दोनों) की संख्या का वितरण:

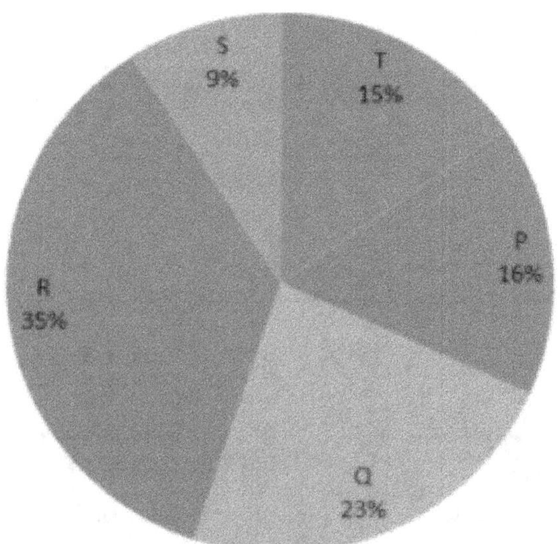

Q.31 स्टोर Q द्वारा बेची गई डेल लैपटॉप की संख्या स्टोर R द्वारा बेची गई लैपटॉप (डेल और लेनोवो दोनों) की संख्या का लगभग कितना प्रतिशत है?

A. 28% **B.** 45% **C.** 50% **D.** 38%

Q.32 स्टोर T द्वारा बेचे गए डेल लैपटॉप की संख्या स्टोर P द्वारा बेची गई लैपटॉप की संख्या से कितने प्रतिशत अधिक है?

A. 30% **B.** 45% **C.** 40% **D.** 42.5%

Q.33 P, R और S द्वारा एक साथ बेची गई डेल लैपटॉप की औसत संख्या क्या है?

A. 424 **B.** 432 **C.** 428 **D.** 454

Q.34 स्टोर Q द्वारा बेचे जाने वाले लैपटॉप (डेल और लेनोवो) की संख्या और स्टोर R और S द्वारा बेची गई लेनोवो लैपटॉप की कुल संख्या में क्या अंतर है?

A. 185   B. 99   C. 91   D. 119

Q.35 स्टोर S द्वारा बेचे गए डेल लैपटॉप की संख्या के लिए केंद्रीय कोण क्या है?

A. 29.4°   B. 38.6°   C. 36.2°   D. 32.4°

Q.36 एक सेक्टर को त्रिज्या 21 सेमी के एक वृत्त से काट दिया जाता है। सेक्टर का कोण $150°$ है। इसके चाप और क्षेत्रफल की लंबाई ज्ञात कीजिए।

A.   27 सेमी और 412.7 वर्ग सेमी
B.   36 सेमी और 436.9 वर्ग सेमी
C.   45 सेमी और 517.5 वर्ग सेमी
D.   55 सेमी और 577.5 वर्ग सेमी

Q.37 एक क्रिकेट टीम के 11 खिलाड़ियों की औसत आयु 22 वर्ष है। जब टीम के कोच की उम्र को इसमें शामिल किया जाता है तो औसत आयु में 1 वर्ष की वृद्धि हो जाती है। टीम के कोच की आयु है:

A. 33 वर्ष   B. 34 वर्ष   C. 43 वर्ष   D. 53 वर्ष

Q.38 कमोडिटी की कीमत पहले 20% और फिर 10% बढ़ जाती हे। मूल्य में कुल वृद्धि कितनी होगी?

A. 28%   B. 30%   C. 32%   D. 34%

Q.39 75 लड़कियों के समूह के औसत वजन की गणना 47 किलोग्राम के रूप में की गई थी। बाद में पता चला कि लड़कियों में से एक का वजन 45 किलोग्राम था। जबकि उसका वास्तविक वजन 25 किलोग्राम था। 75 लड़कियों के समूह का वास्तविक औसत वजन क्या है? (दशमलव के बाद दो अंकों तक)

A.   34 किलोग्राम   B.   36 किलोग्राम
C.   30 किलोग्राम   D.   46.73 किलोग्राम

Q.40 25 पैसा, 10 रुपए का कितना प्रतिशत है?

A. 5%   B. 25%   C. 2.5%   D. 1.25%

General Awareness

Q.41 प्रधानमंत्री ने किस व्यक्तित्व को सम्मानित करने के लिए 100 रुपये का स्मारक सिक्का जारी किया?

A. विजया राजे सिंधिया   B. श्यामा प्रसाद मुखर्जी
C. दीनदयाल उपाध्याय   D. एम. एस. गोलवलकरी

Q.42 बिहार के मधुबनी जिले से किस देश के रेलवे लिंक के बीच पहली ट्रेन का सफल परीक्षण किया गया?

A. नेपाल   B. भोपाल   C. बिहार   D. इलाहाबाद

Q.43 हरियाणा के गांवों में कितनी हाईटेक लाइब्रेरियां बनाई जाएंगी ?

A. 500   B. 700   C. 900   D. 1000

Q.44 निम्नलिखित में से किस फरवरी 2022 में राष्ट्रीय शैक्षिक अनुसंधान और प्रशिक्षण परिषद (NCERT) के निदेशक के रूप में नियुक्त किया गया है?

A. दिनेश प्रसाद सकलानी   B. वी. अनंत नागेश्वरनी
C. डॉ शंकर आचार्य   D. जैतीर्थ राव

Q.45 पंचायत राज पर जी. वी. के. राव समिति का गठन कब किया गया था ?

A. 1980   B. 1982   C. 1983   D. 1985

Q.46 राज्य की विधायिका में पूर्व किसकी सहमति से मनी बिल पेश किया जा सकता है?

A. अध्यक्ष   B. मुख्यमंत्री   C. राज्यपाल   D. राष्ट्रपति

Q.47 दोआब शब्द का अर्थ है-

A. दो पर्वतों के मध्य एक भूमि
B. दो झीलों के मध्य एक भूमि
C. दो नदियों के मध्य एक भूमि
D. दो सागरों के मध्य एक भूमि

Q.48 भारत में कैबिनेट मिशन कब आया?

A. 24 अगस्त, 1946   B. 24 मई, 1946
C. 24 मार्च, 1946   D. 24 अप्रैल, 1946

Q.49 मिश्रित अर्थव्यवस्था का अर्थ है एक ऐसी अर्थव्यवस्था जहां __________ ।

A. कृषि और उद्योग दोनों को राज्य द्वारा समान रूप से बढ़ावा दिया जाता
B. सार्वजनिक क्षेत्र के साथ-साथ निजी क्षेत्र का भी सह-अस्तित्व है
C. भारी उद्योगों के साथ-साथ लघु उद्योगों का महत्व है
D. अर्थव्यवस्था पर सेना के साथ-साथ नागरिक शासकों का नियंत्रण है

Q.50 "वोट देने का अधिकार" किस श्रेणी में रखा जा सकता है?

A. मौलिक अधिकार   B. संवैधानिक दागित
C. मौलिक कर्तव्य   D. कानूनी अधिकार

Q.51 एचआईवी पॉजिटिव उम्मीदवारों के लिए भारत के किस राज्य में पहली बार सरकारी नौकरी आरक्षित की गई?

A. उत्तर प्रदेश   B. मिजोरम
C. केरल   D. महाराष्ट्र

Q.52 टिटिकाका झील दक्षिण अमेरिका की एक बड़ी गहरी झील, किन दो देशों की सीमा पर स्थित है?

A. अर्जेंटीना और बोलीविया
B. बोलीविया और पेरू
C. पेरू और उरुग्वे
D. उरुग्वे और पराग्वे

Q.53 चंद्रयान-2 मिशन किस वाहन द्वारा लॉन्च किया गया था?

A. GSLV Mk III   B. PSLV C11
C. GSLV F11   D. PSLV C45

Q.54 इसरो का सैटेलाइट लॉन्चिंग स्टेशन कहाँ स्थित है?

A. श्रीहरिकोटा (आंध्र प्रदेश)
B. सोलापुर (महाराष्ट्र)
C. सलेम (तमिलनाडु)
D. वारंगल (आंध्र प्रदेश)

Q.55 निम्नलिखित में से कौन निरस्त्रीकरण से संबंधित नहीं है?

A. एसएएलटी   B. एनपीटी
C. सीटीबीटी   D. नाटो

Q.56 भारत में इलेक्ट्रॉनिक बॉन्ड ट्रेडिंग की दिशा में पहला कदम आरबीआई की नेगोशिएटेड डीलिंग सिस्टम की शुरुआत थी। एनडीएस किस वर्ष शुरू किया गया था?

A. 2000   B. 2002   C. 2003   D. 2004

Q.57 पेट में अम्लता का मुख्य कारण है:

A. अतिरिक्त गैस्ट्रिक एसिड की रिहाई जो पीएच स्तर को कम करती है
B. अपच और बड़ी आंत में दर्द

C. पेट में पीएच स्तर बढ़ाएँ

D. अतिरिक्त पित्त रस का स्राव जो पेट में क्षारीय माध्यम को बढ़ाता है

Q.58 पंडित शिवकुमार शर्मा किस वाद्य यंत्र से संबंधित हैं?

A. सितार   **B.** बांसुरी   **C.** तबला   **D.** संतूर

Q.59 किस प्रसिद्ध खिलाड़ी का जन्मदिन भारत में हर साल राष्ट्रीय खेल दिवस के रूप में मनाया जाता है?

A. मेजर ध्यानचंद सिंह   **B.** पीटी उषा

C. सचिन तेंदुलकर   **D.** इनमे से कोई भी नहीं

Q.60 10 दिन दीर्घ, लोसार त्योहार भारत के किस क्षेत्र में मनाया जाता है?

A. जम्मू और कश्मीर   **B.** मणिपुर

C. मेघालय   **D.** असम

English Language & Comprehension

Ques (61-65):निर्देश: गद्यांश को पढ़ें और नीचे दिए गए प्रश्न का उत्तर दें:

विकास वंचितों की क्षमताओं का विस्तार करने के बारे में है, जिससे उनके जीवन की समग्र गुणवत्ता में सुधार होता है। इस समझ के आधार पर, भारत के सबसे अमीर राज्यों में से एक, महाराष्ट्र, विकास की कमी का एक उत्कृष्ट मामला है, जो आदिवासी क्षेत्रों में बच्चों के बीच अस्वीकार्य रूप से उच्च स्तर के कुपोषण में देखा जाता है। 2004 के बाद से राज्य की प्रति व्यक्ति आय दोगुनी हो गई है, लेकिन इसकी पोषण स्थिति में कोई प्रगति नहीं हुई है।

गरीब पोषण सुरक्षा जनसंख्या के सबसे गरीब वर्ग को असमान रूप से प्रभावित करती है। एनएफएचएस 2015-16 के अनुसार, हर दूसरा आदिवासी बच्चा लगातार भूख के कारण कुपोषण को रोकने वाले विकास से पीड़ित है। 2005 में, बाल कुपोषण ने अकेले महाराष्ट्र के पालघर जिले में 718 लोगों की जान ले ली। एक दशक के दोहरे अंकों की आर्थिक वृद्धि (2004-05 से 2014-15) के बाद भी, पालघर की कुपोषण की स्थिति में मुश्किल से सुधार हुआ है।

सितंबर 2016 में, राष्ट्रीय मानवाधिकार आयोग ने पालघर में कुपोषण के कारण 600 बच्चों की मौत की रिपोर्ट पर महाराष्ट्र सरकार को नोटिस जारी किया। सरकार ने, कुपोषण की जांच के लिए जच्चा-बच्चा और एकीकृत बाल विकास सेवाओं जैसी योजनाओं को ठीक से लागू करने का वादा किया। पिछले साल जिले के विक्रमगढ़ ब्लॉक में किए गए हमारे स्वतंत्र सर्वेक्षण में पाया गया कि इस ब्लॉक के 57%, 21% और 53% बच्चे क्रमशः बौने, कमजोर और कम वजन के थे; 27% गंभीर रूप से अविकसित थे। हमारा डेटा चुनौती देता है कि महाराष्ट्र की महिला और बाल विकास मंत्री ने मार्च में विधान परिषद में क्या कहा - कि "पालघर में पिछले कुछ महीनों में सरकार द्वारा किए गए विभिन्न हस्तक्षेपों के कारण कुपोषण में कमी आई है।"

स्टंटिंग स्कूल और सूक्ष्म पोषकतत्वों के अपर्याप्त सेवन के कारण होता है। आमतौर पर यह स्वीकार किया जाता है कि दो साल के बाद विकास मंदता से उबरना तभी संभव है जब प्रभावित बच्चे को पोषक तत्वों की पर्याप्त मात्रा में आहार दिया जाए। पोषक तत्वों की पर्याप्तता का एक महत्वपूर्ण पहलू आहार विविधता है, जिसकी गणना एक से 15 दिनों की संदर्भ अवधि के साथ उपभोग किए गए खाद्य पदार्थों के विभिन्न समूहों द्वारा की जाती है। हमने पिछले 24 घंटों में बच्चे को प्राप्त खाद्य समूहों की संख्या की गणना करके 24 घंटे के आहार विविधता स्कोर की गणना की। आठ खाद्य समूहों में अनाज, जड़ें और कंद, फलियां और नट्स, डेयरी उत्पाद, मांस खाद्य पदार्थ, अंडे, मछली, गहरे हरे पत्तेदार सब्जियां और अन्य फल और सब्जियां शामिल हैं।

अधिकांश घरों में, यह चावल और दाल थी जिसे सबसे अधिक बार पकाया जाता था और दिन में तीन बार खाया जाता था। यहां तक कि बच्चों को भूख लगने पर उन्हें चाय के समय भी परोसा जाता था। उनके दैनिक आहार में

कोई दूध, दूध उत्पाद या फल नहीं था। यहां तक कि वयस्क भी काली चाय पीते थे क्योंकि दूध सस्ता नहीं था। केवल 17% बच्चों ने आहार विविधता का न्यूनतम स्तर हासिल किया - उन्हें आठ खाद्य समूहों में से चार या अधिक प्राप्त हुए। यह कम आहार विविधता घर की खाद्य सुरक्षा के लिए भी एक प्रॉक्सी संकेतक है क्योंकि बच्चे वयस्क सदस्यों के लिए पकाए गए भोजन को ही खाते हैं।

Q.61 Which of the following is/are true as per the passage?

I. India's situation is worse than in some of the world's poorest countries — Bangladesh, Afghanistan or Mozambique.

II. Development is more than just economic growth.

III. On average, the nutrition expenditure as a percentage of the Budget has drastically declined from 1.68% in 2012-13 to 0.94% in 2018-19.

A. Only II   **B.** Only I and II

C. Only II and III   **D.** Only I and III

Q.62 What could possibly be a/some possible reason/s for such extreme food insecurity among tribal households as has been shown in the passage?

I. Loss of their traditional dependence on forest livelihood.

II. Weak implementation of public nutrition schemes.

III. A worsening agriculture situation.

A. Only II   **B.** Only I and II

C. Only II and III   **D.** All of the above

Q.63 Which of the following strengthens the claim that the nutrition indicators fare poorly in India?

I. Stunting declined from 46.3% in 2005 to 34.4% in 2016.

II. As per an NHFS survey, wasting rates have increased from 16.5% to 25.6% over a period of 10 years.

III. The underweight rate (36%) has remained static in the last 10 years.

A. Only I   **B.** Only III

C. Only I and II   **D.** Only II and III

Q.64 What is ironic about the situation mentioned in paragraph 1?

A. States do not have adequate resources to feed the poor even when there are enough resources with the Centre.

B. Even though states may be classified as rich with a high per capita income, they may not really be developed.

C. The development of states depends on sustained economic growth which in turn leads to high per capita income.

D. The level of malnutrition is abnormally high in states which have a high growth level and better than average per capita income.

Q.65 गद्यांश के अनुसार, पर्याप्त भोजन के लिए निम्नलिखित में से कौन सा / से आवश्यक है?

I. स्कूल और सूक्ष्म न्यूट्रिएंट्स

II. एकाधिक भोजन समूह

III. आंतरायिक उपवास का उच्च स्तर

A. केवल II   **B.** केवल I और III

C. केवल I और II   **D.** केवल II और III

Q.66 Direction: In the following question, choose the word opposite in meaning to the given word.

Humdrum

A. Tedious

B. Trite

C. Drab

D. Fascinating

Q.67 Direction: In the following question, choose the word opposite in meaning to the given word.

Outlandish

A. Droll

B. Kinky

C. Common

D. Grotesque

Q.68 Direction: In the following question, out of the four alternatives, choose the one which best expresses the meaning of the given word.

Cantankerous

A. Humorous

B. Quarrelsome

C. Remorseful

D. Dullness

Q.69 Direction: In the following question, out of the four alternatives, choose the one which best expresses the meaning of the given word.

Perseverance

A. Endurance

B. Cowardice

C. Lethargy

D. Indolence

Q.70 Direction: Fill in the blanks with suitable articles wherever necessary.

Ram gave me ______ one rupee note.

A. the

B. an

C. a

D. Not needed

Q.71 Direction: In the following question, out of the four alternatives, choose the alternative which best expresses the meaning of the idiom/Phrase.

Something up one's sleeve

A. A grand idea

B. A secret plan

C. A profitable plan

D. Something important

Q.72 Direction: In the following question, out of the four alternatives, choose the alternative which best expresses the meaning of the idiom/Phrase.

Women should be paid the same as men when they do the same job, for, surely what is sauce for the goose is sauce for the gander.

A. What is thought suitable pay for a man should also be for a woman.

B. Goose and the gender eat the same sauce.

C. Both goose and gander should be equally treated.

D. The principle of equal treatment should be implemented.

Q.73 Direction: In the following question, out of the four alternatives, choose the alternative which best expresses the meaning of the idiom/Phrase.

Sanjay was the real power behind the throne and all politicians were aware of this.

A. The person who had the real control and power.

B. The acknowledged leader.

C. The person who controlled the monarch.

D. The person who advised the queen.

Q.74 Direction: In the following question, out of the four alternatives, choose the alternative which best expresses the meaning of the idiom/Phrase.

I felt like a fish out of water among all those business tycoons.

A. Troubled

B. Stupid

C. Uncomfortable

D. Inferior

Q.75 Direction: Fill in the blanks with an appropriates word.

Look at all those black clouds! It __________ today.

A. is going to rain

B. is raining

C. will be rain

D. rains

Q.76 Direction: Fill in the blanks with an appropriates word.

Listen, a nice song ________.

A. is singing

B. has sung

C. was being sung

D. is being sung

Q.77 Direction: Fill in the blanks with an appropriates word.

Every statement must have a subject and a ____.

A. noun

B. verb

C. predicate

D. phrase

Q.78 Which of these comes immediately after the noun?

A. Adverb phrase

B. Adjective phrase

C. Verb phrase

D. Pronoun phrase

Q.79 Direction: In the question below a sentence broken into five parts. Join these parts to make a meaningful sentence. The correct order of parts is the answer.

A. rather
B. stupid
C. too
D. Lokesh
E. is

A. B, E, D, A, C

B. E, B, D, C, A

C. C, E, B, A, D

D. D, E, A, C, B

Q.80 Direction: In the question below a sentence broken into four or five parts. Join these parts to make a meaningful sentence. The correct order of parts is the answer.

A. play
B. Manoj
C. badminton
D. will

A. B, D, A, C

B. B, D, C, A

C. B, C, A, D

D. C, B, A, D

Hindi Language & Comprehension

Q.81 इस पंक्ति में कौन सा अलंकार है?
बिनु पग चलै सुनै बिनु काना।
कर बिनु करम करै विधि नाना।।

A. विरोधाभास अलंकार

B. विशेषोक्ति अलंकार

C. विभावना अलंकार

D. भ्रांतिमान अलंकार

Q.82 देवासुर में कौन सा समास है?

A. बहुव्रीहि   B. कर्मधारय   C. तत्पुरुष   D. द्वंद्व

Q.83 अनुज शब्द को स्त्रीवाचक बनाने के लिए किस प्रत्यय का प्रयोग करेंगे?

A. इक   B. ईय   C. आ   D. ई

Q.84 शोभित कर नवनीत लिए घुटरुनि चलत रेनु तन मण्डित मुख दधि लेप किए। इन पंक्तियों में कौन सा रस है?

A. श्रृंगार रस   B. हास्य रस

C. करुण रस   D. वात्सलय रस

Q.85 प्रस्तुत पंक्तियों में कौन-सा छंद है?

मुनि पद कमल बंदि दोउ भ्राता ।

चले लोक लोचन सुख दाता । ।

बालक वृंद देखि अति सोभा ।

चले संग लोचन मनु लोभा । ।

A. दोहा   B. चौपाई   C. सोरठा   D. बरवै

Q.86 निम्नलिखित में से कौन सा शब्द "सोना" का पर्यायवाची नहीं है?

A. वपु   B. हाटक   C. हेम   D. कनक

Q.87 निम्न में से किसमें व्यंजन संधि है?

A. सप्तर्षि   B. निराधार   C. सत्कार   D. हिमालय

Q.88 निम्नलिखित में से कौन सा शब्द "पवन" का पर्यायवाची नहीं है?

A. मारुत   B. तुहिन   C. अनिल   D. वात

Q.89 इनमें से किस विकल्प में सही विलोम-युग्म है?

A. अवनि-अम्बर   B. चिर-मूढ़

C. जड़ता-सुकर   D. द्वेष-स्थूल

Q.90 'अल्पज्ञ' का विलोम शब्द है-

A. अवज्ञ   B. बहुज्ञ   C. अभिज्ञ   D. कृतज्ञ

Q.91 इनमें से कौन सा विलोम-युग्म सही नहीं है?

A. स्थावर-जंगम   B. मृदुल-रुक्ष

C. आमिष-निरामिष   D. तिमिर-तम

Ques (92-95):निर्देश: नीचे दिए गद्यांश को पढ़कर पूछे गए प्रश्न का सही/सबसे उपयुक्त उत्तर वाले विकल्प को चुनिए ।

रिक्शे पर मीरा के साथ हँसती-बोलती ऋतु घर पहुँची। सीढ़ीयाँ चढ़ने लगी तो कुछ झगड़ने की आवाज़ें सुनाई दी। ऊपर पहुँची तो देखा, दोनों आजू-बाजू वाली पड़ोसनें झगड़ रही थीं । अपने दरवाज़े के पास खड़ी होकर उसने कुछ देर उनकी बातें सुनीं तो झगड़े का कारण समझ में आया। एक की महरी ने घर साफ़ करके कचरा दूसरी के दरवाज़े की ओर फेंक दिया था, इसी बात का झगड़ा था। ऋतु ने दोनों को समझाया-बुझाया।आख़िरकार कचरा फेंकने वाली महरी को बुलाया गया। उसने झाड़ू थामी और कचरा सीढ़ी की ओर धकेल दिया। फिर वह महरी अंदर चली गई ।दोनों पड़ोसनों ने भी अंदर जाकर अपने-अपने द्वार बंद कर लिए ।

ऋतु खड़ी-खड़ी देखती रही।जो सीढ़ी पहले से ही गंदी थी वह और भी गंदी हो गई । रेत का तो साम्राज्य ही था। कहीं बादाम के छिलके पड़े थे तो कहीं चूसी हुई ईख के लच्छे; कहीं बालों का गुच्छा उड़ रहा था तो कहीं कुछ और। मन वितृष्णा से भर उठा। सोचा, इस सीढ़ी से चढ़कर सब अपने घर तक आते हैं, इससे उतरकर दफ़्तर, बाजार आदि अपनी इच्छित जगहों पर जाते हैं, पर इसे कोई साफ़ नहीं करता। उलटे सब इस पर कचरा फेंक देते हैं। साझे की सीढ़ी है न ! गंदगी बिखेरने का हक सबको मिला है और साफ़ करने का कर्तव्य किसी का नहीं है। स्वच्छता तो जैसे अनबुझी तृष्णा हो गई।

Q.92 ऋतु को कैसी आवाज़ें सुनाई दी?

A. उठाने-पटकने की   B. हँसने-बोलने की

C. खेलने-कूदने की   D. लड़ने-झगड़ने की

Q.93 'महरी' किसे कहा जाता है?

A. महर की पत्नी   B. कामवाली

C. पड़ोसन   D. अनजान औरत

Q.94 ऋतु का मन घृणा से भर गया, क्योंकि?

A. दोनों पड़ोसियों ने दरवाजे बंद कर दिए थे

B. उसने नहाया नहीं था

C. पड़ोसनें लड़ रही थीं

D. सीढ़ियों में कचरा फैल गया था

Q.95 उपर्युक्त गद्यांश का सन्देश है-

A. स्वच्छता सबका कर्तव्य

B. हँसते-बोलते रहना

C. पड़ोसिनों का धर्म

D. कामवाली का उत्तरदायित्व

Q.96 'हवाई किले बनाना' मुहावरे का सही अर्थ कौन सा है?

A. अद्भुत कार्य करना   B. कोरी कल्पना करना

C. आकाश में उड़ना   D. आदेश का पालन करना

Q.97 पानी फेर देना मुहावरे का अर्थ है-

A. मुसीबत को दूर करना

B. पूरी तरह नष्ट कर देने की धमकी देना

C. बिना विरोध के बात मान लेना

D. बिगाड़ देना

Q.98 सामने जो बड़ा महल दिखाई दे रहा है वह मेरा है- इसमें कौन सा सर्वनाम है?

A. पुरूषवाचक   B. निश्चयवाचक

C. अनिश्चयवाचक   D. निजवाचक

Q.99 निम्नलिखित में से कौन सा शब्द स्त्रीलिंग है?

A. कल्याण   B. ढक्कन   C. पकवान   D. गणना

Q.100 स्त्रीत्व शब्द में कौन-सी संज्ञा है ?

A. जातिवाचक संज्ञा   B. व्यक्तिवाचक संज्ञा

C. भाववाचक संज्ञा   D. द्रव्यवाचक संज्ञा

// स्मार्ट उत्तर पुस्तिका //

सही उत्तर उन छात्रों के प्रतिशत को इंगित करता है जिन्होंने प्रश्नों का सही उत्तर दिया था।

छोड़ दिया उन छात्रों के प्रतिशत को इंगित करता है जिन्होंने प्रश्नों को छोड़ दिया था।

प्रश्न संख्या	उत्तर	सही उत्तर / छोड़ दिया	प्रश्न संख्या	उत्तर	सही उत्तर / छोड़ दिया	प्रश्न संख्या	उत्तर	सही उत्तर / छोड़ दिया	प्रश्न संख्या	उत्तर	सही उत्तर / छोड़ दिया	प्रश्न संख्या	उत्तर	सही उत्तर / छोड़ दिया
1	A	89.65 % / 10.19 %	17	B	88.02 % / 10.37 %	33	B	69.04 % / 30.09 %	49	B	41.41 % / 39.69 %	65	C	56.92 % / 36.87 %
2	B	66.69 % / 30.12 %	18	A	45.2 % / 39.52 %	34	B	32.98 % / 67.01 %	50	D	57.65 % / 34.64 %	66	D	46.25 % / 37.68 %
3	D	84.76 % / 10.43 %	19	B	86.13 % / 11.68 %	35	D	53.6 % / 45.88 %	51	C	42.22 % / 53.26 %	67	C	54.17 % / 42.16 %
4	D	45.12 % / 52.28 %	20	C	76.01 % / 15.38 %	36	D	65.46 % / 30.01 %	52	B	47.83 % / 35.82 %	68	B	42.0 % / 43.73 %
5	B	56.6 % / 35.49 %	21	A	65.02 % / 32.61 %	37	B	51.3 % / 46.41 %	53	A	69.86 % / 30.0 %	69	A	44.4 % / 50.83 %
6	D	43.84 % / 54.95 %	22	C	78.94 % / 17.2 %	38	C	66.59 % / 30.05 %	54	A	63.92 % / 34.17 %	70	C	67.18 % / 31.35 %
7	C	52.16 % / 47.37 %	23	B	43.1 % / 48.45 %	39	D	63.0 % / 35.93 %	55	D	58.67 % / 33.52 %	71	B	16.18 % / 80.56 %
8	D	55.66 % / 34.39 %	24	B	53.16 % / 38.61 %	40	C	86.9 % / 10.26 %	56	B	40.37 % / 39.76 %	72	A	81.34 % / 10.8 %
9	C	26.6 % / 70.48 %	25	A	41.78 % / 51.32 %	41	A	41.64 % / 34.99 %	57	A	58.37 % / 37.28 %	73	A	83.53 % / 15.61 %
10	D	57.59 % / 40.94 %	26	D	86.56 % / 10.8 %	42	A	40.17 % / 46.5 %	58	D	87.59 % / 10.53 %	74	C	85.68 % / 12.96 %
11	B	65.97 % / 31.09 %	27	D	58.66 % / 40.72 %	43	D	54.78 % / 39.67 %	59	A	84.58 % / 14.07 %	75	A	60.4 % / 38.25 %
12	D	45.35 % / 51.41 %	28	C	46.68 % / 34.78 %	44	A	57.93 % / 40.07 %	60	A	53.64 % / 38.3 %	76	D	52.8 % / 33.98 %
13	C	60.8 % / 36.91 %	29	A	53.56 % / 32.87 %	45	D	67.39 % / 32.02 %	61	A	67.29 % / 32.65 %	77	C	53.6 % / 46.35 %
14	C	54.64 % / 41.93 %	30	C	53.08 % / 36.49 %	46	C	57.07 % / 36.94 %	62	D	44.32 % / 47.94 %	78	B	86.4 % / 12.54 %
15	C	66.85 % / 32.63 %	31	D	30.04 % / 69.53 %	47	C	44.26 % / 32.35 %	63	D	40.99 % / 30.65 %	79	D	89.38 % / 10.52 %
16	B	47.24 % / 41.47 %	32	C	24.61 % / 69.04 %	48	C	53.33 % / 44.25 %	64	B	53.5 % / 32.55 %	80	A	89.17 % / 10.51 %

प्रश्न संख्या	उत्तर	सही उत्तर / छोड़ दिया
81	C	47.74 % / 37.33 %
82	D	67.57 % / 31.51 %
83	C	87.25 % / 10.58 %
84	D	41.37 % / 30.48 %

प्रश्न संख्या	उत्तर	सही उत्तर / छोड़ दिया
85	B	69.17 % / 30.05 %
86	A	46.94 % / 49.91 %
87	C	58.29 % / 36.01 %
88	B	43.35 % / 34.77 %

प्रश्न संख्या	उत्तर	सही उत्तर / छोड़ दिया
89	A	66.78 % / 30.77 %
90	B	86.94 % / 11.74 %
91	D	59.68 % / 34.68 %
92	D	64.24 % / 31.38 %

प्रश्न संख्या	उत्तर	सही उत्तर / छोड़ दिया
93	B	76.6 % / 20.61 %
94	D	68.66 % / 31.08 %
95	A	67.31 % / 30.19 %
96	B	61.93 % / 31.2 %

प्रश्न संख्या	उत्तर	सही उत्तर / छोड़ दिया
97	D	66.79 % / 32.97 %
98	B	54.83 % / 40.25 %
99	D	82.32 % / 10.09 %
100	C	82.85 % / 10.84 %

कार्य विश्लेषण

औसत अंक (%)	38.0%
टॉपर्स स्कोर (%)	64.0%
आपका स्कोर	

//संकेत और समाधान//

1. विद्युत धारा को मापने के लिए SI इकाई एम्पेयर है। इसी तरह, फ़ैदम पानी की गहराई मापने की इकाई है।

अतः विकल्प (A) सही है।

2. प्रश्न के अनुसार,

AKP = $(1)^2 (11)^2 (16)^2$ = 1121256

उसी प्रकार,

LNO = $(12)^2 (14)^2 (15)^2$ = 144196225

अतः विकल्प (B) सही है।

3. यहाँ अनुसरण किया गया पैटर्न है:

पहले पद में हमें पहले दो संख्याओं को जोड़ना है फिर हम इसे तीसरी संख्या से विभाजित करते हैं जो दूसरे पद के बराबर है।

$$(5 + 3) \div 4 = 8 \div 4 = 2$$

निम्नलिखित विकल्पों में से, समान पैटर्न का अनुसरण किया जाएगा:

(A) $102 : 9$

$$(1 + 0) \div 2 = 1 \div 2 = 0.5 \neq 9$$

(B) $553 : 6$

$$(5 + 5) \div 3 = 10 \div 3 = 3.33 \neq 6$$

(C) $884 : 2$

$$(8 + 8) \div 4 = 16 \div 4 = 4 \neq 2$$

(D) $999 : 2$

$$(9 + 9) \div 9 = 18 \div 9 = 2$$

अतः विकल्प (D) सही है।

4. आयुर्वेद को छोड़कर सभी पवित्र ग्रंथों, चार वेदों के नाम हैं। आयुर्वेद चिकित्सा की एक शाखा है।

अतः विकल्प (D) सही है।

5. दी गयी श्रृंखला का स्वरूप इस प्रकार है

69 - 3 = 66,

66 + 2 = 68,

68 - 3 = 65,

65 + 2 = 67,

67 - 3 = 64,

इसी प्रकार,

64 + 2 = 66

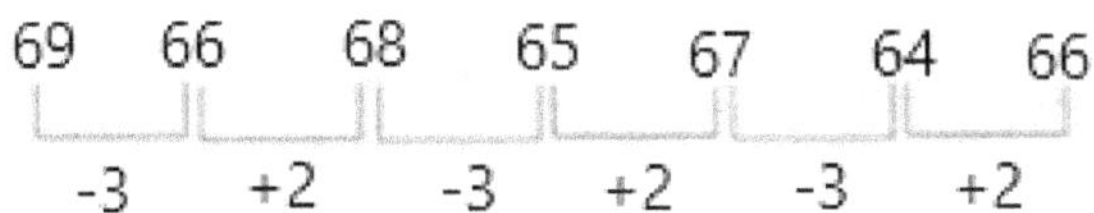

अतः विकल्प (B) सही है।

6. रीम द्वारा कागज लाए जाते हैं। इसी तरह, अंडे दर्जन द्वारा लाए जाते हैं।

अतः विकल्प (D) सही है।

7. नियम इस प्रकार है,

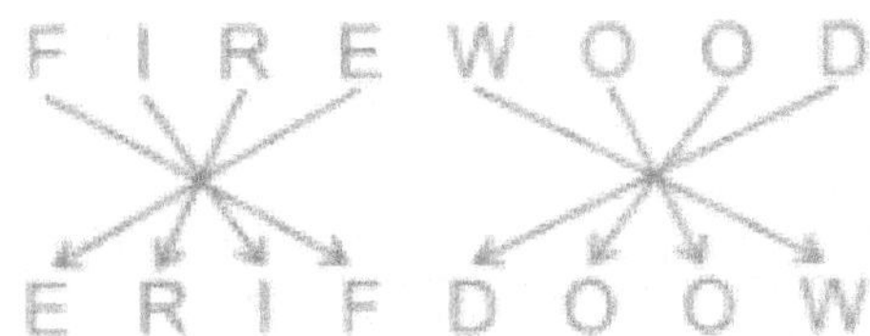

तो इस नियम के अनुसार FRACTION को इस प्रकार लिखा जाएगा:

अतः विकल्प (C) सही है।

8.

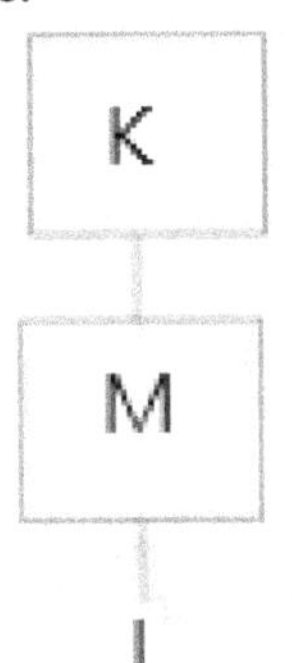

K, L का दादा है जिसे K % M % L के रूप में दर्शाया जा सकता है।

K % M का अर्थ है K, M का पिता है।

M % L का अर्थ है M, L का पिता है।

इसलिए, हम यह प्राप्त कर सकते हैं कि K, L का दादा है।

इसलिए K % M % L सही उत्तर है।

अतः विकल्प (D) सही है।

9.

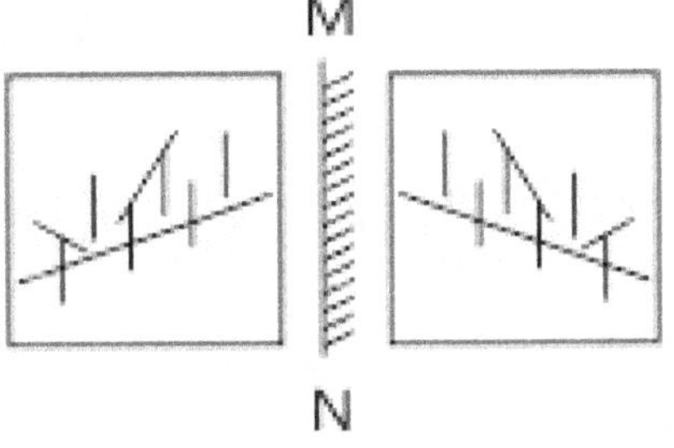

अतः विकल्प (C) सही है।

10.

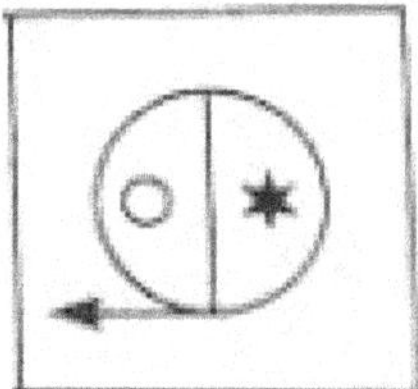

आकृति (D) को छोड़कर सभी में वृत्त के अन्दर की दोनो डिजाइन 90० घड़ी के विपरीत घूम रही है। जबकि तीर 180० घड़ी के विपरीत घूम रही है।

अतः विकल्प (D) सही है।

11. यह दिया गया है कि, तीन दोस्तों A, B और C के बीच 153 रुपये की कुल राशि को इस प्रकार वितरित किया जाना है कि C को A की तुलना में 5 गुना राशि प्राप्त हो और B को A की तुलना में 3 गुना राशि प्राप्त हो।

इसलिए, प्रश्नानुसार,

$\Rightarrow A = 5C$

$\Rightarrow A = 3B$

तो, $3B : A : 5C$

$= 3 : 1 : 5$

इस प्रकार, A को मिलता है $\frac{1}{9} \times 153$

$= 17$

तो, $A = 17, B = 3 \times 17 = 51, C = 85$

इसलिए, B के पास 51 रुपए है।

अतः विकल्प (B) सही है।

12. (D) को छोड़कर अन्य सभी आकृति में आंतरिक और अन्य डिजाइन समान हैं लेकिन आकृति (D) में आंतरिक डिजाइन बाहरी डिजाइन के पहले विपरीत है।

अतः विकल्प (D) सही है।

13. प्रश्न के अनुसार,

$3 \times 7 \times 2 \times 4 = 168$

$8 \times 3 \times 1 \times 7 = 168$

इसी तरह,

$\Rightarrow 1 \times 6 \times 2 \times ? = 168$

$\Rightarrow ? = \frac{168}{12} = 14$

अतः विकल्प (C) सही है।

14.

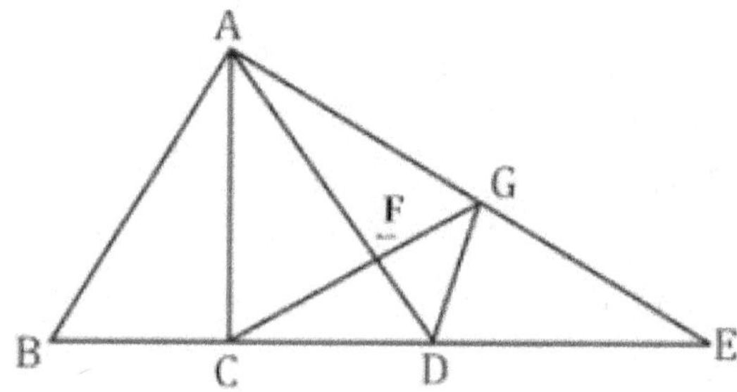

आकृति के अनुसार,

त्रिभुज हैं-

$\Delta ABC, \Delta ACD, \Delta ADE, \Delta ACE, \Delta ABE, \Delta ABD,$
$\Delta ADG, \Delta GDE, \Delta CGE, \Delta ACG,$
$\Delta AFC, \Delta FGD, \Delta FCD, \Delta AFG, \Delta ACG$

$\Rightarrow$ कुल त्रिभुजों की संख्या $= 15$

अतः विकल्प (C) सही है।

15. आकृति (C) में दिखाया गया आरेख अन्य से भिन्न है क्योंकि इसमें त्रिभुज को समान भागों में नहीं काटा गया है। अन्य सभी आरेख समान भागों में काटे गए हैं।

अतः विकल्प (C) सही है।

16. आकृति (X) आकृति (2) के समान है। इसलिए, जब घन बनाने के लिए आकृति (X) शीट को मोड़ दिया जाता है, तो 'F' 'B' के विपरीत दिखाई देता है, 'E' 'C' के विपरीत दिखाई देता है और 'A' 'D' के विपरीत दिखाई देता है। इसलिए आकृति (1) में घन जो 'F' के निकट 'B' को दिखाता है, आकृति (3) में घन जो 'C' के निकट 'E' को दिखाता है, और आकृति (4) में घन को जो कि 'D' के निकट 'A' को दिखाता है उसका गठन नहीं किया जा सकता है। इसलिए, केवल आकृति (2) से घन का गठन किया जा सकता है।

अतः विकल्प (B) सही है।

17. प्रत्येक बाद की आकृति में, वामावर्त दिशा में एक रेखा को प्रत्येक आकृति में जोड़ दिया जाता है। श्रृंखला में अगली आने वाली आकृति इस प्रकार है:

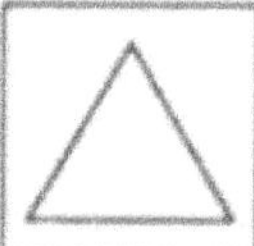

अतः विकल्प (B) सही है।

18. कम सुंदर से लेकर अधिक सुन्दर की व्यवस्था।

गीता सीता से अधिक सुंदर है।

गीता रीता जितनी सुंदर नहीं है।

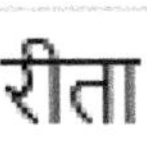

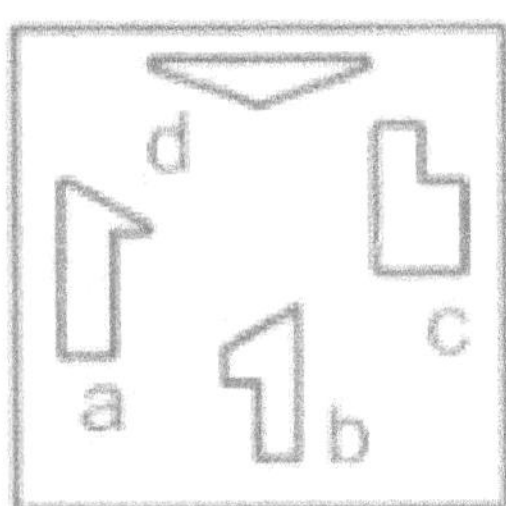

उपरोक्त विकल्पों से, सीता गीता जितनी सुंदर नहीं है।

अतः विकल्प (A) सही है।

19.

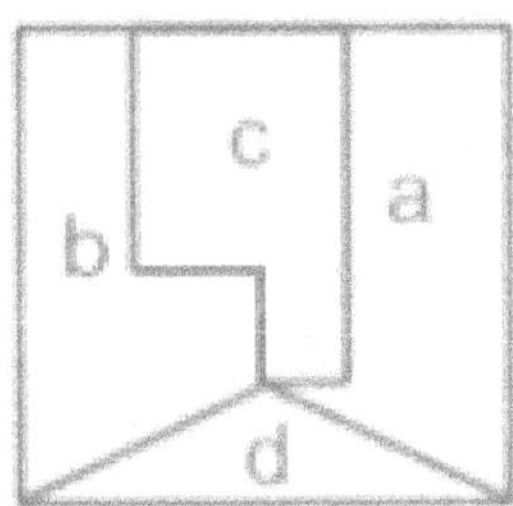

चित्र 1 में, आकृति b मौजूद नहीं है और इसलिए, यह उत्तर नहीं हो सकता है।

चित्र 2 में, आकृति a मौजूद नहीं है और इसलिए, यह उत्तर नहीं हो सकता है।

चित्र 4 में, आकृतियाँ a और d दोनों मौजूद नहीं हैं और इसलिए, यह उत्तर भी नहीं हो सकता है।

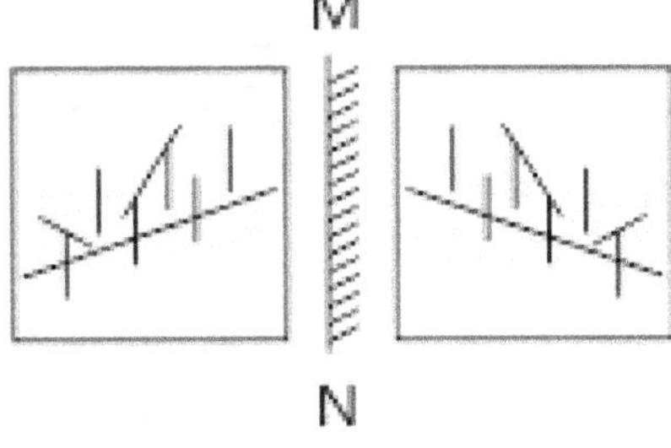

अतः विकल्प (B) सही है।

20.

अतः विकल्प (C) राही है।

21. दिया गया है,

कॉपर और जिंक का अनुपात $5:2$ है।

मान लीजिए कॉपर की मात्रा $= 5x$

और जिंक की मात्रा $= 2x$

प्रारंभिक मिश्रण की मात्रा $= 17.5$ किग्रा

$\therefore 5x + 2x = \dfrac{35}{2}$

$\Rightarrow x = \dfrac{5}{2}$

प्रारंभिक मिश्रण में कॉपर की मात्रा $= \dfrac{5}{2} \times 5$

$= \dfrac{25}{2}$ किग्रा

प्रारंभिक मिश्रण में जिंक की मात्रा $= \dfrac{5}{2} \times 2$

$= 5$ किग्रा

अब 1.250 किग्रा जिंक जोड़ने के बाद $= 5 + 1.250$

$= 6.250$ किग्रा

$= \dfrac{25}{4}$ किग्रा

$\therefore$ कॉपर और जिंक का नया अनुपात $= \dfrac{25}{2} : \dfrac{25}{4}$

$= 2:1$

अतः विकल्प (A) सही है।

22. दी गई व्यंजक:

$\dfrac{0.125 + 0.027}{0.5 \times 0.5 + 0.09 - 0.15}$

$= \dfrac{(0.5)^3 + (0.3)^3}{(0.5)^2 + (0.3)^2 - (0.5 \times 0.3)}$

नीचे दिए गए सूत्र के अनुसार,

$\left(\dfrac{a^3 + b^3}{a^2 + b^2 - ab}\right) = \dfrac{(a+b)(a^2 - ab + b^2)}{(a^2 - ab + b^2)}$

$= (a + b)$

जहाँ,

$a = 0.5$ और $b = 0.3$

$= (0.5 + 0.3)$

$= 0.8$

अतः विकल्प (C) सही है।

23. पहली ट्रेन की लंबाई $= 105$ मीटर

दूसरी ट्रेन की लंबाई $= 90$ मीटर

ट्रेनों की सापेक्ष गति $= 45 + 72$

$= 117$ किमी प्रति घंटा

$= \dfrac{117 \times 5}{18}$

$= 32.5$ मीटर / सेकंड

एक-दूसरे को पार करने में लगने वाला समय, = (पहली ट्रेन की लंबाई + दूसरी ट्रेन की लंबाई) / ट्रेनों की सापेक्ष गति

एक दूसरे को पार करने में लगा समय $= \dfrac{195}{32.5}$

$= 6$ सेकंड

अतः विकल्प (B) सही है।

24. मान लीजिए कि धन की राशि P रु है।

चक्रवृद्धि ब्याज $= 525$ रु

$\Rightarrow \left[P\left(1 + \dfrac{R}{100}\right)^t - P \right] = 525$

$\Rightarrow \left[P\left(1 + \dfrac{10}{100}\right)^2 - P \right] = 525$

$\Rightarrow P\left(\dfrac{11}{10}\right)^2 - 1 = 525$

$\Rightarrow P\left(\dfrac{121}{100} - 1\right) = 525$

$\Rightarrow P\left(\dfrac{21}{100}\right) = 525$

$\Rightarrow P = \dfrac{525 \times 100}{21}$

$\Rightarrow P = 2500$ रु

$\therefore$ धन का योग $= 2500$ रु

उसी राशि पर साधारण ब्याज 4 रु के लिए 2500 रु (समय दोगुना) वर्षों में 5% (प्रति वर्ष प्रतिशत की आधी दर) है।

साधारण ब्याज $= \left(\dfrac{2500 \times 5 \times 4}{100}\right)$ रु

$= 500$ रु

अतः विकल्प (B) सही है।

25. दिया गया है,

म.स. $= 27$

ल.स. $= 2079$

पहली संख्या $= 189$

मान लीजिए कि दूसरा संख्या y है।

संख्याओं का गुणनफल = ल.स. $\times$ म.स.

$\therefore 189 \times y = 27 \times 2079$

$\Rightarrow y = 297$

अतः विकल्प (A) सही है।

26. मान लीजिए कि संख्या x है।

प्रश्न के अनुसार,

$\Rightarrow x + \dfrac{2}{x} = \dfrac{33}{4}$

$\Rightarrow x^2 + 2 = \dfrac{33x}{4}$

$\Rightarrow 4x^2 - 33x + 8 = 0$

$\Rightarrow 4x^2 - 32x - x + 8 = 0$

$\Rightarrow 4x(x - 8) - 1(x - 8) = 0$

$\Rightarrow (4x - 1)(x - 8) = 0$

$\Rightarrow x = 8, \dfrac{1}{4}$

$x = \dfrac{1}{4}$ का मान नहीं लिया गया है क्योंकि यह विकल्पों में नहीं दिया गया है।

तो, अशून्य संख्या 8 है।

अतः विकल्प (D) सही है।

27. मान लीजिए छात्रों की कुल संख्या $= 100$

प्रश्न के अनुसार,

लड़कों और लड़कियों का अनुपात $= \dfrac{3}{2}$

लड़कों की कुल संख्या $= \dfrac{3}{5} \times 100$

$= 60$

लड़कियों की कुल संख्या $= \dfrac{2}{5} \times 100$

$= 40$

30% लड़के परीक्षा में उपस्थित हुए $= 60$ का 30%

$= 18$

70% लड़कियां परीक्षा में उपस्थित हुई $= 40$ का 70%

$= 28$

परीक्षा में उपस्थित छात्रों की कुल संख्या $= 18 + 28$

$= 46$

परीक्षा में अनुपस्थित छात्रों की कुल संख्या $= 100 - 46$

$= 54$

एक ही परीक्षा में उपस्थित और अनुपस्थित हुए छात्रों की संख्या का अनुपात $= \dfrac{46}{54}$

$= \dfrac{23}{27}$

$= 23 : 27$

अतः विकल्प (D) सही है।

28. एकल समतुल्य छूट $= \left(20 + \dfrac{25}{4} - \dfrac{20 \times 25}{400}\right)\%$

$= 25\%$

मान लीजिए कि लेख की क्रय मूल्य $= 100$ रु

लेख का विक्रय मूल्य $= 120$ रु (20% लाभ पर)

मान लीजिए लेख का चिह्नित मूल्य = x रु

$\therefore x \times \dfrac{75}{100} = 120$

$\Rightarrow x = \dfrac{120 \times 100}{75}$

$\Rightarrow x =$ रु 160

आवश्यक प्रतिशत $= \dfrac{160-100}{100} \times 100$

$= 60\%$

अतः विकल्प (C) सही है।

29. मान लीजिए कि A, B और C की दैनिक मजदूरी क्रमशः $5x$ रुपये, $6x$ रुपये और $4x$ रुपये है।

फिर, उनकी राशियों का अनुपात $= (5x \times 6) : (6x \times 4) : (4x \times 9)$

$= 30 : 24 : 36$

$= 5 : 4 : 6$

$\therefore A$ की राशि $=$ रुपये $\left(1800 \times \dfrac{5}{15}\right)$

$= 600$ रुपये

अतः विकल्प (A) सही है।

30. दिया गया है:

पाँच क्रमागत संख्याओं का औसत 15 है।

पाँच क्रमागत संख्याओं का औसत = 15

$\Rightarrow$ मध्य संख्या = 15

अतः क्रमागत संख्याएं 13, 14, 15, 16, 17 हैं।

इसलिए सबसे बड़ी संख्या = 17

अतः विकल्प (C) सही है।

31. स्टोर Q द्वारा बेचे गए डेल लैपटॉप का प्रतिशत $= 25\%$

स्टोर Q द्वारा बेचे गए डेल लैपटॉप की कुल संख्या $= 2400 \times \dfrac{25}{100}$

$= 600$

स्टोर R द्वारा बेचे गए डेल और लेनोवो लैपटॉप का प्रतिशत $= 35\%$

स्टोर R द्वारा बेचे गए डेल और लेनोवो लैपटॉप की कुल संख्या $= 4500 \times \dfrac{35}{100}$

$= 1575$

$\therefore$ आवश्यक प्रतिशत $= \dfrac{600}{1575} \times 100$

$= 38.095\%$

$\approx 38\%$

अतः विकल्प (D) सही है।

32. स्टोर T द्वारा बेचे गए डेल लैपटॉप की संख्या $= 2400 \times \dfrac{21}{100}$

$= 504$

स्टोर P द्वारा बेचे गए लैपटॉप की संख्या $= 2400 \times \dfrac{15}{100}$

$= 360$

आवश्यक प्रतिशत $= \dfrac{504-360}{360} \times 100$

$= 40\%$

अतः विकल्प (C) सही है।

33. P, R और S द्वारा एक साथ बेचे गए डेल लैपटॉप का प्रतिशत $= 15\% + 30\% + 9\%$

$= 54\%$

P, R और S द्वारा एक साथ बेचे गए डेल लैपटॉप की कुल संख्या $= 2400 \times \dfrac{54}{100}$

$= 1296$

$\therefore P, R$ और S द्वारा एक साथ बेची गई डेल लैपटॉप की औसत संख्या $= \dfrac{1296}{3}$

$= 432$

अतः विकल्प (B) सही है।

34. स्टोर Q द्वारा बेचे गए डेल और लेनोवो लैपटॉप का प्रतिशत $= 23\%$

स्टोर Q द्वारा बेचे गए डेल और लेनोवो लैपटॉप की संख्या $= 4500 \times \dfrac{23}{100}$

$= 45 \times 23$

$= 1035$

R और S द्वारा एक साथ बेचे गए लैपटॉप डेल और लेनोवो का प्रतिशत $= 35\% + 11\%$

$= 46\%$

R और S द्वारा एक साथ बेचे गए लैपटॉप डेल और लेनोवो की कुल संख्या $= 4500 \times \dfrac{46}{100}$

$= 2070$

R और S द्वारा एक साथ बेचे गए लैपटॉप डेल का प्रतिशत $= 30\% + 9\%$

$= 39\%$

R और S द्वारा एक साथ बेचे गए लैपटॉप डेल की कुल संख्या $= 2400 \times \dfrac{39}{100}$

$= 936$

लेनोवो लैपटॉप की कुल संख्या $= 2070 - 936$

$= 1134$

आवश्यक अंतर $= 1134 - 1035$

$= 99$

अतः विकल्प (B) सही है।

35. स्टोर S द्वारा बेचे गए डेल लैपटॉप का प्रतिशत $= 9\%$

स्टोर S द्वारा बेचे गए डेल लैपटॉप की संख्या के लिए केंद्रीय कोण $=$ $\frac{9}{100} \times 360$

$= 32.4°$

अतः विकल्प (D) सही है।

36. चाप की लंबाई l और त्रिज्या r के एक वृत्त में कोण θ के एक सेक्टर का क्षेत्रफल A द्वारा दिया जाता है-

$$l = \frac{\theta}{360°} \times 2\pi r$$

और $A = \frac{\theta}{360°} \times \pi r^2$

यहाँ, $r = 21$ सेमी और $\theta = 150°$

$$\therefore l = \frac{150}{360} \times 2 \times \frac{22}{7} \times 21$$

$= 55$ सेमी

और

$$A = \frac{150}{36} \times \frac{22}{7} \times 21^2$$

$$= \frac{1155}{2}$$

$= 577.5$ वर्ग सेमी

अतः विकल्प (D) सही है।

37. दिया गया है:

एक क्रिकेट टीम के 11 खिलाड़ियों की औसत आयु 22 वर्ष है। जब टीम के कोच की उम्र को इसमें शामिल किया जाता है, तो औसत आयु 1 वर्ष बढ़ जाती है।

औसत = परिणामों का कुल योग/परिणामों की कुल संख्या

$\Rightarrow$ 11 खिलाड़ियों की औसत आयु = 22 वर्ष

$\Rightarrow$ 11 खिलाड़ियों की कुल आयु = 22 × 11 = 242 वर्ष

माना कोच की आयु = x वर्ष

प्रश्न के अनुसार,

$$\Rightarrow \frac{242+x}{12} = 23$$

$\Rightarrow$ 242 + x = 23 × 12 = 276

$\Rightarrow x$ = 276 − 242 = 34 वर्ष

अतः विकल्प (B) सही है।

38. दिया गया है:

कमोडिटी की कीमत पहले 20% और फिर 10% बढ़ जाती है

$$कुल\ वृद्धि\% = X + Y + \frac{XY}{100}$$

$$कुल\ वृद्धि\% = X + Y + \frac{XY}{100}$$

$\Rightarrow X$ = 20% और Y = 10%

$\Rightarrow$ कुल वृद्धि% $= 20 + 10 + 20 \times \frac{10}{100}$

$\Rightarrow$ 30 + 2

$\Rightarrow$ 32%

$\therefore$ मूल्य में कुल वृद्धि = 32%

अतः विकल्प (C) सही है।

39. 75 लड़कियों का औसत वजन $= 47$ किलोग्राम

75 लड़कियों का कुल वजन $= 47 \times 75$

$= 3525$ किलोग्राम

75 लड़कियों का वास्तविक वजन $= x$

75 लड़कियों का सही वजन $= 3525 - 45 + 25$

$= 3525 - 20$

$= 3505$ किलोग्राम

$\therefore$ आवश्यक औसत वजन, $x = \frac{3505}{75}$

$\Rightarrow x = 46.73$ किलोग्राम

अतः विकल्प (D) सही है।

40. प्रतिशत = (दिया गया मूल्य / कुल मूल्य) × 100

10 रुपये = 10 × 100 पैसे

= 1000 पैसे

$\Rightarrow$ प्रतिशत = ($\frac{25}{1000}$) × 100 = 2.5%

अतः विकल्प (C) सही है।

41. भारतीय प्रधानमंत्री नरेंद्र मोदी ने विजया राजे सिंधिया के जन्म शताब्दी समारोह के अंत के हिस्से के रूप में 100 रुपये का स्मारक सिक्का जारी किया।

उन्हें ग्वालियर की राजमाता भी कहा जाता था और उनका जन्म वर्ष 1919 में हुआ था। विजया राजे सिंधिया ने अपने राजनीतिक जीवन की शुरुआत कांग्रेस से की और बाद में भाजपा की मूल पार्टी जनसंघ की सदस्य बनने से पहले स्वतंत्र पार्टी में शामिल हुई थी।

अतः विकल्प (A) सही है।

42. बिहार के मधुबनी जिले से नेपाल देश के रेलवे लिंक के बीच पहली ट्रेन का सफल परीक्षण किया गया।

बिहार के जयनगर और नेपाल के कुर्था के बीच ट्रेन का गति परीक्षण होने के बाद इन स्टेशनों के बीच रेलसेवा शीघ्र शुरू होने की उम्मीद है। पूर्व-मध्य रेल

(ईसीआर) के मुख्य जनसंपर्क अधिकारी राजेश कुमार ने बताया कि समस्तीपुर मंडल के जयनगर और नेपाल के कुर्था के मध्य 34.50 किलोमीटर लंबे नव-आमान परिवर्तित रेलखंड पर लोकोमोटिव द्वारा 110 किलोमीटर प्रतिघंटा की गति से सफलतापूर्वक स्पीड ट्रायल किया गया। इस दौरान इरकॉन और नेपाल रेलवे के वरिष्ठ उच्च अधिकारी उपस्थित थे।

अतः विकल्प (A) सही है।

43. हरियाणा के विकास एवं पंचायत मंत्री देवेंद्र सिंह बबली ने कहा कि राज्य में पायलट प्रोजेक्ट के तौर पर गांवों में एक हजार हाईटेक लाइब्रेरी बनाई जाएंगी। कैथल जिले के खीरी रायवाली गांव में आयोजित 'मधुर मिलन कार्यक्रम' के दौरान एक जनसभा को संबोधित करते हुए मंत्रियों ने कहा कि इन पुस्तकालयों से ग्रामीण क्षेत्र के युवा वर्तमान आवश्यकता के अनुरूप शिक्षा ग्रहण कर अपना भविष्य उज्ज्वल बना सकेंगे। इसके साथ ही युवाओं को खेलों के प्रति प्रोत्साहित करने और उन्हें नशे से दूर रखने के लिए गांवों में 1000 जिम बनाने का काम भी चल रहा है।

अतः विकल्प (D) सही है।

44. प्रोफेसर दिनेश प्रसाद सकलानी को राष्ट्रीय शैक्षिक अनुसंधान और प्रशिक्षण परिषद (एनसीईआरटी) का नया निदेशक नियुक्त किया गया है।

उन्हें पांच साल की अवधि के लिए या 65 वर्ष की आयु प्राप्त करने तक, जो भी पहले हो, के लिए नियुक्त किया गया है।

एनसीईआरटी एक स्वायत्त निकाय है, जो स्कूली शिक्षा में सुधार के लिए नीतियों पर सरकार की सहायता और सलाह देता है।

अत: विकल्प (A) सही है।

45.

ग्रामीण विकास के लिए प्रशासनिक व्यवस्था की सिफारिश करने के लिए 1985 में योजना आयोग द्वारा जी. वी. के. राव समिति की नियुक्ति की गई थी। समिति द्वारा किए गए अवलोकन हैं:

1. विकास प्रक्रिया को पंचायत से धीरे-धीरे नौकरशाही और तलाक दिया गया, जिसके परिणामस्वरूप पीआरआई समिति की सिफारिशों के बिना जड़ों की घास बन गया।

2. जिले में विकासात्मक गतिविधियों की निगरानी के लिए जिला विकास अधिकारी का कार्यालय स्थापित किया जाना चाहिए।

3. विकेंद्रीकृत नियोजन को प्रभावी करने के लिए राज्य स्तर पर नियोजन कार्यों में से कुछ को जिला स्तर पर स्थानांतरित किया जाना चाहिए क्योंकि नियोजन और विकास के लिए जिला उचित इकाई है।

4. खंड विकास अधिकारी के कार्यालय का स्तर ऊंचा होना चाहिए क्योंकि वह संपूर्ण ग्रामीण विकास कार्यक्रम के लिए पत्रक लंगर है।

अतः विकल्प (D) सही है।

46. विधान परिषद में मनी बिल पेश नहीं किया जा सकता है। इसे केवल विधानसभा में पेश किया जा सकता है और वह भी राज्यपाल की सिफारिश पर। इस तरह के हर बिल को सरकारी बिल माना जाता है और इसे केवल एक मंत्री द्वारा ही पेश किया जा सकता है।

अतः विकल्प (C) सही है।

47. दोआब दो अभिसरण, या संगम, नदियों के बीच स्थित भूमि के पथ के लिए उपयोग किया जाने वाला शब्द है। यमुना-गंगा दोआब या उत्तर प्रदेश दोआब इलाहाबाद में शिवालिक पहाड़ियों से लेकर दो नदियों के संगम तक फैली गंगा और यमुना नदियों के बीच समतल जलोढ़ पथ को निर्दिष्ट करता है।

अतः विकल्प (C) सही है।

48. 24 मार्च, 1946 को भारत में सत्ता के हस्तांतरण के संबंध में भारतीय राजनीतिक नेताओं के बीच संवैधानिक गतिरोध को हल करने के लिए ब्रिटिश सरकार द्वारा कैबिनेट मिशन गठित किया गया।

अतः विकल्प (C) सही है।

49. एक मिश्रित अर्थव्यवस्था वह है जिसमें सार्वजनिक और निजी दोनों तरह के उद्यम एक साथ मौजूद होते हैं, जिसमें लाभ कमाने के लिए पूंजी का उपयोग करने की स्वतंत्रता के कुछ स्तर होते हैं। हालांकि, सरकार के हस्तक्षेप से सामाजिक उद्देश्यों को प्राप्त करने की उम्मीद है। यह पूंजीवाद और समाजवाद का सह-अस्तित्व है।

अतः विकल्प (B) सही है।

50. भारत में वोट का अधिकार जनप्रतिनिधित्व अधिनियम, 1950, धारा 62 (1) द्वारा लोगों को दिया गया एक कानूनी अधिकार है। गैर-निवास, मन की बेरुखी और आपराधिक विश्वास के कारण यह अधिनियम इस अधिकार को छीन सकता है। इस प्रकार, यह एक कानूनी अधिकार है। इसके अलावा, संविधान के अनुच्छेद 326 में उल्लेख किया गया है कि लोकसभा और राज्य विधानसभाओं का चुनाव वयस्क मताधिकार के आधार पर होगा। तात्पर्य यह है कि 18 वर्ष से अधिक आयु के सभी को मतदाता के रूप में नामांकित किया जाना है। इससे संवैधानिक अधिकार को वोट देने का अधिकार भी बनता है। हालांकि, यह एक वर्ग (उम्र 18 और उससे अधिक) को शामिल करने के लिए एक सामान्य प्रावधान है और यह प्रावधान खुद को वोट देने का अधिकार प्रदान नहीं करता है। इस प्रकार, वोट के अधिकार को कानूनी अधिकार माना जाना चाहिए।

अतः विकल्प (D) सही है।

51. केरल राज्य एड्स नियंत्रण सोसाइटी (KSACS) ने एचआईवी पॉजिटिव उम्मीदवारों के लिए सरकारी नौकरी आरक्षित करने की घोषणा की। समन्वयक के पद के लिए एचआईवी पॉजिटिव उम्मीदवारों के लिए KSACS के कार्यालय में एक पद आरक्षित किया गया है। इसके पीछे कारण यह है कि ऐसे व्यक्ति की उपस्थिति जोखिम वाले समूहों के साथ समन्वय और संचार में सुधार करेगी और प्रभावी रोकथाम सुनिश्चित करेगी।

अतः विकल्प (C) सही है।

52. टिटिकाका झील बोलीविया और पेरू की सीमा पर एंडीज में एक बड़ी, गहरे ताजे पानी की झील है, जिसे अक्सर दुनिया में "सबसे ऊंची नौगम्य झील" कहा जाता है। पानी की मात्रा और सतह क्षेत्र के आधार पर, यह दक्षिण अमेरिका की सबसे बड़ी झील है। टिटिकाका झील की ऊंचाई 3,812 मीटर (12,507 फीट) है।

अतः विकल्प (B) सही है।

53. चंद्रयान-2 चंद्रमा का दूसरा मिशन है जिसे 22 जुलाई 2019 को भारत के जियोसिंक्रोनस सैटेलाइट लॉन्च व्हीकल (GSLV Mk III) द्वारा लॉन्च किया गया था। यह 19 अगस्त 2019 को चंद्र की कक्ष में पहुंच गया। लैंडर के क्रैश-लैंडिंग के बावजूद, ISRO ने पुष्टि की कि सभी उपकरण परिक्रमा पर हैं और अच्छी तरह से काम कर रहे हैं।

अतः विकल्प (A) सही है।

54. इसरो का उपग्रह प्रक्षेपण स्टेशन श्रीहरिकोटा (आंध्र प्रदेश) में स्थित है।

यह भारतीय अंतरिक्ष अनुसंधान संगठन का सैटेलाइट लॉन्चिंग स्टेशन है।

इसे वर्ष 2002 में सतीश धवन अंतरिक्ष केंद्र का नाम दिया गया।

यह इसरो का मुख्य प्रक्षेपण केंद्र है और इसमें ठोस प्रणोदक कास्टिंग, ठोस मोटर्स के स्थैतिक परीक्षण, वाहनों के एकीकरण, लॉन्च संचालन और रेंज ऑपरेशन की सुविधा है जिसमें टेलीमेट्री ट्रैकिंग और कमांड नेटवर्क और मिशन नियंत्रण केंद्र शामिल हैं।

सतीश धवन, इसरो के पूर्व अध्यक्ष थे।

सतीश धवन अंतरिक्ष केंद्र से आरंभ किया गया पहला उपग्रह 1979 में रोहिणी 1A था।

अरुमुगम राजराजन, सतीश धवन अंतरिक्ष केंद्र के वर्तमान अध्यक्ष हैं।

अतः विकल्प (A) सही है।

55. नाटो का अर्थ उत्तरी अटलांटिक संधि संगठन है। इसकी स्थापना वर्ष 1949 में हुई थी। इसका मुख्यालय ब्रुसेल्स, बेल्जियम में स्थित है। एनपीटी, एसएएलटी (SALT) और सीटीबीटी के विपरीत, नाटो निरस्त्रीकरण से संबंधित नहीं है।

अतः विकल्प (D) सही है।

56. नेगोशिएटेड डीलिंग सिस्टम (एनडीएस) भारतीय रिजर्व बैंक द्वारा संचालित एक इलेक्ट्रॉनिक ट्रेडिंग प्लेटफॉर्म है। इसे 2002 में सरकारी प्रतिभूतियों और अन्य मुद्रा बाजार उपकरणों के मुद्दे और विनिमय को सक्षम करने के लिए पेश किया गया था।

अतः विकल्प (B) सही है।

57. एंटासिड एक पदार्थ है जो पेट की अम्लता को बेअसर करता है और नाराज़गी, अपच, या एक परेशान पेट को राहत देने के लिए उपयोग किया जाता है। एंटासिड में क्षारीय आयन होते हैं जो पेट के गैस्ट्रिक एसिड को बेअसर करते हैं, क्षति को कम करते हैं, और दर्द से राहत देते हैं।

गैस्ट्रिक एसिड पेट में बनने वाला एक पाचन तरल पदार्थ है और यह हाइड्रोक्लोरिक एसिड (HCl), पोटेशियम क्लोराइड (KCl), और सोडियम क्लोराइड (NaCl) से बना होता है। यदि पेट में गैस्ट्रिक एसिड निकलता है तो पीएच स्तर घट जाता है और जिससे पेट में अम्लता बढ़ जाती है।

अतः विकल्प (A) सही है।

58. पंडित शिवकुमार शर्मा (जन्म 13 जनवरी 1938) एक भारतीय संगीतकार और जम्मू और कश्मीर राज्य के संतूर वादक हैं। संतूर एक लोक वाद्य है।

अतः विकल्प (D) सही है।

59. मेजर ध्यानचंद सिंह को दुनिया भर में 'हॉकी के जादूगर' के रूप में जाना जाता है। ऐसे दिग्गज खिलाड़ी को श्रद्धांजलि देने के लिए, भारत सरकार ने उनके जन्मदिन को राष्ट्रीय खेल दिवस के रूप में मनाने का निर्णय लिया है।

अतः विकल्प (A) सही है।

60. इस हिमालयी क्षेत्र में नए साल की शुरुआत को चिह्नित करने के लिए 10 दिवसीय त्योहार जम्मू और कश्मीर के लद्दाख क्षेत्र में मनाया जाता है। लोसार 'नए साल' के लिए एक तिब्बती शब्द है और यह त्योहार लद्दाख में एक महत्वपूर्ण सामाजिक और धार्मिक उत्सव है।

अतः विकल्प (A) सही है।

61. Statements I and III have not been mentioned in the passage and are incorrect.

Statement II is correct as can be seen from the first paragraph of the passage.

Hence, the correct option is (A).

62. All the statements are valid as all give probable reasons for the prevailing condition of food insecurity.

Hence, the correct option is (D).

63. Statement I is positive and weakens the claim.

Statements II and III are negative and show the poor state of nutrition in India.

Hence, the correct option is (D).

64. The passage gives the example of Maharashtra and states that even though its growth is high and it has a high per capita income, yet its development is low due to the prevalence of malnutrition.

Option (A) is incorrect as this is clearly untrue.

Option (C) is incorrect as this may be correct factually but does not represent the irony.

Option (D) is incorrect as this cannot be concluded from the information given in the paragraph.

Only option (B) makes sense. The irony specified above is portrayed well here.

Hence, the correct option is (B).

65. स्टंटिंग स्थूल और सूक्ष्म पोषक तत्वों के अपर्याप्त सेवन के कारण होता है। आमतौर पर यह स्वीकार किया जाता है कि दो साल के बाद विकास मंदता से उबरना तभी संभव है जब प्रभावित बच्चे को पोषक तत्वों की पर्याप्त मात्रा में आहार दिया जाए। पोषक तत्वों की पर्याप्तता का एक महत्वपूर्ण पहलू आहार विविधता है, जिसकी गणना एक से 15 दिनों की संदर्भ अवधि के साथ उपभोग किए गए खाद्य पदार्थों के विभिन्न समूहों द्वारा की जाती है।

हाइलाइट किए गए बिंदुओं के अनुसार, I और II सही हैं, जबकि III के पारित होने का उल्लेख नहीं किया गया है।

अतः विकल्प (C) सही है।

66. Humdrum means lacking excitement or variety; boringly monotonous and fascinating means extremely interesting.

Fascinating means the quality or power of fascinating.

Tedious means boring and lasting for a long time.

Trite means boring and dull because it has been used or expressed many times before.

Drab means not interesting or attractive.

Hence, the correct option is (D).

67. Outlandish means looking or sounding bizarre or unfamiliar and common means occurring, found, or done often, prevalent.

Common means happening or found often or in many places; usual.

Droll means curious or unusual in a way that provokes dry amusement.

Kinky means involving or given to unusual sexual behaviour.

Grotesque means strange or ugly in a way that is not natural.

Hence, the correct option is (C).

68. Cantankerous means bad-tempered, argumentative, and uncooperative. Quarrelsome means are given to or characterized by quarrelling.

Quarrelsome means liking to argue with other people.

Humorous means amusing or funny.

Remorseful means you feel very guilty and sorry about something wrong that you have done.

Dullness means the fact of not being interesting or exciting, or of not being interested in anything.

Hence, the correct option is (B).

69. Perseverance means persistence in doing something despite difficulty or delay in achieving success and Endurance means the ability to endure an unpleasant or difficult process or situation without giving way.

Endurance means the ability to continue doing something painful or difficult for a long period of time without complaining.

Cowardice means a lack of courage; behaviour that shows that you are afraid.

Lethargy means the feeling of being very tired and not having any energy.

Indolence means the quality or state of being indolent.

Hence, the correct option is (A).

70. Use the indefinite article 'a' or 'an' with singular countable nouns.

Use 'a' before nouns that begin with a consonant sound, and use 'an' before nouns that begin with a vowel sound.

Examples,

I think an animal is in the garage.

I own a cat and two dogs.

According to the explanation and examples that are given above, it can be understood that article 'a' should be filled in the blank.

Hence, the correct option is (C).

71. Something up one's sleeve: To have a secret plan, idea, or advantage that can be utilized if and when it is required.

Hence, the correct option is (B).

72. What is sauce for the goose is sauce for the gander: to emphasize that if one person is allowed to do something or to behave in a particular way, then another person must be allowed to do that thing or behave in that way.

Hence, the correct option is (A).

73. Power behind the throne: a person who exerts authority or influence without having formal status.

Hence, the correct option is (A).

74. I felt like a fish out of water among all those business tycoons: not feel comfortable or relaxed because of being in an unusual or unfamiliar situation.

Hence, the correct option is (C).

75. Sentence is in present continuous tense with active voice.

Rule:

Subject + is/am/are + V-ing + other agents.

Look at all those black clouds! It is going to rain today.

Hence, the correct option is (A).

76. Sentence is in present continuous tense with passive voice.

Rule:

Subject + is/am/are + being + V³ + other agents.

Listen, a nice song is being sung.

Hence, the correct option is (D).

77. To be complete, every statement must have a subject and a predicate. In other words, once the subject has been mentioned, there is necessity to say something about it.

Hence, the correct option is (C).

78. The adjective phrase comes immediately after the noun.

For example: The top of the handle was broken.

Hence, the correct option is (B).

79. The correct sentence is "Lokesh is rather too stupid."

Hence, the correct option is (D).

80. The correct sentence is "Manoj will play badminton."

Hence, the correct option is (A).

81. बिनु पग चले सुने बिनु काना। कर बिनु कर्म करै विधि नाना। आनन रहित सकल रस भोगी। बिनु वाणी वक्ता बड़ जोगी। पंक्ति में विभावना अलंकार होता है। यहां पैर के बिना चलना, कान के बिना सुनना और बिना हाथ के कार्य होना, इत्यादि कार्य बिना कारण ही सम्पादित हो रहे हैं।

विभावना अलंकार की परिभाषा – विभावना शब्द का अर्थ है– (विशेष प्रकार की कल्पना)। जहां बिना कारण के ही कार्य हो जाये वहां विभावना अलंकार होता है।

अत: विकल्प (C) सही है।

82. देवासुर में द्वंद्व समास है।

जिस समास में समस्तपद के दोनों पद प्रधान हों या दोनों पद सामान हों एवं दोनों पदों को मिलाते समय 'और', 'अथवा', 'या', 'एवं' आदि योजक लुप्त हो जाएँ, वह समास द्वंद्व समास कहलाता है। दोनों पद एक दूसरे के विलोम शब्द होते हैं (हमेशा नहीं)। देव और असुर एक दूसरे के विलोम शब्द है।

अत: विकल्प (D) सही है।

83. अनुज शब्द का स्त्री वाचक बनाने के लिए हम आ प्रत्यय का उपयोग करेंगे। जिससे 'अनुजा' शब्द बनेगा।

अत: विकल्प (C) सही है।

84. शोभित कर नवनीत लिए घुटरुनि चलत रेनु तन मण्डित मुख दधि लेप किए। इन पंक्तियों में वात्सलय रस है। वात्सल्य रस की परिभाषा अनुसार- माता-पिता का संतान के प्रति जो स्नेह होता है, उसे 'वात्सल्य' कहते हैं, यही 'वात्सल्य' स्थायी भाव जब विभाव, अनुभाव और संचारी भावों में संयुक्त होकर रस रूप में परिणत हो जाता है, तब 'वात्सल्य रस' कहलाता है।

अत: विकल्प (D) सही है।

85. प्रस्तुत पंक्तिगों में चौपाई छंद है।

चौपाई की परिभाषा- यह सम मात्रिक छंद होता है इसमें 4 चरण होते हैं हर चरण में 16,16 मात्राएं होती है!

अत: विकल्प (B) सही है।

86. वपु शब्द "सोना" का पर्यायवाची नहीं है। हाटक, हेम, कनक, "सोना" के पर्यायवाची शब्द हैं। वपु शरीर का पर्यायवाची शब्द है।

अत: विकल्प (A) सही है।

87. सत्कार में व्यंजन संधि है।

व्यंजन संधि की परिभाषा- जब संधि करते समय व्यंजन के साथ स्वर या कोई व्यंजन के मिलने से जो रूप में परिवर्तन होता है, उसे ही व्यंजन संधि कहते हैं। यानी जब दो वर्णों में संधि होती है तो उनमें से पहला यदि व्यंजन होता है और दूसरा स्वर या व्यंजन होता है तो उसे हम व्यंजन संधि कहते हैं।

त् का द् में परिवर्तन: सद् + कार = सत्कार।

अत: विकल्प (C) सही है।

88. मारुत, अनिल, वात, 'पवन' के पर्यायवाची शब्द हैं। तुहिन के पर्यायवाची शब्द हैं- ओस, हिम, तुषार।

अत: विकल्प (B) सही है।

89. सही विलोम युग्म है, अवनि-अम्बर। अवनि, पृथ्वी का पर्यायवाची है तथा अम्बर, आकाश का पर्यायवाची शब्द है। चिर का विलोम अचिर है। जड़ता का विलोम चेतनता है। द्वेष का विलोम सद्भावना है।

अतः विकल्प (A) सही है।

90. 'अल्पज्ञ' का विलोम शब्द 'बहुज्ञ' है। अल्पज्ञ का अर्थ है- कम जानने वाला। बहुज्ञ का अर्थ है- बहुत-सी बातों का ज्ञान रखने वाला।

अतः विकल्प (B) सही है।

91. तिमिर का विलोम शब्द आलोक है। तिमिर, अंधकार का पर्यायवाची शब्द है तथा आलोक, प्रकाश का पर्यायवाची शब्द है।

अतः विकल्प (D) सही है।

92. उपर्युक्त गद्यांश के अनुसार- रिक्शे पर मीरा के साथ हँसती-बोलती ऋतु घर पहुँची। सीढ़ियाँ चढ़ने लगी तो कुछ झगड़ने की आवाज़ें सुनाई दी। ऊपर पहुँची तो देखा, दोनों आजू-बाजू वाली पड़ोसनें झगड़ रही थीं।

ऋतु जब घर की सीढ़ीयाँ चढ़ रही थी तब उसे कुछ झगड़ने की आवाजे सुनाई दी।

अत: विकल्प (D) सही है।

93. 'महरी' घर में काम करने वाली को कहा जाता है। महरी शब्द के पर्यायवाची शब्द है- कामवाली, नौकरनी, दासी- सेविका आदि।

अत: विकल्प (B) सही है।

94. ऋतु का मन घृणा से भर गया, क्योंकि सीढ़ियों में कचरा फैल गया था। जो सीढ़ी पहले से ही गंदी थी वह और भी गंदी हो गई। सीढ़ी सामूहिक होने के कारण उसे कोई साफ नहीं करना चाहता था।

अत: विकल्प (D) सही है।

95. उपर्युक्त गद्यांश का सन्देश है कि स्वच्छता सबका कर्तव्य है। अपने आसपास के लोगों को स्वच्छता बनाए रखना चाहिए तथा राष्ट्र को स्वच्छता के प्रति एक उत्कृष्ट संदेश देना सबका कर्तव्य है।

अत: विकल्प (A) सही है।

96. 'हवाई किले बनाना' मुहावरे का सही अर्थ है- कोरी कल्पना करना, झूठी कल्पनाएँ करना।

वाक्य: आज अध्यापक ने कक्षा में मोहन को बहुत अच्छी बात सिखाई कि मेहनत करने से जीवन में लक्ष्य प्राप्त होते है, हवाई किले बनाने से नहीं।

अत: विकल्प (B) सही है।

97. पानी फेर देना मुहावरे का अर्थ बिगाड़ देना होता है। पानी फेर देना मुहावरे का वाक्य प्रयोग – नोट्स खोकर तुमने तो मेरी सारी मेहनत पर पानी फेर दिया। मुहावरा शब्द एक अरबी शब्द है जिसका अर्थ होता है–अभ्यास

करना। मुहावरे वाक्य के अंश होते हैं। मुहावरों से सामान्य अर्थ नहीं बल्कि, विशेष अर्थ निकलता है। इनके प्रयोग से भाषा में सरसता व रोचकता आ जाती है।

अत: विकल्प (D) सही है।

98. किसी निश्चित व्यक्ति या कर्म के लिए प्रयुक्त होने वाले सर्वनाम निश्चयवाचक सर्वनाम कहलाते है इसमें पास या दूर की वस्तु या व्यक्ति की ओर संकेत किया जाता है इसे संकेतवाचक सर्वनाम भी कहा जाता है।

सामने जो बड़ा महल दिखाई दे रहा है वह मेरा है- इसमें निश्चयवाचक सर्वनाम है।

अत: विकल्प (B) सही है।

99. 'गणना' एक स्त्रीलिंग शब्द है। कल्याण, ढक्कन और पकवान पुल्लिंग शब्द हैं।

अत: विकल्प (D) सही है।

100. जिन शब्दों से किसी प्राणी या पदार्थ के गुण, भाव, स्वभाव या अवस्था का बोध होता है, उन्हें भाववाचक संज्ञा कहते हैं। भाववाचक संज्ञा बनाते समय शब्दों के अंत में प्रायः पन, त्व, ता आदि शब्दों का प्रयोग किया जाता है। स्त्रीत्व भाववाचक संज्ञा हैं।

अत: विकल्प (C) सही है।

General Intelligence & Reasoning Ability

Q.1 पी.वी. सिंधु बैडमिंटन से उसी प्रकार संबंधित है जैसे विराट कोहली _____ से संबंधित है।

A. क्रिकेट
B. बास्केट बॉल
C. फुटबॉल
D. रग्बी

Q.2 विकल्पों में से विषम आकृति का चयन कीजिये:

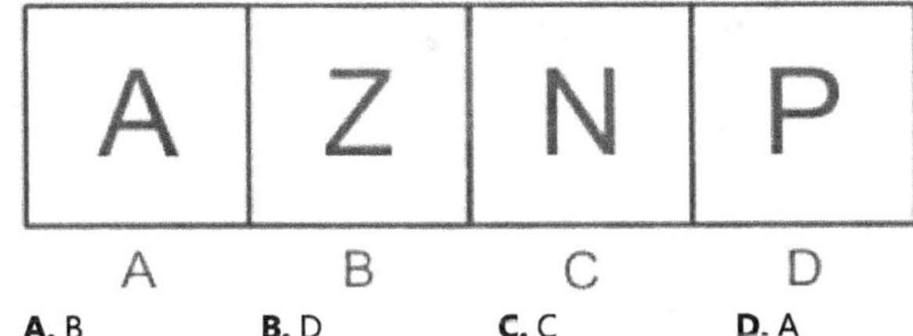

A. B
B. D
C. C
D. A

Q.3 सुदर्शन, मनोहर का पिता है। मनोहर के पिता के पिता का सुदर्शन से क्या संबंध है?

A. भाई
B. चाचा
C. पिता
D. चचेरा भाई

Q.4 आप एक कॉलेज के छात्रावास में रह रहे हैं। छात्रावास के भोजनालय में आपको परोसे गए दाल-चावल में कीड़े और पत्थर भरे हुए हैं। स्थिति से निपटने के लिए अपनाने का सबसे अच्छा तरीका क्या है?

A. पत्थरों को एक तरफ निकाल दें और चावल खाएं
B. चावल में पत्थरों के बारे में रसोइया को चेतावनी दें
C. पकाने के लिए अपना खुद का चावल खरीदें
D. मामले को भोजनालय के प्रभारी के संज्ञान में लाएं

Q.5 यदि - का अर्थ ÷, + का अर्थ ×, ÷ का अर्थ -, × का अर्थ + है, तो 8 × 7 + 25 - 5 ÷ 3 का मान ज्ञात कीजिये?

A. 40
B. 28
C. 42
D. 37

Q.6 श्रृंखला में अगला पद क्या होगा?

9, 12, 18, 30, 54, ?

A. 102
B. 108
C. 95
D. 90

Q.7 एक कथन और कुछ निष्कर्ष दिए गए हैं।

कथन: ABC ट्यूशन सुनिश्चित सफलता के लिए उत्कृष्ट शिक्षकों द्वारा उत्कृष्ट शिक्षण का वादा करता है।

निष्कर्ष:

I. सभी छात्रों को ABC ट्यूशन में शामिल होने से सफलता मिली है।

II. कोई भी अन्य ABC ट्यूशन के रूप में उत्कृष्ट शिक्षण प्रदान नहीं करता है।

A. न तो I और न ही II अनुसरण करता है
B. केवल निष्कर्ष I अनुसरण करता है
C. केवल निष्कर्ष II अनुसरण करता है
D. I और II दोनों अनुसरण करते हैं

Q.8 निर्देश: निम्नलिखित प्रश्न में एक कथन के बाद I, II और III से अंकित दो कार्यवाहियाँ दी गई हैं। कार्यवाही सुधार, जाँच करने के लिए या समस्या, नीति आदि के संबंध में उठाया गया कदम या प्रशासनिक निर्णय है। आपको कथन में दी गई जानकारी को सत्य मानना है और उसके आधार पर तय करना है कि, दी गई कार्यवाहियों में से किसे/किन्हें अमल में लाना तार्किक रूप से सही है।

कथन:
ऐसे लोग हैं जो अभी भी गीला और सूखा कचरा अलग नहीं करते हैं।

कार्यवाहियाँ:

I) अपशिष्ट संग्रहकर्ताओं को इनका कचरा इकट्ठा नहीं करना चाहिए।

II) लोगों को कचरा पृथक्करण के महत्व से अवगत कराया जाना चाहिए।

A. केवल I अनुसरण करता है
B. केवल II अनुसरण करता है
C. I और II दोनों अनुसरण करते हैं
D. उपरोक्त में से कोई भी अनुसरण नहीं करता है

Q.9 यदि MARKET को PEOGHX के रूप में कूटबद्ध किया जाता है, तो FLOWERS को किस प्रकार कूटबद्ध किया जाता है?

A. IPLSHVP
B. IPLSGVP
C. IPLTHUP
D. IPNTHVP

Q.10 निम्नलिखित शब्दों को उस क्रम में विन्यासित कीजिए जिसमें वे अंग्रेजी शब्दकोश में दिखते हैं।

1. Reinstate
2. Reindeer
3. Reimburse
4. Reinforcement
5. Reincarnation

A. 3, 5, 1, 2, 4
B. 3, 5, 2, 4, 1
C. 3, 5, 1, 4, 2
D. 1, 2, 3, 4, 5

Q.11 एक निश्चित कूट भाषा में, MERLIN को 'LFQMHO' के रूप में लिखा जाता है। उस भाषा में 'SEROWS' को कैसे लिखा जाएगा?

A. RFQPVT
B. TVQPER
C. QPDFVT
D. XZQBFT

Q.12 निम्नलिखित पदों में से कौन सा पद प्रश्न चिह्न (?) को प्रतिस्थापित करेगा और निम्नलिखित अक्षरांकीय श्रृंखला को पूरा करेगा?

2D4, 6H8, 10F12, 14J16, 18H20, ?

A. 20L22
B. 22K24
C. 22M24
D. 22L24

Q.13 दी गई आकृति में कितने समानांतर चतुर्भुज हैं?

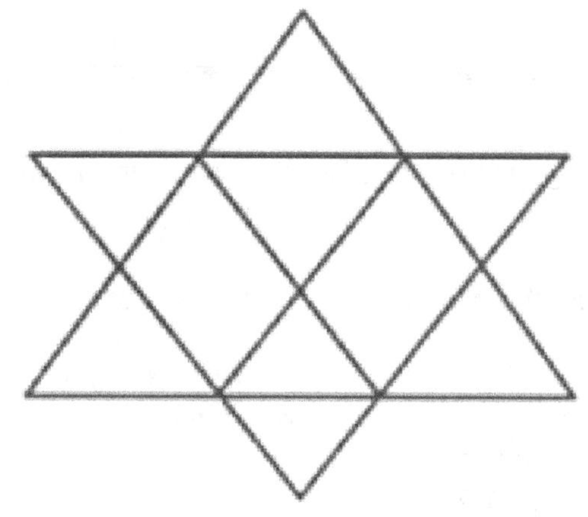

A. 12   B. 18   C. 16   D. 15

Q.14 दी गई आकृति में कितने वर्ग हैं?

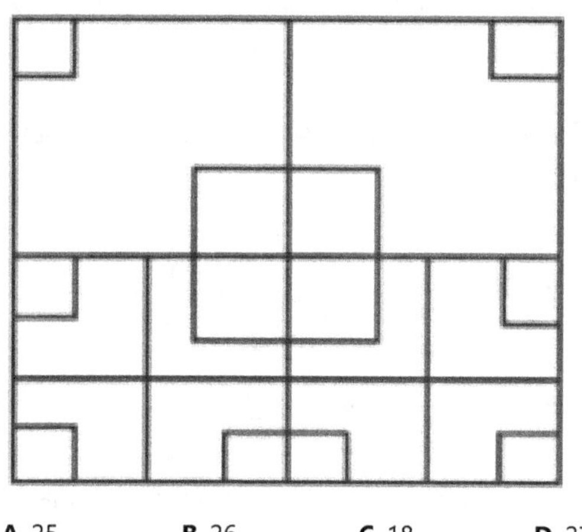

A. 25   B. 26   C. 18   D. 27

Q.15 नीचे दिए गए विकल्पों से लुप्त संख्या ज्ञात कीजिए।

2	256	20
8	361	83
4	484	?

A. 36   B. 44   C. 40   D. 38

Q.16 निम्नलिखित प्रश्न में, दिए गये विकल्पों में से वह संख्या चुनिए जिसे प्रश्न चिह्न (?) के स्थान पर रखा जा सकता है।

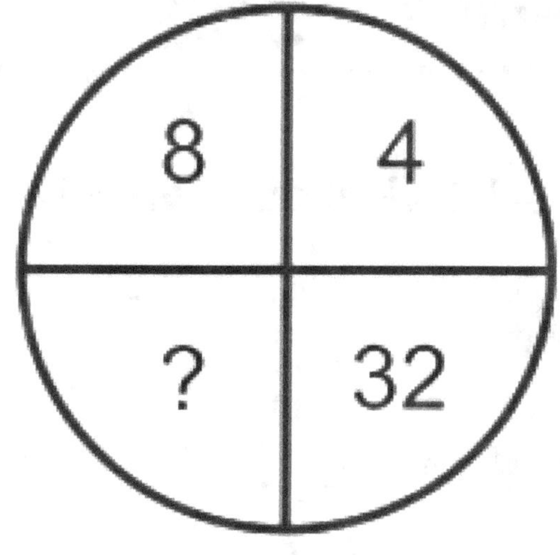

A. 2   B. 4   C. 16   D. 8

Q.17 निम्न आकृति में कितने त्रिभुज हैं?

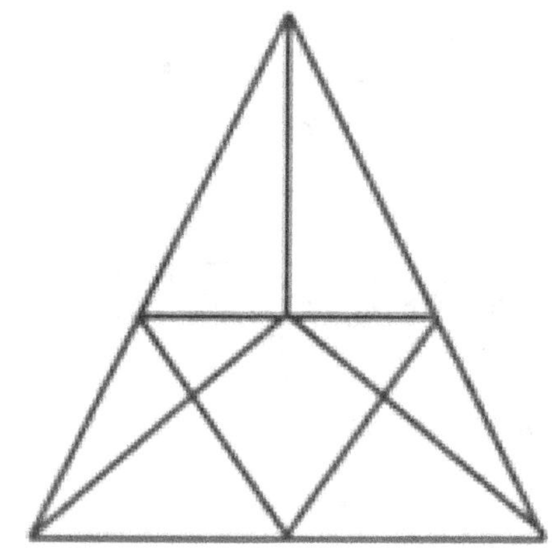

A. 17   B. 18   C. 10   D. 15

Q.18 जॉन का घर उसके अंकल के दफ़्तर से 100 मीटर उत्तर में है। उसके अंकल का घर उनके (अंकल के) दफ़्तर से 200 मीटर पश्चिम में स्थित है। कबीर जॉन का दोस्त है और वो जॉन के घर से 100 मीटर पूर्व में रहता है। कबीर का दफ़्तर उसके घर से 100 मीटर दक्षिण में स्थित है। तो उसके अंकल का घर कबीर के दफ़्तर से कितनी दूर है?

A. 200 मीटर   B. 300 मीटर   C. 400 मीटर   D. 500 मीटर

Q.19 एक विशिष्ट कूट भाषा में, '-' को '+' के रूप में, '+' को '×' के रूप में, '×' को '÷' के रूप में और '÷' को '-' के रूप में प्रदर्शित किया जाता है। निम्नलिखित प्रश्न का उत्तर दीजिये।

273 × 3 + 7 - 9 ÷ 13 × 169

A. 647.92   B. 649.92   C. 643.92   D. 645.92

Q.20 निम्नलिखित प्रश्न समय, दिन और तिथि, कैलेंडर और घड़ी पर आधारित हैं।

एक सटीक घड़ी 3.00 बजे का समय दर्शाती है। घंटे की सुई के 135° घूमने के बाद, समय होगा:

A. 6.30   B. 7.30   C. 8.00   D. 9.30

Arithmetical & Numerical Ability

Q.21 निर्देश: निम्नलिखित पाई-चार्ट का अध्ययन कीजिये और उसके आधार पर प्रश्न के उत्तर दीजिये।

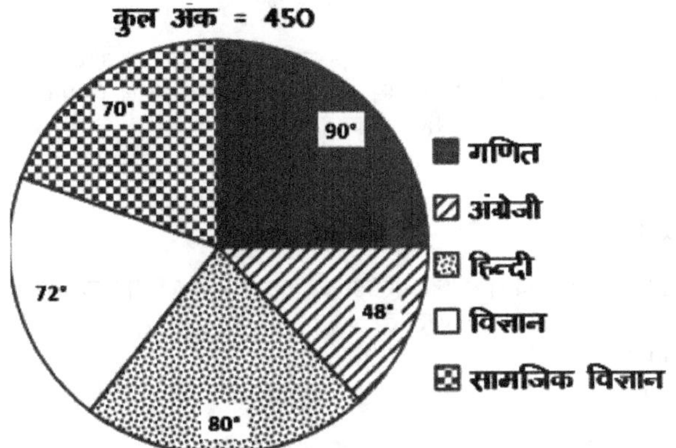

किस विषय में 100 अंक प्राप्त हुए हैं?

A. हिन्दी **B.** विज्ञान **C.** अंग्रेजी **D.** गणित

Q.22 निर्देश: दी गई तालिका छह वर्षों की अवधि में तीन शोरूमों द्वारा बेचे गए कंप्यूटरों की संख्या को दर्शाती है।

शोरूम	वर्ष					
	2014	2015	2016	2017	2018	2019
A	500	400	500	600	600	600
B	400	400	500	400	500	400
C	400	500	400	500	500	700

वर्ष 2016 में बेचे गए कंप्यूटरों की कुल संख्या, वर्ष 2018 में बेचे गए कंप्यूटरों की कुल संख्या से कितने प्रतिशत कम है?

A. 37.5% **B.** 20% **C.** 12.5% **D.** 25%

Q.23 एक राशि चक्रवृद्धि ब्याज पर 2 वर्ष में 9680 रुपये और 3 वर्ष में 10648 रुपये हो जाती है। प्रति वर्ष ब्याज दर क्या है?

[Territorial Army Officer, 2019]

A. 5% **B.** 10% **C.** 15% **D.** 20%

Q.24 यदि 10 पुरुष 5 दिन काम करके 800 रुपये अर्जित कर सकते हैं, तो 5 महिलाएं 10 दिनों के लिए काम करके कितना धन अर्जित कर सकती हैं? पुरुषों की तुलना में महिलाएं दोगुनी दक्ष हैं।

A. 2400 रुपये **B.** 1600 रुपये
C. 1000 रुपये **D.** 1200 रुपये

Q.25 एक बाइकर 90 किमी/घंटा की गति से एक बस का पीछा कर रहा है। बस बाइकर से 10 किमी आगे है और 75 किमी/घंटा की गति से चल रही है। कितने समय के बाद बाइकर बस को पकड़ लेगा?

A. 1 घंटा **B.** 45 मिनट **C.** 40 मिनट **D.** 30 मिनट

Q.26 A ने B को 20% के लाभ पर एक वस्तु को बेचा, B ने उस वस्तु को C को 10% के लाभ पर बेचा और C ने पुनः उस वस्तु को A को 25% की हानि पर बेचा। A का कुल लाभ प्रतिशत कितना है?

A. 20% **B.** 24% **C.** 21% **D.** 25%

Q.27 यदि 5-अंक वाली संख्या $676xy$, 3,7 और 11 से विभाज्य है, तो $(3x - 5y)$ का मान ज्ञात करें।

[SSC CGL, 2021]

A. 10 **B.** 11 **C.** 9 **D.** 7

Q.28 $2^5 \times 3^6$ के कितने गुणनखण्ड पूर्ण वर्ग हैं?

A. 9 **B.** 12 **C.** 11 **D.** 17

Q.29 एक संख्या में पहले 20% की कमी हुई और फिर 10% की वृद्धि हुई। प्राप्त संख्या मूल संख्या से 12 कम है। मूल संख्या क्या है?

A. 200 **B.** 100 **C.** 400 **D.** 80

Q.30 दो क्रमिक वर्षों में, एक विद्यालय के 100 और 200 छात्र अंतिम परीक्षा में शामिल हुए। उनमें से क्रमशः 80% और 60% उत्तीर्ण हुए। 2 वर्ष में संचयी उत्तीर्ण प्रतिशत ज्ञात कीजिए।

A. 50% **B.** 60% **C.** 66.67% **D.** 65%

Q.31 राधा और रानी की मासिक आय का अनुपात 3 : 2 है और उनका व्यय अनुपात 8 : 5 है यदि उनमें से प्रत्येक 9,000 रुपये प्रति माह की बचत कर रहा है, तो राधा और रानी की मासिक आय का योग है?

A. 132,000 रुपये **B.** 145,000 रुपये
C. 135,000 रुपये **D.** 119,000 रुपये

Q.32 3 लड़कियों की औसत लंबाई 180 सेमी है। यदि उनकी लंबाई का अनुपात 4 : 5 : 6 है, तो सबसे छोटी लड़की की लंबाई ज्ञात कीजिये।

A. 48 सेमी **B.** 44 सेमी **C.** 144 सेमी **D.** 142 सेमी

Q.33 सरल कीजिए:

$$\sqrt{4 + \sqrt{44 + \sqrt{10000}}}$$

A. 8 **B.** 4 **C.** 6 **D.** 16

Q.34 $\sqrt{5 + \sqrt{11 + \sqrt{19 + \sqrt{29 + \sqrt{49}}}}}$ का सरलीकृत मान ज्ञात कीजिए।

A. 2 **B.** 3 **C.** 4 **D.** 6

Q.35 X, Y और Z का औसत Y, Z और W के औसत से 22 अधिक है। X और W के बीच अंतर ज्ञात कीजिए?

A. 44 **B.** 88 **C.** 22 **D.** 66

Q.36 एक खिलाड़ी के पच्चीस मैचों तक औसतन 75 रन हैं, अगले पांच मैचों के लिए वह 240 रन प्राप्त करता है। तो उसका नया औसत क्या है?

A. 72.5 **B.** 74.5 **C.** 76.5 **D.** 70.5

Q.37 मूल्यांकन करें: $\dfrac{(2.39)^2 - (1.61)^2}{2.39 - 1.61}$

A. 2 **B.** 4 **C.** 6 **D.** 8

Q.38 10%, 15% और 20% की एकल समतुल्य छूट ज्ञात कीजिए।

A. 38.8% **B.** 45%
C. 61.2% **D.** इनमें से कोई भी नहीं

Q.39 यदि किसी वृत्त की त्रिज्या की लंबाई में x इकाइयाँ जोड़ दी जाती हैं, तो वृत्त की परिधि को बढ़ाने वाली इकाइयों की संख्या क्या होगी?

A. x **B.** 2 **C.** 2π **D.** $2\pi x$

Q.40 दो संख्याओं का महत्तम समापवर्तक और लघुतम समापवर्त्य क्रमशः 7 और 140 हैं। यदि संख्याएँ 20 और 45 के बीच हैं, तो संख्याओं का योग है:

A. 70 **B.** 77 **C.** 63 **D.** 56

General Awareness

Q.41 वर्तमान में, UNO का महासचिव कौन है?

[Haryana Police Constable Commando Wing, 2021]

A. एन्टोनिओ गुटरेस   **B.** पॉल आर. मिल्ग्रोम

C. रॉबर्ट बी. विल्सन   **D.** इनमें से कोई नहीं

Q.42 नीमाबेन आचार्य किस राज्य की विधान सभा की प्रथम महिला अध्यक्ष बनीं?

[Haryana Police Constable Commando Wing, 2021]

A. गुजरात   **B.** हरियाणा   **C.** महाराष्ट्र   **D.** मिजोरम

Q.43 2021-22 के केंद्रीय बजट के अनुसार, वायरोलॉजी (विषाणु विज्ञान) के कितने क्षेत्रीय राष्ट्रीय संस्थान स्थापित किए जाएंगे?

[SSC CGL, 2021]

A. चार   **B.** दो   **C.** तीन   **D.** छह

Q.44 निम्नलिखित में से किसने फ्रांस का राष्ट्रपति चुनाव- 2017जीता है?

[UPPSC Staff Nurse, 2017]

A. मैरीन लि पेन   **B.** फ्रैन्कोइस ओलांन

C. एम्मानुएल मैक्रों   **D.** जीन-लुक मेलेन्कन

Q.45 नीति आयोग के वर्तमान सीईओ निम्नलिखित में से कौन है?

[RRB (NTPC), 2017]

A. अरविंद पनगढ़िया   **B.** अरविंद सुब्रमण्यन

C. अमिताभ कांत   **D.** सिंधुश्री खुल्लर

Q.46 भारत के संविधान के किस अनुच्छेद में राज्य को छह से चौदह वर्ष की आयु के सभी बच्चों को मुफ्त और अनिवार्य शिक्षा प्रदान करने की आवश्यकता है?

A. अनुच्छेद 21क   **B.** अनुच्छेद 25

C. अनुच्छेद 14   **D.** अनुच्छेद 31क

Q.47 निम्नलिखित में से किसने टोकन मुद्रा की अवधारणा पेश की जिसमें पीतल और तांबा के सिक्के जारी किए गए थे, है जिसका मूल्य सोने और चांदी के बराबर था?

A. मुहम्मद बिन तुग़लक़   **B.** अकबर

C. नादिर शाह   **D.** शाहजहाँ

Q.48 भारत-गंगा के बाढ़ के मैदान पर पाए जाने वाली नई जलोढ़ मिट्टी को_____ कहा जाता है और यह बनावट में बेहद उपजाऊ और समरूप होती है।

A. रेगुर   **B.** भंगार

C. फेरालिटिक   **D.** खादर

Q.49 किस वेद में इंद्र, जिन्हें नगरों को नष्ट करने वाला बताया गया है, की स्तुति में लगभग 250 सूक्त हैं?

A. ऋग्वेद   **B.** अर्थर्ववेद   **C.** सामवेद   **D.** यजुर्वेद

Q.50 भारत के संविधान की प्रस्तावना इंगित करती है कि संविधान का स्रोत _____ है:

A. लोकसभा   **B.** भारत के राष्ट्रपति

C. राज्यसभा   **D.** भारत के लोग

Q.51 संविधान के किस भाग में नागरिकता से संबंधित अनुच्छेद हैं?

A. भाग II   **B.** भाग I   **C.** भाग VII   **D.** भाग IV

Q.52 आपातकालीन रक्ताधान के लिए आवश्यक सार्वभौमिक रक्त प्रकार कौन सा है?

A. B पॉजिटिव रक्त समूह   **B.** AB रक्त समूह

C. एक पॉज़िटिव रक्त समूह   **D.** O नेगेटिव रक्त समूह

Q.53 उत्तरी गोलार्ध में शरद ऋतु विषुव, जो गर्मी के अंत और शरद ऋतु की शुरुआत को चिह्नित करता है, किस महीने में होता है?

A. अगस्त   **B.** मार्च   **C.** सितंबर   **D.** जून

Q.54 एक राष्ट्रीय स्तर पर मान्यता प्राप्त, अच्छी तरह से स्थापित, और वित्तीय रूप से अच्छी कंपनी जो आम तौर पर उच्च गुणवत्ता वाले, व्यापक रूप से स्वीकृत उत्पादों और सेवाओं को बेचती है उसे एक _____ कहा जाता है।

A. नवरत्न कंपनी   **B.** मिनीरत्न कंपनी

C. ब्लू चिप कंपनी   **D.** स्टार कंपनी

Q.55 सिक्किम के किस मशहूर मुखौटा नृत्य का प्रदर्शन औपचारिक और उत्सव के अवसरों पर किया जाता है?

A. चाम्स   **B.** लिम्बू

C. रेचुंगमा   **D.** लू खांगथमो

Q.56 निम्नलिखित में से क्या DBT (प्रत्यक्ष लाभ हस्तांतरण) के कारण होता है?

A. लाभ सीधे हाथ में लाभार्थी को दिया जाता है

B. लाभार्थी को सीधे हाथ में पैसा दिया जाता है

C. पैसा सीधे लाभार्थियों के बैंक खाते में हस्तांतरित किया जाता है

D. पैसा सीधे सरकारी अधिकारी द्वारा दिया जाता है

Q.57 निम्नलिखित में से कौन-सा एक पादप हॉर्मोन है?

A. इंसुलिन   **B.** थायरोक्सिन

C. एस्ट्रोजन   **D.** साइटोकाइनिन

Q.58 ताप और पिघलाने वाली एक प्रक्रिया के माध्यम से अयस्क से धातु निकालने की प्रक्रिया को _____ कहा जाता है?

A. रिफाइनिंग   **B.** भर्जन   **C.** प्रगलन   **D.** निस्तापन

Q.59 भारतीय संविधान के निम्नलिखित अनुच्छेदों में से कौन सा ग्राम पंचायतों के संगठन से संबंधित है?

A. अनुच्छेद 40   **B.** अनुच्छेद 243

C. अनुच्छेद 280   **D.** अनुच्छेद 43

Q.60 निम्नलिखित में से कौन सा राज्य बांग्लादेश के साथ अपनी सीमा साझा नहीं करता है?

A. मेघालय   **B.** असम   **C.** मणिपुर   **D.** त्रिपुरा

English Language & Comprehension

Q.61 Direction: Choose the correct form of tense for the given sentence.

My brother ______ his textile business last year.

A. was starting   **B.** starts

C. start   **D.** started

Q.62 Select the correct verb form.

Sachin has ________ many records

A. brokened   **B.** broken

C. broke   **D.** breakened

Q.63 Direction: Choose the appropriate preposition for the given sentence.

She hid her disappointment ______ a smile.

[MP Sub Inspector (MPSI), 2017]

A. without   **B.** with   **C.** in   **D.** through

Q.64 Select the wrongly spelt word.

A. Advisible

B. Invisible

C. Capable

D. Irritable

Q.65 Select the incorrectly spelt word.

A. Heavenly

B. Advisable

C. Harass

D. Disposeable

Ques (66-67):Direction: Find the correct antonym of the given word.

Q.66 Necessary

A. Useless

B. Required

C. Basic

D. Significant

Q.67 Secret

A. Hide   B. Cover   C. Public   D. Reduce

Ques (68-69):Direction: Choose an appropriate synonym for the given word.

Q.68 Mischievous

A. Harmless

B. Naughty

C. Terrible

D. Persistent

Q.69 Inspire

A. Encourage

B. Extinguish

C. Vary

D. Dishearten

Ques (70-71):Direction: Select the correct meaning of the Idiom phrase from the options given below:

Q.70 Be on cloud nine

A. Be very sad

B. To become easily frightened

C. To become a pilot

D. Be very happy

Q.71 No pain, no gain

A. Stop working on something

B. To ignore someone

C. You have to work hard for something you want

D. To make a situation worse

Ques (72-73):Direction: Select the correct active/passive form of the given sentence.

Q.72 The gardener cuts the grass with a mower.

A. The grass is cut with a mower by the gardener.

B. The grass has been cut with a mower by the gardener.

C. The grass was cut with a mower by the gardener.

D. The grass is being cut with a mower by the gardener.

Q.73 The ball did not hit me on the head.

A. The ball had not been hit on the head by me.

B. I was not hit on the head by the ball.

C. I were not hit by the head on the ball.

D. The head was hit on the ball by me.

Ques (74-76):Direction: Read the following passage and answer the question.

All food stuffs change. Green fruits become ripe and eggs go bad or rotten. It is the enzymes naturally present in each food which bring about the complex chemical changes that lead first to ripening and then to rotting. How does one control the activity of enzymes, bacteria, yeasts and moulds in food? All of them require air, moisture and a certain temperature, usually somewhere near the body temperature, to be active. Depriving them of one or more of these will suppress them. All micro-organisms can be killed by heat sterilisation. This simply means heating the food to high enough temperatures by boiling, deep or shallow frying, roasting, baking and, for milk particularly, pasteurisation. After such sterilisation, if the food is sealed in airtight containers, it can be kept for a long time. A certain water content in food is necessary for microorganisms to be active. Drying in the sun is a simple way of bringing down the moisture level so low that the enzymes and micro-organisms cannot flourish. Some chemicals can suppress undesirable activity. The addition of salt, vinegar, spices and oil or of sugar syrup are other ways of preventing foods from going bad. If heating kills, freezing inactivates the enzymes and micro-organisms. This is what happens in a refrigerator, in which fruits,vegetables and milk can be kept for fairly long periods. For meat and fish, even colder temperatures, below freezing point, are necessary for preservation. All foods which are kept cold in this way, once taken out and returned to room temperature, are again subject to spoilage and change.

Q.74 Which of these is NOT required for the growth of bacteria?

A. Air

B. Optimum temperature

C. Chemicals

D. Moisture

Q.75 Boiling, frying, roasting and baking are methods of:

A. sterilization

B. spoilage

C. pasteurisation

D. refrigeration

Q.76 What action does freezing have on the enzymes?

A. It activates them

B. It kills them

C. It preserves them

D. It inactivates them

Q.77 Direction: Select the correct indirect form of the given sentence.

Neha said to me, "I am going to see a movie today."

A. Neha said that she was going to see a movie that day.

B. Neha said that she were going to see a movie that day.

C. Neha said that she is going to see a movie today.

D. Neha said that I am going to see a movie today.

Ques (78-79):Direction: Given below are four sentences, three of which are jumbled. Pick the option that gives the correct order.

Q.78 A. Mother told me that our new neighbours had a daughter of my age.

B. I wanted to run out and meet her.

C. I was overjoyed to hear it.

D. Before I could do so, the mother said that the girl could neither walk nor talk.

A. ABCD   **B.** ABDC   **C.** ADBC   **D.** ACBD

Q.79 A. I have something serious to tell you and want you to pay attention.

B. It becomes even more important now when it concerns the fortunes of the whole family.

C. I will finally let you hold in your hand the priceless Rowland ruby worth thousands of pounds!

D. It is a matter of utmost importance to our Rowland family.

A. ABCD   **B.** ABDC   **C.** ACBD   **D.** ADBC

Q.80 Direction: Identify the segment in the sentence which contains the grammatical error.

The cavalcade had scarcely covered a kilometre than there was a loud blast.

A. scarcely covered

B. The cavalcade had

C. there was a loud blast

D. a kilometre than

Hindi Language and Comprehension

Q.81 'राजलक्ष्मी दौड़ने में तेज है।' वाक्य में कारक है:

A. संप्रदान कारक   **B.** अधिकरण कारक

C. अपादान कारक   **D.** संबंध कारक

Q.82 'घनश्याम' शब्द किस समास का उचित विकल्प होगा?

A. तत्पुरुष समास   **B.** कर्मधारय समास

C. अव्ययीभाव समास   **D.** द्वंद्व समास

Q.83 'दूल्हे को पत्तल नहीं, बरातियों को थाली' लोकोक्ति का क्या अर्थ है?

A. असमंजस की स्थिति में किसी भी उद्देश्य का न पूर्ण हो पाना

B. अनुभवहीन व्यक्ति बड़ी गलतियाँ कर देता है

C. भीड़ के चक्कर में मुख्य व्यक्ति को अनदेखा करना

D. सच्चा न्याय

Q.84 'घ' व्यंजन का उच्चारण स्थान क्या है?

A. दन्त्य   **B.** ओष्ठ्य   **C.** मूर्धन्य   **D.** कंठ्य

Q.85 'उसने कुछ नहीं कहा' में कौन सा कारक है?

A. कर्म   **B.** अपादान   **C.** कर्ता   **D.** करण

Ques (86-88):निर्देश: निम्नलिखित गद्यांश को पढ़कर निम्न प्रश्न का उत्तर दें:

हमारे बाल्यकाल के संस्कार ही जीवन का ध्येय निर्धारित करते हैं, अतः यदि शैशव में हमारी संतान ऐसे व्यक्तियों की छाया में ज्ञान प्राप्त करेगी, जिनमें चरित्र तथा सिद्धांत की विशेषता नहीं है, जिनमें संस्कारजनित अनेक दोष हैं, तो फिर विद्यार्थियों के चरित्र पर भी उसी की छाप पड़ेगी और भविष्य में उनके ध्येय भी उसी के अनुसार स्वार्थमय तथा अस्थिर होंगे। शिक्षा एक ऐसा कर्तव्य नहीं है जो किसी पुस्तक को प्रथम पृष्ठ से अंतिम पृष्ठ तक पढ़ाने से ही पूर्ण हो जाता हो, वरन् वह ऐसा कर्तव्य है जिसकी परिधि सारे जीवन को घेरे हुए है और पुस्तकें ऐसे साँचे हैं जिनमें ढालकर उसे सुडौल बनाया जा सकता है।

यह वास्तव में आश्चर्य का विषय है कि हम अपने साधारण कार्यों के लिए करने वालों में जो योग्यता देखते हैं, वैसी योग्यता भी शिक्षकों में नहीं ढूँढते। जो हमारी बालिकाओं, भविष्य की माताओं का निर्माण करेंगे उनके प्रति हमारी उदासीनता को अक्षम्य ही कहना चाहिए। देश-विशेष, समाज-विशेष तथा संस्कृति-विशेष के अनुसार किसी के मानसिक विकास के साधन और सुविधाएँ उपस्थित करते हुए उसे विस्तृत संसार का ऐसा ज्ञान करा देना ही शिक्षा है, जिससे वह अपने जीवन में सामंजस्य का अनुभव कर सके और उसे अपने क्षेत्र-विशेष के साथ ही बाहर भी उपयोगी बना सके। यह महत्त्वपूर्ण कार्य ऐसा नहीं है जिसे किसी विशिष्ट संस्कृति से अनभिज्ञ चंचल चित्त और शिथिल चरित्र वाले व्यक्ति सुचारु रूप से संपादित कर सकें।

Q.86 हमारे जीवन का ध्येय कौन निर्धारित करते हैं?

A. हमारी संतान   **B.** बाल्यकाल के संस्कार

C. पुस्तकें   **D.** चरित्र

Q.87 किसका कर्तव्य जीवन को घेरे रखना है?

A. संस्कार   **B.** संतान   **C.** शिक्षा   **D.** सिद्धांत

Q.88 शिक्षकों के प्रति उदासीनता को क्या कहेंगे?

A. चरित्र   **B.** अक्षम्य   **C.** संसार   **D.** अनभिज्ञ

Q.89 इनमें से कौन-सा युग्म अघोष वर्ण है?

A. क, ख   **B.** ड, ढ   **C.** ब, भ   **D.** द, ध

Q.90 'गंगा' का पर्यायवाची शब्द है-

A. कालिन्दी   **B.** सरिता   **C.** नदी   **D.** मंदाकिनी

Q.91 दिए गए शब्द का विलोम चुनें।

साध्य

A. असाध्य   **B.** रोगी   **C.** वैद्य   **D.** संध्या

Q.92 नायक का सही संधि विच्छेद क्या होगा?

A. ना + अक   **B.** ना + यक   **C.** ने + अक   **D.** नै + अक

Q.93 दिए गए शब्द के पर्यायवाची शब्द का चयन करें।

न्यून

A. पर्याप्त   **B.** कम   **C.** अधिक   **D.** कोण

Q.94 'अनुराग' शब्द का सही विलोम शब्द बताइए।

A. विराग   **B.** प्रेम   **C.** शत्रु   **D.** आगामी

Q.95 निम्नलिखित शब्दों में से स्त्रीलिंग को पहचानिए।

A. संसार   **B.** गौरव   **C.** समुदाय   **D.** अश्विनी

Q.96 निम्नलिखित में से कौन-सा जोड़ा सही नहीं है?

[UP Police Constable, 2018]

A. बेटी - बेटियां   **B.** डिबिया - डिबियें

C. श्रोता - श्रोतागण   **D.** वधु - वधुएँ

Q.97 निम्न शब्दों में पुल्लिंग शब्द कौन-सा है?

[UP Police Sub Inspector, 2017]

A. जाति   **B.** विधि   **C.** राशि   **D.** शशि

Q.98 निम्न में से कौन अर्थालंकार है?

[UPSESSB TGT Hindi, 2015]

A. श्लेष   **B.** यमक   **C.** वक्रोक्ति   **D.** रूपक

Q.99 रहिमन जो गति दीप की, कुल कपूत गति सोय।
बारे उजियारे लगै, बढ़े अंधेरो होय।।
उपर्युक्त पंक्तियों में कौन सा अलंकार है?

A. उपमा   **B.** रुपक   **C.** यमक   **D.** श्लेष

Q.100 निम्न में से प्रत्यय रहित शब्द है:

[UPSESSB TGT Hindi, 2015]

A. दर्शनीय   B. दुर्गुण   C. भिक्षुक   D. कर्त्तव्य

A. दर्शनीय   B. दुर्गुण   C. भिक्षुक   D. कर्त्तव्य

// स्मार्ट उत्तर पुस्तिका //

सही उत्तर : उन छात्रों के प्रतिशत को इंगित करता है जिन्होंने प्रश्नों का सही उत्तर दिया था।

छोड़ दिया : उन छात्रों के प्रतिशत को इंगित करता है जिन्होंने प्रश्नों को छोड़ दिया था।

प्रश्न संख्या	उत्तर	सही उत्तर / छोड़ दिया	प्रश्न संख्या	उत्तर	सही उत्तर / छोड़ दिया	प्रश्न संख्या	उत्तर	सही उत्तर / छोड़ दिया	प्रश्न संख्या	उत्तर	सही उत्तर / छोड़ दिया	प्रश्न संख्या	उत्तर	सही उत्तर / छोड़ दिया
1	A	45.6 % / 37.26 %	17	B	25.21 % / 71.73 %	33	B	69.74 % / 30.25 %	49	A	41.66 % / 56.69 %	65	D	47.64 % / 44.39 %
2	B	67.15 % / 32.45 %	18	B	41.64 % / 50.3 %	34	B	20.05 % / 67.54 %	50	D	54.84 % / 40.86 %	66	A	64.89 % / 31.7 %
3	C	44.35 % / 32.67 %	19	D	61.61 % / 33.89 %	35	D	50.69 % / 48.74 %	51	A	16.81 % / 73.31 %	67	C	42.67 % / 49.44 %
4	D	20.99 % / 75.54 %	20	B	44.22 % / 30.38 %	36	D	53.32 % / 38.83 %	52	D	41.18 % / 53.41 %	68	B	41.26 % / 52.76 %
5	A	47.0 % / 36.05 %	21	A	50.69 % / 37.74 %	37	B	65.35 % / 31.55 %	53	C	62.17 % / 37.1 %	69	A	48.44 % / 45.85 %
6	A	63.05 % / 33.85 %	22	C	63.53 % / 30.67 %	38	A	67.17 % / 32.1 %	54	C	53.11 % / 38.72 %	70	D	48.88 % / 45.57 %
7	A	68.16 % / 30.38 %	23	B	60.26 % / 31.41 %	39	D	51.83 % / 33.87 %	55	A	54.41 % / 33.04 %	71	C	45.54 % / 38.49 %
8	B	40.87 % / 51.4 %	24	B	22.74 % / 74.92 %	40	C	44.95 % / 49.67 %	56	C	63.12 % / 36.77 %	72	A	52.06 % / 35.71 %
9	A	59.94 % / 39.47 %	25	C	65.15 % / 32.11 %	41	A	48.79 % / 30.96 %	57	D	56.6 % / 38.47 %	73	B	62.43 % / 32.05 %
10	B	55.12 % / 38.92 %	26	C	67.98 % / 31.42 %	42	A	66.06 % / 32.1 %	58	C	45.47 % / 32.25 %	74	C	56.86 % / 33.04 %
11	A	54.67 % / 42.42 %	27	C	77.96 % / 15.63 %	43	A	61.57 % / 36.82 %	59	A	65.12 % / 30.21 %	75	A	46.49 % / 43.17 %
12	D	41.51 % / 37.72 %	28	B	53.1 % / 42.58 %	44	C	66.64 % / 31.56 %	60	C	66.2 % / 32.43 %	76	D	60.07 % / 30.74 %
13	D	40.28 % / 45.8 %	29	B	55.45 % / 33.25 %	45	C	42.11 % / 40.6 %	61	D	43.85 % / 34.22 %	77	A	57.15 % / 32.81 %
14	D	18.17 % / 69.64 %	30	C	54.51 % / 40.22 %	46	A	45.73 % / 53.75 %	62	B	53.9 % / 36.88 %	78	D	57.67 % / 37.23 %
15	D	51.52 % / 46.08 %	31	C	14.12 % / 75.24 %	47	A	61.75 % / 34.27 %	63	B	52.72 % / 31.74 %	79	D	64.98 % / 33.05 %
16	C	66.26 % / 33.4 %	32	C	68.33 % / 30.77 %	48	D	65.29 % / 30.22 %	64	A	57.58 % / 32.58 %	80	D	57.06 % / 38.83 %

प्रश्न संख्या	उत्तर	सही उत्तर छोड़ दिया
81	B	64.77 % / 31.68 %
82	B	51.9 % / 46.15 %
83	C	50.88 % / 36.11 %
84	D	53.47 % / 45.12 %

प्रश्न संख्या	उत्तर	सही उत्तर छोड़ दिया
85	C	43.35 % / 52.33 %
86	B	69.51 % / 30.27 %
87	C	62.83 % / 36.83 %
88	B	57.13 % / 35.89 %

प्रश्न संख्या	उत्तर	सही उत्तर छोड़ दिया
89	A	51.86 % / 44.72 %
90	D	42.56 % / 47.96 %
91	A	57.36 % / 39.06 %
92	D	59.75 % / 36.3 %

प्रश्न संख्या	उत्तर	सही उत्तर छोड़ दिया
93	B	62.09 % / 32.93 %
94	A	49.15 % / 48.58 %
95	D	58.91 % / 31.64 %
96	B	52.82 % / 43.16 %

प्रश्न संख्या	उत्तर	सही उत्तर छोड़ दिया
97	D	59.92 % / 37.34 %
98	D	51.31 % / 40.4 %
99	D	61.95 % / 35.12 %
100	B	51.18 % / 40.29 %

कार्य विश्लेषण

औसत अंक (%)	55.0%
टॉपर्स स्कोर (%)	64.0%
आपका स्कोर	

//संकेत और समाधान//

1. अनुसरण किया गया अनुरूप है:

जैसा कि पी.वी. सिंधु का संबंध "बैडमिंटन" खेल से है।

इसी तरह,

विराट कोहली का संबंध "क्रिकेट" खेल से है।

अतः विकल्प (A) सही है।

2. अनुसरण किया गया अनुरूप है:

आकृति A, Z, N को खींचने के लिए आवश्यक सीधी रेखाओं की न्यूनतम संख्या 3 है।

जहाँ तक,

चित्र P को 1 सीधी रेखा और 1 वक्र रेखा की आवश्यकता है।

इसलिए, यह बाकी से अलग है।

अतः विकल्प (B) सही है।

3. परिवार चार्ट है:

आरेख में प्रतीक	अर्थ
◯	महिला
▢	पुरुष
═	विवाहित जोड़ा
—	भाई बहन
│	एक पीढ़ी का अंतर

परिवार के पेड़ को बनाने पर,

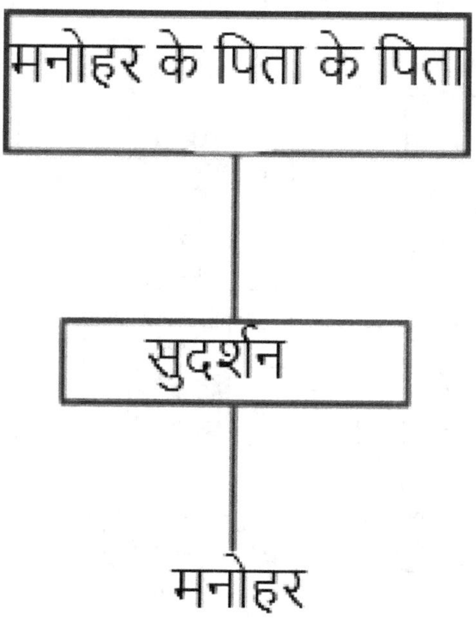

इस प्रकार, मनोहर के पिता के पिता के रूप में सुदर्शन से संबंधित थे।

अतः विकल्प (C) सही है।

4.

कार्रवाई	सुधार	तर्क
पत्थरों को एक तरफ निकाल दें और चावल खाएं	गलत	यह आपके व्यक्तित्व में साहस और पहल की कमी को दर्शाता है।
चावल में पत्थरों के बारे में रसोइया को चेतावनी दें	गलत	यह निर्णय लेने की गति और प्रभावी बुद्धिमत्ता की कमी को दर्शाता है कि आप रसोइया को चेतावनी देने के बजाय भोजनालय प्रभारी से परामर्श करके इस मुद्दे को हल कर सकते थे।
पकाने के लिए अपना खुद का चावल खरीदें	गलत	ऐसा करने से समस्या का समाधान नहीं होगा। यह आपके व्यक्तित्व में निर्णय लेने की गति, पहल करने की इच्छा, अभिव्यक्ति की शक्ति, साहस और मजबूत तर्क क्षमता की कमी को दर्शाता है।
मामले को भोजनालय के प्रभारी के संज्ञान में लाएं	सही	मामले को संबंधित व्यक्ति तक पहुँचाना समस्या के विरुद्ध की जाने वाली सही कार्रवाई है। यह आपकी जिम्मेदारी की भावना और निर्णय लेने की गति को दर्शाता है।

इस स्थिति में प्रक्षेपित गुण: (जिम्मेदारी की भावना, प्रभावी बुद्धि, और निर्णय लेने की गति)

अतः विकल्प (D) सही है।

5. दी गई जानकारी को विकूटित करने पर,

-	+	÷	×
का अर्थ			
÷	×	-	+

दिया गया व्यंजक है,

$\Rightarrow 8 \times 7 + 25 - 5 \div 3$

चिन्ह बदलने के बाद,

$\Rightarrow 8 + 7 \times 25 \div 5 - 3$

BODMAS नियम का प्रयोग करने पर,

$\Rightarrow 8 + 7 \times 5 - 3$

$\Rightarrow 8 + 35 - 3$

⇒ 43 - 3

⇒ 40

अतः विकल्प (A) सही है।

6. अनुसरण किया गया स्वरूप निम्न है:

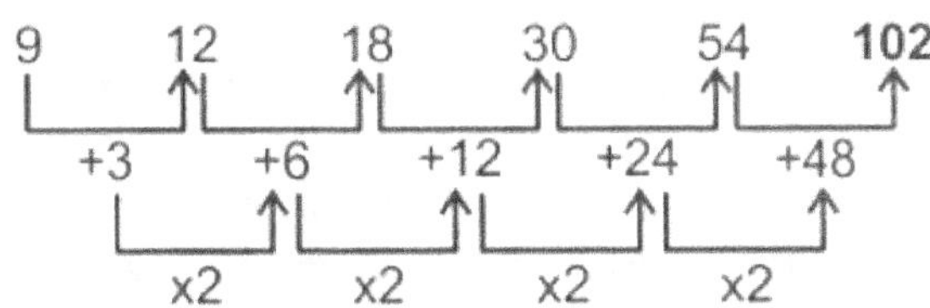

अतः विकल्प (A) सही है।

7. स्पष्ट रूप से निष्कर्ष I अनुसरण नहीं करता है क्योंकि यह अनिवार्य नहीं है कि केवल उत्कृष्ट शिक्षकों द्वारा उत्कृष्ट शिक्षण से ही सफलता मिल सकती है लेकिन सफलता पाने के लिए छात्रों द्वारा की गई मेहनत भी महत्वपूर्ण है।

स्पष्ट रूप से निष्कर्ष II अनुसरण नहीं करता है क्योंकि यह संदर्भ के लिए अप्रासंगिक है। अन्य ट्यूशन के बारे में कुछ नहीं बताया गया है।

इस प्रकार, सही उत्तर है, "न तो I और न ही II अनुसरण करता है"।

अतः विकल्प (A) सही है।

8. कथन में कहा गया है कि लोग अभी भी गीला और सूखा कचरा अलग नहीं करते हैं।

इसलिए कचरे को नहीं लेना, दी गई समस्या का समाधान नहीं है।

इसलिए, कार्यवाही I अनुसरण नहीं करती है।

लोगों को यदि इस बात से अवगत कराया जाए कि क्यों गीला और सूखा कचरा अलग करना महत्वपूर्ण है, तो इससे भविष्य में उनके तरीके बदल सकते हैं।

इसलिए, कार्यवाही II अनुसरण करती है।

अतः केवल II अनुसरण करता है।

अतः विकल्प (B) सही है।

9. नीचे दिए गए मानदंडों का उपयोग करके कूट बनाया गया है:

इसी प्रकार,

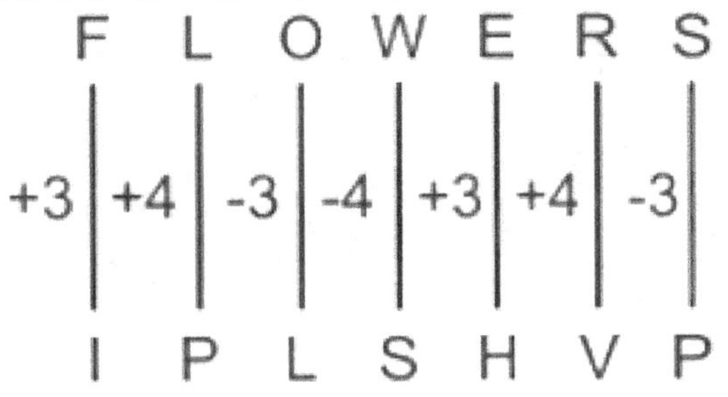

अतः, शब्द FLOWERS का कूट IPLSHVP है।

अतः विकल्प (A) सही है।

10. शब्दकोश के अनुसार, दिए गए शब्दों को व्यवस्थित किया जा सकता है:

3. Reimburse

5. Reincarnation

2. Reindeer

4. Reinforcement

1. Reinstate

इसलिए, "3, 5, 2, 4, 1" सही उत्तर है।

अतः विकल्प (B) सही है।

11. यहाँ तर्क है;

M E R L I N
-1 | +1 | -1 | +1 | -1 | +1
L F Q M H O

इसी तरह,

S E R O W S
-1 | +1 | -1 | +1 | -1 | +1
R F Q P V T

इसलिए, 'SEROWS' को 'RFQPVT' के रूप में कूटबद्ध किया जाता है।

अतः विकल्प (A) सही है।

12. यहाँ अनुसरित तर्क निम्नानुसार है:

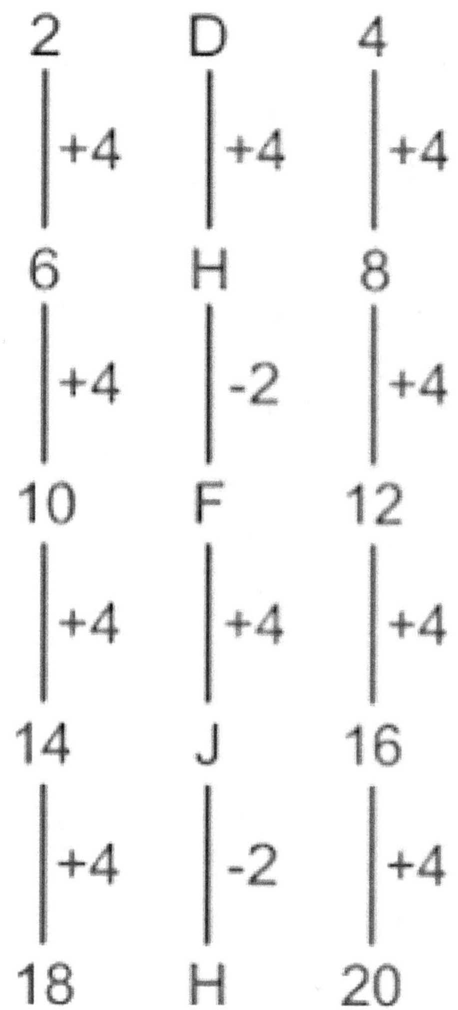

इसलिए, "18H20" सही उत्तर है।
अतः विकल्प (D) सही है।

13. यहाँ 15 समानांतर चतुर्भुज हैं जिनके नाम इस प्रकार हैं,

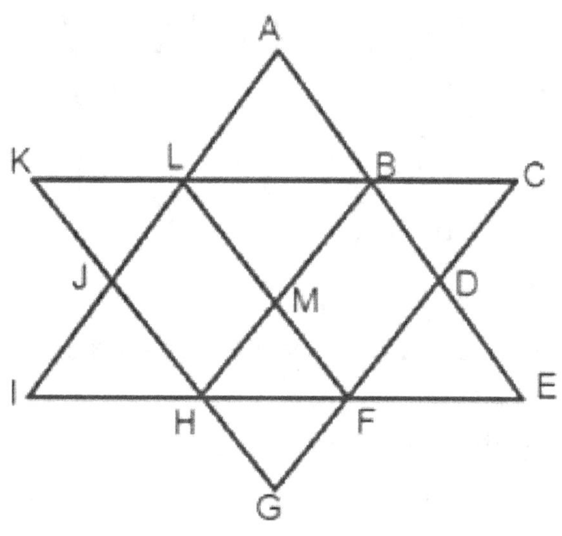

LBHI, LBEF, BDGH, DFLA, BCFH, KLFH, ABHJ, LFGJ, LCFI, KBEH, ADGJ, LMHJ, BDFM, ABML और MFGH.

इसलिए, '15' सही उत्तर है।

अतः विकल्प (D) सही है।

14.

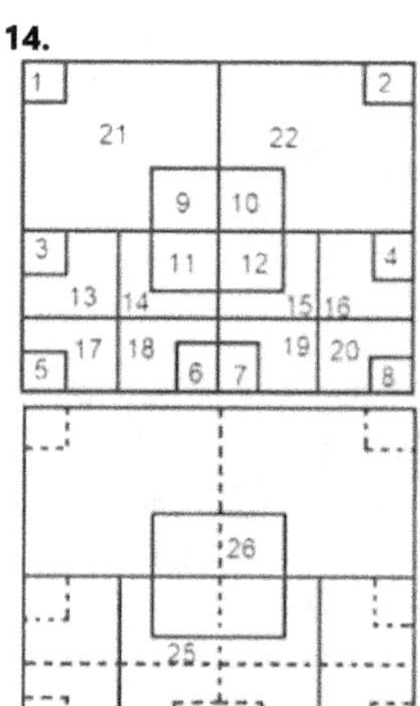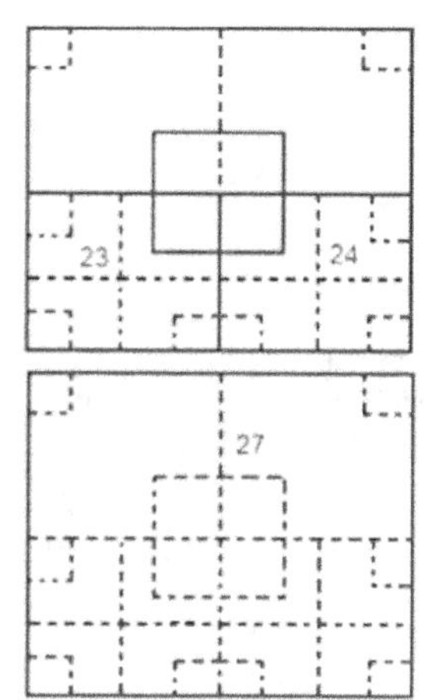

इस प्रकार, आकृति में कुल 27 वर्ग हैं।

अतः विकल्प (D) सही है।

15. यहाँ अनुसरण किया गया स्वरुप निम्न है,

पंक्ति 1 में:

$$\Rightarrow 2^2 + \sqrt{256}$$

$$\Rightarrow 4 + 16$$

$$\Rightarrow 20$$

पंक्ति 2 में:

$$\Rightarrow 8^2 + \sqrt{361}$$

$$\Rightarrow 64 + 19$$

$$\Rightarrow 83$$

पंक्ति 3 में:

$$\Rightarrow 4^2 + \sqrt{484}$$

$$\Rightarrow 16 + 22$$

$$\Rightarrow 38$$

इसलिए, 38 सही उत्तर है।

अतः विकल्प (D) सही है।

16. निम्न स्वरुप का पालन किया गया है:

पहला चतुर्थांश: $2^2 = 4$

दूसरा चतुर्थांश: $2^3 = 8$

चौथा चतुर्थांश: $2^5 = 32$

इसलिए, तीसरा चतुर्थांश: $2^4 = 16$

अतः विकल्प (C) सही है।

17.

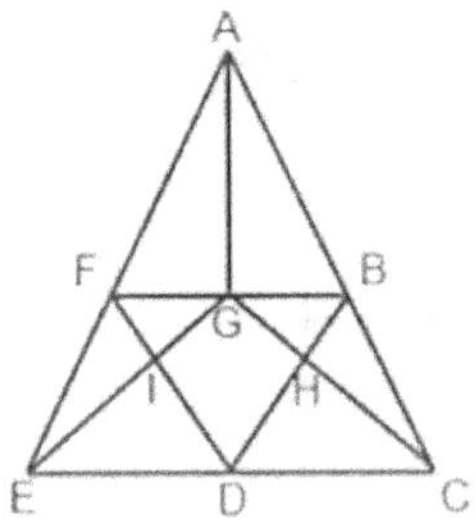

Fig.1

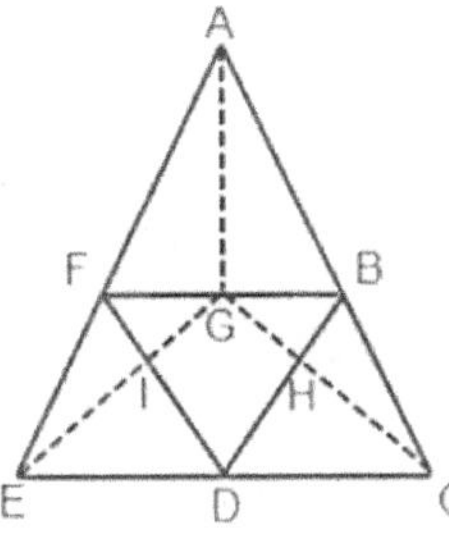

Fig.3

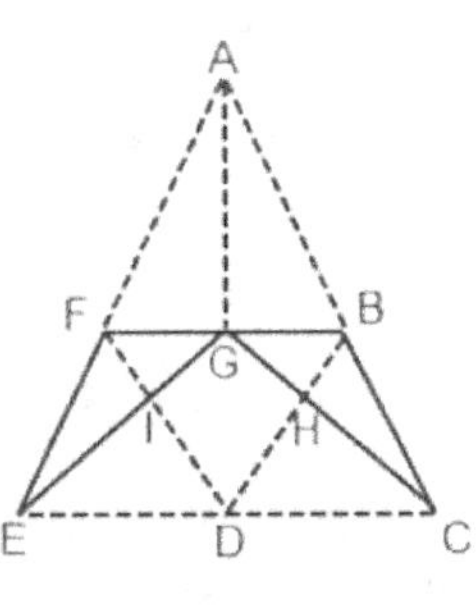

Fig.2

Fig.4

पहली आकृति में 9 त्रिभुज हैं जिनके नाम, AEC, AGF, FGI, FIE, EID, DHC, CHB, GHB, AGB हैं। दूसरी आकृति में 3 त्रिभुज हैं जिनके नाम, AGE, EGC, CGA हैं। तीसरी आकृति में 4 त्रिभुज हैं जिनके नाम, AFB, EFD, DBC, FBD हैं। चौथी आकृति में 2 त्रिभुज हैं जिनके नाम, FGE, CGB हैं।

अतः यहाँ कुल 18 त्रिभुज हैं।

अतः विकल्प (B) सही है।

18.

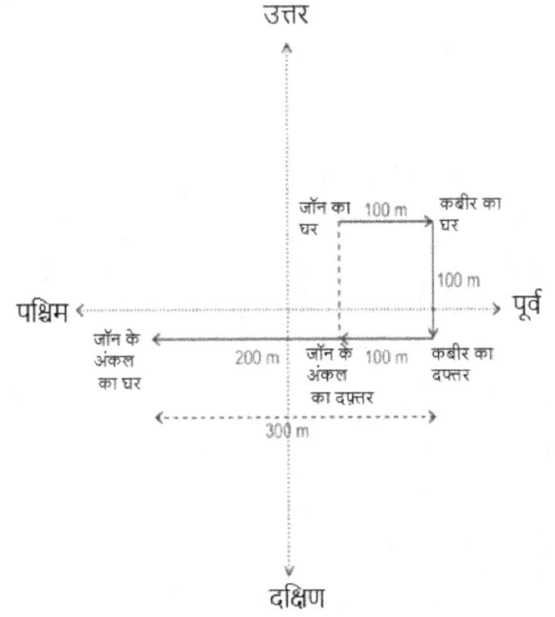

अतः दूरी 200 मीटर + 100 मीटर = 300 मीटर है।

अतः विकल्प (B) सही है।

19. दिया है:

$273 \times 3 + 7 - 9 \div 13 \times 169$

दी गयी जानकारी के अनुसार चिह्नों को बदलने पर, हमें प्राप्त होता है

$273 \div 3 \times 7 + 9 - 13 \div 169$

BODMAS के उपयोग से

$273 \div 3 \times 7 + 9 - 13 \div 169$

$\Rightarrow 91 \times 7 + 9 - \dfrac{1}{13}$

$\Rightarrow 646 - \dfrac{1}{13}$

$\Rightarrow \dfrac{8397}{13}$

$\Rightarrow 645.92$

अतः विकल्प (D) सही है।

20. एक घड़ी 12 घंटे में एक पूर्ण चक्कर पूरा करती है, अर्थात एक घड़ी 12 घंटे में 360° के कोण को कवर करती है।

इसलिए, 135° के कोण को कवर करने के लिए लिया गया

समय $= \left(\dfrac{12}{360} \times 135\right)$ घंटे

$\Rightarrow 4.5$ घंटे

$\Rightarrow 4$ घंटे 30 मिनट

इसलिए, 3.00 + 4 घंटे 30 मिनट

$\Rightarrow 7$ घंटे 30 मिनट

इसलिए, घड़ी जो 3.00 के रूप में सटीक समय दर्शाती है, घंटे की सुई के 135° घूमने के बाद 7.30 दिखाएगी।

अतः विकल्प (B) सही है।

21. $\Rightarrow$ हिंदी में प्राप्त अंक $= \dfrac{80°}{360°} \times 450 = 100$

$\Rightarrow$ विज्ञान में प्राप्त अंक $= \dfrac{72°}{360°} \times 450 = 90$

$\Rightarrow$ अंग्रेजी में प्राप्त अंक $= \dfrac{48°}{360°} \times 450 = 60$

$\Rightarrow$ गणित में प्राप्त अंक $= \dfrac{90°}{360°} \times 450 = 112.5$

$\therefore$ स्पष्ट है कि हिंदी में, 100 अंक प्राप्त हुए हैं

अतः विकल्प (A) सही है।

22. वर्ष 2016 में बेचे गए कंप्यूटरों की कुल संख्या = 600 + 500 + 500

$\Rightarrow 1600$

वर्ष 2018 में बेचे गए कंप्यूटरों की कुल संख्या = 500 + 500 + 400

$\Rightarrow 1400$

$\therefore$ अभीष्ट प्रतिशत $= \dfrac{1600 - 1400}{1600} \times 100$

$\Rightarrow 12.5\%$

अतः विकल्प (C) सही है।

23. दिया है:

एक राशि चक्रवृद्धि ब्याज पर 2 वर्ष में 9680 रुपये और 3 वर्ष में 10648 रुपये हो जाती है।

चक्रवृद्धि ब्याज की स्थिति में,

प्रतिवर्ष ब्याज दर = {(n + 1)वें वर्ष की राशि/(n)वें वर्ष की राशि} × 100 - 100

$\Rightarrow \dfrac{10648}{9680} \times 100 - 100$

$\Rightarrow \dfrac{11}{10} \times 100 - 100$

$\Rightarrow 10$

∴ ब्याज की दर 10% प्रतिवर्ष है।

अतः विकल्प (B) सही है।

24. दिया है:

10 पुरुषों ने 5 दिनों में 800 रुपये अर्जित किये

महिलाएं पुरुषों की तुलना में दोगुनी दक्ष हैं

यदि n दिनों में x व्यक्ति y रुपये अर्जित करते हैं, तो 1 व्यक्ति 1 दिन में $\dfrac{y}{x \times n}$ रुपये अर्जित करेगा

5 दिनों में 10 पुरुषों ने अर्जित किये = 800 रुपये

1 आदमी 1 दिन में अर्जित करेगा = $\dfrac{800}{5 \times 10}$

1 आदमी 1 दिन में अर्जित करेगा = $\dfrac{160}{10}$

$\Rightarrow 16$ रुपये

जैसे महिलाएं, पुरुषों की तुलना में दोगुनी दक्ष हैं, वैसे ही महिलाएं, पुरुषों की आय से दोगुना अर्जित करेंगी।

1 दिन में 1 महिला अर्जित करेगी = 2 × 16

$\Rightarrow 32$ रुपये

5 महिला 10 दिन में अर्जित करेंगी = 5 × 10 × 32

$\Rightarrow 1600$ रुपये

∴ 5 महिलाएं 10 दिनों में 1600 रुपये अर्जित करेंगी।

अतः विकल्प (B) सही है।

25. दिया है:

बाइकर की गति = 90 किमी/घंटा

बस की गति = 75 किमी/घंटा

उनके बीच की प्रारंभिक दूरी = 10 किमी

बाइकर को प्रारंभिक 10 किमी की दूरी सापेक्ष गति से तय करनी होगी।

सापेक्ष गति = 90 - 75 (∵ दोनों समान दिशा में चल रहे हैं)

सापेक्ष गति = 15 किमी/घंटा

समय = दूरी/गति

$\Rightarrow \dfrac{10}{15}$ घंटे

$\Rightarrow 40$ मिनट

∴ बाइकर के द्वारा बस को पकड़ने में लिया गया समय 40 मिनट है।

अतः विकल्प (C) सही है।

26. दिया है:

A ने B को 20% के लाभ पर एक वस्तु को बेचा, B ने उस वस्तु को C को 10% के लाभ पर बेचा और C ने पुनः उस वस्तु को A को 25% की हानि पर बेचा।

विक्रय मूल्य = क्रय मूल्य × (1 - हानि %/100)

विक्रय मूल्य = क्रय मूल्य × (1 + लाभ %/100)

माना कि A के लिए क्रय मूल्य 100 है

इसलिए,

A के लिए विक्रय मूल्य और B के लिए क्रय मूल्य = 100 × 1.2

$\Rightarrow 120$

B के लिए विक्रय मूल्य और C के लिए क्रय मूल्य = 120 × 1.1

$\Rightarrow 132$

C के लिए विक्रय मूल्य और A के लिए क्रय मूल्य = 132 × 0.75

$\Rightarrow 99$

अब अगर हम तीनों लेन-देन पर नज़र डालें तो हमें पता चलेगा कि A के लिए क्रय मूल्य 99 है और A के लिए विक्रय मूल्य 120 है तो लाभ 21 है।

लेकिन A के लिए इस लाभ प्रतिशत की गणना मूल क्रय मूल्य पर की जाएगी जो 100 रुपये है।

इसलिए,

लाभ% = $\dfrac{21}{100} \times 100$

$\Rightarrow 21\%$

अतः विकल्प (C) सही है।

27. दिया गया है:

$676xy$ 3, 7 और 11 से विभाज्य है।

जैसा कि हम जानते हैं,

जब $676xy$ 3, 7 और 11 से विभाज्य है, तो यह 3, 7 और 11 के ल.स.प से भी विभाज्य होगा।

ल.स.प $(3, 7, 11) = 231$

भाज्य = भाजक × भागफल + शेषफल

5-अंकों की सबसे बड़ी संख्या 67699 लेकर उसे 231 से भाग देने पर,

∵ $67699 = 231 \times 293 + 16$

$\Rightarrow 67699 = 67683 + 16$

$\Rightarrow 67699 - 16 = 67683$ (231 से पूर्णतः विभाज्य)

$\Rightarrow 67683 = 676xy$

∴ $x = 8, y = 3$

अब,

$(3x - 5y) = 3 \times 8 - 5 \times 3$

$= 24 - 15$

$= 9$

अतः विकल्प (C) सही है।

28. समान घातों वाली संख्या के अभाज्य गुणनखण्ड से हमें ऐसा गुणनखण्ड प्राप्त होता हैं जो एक पूर्ण वर्ग है

उदाहरण: $36 = 2^2 \times 3^2$ यहाँ $2^2, 3^2$ और $(2 \times 3)^2$ सही वर्ग है

$2^5 \times 3^6 = 1, 2^2, 2^4, 3^2, 3^4, 3^6, (2 \times 3)^2, (2 \times 3)^4$ $\left(2^2 \times 3^4\right), \left(2^4 \times 3^2\right), \left(2^2 \times 3^6\right), \left(2^4 \times 3^6\right)$ का पूर्ण वर्ग

1 भी एक पूर्ण वर्ग गुणनखण्ड है

∴ कुल 12 गुणनखण्ड हैं जो पूर्ण वर्ग हैं।

अतः विकल्प (B) सही है।

29. दिया है:

एक संख्या में पहले 20% की कमी हुई और फिर 10% की वृद्धि हुई। प्राप्त संख्या मूल संख्या से 12 कम है।

$$Y \text{ का } X\% = Y \times \frac{X}{100}$$

मान लीजिए संख्या $= X$

इसलिए,

$$X \times \frac{80}{100} \times \frac{80}{100} = X - 12$$

$$\Rightarrow X \times 0.8 \times 1.1 = X - 12$$

$$\Rightarrow 0.12 \times X = 12$$

$$\Rightarrow X = 100$$

अतः विकल्प (B) सही है।

30. दिया है:

दो क्रमिक वर्षों में, एक विद्यालय के 100 और 200 छात्र अंतिम परीक्षा में उपस्थित हुए। उनमें से क्रमशः 80% और 60% उत्तीर्ण हुए।

$$Y \text{ का } X\% = Y \times \frac{X}{100}$$

2 वर्षों में शामिल छात्रों की कुल संख्या $= 100 + 200$

$$\Rightarrow 300$$

और

2 वर्ष में उत्तीर्ण छात्रों की कुल संख्या $= 100 \times 0.8 + 200 \times 0.6$

$$\Rightarrow 80 + 120$$

$$\Rightarrow 200$$

अतः,

अभीष्ट प्रतिशत $= \frac{200}{300} \times 100$

$$\Rightarrow 66.67\%$$

अतः विकल्प (C) सही है।

31. दिया है:

राधा और रानी की मासिक आय का अनुपात 3 : 2 है और उनका व्यय अनुपात 8 : 5 है यदि उनमें से प्रत्येक 9,000 रुपये प्रति माह की बचत करता है।

राधा और रानी की मासिक आय का कुल योग = राधा की आय + रानी की आय

माना कि राधा और रानी की आय 3x और 2x है और व्यय 8y और 5y है

बचत = 3x – 8y = 2x – 5y

⇒ x = 3y

प्रश्न के अनुसार, बचत = 9,000

⇒ 3x – 8y = 9,000

⇒ 3(3y) – 8y = 9,000

⇒ 9y – 8y = 9,000

⇒ y = 9,000

तो, राधा और रानी की कुल आय = 5x

⇒ 5 × 3 × 9,000

⇒ 1,35,000 रुपये

अतः विकल्प (C) सही है।

32. दिया है:

3 लड़कियों की औसत लंबाई = 180 सेमी

3 लड़कियों की लंबाई का अनुपात = 4 : 5 : 6

औसत = सभी अवलोकनों का योग/सभी अवलोकनों की कुल संख्या

3 लड़कियों की लंबाई का योग = 180 × 3 = 540

3 लड़कियों की लंबाई का अनुपात = 4 : 5 : 6 = 4x : 5x : 6x

प्रश्न के अनुसार,

4x + 5x + 6x = 540

⇒ 15x = 540

⇒ x = 36

सबसे छोटी लड़की की लंबाई = 4 × 36

⇒ 144 सेमी

∴ सबसे छोटी लड़की की लंबाई 144 सेमी है।

अतः विकल्प (C) सही है।

33. $\sqrt{4 + \sqrt{44 + \sqrt{10000}}}$

$$\Rightarrow \sqrt{4 + \sqrt{44 + 100}}$$

$$\Rightarrow \sqrt{4 + \sqrt{144}}$$

$$\Rightarrow \sqrt{4 + 12}$$

$\Rightarrow \sqrt{16}$

$\Rightarrow 4$

अतः विकल्प (B) सही है।

34. दिया है:

हमें $\sqrt{5 + \sqrt{11 + \sqrt{19 + \sqrt{29 + \sqrt{49}}}}}$ का सरलीकृत मान

ज्ञात करना होगा

दिए गए समीकरण को ध्यान में रखते हुए:

$\Rightarrow \sqrt{5 + \sqrt{11 + \sqrt{19 + \sqrt{29 + 7}}}}$

$\Rightarrow \sqrt{5 + \sqrt{11 + \sqrt{19 + \sqrt{36}}}}$

$\Rightarrow \sqrt{5 + \sqrt{11 + \sqrt{19 + 6}}}$

$\Rightarrow \sqrt{5 + \sqrt{11 + \sqrt{25}}}$

$\Rightarrow \sqrt{5 + \sqrt{11 + 5}}$

$\Rightarrow \sqrt{5 + 4}$

$\Rightarrow \sqrt{9}$

$\Rightarrow 3$

∴ सरलीकृत मान 3 है।

अतः विकल्प (B) सही है।

35. दिया है:

X, Y और Z का औसत = Y, Z और W के औसत से 22 अधिक है।

औसत = संख्याओं का योग/कुल संख्याएं

प्रश्न के अनुसार:

$\frac{X+Y+Z}{3} = \frac{Y+Z+W}{3} + 22$

$\Rightarrow X + Y + Z = Y + Z + W + 66$

$\Rightarrow X = W + 66$

$\Rightarrow X - W = 66$

अतः विकल्प (D) सही है।

36. दिया गया है:

पच्चीस मैचों के औसत रन = 75 रन

अगले पांच मैचों के रन = 240

औसत = संख्याओं का योग/कुल संख्याएं

पच्चीस मैचों तक कुल रन = 25 × 75

$\Rightarrow 1875$

इसलिए,

नया औसत = $\frac{1875+240}{30}$

$\Rightarrow \frac{2115}{30}$

$\Rightarrow 70.5$

अतः विकल्प (D) सही है।

37. $\frac{a^2-b^2}{a-b}$

$\Rightarrow \frac{(a+b)(a-b)}{(a-b)}$

$\Rightarrow (a + b)$

समीकरण को लागू करने पर,

$\Rightarrow \frac{(2.39+1.61)(2.39-1.61)}{(2.39-1.61)}$

$\Rightarrow (2.39 + 1.61)$

$\Rightarrow 4$

अतः विकल्प (B) सही है।

38. मूल्य लें = 100

10% की पहली छूट के लिए,

पहला मान = 100 का (100-10)%

$\Rightarrow \frac{90}{100} \times 100$

$\Rightarrow 90$

15% की दूसरी छूट के लिए,

दूसरा मान = 90 का (100-15)%

$\Rightarrow \frac{85}{100} \times 90$

$\Rightarrow 76.5$

20% की तीसरी छूट के लिए,

अंतिम मान = 76.5 का (100-20)%

$\Rightarrow \frac{80}{100} \times 76.5$

$\Rightarrow 61.5$

तो, छूट = 100 - 61.2

$\Rightarrow 100 - 61.2$

$\Rightarrow 38.8\%$

अतः विकल्प (A) सही है।

39. माना वृत्त की त्रिज्या r इकाई है।

अतः वृत्त की परिधि $2\pi r$ इकाई होगी।

यदि त्रिज्या में x इकाई की वृद्धि की जाती है, तो नई त्रिज्या $(r + x)$ इकाई होगी।

नई परिधि होगी $2\pi(r + x) = 2\pi r + 2\pi x$

या परिधि $2\pi x$ इकाई बढ़ जाती है।

अतः विकल्प (D) सही है।

40. संख्याओं का महत्तम समापवर्तक $= 7$

मान लीजिए कि संख्याएँ $7x$ और $7y$ हैं

लघुत्तम समापवर्त्य $= 7xy$

$\Rightarrow 7xy = 140$ (दिया है)

$\Rightarrow xy = 20$

$\Rightarrow xy$ के संभावित सह-प्रमुख कारक $= (1,20), (4,5)$

$\Rightarrow$ संख्याएं 20 और 45 के बीच हैं

$\therefore$ आवश्यक संख्या हैं $= 4 \times 7 = 28$ and $5 \times 7 = 35$

$\Rightarrow$ संख्याओं का योग है $= 28 + 35 = 63$

अतः विकल्प (C) सही है।

41. संयुक्त राष्ट्र के नौवें महासचिव एंटोनियो गुटेरेस ने 1 जनवरी 2017 को पदभार ग्रहण किया।

एंटोनियो मैनुअल डी ओलिवेरा गुटेरेस एक पुर्तगाली राजनीतिज्ञ और राजनयिक हैं। 2017 से, उन्होंने संयुक्त राष्ट्र के महासचिव के रूप में कार्य किया है, जो इस उपाधि को धारण करने वाले नौवें व्यक्ति हैं। पुर्तगाली सोशलिस्ट पार्टी के सदस्य, गुटेरेस ने 1995 से 2002 तक पुर्तगाल के प्रधान मंत्री के रूप में कार्य किया। गुटेरेस ने 1992 से 2002 तक सोशलिस्ट पार्टी के महासचिव के रूप में कार्य किया। वह 1995 में प्रधान मंत्री चुने गए और 2002 में उनकी पार्टी के बाद इस्तीफा दे दिया। 2001 के पुर्तगाली स्थानीय चुनावों में हार गए थे।

अतः विकल्प (A) सही है।

42. नीमाबेन आचार्य गुजरात राज्य की विधान सभा की प्रथम महिला अध्यक्ष बनीं।

निमाबेन भावेशभाई आचार्य अपनी 12वीं विधानसभा के लिए गुजरात के अंजार निर्वाचन क्षेत्र से विधान सभा के सदस्य हैं। वह पहले गुजरात परिवार नियोजन परिषद में कार्यरत थीं।

अतः विकल्प (A) सही है।

43. 2021-22 के केंद्रीय बजट के अनुसार, केंद्र सरकार ने वायरोलॉजी के चार क्षेत्रीय संस्थान स्थापित करने की घोषणा की है।

2021-22 का केंद्रीय बजट पहला डिजिटल केंद्रीय बजट था। इसे केंद्रीय वित्त मंत्री निर्मला सीतारमण ने पेश किया। राष्ट्रीय विषाणु विज्ञान संस्थान भविष्य में वायरल महामारी/महामारी के खतरों का प्रभावी ढंग से मुकाबला करने में मदद करेंगे। नए विषाणुविज्ञानी संस्थानों के अलावा बजट प्रस्तावों में डब्ल्यूएचओ दक्षिण-पूर्व एशिया क्षेत्र के लिए एक क्षेत्रीय अनुसंधान गंच की स्थापना भी शामिल है। इसने 'वन हेल्थ' में शोध के लिए नागपुर में नेशनल इंस्टीट्यूट ऑफ वन हेल्थ (एनआईओ) की भी स्थापना की। केंद्रीय बजट 2021 ने आगामी वित्तीय वर्ष 2021-22 के लिए स्वास्थ्य अनुसंधान के लिए 2,663 करोड़ रुपए आवंटित किए।

अतः विकल्प (A) सही है।

44. एम्मानुएल मैक्रों ने फ्रांस का राष्ट्रपति चुनाव- 2017 जीता है।

7 मई 2017 को, मैक्रॉन को फ्रांस का राष्ट्रपति चुना गया था, जिसमें मरीन ले पेन के 33.9% की तुलना में 66.1% वोट मिले थे। चुनाव में 25.4% और 8% मतपत्र खाली या खराब हुए थे।

अतः विकल्प (C) सही है।

45. श्री अमिताभ कांत को वर्तमान में नीति पुरस्कार के सीईओ (CEO) के रूप में नियुक्त किया गया है।

अमिताभ कांत भारतीय प्रशासनिक सेवा, आईएएस (केरल कैडर: 1980 बैच) के सदस्य हैं। वह "ब्रैंडिंग इंडिया – एन इनक्रिडेबल स्टोरी" के लेखक हैं तथा "मेक इन इंडिया", स्टार्टअप इंडिया, "इनक्रिडेबल इंडिया" और "गॉड्स ओन कंट्री" अभियान के प्रमुख संचालक रहे हैं।

अतः विकल्प (C) सही है।

46. अनुच्छेद 21-क:

- राज्य छह से चौदह वर्ष की आयु के सभी बच्चों को इस तरह से मुफ्त और अनिवार्य शिक्षा प्रदान करेगा, जैसा कि राज्य कानून द्वारा निर्धारित करे।

- यह एक मौलिक अधिकार है।

- यह प्रावधान भारत के संविधान, 1950 में शामिल नहीं किया गया था।

- 86वें संविधान संशोधन अधिनियम, 2002 ने संविधान में अनुच्छेद 21क जोड़ा जिसके तहत राज्य को छह से 14 वर्ष की आयु के सभी बच्चों को मुफ्त और अनिवार्य शिक्षा प्रदान करने की आवश्यकता है।

- 1 अप्रैल 2010 को अधिनियम लागू होने पर भारत शिक्षा को हर बच्चे का मौलिक अधिकार बनाने वाले 135 देशों में से एक बन गया।

अतः विकल्प (A) सही है।

47. मुहम्मद बिन तुगलक़ (1325-1351):

मुहम्मद बिन तुगलक दिल्ली का सबसे विद्वान सुल्तान था, लेकिन उनके पास व्यावहारिक निर्णय की कमी थी। उसने कृषि विभाग बनाया जिसे दीवान-ए-कोही कहा जाता था। वह अपने प्रयोगों के लिए जाना जाता है जो बुरी तरह विफल रहे। वो हैं: दिल्ली से देवगिरी में राजधानी का स्थानांतरण (1326-27 में), जिसका नाम बदलकर दौलताबाद कर दिया गया। 1329-30 में सांकेतिक मुद्रा की शुरुआत। दोआब क्षेत्र में उपज के 50% तक भू-राजस्व में वृद्धि। मुहम्मद बिन तुगलक ने दिल्ली के सुल्तानों में सबसे अधिक सिक्के जारी किए। अतः उसे साहूकारों का राजकुमार कहा गया है। 1329 में अपनी राजधानी को दौलताबाद स्थानांतरित करने के बाद, तुगलक ने प्रतिनिधि या सांकेतिक धन की शुरुआत की। ये तांबे और पीतल के सिक्के थे जिनका दिल्ली सल्तनत से निश्चित मात्रा में सोने और चांदी के लिए आदान-प्रदान किया जा सकता था।

अतः विकल्प (A) सही है।

48. जलोढ़ मिट्टी

- ये मिट्टी मुख्य रूप से हिमालय से नीचे लाए गए मलबे या पीछे हटने वाले समुद्र द्वारा छोड़ी गई गाद से निकली हैं।

जलोढ़ मिट्टी को निम्न रूप में विभाजित किया जाता है:

खादर मिट्टी:

- खादर मिट्टी निचली मिट्टी होती है, बारिश के मौसम में अक्सर बाढ़ द्वारा प्लावित हो जाती है।

- यह नई जलोढ़ मिट्टी होती है और प्रतिवर्ष बाढ़ द्वारा जमा की जाती है, जो महीन गाद जमा करके मिट्टी को समृद्ध करती है।

- इस प्रकार, खादर नदियों के बाढ़ के मैदानों पर कब्जा कर लेती है और हर साल ताजा गाद जमा से समृद्ध होती है।
- खादर भू-भाग आम तौर पर कंकरीशन में समृद्ध होते हैं, और इनमें अशुद्ध कैल्शियम कार्बोनेट या कंकड़ के पिंड होते हैं।

भांगर मिट्टी:

- यह आम तौर पर अच्छी तरह से शुष्क होती है लेकिन इसमें अशुद्ध कैल्शियम कार्बोनेट का कंकरीशन (कंकर) होता है।
- यह पुराने जलोढ़ की एक प्रणाली का प्रतिनिधित्व करती है, जो बाढ़ के मैदानों से दूर जमा होता है।
- मिट्टी की बनावट दोमट मिट्टी से चिकनी मिट्टी में भिन्न होती है।

अतः विकल्प (D) सही है।

49. इंद्र वैदिक युग के धर्म में सबसे महत्वपूर्ण देवताओं में से एक थे। वह देवताओं का राजा होने के साथ-साथ तूफानों और युद्धों के देवता भी हैं। इंद्र को विशेष रूप से ऋग्वेद में पूजा जाता है, जिसमें 250 से अधिक सूक्त, किसी भी अन्य देवता से अधिक विशेष रूप से उन्हें समर्पित हैं। वह कभी-कभी ग्रीक पौराणिक कथाओं में ज़ीउस, नॉर्स पौराणिक कथाओं में ओडिन, या जर्मन पौराणिक कथाओं में वोटन के समान हैं।

अतः विकल्प (A) सही है।

50. प्रस्तावना में मुख्य शब्द:

- हम, भारत के लोग: यह भारत के लोगों की अंतिम संप्रभुता को इंगित करता है। संप्रभुता का अर्थ है राज्य का स्वतंत्र अधिकार, जो किसी अन्य राज्य या बाहरी शक्ति के नियंत्रण के अधीन नहीं है।
- प्रभुत्व: इस शब्द का अर्थ है कि भारत का अपना स्वतंत्र अधिकार है और यह किसी अन्य बाहरी शक्ति का प्रभुत्व नहीं है। देश में, विधायिका के पास ऐसे कानून बनाने की शक्ति है जो कुछ सीमाओं के अधीन हैं।
- समाजवादी: इस शब्द का अर्थ है समाजवाद की उपलब्धि लोकतांत्रिक साधनों के माध्यम से होती है। यह एक मिश्रित अर्थव्यवस्था में विश्वास रखता है जहां निजी और सार्वजनिक दोनों क्षेत्र साथ-साथ मौजूद हैं।
- इसे 42वें संशोधन, 1976 द्वारा प्रस्तावना में जोड़ा गया था।
- धर्मनिरपेक्ष: इस शब्द का अर्थ है कि भारत में सभी धर्मों को राज्य से समान सम्मान, सुरक्षा और समर्थन मिलता है।
- इसे 42वें संविधान संशोधन, 1976 द्वारा प्रस्तावना में शामिल किया गया था।
- लोकतांत्रिक: इस शब्द का तात्पर्य है कि भारत के संविधान में संविधान का एक स्थापित रूप है जो चुनाव में व्यक्त लोगों की इच्छा से अपना अधिकार प्राप्त करता है।
- गणराज्य: यह शब्द इंगित करता है कि राज्य का मुखिया लोगों द्वारा चुना जाता है। भारत में, भारत का राष्ट्रपति राज्य का निर्वाचित प्रमुख होता है।

अतः विकल्प (D) सही है।

51.

- भारतीय संविधान के भाग II में नागरिकता का प्रावधान है।
- भाग II में अनुच्छेद 5 से 11 तक शामिल हैं।
- अनुच्छेद 5 में संविधान के प्रारंभ में नागरिकता शामिल है।
- अनुच्छेद 6 में कुछ ऐसे व्यक्तियों के नागरिकता के अधिकार शामिल हैं जो पाकिस्तान से भारत आए हैं।
- अनुच्छेद 8 में भारत के बाहर रहने वाले भारतीय मूल के कुछ व्यक्तियों के नागरिकता के अधिकार शामिल हैं।

अतः विकल्प (A) सही है।

52. O को छोड़कर, समूह A, B, AB की कोशिकाओं में प्रतिजन होते हैं। इसलिए O अपना रक्त किसी भी समूह को दे सकता है और उसे सार्वभौम दाता कहा जाता है। AB समूह को यूनिवर्सल प्राप्तकर्ता कहा जाता है क्योंकि यह सभी रक्त समूह A, B, AB और O से रक्त ले सकता है।

अतः विकल्प (D) सही है।

53. सूर्य हर साल दो दिन भूमध्य रेखा पर लंबवत ऊपर की ओर होता है, ये हैं:

- 21 मार्च, वसंत ऋतु विषुव और
- 21 सितंबर, उत्तरी गोलार्ध में शरद ऋतु विषुव।

अतः विकल्प (C) सही है।

54. एक ब्लू-चिप एक राष्ट्रीय स्तर पर मान्यता प्राप्त, अच्छी तरह से स्थापित और आर्थिक रूप से मजबूत कंपनी होती है।

- ब्लू चिप्स आमतौर पर उच्च गुणवत्ता वाले, व्यापक रूप से स्वीकृत उत्पादों और सेवाओं को बेचते हैं।
- ब्लू-चिप कंपनियों को मंदी को कम करने और प्रतिकूल आर्थिक परिस्थितियों का सामना करते हुए लाभप्रद रूप से संचालित करने के लिए जाना जाता है, जो उनके स्थिर और विश्वसनीय विकास के लंबे रिकॉर्ड में योगदान करने में मदद करता है।
- एक ब्लू-चिप स्टॉक आम तौर पर सबसे प्रतिष्ठित मार्केट इंडेक्स या औसत का एक घटक होता है।
- कोका-कोला, डिज़्नी, पेप्सिको, वॉल-मार्ट, जनरल इलेक्ट्रिक, आईबीएम और मैकडॉनल्ड्स जैसी कंपनियां अपने-अपने उद्योगों में प्रमुख हैं।
- ब्लू-चिप कंपनियों ने वर्षों में एक प्रतिष्ठित ब्रांड का निर्माण किया है और यह तथ्य है कि वे अर्थव्यवस्था में कई मंदी से बची हैं, जो उन्हें स्थिर कंपनियों के एक पोर्टफोलियो में रखता है।
- ब्लू-चिप कंपनियों को भी कम या कोई ऋण नहीं, बड़े बाजार पूंजीकरण, स्थिर ऋण-से-इक्विटी अनुपात, और इक्विटी पर उच्च रिटर्न (आरओई) और परिसंपत्तियों पर रिटर्न (आरओए) के रूप में जाना जाता है।

अतः विकल्प (C) सही है।

55. औपचारिक और उत्सव के अवसरों पर चाम्स का प्रदर्शन किया जाता है।

- यह सिक्किम का प्रसिद्ध मुखौटा नृत्य है जो काफी शानदार होता है।
- हालांकि ये नृत्य शैली और विषय में एक दूसरे से भिन्न होते हैं, पर ये सभी बुराई पर अच्छाई की जीत से संबंधित होते हैं।
- उनकी उत्पत्ति घातक राक्षसों और मानव शत्रुओं को भगाने के लिए एक नृत्य पंथ में निहित है।
- नए साल के समारोह के दौरान प्रदर्शन किए गए चाम्स पुराने साल की समाप्ति पर भूमि से बुराई को दूर करते हैं और नए के लिए परोपकार और सौभाग्य की शुरुआत करते हैं।
- नर्तक भयंकर ड्रैगन, पशु और पक्षी के मुखौटे पहनते हैं, बड़े पैमाने पर ब्रोकेड परिधान पहनते हैं और झांझ और तुरही का उपयोग संगीत के लिए करते हैं।

अतः विकल्प (A) सही है।

56. DBT प्रत्यक्ष लाभ हस्तांतरण है जहां बिचौलियों से बचने वाले लाभार्थी के खाते में पैसा सीधे हस्तांतरित किया जाता है जिससे सिस्टम में भ्रष्टाचार कम होता है।

अतः विकल्प (C) सही है।

57. साइटोकाइनिन:

- साइटोकाइनिन को कई पौधे हार्मोन के रूप में परिभाषित किया जाता है जो विकास और कोशिका विभाजन की उत्तेजना को प्रभावित करते हैं।

- साइटोकाइनिन जड़ों में संश्लेषित होते हैं और आमतौर पर एडेनिन से प्राप्त होते हैं।

- वे जाइलम (लुडी ऊतक) में ऊपर की ओर बढ़ते हैं और पत्तियों और फलों में चले जाते हैं, जहां सामान्य वृद्धि और कोशिका विभेदन के लिए उनकी आवश्यकता होती है।

- साइटोकाइनिन भी बुढ़ापा मंद करने के लिए ऑक्सिन (एक अन्य पादप हार्मोन) के साथ मिलकर कार्य करते हैं, जो कम से कम अपने प्रारंभिक चरण में, चयापचय का एक संगठित चरण है, न कि केवल ऊतक का टूटना।

- वृद्धावस्था का एक उदाहरण पृथक पत्तियों का पीलापन है, जो तब होता है जब प्रोटीन टूट जाता है और क्लोरोफिल नष्ट हो जाता है।

- साइटोकाइनिन पत्ती में प्रोटीन और क्लोरोफिल की सामग्री और क्लोरोप्लास्ट की संरचना को स्थिर करके पीलेपन को रोकता है।

अतः विकल्प (D) सही है।

58. रिफाइनिंग: किसी पदार्थ से अशुद्धियों को कम करने की प्रक्रिया।

भर्जन: हवा की उपस्थिति में सल्फाइड अयस्क को उच्च तापमान पर गर्म करने की प्रक्रिया।

प्रगलन: ताप और पिघलने से जुड़ी प्रक्रिया द्वारा इसके अयस्क से धातु निकालने की प्रक्रिया को प्रगलन (गलाना) कहा जाता है।

निस्तापन: ऐसी प्रक्रिया जिसमें हवा की अनुपस्थिति या हवा की सीमित आपूर्ति के कारण धातु के गलनांक बिंदु के नीचे अयस्क को उच्च तापमान पर गर्म किया जाता है।

अतः विकल्प (C) सही है।

59. ग्राम पंचायतों के संगठन को संविधान के अनुच्छेद 40 के तहत वर्णित किया गया है।

यह राज्य नीति के निर्देशक सिद्धांतों में से एक है और इसे 1992 के 73वें संशोधन अधिनियम द्वारा संवैधानिक दर्जा दिया गया था।

अनुच्छेद 40 में कहा गया है, "राज्य ग्राम पंचायतों को संगठित करने के लिए कदम उठाएंगे और उन्हें ऐसी शक्तियां और अधिकार प्रदान करेंगे, जो उन्हें स्वशासन की इकाइयों के रूप में कार्य करने में सक्षम बनाने के लिए आवश्यक हों"।

अतः विकल्प (A) सही है।

60.

- मणिपुर बांग्लादेश के साथ अपनी सीमा साझा नहीं करता है।

- मेघालय, असम, त्रिपुरा सभी बांग्लादेश के साथ सीमा साझा करते हैं।

- मणिपुर देश के उत्तरपूर्वी भाग में स्थित है।

अतः विकल्प (C) सही है।

61. 'Last year' in the sentence suggests that the given situation had already happened in the past.

Therefore, the sentence is in the simple past tense.

The structure of the sentence in the simple past tense is: Subject+v₂+object.

The correct sentence is: My brother started his textile business last year.

Hence, the correct option is (D).

62. A part of speech is a word type that shares syntactic behavior. It explains how a word is used in a sentence. The parts of speech are: noun, pronoun, adjective, adverb, verb, conjunction, preposition, determiner, interjection.

- Verb: A verb is a word which determines an action or an activity. In general, it is of two types: Main Verbs and Helping Verb.

- The main verb determines what exactly an action is that is going on. On the other hand, helping verb determines when that action is taking place.

- For example, Sachin has broken many records.

- Here, broken is the main verb and has is helping verb that determines the action is in the present perfect tense.

- Whereas brokened and breakened is not meaningful words. Broke is the second form of the verb break. For example, he broke my pencil.

Hence, the correct option is (B).

63. The preposition 'with' can be used 'in the sense of using or with the help of'.

Examples,

He cleared the exam with hard work.

The given sentence means that she hid her disappointment with the help of a smile.

According to the explanation and example that are given above, 'with' is the correct word for the blank.

Correct Sentence- She hid her disappointment with a smile.

Hence, the correct option is (B).

64. 'Advisible': There is no such word in English or we can say that there is some spelling mistake in this word.

The correct spelling is 'Advisable' and it means (of a course of action) to be recommended; sensible.

'Invisible' means unable to be seen.

'Capable' means having the ability, fitness, or quality necessary to do or achieve a specified thing.

'Irritable' means having or showing a tendency to be easily annoyed.

Hence, the correct option is (A).

65. Let's look at the correct spelling and meaning of the marked option:

Disposable- (of an article) intended to be used once, or until no longer useful, and then thrown away

Example:

The market no longer offers disposable plastic bags at checkout.

Let's look at the meanings of the other given options:

Heavenly- divine

Advisable- (of a course of action) to be recommended; sensible

Harass- subject to aggressive pressure or intimidation

Hence, the correct option is (D).

66. Necessary: needed in order to achieve something

Useless: of no use

Required: necessary according to the rules

Basic: base or starting point

Significant: important or noticeable

Hence, the correct option is (A).

67. Secret: a piece of information that is known to few people

Public: involving people or group to share something

Hide: to put or keep somebody/something in a place where he/she/it cannot be seen; to cover something so that it cannot be seen

Cover: to spread over something

Reduce: to make something smaller

Hence, the correct option is (C).

68. Mischievous: engaging in or marked by childish misbehaviour, naughty

Naughty: behaving badly and not being obedient, childish misbehaviour

Harmless: not able or not likely to cause harm

Terrible: very unpleasant or serious or of low quality

Persistent: lasting for a long time or difficult to get rid of

Hence, the correct option is (B).

69. Inspire: to make someone feel that they want to do something and can do it

Encourage: to make someone more likely to do something or to make something more likely to happen

Extinguish: to stop or get rid of an idea or feeling

Vary: differ in size, amount, degree, or nature from something else of the same general class

Dishearten: to make a person lose confidence, hope, and energy

Hence, the correct option is (A).

70. The Idiom phrase 'Be on cloud nine' means 'Be very happy'. For example:

He was on cloud nine after winning the competition.

Hence, the correct option is (D).

71. The Idiom phrase 'No pain, no gain' meaning is 'You have to work hard for something you want.' For example:

My mother always says no pain, no gain.

Hence, the correct option is (C).

72. First of all, we need to identify (S+V+O) Subject, Verb, and object in the active sentence to convert to passive voice, which is The gardener +cuts + the grass.

As the sentence is in the present indefinite tense, so the conversion rule is sub+ is/are/am+v3+ object.

Now, the object(the grass) is interchanged with the subject(the gardener), and the verb(cuts) is converted to the is/are/am+v3(is cut)which Is followed by (By, With, to, etc). Here we use By.

Correct sentence: The grass is cut with a mower by the gardener.

Hence, the correct option is (A).

73. The above sentence is in active voice since it emphasizes the subject (doer of the action) of the sentence.

The above sentence is an assertive sentence since it is of the form: Subject (The ball) + verb (did not hit) + object (me) + remaining clause.

The way in which an assertive sentence is converted into its passive voice is:

- object as subject + IIIrd form of the verb + remaining clause + by + subject as object.
- Active voice: IInd form of the verb
- Passive voice: was, were + IIIrd form of the verb

The tense remains the same as the active voice.

Here, the simple past tense is used.

Correct sentence: I was not hit on the head by the ball.

Hence, the correct option is (B).

74. Let's have a look at the 4th and the 5th sentence from the given paragraph:

"How does one control the activity of enzymes, bacteria, yeasts and moulds in food? All of them require air, moisture and a certain temperature, usually somewhere near the body temperature, to be active."

Upon perusal of the above statement, it can be concluded that chemicals are not mandatory for the growth of bacteria.

Hence, the correct option is (C).

75. Let's have a look at the 7th and the 8th sentence from the given paragraph:

"All micro-organisms can be killed by heat sterilization. This simply means heating the food to high enough temperatures by boiling, deep or shallow frying, roasting, baking and, for milk particularly, pasteurization."

Upon perusal of the above statement, it can be concluded that boiling, frying, roasting and baking are methods of sterilization.

Hence, the correct option is (A).

76. Let's have a look at the 14th sentence from the given paragraph:

"If heating kills, freezing inactivates the enzymes and micro-organisms."

Upon perusal of the above statement, it can be concluded that freezing inactivates the enzymes and micro-organisms.

Hence, the correct option is (D).

77. The given sentence is a direct speech.

The basic rules for changing or converting direct speech into indirect speech:

The commas and inverted commas are removed and 'that' is added.

The first person 'I' will be changed into the third person 'she'. 'Today' becomes "that day".

The present continuous tense format 'Subject + am + V_1 (go) + ing + Object' will be changed into the past continuous tense format 'Subject + was + V_1 (go) + ing + Object'.

Correct Sentence: Neha said that she was going to see a movie that day.

Hence, the correct option is (A).

78. The sentence 'A' is independent of any other sentences as it is giving general information about "neighbour's daughter". Hence, 'A' is the first part.

The verb "hear" mentioned in the sentence 'C' is linked with the verb 'told' mentioned in the sentence 'A'. Hence, 'C' follows 'A'.

The phrase "to run out and meet" mentioned in the sentence 'B' is linked with the word 'overjoyed' mentioned in the sentence 'C'. Hence, 'B' follows 'C'.

The sentence 'D' is the concluding sentence. Hence, 'D' is the last sentence.

The correct sequence is is 'ACBD'.

Hence, the correct option is (D).

79. The sentence 'A' is independent of any other sentences as it is giving general information about "some serious talk". Hence, 'A' is the first part.

The pronoun "It" mentioned in the sentence 'D' refers back to the 'serious talk' mentioned in the sentence 'A'. Hence, 'D' follows 'A'.

The "family" mentioned in the sentence 'B' refers back to the 'Rowland family' mentioned in the sentence 'D'. Hence, 'B' follows 'D'.

The sentence 'C' is the concluding sentence. Hence, 'C' is the last sentence.

The correct sequence is 'ADBC'.

Hence, the correct option is (D).

80. In the given sentence, the use of the conjunction 'than' is incorrect.

The adverbs "scarcely, hardly and barely" are always followed by the adverb 'when' and not 'than'.

"Scarcely...when" is used to combine or rewrite sentences denoting two simultaneous past actions.

Hence, the correct option is (D).

81. 'राजलक्ष्मी दौड़ने में तेज है।' यह वाक्य 'अधिकरण कारक' का है।

वाक्य में क्रिया का आधार, आश्रय, समय या शर्त 'अधिकरण' कहलाता है।

आधार को ही अधिकरण माना गया है। यह आधार तीन तरह का होता है– स्थानाधार, समयाधार और भावाधार।

अतः विकल्प (B) सही है।

82. 'घनश्याम' अर्थात घन जैसा श्याम। यह कर्मधारय समास का उदाहरण है।

वह समास जिसका पहला पद विशेषण एवं दूसरा पद विशेष्य होता है अथवा पूर्वपद एवं उत्तरपद में उपमान – उपमेय का सम्बन्ध माना जाता है, कर्मधारय समास कहलाता है।

इस समास का उत्तरपद प्रधान होता है एवं विग्रह करते समय दोनों पदों के बीच में 'के सामान', 'है जो', 'रुपी' में से किसी एक शब्द का प्रयोग होता है।

अतः विकल्प (B) सही है।

83. लोकोक्ति - दूल्हे को पत्तल नहीं, बरातियों को थाली

अर्थ - भीड़ के चक्कर में मुख्य व्यक्ति को अनदेखा करना

वाक्य - स्कूल के सांस्कृतिक कार्यक्रम में मुख्य अतिथि की उपस्थिति के बावजूद लोगों का ध्यान महिला खिलाड़ी की तरफ ही ज्यादा था। सच में ये तो वो वाली बात हो गई दूल्हे को पत्तल नहीं बरातियों को खाना।

अतः विकल्प (C) सही है।

84. कंठ्य अर्थात जिन व्यंजनों के उच्चारण में जिह्वा कंठ को स्पर्श करता है, कंठ्य व्यंजन कहलाते हैं। 'घ' कंठ्य व्यंजन है।

ध्वनियाँ व्यंजन	वर्ग
कंठ्य ध्वनियाँ (जिसका उच्चारण स्थान कंठ होता है।)	'क' वर्ग - क, ख, ग, घ।
तालव्य ध्वनियाँ (जिसका उच्चारण स्थान तालु होता है।)	'च' वर्ग – च, छ, ज, झ।
मूर्धन्य ध्वनियाँ (जिसका उच्चारण स्थान मूर्धा होता है।)	'ट' वर्ग – ट, ठ, ड, ढ।
दंत्य ध्वनियाँ (जिसका उच्चारण स्थान दंत्य होता है।)	'त' वर्ग – त, थ, द, ध, न।
ओष्ठ्य ध्वनियाँ (जिसका उच्चारण स्थान ओष्ठ होता है।)	'प' वर्ग – प, फ, ब, भ, म।

अतः विकल्प (D) सही है।

85. 'उसने कुछ नहीं कहा' में कर्ता कारक है।

कर्ता कारक

विभक्ति चिन्ह - ने

परिभाषा - जो क्रिया का सम्पादन करे।

वाक्य प्रयोग - **मोहन** गाँव गया।

अतः विकल्प (C) सही है।

86. उपर्युक्त गद्यांश के अनुसार हमारे बाल्यकाल के संस्कार जीवन का ध्येय करते हैं।

अर्थात बचपन में मिलने वाले संस्कार ही हमारे आगामी जीवन के लक्ष्य का निर्धारण करते हैं।

अतः विकल्प (B) सही है।

87. उपर्युक्त गद्यांश के अनुसार शिक्षा का कर्तव्य जीवन को गिरे रखना है।

शिक्षा एक ऐसा कर्तव्य नहीं है जो किसी पुस्तक को प्रथम पृष्ठ से अंतिम पृष्ठ तक पढ़ाने से ही पूर्ण हो जाता हो, वरन् वह ऐसा कर्तव्य है जिसकी परिधि सारे

जीवन को घेरे हुए है और पुस्तकें ऐसे साँचे हैं जिनमें ढालकर उसे सुडौल बनाया जा सकता है।

अतः विकल्प (C) सही है।

88. उपर्युक्त गद्यांश के अनुसार शिक्षकों के प्रति उदासीनता को अक्षम्य में ही कहेंगे।

शिक्षक हमारी बालिकाओं, भविष्य की माताओं का निर्माण करेंगे उनके प्रति हमारी उदासीनता को अक्षम्य ही कहना चाहिए।

अतः विकल्प (B) सही है।

89. अघोष वर्ण अर्थित जिन वर्णों के उच्चारण में स्वरतन्त्रियों में कम्पन न हो, वह अघोष वर्ण कहलाते हैं। प्रत्येक 'वर्ग' का पहला और दूसरा व्यंजन वर्ण अघोष वर्ण होता है, जैसे क, ख, च, छ, ट, ठ, इत्यादि।

अतः विकल्प (A) सही है।

90. 'गंगा' का पर्यायवाची शब्द 'मंदाकिनी' है।

'गंगा' के अन्य पर्यायवाची शब्द - देवनदी, मंदाकनी, भगीरथी, विश्वपगा, देवपगा, ध्रुवनंदा, सुरसरि, त्रिपथगा, जाह्नवी, सुरसरिता, सुरधुनी।

अतः विकल्प (D) सही है।

91. साध्य शब्द का विलोम असाध्य होता है।

साध्य का अर्थ - साधन के योग्य

असाध्य का अर्थ - जो साधने योग्य न हो

जो शब्द किसी दूसरे शब्द का उल्टा अर्थ बताते हैं, उन्हें विलोम शब्द या विपरीतार्थक शब्द कहते है।

जैसे- आय- व्यय, आजादी-गुलाम, नवीन- प्राचीन

अतः विकल्प (A) सही है।

92. 'नायक' में अयादि स्वर संधि है। नै + अक = नायक (ऐ + अ = आय), यहाँ 'ऐ' और 'अ' के मेल से 'आय' बना है।

'अयादि स्वर संधि' में ए, ऐ, उ, ओ, औ साथ अन्य स्वरों का मेल होने पर ए का अय, ऐ का आय, ओ का अव, औ का आव हो जाता है।

अतः विकल्प (D) सही है।

93. न्यून का पर्यायवाची शब्द कम होता है।

न्यून के अन्य पर्यायवाची – अल्प, तनिक, किंचित, थोडा

समान अर्थवाले शब्दों को 'पर्यायवाची शब्द' या समानार्थक भी कहते है।

अतः विकल्प (B) सही है।

94. 'अनुराग' शब्द का उचित विलोम शब्द 'विराग' होगा।

अनुराग का अर्थ - प्रेम या भक्ति

विराग का अर्थ - उदासीन या अरुचि

विपरीत (उल्टा) अर्थ बताने वाले शब्दों को विलोम शब्द कहते हैं। विलोम शब्दों को विपर्ययवाची, प्रतिलोमार्थक और विपरीतार्थक शब्द भी कहते हैं।

अतः विकल्प (A) सही है।

95. अश्विनी शब्द स्त्रीलिंग है

स्त्री जाति का ज्ञान कराने वाले संज्ञा शब्दों को स्त्रीलिंग कहा जाता है।

जैसे- ईख, भूख चोख, राख, आहट, चिकनाहट, झंझट, बनावट, रुकावट, सजावट आदि।

अतः विकल्प (D) सही है।

96. डिबिया - डिबियें सही प्रारूप में नहीं है।

डिबिया -डिबियाँ सही है।

कई भाषाओं में बहुवचन, व्याकरणिक श्रेणी की संख्या के मूल्यों में से एक है। संज्ञाओं का बहुवचन आमतौर पर संज्ञा द्वारा प्रतिनिधित्व की गई डिफ़ॉल्ट मात्रा जो आम तौर पर एक होता है, (वह रूप जो इस डिफ़ॉल्ट मात्रा का प्रतिनिधित्व करता है उसे एकवचन संख्या कहा जाता है) के अलावा मात्रा को इंगित करता है।

अतः विकल्प (B) सही है।

97. शशि शब्द पुल्लिंग है।

संज्ञा शब्द जिनसे हमें पुरुष जाति के व्यक्ति, वस्तु आदि का बोध होता हैं, वे पुल्लिंग शब्द कहलाते हैं।

जैसे: भेड़िया, खटमल, बन्दर, कुत्ता, बालक, शिशु, बकरा, घोड़ा, लड़का, पत्रकार, रबर, शहद, सोना, वसंत, लगान, फल, धन, पत्थर, नशा, नक्शा, आदि।

अतः विकल्प (D) सही है।

98. यहाँ रूपक अलंकार, अर्थालंकार है।

रूपक साहित्य में एक प्रकार का अर्थालंकार है जिसमें बहुत अधिक साम्य के आधार पर प्रस्तुत में अप्रस्तुत का आरोप करके अर्थित उपमेय या उपमान के साधर्म्य का आरोप करके और दोनों भेदों का अभाव दिखाते हुए उपमेय या उपमान के रूप में ही वर्णन किया जाता है।

इसके सांग रूपक, अभेद रुपक, तद्रूप रूपक, न्यून रूपक, परम्परित रूपक आदि अनेक भेद हैं।

उदाहरण- चरन कमल बन्दउँ हरिराई

अतः विकल्प (D) सही है।

99. उपर्युक्त पंक्तियों में श्लेष अलंकार है।

श्लेष का अर्थ होता है चिपका हुआ या मिला हुआ। जब एक ही शब्द से हमें विभिन्न अर्थ मिलते हों तो उस समय श्लेष अलंकार होता है।

यहाँ प्रस्तुत दीप के जलने में अप्रस्तुत बुरे पुत्र का आरोप किया गया है।

जिस प्रकार दीपक के जलने की गति से तेल समाप्त हो जाता है उसी प्रकार एक बुरा पुत्र सम्पूर्ण कुल को नष्ट कर देता है।

अतः विकल्प (D) सही है।

100. दुर्गुण, प्रत्यय रहित शब्द है।

दुर्गुण शब्द में उपसर्ग है।

दुर + गुण = दुर्गुण

उपसर्ग ऐसे शब्दांश जो किसी शब्द के पूर्व जुड़ कर उसके अर्थ में परिवर्तन कर देते हैं या उसके अर्थ में विशेषता ला देते हैं।

अतः विकल्प (B) सही है।

General Intelligence & Reasoning Ability

Q.1 निर्देश: दिए गए चार विकल्पों में से उस संबंध का चयन करें जैसा कि मूल जोड़ी में दिया गया है।

डॉक्टर : अस्पताल

A. प्रोफेसर : कॉलेज

B. हिरण : खेत

C. स्पेक्टर : क्रिकेट

D. इनमें से कोई नहीं

Q.2 निर्देश: प्रश्न चिह्न के स्थान पर क्या आएगा?

3, 7, 23, 95, ?

A. 62   **B.** 128   **C.** 479   **D.** 575

Q.3 निर्देश: प्रश्न चिह्न के स्थान पर क्या आएगा?

165, 195, 255, 285, 345, ?

A. 390

B. 375

C. 435

D. चार विकल्पों में से दो उत्तर

Q.4 निर्देश: नीचे दिए गए आकृति में कितने त्रिकोण हैं?

A. 6   **B.** 10   **C.** 12   **D.** 14

Q.5 निर्देश: नीचे दिए गए आकृति में कितने वर्ग हैं?

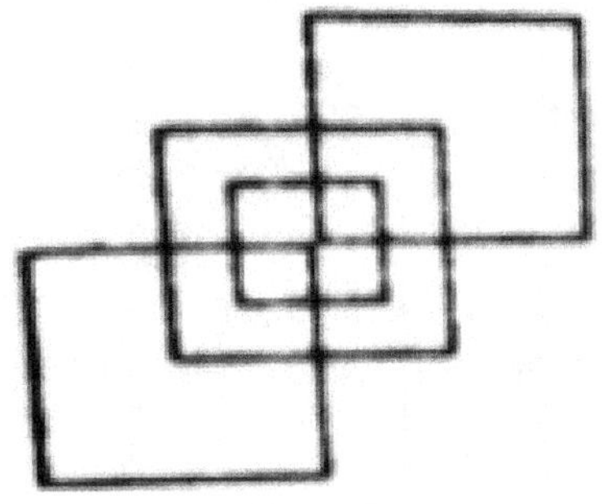

[NCERT National Talent Search Exam, 2020], [SSC Sub Inspector (CPO), 2020]

A. 12   **B.** 13   **C.** 10   **D.** 11

Q.6 निर्देश: दिए गए प्रश्न में एक स्थिति प्रस्तुत की गई है और आपको उस विशेष परिस्थिति के बारे में निर्णय लेने के लिए कहा गया है। दी गई जानकारी के आधार पर उत्तर का चयन करें।

रीता, एक निपुण पेस्ट्री शेफ जो अपनी कलात्मक और उत्तम शादी के केक के लिए अच्छी तरह से जानी जाती है, ने एक साल पहले एक बेकरी खोली और यह आश्चर्यचकित है कि व्यवसाय इतना धीमा हो गया है। बाजार अनुसंधान करने के लिए किराए पर ली गई एक परामर्शदाता ने बताया है कि स्थानीय लोग उसकी दुकान के बारे में नहीं सोचते हैं क्योंकि वे एक दैनिक आधार पर यात्रा करते हैं, लेकिन यदि वे एक विशेष अवसर का जश्न मना रहे थे तो वे यहां नहीं आएंगे।

रीता को अपने दैनिक व्यवसाय को बढ़ाने के लिए निम्नलिखित में से कौन सी रणनीति अपनानी चाहिए?

A. कूपन उपलब्ध कराना जो कूपन धारक को शादी, सालगिरह या जन्मदिन के केक पर 25% छूट प्राप्त करने के लिए हकदार बनाता है

B. स्थानीय अखबार में विज्ञापनों की एक श्रृंखला रखते हुए, जो उसकी दुकान पर ब्रेड, मफिन और कुकीज़ की विस्तृत श्रृंखला का विज्ञापन करता है

C. बेकरी को शहर के दूसरी ओर ले जाना

D. इनमें से कोई नहीं

Q.7 निर्देश: दिए गए प्रश्न में एक स्थिति प्रस्तुत की गई है और आपको उस विशेष परिस्थिति के बारे में निर्णय लेने के लिए कहा गया है। दी गई जानकारी के आधार पर उत्तर का चयन करें।

मिसेज कार्सन ने अपने तीन दोस्तों से दोपहर के भोजन के लिए, मिलने के लिए टैक्सी ली। जब वह कार में चढ़े तो वे रेस्तरां के बाहर उसका इंतजार कर रहे थे। वह अपने दोस्तों को देखने के लिए इतनी उत्साहित थी कि उसने टैक्सी में अपना बैग छोड़ दिया। जैसे ही टैक्सी चली गई, उसने और उसकी सहेलियों ने लाइसेंस प्लेट नंबर की सूचना ले ली, ताकि वे टैक्सी कंपनी को फोन करने पर कार की पहचान कर सकें। नीचे दी गई चार लाइसेंस प्लेट संख्याएं बताती हैं कि चार महिलाओं में से प्रत्येक क्या सोचती हैं। चार महिलाएं सहमत लगती हैं कि प्लेट J के अक्षर से शुरू होती है। उनमें से तीन सहमत हैं कि प्लेट 12L के साथ समाप्त होती है। उनमें से तीन सोचती हैं कि दूसरा अक्षर X है, और एक अलग तीन को लगता है कि तीसरा अक्षर K है। टैक्सी के लाइसेंस प्लेट नंबर की सबसे अधिक संभावना कौन सी है?

A. JXK 12L   **B.** JYK 12L

C. JXK 12I   **D.** JXX 12L

Q.8 निर्देश: दिए गए प्रश्न में एक स्थिति प्रस्तुत की गई है और आपको उस विशेष परिस्थिति के बारे में निर्णय लेने के लिए कहा गया है। दी गई जानकारी के आधार पर उत्तर का चयन करें।

ज़ाचारी ने अपने तीन दोस्तों को अपने बड़ी स्क्रीन टेलीविजन पर बास्केटबॉल खेल देखने के लिए आमंत्रित किया है। वे सभी भूखे हैं, लेकिन कोई भी खाने के लिए बास्केटबॉल खेल देखना नहीं छोड़ना चाहता। जिस तरह वे इस बात पर बहस कर रहे हैं कि भोजन को किसको लाना चाहिए, एक स्थानीय पिज़्ज़ेरिया के लिए एक विज्ञापन आता है। फोन नंबर स्क्रीन पर संक्षेप में आता है और वे सभी इसे याद रखने की कोशिश करते हैं। जब तक ज़ाचारी एक कलम और कागज लाता है, तब तक उनमें से प्रत्येक एक अलग संख्या को याद करता है।

A. सभी दोस्त सहमत हैं कि पहली तीन संख्याएं 995 हैं।

B. उनमें से तीन दोस्त सहमत हैं कि चौथी संख्या 9 है।

C. तीन दोस्त सहमत हैं कि पांचवीं संख्या 2 है।

D. तीन दोस्त सहमत हैं कि छठी संख्या 6 है; तीन अन्य सहमत हैं कि सातवीं संख्या भी 6 है।

पिज़्ज़ेरिया के टेलीफोन संख्या के लिए निम्न में से में से कौन सी संख्या सबसे अधिक संभावित है?

A. 995-9266
B. 995-9336
C. 995-9268
D. 995-8266

Q.9 निर्देश: उस वैकल्पिक आकृति का पता लगाएं, जिसमें उसके भाग के रूप में आकृति (X) हो।

(X)

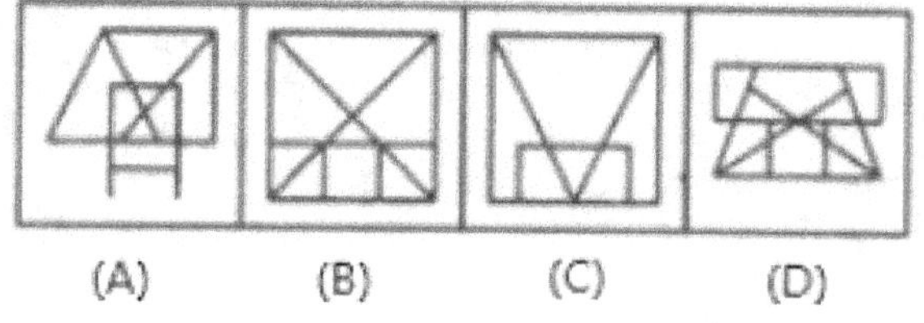

(A)   (B)   (C)   (D)

[Jawahar Navodaya Entrance Class VI, 2019]

A. (A)
B. (B)
C. (C)
D. (D)

Q.10 दिए गए विकल्पों में से विषम अक्षर ज्ञात कीजिए:

A. PQXZ
B. BCQN
C. ABDF
D. MNPR

Q.11 निर्देश: निम्नलिखित प्रश्न में, दिए गए विकल्पों में से अक्षरों के संबंधित समूह का चयन करें।

WQLUAS : TNIRXP :: UFBLKG : ?

A. RGTIHD
B. RCLOHD
C. RCYIHD
D. RCZIRE

Q.12 निर्देश: निम्नलिखित प्रश्न में दिए गए विकल्पों में से संबंधित संख्या का चयन करें।

12 : 14 :: 18 : ?

A. 21
B. 25
C. 29
D. 27

Q.13 एक निश्चित कूटभाषा में, "CONGO" को "RZPRD" के रूप में लिखा जाता है और "TREAT" को "UQGWX" के रूप में लिखा जाता है। उसी कूटभाषा में "PHONE" को किस प्रकार लिखा जाएगा?

A. JNQIJ
B. KMQHK
C. MKQKH
D. LLPIL

Q.14 निर्देश: निम्नलिखित प्रश्न में दिए गए विकल्पों में से संबंधित अक्षरों के समूह को चुनिए।

BOS : IVZ :: DOG : ?

A. MTV
B. KVN
C. KBC
D. RBC

Q.15 निर्देश: निम्नलिखित श्रृंखला में प्रश्न चिह्न (?) को बदल सकने वाली संख्या का चयन करें।

6, 9, 14, 21, 30, 41, ?

A. 57
B. 49
C. 54
D. 53

Q.16 निर्देश: दिए गए शब्दों के अक्षरों को व्यवस्थित करें तथा विषम को चुनें

A. PLPAE
B. RAORCT
C. AUVAG
D. NOONI

Q.17 निर्देश: दिए गए आरेख में कितने आयत हैं?

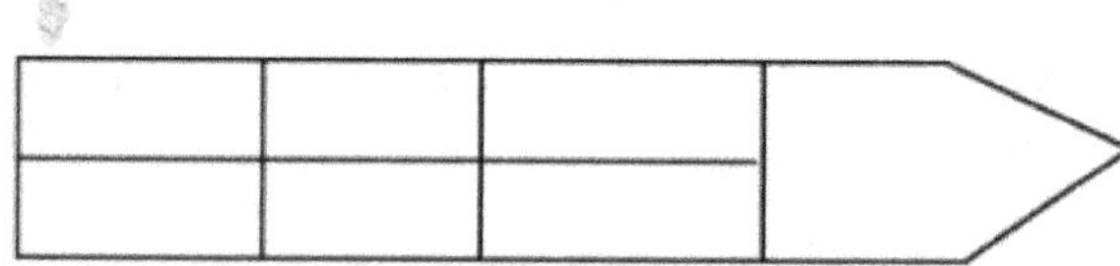

[NCERT National Talent Search Exam, 2018]

A. 4
B. 7
C. 9
D. 18

Q.18 निर्देश: निम्नलिखित प्रश्न में एक कथन दिया गया है, इसके बाद दो निष्कर्ष दिए गए हैं। उत्तर दीजिए:

कथन:

गंभीर दुर्घटना जिसमें एक व्यक्ति कल एक कार से भाग गया था उसने फिर से सड़कों की सबसे असंतोषजनक स्थिति पर ध्यान केंद्रित किया था।

निष्कर्ष:

I. जो दुर्घटना हुई वह घातक थी।

II. सड़कों की असंतोषजनक स्थिति के कारण अब तक कई दुर्घटनाएँ हुई हैं।

A. केवल निष्कर्ष I अनुसरण करता है
B. केवल निष्कर्ष II अनुसरण करता है
C. या तो I या II अनुसरण करता है
D. I और II दोनों अनुसरण करते हैं

Q.19 A, B के 3 शॉट में 5 शॉट फायर करता है लेकिन A, 3 शॉर्ट्स में केवल एक बार मारता है जबकि B, 2 शॉट्स में एक बार मारता है। जब बी 27 बार चूक गया, A ने मार डाला:

A. 30 पक्षी
B. 60 पक्षी
C. 72 पक्षी
D. 90 पक्षी

Q.20 यदि SUMMER को RUNNER कोडित किया गया है, तो WINTER के लिए कोड है

A. SUITER
B. VIOUER
C. WALKER
D. SUFFER

Arithmetical & Numerical Ability

Q.21 81 + 82 + 83 +.......+130 का मान कितना है?

A. 5275
B. 10550
C. 15825
D. 21100

Q.22 वर्तमान में पति और पत्नी की आयु का योग 100 है। दस वर्ष पहले उनकी आयु का अनुपात 9 : 7 था। पति की आयु कितनी है?

A. 45 वर्ष
B. 55 वर्ष
C. 65 वर्ष
D. 40 वर्ष

Q.23 भिन्नात्मक रूप में $6.\overline{46}$ का सही व्यंजक है:

[Delhi Forest Guard, 2021]

A. $\frac{646}{99}$
B. $\frac{64640}{1000}$
C. $\frac{640}{100}$
D. $\frac{640}{99}$

Q.24 दो राइफलों को एक ही स्थान से 11 मिनट 45 सेकंड के अंतर पर शूट किया जाता है। लेकिन एक आदमी जो ट्रेन में उसी स्थान की ओर आ रहा है, 11 मिनट बाद दूसरी ध्वनि सुनता है। ट्रेन की गति ज्ञात कीजिये (ध्वनि की गति = 330 मी/से)

A. 72 किमी प्रति घंटा
B. 36 किमी प्रति घंटा

C. 81 किमी प्रति घंटा   **D.** 108 किमी प्रति घंटा

Q.25 मकरंद, समरजीत से 2 गुना तेज़ है। यदि समरजीत किसी कार्य को अकेले 27 दिनों में पूरा करता है, तो वे मिलकर कार्य को कितने दिनों में पूरा कर सकते हैं?

A. 6 दिन   **B.** 7 दिन   **C.** 5 दिन   **D.** 9 दिन

Q.26 $3.\overline{87} - 2.\overline{59} = ?$

A. 1.20   **B.** $1.\overline{2}$ **C.** $1.\overline{27}$ **D.** $1.\overline{28}$

Q.27 एक निश्चित राशि पर 3 वर्ष के लिए 16% की वार्षिक दर पर साधारण ब्याज, 4000 रुपये पर 2 वर्ष के लिए 10% की वार्षिक दर पर चक्रवृद्धि ब्याज का आधा है। साधारण ब्याज पर निवेश की गई राशि ज्ञात कीजिये।

A. 5250 रुपये   **B.** 1325 रुपये

C. 2100 रुपये   **D.** 1750 रुपये

Q.28 किसी संख्या का 45%, 180 है, तो उस संख्या का $\frac{1}{8}$ भाग ज्ञात कीजिए।

A. 40   **B.** 60   **C.** 50   **D.** 45

Q.29 एक छात्र को पास होने के लिए 40% अंक सुरक्षित करने होते हैं। उसे 150 अंक मिले और वह 30 अंकों से फेल हो गया। अधिकतम अंक क्या हैं?

A. 385   **B.** 360   **C.** 450   **D.** 435

Q.30 10% की छूट देने के बाद, एक व्यापारी एक वस्तु पर 20% लाभ अर्जित करता है। उसका लाभ प्रतिशत ज्ञात कीजिये जब वह कोई भी छूट नहीं देता है।

A. 30%   **B.** 33%   **C.** 25%   **D.** 20%

Q.31 यदि किसी वस्तु का क्रय मूल्य 200 रुपये है और उसी वस्तु का विक्रय मूल्य 225 रुपये है। लाभ % ज्ञात कीजिए।

A. 15%   **B.** 12.5%   **C.** 25%   **D.** 16%

Q.32 एक आदमी 434 किमी रेल द्वारा और आंशिक रूप से स्टीमर से यात्रा करता है। वह स्टीमर पर 8 घंटे अधिक समय लगाता है। यदि स्टीमर का वेग 25 किमी / घंटा है और रेल का वेग 65 किमी / घंटा है, तो वह स्टीमर द्वारा कितनी दूरी तय करता है?

A. 241 किमी   **B.** 265 किमी   **C.** 201 किमी   **D.** 362 किमी

Q.33 एक वस्तु पर 20% की छूट दी जाती है। एक प्रोमो कॉड को लागू करने पर एक ग्राहक 15% का कैशबैक जीतता है। प्रभावी छूट ज्ञात कीजिए।

A. 30.8%   **B.** 30%   **C.** 12%   **D.** 32%

Q.34 57 और 513 का म.स. कितना है?

A. 10   **B.** 57   **C.** 3   **D.** 27

Q.35 मुराद एक कार्य 33 घंटों में कर सकता है। यदि वह जोएल के साथ कार्य करता है, जो 100% अधिक कार्यकुशल है, तो वे दोनों मिलकर इस काम को कितने समय में पूरा करेंगे?

A. 4 घंटे   **B.** 6 घंटे   **C.** 2 घंटे   **D.** 11 घंटे

Q.36 दो संख्याएँ ऐसी ज्ञात करें कि उनके बीच का आनुपातिक अनुपात 12 है और उनके लिए तीसरा आनुपातिक 96 है।

A. a = 6, b = 24   **B.** a = 24, b = 6

C. a = 60, b = 10   **D.** a = 10, b = 24

Q.37 ऐसी दो संख्याएँ ज्ञात कीजिए जिनका माध्य अनुपात 12 हो और तीसरा अनुपात 324 हो।

A. 3 और 24   **B.** 4 और 36   **C.** 6 और 48   **D.** 6 और 24

Q.38 एक बेलन का आयतन 126π सेमी³ और ऊँचाई 3.5 सेमी है। तो इसका पार्श्व पृष्ठीय क्षेत्रफल ज्ञात कीजिए।

A. 105 सेमी²   **B.** 110 सेमी²   **C.** 132 सेमी²   **D.** 120 सेमी²

Q.39 एक आयत की लंबाई उसकी चौड़ाई की दुगुनी है। यदि आयत की लंबाई 15 सेमी कम कर दी जाती है और चौड़ाई 10 सेमी बढ़ा दी जाती है, तो आयत का क्षेत्रफल 50 वर्ग सेमी बढ़ जाता है। आयत की लंबाई और चौड़ाई का योग ज्ञात कीजिए।

A. 120 सेमी   **B.** 121 सेमी   **C.** 122 सेमी   **D.** 125 सेमी

Q.40 $\frac{3}{4}, \frac{4}{6}$ और $\frac{5}{8}$ का लघुत्तम समापवर्त्य ज्ञात कीजिए:

A. $\frac{5}{16}$ **B.** 60   **C.** 30   **D.** 120

General Awareness

Q.41 मार्च 2022 में किस शहर में भारत के सबसे बड़े तैरते सौर ऊर्जा संयंत्र का उद्घाटन किया गया?

A. श्रीनगर   **B.** उदयपुर

C. अहमदाबाद   **D.** तूतिकोरिन

Q.42 हरियाणा विधानसभा, जो अक्टूबर 2019 के चुनावों के बाद गठित की गई है :

[HTET PGT - Computer Science, 2020]

A. 12 वीं   **B.** 13 वीं   **C.** 14 वीं   **D.** 15 वीं

Q.43 'सेमीकॉन इंडिया कॉन्फ्रेंस-2022' का आयोजन कहाँ किया गया था ?

A. मुंबई   **B.** नई दिल्ली   **C.** चेन्नई   **D.** बेंगलुरू

Q.44 निम्नलिखित में से कौन वायुमंडल की सबसे ऊपर की परत है?

A. स्ट्रेटोस्फीयर   **B.** मेसोस्फीयर

C. आयनमंडल   **D.** एक्सोस्फीयर

Q.45 निम्नलिखित शहरों को उत्तर से दक्षिण के क्रम में व्यवस्थित कीजिये-
(1) भुवनेश्वर
(2) चेन्नई
(3) हैदराबाद
(4) कोचीन

A. (1), (3), (2), (4)   **B.** (1), (2), (3), (4)

C. (1), (2), (4), (3)   **D.** (1), (3), (4), (2)

Q.46 गौतम बुद्ध किस वंश के थे?

A. शिबी   **B.** शाक्य   **C.** सौरसेना   **D.** शबारा

Q.47 निम्नलिखित में से कौन-सी पत्रिका उसके संपादक के साथ सही सुमेलित नहीं है?

A. बंदे मातरम् : अरबिंदो घोष

B. न्यू इंडिया : बिपिन चंद्र पाल

C. युगांतर : भूपेंद्रनाथ दत्त

D. संध्या : बरिंद्र कुमार घोष

Q.48 ______ फाइबर ब्रश के ब्रिस्टल बनाने में प्रयोग किया जाता है।

A. केवलर   **B.** नायलॉन-66

C. टेरीलीन   **D.** लेक्सन

Q.49 एसिड ______ लिटमस को ______ में बदल देता है।

A. लाल, नीला   **B.** हरा, पीला

C. नीला, लाल   **D.** पीला, हरा

Q.50 ऑटोमोबाइल से निसृत एक जहरीला प्रदूषक है

A. कार्बन डाइऑक्साइड   **B.** सल्फर डाइऑक्साइड

C. कार्बन मोनोऑक्साइड   **D.** नाइट्रस ऑक्साइड

Q.51 सॉलिड कार्बन डाइऑक्साइड को _______ के रूप में जाना जाता है।
A. हाइपो   **B.** बोरेक्स
C. एलम   **D.** ड्राई आइस

Q.52 निम्न में से किस तत्व का गलनांक बिंदु सबसे कम होता है?
A. आयोडीन   **B.** लेड   **C.** टिन   **D.** मरकरी

Q.53 स्वामी विवेकानंद का जन्मदिन भारत में मनाया जाता है:
A. विश्व धार्मिक दिवस   **B.** राष्ट्रीय युवा दिवस
C. सभी सन्यासी दिवस   **D.** हिंदू पुनर्जागरण दिवस

Q.54 राष्ट्रीय पोस्ट डे कब मनाया जाता है?
A. 4 जुलाई   **B.** 13 अगस्त
C. 17 सितंबर   **D.** 10 अक्टूबर

Q.55 तेलंगाना भारत का 29 वाँ राज्य है और इसका गठन दिवस कब मनाया जाता है?
A. 2 जून   **B.** 23 जून   **C.** 24 जून   **D.** 30 जून

Q.56 किस बैडमिंटन खिलाड़ी ने मलेशियाई मास्टर्स 2020 का खिताब जीता?
A. विक्टर एक्सेलसेन   **B.** केंटो मोमोटा
C. साई प्रणीत   **D.** किदांबी श्रीकांत

Q.57 दिव्यांश सिंह पंवार, जो हाल ही में खबरों में नजर आए थे, किस खेल के भारतीय खिलाड़ी हैं?
A. मुक्केबाज़ी   **B.** कुश्ती
C. निशानेबाज़ी   **D.** तीरंदाजी

Q.58 'इम्परफेक्ट' किस खिलाड़ी की आत्मकथा है?
A. कीर्ति आजाद   **B.** संदीप पटेल
C. युवराज सिंह   **D.** संजय मांजरेकर

Q.59 मल्लिका साराभाई किस शास्त्रीय नृत्य रूप से संबंधित है?
A. मोहिनीअट्टम   **B.** कथकली
C. कुचिपुड़ी   **D.** ओडिशी

Q.60 त्रिपुरा के राज्य फल के रूप में अनानास की किस प्रजाति की घोषणा की गई है?
A. जलधूप   **B.** शार्लोट   **C.** क्रीन   **D.** क्यू

English Language & Comprehension

Ques (61-63):Direction: Some proverbs/idioms are given below together with their meanings. Choose the correct meaning of proverb/idiom.

Q.61 To end in smoke
A. To make completely understand
B. To ruin onesel
C. To excite great applause
D. To overcome someone

Q.62 To be above board
A. To have a good height
B. To be honest in any business deal
C. They have no debts
D. To try to be beautiful

Q.63 To put one's hand to plough
A. To take up agricultural farming
B. To take a difficult task
C. To get entangled into unnecessary things
D. Take interest in technical work

Ques (64-65):Direction: Fill in the blanks with an appropriates word.

Q.64 Do not cry _______ spilt milk.
A. on   **B.** over   **C.** about   **D.** for

Q.65 He deserves my thanks for_____ my purse and returned it to me without taking anything from it.
A. having found   **B.** found
C. founded   **D.** find

Q.66 Give the antonym of Protects.
A. Defends   **B.** Deprives   **C.** Deserts   **D.** Devises

Q.67 Give the synonym of Propel.
A. Drive   **B.** Jettison
C. Burst   **D.** Acclimatize

Q.68 Give the synonym of Terrible.
A. Soothing   **B.** Abandon
C. Horrible   **D.** Delectable

Q.69 Give the synonym of Busy.
A. Active   **B.** Occupied
C. Preoccupied   **D.** Diligent

Ques (70-73):Direction: Read the following passage to answer the given question based on it.

Mount Vesuvius, a volcano located between the ancient Italian cities of Pompeii and Herculaneum, has received much attention because of its frequent and destructive eruptions. The most famous of these eruptions occurred in A.D. 79.

The volcano had been inactive for centuries. There was little warning of the coming eruption, although one account unearthed by archaeologists says that a hard rain and a strong wind had disturbed the celestial calm during the preceding night. Early the next morning, the volcano poured a huge river of molten rock down upon Herculaneum, completely burying the city and filling the harbour with coagulated lava.

Meanwhile, on the other side of the mountain, cinders, stone and ash rained down on Pompeii. Sparks from the burning ash ignited the combustible rooftops quickly. Large portions of the city were destroyed in the conflagration. Fire, however, was not the only cause of destruction. Poisonous sulfuric gases saturated the air. These heavy gases were not buoyant in the atmosphere and therefore sank toward the earth and suffocated people.

Over the years, excavations of Pompeii and Herculaneum have revealed a great deal about the behaviour of the volcano. By analyzing data, much as a zoologist dissects an animal specimen, scientists have concluded that the eruption changed large portions of the area's geography. For instance, it turned the Sarno River from its course and raised the level of the beach along the Bay of Naples. Meteorologists studying these events have also concluded that Vesuvius caused a huge tidal wave that affected the world's climate.

In addition to making these investigations, archaeologists have been able to study the skeletons of victims by using distilled water to wash away the volcanic ash. By strengthening the brittle bones with acrylic paint, scientists have been able to examine the skeletons and draw conclusions about the diet and habits of the residents. Finally, the excavations at both Pompeii and Herculaneum have yielded many examples of classical art, such as jewellery made of bronze, which is an alloy of copper and tin. The eruption of Mount Vesuvius and its tragic consequences have provided everyone with a wealth of data about the effects that volcanoes can have on the surrounding area. Today, volcanologists can locate and predict eruptions, saving lives and preventing the destruction of other cities and cultures.

Q.70 Herculaneum and its harbour were buried under ________ lava.

A. Liquid   **B.** Solid   **C.** Flowing   **D.** Gas

Q.71 The poisonous gases were not ________ in the air.

A. Able to float   **B.** Visible
C. Able to evaporate   **D.** Invisible

Q.72 Scientists analyzed data about Vesuvius in the same way that a zoologist ________ a specimen.

A. Describes in detail
B. Studies by cutting apart
C. Photographs
D. Chart

Q.73 ________ have concluded that the volcanic eruption caused a tidal wave.

A. Scientists who study oceans
B. Scientists who study atmospheric conditions
C. Scientists who study ash
D. Scientists who study animal behaviour

Ques (74-78):Direction: Fill in the blanks with an appropriates word.

Q.74 'The green eyed monster' means _____.
A. hatred   **B.** love   **C.** live   **D.** jealousy

Q.75 The old man may not live_____ the winter.
A. in   **B.** through   **C.** up to   **D.** by

Q.76 When the morning ________ the murder was discovered.
A. came   **B.** happened
C. arrived   **D.** occurred

Q.77 Our country is spiritual country, theirs _____ religious.
A. is   **B.** are   **C.** also   **D.** have

Q.78 Our sir teaches Mathematics ______ English.
A. across   **B.** besides   **C.** beside   **D.** both

Q.79 Direction: In the question below, there is a sentence in which some parts have been jumbled up. Rearrange these parts which are labelled P, Q, R, and S to produce the correct sentence. Choose the proper sequence.

A French woman
P: committed suicide
Q: where she had put up
R: who had come to Calcutta
S: by jumping from the first-floor balcony of the hotel
The Proper sequence should be:

A. PRQS   **B.** QSRP   **C.** RPSQ   **D.** SRQP

Q.80 Direction: In the question below, there is a sentence in which some parts have been jumbled up. Rearrange these parts which are labelled P, Q, R, and S to produce the correct sentence. Choose the proper sequence.

The national unity of a free people
P: to make it impracticable
Q: for there to be an arbitrary administration
R: depends upon a sufficiently even balance of political power
S: against a revolutionary opposition that is irreconcilably opposed to it
The Proper sequence should be:

A. QRPS   **B.** QRSP   **C.** RPQS   **D.** RSPQ

Hindi Language & Comprehension

Q.81 'ऋग्वेद' का सन्धि-विच्छेद क्या है?

[UPTET Paper - I, 2019]

A. ऋग + वेद   **B.** ऋ + वेद
C. ऋक् + वेद   **D.** ऋ + गवेद

Q.82 'आपबीती' शब्द में कौन सा समास है?
A. द्वन्द्व समास   **B.** तत्पुरुष समास
C. द्विगु समास   **D.** कर्मधारय समास

Q.83 "जठराग्नि" शब्द का क्या अर्थ है?
A. वन की आग   **B.** घर की आग
C. जल की आग   **D.** पेट की आग

Q.84 'जो ममत्व से रहित हो' वाक्यांश के लिए कौन सा शब्द उपयुक्त है?
A. निरुपम   **B.** निर्मम   **C.** निर्णायक   **D.** निष्काम

Q.85 कृदन्त प्रत्यय किन शब्दों के साथ जुड़ते है?
A. संज्ञा   **B.** सर्वनाम   **C.** विशेषण   **D.** क्रिया

Q.86 वे प्रत्यय जो क्रिया में जुड़े होते हैं उन्हें कहते हैं-
A. कृदंत प्रत्यय   **B.** तद्धित प्रत्यय
C. (A) व (B) दोनों   **D.** उपरोक्त कोई नहीं

Q.87 कौन सा शब्द चाँदनी का पर्यायवाची शब्द नहीं है?
A. चन्द्रप्रभा   **B.** कौमुदी   **C.** ज्योत्स्ना   **D.** मयंक

Q.88 'पाहन' शब्द का पर्यायवाची है
A. मेहमान   **B.** पैर   **C.** पत्थर   **D.** पर्वत

Q.89 निर्देश: निम्नलिखित शब्द का विलोम शब्द का चयन करें।

'निर्दय'

A. सह्य	B. सहृदय	C. सदय	D. सभय	

A. द्वंद्व   **B.** द्विगु

C. कर्मधारय   **D.** अव्ययीभाव

Q.90 निर्देश: निम्नलिखित शब्द का विलोम शब्द का चयन करें।

'सुषुप्ति'

A. निषेध   B. सुमति   C. समष्टि   D. जागृति

Q.91 निर्देश: निम्नलिखित शब्द का विलोम शब्द का चयन करें।

'चपल'

A. गंभीर   B. वाचाल   C. चंचल   D. उद्यमी

Q.92 संस्कार शब्द में किस उपसर्ग का प्रयोग हुआ है?

A. सम्   B. सन्   C. सम्स   D. सन्स

Q.93 किस शब्द में उपसर्ग नहीं है?

A. अपवाद   B. पराजय   C. प्रभाव   D. ओढ़ना

Q.94 कारक के कितने भेद होते हैं ?

A. तीन   B. आठ   C. पांच   D. दस

Q.95 कर्ता कारक के चिन्ह पहचानिये-

A. के   B. से   C. ने   D. रे

Q.96 कौन सा शब्द स्त्रीलिंग है?

A. सहारा   B. सूचीपत्र   C. सियार   D. परिषद्

Ques (97-99):निर्देश: निम्नलिखित गद्यांश का ध्यानपूर्वक अध्ययन करें तथा दिए गए प्रश्न के सही उत्तर दें:

एकता के महत्व से संबंधित अनेक लोकोक्तियाँ प्रचलित हैं यथा- दस की लाठी एक का बोझ, अकेला चना भाड़ नहीं फोड़ सकता इत्यादि। एक तिनके की क्या हस्ती? लेकिन जब वही तिनका संगठित होकर रस्सी बन जाता है, तब इससे बलशाली हाथी भी बँध जाता है। एक ईंट की क्या बिसात? लेकिन, जब यही इंटें मिलकर दीवार बनाती हैं, तब उसे तोड़ना मुश्किल हो जाता है। एक बूँद जल का क्या अस्तित्व? लेकिन जब इन्हीं बूंदों के मेल से सागर का निमाण होता है तो उसे लाँघना दुष्कर हो जाता है। एक चींटी की क्या औकात? लेकिन जब यही चींटी एक साथ हो जाती हैं, तब अपने से बड़े आकार के जीवों को चट कर जाती हैं। एकता के महत्व से संबंधित एक किसान उसके बच्चे और लकड़ी के टुकड़ों की कथा प्रचलित है। लकड़ी के टुकड़े जत अलग-अलग रहते हैं, तब बच्चों द्वारा वे आसानी से तोड़ दिये जाते हैं; परंतु वे ही टुकड़े जब संगठित होकर गट्ठर बन जाते हैं, तब बच्चे तोड़ नहीं पाते हैं। इन दृष्टांतो से स्पष्ट है कि एकता में ही बल है।

Q.97 तिनके की क्या विशेषता है?

A. तिनका व्यर्थ का कचरा है

B. तिनका घास का काम करता है

C. जब तिनका संगठित होकर रस्सी बन जाता है, तब इससे बलशाली हाथी भी बँध जाता है

D. तिनके से चिड़िया घोंसला बनाती है

Q.98 बूँदों के मेल का क्या महत्त्व है ?

A. पानी बन सकती हैं

B. बूँदों के मेल से सागर का निर्माण होता है

C. बूँदों के मेल से कुछ नहीं होता है

D. बूँदों के मेल से घड़ा भर जाता है

Q.99 जब चींटियाँ एक साथ हो जाती हैं तो .... । (वाक्य पूरा कीजिए)

A. एक पंक्ति बना लेती हैं

B. दूर तक चली जाती हैं

C. काटना शुरू कर देती हैं

D. अपने से बड़े आकार के जीवों को चट कर जाती हैं

Q.100 त्रिफला में कौन सा समास है?

// स्मार्ट उत्तर पुस्तिका //

सही उत्तर — उन छात्रों के प्रतिशत को इंगित करता है जिन्होंने प्रश्नों का सही उत्तर दिया था।

छोड़ दिया — उन छात्रों के प्रतिशत को इंगित करता है जिन्होंने प्रश्नों को छोड़ दिया था।

प्रश्न संख्या	उत्तर	सही उत्तर / छोड़ दिया
1	A	43.61 % / 49.57 %
2	C	57.91 % / 40.38 %
3	D	50.75 % / 44.23 %
4	B	77.02 % / 18.04 %
5	A	83.99 % / 14.06 %
6	B	57.5 % / 31.71 %
7	A	85.41 % / 14.24 %
8	A	59.9 % / 30.23 %
9	D	43.8 % / 46.77 %
10	B	47.45 % / 47.07 %
11	C	64.25 % / 35.22 %
12	A	43.73 % / 34.62 %
13	B	56.48 % / 30.78 %
14	B	63.02 % / 34.99 %
15	C	50.98 % / 48.57 %
16	D	61.51 % / 36.88 %

प्रश्न संख्या	उत्तर	सही उत्तर / छोड़ दिया
17	D	58.49 % / 37.63 %
18	D	52.78 % / 43.57 %
19	A	61.24 % / 37.45 %
20	B	45.23 % / 36.25 %
21	A	54.86 % / 31.85 %
22	B	46.19 % / 48.33 %
23	D	86.69 % / 12.84 %
24	C	62.22 % / 30.38 %
25	D	61.91 % / 35.2 %
26	D	46.57 % / 31.96 %
27	D	54.42 % / 45.07 %
28	C	65.79 % / 32.35 %
29	C	46.89 % / 33.43 %
30	B	68.96 % / 31.02 %
31	B	89.98 % / 10.02 %
32	B	49.5 % / 38.05 %

प्रश्न संख्या	उत्तर	सही उत्तर / छोड़ दिया
33	D	42.31 % / 37.79 %
34	B	55.95 % / 34.79 %
35	D	58.73 % / 33.48 %
36	A	82.69 % / 12.22 %
37	B	54.55 % / 43.68 %
38	C	69.82 % / 30.07 %
39	A	51.03 % / 36.57 %
40	C	69.01 % / 30.84 %
41	D	56.51 % / 39.51 %
42	C	40.93 % / 43.14 %
43	D	56.29 % / 30.86 %
44	D	87.9 % / 10.81 %
45	A	16.8 % / 77.87 %
46	B	43.83 % / 37.64 %
47	D	55.63 % / 30.43 %
48	B	64.59 % / 30.89 %

प्रश्न संख्या	उत्तर	सही उत्तर / छोड़ दिया
49	C	79.82 % / 11.64 %
50	C	12.86 % / 77.28 %
51	D	69.41 % / 30.11 %
52	D	55.77 % / 31.43 %
53	B	68.66 % / 30.87 %
54	D	45.46 % / 34.71 %
55	A	29.61 % / 68.25 %
56	B	63.99 % / 30.5 %
57	C	66.0 % / 32.01 %
58	D	56.22 % / 34.43 %
59	C	65.55 % / 30.42 %
60	C	65.37 % / 33.66 %
61	B	59.3 % / 40.34 %
62	B	52.8 % / 38.55 %
63	B	59.22 % / 38.31 %
64	B	78.08 % / 20.38 %

प्रश्न संख्या	उत्तर	सही उत्तर / छोड़ दिया
65	A	88.89 % / 10.03 %
66	C	86.13 % / 10.65 %
67	A	86.12 % / 11.98 %
68	C	84.71 % / 11.97 %
69	B	63.54 % / 32.17 %
70	B	21.72 % / 73.9 %
71	A	15.05 % / 76.84 %
72	B	20.24 % / 79.55 %
73	B	17.1 % / 78.56 %
74	B	60.17 % / 39.22 %
75	B	77.62 % / 16.76 %
76	A	65.09 % / 32.26 %
77	A	88.76 % / 10.66 %
78	C	65.07 % / 33.76 %
79	C	44.06 % / 55.52 %
80	D	61.5 % / 34.94 %

प्रश्न संख्या	उत्तर	सही उत्तर
		छोड़ दिया
81	C	88.96 %
		10.39 %
82	B	65.84 %
		30.17 %
83	D	78.69 %
		20.21 %
84	B	84.3 %
		10.68 %

प्रश्न संख्या	उत्तर	सही उत्तर
		छोड़ दिया
85	D	76.3 %
		12.55 %
86	B	58.59 %
		36.11 %
87	D	65.91 %
		30.25 %
88	C	88.92 %
		10.84 %

प्रश्न संख्या	उत्तर	सही उत्तर
		छोड़ दिया
89	C	88.95 %
		10.88 %
90	D	89.69 %
		10.1 %
91	A	85.1 %
		10.85 %
92	A	51.5 %
		46.28 %

प्रश्न संख्या	उत्तर	सही उत्तर
		छोड़ दिया
93	D	80.73 %
		12.25 %
94	B	62.27 %
		37.32 %
95	C	65.31 %
		31.94 %
96	D	51.37 %
		47.82 %

प्रश्न संख्या	उत्तर	सही उत्तर
		छोड़ दिया
97	C	85.77 %
		14.04 %
98	C	63.98 %
		35.99 %
99	D	68.92 %
		30.81 %
100	B	67.91 %
		30.99 %

कार्य विश्लेषण	
औसत अंक (%)	31.0%
टॉपर्स स्कोर (%)	56.0%
आपका स्कोर	

//संकेत और समाधान//

1. डॉक्टर अस्पताल में अपने कर्तव्यों का पालन करता है जैसे प्रोफेसर कॉलेज में अपने कर्तव्यों का पालन करता है।

अतः विकल्प (A) सही है।

2. दिया गया है,

3, 7, 23, 95,

पहली संख्या = 3

दूसरी संख्या = 3 × 2 + 1 = 7

तीसरी संख्या = 7 × 3 + 2 = 23

चौथी संख्या = 23 × 4 + 3 = 95

पाँचवी संख्या = 95 × 5 + 4 = 479

अतः विकल्प (C) सही है।

3. दिया गया है,

165, 195, 255, 285, 345, ?

समाधान 1: दी गई श्रृंखला की प्रत्येक संख्या एक अभाज्य संख्या से 15 गुणा है।

15 × 11, 15 × 13, 15 × 17, 15 × 19, 15 × 23

तो, लुप्त संख्या है

15 × 29 = 435

समाधान 2: यह पैटर्न +30 है और फिर दिए गए श्रृंखला के लिए +60 भी अनुसरण करता है।

165 + 30 = 195,

195 + 60 = 255,

255 + 30 = 285,

285 + 60 = 345,

345 + 30 = 375

अतः विकल्प (D) सही है।

4.

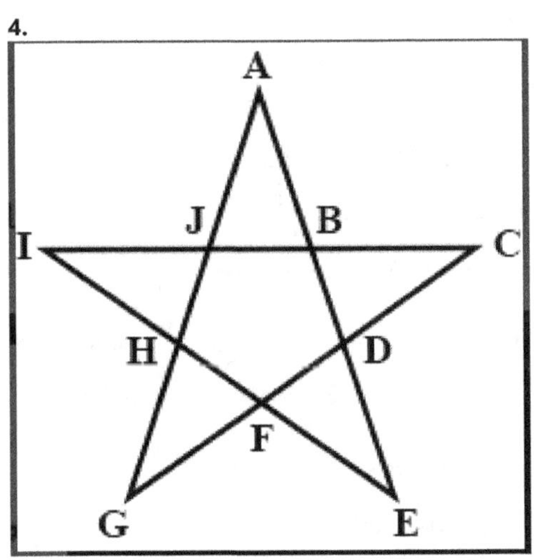

⇒ दिए गए आकृति में छोटे त्रिकोण = △ABJ, △BCD, △DEF, △FGH, △HIJ

⇒ छोटे त्रिकोण की संख्या = 5

⇒ दी गई आकृति में बड़े त्रिकोण = △CFI, △ADG, △BEI, △JCG, △AEH

⇒ बड़े त्रिकोण की संख्या = 5

⇒ दिए गए आकृति में त्रिकोण की कुल संख्या = 5 + 5 = 10

अतः विकल्प (B) सही है।

5.

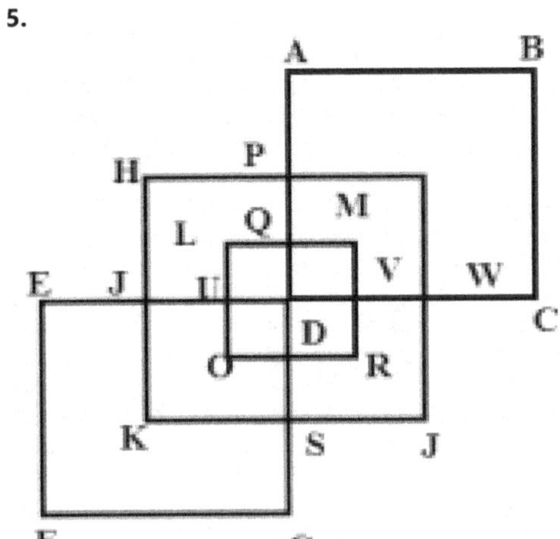

वर्ग हैं:

ABCP, DEFG, HIJK, LMNO, HPDT, TDSK, PIWD, DWJS, LQDU, UDRO, QMVD, DVNR

इस प्रकार वर्गों की संख्या = 12

अतः विकल्प (A) सही है।

6. यह एकमात्र विकल्प है जो लोगों को बेकरी के बारे में सोचने के लिए प्रोत्साहित करेगा कि एक दुकान के रूप में वे नियमित रूप से न केवल विशेष अवसरों पर जाएंगे।

अतः विकल्प (B) सही है।

7. चार महिलाएं सहमत लगती हैं कि प्लेट J के अक्षर से शुरू होती है। उनमें से तीन सहमत हैं कि प्लेट 12L के साथ समाप्त होती है। उनमें से तीन सोचती हैं कि दूसरा अक्षर X है, और एक अलग तीन को लगता है कि तीसरा अक्षर K है। प्लेट विवरण जिसमें इन सभी सामान्य तत्वों का a है।

अतः विकल्प (A) सही है।

8. सभी दोस्त सहमत हैं कि पहले तीन संख्या 995 हैं। उनमें से तीन सहमत हैं कि चौथी संख्या 9 हैं। तीन सहमत है कि पाँचवीं संख्या 2 हैं। तीन सहमत है कि छठी संख्या 6 है, तीन अन्य इस बात से सहमत हैं कि सातवीं संख्या भी 6 हैं। विकल्प A सबसे अच्छा विकल्प है क्योंकि यह उन संख्याओं से बना है जिन्हें ज्यादातर पुरुष मानते हैं।

अतः विकल्प (A) सही है।

9.

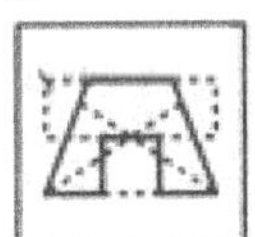

आकृति (D) वैकल्पिक आकृति है जिसमें आकृति (X) है।

अतः विकल्प (D) सही है।

10. BCQN को छोड़कर, अक्षरों के सभी समूहों में, तीसरे और चौथे अक्षर के बीच वर्णमाला श्रृंखला में केवल एक अक्षर है।

हालाँकि, BCQN में तीसरे और चौथे अक्षर के बीच वर्णमाला श्रृंखला के अनुसार दो अक्षर हैं।

अतः विकल्प (B) सही है।

11. जैसे,

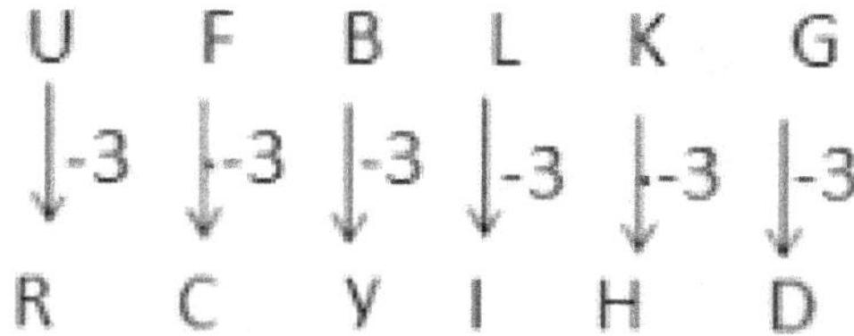

इसी तरह,

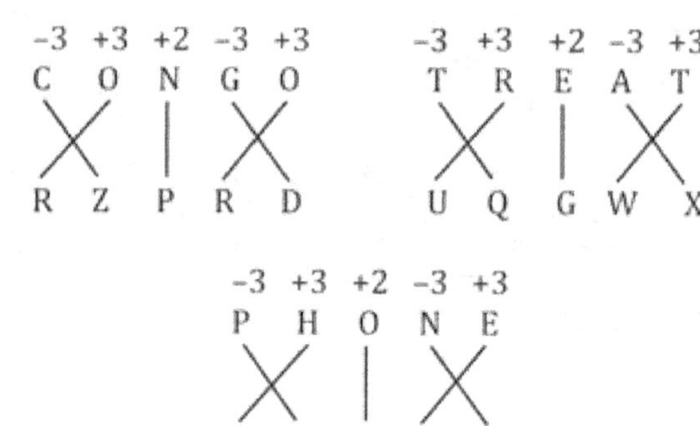

इस प्रकार, WQLUAS : TNIRXP :: UFBLKG : RCYIHD

अतः विकल्प (C) सही है।

12. $2 \times \left(\dfrac{7}{6}\right) = 2 \times 7$

$= 14$

उसी तरह से,

$18 \times \left(\dfrac{7}{6}\right) = 3 \times 7$

$= 21$

इस प्रकार, 12 : 14 :: 18 : 21

अतः विकल्प (A) सही है।

13.

अतः विकल्प (B) सही है।

14. जैसे,

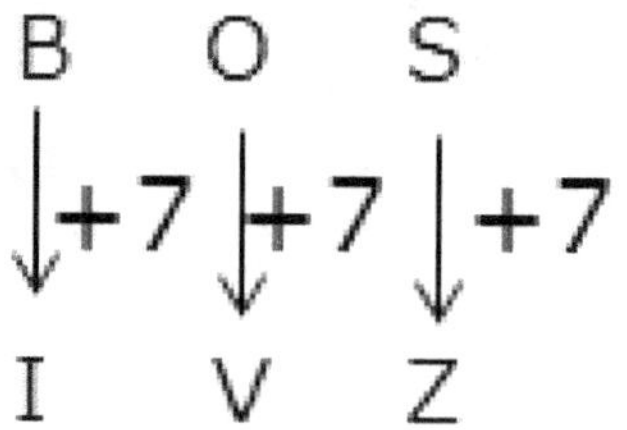

उसी प्रकार,

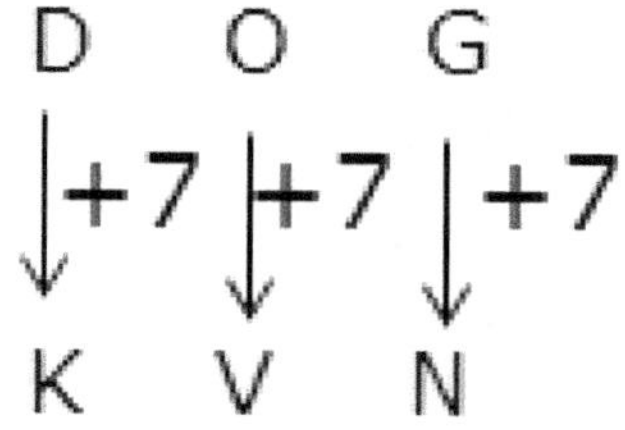

इस प्रकार, BOS : IVZ :: DOG : KVN

अतः विकल्प (B) सही है।

15. श्रृंखला है:

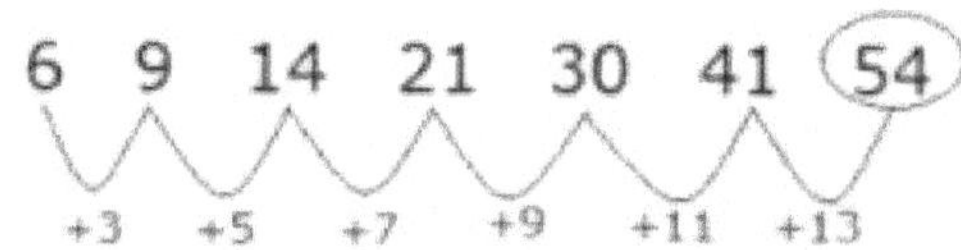

अतः विकल्प (C) सही है।

16. सबसे पहले, अक्षरों को खोलना, हमें मिलता है

PLPAE - APPLE

RAORCT - CARROT

AUVAG - GUAVA

NOONI - ONION

अब, ONION को छोड़कर बाकी सभी फल हैं।

जबकि प्याज एक सब्जी है।

इस प्रकार प्याज विषम है।

अतः विकल्प (D) सही है।

17.

छोटे आयत = (ABGF), (BCHG), (CDIH), (FGKL), (GHLM), (HIMN)

2 आयतों से बने आयत = (ACHF), (BDIG), (FHMK), (GINL), (ABLK), (BCML), (CDNM)

3 आयत से बने आयत = (ADIF), (FINK)

4 आयतों से बने आयत = (ACMK), (BDNL)

6 आयतों से बने आयत = (ADNK)

इस प्रकार कुल आयत = 18

अत: विकल्प (D) सही है।

18. चूंकि दुर्घटना ने चिंता पैदा की है, यह घातक होना चाहिए। तो, I अनुसरण करता है।

कथन में 'फिर से' शब्द का उपयोग II में वर्णित तथ्य को सही ठहराता है। तो, II भी अनुसरण करता है।

अतः विकल्प (D) सही है।

19. माना शॉट्स की कुल संख्या x है। फिर,

A द्वारा चलाई गई गोलियां $= \frac{5}{8}x$;

B द्वारा चलाई गई गोलियां $= \frac{3}{8}x$

A द्वारा चलाये गए शॉट $= \frac{1}{3}$ का $\frac{5}{8}x$

$= \frac{5x}{24}$;

B से छूटे पंछी $= \frac{1}{2}$ का $\frac{3}{8}x$

$= \frac{3x}{16}$

$\therefore \frac{3x}{16} = 27$ या

$x = \left(\frac{27 \times 16}{3}\right)$

= 144

A द्वारा मारे गए पक्षी $= \frac{5x}{24}$

$= \left(\frac{5}{24} \times 144\right)$

30 पक्षी

अत: विकल्प (A) सही है।

20. SUMMER = RUNNER

दिए गए कोड में, दूसरे, पांचवें और छठे अक्षर समान हैं। शब्द का पहला अक्षर (S → R) एक कदम पीछे चला गया है, जबकि दो मध्य अक्षर (M → N और M → N) प्रत्येक कोड के संबंधित अक्षरों को प्राप्त करने के लिए एक कदम आगे बढ़ गए।

तो, WINTER = VIOUER

अतः विकल्प (B) सही है।

21. दी गयी श्रेणी-

81 + 82 + ... + 130

प्रथम पद a = 81

सर्वान्तर d = 82 - 81

= 1

अंतिम पद l = 130

l = a + (n - 1) d

130 = 81 + (n - 1) 1

130 = 81 + n - 1

130 = 80 + n

130 - 80 = n

n = 50

n पदों का योग:

$S_n = \frac{n}{2}(a+l)$

$S_{50} = \frac{50}{2}(81+130)$

$= 25 \times (211)$

= 5275

$\therefore$ 81 + 82 +...+ 130 = 5275

अत: विकल्प (A) सही है।

22. माना पति की आयु = x वर्ष।

माना पत्नी की आयु = y वर्ष।

x + y = 100 ....(1)

$\frac{(x-10)}{(y-10)} = \frac{9}{7}$

7x - 70 = 9y - 90

7x - 9y = -90 + 70

7x - 9y = -20 ....(2)

समीकरण (1) में 7 से गुणा करने पर, हम प्राप्त करते है

7x + 7y = 700 ....(3)

समीकरणों (2) और (3) को घटाने पर, हम प्राप्त करते है

16y = 720

$y = \frac{720}{16}$

y = 45

y का मान समीकरण (1) में रखने पर

x + y = 100

x + 45 = 100

x = 100 - 45

x = 55 वर्ष

अब हम सही आयु = 55 वर्ष प्राप्त करते हैं।

अत: विकल्प (B) सही है।

23. दिया गया है:

$6.\overline{46}$

$= 6 + 0.\overline{46}$

$= 6 + \frac{46}{99}$

$= \frac{594 + 46}{99}$

$= \frac{640}{99}$

अतः विकल्प (D) सही है।

24. समय का अंतर = 11 मिनट 45 सेकंड -11 मिनट = 45 सेकंड

45 सेकंड में ध्वनि द्वारा तय की गई दूरी = ट्रेन द्वारा 11 मिनट में तय की गई दूरी

$\Rightarrow 330 \times 45 = 11 \times 60 \times$ ट्रेन की गति

$\Rightarrow$ ट्रेन की गति $= \left(\frac{330 \times 45}{11 \times 60}\right)$ मी/से

$= \left(\frac{45}{2} \times \frac{18}{5}\right)$ किमी प्रति घंटा

= 81 किमी प्रति घंटा

अतः विकल्प (C) सही है।

25. मकरंद और समरजीत के अनुपात की दक्षता $= 2 : 1$

$\because$ समरजीत अकेले 27 दिनों में काम पूरा कर सकते हैं।

$\therefore$ कुल काम $= 1 \times 27$

$= 27$ इकाई

साथ में, वे पूरे काम को पूरा कर सकते हैं $= \frac{27}{(2+1)}$

$= 9$ दिन

अतः विकल्प (D) सही है।

26. दिया गया है:

$3.\overline{87} - 2.\overline{59}$

$= \left(3 + 0.\overline{87}\right) - \left(2 + 0.\overline{59}\right)$

$= \left(3 + \frac{87}{99}\right) - \left(2 + \frac{59}{99}\right)$

$= 1 + \left(\frac{87}{99} - \frac{59}{99}\right)$

$= 1 + \frac{28}{99}$

$= 1.\overline{28}$

अतः विकल्प (D) सही है।

27. मूलधन = 4000 रुपये

समय = 2 वर्ष

दर = 10%

चक्रवृद्धि ब्याज $= P\left(1 + \frac{R}{100}\right)^{T} - P$

$\Rightarrow \left[4000 \times \left(1 + \frac{10}{100}\right)^{2} - 4000\right]$ रुपये

$\Rightarrow \left(4000 \times \frac{11}{10} \times \frac{11}{10} - 4000\right)$ रुपये

$\Rightarrow 840$ रुपये

प्रश्न के अनुसार,

साधारण ब्याज $= \frac{840}{2}$

$\Rightarrow 420 = \frac{PRT}{100}$

$\Rightarrow 420 = P \times 0.08 \times 3$

मूलधन = 1750 रुपये

अतः विकल्प (D) सही है।

28. माना कि वह संख्या 'x' है।

x का 45% = 180

$\Rightarrow \left(\frac{45}{100}\right) \times x = 180$

$\Rightarrow x = 180 \times \left(\frac{100}{45}\right)$

$\Rightarrow x = 400$

$\Rightarrow$ उस संख्या का $\frac{1}{8}$ भाग $= \left(\frac{1}{8}\right) \times 400$

$= 50$

$\therefore$ अभीष्ट संख्या 50 है।

अतः विकल्प (C) सही है।

29. सबसे पहले, आपको x के रूप में अधिकतम अंक मानने की आवश्यकता है।

माना कि अधिकतम अंक = x

अब वह 30 अंकों से फेल हो गया,

40% अंक =(150 + 30)

= 180

अब,

$x \times \left(\frac{40}{100}\right) = 180$

या, $x = 180 \times \left(\frac{100}{40}\right)$

या, x = 450

अतः विकल्प (C) सही है।

30. दिया गया है,

माना वस्तु का अंकित मूल्य a रुपए है और क्रय मूल्य b रुपए है।

जब वह छूट देता है,

विक्रय मूल्य $= \frac{9a}{10}$

लाभ प्रतिशत $= 20\%$

$\Rightarrow \frac{9a}{10} = b \times \frac{120}{100}$

$\Rightarrow a = \frac{4\,b}{3}$

जब वह कोई भी छूट नहीं देता है,

विक्रय मूल्य $= a$

लाभ प्रतिशत $= \frac{(a-b)}{b} \times 100$

$\Rightarrow \frac{\left(\frac{4b}{3} - b\right)}{b} \times 100$

$\Rightarrow 33.33\%$

अतः विकल्प (B) सही है।

31. दिया गया है:

वस्तु का क्रय मूल्य = 200 रुपये

वस्तु का विक्रय मूल्य = 225 रुपये

लाभ = विक्रय मूल्य - क्रय मूल्य

लाभ % = (लाभ/क्रय मूल्य) $\times$ 100

लाभ $= 225 - 200$

$\Rightarrow$ लाभ $= 25$

लाभ % = (25/200) $\times$ 100

$\Rightarrow$ लाभ % $= 12.5\%$

$\therefore$ लाभ %, 12.5% है।

अतः विकल्प (B) सही है।

32. दिया गया है:

दूरी (D) = 434 किमी,

रेल पर वेग = 65 मीटर / सेकंड,

और स्टीम पर वेग = 25 मीटर / सेकंड

दूरी (D) = दर (R) $\times$ समय (T)

(65 $\times$ T) + 25(T + 8) = 434

65T + 25T + 200 = 434

90T = 234

$T = 2\left(\frac{3}{5}\right)$ घंटे

रेल द्वारा $65 \times 2\left(\frac{3}{5}\right) = 169$ किमी

स्टीम द्वारा $25\left(2\left(\frac{3}{5}\right) + 8\right) = 265$ किमी

वह स्टीम से 265 किमी की दूरी तय करेगा।

अतः विकल्प (B) सही है।

33. यदि राशि x है तो छूट के बाद की राशि होगी

$= x - \left(\frac{20x}{100}\right)$

$= x - \frac{x}{5}$

$= \frac{4x}{5}$

अब 15% उन्हें कैशबैक मिल गया

$= \frac{4x}{5} - \left(\frac{15}{100}\right)\frac{4x}{5}$

$= \frac{4x}{5} - \frac{3x}{25}$

$= \frac{(20x - 3x)}{25}$

$= \frac{17x}{25}$

$= \frac{68x}{100}$ का अर्थ है कि ग्राहक द्वारा 68% का भुगतान किया जाना चाहिए।

तो प्रभावी छूट = 100 - 68

= 32%

अतः विकल्प (D) सही है।

34. 57 के गुणनखंड $= 3 \times 19$

513 के गुणनखंड $= 3 \times 3 \times 3 \times 19$

चूंकि दोनों के बीच सामान्य गुणनखंड है $= 3 \times 19$

= 57

इस प्रकार, 57 और 513 का म.स. = 57

अतः विकल्प (B) सही है।

35. मान लीजिए कि कुल काम $= 33$ इकाई

दिया गया है,

मुराद 33 घंटे में एक काम कर सकते हैं और जोएल उनसे 100% अधिक कार्यकुशल हैं।

यदि मुराद की दक्षता $= 1$ इकाई / घंटे

फिर

जोएल की दक्षता $= 2$ इकाई / घंटे

$\therefore$ एक साथ काम खत्म करने के लिए कुल समय $= \frac{33}{1+2}$

$= 11$ घंटे

अतः विकल्प (D) सही है।

36. मान लीजिए कि आवश्यक संख्याएँ a और b हैं।

$\therefore$ a और b का औसत के बीच आनुपातिक है।

$\therefore$ a : 12 = 12 : b

ab = 144   ....(1)

96, a और b के लिए तीसरा आनुपातिक है।

a : b = b : 96

b2 = 96a   ......(2)

समीकरण (1) और (2) से,

ab = 144

$$\Rightarrow a = \frac{144}{b}$$

समीकरण (2) से,

$$b^2 = 96 \times \frac{144}{b}$$

$$b^3 = 96 \times 144$$

$\Rightarrow b = 24$

$$\Rightarrow a = \frac{144}{24} = 6$$

$\Rightarrow a = 6, b = 24$

अतः विकल्प (A) सही है।

37. माना संख्या a and b.

$$\therefore \sqrt{ab} = 12$$

$$\Rightarrow ab = 12^2$$

= 144 ....(i)

पुनः, $\dfrac{a}{b} = \dfrac{b}{324}$

$$\Rightarrow b^2 = 324$$

$$a = 324\,\frac{144}{b}$$

$\left(a = \dfrac{144}{b}\right)$ समीकरण (i) से

$$\Rightarrow b^3 = 324 \times 144$$

$$\Rightarrow b = 36$$

$$\therefore ab = 144$$

$$\Rightarrow a = \frac{144}{b} = \frac{144}{36} = 4$$

$$\Rightarrow a = 4 \text{ and } b = 36$$

अतः विकल्प (B) सही है।

38. दिया गया है:

बेलन का आयतन = 126π सेमी³

ऊँचाई, h = 3.5 सेमी

बेलन का आयतन = आधार का क्षेत्रफल × ऊँचाई = πr²h

बेलन का वक्र या पार्श्व पृष्ठीय क्षेत्रफल = 2πrh

जहाँ, r = त्रिज्या और h = ऊँचाई

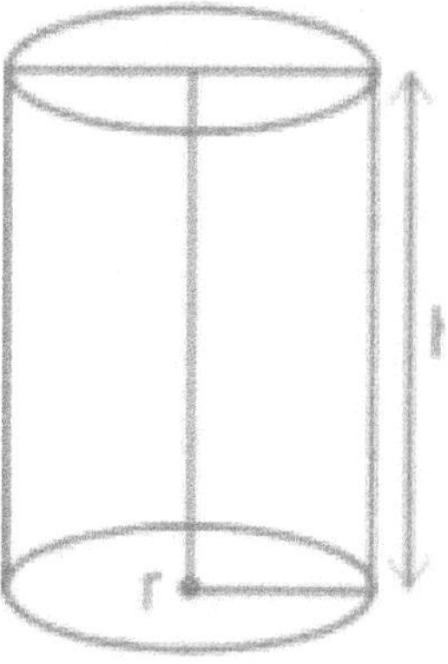

बेलन का आयतन = πr²h

$\Rightarrow$ 126π = πr² × (3.5)

$\Rightarrow$ r² = 36

$\Rightarrow$ r = 6 सेमी

बेलन का पार्श्व पृष्ठीय क्षेत्रफल = 2πrh

$$\Rightarrow 2 \times \left(\frac{22}{7}\right) \times 6 \times (3.5)$$

$\Rightarrow$ 132 सेमी²

∴ बेलन का पार्श्व पृष्ठीय क्षेत्रफल 132 सेमी² है।

अतः विकल्प (C) सही है।

39. दिया गया है:

एक आयत की लंबाई उसकी चौड़ाई की दोगुनी है।

आयत का क्षेत्रफल 50 वर्ग सेमी बढ़ जाता है, जब लंबाई 15 सेमी कम हो जाती है और चौड़ाई 10 सेमी बढ़ जाती है।

माना आयत की चौड़ाई और लंबाई क्रमशः x और 2x है।

(2x - 15) (x + 10) − 2x × x = 50

$\Rightarrow$ 2x² + 20x − 15x - 150 - 2x² = 50

$\Rightarrow$ 2x² + 20x − 15x - 150 - 2x² = 50

$\Rightarrow$ 5x = 200

$\Rightarrow$ x = 40 और 2x = 80

आयत की लंबाई और चौड़ाई का योग = 80 + 40 = 120

∴ लंबाई और आयत की चौड़ाई का योग 120 सेमी है।

अतः विकल्प (A) सही है।

40. दिया गया है:

अंक $\dfrac{3}{4}, \dfrac{4}{6}$ और $\dfrac{5}{8}$

भिन्न का लघुत्तम समापवर्त्य = अंशों का लघुत्तम समापवर्त्य/हरों का महत्तम समापवर्त्य

अंशों का लघुत्तम समापवर्त्य

$\Rightarrow$ लघुत्तम समापवर्त्य (3, 4, 5) = 60

हर का महत्तम समापवर्त्य

⇒ महत्तम समापवर्त्य (4, 6, 8) = 2

⇒ लघुत्तम समापवर्त्य $\left(\dfrac{3}{4}, \dfrac{4}{6}, \dfrac{5}{8}\right) = \dfrac{60}{2}$

⇒ लघुत्तम समापवर्त्य $\left(\dfrac{3}{4}, \dfrac{4}{6}, \dfrac{5}{8}\right) = 30$

$\dfrac{3}{4}, \dfrac{4}{6}$ और $\dfrac{5}{8}$ का लघुत्तम समापवर्त्य 30 है।

अतः विकल्प (C) सही है।

41. सदर्न पेट्रोकेमिकल्स इंडस्ट्रीज कॉर्पोरेशन लिमिटेड (SPIC) ने मार्च 2022 में भारत के सबसे बड़े तैरते सौर ऊर्जा संयंत्र का उद्घाटन और पूरी तरह से संचालन किया।

तमिलनाडु के तूतिकोरिन में SPIC कारखाने के परिसर में स्थित, यह 48 एकड़ का तैरता हुआ सौर ऊर्जा संयंत्र 62 एकड़ में फैले एक बड़े जलाशय पर स्थापित किया गया है।

यह प्रति वर्ष 42 मिलियन यूनिट बिजली पैदा करने में सक्षम है।

अतः विकल्प (D) सही है।

42. हरियाणा की 14th विधानसभा, जिसका गठन अक्टूबर, 2019 के चुनाव के बाद किया गया है।

परिणाम 24 अक्टूबर 2019 को घोषित किए गए थे। भारतीय जनता पार्टी सबसे बड़ी पार्टी के रूप में उभरी और जननायक जनता पार्टी और सात निर्दलीय विधायकों के साथ चुनाव के बाद गठबंधन में सरकार बनाई।

अतः विकल्प (C) सही है।

43. प्रधान मंत्री नरेंद्र मोदी ने बेंगलुरु में सेमीकॉन इंडिया सम्मेलन-2022 का उद्घाटन किया।

भारत को सेमीकंडक्टर डिजाइन, निर्माण और प्रौद्योगिकी विकास के लिए एक वैश्विक केंद्र बनाने के लिए जो भारत सेमीकंडक्टर मिशन के दृष्टिकोण को आगे बढ़ाने में मदद करेगा।

अर्धचालक एक चालक और एक इन्सुलेटर के बीच गिरने वाले विद्युत चालकता मूल्यों वाले पदार्थ होते हैं।

अतः विकल्प (D) सही है।

44. एक्सोस्फीयर की ऊपर की परत है, जहां वायुमंडल की ऊपरी परत को कम करता है और इंटरप्लेनेटरी स्पेस के साथ विलय होता है। यह सीधे थर्मोस्फीयर के ऊपर स्थित है।

अतः विकल्प (D) सही है।

45. उत्तर से दक्षिण तक व्यवस्थित शहर हैं-

भुवनेश्वर - यह भारत का पूर्वी राज्य ओडिशा, उड़ीसा का एक प्राचीन शहर है।

हैदराबाद - यह दक्षिणी भारत के तेलंगाना राज्य की राजधानी है।

चेन्नई - यह भारतीय राज्य तमिलनाडु की राजधानी है। बंगाल की खाड़ी के कोरोमंडल तट पर स्थित, यह दक्षिण भारत के सबसे बड़े सांस्कृतिक, आर्थिक और शैक्षिक केंद्रों में से एक है।

कोचीन - कोच्चि (कोचीन के नाम से भी जाना जाता है) दक्षिण-पश्चिम भारत के तटीय केरल राज्य का एक शहर है।

अतः विकल्प (A) सही है।

46. गौतम बुद्ध शाक्य वंश के हैं। सबसे पहले बौद्ध स्रोतों में कहा गया है कि बुद्ध का जन्म एक कुलीन क्षत्रिय (पाली: खटिया) परिवार में हुआ था, जिसे गोतमा (संस्कृत: गौतम) कहा जाता था, जो शाक्यों का हिस्सा थे, जो भारत और नेपाल की आधुनिक सीमा के पास रहने वाले चावल-किसानों की जमात थे।

अतः विकल्प (B) सही है।

47. बंदे मातरम् 1905 में अरबिंदो घोष द्वारा स्थापित एक अंग्रेजी भाषा का समाचार पत्र था। बिपीन चंद्र पाल द्वारा संपादित न्यू इंडिया अखबार। युगांतर पत्रिका एक बंगाली क्रांतिकारी समाचार पत्र था जिसकी स्थापना 1906 में कलकत्ता में बरिंद्र कुमार घोष, अभिनाश भट्टाचार्य और भूपेंद्रनाथ दत्ता ने की थी। संध्या पत्रिका बरिंद्र घोष द्वारा संपादित नहीं की गई थी।

अतः विकल्प (D) सही है।

48. नायलॉन-66 एक प्रकार का पॉलियामाइड या नायलॉन है। इसका उपयोग प्लास्टिक इंडस्ट्रीज में ब्रश के लिए ब्रिसल्स बनाने में किया जाता है। नायलॉन-66 दो मोनोमर्स से बना है जिसमें प्रत्येक में 6 कार्बन परमाणु हेक्सामेथाइलिडेनमाइन और एडिपिक एसिड होते हैं, जो नायलॉन-66 को अपना नाम देते हैं।

अतः विकल्प (B) सही है।

49. एसिड नीले लिटमस पेपर को लाल में बदल देता है। एक एसिड एक अणु या आयन है जो प्रोटॉन को दान करने में सक्षम है, या, वैकल्पिक रूप से, इलेक्ट्रॉन जोड़े के साथ सहसंयोजक बंधन बनाने में सक्षम है। लिटमस, लाइकेन से एक रंग का पदार्थ है जो एसिड समाधानों में लाल और क्षारीय समाधानों में नीला होता है और इसका उपयोग एसिड-बेस इंडिकेटर के रूप में किया जाता है।

अतः विकल्प (C) सही है।

50. कार्बन मोनोऑक्साइड एक रंगहीन, गंधहीन, बेस्वाद गेस है जो किसी भी ईंधन के अधूरे दहन के दौरान उत्पन्न होती है। यह ऑटोमोबाइल द्वारा जारी प्रदूषक है।

अतः विकल्प (C) सही है।

51. सॉलिड कार्बन डाइऑक्साइड को ड्राई आइस के रूप में जाना जाता है। ड्राई आइस सॉलिड कार्बन डाइऑक्साइड (CO_2) का सामान्य नाम है। इसे यह नाम इसलिए मिला क्योंकि यह गर्म होने पर तरल में नहीं पिघलता है, इसके बजाय, यह सीधे गैस में बदल जाता है (एक प्रक्रिया जिसे अचेतन के रूप में जाना जाता है)।

अतः विकल्प (D) सही है।

52. मरकरी में सबसे कम गलनांक होता है। मरकरी का गलनांक -37.89F है। किसी पदार्थ का गलनांक वह तापमान होता है जिस पर वह अवस्था को ठोस से तरल में बदल देता है। पिघलने के बिंदु पर, ठोस और तरल चरण संतुलन में मौजूद होते हैं।

अतः विकल्प (D) सही है।

53. राष्ट्रीय युवा दिवस 12 जनवरी 1984 को स्वामी विवेकानंद के जन्मदिन के रूप में मनाया जाता है। 1984 में भारत सरकार ने इस दिन को राष्ट्रीय युवा दिवस के रूप में घोषित किया और 1985 के बाद से यह कार्यक्रम हर साल भारत में मनाया जाता है।

अतः विकल्प (B) सही है।

54. भारत में, पोस्ट डे 10 अक्टूबर को पोस्ट डे के विस्तार के रूप में प्रतिवर्ष मनाया जाता है।

इस दिन का उद्देश्य पिछले 150 वर्षों से भारतीय पोस्ट विभाग द्वारा निभाई गई भूमिका को स्मरण करना है, जिसकी स्थापना 1854 में लॉर्ड डलहौजी द्वारा की गई थी।

अतः विकल्प (D) सही है।

55. तेलंगाना का गठन 2 जून 2014 को हुआ था, और राज्य सरकार इसे यादगार बनाने के लिए सभी पड़ावों को पार कर रही थी। तेलंगाना का गठन दिवस हमें कुछ महत्वपूर्ण घटनाओं को फिर से देखने का अवसर देता है जिसके कारण भारत के 29 वें राज्य का निर्माण हुआ था।

अतः विकल्प (A) सही है।

56. जापान के वर्ल्ड नंबर 1 बैडमिंटन खिलाड़ी, केंटो मोमोटा ने मलेशिया मास्टर्स 2020 टूर्नामेंट के फाइनल मैच में पूर्व विश्व चैंपियन विक्टर एक्सेलसेन को हराया और खिताब जीता।

केंटो मोमोटा ने वर्ष 2019 में 11 प्रमुख खिताब जीते थे और यह किसी भी बैडमिंटन खिलाड़ी द्वारा एक साल में सबसे अधिक खिताब है। उन्होंने 2019 BWF वर्ल्ड टूर फाइनल जीता और उन्हें BWF बेस्ट मेल प्लेयर ऑफ द ईयर अवार्ड से भी सम्मानित किया गया। उनसे आगामी टोक्यो ओलंपिक में जापान का प्रतिनिधित्व करने की उम्मीद है। चीनी बैडमिंटन खिलाड़ी चेन यू फी ने टूर्नामेंट का महिला एकल खिताब जीता।

अतः विकल्प (B) सही है।

57. दिव्यांश सिंह पंवार राजस्थान के जयपुर के 17 वर्षीय भारतीय निशानेबाज हैं। उन्हें समाचार में देखा गया था क्योंकि उन्होंने हाल ही में ऑस्ट्रिया में आयोजित एक टूर्नामेंट, मेयटन कप में स्वर्ण पदक जीता था।

दिव्यांश ने पुरुषों की 10 मीटर एयर राइफल स्पर्धा में स्वर्ण पदक जीता और इक्का भारतीय निशानेबाज अपूर्वी चंदेला ने 10 मीटर एयर राइफल महिला वर्ग में स्वर्ण पदक जीता। अन्य निशानेबाजों दीपक कुमार और अंजुम मौदगिल ने भी क्रमशः पुरुषों और महिलाओं की 10 मीटर एयर राइफल स्पर्धा में कांस्य पदक जीता। चार भारतीय निशानेबाजों ने आगामी टोक्यो ओलंपिक के लिए अपना कोटा पहले ही हासिल कर लिया है।

अतः विकल्प (C) सही है।

58. 'इम्परफेक्ट' प्रसिद्ध क्रिकेटर संजय मांजरेकर की आत्मकथा है। इम्परफेक्ट में संजय मांजरेकर एक क्रिकेटर के रूप में अपने करियर की वापसी के लिए अपनी प्रसिद्ध विश्लेषणात्मक शक्तियों का उपयोग करते हैं।

अतः विकल्प (D) सही है।

59. मल्लिका साराभाई एक प्रसिद्ध कुचिपुड़ी और भरतनाट्यम नर्तकी हैं। उन्होंने कई राष्ट्रीय और अंतर्राष्ट्रीय पुरस्कार जीते हैं- पद्म भूषण और संगीत नाटक अकादमी पुरस्कार उनमें से कुछ हैं।

अतः विकल्प (C) सही है।

60. राष्ट्रपति राम नाथ कोविंद ने अनानास की 'क्वीन' किस्म को त्रिपुरा का राज्य फल घोषित किया है। प्रसिद्ध क्वीन किस्म चमकदार, सुनहरे पीले रंग की होती है और पकने की अवस्था में सुखद सुगंध और स्वाद का उत्सर्जन करती है। फलों का औसत वजन 600 ग्राम से 800 ग्राम तक भिन्न होता है। इसे 2015 में भौगोलिक संकेत (जीआई) मिला और यह दुनिया में अनानास की सबसे अच्छी गुणवत्ता है। त्रिपुरा देश के सबसे बड़े अनानास उत्पादक राज्यों में से एक है और राज्य में 100 से अधिक वाणिज्यिक पैमाने पर अनानास के बागान हैं।

अतः विकल्प (C) सही है।

61. To end in smoke: to be destroyed or ruined.

Hence, the correct option is (B).

62. To be above board: business agreement which is honest and not trying to deceive anyone.

Hence, the correct option is (B).

63. To put one's hand to plough: to do a difficult task.

Hence, the correct option is (B).

64. Do not cry over spilt milk.

Hence, the correct option is (B).

65. He deserves my thanks for having found my purse and returned it to me without taking anything from it.

Hence, the correct option is (A).

66. The antonym of Protects is Deserts.

Protects: Keep safe from harm.

Deserts: To abandon that is to stop supporting or looking after.

Defends: Protect from harm or danger.

Deprives: Prevent (a person or place) from having or using something.

Devises: Plan or invent (a complex procedure, system, or mechanism) by careful thought.

Hence, the correct option is (C).

67. The synonym of Propel is Drive.

Propel: Carry along by force in a specified direction.

Drive: Propel or carry along by force in a specified direction.

Jettison: Throw or drop (something) from an aircraft or ship.

Burst: Break open or apart suddenly and violently, especially as a result of an impact or internal pressure.

Acclimatize: Become accustomed to a new climate or new conditions, adjust.

Hence, the correct option is (A).

68. The synonym of Terrible is Horrible

Terrible: very unpleasant, causing great shock or injury

Horrible: bad or unpleasant

Soothing: having a gently calming effect

Abandon: left completely and no longer used or wanted

Delectable: delicious or humorous extremely attractive

Hence, the correct option is (C).

69. The synonym of Busy is Occupied.

Busy: having a lot of work or tasks to do.

Occupied: busy and active.

Active: (of a person) engaging or ready to engage in physically energetic pursuits.

Preoccupied: restless, nervous, fidgety, feverish, disquieting, preoccupied.

Diligent: having or showing care and conscientiousness in one's work or duties.

Hence, the correct option is (B).

70. "Coagulated" means solidified. Liquid (A) is the opposite of solid. Flowing (C) assumes a liquid, not solid, state. Gas (D) is another opposite of solid. (Three states of matter, like volcanic material, are liquid, solid, and gaseous.)

Early the next morning, the volcano poured a huge river of molten rock down upon Herculaneum, completely burying the city and filling the harbour with coagulated lava.

Herculaneum and its harbour were buried under Solid lava.

Hence, the correct option is (B).

71. "Buoyant" means able to float. The passage indicates this by indicating that the gases, therefore, sank toward the earth and suffocated people. Buoyant does not mean visible (B) or possible to see. Able to float/buoyant does not mean able to evaporate (C). Evaporation means turning to vapour, which only liquids can do. Gases are already vapours. Buoyant does not mean invisible (D) or unseen.

These heavy gases were not buoyant in the atmosphere and therefore sank toward the earth and suffocated people.

The poisonous gases were not able to float in the air.

Hence, the correct option is (A).

72. From the passage "By analyzing data, much as a zoologist dissects an animal specimen, scientists have concluded that the eruption changed large portions of the area's geography."

"Dissect" means to cut something apart for study. Therefore, the correct sentence is:

Scientists analyzed data about Vesuvius in the same way that a zoologist studies by cutting apart a specimen.

Hence, the correct option is (B).

73. Meteorologists are scientists who study atmospheric conditions, particularly weather. Scientists who study oceans (A) are oceanographers, i.e. marine scientists. Scientists who study ash (C) do not exist as members of a separate discipline. Climate scientists and many others concerned with its effects study volcanic ash. Scientists who study animal behaviour (D) are ethologists or animal behaviourists and do not study ash.

Meteorologists studying these events have also concluded that Vesuvius caused a huge tidal wave that affected the world's climate.

Scientists who study atmospheric conditions have concluded that the volcanic eruption caused a tidal wave.

Hence, the correct option is (B).

74. Green eyed monster -- jealousy personified.

Hence, the correct option is (B).

75. The old man may not live through the winter. Through can be used as a preposition, an adverb, and an adjective. It has several meanings, including "from one side to the other" "from beginning to end" and "during an entire period".

Hence, the correct option is (B).

76. When the morning came the murder was discovered. "Came" is the simple past tense. As such "I come" becomes "I came" if you are talking about coming in the past.

Hence, the correct option is (A).

77. When you are speaking of or for yourself, use "am." When you are talking about a person or a thing (in the singular), use "is." When you are talking to a person, and when you are talking about other people or things (in the plural), use "are." Here, it is singular as one is compared to the other. Hence, is will be used.

Hence, the correct option is (A).

78. Besides means in addition to or apart from. Beside means at the side of or next to. Other two option i.e., across and both doesn't make sense if put in the sentence. The correct word will be Besides.

Hence, the correct option is (B).

79. According to the above options, the correct sentence will be "French woman who had come to Calcutta committed suicide by jumping from the first-floor balcony of the hotel where she had put up".

Hence, the correct option is (C).

80. According to the above options, the correct sentence will be "The national unity of a free people depends upon a sufficiently even balance of political power against a revolutionary opposition that is irreconcilably opposed to it to make it impracticable for there to be an arbitrary administration"

Hence, the correct option is (D).

81. 'ऋग्वेद' का सन्धि-विच्छेद 'ऋक् + वेद' है, इसमें व्यंजन संधि है।

व्यंजन संधि में यदि प्रथम वर्ण + घोष वर्ण (पंचम वर्ण को छोड़कर) आये तो प्रथम वर्ण अपने वर्ग के तृतीय वर्ण में रूपांतरित हो जाएगा।

अतः विकल्प (C) सही है।

82. 'आपबीती' शब्द में तत्पुरुष समास है, इसका विग्रह 'आप पर बीती' है, यहाँ समास होने पर विभक्ति 'पर' का लोप होता है अर्थात यहाँ 'तत्पुरुष समास' है।

अतः विकल्प (B) सही है।

83. जठराग्नि शब्द का सही अर्थ - पेट की आग होता है अन्य विकल्प जठराग्नि शब्द के सही अर्थ नहीं है।

अतः विकल्प (D) सही है।

84. 'जो ममत्व से रहित हो' वाक्यांश के लिए एक शब्द निर्मम है।

निर्मम- जिसमें ममत्व की भावना न हो।

अतः विकल्प (B) सही है।

85. कृदन्त प्रत्यय क्रिया के शब्दों के साथ जुड़ते है। धातु पदों को नाम पद बनाने वाले प्रत्ययों को कृत् प्रत्यय कहते है और कृत् प्रत्यय के प्रयोग होने से जिन नए शब्दों का निर्माण होता है उन्हें कृदन्त प्रत्यय कहते हैं। जिस शब्द के द्वारा किसी कार्य के करने या होने का बोध होता है उसे क्रिया कहते है।

अतः विकल्प सही (D) है।

86. वे प्रत्यय जो क्रिया में जुड़े होते हैं उन्हें तद्धित प्रत्यय कहते हैं। जो प्रत्यय धातुओं को छोड़कर अन्य सभी शब्दों (संज्ञा, सर्वनाम, विशेषण आदि) के अंत में जोड़े जाते है। उन्हें तद्धित प्रत्यय (तद्धितांत प्रत्यय) प्रत्यय भी कहते हैं।

अतः विकल्प (B) सही है।

87. मयंक शब्द चाँदनी का पर्यायवाची शब्द नहीं है।

चाँदनी का पर्यायवाची: कौमुदी, ज्योत्सना, उजियारा, चन्द्रप्रभा, चाँदनी के पर्यायवाची शब्द पढ़ने और सुनने में भले ही एक जैसे लगें किन्तु उनके अर्थ में सूक्ष्म अंतर हो सकता है।

उदाहरण- रात में नदी किनारे चाँद की चाँदनी को देखने का दृश्य बहुत ही सुंदर होता है।

अतः विकल्प (D) सही है।

88. 'पाहन' शब्द का पर्यायवाची: पाषाण, शिला, शैल, प्रस्तर, उपल, अश्म, पत्थर

उर्पयुक्त शब्द मेहमान, पैर, पर्वत 'पाहन' शब्द के पर्यायवाची नहीं है।

अतः विकल्प (C) सही है।

89. 'निर्दय' का विलोम शब्द 'सदय' है।

निर्दय- जिसके मन में दया न हो, दयाहीन, निष्ठुर, क्रूर, बेरहम तथा अपने अत्याचारपूर्ण कृत्य से दूसरों को सताने वाला।

सदय- दयावान, दयालु, दयापूर्ण।

अतः विकल्प (C) सही है।

90. 'सुषुप्ति' का विलोम शब्द जागृती है।

सुषुप्ति- पातंजलि दर्शन के अनुसार चित्त की एक वृत्ति या अनुभूति तथा वेदान्त के अनुसार जीव की अज्ञानावस्था।

जागृती- वह अवस्था जिसमें किसी जाति, देश, समाज आदि के लोगों को अपनी वास्तविक परिस्थितियों तथा उनके कारणों का ज्ञान हो जाता है और वे अपनी उन्नति तथा रक्षा करने के लिए सचेष्ट हो जाते हैं।

अतः विकल्प (D) सही है।

91. 'चपल' का विलोम शब्द गंभीर है।

चपल- चंचल, कहीं न टिकने वाला, शांत या स्थिर न रहने वाला।

गंभीर- कम बोलने और हँसी-मज़ाक से दूर रहने वाला, शांत, धीर, जो ख़ुश न हो।

अतः विकल्प (A) सही है।

92. "सम्" संस्कृत का उपसर्ग है। "सम्" का अर्थ उत्तम,साथ एवं पूर्ण होता है। "सम्" उपसर्ग से संस्कार शब्द बना है।

अतः विकल्प (A) सही है।

93. ओढ़ना शब्द "ना" प्रत्यय लगा कर बना है। प्रभाव ,पराजय,अपवाद क्रमशः उपसर्ग युक्त शब्द हैं।

अतः विकल्प (D) सही है।

94. संज्ञा या सर्वनाम के जिस रूप से वाक्य के अन्य शब्दों के साथ उसके सम्बन्ध का बोध होता है, उसे कारक कहते हैं। हिन्दी में आठ कारक होते हैं- कर्ता, कर्म, करण, सम्प्रदान, अपादान, सम्बन्ध, अधिकरण और सम्बोधन।

अतः विकल्प (B) सही है।

95. जो वाक्य में कार्य को करता है, वह कर्ता कारक कहलाता है। कर्ता वाक्य का वह रूप होता है जिसमे कार्य को करने वाले का पता चलता है।

कर्ता कारक का विभक्ति चिन्ह 'ने' होता है।

अतः विकल्प (C) सही है।

96. 'परिषद्' शब्द स्त्रीलिंग है।

परिभाषा- प्राचीन काल के विद्वान ब्राह्मणों की सभा जिसे राजा समय-समय पर किसी विषय पर व्यवस्था देने के लिए बुलाता था।

उदाहरण - राजा ने परिषद् से सलाह माँगी।

अतः विकल्प (D) सही है।

97. जब तिनका संगठित होकर रस्सी बन जाता है, तब इससे बलशाली हाथी भी बँध जाता है।

अतः विकल्प (C) सही है।

98. बूँदों के मेल से सागर का निर्माण होता है।

अतः विकल्प (B) सही है।

99. अपने से बड़े आकार के जीवों को चट कर जाती है।

अतः विकल्प (D) सही है।

100. त्रिफला में द्विगु समास है।

द्विगु समास- जिस समास का पूर्व पद संख्या वाचक हो और उत्तरपद संज्ञा हो तो उस समास को द्विगु समास कहते है। समास का विग्रह करने पर समाहार (समूह) का बोध होता है।

अतः विकल्प (B) सही है।

General Intelligence & Reasoning Ability

Ques (1-2):निर्देश: निम्नलिखित प्रश्न में, दिए गए विकल्पों में से सम्बन्धित शब्द को चुनिए।

Q.1 केलेंडर : तारीख : : इंडेक्स : ?

A. लेखकों के नाम **B.** शब्दावली
C. विषय-सूची **D.** सारांश

Q.2 ACOUSTIC : 91 : : RENOUNCE : ?

A. 95 **B.** 99 **C.** 105 **D.** 109

Q.3 निर्देश: निम्नलिखित प्रश्न में दिए गए विकल्पों में से संबंधित संख्या का चयन करें।

243 : 819 : : 163 : ?

A. 487 **B.** 563 **C.** 572 **D.** 593

Q.4 निम्नलिखित प्रश्न में, दिए गए विकल्पों में से विषम अक्षरों को चुनिए।

A. ACFJ **B.** RTWA **C.** NPSV **D.** HJMQ

Q.5 निर्देश: उत्तर आकृतियों में से एक आकृति का चयन करें जो पांच समस्या आकृतियों द्वारा स्थापित समान श्रृंखला को जारी रखेगी।

प्रश्न आकृति :

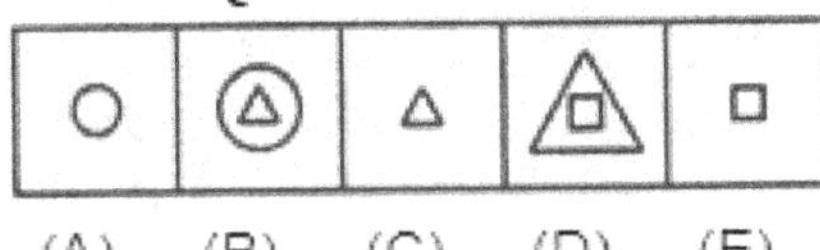

(A) (B) (C) (D) (E)

उत्तर आकृति :

(1) (2) (3) (4) (5)

A. (1) **B.** (2) **C.** (3) **D.** (4)

Q.6 निर्देश: निम्नलिखित प्रश्न में, दी गयी श्रृंखला में से लुप्त संख्या चुनिए।

1357, 3085, 5282, 8026, ?

A. 9961 **B.** 10441 **C.** 11321 **D.** 11401

Q.7 निर्देश: उस आकृति का चयन कीजिए जो शेष से भिन्न है।

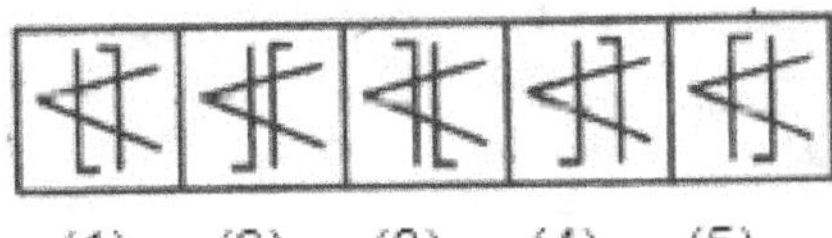

(1) (2) (3) (4) (5)

A. 1 **B.** 2 **C.** 3 **D.** 4

Q.8 कौन सा शब्द अन्य से संबंधित नहीं है?

A. जीवविज्ञान **B.** रसायन विज्ञान
C. धर्मशास्र **D.** प्राणि विज्ञान

Q.9 लीला, जो सोहन की बेटी है, लतिका से कहती है, "तुम्हारी माँ अल्का मेरे पिता की छोटी बहन है जो गजानन की तीसरी संतान है।" गजानन का लतिका से क्या संबंध है?

A. पिता **B.** चाचा **C.** दादा **D.** ससुर

Q.10 निर्देश: निम्नलिखित प्रश्न में, दिए गए समीकरण में से दो संख्यओं को आपस में परिवर्तित करके सही कीजिए।

$(8 \times 3) \div 4 + 9 - 5 = 16$

A. 3 और 4 **B.** 4 और 8 **C.** 5 और 3 **D.** 5 और 9

Q.11 यदि $(2)\# * 4 = 2$ और $(4)\# * 4 = 16$ है, तो $(6)\# * A = 18$ में A का मान क्या होगा?

A. 12 **B.** 14 **C.** 16 **D.** 20

Ques (12-13):निर्देश: निम्नलिखित श्रृंखला में प्रश्नवाचक चिन्ह (?) के स्थान पर क्या आएगा?

Q.12 72, 72, 82, 58, 126, ?

A. 146 **B.** 124 **C.** 16 **D.** 6

Q.13 30, 41, 54, 69, 86, ?

A. 102 **B.** 105 **C.** 97 **D.** 95

Q.14 शब्दों के चार जोड़े दिए गए हैं, जिनमें से तीन शब्द के जोड़े किसी तरह से संबंधित हैं और एक जोड़े में शब्द अलग हैं। उस जोड़ी का पता लगाएं जो अलग-अलग संबंधित है।

A. मछली और एकेरियम **B.** पक्षी और घोंसला
C. छात्र और शिक्षक **D.** अपराधी और जेल

Q.15 निर्देश: निम्नलिखित प्रश्न में एक कथन और उसका कारण दिया गया हैं। दोनों को ध्यान से पढ़ें और उसी के अनुसार विकल्प चुनें:

कथन (A): हम गर्म और आर्द्र जलवायु में सहज महसूस करते हैं।

कारण (R): एक नम जलवायु में पसीना तेजी से वाष्पित होता है।

A. (A) और (R) दोनों सत्य हैं और (R), (A) की सही व्याख्या है
B. (A) सत्य है लेकिन (R) असत्य है
C. (A) और (R) दोनों असत्य हैं
D. (A) असत्य है लेकिन (R) सत्य है

Q.16 सुरेश की बहन राम की पत्नी है। राम रानी का भाई है। राम के पिता मधुर हैं। शीतल राम की दादी है। रेमा शीतल की बहू है। रोहित रानी के भाई का पुत्र है। रोहित, सुरेश का कौन है?

A. बहनोई **B.** बेटा **C.** भाई **D.** भतीजा

Q.17 यदि A + B का अर्थ A, B का भाई है, A% B का अर्थ A, B का पिता है और A × B का अर्थ है, A, B की बहन है, तो निम्न में से किसका अर्थ M, P का चाचा है?

A. M % N × P **B.** N × P % M
C. M + S % R % P **D.** M + K % T × P

Q.18 आप अपने कार्यालय के प्रमुख हैं। कुछ मीडिया के लोग आपके कार्यालय में आते हैं और आपसे अनुरोध करते हैं कि आप अपने कार्यालय की पेंशन योजना के बारे में उन्हें जानकारी दें:

A. मीडिया के लोगों को किसी और दिन आने के लिए कहें
B. तुरंत प्रस्ताव स्वीकार करें और उन्हें सम्बोधित करें

C. उन्हें अपने कार्यालय से बाहर कर दें

D. उन्हें प्रतीक्षा करने और संबंधित अधिकारियों से परामर्श करने के लिए कहें

Q.19 संध्या का जन्मदिन 15 अगस्त और मीनू का जन्मदिन जून 25 जून को पड़ता है। यदि मीनू का जन्मदिन बुधवार को था, उसी वर्ष संध्या के जन्मदिन पर क्या दिन था?

A. शुक्रवार **B.** सोमवार **C.** मंगलवार **D.** शनिवार

Q.20 निर्देश: यदि AB रेखा पर एक दर्पण को रखा जाता है, तो निम्न में से कौन सी उत्तर आकृति, दी गई आकृति का सही प्रतिबिम्ब होगी?

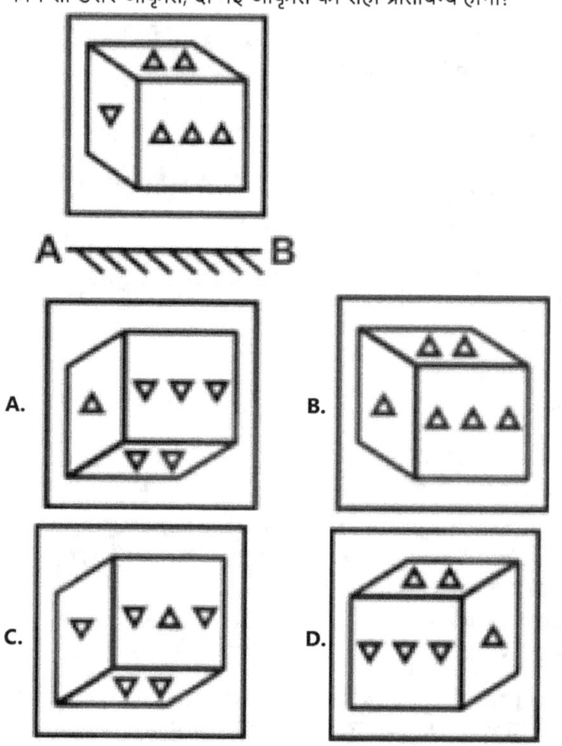

Arithmetical & Numerical Ability

Q.21 एक थोक व्यापारी, फुटकर व्यापारी को 36% के लाभ पर घड़ी बेचता है और फुटकर व्यापारी उसी घड़ी को 25% की हानि पर ग्राहक को बेच देता है। यदि ग्राहक रु. 2499 का भुगतान करता है, तो थोक व्यापारी की लागत क्या होगी?

A. रु. 2548 **B.** रु. 2450 **C.** रु. 3123 **D.** रु. 2352

Q.22 एक विद्यार्थी ने $\frac{13}{11}$ के बजाय $\frac{11}{13}$ की एक संख्या से गुणा किया तो उसको कितने प्रतिशत की त्रुटि हुई ज्ञात कीजिए ?

A. 39.67% **B.** 28.4% **C.** 14.2% **D.** 19.83%

Q.23 0.3 का $5 \times [-0.6(2.8 + 1.2)]$ किसके बराबर है:

A. -1.44 **B.** -1.08 **C.** -1.2 **D.** -3.6

Q.24 P और Q क्रमश: 25 और 50 दिनों में एक प्रोजेक्ट को पूरा कर सकते हैं। यदि वे साथ कार्य करते है तो प्रोजेक्ट का 18% वे कितने दिनों में पूरा करेंगे?

A. 6 दिन **B.** 3 दिन **C.** 12 दिन **D.** 9 दिन

Q.25 56 विद्यार्थियों की कक्षा में से 21 लड़कियां है। इन लड़कियों की औसत भार 56 किलो है और पूरी कक्षा की औसत भार 62.875 किलो हैं। कक्षा के लड़को का औसत भार ज्ञात कीजिए।

A. 69.75 किलो **B.** 72.5 किलो
C. 67 किलो **D.** 65 किलो

Q.26 एक मिसाइल 1296 किमी\घंटा की गति से यात्रा करती है, एक सेकंड में वह कितनी दूरी तय करेगी?

A. 320 मीटर **B.** 360 मीटर **C.** 341 मीटर **D.** 334 मीटर

Q.27 एक बैग में $4:2:5$ के अनुपात में 1 रु. 50 पैसे और 10 पैसे के रूप में 11 रु. है 50 पैसों के सिक्कों की संख्या ज्ञात कीजिए।

A. 10 **B.** 8 **C.** 4 **D.** 2

Q.28 एक वस्तु का अंकित मूल्य रु. 800 है। एक वस्तु की खरीद पर 15% और 4 वस्तुओं की खरीद पर 38% की छूट मिलती है। राजश्री 5 वस्तुएं खरीदती है, तो उसको कितने की प्रभावी छूट मिलेगी?

A. 33.4% **B.** 16% **C.** 9% **D.** 17.5%

Q.29 एक गैर-शून्य संख्या और उसके व्युत्क्रम के तीन गुणा का योग $\frac{13}{2}$ है। संख्या ज्ञात कीजिए।

A. 6 **B.** 7 **C.** 8 **D.** 9

Q.30 10 भुजाओं वाले बहुभुज के सभी आंतरिक कोणों के माप का योग ज्ञात कीजिए।

A. 2520° **B.** 2880° **C.** 1440° **D.** 3240°

Q.31 $(91 + 92 + 93 + \cdots \ldots + 110)$ किसके बराबर है-

A. 4020 **B.** 2010 **C.** 6030 **D.** 8040

Q.32 एक कार एक निश्चित दूरी 70 किमी/घंटा की गति से यात्रा करती है और 30 किमी/घंटा की गति से वापिस आती है। कुल यात्रा के लिए औसत गति ज्ञात कीजिए।

A. 42 किमी/घंटा **B.** 50 किमी/घंटा
C. 34 किमी/घंटा **D.** 58 किमी/घंटा

Q.33 एक वस्तु का मूल्य 42% घटाया जाता है, इसके मूल मूल्य को दुबारा प्राप्त करने के लिए, नए मूल्य में कितनी वृद्धि की गई?

A. 42% **B.** 72.41% **C.** 29.58% **D.** 52.5%

Q.34 प्रति वर्ष 4% पर 2 वर्ष के लिए एक निश्चित राशि पर वार्षिक रूप से संयोजित साधारण और चक्रवृद्धि ब्याज के मध्य रु. 8 का अंतर है। राशि क्या है?

A. रु. 10000 **B.** रु. 20000
C. रु. 5000 **D.** रु. 15000

Q.35 एक चावल व्यापारी 5632 रुपए में 16 क्विंटल चावल खरीदता है। परिवहन में 20% चावल की हानि हो जाती है। 25% लाभ अर्जित करने के लिए उसे किस दर पर बेचना चाहिए?

A. 225.2 रुपए प्रति क्विंटल

B. 550 रुपए प्रति क्विंटल

C. 440 रुपए प्रति क्विंटल

D. 563.2 रुपए प्रति क्विंटल

Q.36 2 अंको की संख्या मे दहाई का अंक इकाई के अंक से 7 अधिक है। यदि हम संख्या में से 63 घटाते हैं तो प्राप्त नई संख्या अंको के परस्पर बदलने से बनी संख्या दिखाती है। संख्या ज्ञात करें?

A. 81   **B.** 18   **C.** 62   **D.** 26

Q.37 एक बढ़ई 48 घंटों में एक अलमारी बना सकता है। 12 घंटों के बाद वह एक विराम लेता है। अलमारी का कितना भाग अभी भी शेष है?

A. 0.4   **B.** 0.5   **C.** 0.75   **D.** 0.25

Q.38 एक कंपनी के क्रमागत 7 वर्षों का औसत राजस्व 83 लाख रुपये है। यदि पहले 4 वर्षों का औसत 78 लाख रुपये है और अंतिम 4 वर्षों में यह 90 लाख रुपये है। तो चौथे वर्ष के लिए राजस्व ज्ञात कीजिए?

A. 91 लाख रुपये   **B.** 93 लाख रुपये
C. 89 लाख रुपये   **D.** 87 लाख रुपये

Q.39 एक वस्तु पर 10% की छूट दी जाती है। प्रोमो कोड का इस्तेमाल करने पर ग्राहक 5% कैश बेक जीतता है। प्रभावी छूट क्या है?

A. 15.225%   **B.** 14.5%
C. 15%   **D.** 5.5%

Q.40 यदि $6A = 11B = 7C$; तो $A : B : C$ ज्ञात कीजिए।

A. $66 : 42 : 77$ **B.** $77 : 42 : 66$
C. $42 : 77 : 66$ **D.** $7 : 11 : 6$

General Awareness

Q.41 उस डिजिटल प्लेटफॉर्म का नाम क्या है जिसका उपयोग भारत में COVID टीकाकरण के लाभार्थियों को ट्रैक करने के लिए किया जाएगा?

A. आत्मानबीर प्रणाली   **B.** आरोग्य सेतु प्रणाली
C. COWIN प्रणाली   **D.** सीरम सिस्टम

Q.42 उस्ताद अली अहमद हुसैन खान, जिनका हाल ही में निधन हो गया था, एक प्रसिद्ध ___________ थे।

[RRB (NTPC), 2017]

A. संतूर वादक   **B.** तबला वादक
C. सरोद वादक   **D.** शहनाई वादक

Q.43 भारतीय रेलवे ने जुलाई 2022 में निम्नलिखित में से किस देश के निर्माता से एलएचबी कोचों के लिए 39,000 पहियों की खरीद का आदेश दिया है?

A. यूक्रेन   **B.** चीन   **C.** रूस   **D.** जर्मनी

Q.44 जब उत्पाद का केवल एक खरीदार और एक विक्रेता होता है, तो इस स्थिति को ____कहा जाता है।

A. सार्वजनिक एकाधिकार   **B.** द्विपक्षीय एकाधिकार
C. मताधिकार एकाधिकार   **D.** क्रेता एकाधिकार

Q.45 निम्नलिखित में से कौन सा बैलेंस ऑफ पेमेंट्स (BOP) के तहत खाता नहीं है?

A. चालू खाता
B. पूंजीगत खाता
C. अधिकारिक रिजर्व खाता
D. वित्तीय खाता

Q.46 "विदेशी क्षेत्राधिकार" भारत के संविधान में सातवीं अनुसूची में दी गई ___________ सूची में सूचीबद्ध है।

A. संघ   **B.** राज्य   **C.** वैश्विक   **D.** समवर्ती

Q.47 भारतीय संविधान में किस मौलिक अधिकार में अस्पृश्यता का उन्मूलन शामिल है?

A. जीवन और व्यक्तिगत स्वतंत्रता का अधिकार
B. धर्म की स्वतंत्रता का अधिकार

C. समानता का अधिकार
D. सांस्कृतिक और शैक्षणिक अधिकार

Q.48 भूमध्य सागर से भारत के उत्तर-पश्चिमी हिस्सों में से कौन सी हवा बहती है?

A. पश्चिमी विक्षोभ   **B.** नोरवेस्टर
C. लू   **D.** आम्र वर्षा

Q.49 पृथ्वी के वायुमंडल की कौन सी परत में ओजोन परत होती है?

A. क्षोभमण्डल   **B.** मध्यमण्डल
C. आयनमंडल   **D.** समतापमण्डल

Q.50 महाबलीपुरम में स्मारकों के समूह का निर्माण किसने किया?

A. चोल राजा   **B.** पल्लव राजा
C. चेरा राजा   **D.** चालुक्य राजा

Q.51 किस गवर्नर जनरल ने भारत में शिक्षा का माध्यम अंग्रेजी बनाने का फैसला किया?

A. लॉर्ड वैलेस्ली   **B.** लॉर्ड हार्डिंग
C. लार्ड डलहौजी   **D.** लॉर्ड विलियम बैन्टिक

Q.52 निम्नलिखित में से किन तत्वों में सबसे कम गलनांक बिंदु होता है?

A. प्लैटिनम   **B.** कार्बन   **C.** कोबाल्ट   **D.** क्रिप्टन

Q.53 दूध का पीएच गान क्या है?

A. 6.7 से 6.9   **B.** 5.0 से 5.5   **C.** 7.0 से 7.5   **D.** 7.5 से 8.0

Q.54 शैफाली वर्मा, जो हाल ही में खबरों में आ रही थीं, किस खेल में एक प्रसिद्ध व्यक्तित्व हैं?

A. कुश्ती   **B.** क्रिकेट   **C.** मुक्केबाज़ी   **D.** टेनिस

Q.55 पूर्वी अफ्रीकी विकास बैंक का मुख्यालय कहाँ है?

A. युगांडा   **B.** दक्षिण अफ्रीका
C. जाम्बिया   **D.** जिम्बाब्वे

Q.56 गन्ना एक प्रकार का ____ है।

A. लता   **B.** वृक्ष   **C.** श्रूब   **D.** घास

Q.57 निम्नलिखित में से कौन अफ्रीका की सबसे ऊँची चोटी है?

A. माउंट किलिमंजारो   **B.** माउंट केन्या
C. माउंट अलगान   **D.** माउंट हनांग

Q.58 निम्नलिखित में से किस को 'बिस्मार्क ऑफ इंडिया' कहा जाता है?

A. सरदार वल्लभभाई पटेल   **B.** भगत सिंह
C. स्वामी विवेकानंद   **D.** लाला लाजपत राय

Q.59 ब्राजील के बाद, निम्नलिखित में से कौन दक्षिण अमेरिका का दूसरा सबसे बड़ा देश है?

A. कोलंबिया   **B.** अर्जेंटीना   **C.** पेरू   **D.** चिली

Q.60 स्वदेशी आंदोलन से पूर्व के वर्षों के दौरान प्रभावशाली समाचार पत्रों का विकास हुआ था। निम्नलिखित समाचार पत्रों और उनके संपादकों को सुम्मेलित कीजिए।

1. स्वदेशमित्र: जी. सुब्रमण्य अय्यर
2. अगृत बाजार पत्रिका: मोतीलाल घोष
3. वॉयस ऑफ इंडिया: एन.एन. सेन

सही उत्तर कूट का चयन कीजिए:

A. 1, 2   **B.** 2, 3   **C.** 1, 3   **D.** 1, 2, 3

English Language & Comprehension

Ques (61-62):Direction: In the following question, out of the four alternatives, choose the one which can be substituted for the given words/sentence.

Q.61 Rub a part of the body to restore warmth or sensation.

A. Fuzz   **B.** Chafe   **C.** Scum   **D.** Oblique

Q.62 The punishment of being kept in school after hours.

A. Pretension   **B.** Isolate
C. Detention   **D.** Blender

Ques (63-64):Direction: In the following question, out of the four alternatives, choose the one which best expresses the meaning of the given word.

Q.63 Petrify

A. Adorn   **B.** Calm   **C.** Curious   **D.** Harden

Q.64 Succulent

A. Sucking   **B.** Soft   **C.** Juicy   **D.** Pale

Ques (65-66):Direction: In the following question, out of the four alternatives, choose the one which best expresses the opposite meaning of the given word.

Q.65 Benign

A. Kind   **B.** Soft   **C.** Friendly   **D.** Unwise

Q.66 Loiter

A. Lag   **B.** Hasten   **C.** Amble   **D.** Loll

Ques (67-71):Direction: Read the following passage carefully and answer the question given below.

The catastrophic monsoon floods in Kerala and parts of Karnataka have revived the debate on whether political expediency trumped science. Seven years ago, the Western Ghats Ecology Expert Panel issued recommendations for the preservation of the fragile western peninsular region. Madhav Gadgil, who chaired the Union Environment Ministry's WGEEP, has said the recent havoc in Kerala is a consequence of short-sighted policymaking and warned that Goa may also be in the line of nature's fury. The State governments that are mainly responsible for the Western Ghats — Kerala, Karnataka, Tamil Nadu, Goa and Maharashtra — must go back to the drawing table with the reports of both the Gadgil Committee and the Kasturirangan Committee, which was set up to examine the WGEEP report. The task before them is to initiate correctives to environmental policy decisions. This is not going to be easy, given the need to balance human development pressures with stronger protection of the Western Ghats ecology. The issue of allowing extractive industries such as quarrying and mining to operate is arguably the most contentious. A way out could be to create the regulatory framework that was proposed by the Gadgil panel, in the form of an apex Western Ghats Ecology Authority and the State-level units, under the Environment (Protection) Act, and to adopt the zoning system that it proposed. This can keep incompatible activities out of the Ecologically Sensitive Zones (ESZs).

At issue in the Western Ghats — spread over 1,29,037 sq km according to the WGEEP estimate and 1,64,280 sq km as per the Kasturirangan panel — is the calculation of what constitutes the sensitive core and what activities can be carried out there. The entire system is globally acknowledged as a biodiversity hotspot. But population estimates for the sensitive zones vary greatly, based on interpretations of the ESZs. In Kerala, for instance, one expert assessment says 39 lakh households are in the ESZs outlined by the WGEEP, but the figure drops sharply to four lakh households for a smaller area of zones identified by the Kasturirangan panel. The goal has to be sustainable development for the Ghats as a whole. The role of big hydroelectric dams, built during an era of rising power demand and deficits, must now be considered afresh and proposals for new ones dropped. Other low-impact forms of green energy led by solar power are available. A moratorium on quarrying and mining in the identified sensitive zones, in Kerala and also other States, is necessary to assess their environmental impact. Kerala's Finance Minister, Thomas Isaac, has acknowledged the need to review decisions affecting the environment, in the wake of the floods. Public consultation on the expert reports that includes people's representatives will find greater resonance now, and help chart a sustainable path ahead.

Q.67 Which among the following has been attributed by the experts as a reason of the recent floods in Kerala and Karnataka?

A. The states do not have proper system in place of drainage and that is why the rain water always overflows in these two states

B. The states have no idea how to manage any kind of natural calamity and that is why they cannot tackle any situation however small it may be

C. The states should be entrusted with the responsibility of protection of environment in the areas within their jurisdiction

D. The political decision making strategy has always taken the upper hand as compared to the real interests of the environment

Q.68 According to the passage, the states affected by the floods should do which among the following to prevent such incidents in the future?

A. The states should devote more funds towards the reduction of natural calamities in the states

B. The states should put in place proper warning mechanism so that the government can get to know the possibility of any natural calamity beforehand

C. The states should plan properly so that they can implement the recommendations of the expert panels regarding the preservation of the Western Ghats Area

D. The states should not do anything at present and should only focus on the idea of going all out in disaster management operations

Q.69 Which among the following is the main issue pointed out in the passage in the implementation of the expert panel reports in various states?

A. There is no proper framework depicted in the expert panel reports to regulate the Ecologically Sensitive Zone in the Western Ghat Area

B. There is no issue pertaining to the Western Ghat area but

the main problem is that the governments do not have enough funds

C. The reservoirs in the vicinity of the area will spell the doom for the area since they will exhaust the groundwater available in the area

D. The balance between development and preservation should be there in order to develop the area properly

Q.70 Which among the following should be the objective of all concerned regarding the development of the Western Ghats Area?

A. The development plan should be well supported by money and also manpower by all the states

B. The development plan must be drawn up correctly at the first place since it will help gain an upper hand in the whole process

C. The states should take the development of the Western Ghats region seriously so that the area is actually preserved

D. The Western Ghats Area should be preserved properly so that there is sustainable development of the area

Q.71 Which among the following should be the course of action of the government in order to ensure that the Western Ghats Area is preserved properly?

I. There should be utilization of various clean sources of energy such as the solar power in the area

II. There should not be any restriction in mining activities as well as quarrying activities in the area

III. There should not be new construction of hydroelectric dams in the area from now onwards

A. Both I and II
B. Only II
C. Both I and III
D. Only I

Q.72 Direction: In the following question, out of the four alternatives, choose the alternative which best expresses the meaning of the idiom/Phrase.

A slap on the wrist

A. A mild punishment
B. Punishing the wrong person
C. To hit someone where it hurts the most
D. To threaten someone

Ques (73-75):Direction: In the following question, some parts of the sentence may have errors. Find out which part of the sentence has an error and select the appropriate option. If a sentence is free from error, select 'No Error'.

Q.73 Unless you don't obey (A)/ your elders you (B)/ will not succeed in your life. (C)/ No Error (D)

A. (A)
B. (B)
C. (C)
D. (D)

Q.74 The prince and princess(A)/made their way(B)/through the cheering crowd.(C)/No error(D)

A. (A)
B. (B)
C. (C)
D. (D)

Q.75 Hardly had I reached the (1)/ exhibition where I learnt (2)/ about the major robbery. (3)/ No Error (4)

A. 1
B. 2
C. 3
D. 4

Q.76 Direction: Rearrange the parts of the sentence in the correct order.

This may be essential at
P: where the market fails to deliver
Q: swath of an economy
R: times, but there is a wide

A. QRP
B. QPR
C. PRQ
D. RQP

Q.77 Direction: In the following question, four words are given, out of which only one word is incorrectly spelled. Find the incorrectly spelled word.

A. Tomorrow
B. Occurence
C. Temperature
D. Preferable

Q.78 Direction: In the following question, four words are given, out of which only one word is correctly spelled. Find the correctly spelled word.

A. Ditheering
B. Dethering
C. Dithering
D. Detheering

Q.79 Adverb of "flexible" is:

A. Flexible
B. Flexi
C. Flexibly
D. Flex

Q.80 Noun form of "achieve" is:

A. Achievement
B. Achieving
C. Achievely
D. Achieved

Hindi Language & Comprehension

Q.81 दिए गए विकल्पों में से तत्सम शब्द को चुनें:

A. उछाह
B. ओखली
C. कपोत
D. किसान

Q.82 दिए गए विकल्पों में से तद्भव शब्द को चुनें:

A. केवर्त
B. गर्दभ
C. घोटक
D. गुसाई

Q.83 'गिरीश' में कौन सी संधि है?

A. दीर्घ संधि
B. गुण संधि
C. अयादि संधि
D. वृद्धि संधि

Q.84 इनमें से कौन सा शब्द संज्ञा से बना हुआ विशेषण नहीं है?

A. अपमानित
B. नियमित
C. वार्षिक
D. अपमान

Q.85 इनमें से कौन सा शब्द जातिवाचक संज्ञा से भाववाचक संज्ञा बनाया गया है?

A. बुढ़ापा
B. कठोरता
C. सजावट
D. अपनापन

Q.86 निम्न में से कौन शब्द 'लहर' का पर्यायवाची नहीं है?

A. विचि
B. दुकूल
C. तरंग
D. हिलोर

Q.87 'कमल' शब्द का पर्यायवाची क्या होगा?

A. कन्दर्प
B. अनंग
C. धनेश
D. राजीव

Q.88 इनमें से कौन सा शब्द पुंलिंग है?

A. गिलास
B. अदालत
C. (A) और (B) दोनों
D. इनमें से कोई नहीं

Q.89 निर्देश: निम्नलिखित शब्द के लिए विलोम शब्द का चयन कीजिए।
'अज्ञ'

A. विज्ञ
B. यज्ञ
C. सर्वज्ञ
D. अनज्ञ

Q.90 इनमें से कौन सा शब्द कर्मकारक है ?

A. पेड़ से फल गिरा
B. मैंने हरि को बुलाया
C. लड़का पेड़ से गिरा
D. हरि मोहन को रूपये देता है

Q.91 तुम, तुमने, तुमलोगो यह वाक्य किस वचन से है?
A. एकवचन **B.** बहुवचन
C. द्वि वचन **D.** इनमें से कोई नहीं

Q.92 'महात्मा' में कौन सा समास है?
A. तत्पुरुष समास **B.** कर्मधारय समास
C. बहुव्रीहि समास **D.** अव्ययीभाव समास

Ques (93-97):निर्देशः नीचे दिए गए अपठित गद्यांश को ध्यानपूर्वक पढ़ें एवं उस पर आधारित प्रश्न के उत्तर दें।

चुनाव पूर्व सर्वेक्षण एवं एक्जिट पोल का लोकतन्त्र में क्या महत्त्व है? यह प्रश्न विचारणीय है। लोकतन्त्र रूपी वृक्ष जनता द्वारा रोपा और सींचा जाता है, इसके पल्लवन एवं पुष्पन में मीडिया की विशेष भूमिका होती है। भारत एक लोकतान्त्रिक राष्ट्र है। लोकतान्त्रिक राष्ट्र में नागरिकों को विशिष्ट अधिकार और स्वतन्त्रताएँ प्राप्त होती हैं। भारतीय संविधान ने भी अनुच्छेद 19 (i) के अन्तर्गत नागरिकों को अभिव्यक्ति की स्वतन्त्रता प्रदान की है, लेकिन जनता के व्यापक हित पर प्रतिकूल प्रभाव डालने वाली स्वतन्त्रता बाधित भी की जानी चाहिए। भारत जैसे अल्पशिक्षित देश में इस प्रकार के सर्वेक्षण अनुचित हैं। देश की आम जनता पर मीडिया द्वारा किए जाने वाले चुनाव पूर्व सर्वेक्षण और चुनाव के तुरन्त पश्चात् किए जाने वाले एक्जिट पोल का भ्रामक प्रभाव पड़ता है। वह विजयी होती पार्टी की ओर झुक जाती है। आज भी सामान्य लोगों के बीच ये आम धारणा है कि हम अपना वोट खराब नहीं करेंगे, जीतने वाले प्रत्याशी को ही वोट देंगे। वर्तमान में बाजारवाद अपने उत्कर्ष पर है और मीडिया इसके दुष्प्रभाव से अनछुआ नहीं है। यह कहना अतिशयोक्ति न होगी कि आज मीडिया भी अधिकाधिक संख्या में प्रसार और धन पाने को बुभुक्षित है। मीडिया सत्ताधारी और मजबूत राजनीतिक दलों के प्रभाव में भी रहता है। ये दल धन के. बल पर लोक रुझान को अपने पक्ष में दिखाने में सफल हो जाते हैं और सम्पूर्ण चुनाव प्रक्रिया को ही धता बता देते हैं। इस प्रकार सत्ता एवं धन इन सर्वेक्षणों को प्रभावित करते हैं। इन्हें दूध का धुला नहीं कहा जा सकता। भारत जैसे लोकतान्त्रिक राष्ट्र में जहाँ जनता निर्वाचन प्रक्रिया के माध्यम से अपना मत अभिव्यक्त करती है, वहाँ इन सर्वेक्षणों के औचित्य-अनौचित्य पर विचार किया जाना चाहिए। न्यायालय को यदि संविधान के अनुसार चलने की बाध्यता है, तो संसद को संविधान में संशोधन करने की शक्ति प्राप्त है। वह अपने अधिकारों का प्रयोग करके कोई सार्थक प्रयास कर सकती है।

Q.93 प्रतिकूल प्रभाव डालने वाली स्वतन्त्रता क्यों बाधित होनी चाहिए:
A. श्रेष्ठ लोकतंत्र की स्थापना हेतु
B. वोट के सही उपयोग हेतु
C. साफ-सुथरी चुनाव प्रक्रिया हेतु
D. लोकहित को सर्वोपरि रखने हेतु

Q.94 लेखक ने 'दूध का धुला न होना' किसे कहा है?-सा है?
A. मीडिया से सम्बन्धित लोगों को
B. चुनाव पूर्व सर्वेक्षण एवं एक्जिट पोल को
C. सत्ताधारी और बड़े राजनीतिक दलों को
D. संसद और न्यायालय को

Q.95 'सम्पूर्ण चुनाव प्रक्रिया को ही धता बता देते हैं।' इस कथन का भाव है:
A. विश्लेषणात्मक **B.** प्रतिक्रियात्मक
C. उपहासात्मक **D.** सकारात्मक

Q.96 गद्यांश से निष्कर्ष निकलता है कि:
A. निर्वाचन में मीडिया की भूमिका संदिग्ध रहती है
B. भारत में चुनाव पूर्व सर्वेक्षण निरर्थक हैं

C. चुनाव पूर्व सर्वेक्षण एवं एक्जिट पोल प्रतिबन्धित हों
D. मीडिया धन से प्रभावित होता है

Q.97 उपरोक्त गद्यांश का उपयुक्त शीर्षक बताइए:
A. चुनाव पूर्व सर्वेक्षण
B. चुनाव पूर्व सर्वेक्षण एवं एक्जिट पोल
C. चुनाव प्रक्रिया
D. लोकतन्त्र और चुनाव सर्वेक्षण

Q.98 नवल सुन्दर श्याम शरीर में कौन-सा अलंकार है?
A. उल्लेख **B.** उपमा
C. रूपक **D.** अतिशयोक्ति

Q.99 'अंधे के हाँथ बटेर लगना', लोकोक्ति के सही अर्थ का चयन दिए गए विकल्पों में से कीजिए:
A. अंधा भी अपना लक्ष्य प्राप्त कर सकता है
B. अंधेरे में कोई चीज मिल जाना
C. अपात्र को सफलता मिल जाना
D. शेयरों में भारी लाभ होना

Q.100 'आँखे चुराना' मुहावरे का अर्थ है:
A. कतराना **B.** धोखा देना
C. ठगना **D.** चाल चलना

// स्मार्ट उत्तर पुस्तिका //

सही उत्तर — उन छात्रों के प्रतिशत को इंगित करता है जिन्होंने प्रश्नों का सही उत्तर दिया था।

छोड़ दिया — उन छात्रों के प्रतिशत को इंगित करता है जिन्होंने प्रश्नों को छोड़ दिया था।

प्रश्न संख्या	उत्तर	सही उत्तर / छोड़ दिया	प्रश्न संख्या	उत्तर	सही उत्तर / छोड़ दिया	प्रश्न संख्या	उत्तर	सही उत्तर / छोड़ दिया	प्रश्न संख्या	उत्तर	सही उत्तर / छोड़ दिया	प्रश्न संख्या	उत्तर	सही उत्तर / छोड़ दिया
1	C	77.19 % / 11.54 %	17	D	19.83 % / 75.15 %	33	B	59.11 % / 35.78 %	49	D	77.34 % / 13.74 %	65	D	88.17 % / 10.13 %
2	A	43.64 % / 40.75 %	18	D	21.81 % / 72.77 %	34	C	69.05 % / 30.32 %	50	B	65.3 % / 30.66 %	66	B	82.89 % / 16.35 %
3	A	22.83 % / 72.29 %	19	A	54.44 % / 44.92 %	35	B	25.7 % / 71.57 %	51	D	64.18 % / 31.38 %	67	D	87.06 % / 10.07 %
4	C	42.57 % / 33.07 %	20	A	58.12 % / 39.91 %	36	A	46.2 % / 39.47 %	52	D	31.27 % / 67.63 %	68	C	77.54 % / 21.01 %
5	D	17.58 % / 79.04 %	21	B	42.4 % / 52.32 %	37	C	77.64 % / 21.29 %	53	A	45.28 % / 41.45 %	69	D	16.41 % / 77.63 %
6	D	26.16 % / 72.68 %	22	B	77.74 % / 17.11 %	38	A	49.81 % / 44.8 %	54	B	80.12 % / 18.1 %	70	D	11.65 % / 84.01 %
7	D	78.81 % / 14.1 %	23	D	67.74 % / 31.34 %	39	B	51.94 % / 47.95 %	55	A	69.43 % / 30.04 %	71	C	14.58 % / 78.86 %
8	C	78.36 % / 12.91 %	24	B	48.27 % / 41.26 %	40	B	57.97 % / 32.15 %	56	D	47.21 % / 49.83 %	72	B	80.31 % / 12.62 %
9	D	52.26 % / 36.76 %	25	C	59.71 % / 37.31 %	41	C	57.15 % / 38.29 %	57	A	88.82 % / 10.95 %	73	A	79.19 % / 15.7 %
10	C	65.55 % / 32.77 %	26	B	80.31 % / 16.26 %	42	D	11.41 % / 84.93 %	58	A	45.45 % / 45.49 %	74	D	32.33 % / 67.55 %
11	A	26.6 % / 69.09 %	27	C	65.1 % / 32.13 %	43	B	41.41 % / 41.45 %	59	B	76.27 % / 12.05 %	75	B	66.03 % / 33.16 %
12	D	62.73 % / 32.71 %	28	A	20.28 % / 77.65 %	44	B	80.96 % / 13.93 %	60	A	24.09 % / 69.06 %	76	D	61.63 % / 36.7 %
13	B	18.89 % / 76.22 %	29	A	80.56 % / 17.42 %	45	C	51.59 % / 31.03 %	61	B	13.11 % / 74.44 %	77	B	80.56 % / 11.47 %
14	C	82.54 % / 15.72 %	30	C	41.39 % / 58.53 %	46	A	22.94 % / 74.64 %	62	C	83.43 % / 15.4 %	78	C	14.59 % / 79.22 %
15	C	68.29 % / 30.45 %	31	B	47.25 % / 40.31 %	47	C	78.98 % / 15.5 %	63	D	83.43 % / 10.81 %	79	C	86.37 % / 12.43 %
16	D	43.88 % / 49.27 %	32	A	10.17 % / 77.55 %	48	A	58.12 % / 41.23 %	64	C	69.07 % / 30.02 %	80	A	63.05 % / 34.97 %

प्रश्न संख्या	उत्तर	सही उत्तर / छोड़ दिया
81	C	56.81 %
		42.94 %
82	D	31.72 %
		67.06 %
83	A	78.0 %
		13.22 %
84	D	53.44 %
		37.11 %

प्रश्न संख्या	उत्तर	सही उत्तर / छोड़ दिया
85	A	80.31 %
		11.13 %
86	B	60.71 %
		32.35 %
87	D	50.3 %
		40.76 %
88	A	14.12 %
		71.04 %

प्रश्न संख्या	उत्तर	सही उत्तर / छोड़ दिया
89	A	80.64 %
		14.42 %
90	B	88.4 %
		11.39 %
91	B	80.64 %
		18.37 %
92	B	55.91 %
		43.92 %

प्रश्न संख्या	उत्तर	सही उत्तर / छोड़ दिया
93	D	83.48 %
		13.09 %
94	A	89.71 %
		10.25 %
95	C	81.5 %
		12.19 %
96	C	21.58 %
		70.33 %

प्रश्न संख्या	उत्तर	सही उत्तर / छोड़ दिया
97	C	87.18 %
		12.26 %
98	A	53.59 %
		31.36 %
99	C	86.72 %
		11.12 %
100	A	85.23 %
		14.5 %

कार्य विश्लेषण	
औसत अंक (%)	48.0%
टॉपर्स स्कोर (%)	66.0%
आपका स्कोर	

//संकेत और समाधान//

1. कैलेंडर तारीख दिखाता है, इंडेक्स विषय-सूची दिखाता है।

अतः विकल्प (C) सही है।

2. दिए गए प्रश्न में सभी शब्द वर्णानुक्रम के साथ कोडित हैं तो,

ACOUSTIC = 1+3+15+21+19+20+9+3 = 91

RENOUNCE = 18+5+14+15+21+14+3+5 = 95

अतः विकल्प (A) सही है।

3. दिए गए सादृश्य में पहले दो इस पैटर्न का अनुसरण करते हैं

2+4+3 = 9

8+1+9 = 18 = 1+8 = 9, तब

1+6+3 = 10 = 1+0 = 1 फिर

विकल्प को चेक करने के बाद

4+8+7 = 19 = 1+9 = 10 = 1+0 = 1

अतः विकल्प (A) सही है।

4. ACFJ, RTWA, HJMQ "+2+3+4" पैटर्न का अनुसरण करते हैं केवल NPSV को छोड़कर

A+2=C+3=F+4=J

R+2=T+3=W+4=A

N+4=P+3=S+3=V

H+2=J+3=M+4=Q

अतः विकल्प (C) सही है।

5. एक चरण में मौजूदा तत्व बड़ा हो जाता है और इस तत्व के अंदर एक नया तत्व प्रकट होता है। अगले चरण में, बाहरी तत्व खो जाता है तथा उससे एक भुजा अधिक वाला तत्व आ जाता है।

अतः सही विकल्प (D) है।

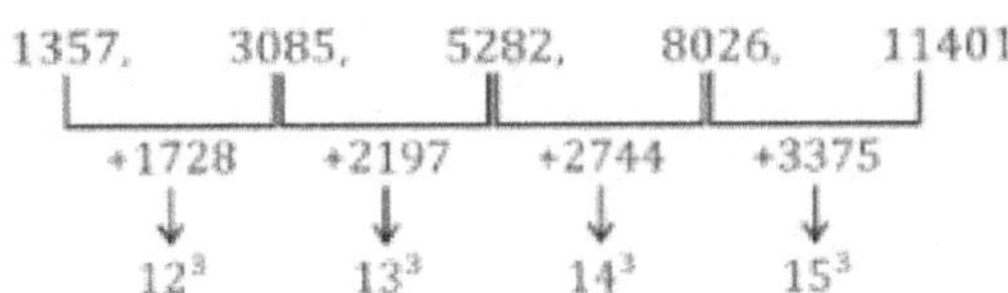

6.

अतः विकल्प (D) सही है।

7. केवल आकृति (4) में, दोनों समानांतर रेखाएं एक ही दिशा में मुड़ी हुई हैं (अर्थात बाईं ओर)।

अतः सही विकल्प (D) है।

8. जीव विज्ञान, रसायन विज्ञान और प्राणीशास्त्र सभी विज्ञान की शाखाएँ हैं। धर्मशास्त्र धर्म का अध्ययन है।

अतः सही विकल्प (C) है।

9.

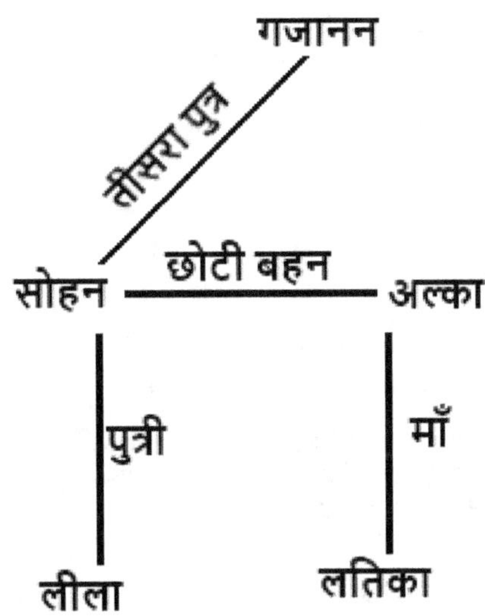

अतः सही विकल्प (C) है।

10. दिया गया समीकरण,

$$(8 \times 3) \div 4 + 9 - 5 = 16$$

यदि हम 5 और 3 को परस्पर बदलते हैं तो

$$(8 \times 5) \div 4 + 9 - 3 = 16$$

$$\Rightarrow 40 \div 4 + 9 - 3 = 16$$

$$\Rightarrow 10 + 9 - 3 = 16$$

$$\Rightarrow 19 - 3 = 16$$

$$\Rightarrow 16 = 16$$

अतः विकल्प (C) सही है।

11. दिए गए समीकरण में,

\# का अर्थ घन है और $*$ का अर्थ $\div$ है

तब, $(2)^3 \div 4 = 8 \div 4 = 2$

$(4)^3 \div 4 = 64 \div 4 = 16$

इसी तरह,

$(6)^3 \div A = 18$

$A = 216 \div 18, \Rightarrow A = 12$

अतः विकल्प (A) सही है।

12. $72 - 1^3 + 1 = 72$

$72 + 2^3 + 2 = 82$

$82 - 3^3 + 3 = 58$

$58 + 4^3 + 4 = 126$

$126 - 5^3 + 5 = 6$

अतः विकल्प (D) सही है।

13. $5^2 + 5 = 30 = 30$

$6^2 + 5 = 41 = 41$

$7^2 + 5 = 54 = 54$

$8^2 + 5 = 69 = 69$

$9^2 + 5 = 86 = 86$

अतः विकल्प (B) सही है।

14. अन्य सभी जोड़ियों में, पहले वाले को दूसरे में रखा जाता है।

अतः विकल्प (C) सही है।

15. उपरोक्त प्रश्न में, हम समझ सकते हैं कि हम एक गर्म और आर्द्र जलवायु में असहज महसूस करते हैं क्योंकि गर्म मौसम में, शरीर को अधिक पसीना आता है लेकिन उच्च आर्द्रता के कारण, यह पसीना आसानी से वाष्पित नहीं होता है।

इसलिए, हम कह सकते हैं कि (A) और (R) दोनों असत्य हैं।

अतः विकल्प (C) सही है।

16.

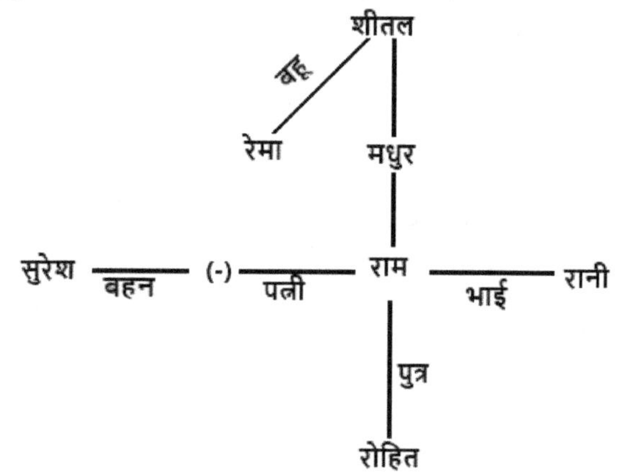

अतः विकल्प (D) सही है।

17. M + K → M, K का भाई है

K % T → K, T का पिता है

T × P → T, P की बहन है

इसलिए, K, P का पिता है और M, P का चाचा है।

अतः विकल्प (D) सही है।

18. यहां विकल्प (A) और (C) उचित नहीं हैं क्योंकि ये नैतिक आधार पर मान्य नहीं हैं जबकि विकल्प (B) भी मान्य नहीं है क्योंकि आप कार्यालय के प्रमुख हैं और इस मामले को पूरा करने के लिए आपको कुछ महत्वपूर्ण कार्य करने होंगे। (D) कार्रवाई का सबसे अच्छा तरीका होगा क्योंकि प्रत्येक कार्यालय में प्रत्येक कार्य के लिए कुछ अधिकारी होते हैं। इसलिए, उन्हें परामर्श देना होगा।

अतः विकल्प (D) सही है।

19. 25 जून से 15 अगस्त तक कुल दिन = 5 + 31 + 15 = 51 दिन

$\frac{51}{7} = 7$ सप्ताह और 2 दिन

अगस्त 15 = बुधवार +2 = शुक्रवार

अतः विकल्प (A) सही है।

20.

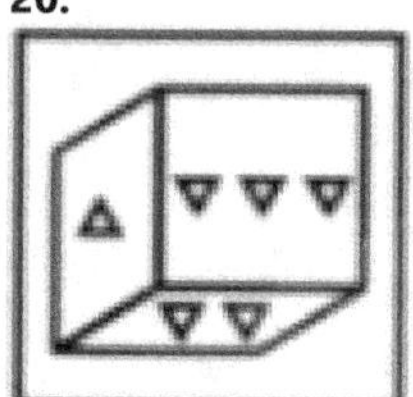

अतः विकल्प (A) सही है।

21. दिया गया,

थोक विक्रेता द्वारा बेचने पर 36% का लाभ,

फुटकर विक्रेता द्वारा बेचने पर 25% की हानि

माना थोक व्यापारी की लागत ' x'

प्रश्न के अनुसार,

$x \times \frac{136}{100} \times \frac{75}{100} = 2499$

$x = $ रु. 2450

अतः विकल्प (B) सही है।

22. दिया गया,

एक संख्या को $\frac{11}{13}$ के बजाय $\frac{13}{11}$ से गुणा किया जाता है

माना की संख्या $143x$ है (11 और 13 का ल. स.)

सही परिणाम $= \frac{13}{11} \times 143x = 169x$

गलत परिणाम $= \frac{11}{13} \times 143x = 121x$

त्रुटि $\% = \frac{169x - 121x}{169x} \times 100$

$= 28.4\%$

अतः विकल्प (B) सही है।

23. दिया गया,

0.3 का $5 \times [-0.6(2.8 + 1.2)]$

$\Rightarrow 5[-0.6(2.8 + 1.2)] \times 0.3$

$\Rightarrow 1.5(-0.6 \times 4)$

$\Rightarrow -3.6$

अतः विकल्प (D) सही है।

24. दिया गया है,

P काम को 25 दिन मे करता है और Q 50 दिन मे करता है।

तब, P के एक दिन का काम $\frac{1}{25}$ और Q के एक दिन का काम $\frac{1}{50}$ है,

तो P और Q दोनो के एक दिन का काम,

$$= \frac{1}{25} + \frac{1}{50} = \frac{3}{50}$$

तब दोनो द्वारा काम को पूरा करने मे लिया गया समय $= \frac{50}{3}$

18% काम को पूरा करने मे लगा समय $= \frac{50}{3} \times \frac{18}{100}$

$= 3$ दिन

अतः विकल्प (B) सही है।

25. दिया गया है,

विद्यार्थियों की कुल संख्या 56 है तथा लड़कियों की संख्या 21 है।

इसलिए लड़कों की संख्या = 56 - 21 = 35

लड़कियों की औसत भार 56 किलोग्राम है और पूरी कक्षा का औसत भार 62.875 किलोग्राम है

माना लड़कों का औसत भार x किलोग्राम है

प्रश्न के अनुसार,

$$\Rightarrow 35 \times x + 56 \times 21 = 56 \times 62.875$$

$$\Rightarrow 35x + 1176 = 3521$$

$$\Rightarrow 35x = 3521 - 1176$$

$$\Rightarrow 35x = 2345$$

$$\Rightarrow x = \frac{2345}{35}$$

$$\Rightarrow x = 67$$

अतः विकल्प (C) सही है।

26. दिया गया,

मिसाइल की गति $= 1296$ किमी/घंटा

गति $= 1296 \times \frac{5}{18}$ मीटर/सेकेंड

एक सेकंड में 360 मीटर

अतः विकल्प (B) सही है।

27. दिया गया,

कुल रुपए $= 11$

सिक्के का प्रकार 1 रु. 50 पैसे और 25 पैसे, अनुपात $= 4:2:5$, तब

मूल्य $\rightarrow 4x : x : 0.5x$

प्रश्न के अनुसार,

$$4x + x + 0.5x = 11 \text{ रु.}$$

$$x = 2$$

50 पैसे की संख्या $= 2x$

$= 4$

अतः विकल्प (C) सही है।

28. दिया गया,

अंकित मूल्य $= 800$

छूट $= 15\%$ और 38%

माना प्रभावी छूट x है।

1 वस्तु खरीदने पर बचाई गई राशि $= \frac{15}{100} \times 800 =$ रु. 120

4 वस्तुओं का अंकित मूल्य $= 4 \times 800 =$ रु. 3200

4 वस्तुयें खरीदने पर बचाई गई राशि $= \frac{38}{100} \times 3200 =$ रु. 1216

इस प्रकार, 5 वस्तुयें खरीदने पर, कुल राशि बच गई $= 120 + 1216 =$ रु. 1336

5 वस्तुयें की कुल अंकित कीमत $= 5 \times 800 =$ रु. 4000

$\therefore$ प्रभावी छूट $= \frac{1336}{4000} \times 100$

$$= \frac{334}{10} = 33.4\%$$

अतः विकल्प (A) सही है।

29. दिया गया,

एक गैर-शून्य संख्या और उसके व्युत्क्रम के तीन गुणा का योग $= \frac{13}{2}$

माना संख्या x है

प्रश्न के अनुसार,

$$x + \frac{3}{x} = \frac{13}{2}$$

$$\Rightarrow 2x^2 - 13x + 6 = 0$$

$$\Rightarrow (2x - 1)(x - 6) = 0$$

$$x = 6$$

अतः विकल्प (A) सही है।

30. दिया गया,

एक बहुभुज जिसके 10 किनारे हैं,

तब, किनारों की संख्या (n)= 10

सभी आंतरिक कोणों का योग $= (n - 2) \times 180°$

$$= (10 - 2) \times 180°$$

$$= 1440°$$

अतः विकल्प (C) सही है।

31. दिया गया,

एक अंकगणितीय श्रृंखला $(91 + 92 + 93 + \cdots \ldots \ldots + 110)$

पदों की संख्या $= (110 - 91 + 1) = 20$

योग $= \frac{20}{2}[91 + 110]$

$= 2010$

अतः विकल्प (B) सही है।

32. दिया गया,

आगे जा रही कार की गति $= 70$ किमी/घंटा

वापस आ रही कार की गति है $= 30$ किमी/घंटा

तब, औसत गति के लिए सूत्र है $=$ कुल दूरी/ कुल समय

अब, माना दूरी $= x$ है (प्रत्येक तरफ के लिए)

तब, कुल दूरी $= x + x = 2x$

हम जानते हैं कि, दूरी $=$ गति $\times$ समय

तब, समय $=$ दूरी\गति

पहली दूरी तय करने में समय लगा $= \dfrac{x}{70}$

वापस आने में समय लगा $= \dfrac{x}{30}$

कुल समय $= \dfrac{x}{70} + \dfrac{x}{30}$

अब इस आंकड़े को औसत गति के सूत्र में रखें और हम प्राप्त करेंगे

$= \dfrac{2x}{\frac{x}{70}+\frac{x}{30}}$

$= \dfrac{2x}{\frac{3x+7x}{210}}$

$= \dfrac{2x}{\frac{10x}{210}}$

$= \dfrac{2x}{10x} \times 210$

$= 42$ किमी/घंटा

अतः सही विकल्प (A) सही है।

33. दिया गया है,

वस्तु की कीमत 42% घटायी गई

माना, वस्तु की कीमत x है

तो, 42% घटाने के बाद वस्तु की कीमत होगी $= x - x$ का 42%

$= x - \left(x \times \dfrac{42}{100}\right)$

$= \dfrac{58x}{100} = 0.58x$

$\Rightarrow$ प्रतिशत वृद्धि $= \dfrac{x-0.58x}{0.58x} \times 100$

$= 72.41\%$

अतः विकल्प (B) सही है।

34. दिया गया,

ब्याज की दर $= 4\%$

वर्ष $= 2$

CI और $SI = 8$ रु. का अंतर

माना योग $100x$ है

2 साल के लिए 4% पर $SI = 8x$

2 साल के लिए 4% पर $Cl = 8.16x$

$Cl - SI = $ रु. 8

$8.16x - 8x = 8$

$0.16x = 8$

$x = 50$

योग $= 100x = $ रु. 5000

अतः विकल्प (C) सही है।

35. दिया गया,

व्यापारी चावल की मात्रा खरीदता है $= 16$ क्विंटल

परिवहन में हानि $= 20\%$ तब,

हानि के बाद बचा चावल $= 16 - 16$ का 20%

या 16 का $80\% = 12.8$ क्विंटल

क्रय मूल्य $= 5632$

लाभ प्रतिशत $= 25\%$

तो, 12.8 क्विंटल की बिक्री मूल्य

$= 5632 + 5632$ का 25%

$= 5632 + \dfrac{1}{4} \times 5632$

$= 7040$

आवश्यक दर $= \dfrac{7040}{12.8} = 550$

अतः विकल्प (B) सही है।

36. दिया गया,

एक दो-अंकीय संख्या और दहाई का अंक इकाई के अंक से 7 अधिक है।

माना इकाई का अंक x और दहाई का अंक y है

तो दो अंको की संख्या $(10x + y)$ होगी

प्रश्न के अनुसार,

$x - y = 7 \dots\dots\dots (i)$

यदि हम सँख्या मे से 63 घटाते हैं तो नया समीकरण होगा,

$(10x + y) - 63 = (10y + x)$

$10x - x + y - 10y = 63$

$= 9x - 9y = 63$

$= x - y = 7 \ldots \ldots \ldots (ii)$

चूंकि, दोनों समीकरण (i) और (ii) समान हैं तो, दिए गए विकल्पो मे केवल 81 समीकरण को संतुष्ट करता है

$\therefore$ संख्या 81 है

अतः विकल्प (A) सही है

37. दिया गया है,

48 घंटो में काम पूरा हो जाता है और 12 घंटे के बाद बढ़ई विराम लेता है।

$\therefore$ 36 घंटे का काम शेष है

$\therefore$ शेष काम $= \dfrac{36}{48} = \dfrac{9}{12} = \dfrac{3}{4} = 0.75$

अतः विकल्प (C) सही है।

38. दिया गया,

7 साल का औसत राजस्व $= 83$ लाख रुपये

पहले 4 वर्षों का औसत राजस्व $= 78$ लाख रुपये

पिछले 4 वर्षों का औसत राजस्व $= 90$ लाख रुपये

प्रश्न के अनुसार,

चौथे वर्ष का राजस्व $= (4 \times 78 + 4 \times 90 - 7 \times 83)$ लाख रुपये

चौथे वर्ष का राजस्व $= (312 + 360 - 581)$ लाख रुपये

$= 91$ लाख रुपये

अतः विकल्प (A) सही है।

39. दिया गया,

प्रदान छूट $= 10\%$

प्रोमो कोड कूपन $= 5\%$ कैशबैक

तब, प्रभावी छूट $= D_1 + D_2 - \dfrac{D_1 \times D_2}{100}$

$= 10 + 5 - \dfrac{10 \times 5}{100}$

$= 14.5\%$

अतः विकल्प (B) सही है।

40. दिया गया,

यदि $6A = 11B = 7C$ तब,

$\Rightarrow \dfrac{A}{1} = \dfrac{B}{\frac{6}{11}} = \dfrac{C}{\frac{6}{7}}$

$\Rightarrow \dfrac{A}{77} = \dfrac{B}{42} = \dfrac{C}{66}$

$\therefore A : B : C = 77 : 42 : 66$

अतः विकल्प (B) सही है।

41. केंद्रीय स्वास्थ्य और परिवार कल्याण मंत्रालय ने देश में बड़े पैमाने पर कोविड -19 टीकाकरण अभियान पर दिशानिर्देश जारी किए हैं।

मंत्रालय ने कहा है कि COVID वैक्सीन इंटेलिजेंस नेटवर्क (Co-WIN) सिस्टम का इस्तेमाल COVID टीकाकरण के लिए लाभार्थियों को ट्रैक करने के लिए किया जाएगा। टीकाकरण के पहले चरण में सरकार ने करीब 30 करोड़ लोगों को टीका लगाने का फैसला किया है।

अतः विकल्प (C) सही है।

42. उस्ताद अली अहमद हुसैन खान, जिनका हाल ही में निधन हो गया था, एक प्रसिद्ध शहनाई वादक थे।

प्रसिद्ध शहनाई प्रतिपादक उस्ताद अली अहमद हुसैन खान (77) का 16 मार्च 2016 को पश्चिम बंगाल के कोलकाता में निधन हो गया। वह अपनी अभिनव शैली और शास्त्रीय की महारत, अर्ध-शास्त्रीय और लोक संगीत प्रदर्शनों के लिए जाने जाते थे।

अतः विकल्प (D) सही है।

43. भारतीय रेलवे ने वैश्विक निविदा के खिलाफ चीनी निर्माता ताइयुआन से एलएचबी कोच के लिए 39,000 पहियों के लिए खरीद का आदेश दिया है।" रूस और यूक्रेन के बीच चल रहे युद्ध के कारण, रूस और यूक्रेन की फर्मों के साथ चल रहे अनुबंधों के खिलाफ आपूर्ति की गई है। अनुबंध की दर एक यूक्रेनी फर्म के पहले के स्वीकृति पत्र (एलओए) में दी गई प्रति पहिया दर से अधिक है।

अतः विकल्प (B) सही है।

44. एक द्विपक्षीय एकाधिकार तब मौजूद होता है जब एक बाजार में केवल एक आपूर्तिकर्ता और एक खरीदार होता है। एक आपूर्तिकर्ता एकाधिकार शक्ति के रूप में कार्य करेगा और एक खरीदार से उच्च कीमत वसूल करेगा। अकेला खरीदार उस कीमत का भुगतान करने की ओर देखेगा जो यथासंभव कम हो।

अतः विकल्प (B) सही है।

45. बैलेंस ऑफ पेमेंट्स (BOP), जिसे अंतर्राष्ट्रीय भुगतान के संतुलन के रूप में भी जाना जाता है, देश के व्यक्तियों, कंपनियों और सरकारी निकायों के साथ सभी लेनदेन को सारांशित करता है, जो देश के बाहर व्यक्तियों, कंपनियों और सरकारी निकायों के साथ पूरा होता है। बैलेंस ऑफ पेमेंट्स के तीन घटक हैं- चालु खाता, पूंजी खाता और वित्तीय खाता। आधिकारिक आरक्षण खाता, बैलेंस ऑफ पेमेंट्स (BOP) के तहत एक खाता नहीं है।

अतः विकल्प (C) सही है।

46. विदेशी क्षेत्राधिकार का अर्थ घरेलू अधिकार क्षेत्र के अलावा अन्य अधिकार क्षेत्र है। भारतीय संविधान में, सातवीं अनुसूची सूची । (संघ सूची), सूची ॥ (राज्य सूची), और सूची ॥। (समवर्ती सूची) के संदर्भ में संघ और राज्यों के बीच शक्तियों को विभाजित करती है। विदेशी क्षेत्राधिकार संघ सूची के अंतर्गत आता है।

अतः विकल्प (A) सही है।

47. समानता का अधिकार कानून के समक्ष सभी के समान उपचार का प्रावधान करता है, विभिन्न आधारों पर भेदभाव को रोकता है, हर किसी को सार्वजनिक रोजगार के मामलों में समान मानता है और अस्पृश्यता और उपाधि को समाप्त करता है। इसमें अनुच्छेद 14 से 18 शामिल हैं। समानता के अधिकार के तहत अनुच्छेद 17 में अस्पृश्यता का उन्मूलन शामिल है।

अतः विकल्प (C) सही है।

48. एक पश्चिमी विक्षोभ भूमध्यसागरीय क्षेत्र में उत्पन्न होने वाला एक अतिरिक्त उष्णकटिबंधीय तूफान है जो भारतीय उपमहाद्वीप के उत्तर-पश्चिमी भागों में अचानक शीतकालीन वर्षा लाता है।

अतः विकल्प (A) सही है।

49. पृथ्वी के वायुमंडल में ओजोन का लगभग 90% भाग समतापमण्डल नामक क्षेत्र में पाया जाता है। यह पृथ्वी की सतह के ऊपर 16 से 48 किलोमीटर (10 से 30 मील) के बीच की वायुमंडलीय परत है।

अतः विकल्प (D) सही है।

50. महाबलीपुरम प्रसिद्ध पल्लव साम्राज्य का प्राचीन समुद्री बंदरगाह है। शिलालेखों के अनुसार, महाबलीपुरम के स्मारकों का निर्माण पल्लव राजा महेंद्रवर्मन प्रथम (600 से 630 ईसवी), उनके पुत्र नरसिंहवर्मन प्रथम (630 से 668 ईसवी) और उनके वंशजों ने किया था।

अतः विकल्प (B) सही है।

51. लॉर्ड विलियम बेंटिक ने 1835 में भारत में शिक्षा के माध्यम के रूप में अंग्रेजी की शुरुआत की। मैकाले की "मिनिट ऑन इंडियन एजुकेशन" की सिफारिशों पर कार्रवाई करते हुए, उन्होंने फैसला किया कि सरकार केवल उन उच्च शिक्षा के संस्थानों को समर्थन देगी जो अंग्रेजी को शिक्षा के माध्यम के रूप में इस्तेमाल करते हैं।

अतः विकल्प (D) सही है।

52. तत्व (गलनांक)

क्रिप्टन (-157), कोबाल्ट (1495), कार्बन (1772), प्लेटिनम (3500)

निम्नलिखित तत्वों में, क्रिप्टन में सबसे कम गलनांक है।

नोट- सबसे कम गलनांक वाला रासायनिक तत्व हीलियम (-272) है और उच्चतम गलनांक वाला तत्व कार्बन (3500) है।

अतः विकल्प (D) सही है।

53. दूध - पास्चुरीकृत, डिब्बाबंद, या सूखा - एक अम्ल बनाने वाला भोजन है। इसका पीएच स्तर लगभग 6.7 से 6.9 के नीचे है। ऐसा इसलिए है क्योंकि इसमें लैक्टिक अम्ल होता है।

अतः विकल्प (A) सही है।

54. 16 वर्षीय भारतीय क्रिकेटर शैफाली वर्मा को हाल ही में खबरों में देखा गया था, क्योंकि उन्हें आईसीसी महिलाओं की टी 20 अंतर्राष्ट्रीय रैंकिंग में शीर्ष स्थान पर रखा गया था। उन्होंने विश्व कप में अपने शानदार प्रदर्शन (चार पारियों में 161 रन) के बाद उपलब्धि हासिल की। वह मिताली राज के बाद महिलाओं की टी 20 अंतर्राष्ट्रीय रैंकिंग में शीर्ष पर पहुंचने वाली केवल दूसरी भारतीय बल्लेबाज बनी हैं।

अतः विकल्प (B) सही है।

55. पूर्वी अफ्रीकी विकास बैंक का मुख्यालय कंपाला, युगांडा में है।

पूर्वी अफ्रीकी विकास बैंक एक विकास वित्त संस्थान है जिसका उद्देश्य पूर्वी अफ्रीकी समुदाय के सदस्य देशों में विकास को बढ़ावा देना है।

अतः विकल्प (A) सही है।

56. गन्ना कई प्रजातियों और लंबी बारहमासी घास की संकर प्रजातियों को संदर्भित करता है, जिनका उपयोग चीनी उत्पादन के लिए किया जाता है। पौधे दो से छह मीटर (छह से बीस फीट) ऊंचे होते हैं। गन्ना भारत के उष्णकटिबंधीय क्षेत्रों में गर्म शीतोष्ण का मूल निवासी है।

अतः विकल्प (D) सही है।

57. माउंट किलिमंजारो तंजानिया में एक निष्क्रिय ज्वालामुखी है। यह अफ्रीका की सबसे ऊँची चोटी है। इसके तीन ज्वालामुखी शंकु हैं: किबो, मावेंज़ी और शिरा। यह अफ्रीका का सबसे ऊँचा पर्वत है और दुनिया का सबसे ऊँचा एकल मुक्त पर्वत है जो समुद्र तल से 5,895 मीटर और इसके पठारी आधार से लगभग 4,900 मीटर ऊपर है।

अतः विकल्प (A) सही है।

58. सरदार वल्लभभाई पटेल को "भारतीय बिस्मार्क" के रूप में जाना जाता है, वे पहले उप प्रधान मंत्री थे। उनका जन्म 31 अक्टूबर 1875 को हुआ था। बिस्मार्क एक जर्मन व्यक्ति थे जिन्होंने 36 राज्यों का एकीकरण जर्मन साम्राज्य में किया था।

अतः विकल्प (A) सही है।

59. अर्जेंटीना दक्षिण अमेरिका का दूसरा सबसे बड़ा देश है। ब्राजील दुनिया का 5वां सबसे बड़ा देश है। अर्जेंटीना दुनिया का छठा सबसे बड़ा देश है।

अतः विकल्प (B) सही है।

60. स्वदेशमित्र का संपादन जी. सुब्रमण्य अय्यर; बी.जी. तिलक द्वारा केसरी और मराठा, सुरेंद्रनाथ बनर्जी द्वारा बंगाली, शिशिर कुमार घोष और मोतीलाल घोष द्वारा अमृत बाज़ार पत्रिका, जी.के. गोखले द्वारा सुधाकर, एन.एन. सेन द्वारा भारतीय दर्पण, दादाभाई नौरोजी द्वारा वॉयस ऑफ इंडिया।

वास्तव में, भारत में लगभग सभी प्रमुख राजनीतिक नेताओं द्वारा समाचार पत्रों संपादन किया गया था।

अतः विकल्प (A) सही है।

61. Chafe means (with reference to a part of the body) make or become sore by rubbing against something.

Fuzz means a buzzing or distorted sound, especially one deliberately produced as an effect on an electric guitar.

Scum means an insulting word for people that you have no respect for.

Oblique means not expressed or done in a direct way.

Hence, the correct option is (B).

62. Detention means the punishment of being kept in school after hours.

Pretension means a claim or assertion of a claim to something.

Isolate means alone or apart from other people or things.

Blender means a person or thing that mixes things together.

Hence, the correct option is (C).

63. Petrify means make (someone) so frightened that they are unable to move.

Harden means to become or to make something hard or less likely to change.

Adorn means to add something in order to make a thing or person more attractive or beautiful.

Calm means not excited, worried, angry, or quiet.

Curious means wanting to know or learn something.

Hence, the correct option is (D).

64. Succulent means tender, juicy, and tasty.

Sucking means to pull a liquid into your mouth.

Soft means not hard or firm.

Pale means not bright or strong in color.

Hence, the correct option is (C).

65. Benign means gentle and kind.

Unwise means not wise or sensible, foolish.

Kind means caring about others; friendly and generous.

Soft means easy to mold, cut, compress, or fold.

Friendly means kind and pleasant.

Hence, the correct option is (D).

66. Loiter means stand or wait around without apparent purpose.

Hasten means be quick to do something.

Lag means a period of time between two events, a delay.

Amble means to walk at a slow relaxed speed.

Loll means sit, lie, or stand in a lazy, relaxed way.

Hence, the correct option is (B).

67. According to passage, "Madhav Gadgil, who chaired the Union Environment Ministry's WGEEP, has said the recent havoc in Kerala is a consequence of short-sighted policymaking, and warned that Goa may also be in the line of nature's fury."

It is clear from the above that the experts are of the view that policy making has been the major reason of such floods in the country as it has not taken into account the environmental considerations of the area.

Hence, the correct option is (D).

68. According to the passage "The State governments that are mainly responsible for the Western Ghats — Kerala, Karnataka, Tamil Nadu, Goa and Maharashtra — must go back to the drawing table with the reports of both the Gadgil Committee and the Kasturirangan Committee, which was set up to examine the WGEEP report. The task before them is to initiate correctives to environmental policy decisions."

It implies from the above lines that the states should ponder over the steps to be taken in order to preserve the ecology of the Western Ghats Area and they should think about the implementation of the expert panel report on this issue.

Hence, the correct option is (C).

69. According to the passage, "This is not going to be easy, given the need to balance human development pressures with stronger protection of the Western Ghats ecology."

It is very much clear from the above lines that the objective of sustainable development is very difficult to meet with the political considerations in mind and that is why it becomes very difficult to strike a balance between the political objectives and the environmental requirements of the Western Ghats Area.

Hence, the correct option is (D).

70. According to the passage, "The goal has to be sustainable development for the Ghats as a whole."

It is very clear that the main objective of all the activities surrounding the Western Ghats Area should be overall development of the region and also for all the parties concerned. There should be sustainable development of all the regions in the area.

Hence, the correct option is (D).

71. According to the passage, "The role of big hydroelectric dams, built during an era of rising power demand and deficits, must now be considered afresh and proposals for new ones

dropped. Other low-impact forms of green energy led by solar power are available. A moratorium on quarrying and mining in the identified sensitive zones, in Kerala and also other States, is necessary to assess their environmental impact."

It is clear that in order to preserve the Western Ghats Area, solar energy should be promoted in the area along with a moratorium on the mining and quarrying activities in the area. Apart from that, there should be restrictions on the construction of new hydroelectric power dams in the area. This makes statements I and III true.

Hence, the correct option is (C).

72. A slap on the wrist means a small punishment when a more severe punishment is deserved.

Hence, the correct option is (A).

73. The correct sentence should be unless you obey in part 1.

Unless means if this condition is not met. Don't use other negative words in the clause starting with conjunctions until and unless.

Correct sentence: Unless you obey your elders you will not succeed in your life.

Hence, the correct option is (A).

74. There is no error in this sentence.

Hence, the correct option is (D).

75. Hardly or scarcely is always followed by 'when'. Therefore, use 'when' in place of 'where'.

Hence, the correct option is (B).

76. The sentence starts with 'This may be essential at' so part R will be followed by this because before 'times', 'at' preposition comes. It will be followed by part Q and after that, part P will come.

So the correct sentence is "This may be essential at times, but there is a wide swath of an economy where the market fails to deliver."

Hence, the correct option is (D).

77. Occurrence is the right spelling of occurence, which means an incident or event.

Tomorrow means the day after today.

Temperature means how hot or cold something is.

Preferable means better or more suitable.

Hence, the correct option is (B).

78. Dithering is the correctly spelled word which means to be unable to decide something, to hesitate.

Hence, the correct option is (C).

79. Flexibly is the adverb of flexible. A word or phrase that modifies or qualifies an adjective, verb, or other adverb or a word group, expressing a relation of place, time, circumstance, manner, cause, degree, etc is known as an adverb (gently, quite, then, there).

Hence, the correct option is (C).

80. Achievement means something very good and difficult that you have succeeded in doing.

A word that is the name of something such as a person, animal, place, thing, quality, idea, or action, is called a noun.

Hence, the correct option is (A).

81. दिए गए विकल्पों में "कपोत" तत्सम शब्द है जिसका तद्भव "कबूतर" होता है।

अन्य दिए गए तद्भव शब्दों का सही तत्सम है-

उछाह - उत्साह

ओखली - उलूखल

किसान - कृषक

अतः विकल्प (C) सही है।

82. दिए गए विकल्पों में "गुसाई" तद्भव शब्द है जिसका तत्सम "गोस्वामी" होता है।

अन्य दिए गए तत्सम शब्दो का सही तद्भव है-

केवर्त - केवट

गर्दभ - गधा

घोटक - घोड़ा

अतः विकल्प (D) सही है।

83. गिरीश = गिरि + ईश = दीर्घ संधि

इस संधि को बनाने का नियम- (इ + ई = ई)

जहाँ पर दो समान हस्व या दीर्घ स्वर आते है वहाँ दीर्घ संधि होती है।

अतः विकल्प (A) सही है।

84. अपमान शब्द संज्ञा है जिसका विशेषण अपमानित होगा।

अपमान किसी के मन को गलत बात, व्यवहार, कृत्य अथवा भंगिमा द्वारा ठेस पहुँचाना अथव किसी के सम्मान का हनन करना या उसकी पगड़ी उछालना या उसे किसी भी तरीके से जलिल करना या उसकी शारीरिक रचना या जाति का मजाक उड़ाना आदि सब अपमान की श्रेणी में आता है।

संज्ञा शब्दो से बनाए गए विशेषण शब्द:

अपमान = अपमानित

नियम = नियमित

वर्ष = वार्षिक

अतः विकल्प (D) सही है।

85. बुढ़ापा को जातिवाचक संज्ञा से भाववाचक संज्ञा के रुप मे बनाया गया है।

बूढ़ा = बुढ़ापा

जो शब्द किसी व्यक्ति, वस्तु या स्थान की संपूर्ण जाति का बोध कराते हैं, उन शब्दों को जातिवाचक संज्ञा कहते हैं यहाँ 'अपरिमित' शब्द का प्रयोग उचित है।जैसे- टीवी, कम्प्यूटर, पुस्तक, स्कूल, शहर, जानवर, पशु, पक्षी, गाय, लड़का आदि।

जो शब्द किसी चीज़ या पदार्थ की अवस्था, दशा या भाव का बोध कराते हैं, उन शब्दों को भाववाचक संज्ञा कहते हैं।जैसे- बचपन, बुढ़ापा, मोटापा, मिठास, उमंग आदि।

अतः विकल्प (A) सही है।

86. 'लहर' का पर्यायवाची विचि, तरंग, हिलोर, ऊर्मि, आदि है। दुकूल कपड़ा का पर्यायिवाची है। दुकूल के अन्य पर्यायवाची है - पट, चीर, वसन, अम्बर, वस्त्र, परिधान आदि।

अतः विकल्प (B) सही है।

87. कमल' शब्द का पर्यायवाची- पद्म, पंकज, नीरज, सरोज, जलज, कंज, राजीव, अरविन्द, शतदल, अम्बुज, सरसिज, नलिन, पुष्कर, पुण्डरीक आदि।

कन्दर्प तथा अनंग, कामदेव का पर्यायवाची है तथा धनेश कुबेर का पर्यायवाची होगा।

अतः विकल्प (D) सही है।

88. गिलास शब्द पुल्लिंग है। संज्ञा के शब्दों से पुरुष जाति का पता चलता है, उसे पुल्लिंग कहते हैं। जैसे – पिता, राजा, घोड़ा, कुत्ता, आदमी, शिव, हनुमान, शेर, सेठ, मकान आदि।

अतः विकल्प (A) सही है।

89. 'अज्ञ' का विलोम विज्ञ है।

'अज्ञ' का अर्थ ज्ञात या जाना हुआ न हो तथा विज्ञ का अर्थ जिसे सब कुछ ज्ञात हो।

अतः विकल्प (A) सही है।

90. वह वस्तु या व्यक्ति जिस पर वाक्य में की गयी क्रिया का प्रभाव पड़ता है वह कर्म कहलाता है। कर्म कारक का विभक्ति चिन्ह 'को' होता है।

मैंने हरि को बुलाया वाक्य मे 'को' चिन्ह है।

अतः विकल्प (B) सही है।

91. तुम, तुमने, तुमलोगो यह वाक्य बहुवचन से है। शब्द के जिस रूप से किसी व्यक्ति, वस्तु आदि के अनेक होने का ज्ञान हो, उसे बहुवचन कहते हैं।

अतः विकल्प (B) सही है।

92. 'महात्मा' में कर्मधारय समास है।

महात्मा – महान है जो आत्मा

जिस समास में पूर्वपद विशेषण और उत्तरपद विशेष्य हो, कर्मधारय समास कहलाता है।

जैसे-

कालीमिर्च = जो मिर्च काली है,

नीलकमल = जो कमल नीला है आदि।

अतः विकल्प (B) सही है।

93. गद्यांश के अनुसार, "लोकतन्त्र रूपी वृक्ष जनता द्वारा रोपा और सींचा जाता है, इसके पल्लवन एवं पुष्पन में मीडिया की विशेष भूमिका होती है। भारत एक लोकतान्त्रिक राष्ट्र है। लोकतान्त्रिक राष्ट्र में नागरिकों को विशिष्ट अधिकार और स्वतन्त्रताएँ प्राप्त होती हैं। भारतीय संविधान ने भी अनुच्छेद 19 (i) के अन्तर्गत नागरिकों को अभिव्यक्ति की स्वतन्त्रता प्रदान की है, लेकिन जनता के व्यापक हित पर प्रतिकूल प्रभाव डालने वाली स्वतन्त्रता बाधित भी की जानी चाहिए।"

अतः विकल्प (D) सही है।

94. गद्यांश के अनुसार, "यह कहना अतिशयोक्ति न होगी कि आज मीडिया भी अधिकाधिक संख्या में प्रसार और धन पाने को बुभुक्षित है। मीडिया सत्ताधारी और मजबूत राजनीतिक दलों के प्रभाव में भी रहता है। ये दल धन के. बल पर

लोक रुझान को अपने पक्ष में दिखाने में सफल हो जाते हैं और सम्पूर्ण चुनाव प्रक्रिया को ही धता बता देते हैं। इस प्रकार सत्ता एवं धन इन सर्वेक्षणों को प्रभावित करते हैं। इन्हें दूध का धुला नहीं कहा जा सकता।"

अतः विकल्प (A) सही है।

95. दिए गए गद्यांश से यह निष्कर्ष निकाला जा सकता है कि दिए गए कथन में उपहासात्मक भाव प्रकट हो रहा है।

गद्यांश के अनुसार, "मीडिया सत्ताधारी और मजबूत राजनीतिक दलों के प्रभाव में भी रहता है। ये दल धन के. बल पर लोक रुझान को अपने पक्ष में दिखाने में सफल हो जाते हैं और सम्पूर्ण चुनाव प्रक्रिया को ही धता बता देते हैं। इस प्रकार सत्ता एवं धन इन सर्वेक्षणों को प्रभावित करते हैं।"

अतः विकल्प (C) सही है।

96. गद्यांश के अनुसार, "भारत जैसे लोकतान्त्रिक राष्ट्र में जहाँ जनता निर्वाचन प्रक्रिया के माध्यम से अपना मत अभिव्यक्त करती है, वहाँ इन सर्वेक्षणों के औचित्य-अनौचित्य पर विचार किया जाना चाहिए। न्यायालय को यदि संविधान के अनुसार चलने की बाध्यता है, तो संसद को संविधान में संशोधन करने की शक्ति प्राप्त है। वह अपने अधिकारों का प्रयोग करके कोई सार्थक प्रयास कर सकती है।"

अतः विकल्प (C) सही है।

97. उपरोक्त गद्यांश का उपयुक्त शीर्षक चुनाव पूर्व सर्वेक्षण एवं एक्जिट पोल होगा।

अतः विकल्प (B) सही है।

98. उपरोक्त वाक्य मे उल्लेख अलंकार है।

जहां पर एक ही वस्तु का विभिन्न व्यक्तियों द्वारा अनेक प्रकार से उल्लेख किया जाए, वहां पर उल्लेख अलंकार होता है।

अतः विकल्प (A) सही है।

99. अंधे के हाथ बटेर लगना एक प्रचलित लोकोक्ति अथवा हिन्दी मुहावरा है।

जिसका अर्थ है- बिना प्रयास बड़ी चीज पा लेना, अयोग्य व्यक्ति को कोई कीमती वस्तु मिल जाना।

अतः विकल्प (C) सही है।

100. आँख चुराना एक प्रचलित लोकोक्ति अथवा हिन्दी मुहावरा है।

जिसका अर्थ है- लज्जा, संकोच के कारण किसी का सामना करने से हिचकना।

अतः विकल्प (A) सही है।

General Intelligence & Reasoning Ability

Q.1 उस संख्या का चयन करें जो निम्नलिखित पैटर्न में प्रश्नवाचक चिन्ह (?) को प्रतिस्थापित कर सकती है।

10	17	8
5	3	15
6	14	?
42	68	92

A. 23   **B.** 25   **C.** 46   **D.** 10

Q.2 दिए गए चार शब्दों में से तीन किसी प्रकार से एक समान हैं और एक भिन्न है। विषम का चयन करें।

A. चहचहाना   **B.** कांव-कांव   **C.** बछड़ा   **D.** चीख़

Q.3 निर्देश: उस विकल्प का चयन करें जो तीसरे पद से संबंधित है उसी प्रकार दूसरा पद पहले पद से संबंधित है।

CAG : GEK :: HEL : ?

A. LIP   **B.** LEP   **C.** GAC   **D.** INP

Q.4 निर्देश: उस संख्या का चयन करें जो निम्नलिखित श्रृंखला में प्रश्नवाचक चिन्ह (?) को प्रतिस्थापित कर सकती है।

213, 217, 233, 269, ?

A. 296   **B.** 333   **C.** 428   **D.** 312

Q.5 P, Q का भाई है। R, Q की पुत्री है। S, P की बहन है। Q, S की बहन है। T, R का भाई है। T का मामा कौन है?

A. P   **B.** Q   **C.** C   **D.** S

Q.6 यदि '#' का अर्थ '–', & का अर्थ '÷', '@' का अर्थ '×', ÷ का अर्थ '+' है, तो 15 @ 2 + 900 & 30 # 10 = ? का मान ज्ञात करें।

A. 21   **B.** 310   **C.** 50   **D.** 600

Q.7 दिए गए विकल्पों में से कौन सा विकल्प निम्नलिखित शब्दों का तार्किक अनुक्रम होगा?

1) डेकामीटर
2) मिलीमीटर
3) हेक्टोमीटर
4) सेंटीमीटर
5) डेसीमीटर

A. 3, 1, 5, 2, 4   **B.** 2, 1, 5, 3, 4
C. 3, 1, 5, 4, 2   **D.** 5, 1, 3, 2, 4

Q.8 एक किसान अपना खेत तैयार कर रहा है। वह गैरेज से अपना ट्रैक्टर शुरू करता है और पूर्व की ओर 5 किमी ड्राइव करता है। वहां से, वह दाएं मुड़ता है और 6 किमी ड्राइव करता है। फिर, वह दाईं ओर मुड़ता है और 8 किमी ड्राइव करता है। फिर, वह दाएं मुड़ता है और 10 किमी ड्राइव करता है और वहां उसका ट्रैक्टर खराब हो जाता है। उसकी वर्तमान स्थिति और गैरेज के बीच सबसे छोटी दूरी क्या है?

A. 5 किमी   **B.** 6 किमी   **C.** 9 किमी   **D.** 2 किमी

Q.9 उस आकृति का चयन करें जो निम्नलिखित आकृति श्रृंखला में अगली आकृति होगी।

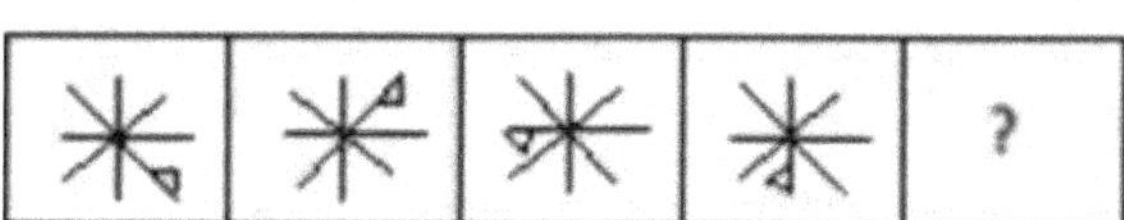

[AFCAT, 2021], [SSC Selection Post Phase IX, 2020], [Delhi Forest Guard, 2020]

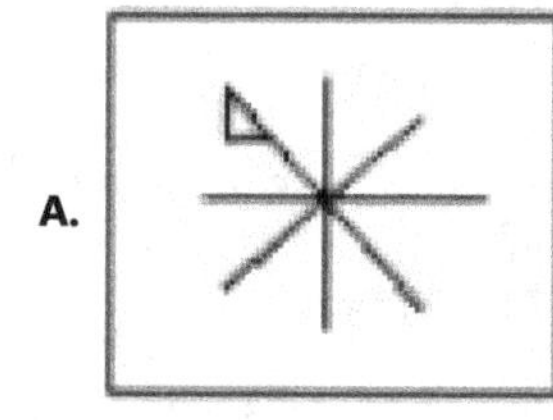
A.

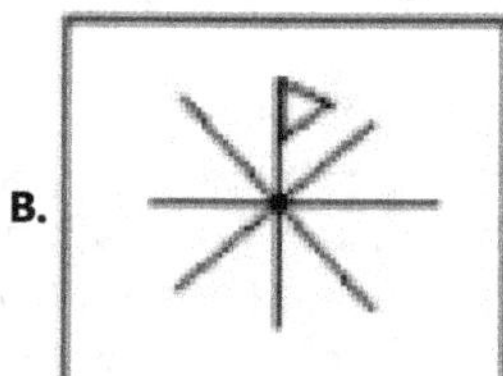
B.

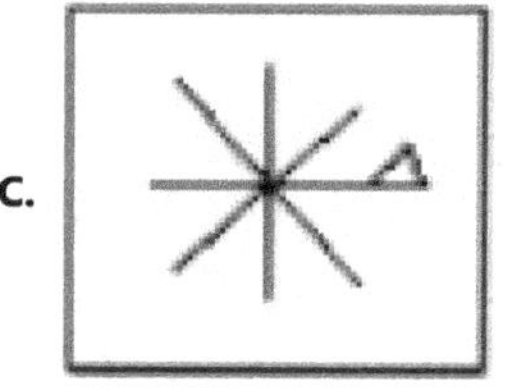
C.

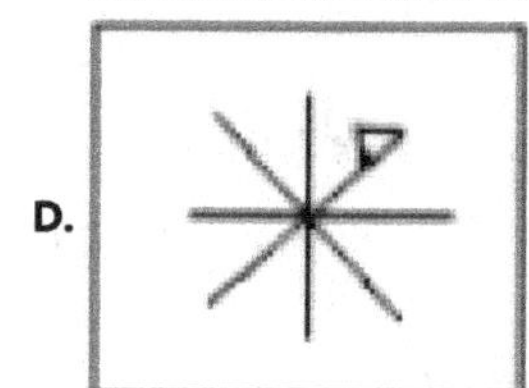
D.

Q.10 निर्देश: एक कथन के बाद दो निष्कर्ष I और II दिए गए हैं। दिए गए कथनों को सत्य मानते हुए ये निर्णय लें कि दिए गए निष्कर्षों में से कौन सा निष्कर्ष दिए गए कथनों का तार्किक रूप से अनुसरण करता है।

कथन:

प्रधानमंत्री ने स्पष्ट किया है कि उनकी सरकार गरीब किसानों के उत्थान के लिए ठोस प्रयास करेगी और उनके लिए वार्षिक पेंशन की घोषणा करेगी।

निष्कर्ष:

I. सरकार समझती है कि गरीब किसानों की स्थिति की ओर तत्काल ध्यान देने की आवश्यकता है।

II. समाज के अन्य वर्गों के लिए कोई लाभ की घोषणा नहीं की गई है।

A. दोनों निष्कर्ष I और II अनुसरण करते हैं
B. केवल निष्कर्ष I अनुसरण करता है
C. न तो निष्कर्ष I न ही II अनुसरण करता है
D. केवल निष्कर्ष II अनुसरण करता है

Q.11 निर्देश: उस विकल्प का चयन करें जो दी गई श्रृंखला को पूर्ण करने हेतु प्रश्नवाचक चिन्ह को प्रतिस्थापित करेगा।

7, 17, 41, 85, ?, 257

A. 155   **B.** 165   **C.** 105   **D.** 150

Q.12 निर्देश: निम्नलिखित प्रश्न में, दिए गए प्रश्न के बाद दो कथनों में जानकारी दी गई है। आपको यह ज्ञात करना है कि कौन-सा/कौन-से कथन में दी गयी जानकारी प्रश्न का उत्तर देने के लिए पर्याप्त है और उसके तदनुसार अपना उत्तर चिह्नित कीजिये।

क्रिस्टीन का पति कौन है?

कथन I: क्रिस्टीन, रॉबर्ट की पुत्री है।
कथन II: क्रिस्टीन, एलन की पत्नी हैं।

A. कथन I और II एकसाथ पर्याप्त नहीं हैं
B. कथन I और II एकसाथ पर्याप्त हैं
C. केवल कथन I पर्याप्त है
D. केवल कथन II पर्याप्त है

Q.13 निर्देश: प्रश्न में दो कथन, एक कथन (A) और एक कारण (R) शामिल हैं। दोनों कथनों को पढ़ें और तय करें कि निम्नलिखित उत्तर विकल्प में से कौन सा सही ढंग से इन दो कथनों के बीच संबंध को दर्शाता है।

कथन (A): मेकअप त्वचा को बेहतर दिखने में मदद करता है।

कारण (R): मेकअप त्वचा की खामियों को छिपा देता है।

A. A और R दोनों सत्य हैं और R, A की सही व्याख्या है

B. A और R दोनों सत्य हैं, लेकिन R, A की सही व्याख्या नहीं है

C. A सत्य है, लेकिन R असत्य है

D. A असत्य है, लेकिन R सत्य है

Q.14 कौन सी उत्तर आकृति निम्नलिखित प्रश्न आकृति में स्वरुप को पूरा करेगी?

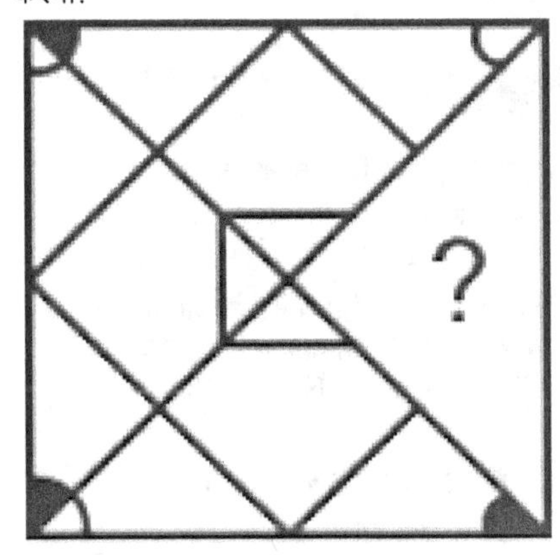

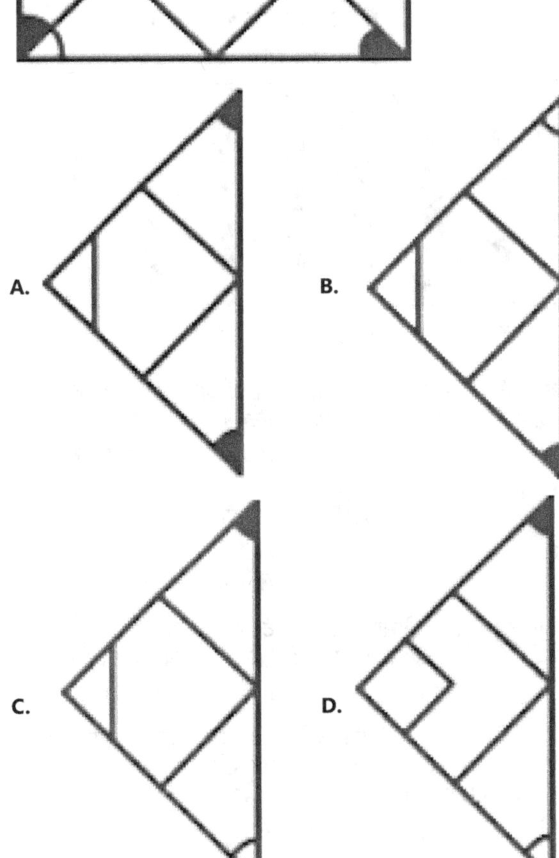

Q.15 इस आकृति में कितने त्रिभुज हैं?

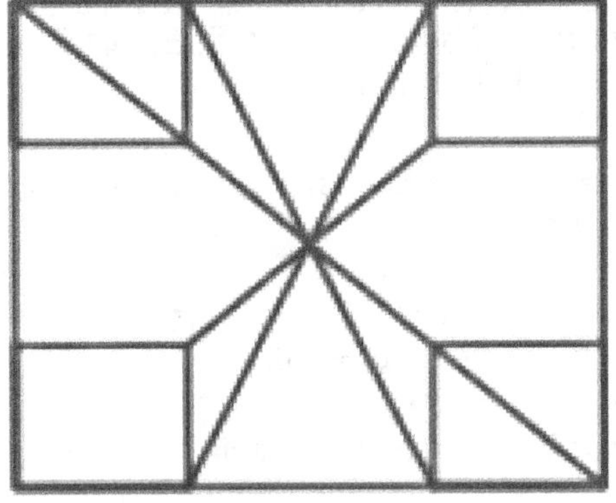

A. 15   B. 14   C. 17   D. 18

Q.16 यदि 3@7 = 30, 9@6 = 135, 7@5 = 84, तो 4@9 का मान ज्ञात कीजिए।

A. 26   B. 68   C. 52   D. 65

Q.17 6 × 4 + 4 = 18

निम्नलिखित में से किस चिन्ह और संख्या को इस तरह से बदला जाना चाहिए जिससे कि निम्नलिखित व्यंजक के लिए, बायाँ पक्ष = दायाँ पक्ष हो:

A. × को + से, 6 को 2 से   B. × को + से, 4 को 2 से

C. × को + से, 6 को 16 से   D. × को + रो, 4 को 6 से

Q.18 आकृति X, Y और Z में एक चौकोर कागज के टुकड़े को मोड़ने का क्रम और और उसे काटने का तरीका दिखाया गया है। यह कागज खोले जाने पर कैसा दिखेगा?

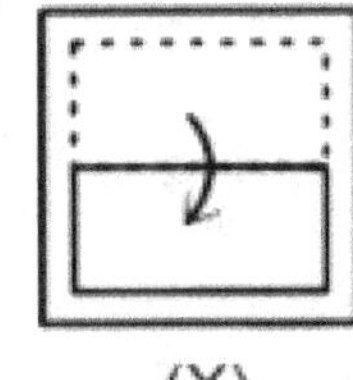 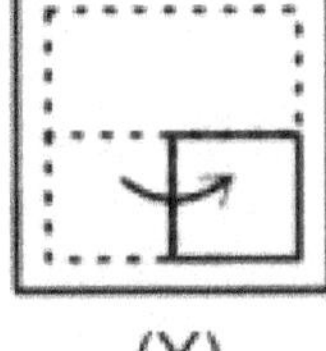 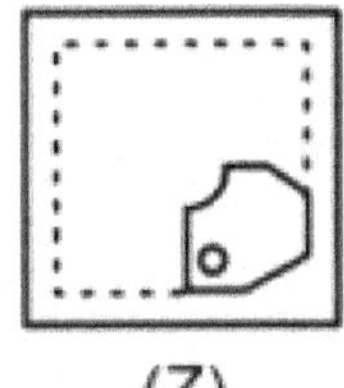

(X)   (Y)   (Z)

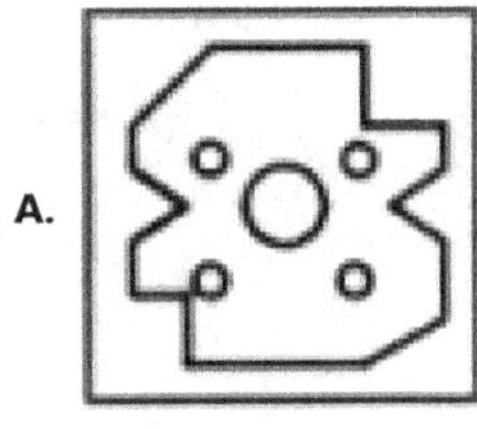 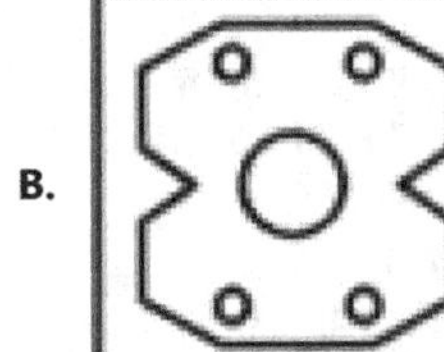

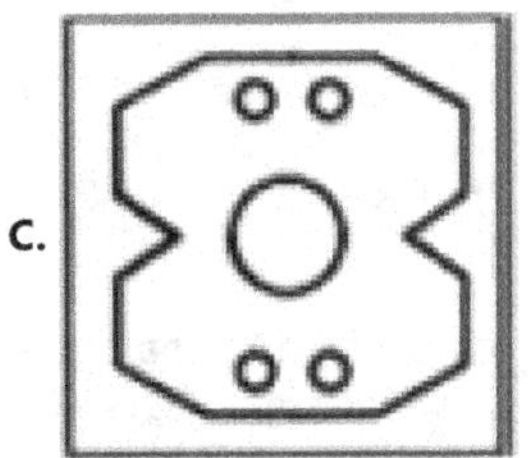 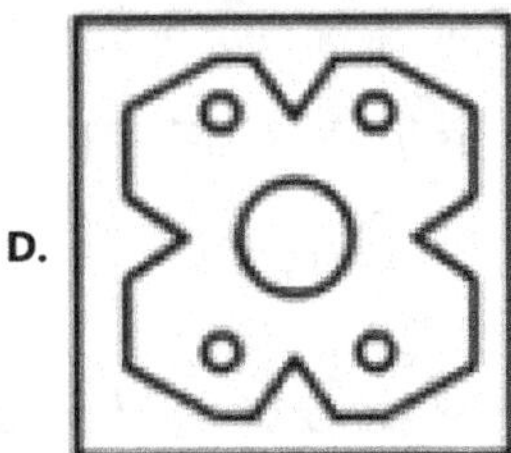

Q.19 लोकेश, सुरेश से बड़ा है, लेकिन राम से छोटा है। हरीश, हरी और सुरेश दोनों से छोटा है। सुरेश, हरी से बड़ा है। सबसे छोटा कौन है?

A. राम   B. लोकेश   C. हरी   D. हरीश

Q.20 निर्देश: महत्वपूर्ण प्रश्नों के बारे में निर्णय करने के लिए, 'सबल' और 'दुर्बल' तर्कों में फर्क करना जरुरी है। 'सबल' तर्क आवश्यक और प्रश्न से संबंधित है। 'दुर्बल' तर्क कम आवश्यक और प्रश्न से प्रत्यक्ष रूप से संबंधित

हो सकते हैं या नहीं हो सकते। निम्न प्रश्न में एक कथन और उसके बाद दो तर्क I. और II. दिए गये हैं। आपको तय करना है कि, निम्नलिखित तर्कों में से कौनसे तर्क सबल हैं और कौनसे तर्क दुर्बल हैं।

कथन:

क्या भारत के सभी विद्यालयों का निजीकरण करना 100% साक्षरता दर को प्राप्त करने का सही तरीका है?

तर्क:

I. हाँ, निजी संस्थान उत्तरदायी और कार्य के प्रति समर्पित होते हैं।

II. नहीं, निर्धन व्यक्ति शिक्षा के लिए असमर्थ हो जायेंगे।

A. केवल I सबल है
B. केवल II सबल है
C. I और II दोनों सबल हैं
D. ना तो I और II सबल हैं

Arithmetical & Numerical Ability

Q.21 किसी वस्तु को 436 रुपये में बेचे जाने पर वहन किया गया हानि प्रतिशत उस लाभ प्रतिशत के बराबर होता है जो इसे 464 रुपये में बेचने पर प्राप्त होता है। उस वस्तु का क्रय मूल्य ज्ञात कीजिए।

A. 450 रुपये **B.** 410 रुपये **C.** 478 रुपये **D.** 465 रुपये

Q.22 अमन जमीन का एक प्लॉट 54,000 रुपये में अजय को 20% लाभ पर बेचता है। अमन के लिए जमीन के एक प्लॉट का क्रय मूल्य क्या है?

A. 50,000 रुपये **B.** 45,000 रुपये
C. 60,000 रुपये **D.** 55,000 रुपये

Q.23 A और B की औसत आयु 20 वर्ष है। यदि C को A प्रतिस्थापित करता है, तो औसत 19 हो जाएगा और यदि C को B प्रतिस्थापित करता है, तो औसत 21 हो जाएगा। क्रमशः A, B और C की आयु हैं:

A. 18, 20, 22 **B.** 22, 18, 20
C. 18, 22, 20 **D.** 20, 22, 18

Q.24 यदि $a : b = 3 : 4, b : c = 7 : 9, c : d = 5 : 7, d : e = 12 : 5$ तो $a : e = ?$

A. 1 : 1 **B.** 5 : 12 **C.** 3 : 2 **D.** 5 : 11

Q.25 200 व्यक्तियों के एक गांव में, 111 शिक्षित हैं। गांव में अशिक्षित लोगों का प्रतिशत क्या है?

A. 45% **B.** 44.5% **C.** 55.5% **D.** 54%

Q.26 एक आयत में, लम्बाई में 10% की वृद्धि होती है और चौड़ाई में 10% की कमी होती है, तो आयत के अंतिम और मूल क्षेत्रफल के बीच अंतर प्रतिशत में क्या है?

A. 1% की वृद्धि
B. 1% की कमी
C. कोई परिवर्तन नहीं
D. निर्धारित नहीं किया जा सकता है

Q.27 नीचे दिए गए व्यंजक का मान है:

$$3 \times 3^3 + 2 \times 3^2 + 1 \times 3^1 + 0 \times 3^0$$

A. 100 **B.** 101 **C.** 102 **D.** 103

Q.28 निर्देश: दिया गया वृत्त-आलेख एक यूनिवर्सिटी में विभिन्न आयु वर्ग के अनुसार शिक्षकों के प्रतिशत वितरण को दर्शाता है। यूनिवर्सिटी में शिक्षकों की कुल संख्या 300 है। वृत्त-आलेख का अध्ययन कीजिए और निम्नलिखित प्रश्न के उत्तर दीजिये।

एक यूनिवर्सिटी में शिक्षकों का प्रतिशत वितरण

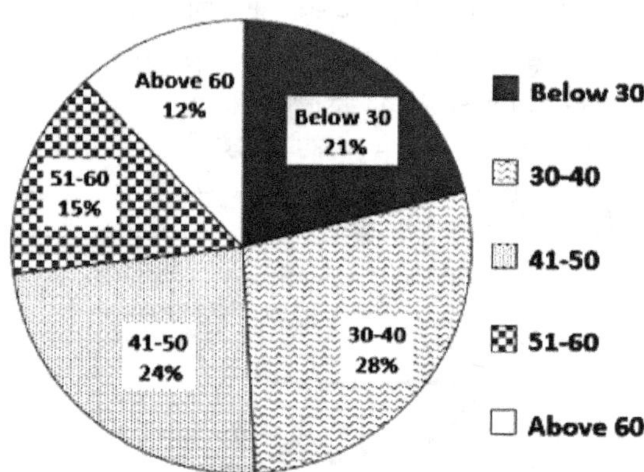

यदि 30 से कम आयु वाले पुरुष से महिला शिक्षकों का अनुपात 5 : 4 है, तो 30 से कम आयु वाली महिला शिक्षकों की संख्या कितनी है?

A. 24 **B.** 26 **C.** 28 **D.** 30

Q.29 निर्देश: दिया गया बार ग्राफ एक सप्ताह में बस के यात्रियों का आंकड़ा दिखाता है। यह एक सप्ताह में बस में यात्रा करने वाले यात्रियों की संख्या बताता है। बार ग्राफ का अध्ययन करें और उसके बाद प्रश्न के उत्तर दें।

एक सप्ताह में बस में यात्रा करने वाले यात्रियों की संख्या

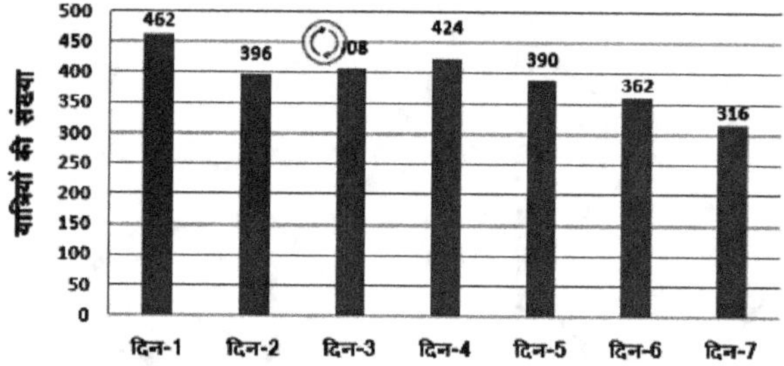

यदि पिछले दो दिनों में यात्री द्वारा भुगतान की गई औसत राशि 25 रु. है, दिन-7 की तुलना में बस दिन-6 की कमाई कितनी अधिक है?

A. 1050 रु. **B.** 1150 रु. **C.** 1250 रु. **D.** 1350 रु.

Q.30 $\sqrt{5} + \sqrt{12 - 2\sqrt{35}}$ का मान क्या है?

A. $\sqrt{5}$ **B.** $\sqrt{3}$
C. $\sqrt{7}$ **D.** $\sqrt{7} + \sqrt{5}$

Q.31 एक निश्चित धनराशी साधारण ब्याज दर पर 3 वर्षों में 5320 रुपए और 4 वर्ष 6 माह में 5980 रुपए हो जाती हैं, ब्याज दर ज्ञात कीजिये।

A. 10% **B.** 11% **C.** 12% **D.** 13%

Q.32 एक 6 सेमी व्यास वाली ठोस लोहे की गेंद को पिघलाया गया और 10 सेमी बाहरी व्यास और 4 सेमी लंबाई वाली एक खोखली बेलनाकार पाइप का निर्माण किया गया। पाइप की मोटाई क्या है?

A. 1 सेमी **B.** 2 सेमी **C.** 4 सेमी **D.** 8 सेमी

Q.33 यदि एक संख्या को 429 और 404 के अंतर से विभाजित किया जाता है, तब भागफल अंतर का तीन गुना होता है और शेषफल 2 प्राप्त होता है। वह संख्या क्या है?

A. 1900 **B.** 1901 **C.** 1902 **D.** 1877

Q.34 यदि $x + y + z = 3$ और $x^2 + y^2 + z^2 = 9$ हैं, तो $x^3 + y^3 + z^3 - 3xyz$ का मान क्या है?

A. 27　　**B.** 30　　**C.** 0　　**D.** 90

Q.35 यदि $5a + 3b = 7$ और $a + \dfrac{1}{b} = 0$ है, तो $(125a^3 + 27b^3)$ का मान क्या है?

A. 658　　**B.** 554　　**C.** 684　　**D.** 632

Q.36 तीन में से प्रत्येक पुस्तक को 840 रुपये में बेचा जाता है। पहली को 20% के लाभ पर, दूसरी को 20% की हानि पर और तीसरी को 5% के लाभ पर बेचा जाता है। उसका कुल लाभ या हानि क्या था?

A. 30 रुपये हानि　　**B.** 20 रुपये लाभ
C. 10 रुपये हानि　　**D.** 50 रुपये लाभ

Q.37 राज को एक नई कुर्सी 35% की छूट पर मिली। अगर राज को कोई छूट नहीं मिलती, तो राज को 238 रुपये और देने पड़ते। तो राज ने कुर्सी के लिए कितना भुगतान किया?

[SSC Constable (GD), 2019]

A. 452 रुपये　　**B.** 442 रुपये　　**C.** 416 रुपये　　**D.** 424 रुपये

Q.38 यदि 1,800 रूपए की राशि को, प्रति वर्ष 8% के साधारण ब्याज पर 5 वर्षों के लिए निवेश किया जाता है, तब इससे ____ रूपए का ब्याज अर्जित होगा।

[UP Police Constable, 2018]

A. 720　　**B.** 750　　**C.** 630　　**D.** 675

Q.39 60 पुरुष किसी कार्य को 17 दिन में कर सकते हैं। 6 दिनों के बाद 5 श्रमिकों ने कार्य छोड़ दिया। तब से कार्य पूरा करने में कितने दिन लगेंगे?

A. 15　　**B.** 16　　**C.** 13　　**D.** 12

Q.40 $\dfrac{8 \div [(4-9) \div \{(7 \div 4 \text{ of } 3) + 1 \div 84 + 8 \times 5 \div 21\} + 3]}{7 \times 8 \div 4 - 8 \div 4 \text{ of } 2 - 7}$ का मान निम्न में से क्या होगा?

A. $\dfrac{17}{3}$　　**B.** $\dfrac{4}{3}$　　**C.** $\dfrac{5}{7}$　　**D.** $\dfrac{4}{21}$

General Awareness

Q.41 किस संगठन ने छोटे और सीमांत किसानों का समर्थन करने के लिए AI, IoT, ब्लॉकचेन और ड्रोन का उपयोग करने के लिए नीति आयोग के साथ भागीदारी की है?

A. विश्व बैंक　　**B.** डब्ल्यूईएफ
C. आईएमएफ　　**D.** एडीबी

Q.42 निम्नलिखित में से किसने भारतीय संसद में 1950 में "निवारक निरोध बिल" पेश किया?

A. बलदेव सिंह　　**B.** नराहर विष्णु गाडगिल
C. सरदार पटेल　　**D.** जवाहर लाल नेहरू

Q.43 जनवरी 2022 में किस देश ने G7 प्रेसीडेंसी का पदभार ग्रहण किया?

A. नीदरलैंड　　**B.** जर्मनी　　**C.** ऑस्ट्रिया　　**D.** फ्रांस

Q.44 रेटक्लिफ समिति को ______ के लिए नियुक्त किया गया था।

A. जलियावाला बाग हत्याकांड के बाद समस्याओं का समाधान करने
B. स्वतंत्रता विधेयक को प्रभाव प्रदान करने
C. भारत और पाकिस्तान के बीच सीमाओं का सीमांकन करने
D. पूर्वी बंगाल में हुए दंगों में पूछताछ करने

Q.45 निम्नलिखित में से कौन सी नदी कृष्णा नदी की एक सहायक नदी नहीं है?

A. तुंगभद्रा　　**B.** कोयना　　**C.** मूसी　　**D.** सबरी

Q.46 ग्रेफाइट को आमतौर पर ______ के रूप में जाना जाता है।

A. नकली सोना　　**B.** काला सोना
C. काला सीसा　　**D.** कोमल हीरा

Q.47 वनस्पती घी, शराब और अमोनिया के निर्माण में किस गैस का उपयोग किया जाता है?

A. ऑक्सीजन　　**B.** हाइड्रोजन
C. प्रोपेन　　**D.** आर्गन

Q.48 निम्नलिखित में से कौन सा तत्व हड्डियों में नहीं होता है?

A. कैल्शियम　　**B.** कार्बन　　**C.** आयरन　　**D.** फॉस्फोरस

Q.49 केंद्रीय बजट 2021-22 ने बीमा क्षेत्र में एफडीआई सीमा को 49% से बढ़ाकर ______ % कर दिया?

A. 70　　**B.** 74　　**C.** 75　　**D.** 79

Q.50 संविधान में संशोधन की पहल किसके द्वारा की जा सकती है?

A. राज्य विधानमंडल
B. राष्ट्रपति
C. किसी राज्य का राज्यपाल
D. उपरोक्त में से कोई नहीं

Q.51 चापचर कुट भारत के किस राज्य का त्योहार है?

A. मेघालय　　**B.** मिजोरम　　**C.** नागालैंड　　**D.** सिक्किम

Q.52 परमाणु खनिज अन्वेषण और अनुसंधान निदेशालय का मुख्यालय कहाँ स्थित है?

A. नई दिल्ली　　**B.** कोलकाता　　**C.** हैदराबाद　　**D.** बंगलुरु

Q.53 संध्या अग्रवाल निम्नलिखित में से किस खेल से सम्बंधित हैं?

A. हॉकी　　**B.** क्रिकेट
C. शतरंज　　**D.** टेबल टेनिस

Q.54 निम्नलिखित में से कौन सा दिन अंतर्राष्ट्रीय नृत्य दिवस के रूप में मनाया जाता है?

A. 27 अप्रैल　　**B.** 28 अप्रैल　　**C.** 25 अप्रैल　　**D.** 29 अप्रैल

Q.55 भारत के संविधान के अनुच्छेदों का कौन सा समूह नीति के निर्देशक सिद्धांत से संबंधित है?

A. अनुच्छेद 5-11　　**B.** अनुच्छेद 1-4
C. अनुच्छेद 12-35　　**D.** अनुच्छेद 36-51

Q.56 वॉकर कप किस खेल से संबंधित है?

A. क्रिकेट　　**B.** फुटबॉल
C. बाड़ लगाना　　**D.** गोल्फ़

Q.57 इसके लैटिन नाम के साथ निम्नलिखित तत्व का मिलान करें:

a. लेड	1. स्टिबियम
b. एंटीमनी	2. सीसा
c. टिन	3. कैलियम
d. पोटैशियम	4. स्टैनम

A. a-1, b-3, c-2, d-4　　**B.** a-1, b-2, c-3, d-4
C. a-2, b-1, c-4, d-3　　**D.** a-4, b-1, c-2, d-3

Q.58 टैक्सों के कटने के बाद किसी व्यक्ति के पास मौजूद आय को क्या बोलते है?

A. प्रयोज्य आय　　**B.** नकद आय
C. वेतन　　**D.** सामान्य आय

Q.59 'अंतर्राष्ट्रीय ओजोन दिवस' कब मनाया जाता है?
A. 16 सितंबर
B. 31 अक्टूबर
C. 09 अगस्त
D. 02 अक्टूबर

Q.60 यूनिसेफ की स्थापना किस वर्ष हुई थी?
A. 1949
B. 1948
C. 1945
D. 1946

English Language & Comprehension

Ques (61-63):Direction: Read the passage and answer the following question.

The end of the period of the internal combustion engine is in sight. There are several small signs everywhere: the shift to the hybrid vehicles is already underway among the manufacturers. Volvo has already announced it will make complete purely petrol-engined cars after the year 2019 and the Tesla has just started selling its first electric car which aimed squarely at the middle classes. The Tesla 3 sells for 35,000 US Dollar in the US, and 400,000 people have put down a small, refundable deposit towards one. Various thousand have already taken the delivery, and the company hopes to sell half a million more in the coming year. This is a remarkable figure for the machine with a quite short-range and a very limited number of the specialised charging stations. Some of it represents the remarkable abilities of the Elon Musk, the company's founder, as the salesman, engineer, and a man able to get the maximum out of his factory workers and that of the governments he comes through. He is selling a dream that the world wants to believe in.

This last may be the most significant factor in the story. The private car is a device of the immense practical help and the economic significance, but also at the same time a theatre for the myths of the unattainable self-fulfilment. The one thing one will never see in the car advertisement is the traffic, even though that is the element in which the drivers spend their lives. Every individual driver in a traffic jam is always trying to escape from it, yet it is the inevitable outcome of mass car ownership.

The sleek and the swift electric car is at one level entirely the most contemporary fantasy of the autonomy and the power. But it might even disrupt our exterior landscapes closely as much as the fossil fuel-engined car had done in the previous century. Electrical cars would certainly pollute far less than the fossil fuel-driven ones; instead of the oil reserves, the rarest materials for the batteries would make the undeserving despots and their dynasties fantastically quite rich. Petrol stations would get disappear. The air in the cities would once more be breathable nature and the streets as quiet as those of Venice. This is not an unmixed good. Those cars that were as silent as that of the bicycles would still be as dangerous as they are at the present to anyone they hit without the audible warning.

The dream goes farther than that. The future electric cars will be so thoroughly equipped with the sensors and reaction mechanisms that they will never hit-out anyone. Just like the brakes don't let an individual skid in the modern world, the steering wheel of the tomorrow will serve an individual away from the danger before you have even noticed it.

This is where the fantasy of autonomy comes in a full circle. The logical outcome of the cars which requires no driver is that they will become that car which need no owner either. Rather, they will work as the taxis do, summoned at their own will but only for the journeys one's need.

This the future towards which at the present Uber is working. The optimum development of the private car shall be to reinvent public transport. Traffic jams will get abolished only when the private car becomes a public utility. What then shall happen to our fantasies of independence? We will all have to take to the electrically powered bicycles.

Q.61 The author figures out all of the following about electric cars except:

A. Their reliance on the rare materials for batteries will support despotic rule.
B. They will reduce noise and air pollution.
C. They will not reduce the number of traffic jams.
D. They will eventually undermine rather than further driver autonomy.

Q.62 According to the author, the major reason for Tesla's remarkable sales is that:

A. In the long run, the Tesla is more cost-effective than comparing to that of the fossil fuel-driven cars.
B. The United States government has announced a tax subsidy for the Tesla buyers.
C. The company is speedily upscaling the number of specialised charging stations for customer convenience.
D. People believe in the autonomy represented by private cars.

Q.63 The author comes to the conclusion that:

A. The car drivers will no longer own cars but will have to use public transport.
B. The cars will be controlled by the technology that is more efficient than car drivers.
C. The car drivers dream of autonomy but the future may be public transport.
D. The electrically powered bicycles are the only medium to achieve autonomy in transportation.

Q.64 Direction: In the sentence identify the segment which contains the grammatical error. If the sentence has no error, then select 'No error'.

Dunwoody is hopeful to return in the racecourse next Tuesday.

A. Dunwoody is hopeful
B. to return to the
C. racecourse next Tuesday
D. No error

Q.65 Direction: Select the most appropriate synonym of the given word.

Ignominious
A. Honour
B. Discreditable
C. Reverence
D. Bumptious

Q.66 Direction: Select the most appropriate antonym of the given word.

Bountiful

A. Generous   **B.** Meager
C. Copious   **D.** Teeming

Q.67 Select the correctly spelt word.

A. Impetous   **B.** Ignoable
C. Ignomineous   **D.** Idiosyncrasy

Q.68 Direction: Select the word which means the same as the group of words given.

An apparatus that records the flight data of an airplane.

A. Black binding   **B.** Radio
C. Ammeter   **D.** Black Box

Q.69 Direction: Select the most appropriate synonym of the given word.

Frivolous

A. Captious   **B.** Wise   **C.** Puerile   **D.** Spiritual

Q.70 Direction: Select the most appropriate meaning of the given idiom.

Violent wind

A. Weather   **B.** Rain   **C.** Blow   **D.** Tempest

Q.71 Direction: Choose the most appropriate option to change the voice (active/passive) form of the given sentence.

The washerman will return the clothes in the evening.

A. The clothes will have to be returned by the washerman in the evening.
B. The clothes will be returned by the washerman in the evening.
C. The clothes should return by the washerman in the evening.
D. In the evening the clothes will have been returned by the washerman.

Ques (72-73):Direction: A sentence has been broken into different parts. The parts have been scrambled and numbered as given below. Choose the correct order of these parts from the given alternatives.

Q.72 1) Agriculture
P. cotton for our clothes
Q. raw materials like jute
R. sugarcane for our industries
S. gives us food
6) and food for cattle.

A. SRQP   **B.** RQPS   **C.** QPRS   **D.** SPQR

Q.73 1) If we take
P. the rich
Q. too much
R. to help the poor
S. from the rich
2) will rebel.

A. QRSP   **B.** RSQP   **C.** SQRP   **D.** QSRP

Q.74 Direction: Given below are four jumbled sentences. Select the option that gives their correct order.

A. She marries much later in life and has fewer children.
B. A working woman spends 90% of her income on the family.
C. An educated woman acquires self-respect and confidence.
D. Child mortality drops and fewer cases of mothers die in child-birth.

A. ADBC   **B.** CADB   **C.** BCAD   **D.** ACDB

Q.75 Direction: Select the most appropriate meaning of the given idiom.

See eye to eye

A. To be against   **B.** To agree
C. To pacify   **D.** To hurt someone

Q.76 Select the correctly spelt word.

A. Demagogue   **B.** Deliverence
C. Delinquancy   **D.** Delibarative

Q.77 Direction: Choose the most appropriate option to change the narration (direct/indirect) of the given sentence.

Mary said to Robert, "Your mother will be happy to see you".

A. Mary said to Robert that his mother would be happy to see you.
B. Mary told Robert that your mother would be happy to see him.
C. Mary told Robert that his mother will be happy seeing him.
D. Mary told Robert that his mother would be happy to see him.

Q.78 Find the correct word.

A. Accumen   **B.** Acummen
C. Accummen   **D.** Acumen

Ques (79-80):Direction: Select the most appropriate one word substitution for the given group of words.

Q.79 Building or room in which images of stars, planets, etc., are shown on a high, curved ceiling.

A. Planetarium   **B.** Museum
C. Institution   **D.** Dome

Q.80 Beginning or origin of something.

A. Introduction   **B.** Genesis
C. Generation   **D.** Genetic

Hindi Language and Comprehension

Q.81 निम्नांकित शब्दों में से वर्तनीजन्य अशुद्ध शब्द बताइए-
A. प्रविष्ट   **B.** कनिष्ठ   **C.** अनधिकार   **D.** पुरस्कार

Q.82 'कली' शब्द का बहुवचन रूप होगा:
A. कलिएँ   **B.** कलियों   **C.** कलियाँ   **D.** कलीना

Q.83 निम्नांकित में से किस शब्द में नञ समास है?
A. जलद   **B.** पादप   **C.** अन्त   **D.** यथेष्ट

Q.84 पंचवटी शब्द में कौन सा समास है?

[UPSESSB TGT Hindi, 2015]

A. कर्मधारय   **B.** द्विगु
C. अव्ययीभाव   **D.** तत्पुरुष

Q.85 'जिज्ञासा' का पर्यायवाची शब्द है-

A. जंग   **B.** उदक   **C.** कौतूहल   **D.** संग्राम

Ques (86-88):निर्देश: निम्नलिखित गद्यांश को पढ़कर निम्न प्रश्न का उत्तर दें।

संसार में सबसे मूल्यवान वस्तु समय है क्योंकि दुनिया की अधिकांश वस्तुओं को घटाया-बढ़ाया जा सकता है, पर समय का एक क्षण भी बढ़ा पाना व्यक्ति के बस में नहीं है। समय के बीत जाने पर व्यक्ति के पास पछतावे के अलावा कुछ नहीं होता। विद्यार्थे के लिए तो समय का और भी अधिक महत्त्व है। विद्यार्थी जीवन का उद्देश्य है शिक्षा प्राप्त करना। समय के उपयोग से ही शिक्षा प्राप्त की जा सकती है। जो विद्यार्थी अपना बहुमूल्य समय खेल-कूद, मौज-मस्ती तथा आलस्य में खो देते हैं वे जीवन भर पछताते रहते हैं, क्योंकि वे अच्छी शिक्षा प्राप्त करने से वंचित रह जाते हैं और जीवन में उन्नति नहीं कर पाते। मनुष्य का कर्तव्य है कि जो क्षण बीत गए हैं, उनकी चिंता करने के बजाय जो अब हमारे सामने हैं, उसका सदुपयोग करें।

Q.86 उपर्युक्त गद्यांश के अनुसार संसार में सबसे मूल्यवान वस्तु क्या है?

A. समय   **B.** वस्तु   **C.** विद्यार्थी   **D.** आलस्य

Q.87 समय के बीच जाने के पश्चात व्यक्ति के पास क्या रह जाता है?

A. शिक्षा   **B.** पछतावा
C. वस्तु   **D.** इनमें से कुछ भी नहीं

Q.88 विद्यार्थी जीवन का मुख्य उद्देश्य है?

A. मौज मस्ती करना   **B.** शिक्षा प्राप्त करना
C. आलस्य करना   **D.** खेलकूद करना

Q.89 'जिसने प्रतिष्ठा पा ली हो' वाक्यांश के लिए एक शब्द होगा:

A. लब्धप्रतीष्ठ   **B.** लब्धप्रतिष्ठवान
C. लब्धप्रतिष्ठ   **D.** लब्धप्रतिष्ठित

Q.90 निम्नलिखित में से मुहावरे और अर्थ संबंधी कौन सा युग्म अनुचित होगा।

A. मुंह की खाना - पराजित होना
B. मुंह उतरना - उदास होना
C. मुंह सिलना - चुप रहना
D. मुंह जूठा करना - पेट भरना

Q.91 'परोपकार ' शब्द में कौनसा उपसर्ग है?

A. परो   **B.** प   **C.** पर   **D.** उपकार

Q.92 निम्नलिखित में से कौन सा वर्ण-युग्म अल्पप्राण व्यंजन का है?

A. ख, छ, त   **B.** प, द, क   **C.** क, द, ख   **D.** थ, फ, च

Q.93 अलग होने के अर्थ में 'से' कारक-चिह्न का प्रयोग होता है:

A. अपादान कारक में
B. करण कारक में
C. करण कारक तथा अपादान कारक दोनों में
D. सम्बन्ध कारक में

Q.94 'पुस्तक पढ़ी जाती है'। में कौन-सा वाच्य है?

A. कर्तृ वाच्य   **B.** कर्म वाच्य
C. भाववाच्य   **D.** क्रिया वाच्य

Q.95 "वन शारदी चन्द्रिका-चादर ओढ़े" में कौन - सा अलंकार है?

A. अनुप्रास अलंकार   **B.** रूपक अलंकार
C. उत्प्रेक्षा अलंकार   **D.** यमक अलंकार

Q.96 'हरिश्चंद्र' में कौन-सी संधि है?

A. स्वर संधि   **B.** विसर्ग संधि
C. व्यंजन संधि   **D.** उपर्युक्त में से कोई नहीं

Q.97 'नयन' में कौन सी संधि है?

A. यण संधि   **B.** गुण संधि
C. वृद्धि संधि   **D.** अयादि संधि

Q.98 जातिवाचक एवं व्यक्तिवाचक संज्ञाओं का कौन सा युग्म सही नहीं है?

A. कुत्ता-पिल्ला   **B.** नगर-जयपुर
C. पर्वत-हिमालय   **D.** स्त्री-यशस्वी

Q.99 "तू" सर्वनाम शब्द का प्रयोग किस क्रम में नहीं होगा?

A. समिता   **B.** आत्मीयता
C. अपमान   **D.** संबंध बताने

Q.100 क्षीर का तद्भव शब्द चुनें।

A. भविष्य   **B.** खीर   **C.** गली   **D.** गेहूँ

// स्मार्ट उत्तर पुस्तिका //

सही उत्तर — उन छात्रों के प्रतिशत को इंगित करता है जिन्होंने प्रश्नों का सही उत्तर दिया था।

छोड़ दिया — उन छात्रों के प्रतिशत को इंगित करता है जिन्होंने प्रश्नों को छोड़ दिया था।

प्रश्न संख्या	उत्तर	सही उत्तर / छोड़ दिया	प्रश्न संख्या	उत्तर	सही उत्तर / छोड़ दिया	प्रश्न संख्या	उत्तर	सही उत्तर / छोड़ दिया	प्रश्न संख्या	उत्तर	सही उत्तर / छोड़ दिया	प्रश्न संख्या	उत्तर	सही उत्तर / छोड़ दिया
1	A	55.86 % / 32.48 %	17	A	69.19 % / 30.67 %	33	D	54.37 % / 41.89 %	49	B	41.68 % / 45.15 %	65	B	52.0 % / 39.57 %
2	C	56.77 % / 35.11 %	18	C	54.4 % / 33.84 %	34	A	46.61 % / 37.19 %	50	D	68.57 % / 30.1 %	66	B	63.71 % / 33.99 %
3	A	61.5 % / 34.43 %	19	D	62.07 % / 32.78 %	35	A	40.83 % / 57.91 %	51	B	63.62 % / 34.89 %	67	D	66.28 % / 32.59 %
4	B	69.68 % / 30.13 %	20	B	25.07 % / 69.72 %	36	A	54.27 % / 43.06 %	52	C	54.18 % / 39.68 %	68	D	44.03 % / 42.92 %
5	A	59.06 % / 35.87 %	21	A	45.26 % / 41.63 %	37	B	49.98 % / 31.99 %	53	B	59.7 % / 38.17 %	69	C	46.74 % / 34.46 %
6	C	46.61 % / 46.32 %	22	B	69.38 % / 30.31 %	38	A	54.6 % / 44.14 %	54	D	42.89 % / 34.18 %	70	D	60.32 % / 39.41 %
7	C	63.41 % / 35.17 %	23	B	52.97 % / 36.25 %	39	D	55.18 % / 42.25 %	55	D	50.9 % / 45.93 %	71	B	67.69 % / 30.32 %
8	A	60.57 % / 36.28 %	24	A	42.48 % / 36.39 %	40	B	28.4 % / 67.74 %	56	D	52.38 % / 45.84 %	72	D	48.3 % / 46.18 %
9	D	65.01 % / 30.57 %	25	B	54.44 % / 34.78 %	41	B	53.74 % / 40.41 %	57	C	41.38 % / 41.08 %	73	D	66.11 % / 33.15 %
10	B	64.83 % / 32.97 %	26	B	30.7 % / 67.73 %	42	C	46.78 % / 30.63 %	58	A	64.2 % / 31.7 %	74	B	45.59 % / 41.28 %
11	A	40.29 % / 59.6 %	27	C	51.94 % / 35.29 %	43	B	49.76 % / 39.44 %	59	A	54.82 % / 35.67 %	75	B	59.42 % / 35.3 %
12	D	56.06 % / 35.18 %	28	C	50.8 % / 46.6 %	44	C	66.07 % / 32.27 %	60	D	58.66 % / 33.54 %	76	A	66.85 % / 31.34 %
13	A	61.83 % / 31.14 %	29	B	48.12 % / 44.66 %	45	D	60.82 % / 36.11 %	61	D	55.99 % / 43.65 %	77	D	62.88 % / 31.99 %
14	C	53.28 % / 33.18 %	30	C	52.52 % / 30.52 %	46	C	68.3 % / 31.22 %	62	D	56.11 % / 37.89 %	78	D	58.68 % / 39.09 %
15	D	60.72 % / 30.04 %	31	B	62.82 % / 36.0 %	47	B	44.82 % / 40.53 %	63	C	56.06 % / 33.65 %	79	A	58.4 % / 38.58 %
16	C	52.72 % / 36.91 %	32	A	57.44 % / 30.77 %	48	C	44.34 % / 35.17 %	64	B	68.6 % / 30.55 %	80	B	41.59 % / 52.86 %

प्रश्न संख्या	उत्तर	सही उत्तर / छोड़ दिया
81	B	41.65 % / 58.28 %
82	C	59.14 % / 37.17 %
83	C	56.65 % / 31.59 %
84	B	41.3 % / 48.43 %

प्रश्न संख्या	उत्तर	सही उत्तर / छोड़ दिया
85	C	49.26 % / 45.12 %
86	A	58.98 % / 32.22 %
87	B	58.96 % / 40.88 %
88	B	85.99 % / 11.41 %

प्रश्न संख्या	उत्तर	सही उत्तर / छोड़ दिया
89	C	61.79 % / 36.39 %
90	D	52.27 % / 36.5 %
91	C	52.83 % / 46.55 %
92	B	41.14 % / 38.74 %

प्रश्न संख्या	उत्तर	सही उत्तर / छोड़ दिया
93	A	41.94 % / 37.52 %
94	B	60.91 % / 30.65 %
95	B	40.89 % / 51.35 %
96	B	50.17 % / 42.14 %

प्रश्न संख्या	उत्तर	सही उत्तर / छोड़ दिया
97	D	61.45 % / 37.27 %
98	A	40.7 % / 31.1 %
99	D	46.75 % / 33.24 %
100	B	56.06 % / 38.32 %

कार्य विश्लेषण

औसत अंक (%)	**44.0%**
टॉपर्स स्कोर (%)	**72.0%**
आपका स्कोर	

//संकेत और समाधान//

1. पैटर्न इस प्रकार है:

$(10 + 5 + 6) \times 2$

$\Rightarrow 21 \times 2$

$\Rightarrow 42$

$(17 + 3 + 14) \times 2$

$\Rightarrow 34 \times 2$

$\Rightarrow 68$

इसी प्रकार,

$(8 + 15 + 23) \times 2$

$\Rightarrow 46 \times 2$

$\Rightarrow 92$

अतः विकल्प (A) सही है।

2. चहचहाना का अर्थ पक्षियों की आवाज है।

कांव-कांव का अर्थ है, एक कौवा जैसा पक्षी, कौवा या समान पक्षी के रोने की कठोर आवाज।

चीख़ का अर्थ है लंबी तेज़ ध्वनि।

बछड़े का अर्थ है घोड़े का बच्चा।

बछड़े को छोड़कर अन्य सभी चीजें ध्वनियों से संबंधित हैं।

अतः विकल्प (C) सही है।

3. पैटर्न इस प्रकार है:

इसी प्रकार,

अतः विकल्प (A) सही है।

4. पैटर्न इस प्रकार है:

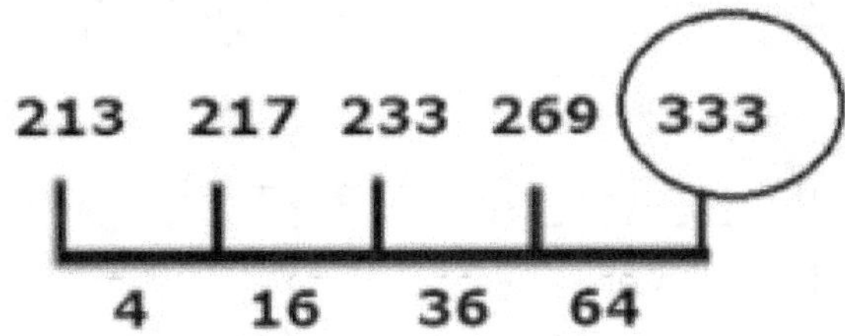

तर्क: लगातार सम संख्या का वर्ग जोड़ा जा रहा है।

अतः विकल्प (B) सही है।

5. दी गई जानकारी के अनुसार:

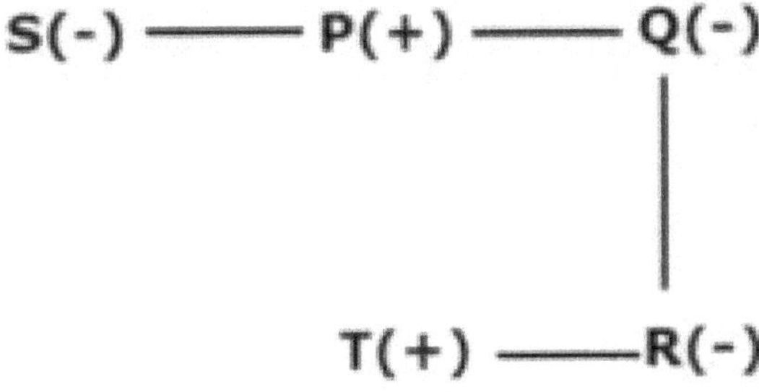

जहाँ,

(+) परिवार में पुरुष सदस्यों को दिखाता है,

और (-) परिवार में महिला सदस्यों को दिखाता है

इसलिए, P, T का मामा है।

अतः विकल्प (A) सही है।

6. दिया है:

15 @ 2 + 900 & 30 # 10

प्रतीकों को बदलने के बाद:

$\Rightarrow 15 \times 2 + 900 \div 30 - 10$

$\Rightarrow 15 \times 2 + 30 - 10$

$\Rightarrow 30 + 30 - 10$

$\Rightarrow 50$

अतः विकल्प (C) सही है।

7. शब्दों का तार्किक क्रम है:

3) हेक्टोमीटर

1) डेकामीटर

5) डेसीमीटर

4) सेंटीमीटर

2) मिलीमीटर

अतः विकल्प (C) सही है।

8.

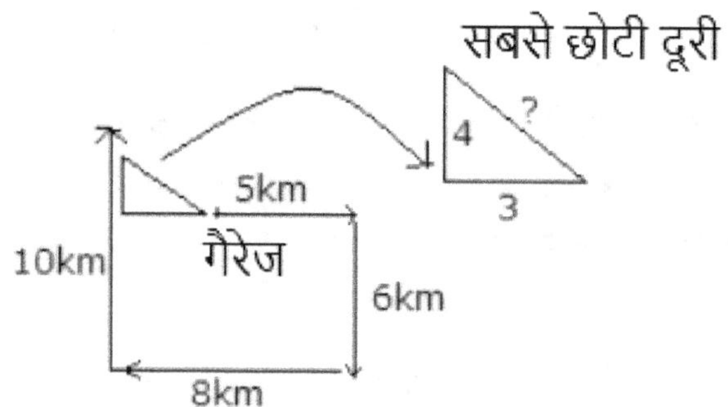

सबसे छोटी दूरी (?)

कर्ण ^{2} = लंब ^{2} + आधार ^{2}

$\Rightarrow \sqrt{4^2 + 3^2}$

$\Rightarrow \sqrt{16 + 9}$

$\Rightarrow \sqrt{25}$

$\Rightarrow 5$ किमी

अतः विकल्प (A) सही है।

9. यहाँ यह आकृति पहले 90 डिग्री में घूमती है और फिर एंटी-क्लॉकवाइज दिशा में 135 डिग्री घूमती है साथ ही त्रिभुज ऊपर-नीचे की स्थिति में चलता है इसलिए श्रृंखला को पूरा करने वाली वाली अगली आकृति विकल्प (D) होगी:

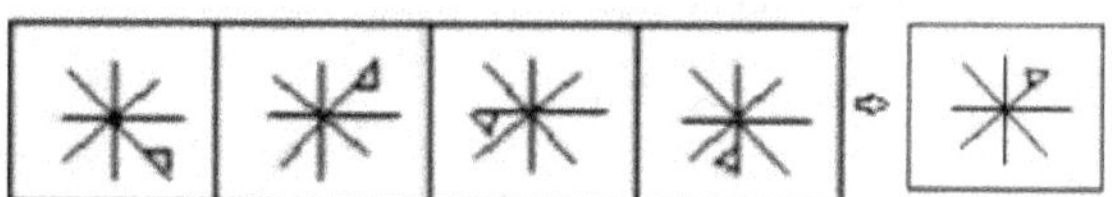

अतः विकल्प (D) सही है।

10. कथन में यह स्पष्ट रूप से उल्लेख किया गया है कि सरकार ने गरीब किसानों के उत्थान के लिए एक वार्षिक पेंशन की घोषणा की है, इसका मतलब है कि सरकार किसानों की स्थिति को समझती है, जिस पर तत्काल ध्यान देने की आवश्यकता है तो निष्कर्ष I अनुसरण करता है हालाँकि, यह कहीं नहीं उल्लिखित है कि समाज के अन्य वर्गों के लिए कोई लाभ की घोषणा नहीं की गई है, इस प्रकार निष्कर्ष II अनुसरण नहीं करता है।

अतः विकल्प (B) सही है।

11. पैटर्न है:

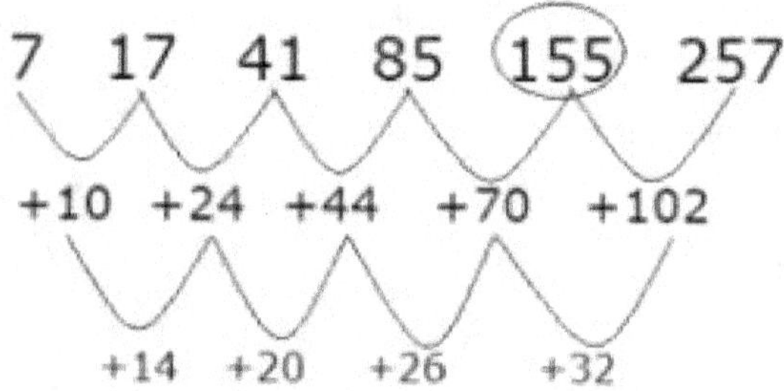

अतः विकल्प (A) सही है।

12. कथन I: क्रिस्टीन, रॉबर्ट की पुत्री है।

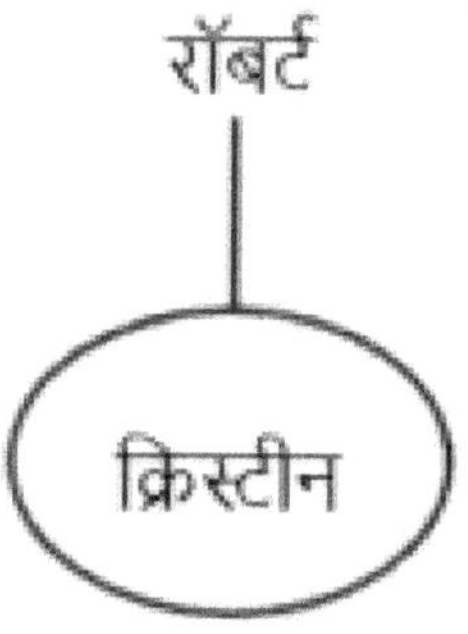

हम इस कथन का उपयोग करके यह नहीं कह सकते कि क्रिस्टिन का पति कौन है।

कथन II: क्रिस्टीन, एलन की पत्नी हैं।

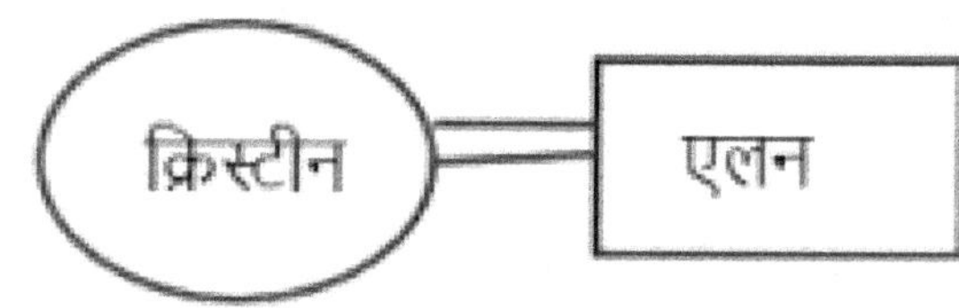

यह कथन हमारे लिए यह निर्धारित करने के लिए पर्याप्त है कि एलन, क्रिस्टीन का पति है।

अतः, केवल कथन II पर्याप्त है।

अतः विकल्प (D) सही है।

13. आमतौर पर मेकअप का इस्तेमाल बेहतर दिखने के लिए किया जाता है।

इसलिए, यह कथन सत्य है।

दिया गया कारण भी सत्य है जिसमें उल्लेख किया गया है कि मेकअप हमें बेहतर दिखने में कैसे मदद करता है।

मेकअप त्वचा की खामियों को छुपाता है और इस तरह यह दोषरहित और सुंदर दिखने में मदद करता है।

इसलिए, यह कथन की सही व्याख्या है।

अतः विकल्प (A) सही है।

14.

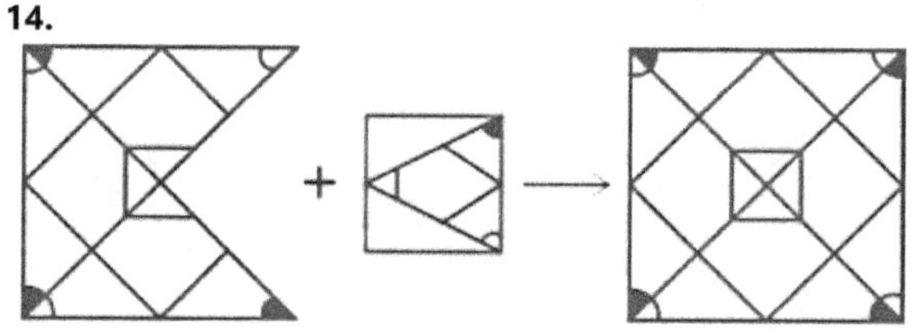

जैसा कि आप देख सकते हैं, विकल्प (C) में आकृति, स्वरूप को पूरा करने के लिए सही है।

अतः विकल्प (C) सही है।

15.

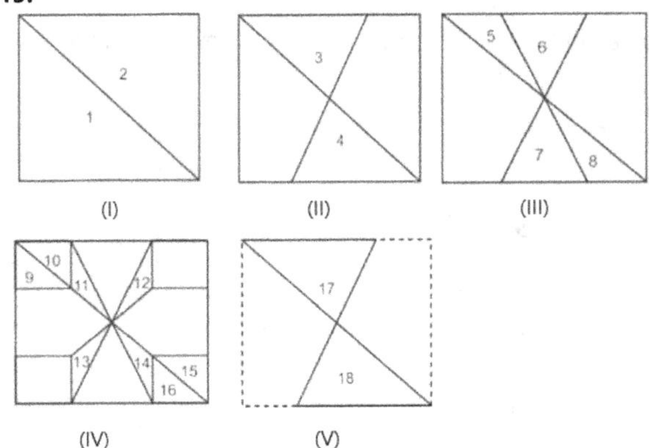

बड़ा त्रिभुज = 2 (आकृति I)

दो बड़े त्रिभुजों को विभाजित करके बनाई गई त्रिभुज = 2 (आकृति II)

दो त्रिभुजों को विभाजित करके बनाई गई त्रिभुज = 4 (आकृति III)

छोटा त्रिभुज = 8 (आकृति IV)

त्रिभुज = 2 (आकृति V)

इस प्रकार, त्रिभुजों की कुल संख्या = 2 + 2 + 4 + 8 + 2 = 18

अतः विकल्प (D) सही है।

16. यहाँ अनुसरण किया गया तर्क निम्न प्रकार है:

$3@7 = 30$

$\Rightarrow (3 + 7) \times 3$

$\Rightarrow 10 \times 3$

$\Rightarrow 30$

$9@6 = 135$

$\Rightarrow (9 + 6) \times 9$

$\Rightarrow 15 \times 9$

$\Rightarrow 135$

$7@5 = 84$

$\Rightarrow (7 + 5) \times 7$

$\Rightarrow 12 \times 7$

$\Rightarrow 84$

$4@9$

$\Rightarrow (4 + 9) \times 4$

$\Rightarrow 13 \times 4$

$\Rightarrow 52$

अतः विकल्प (C) सही है।

17. दिया गया व्यंजक है:

$6 \times 4 + 4 = 18$

इसलिए, बायाँ पक्ष = दायाँ पक्ष के लिए, × को +, 6 को 2 में बदलना होता है

$2 + 4 \times 4 = 18$

इस प्रकार, बायाँ पक्ष = दायाँ पक्ष

अतः विकल्प (A) सही है।

18.

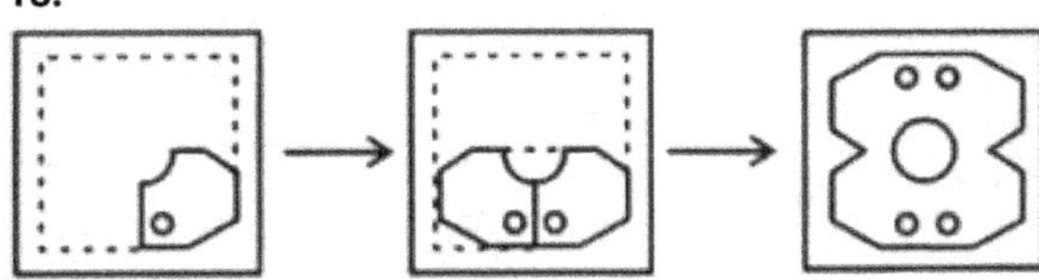

अतः विकल्प (C) सही है।

19. 1) लोकेश, सुरेश से बड़ा है लेकिन राम से छोटा है।

राम > लोकेश > सुरेश

2) सुरेश, हरी से बड़ा है।

सुरेश > हरी

3) हरीश, हरी और सुरेश दोनों से छोटा है।

सुरेश > हरी > हरीश

उपरोक्त कथनों से:

राम > लोकेश > सुरेश > हरी > हरीश

इसलिए, हरीश सबसे छोटा है।

अतः विकल्प (D) सही है।

20. दिए गये कथन में यह प्रश्न किया गया है कि क्या भारत के सभी विद्यालयों का निजीकरण करना 100% साक्षरता दर को प्राप्त करने का सही तरीका है।

तर्क I बताता है कि निजी संस्थान उत्तरदायी और अपने कार्य के प्रति समर्पित होते हैं परन्तु तर्क में ऐसी कोई भी जानकारी गैर निजी संस्थान के सन्दर्भ में नहीं दी गयी है।

इस प्रकार, तुलना के लिए बिना किसी पर्याप्त जानकारी के, तर्क I सबल नहीं माना जा सकता है।

तर्क II बताता है कि निर्धन व्यक्ति शिक्षा के लिए असमर्थ हो जायेंगे यदि सभी विद्यालयों का निजीकरण हो जायेगा। साक्षरता समाज के निर्धन वर्ग के लिए एक विकट समस्या है। शिक्षा का निजीकरण करने से निर्धन व्यक्तियों के लिए शिक्षा को प्राप्त करना कठिन हो जायेगा। अतः 100% साक्षरता दर को प्राप्त करने के लिए यह सहायता नहीं करेगा। अतः तर्क II सबल है।

इसलिए, केवल तर्क II सबल है।

अतः विकल्प (B) सही है।

21. दिया है:

किसी वस्तु को 436 रुपये में बेचे जाने पर वहन किया गया हानि प्रतिशत उस लाभ प्रतिशत के बराबर होता है जो इसे 464 रुपये में बेचने पर प्राप्त होता है।

हानि = क्रय मूल्य - विक्रय मूल्य

लाभ = विक्रय मूल्य - क्रय मूल्य

किसी वस्तु को 436 रुपये में बेचे जाने पर वहन किया गया हानि प्रतिशत

हानि = क्रय मूल्य - 436

वह लाभ प्रतिशत जो इसे 464 रुपये में बेचने पर प्राप्त होता है

लाभ = 464 - क्रय मूल्य

प्रश्न के अनुसार,

⇒ क्रय मूल्य - 436 = 464 - क्रय मूल्य

⇒ 2 × क्रय मूल्य = 900

⇒ क्रय मूल्य = $\dfrac{900}{2}$

⇒ क्रय मूल्य = 450 रुपये

अतः विकल्प (A) सही है।

22. दिया है:

अमन के लिए जमीन के एक प्लाट का विक्रय मूल्य 54,000 रुपये है

S.P = C.P(100 + लाभ%)/100

जहाँ SP = विक्रय मूल्य, CP = क्रय मूल्य

⇒ 54,000 = C.P $\left(\dfrac{100+20}{100}\right)$

⇒ 54,000 = C.P × $\dfrac{120}{100}$

⇒ C.P = 45,000

∴ एक प्लाट की क्रय मूल्य 45,000 रुपये है।

अतः विकल्प (B) सही है।

23. दिया है:

A और B की औसत आयु = 20 वर्ष

औसत = डेटा का योग/डेटा की संख्या

A और B की आयु का योग = 20 × 2

⇒ 40 वर्ष

⇒ A + B = 40......(1)

B और C की आयु का योग = 19 × 2

⇒ 38 वर्ष

⇒ B + C = 38 वर्ष.......(2)

A और C की आयु का योग = 21 × 2

⇒ 42 वर्ष

⇒ A + C = 42......(3)

समीकरण को हल करने पर

समीकरण 1, 2 और 3 को जोड़ने पर

⇒ 2(A + B + C) = 120

⇒ A + B + C = 60

हमें, A = 22 वर्ष, B = 18 वर्ष तथा C = 20 वर्ष प्राप्त होता है

∴ A, B और C की आयु क्रमशः 22 वर्ष, 18 वर्ष तथा 20 वर्ष है।

अतः विकल्प (B) सही है।

24. दिया है:

a : b = 3 : 4, b : c = 7 : 9, c : d = 5 : 7, d : e = 12 : 5

a : b = 3 : 4 ----(i)

b : c = 7 : 9 ----(ii)

⇒ समीकरण (i) को 7 से और समीकरण (ii) को 4 से गुणा करने पर, हम पाते हैं,

⇒ a : b = 21 : 28

⇒ b : c = 28 : 36

⇒ a : b : c = 21 : 28 : 36 ----(iii)

⇒ c : d = 5 : 7 ----(iv)

⇒ समीकरण (iii) को 5 से और समीकरण (iv) को 36 से गुणा करने पर, हम पाते हैं,

⇒ a : b : c = 105 : 140 : 180

⇒ c : d = 180 : 252

⇒ a : b : c : d = 105 : 104 : 180 : 252 ----(v)

⇒ d : e = 12 : 5 ----(vi)

⇒ समीकरण (vi) को 21 से गुणा करने पर, हम पाते हैं

⇒ a : b : c : d : e = 105 : 104 : 180 : 252 : 105

∴ a : e = 1 : 1

अतः विकल्प (A) सही है।

25. दिया है:

200 व्यक्तियों के एक गांव में, 111 शिक्षित हैं।

अशिक्षित लोगों की संख्या = गांव में कुल जनसंख्या - शिक्षित लोगों की संख्या

अशिक्षित लोगों का प्रतिशत = (अशिक्षित लोगों की संख्या/गांव में कुल जनसंख्या) × 100

⇒ गांव में कुल जनसंख्या = 200

⇒ शिक्षित लोगों की संख्या = 111

⇒ अशिक्षित लोगों की संख्या = 200 - 111 = 89

⇒ अशिक्षित लोगों का प्रतिशत = $\dfrac{89}{200}$ × 100

⇒ $\dfrac{89}{2}$

⇒ 44.5%

∴ गांव में अशिक्षित लोगों का अभीष्ट प्रतिशत = 44.5%

अतः विकल्प (B) सही है।

26. दिया है:

आयत के लम्बाई में 10% की वृद्धि होती है

आयत के चौड़ाई में 10% की कमी होती है

आयत का क्षेत्रफल = लम्बाई × चौड़ाई

माना, आयत की लम्बाई x इकाई है और चौड़ाई y इकाई है।

∴ आयत का क्षेत्रफल = xy वर्ग इकाई

10% की वृद्धि के बाद लम्बाई होगी $\left(\dfrac{110}{100}\right)x$

⇒ $\dfrac{11x}{10}$ इकाई

10% की कमी के बाद चौड़ाई होगी $\left(\frac{90}{100}\right)y$

$\Rightarrow \frac{9y}{10}$ इकाई

$\therefore$ आयत का नया क्षेत्रफल = $\frac{11x}{10} \times \frac{9y}{10}$

$\Rightarrow \frac{99xy}{100}$

$\therefore$ क्षेत्रफल में कमी = $xy - \frac{99xy}{100}$

$\Rightarrow \frac{xy}{100}$

$\therefore$ प्रतिशत में, क्षेत्रफल में कमी = $\frac{\frac{xy}{100}}{xy} \times 100$

$\Rightarrow 1\%$

अतः विकल्प (B) सही है।

27. दिया है:

$$3 \times 3^3 + 2 \times 3^2 + 1 \times 3^1 + 0 \times 3^0$$

$$\Rightarrow 3 \times 27 + 2 \times 9 + 1 \times 3 + 0$$

$$\Rightarrow 81 + 18 + 3$$

$$\Rightarrow 102$$

अतः विकल्प (C) सही है।

28. शिक्षकों की कुल संख्या = 300

30 से कम आयु वाले शिक्षकों की संख्या = 300 का 21%

$\Rightarrow 63$

30 से कम आयु वाले पुरुष से महिलाओं का अनुपात = 5 : 4

अनुपातों का योग = 5 + 4

$\Rightarrow 9$

$\therefore$ 30 से कम आयु वाली महिला शिक्षकों की संख्या = $\frac{4}{9} \times 63$

$\Rightarrow 28$

अतः विकल्प (C) सही है।

29. यात्रियों द्वारा भुगतान किया गया औसत राशि = 25 रुपये

दिन-6 में यात्रा कर रहे यात्रियों की कुल संख्या = 362

दिन-7 में यात्रा कर रहे यात्रियों की कुल संख्या = 316

यात्रियों की संख्या के बीच का अंतर = 362 - 316 = 46

$\therefore$ दिन-7 की तुलना में दिन-6 में अर्जित अधिक राशि = 46 × 25 = 1150 रुपये

अतः विकल्प (B) सही है।

30. सूत्र:

$$(a - b)^2 = a^2 + b^2 - 2ab$$

$$\sqrt{5} + \sqrt{12 - 2\sqrt{35}}$$

$$\Rightarrow \sqrt{5} + \sqrt{\left(\sqrt{7}\right)^2 + \left(\sqrt{5}\right)^2 - 2\left(\sqrt{7} \cdot \sqrt{5}\right)}$$

$$\Rightarrow \sqrt{5} + \sqrt{\left(\sqrt{7} - \sqrt{5}\right)^2}$$

$$\Rightarrow \sqrt{5} + \sqrt{7} - \sqrt{5}$$

$$\Rightarrow \sqrt{7}$$

दिए गए व्यंजक का मान $\sqrt{7}$ है।

अतः विकल्प (C) सही है।

31. दिया है:

एक निश्चित धन राशि साधारण ब्याज पर 3 वर्ष में 5320 रुपये और 4 वर्ष 6 महीने में साधारण ब्याज पर 5980 रुपये हो जाती है। हमें ब्याज की दर ज्ञात करनी है।

राशि = मूलधन + ब्याज

यदि P मूलधन है और r ब्याज की दर है तो t वर्ष के बाद का साधारण ब्याज $\frac{Prt}{100}$ है

3 वर्ष के लिए राशि 5320 रुपये है

4 वर्ष और 6 महीने के लिए राशि 5980 रुपये है

$\Rightarrow$ 1 वर्ष 6 महीने के लिए ब्याज = 660 रुपये

$\Rightarrow \frac{3}{2}$ वर्षों के लिए ब्याज 660 रुपये है

$\Rightarrow$ 1 वर्ष के लिए ब्याज = $660 \times \frac{2}{3}$ = 440

तो, 3 वर्ष के लिए ब्याज 440 × 3 = 1320

मूलधन (P) = 5320 - 1320 = 4000

माना, r ब्याज की दर है

तदनुसार,

$$\frac{4000 \times r \times 3}{100} = 1320$$

$$\Rightarrow 120r = 1320$$

$$\Rightarrow r = \frac{1320}{120}$$

$$\Rightarrow r = 11$$

$\therefore$ ब्याज की दर 11% है।

अतः विकल्प (B) सही है।

32. गेंद और पाइप का आयतन समान होगा।

गोले का व्यास = 6 सेमी

$\therefore$ गोले की त्रिज्या = $\frac{6}{2}$ = 3 सेमी

गोले का आयतन = $\frac{4\pi r^3}{3}$

$$\Rightarrow \frac{4\pi (3)^3}{3}$$

⇒ 36π सेमी³

माना की आंतरिक त्रिज्या r है।

खोखले बेलनाकार पाइप का आयतन $= \pi h(R^2 - r^2)$

जहाँ h= ऊँचाई, R = बाह्य त्रिज्या $= \frac{10}{2} = 5$ सेमी

अतः,

$$36\pi = \pi(4)(5^2 - r^2)$$

$$\Rightarrow 25 - r^2 = 9$$

$$\Rightarrow r^2 = 16$$

$$\Rightarrow r = 4 \text{ सेमी}$$

⇒ मोटाई $= R - r$

⇒ 5 – 4

⇒ 1 सेमी

अतः विकल्प (A) सही है।

33. भाज्य = भागफल × भाजक + शेषफल

429 और 404 का अंतर = 25

⇒ भागफल = 3 × 25 = 75

शेषफल = 2

∴ आवश्यक संख्या = 75 × 25 + 2 = 1877

अतः विकल्प (D) सही है।

34. हम जानते हैं कि:

$$x^3 + y^3 + z^3 - 3xyz = (x + y + z)$$
$$(x^2 + y^2 + z^2 - xy - yz - zx)$$

चूँकि हमारे पास है

$$x + y + z = 3$$

$$\Rightarrow (x + y + z)^2 = x^2 + y^2 + z^2 + 2(xy + yz + zx)$$
$$= 9$$

अतः हमारे पास है

$$2(xy + yz + zx) = 0$$

$$\Rightarrow xy + yz + zx = 0$$

$$\therefore x^3 + y^3 + z^3 - 3xyz = (3)(9 - 0) = 27$$

अतः विकल्प (A) सही है।

35. दिया है:

$$5a + 3b = 7 \text{ और}$$

$$a + \frac{1}{b} = 0$$

$$\Rightarrow ab = -1$$

सूत्र:

$$(a + b)^3 = a^3 + b^3 + 3ab(a + b)$$

$$(5a + 3b) = 7$$

दोनों पक्षों का घन करनें पर, हमारे पास है-

$$\Rightarrow 125a^3 + 27b^3 + 45ab(5a + 3b) = 343$$

$$\Rightarrow 125a^3 + 27b^3 - 45(7) = 343$$

$$\Rightarrow 125a^3 + 27b^3 - 315 = 343$$

$$\Rightarrow 125a^3 + 27b^3 = 343 + 315$$

$$\Rightarrow 125a^3 + 27b^3 = 658$$

अतः विकल्प (A) सही है।

36. दिया है,

प्रत्येक पुस्तक का विक्रय मूल्य = 840 रुपये

पहली पुस्तक बेची जाती है = 20% लाभ

दूसरी पुस्तक बेची जाती है = 20% हानि

तीसरी पुस्तक बेची जाती है = 5% लाभ

क्रय मूल्य = विक्रय मूल्य × 100/(100 + लाभ%)

क्रय मूल्य = विक्रय मूल्य × 100/(100 - हानि%)

तीनों पुस्तकों का कुल विक्रय मूल्य = 840 × 3

⇒ 2520 रुपये

पहली पुस्तक का क्रय मूल्य $= 840 \times \frac{100}{120}$

⇒ 700 रुपये

दूसरी पुस्तक का क्रय मूल्य $= 840 \times \frac{100}{80}$

= 1050 रुपये

तीसरी पुस्तक का क्रय मूल्य $= 840 \times \frac{100}{105}$

⇒ 800 रुपये

तीनों पुस्तकों का कुल क्रय मूल्य = 700 + 1050 + 800

⇒ 2550 रुपये

∴ हानि = (2550 - 2520) रुपये

⇒ 30 रुपये

अतः विकल्प (A) सही है।

37. दिया है:

छूट = 35%

अगर राज को कोई छूट नहीं मिलती, तो राज को 238 और देने पड़ते।

$$SP = MP \left(1 - \frac{D}{100}\right)$$

SP = विक्रय मूल्य

MP = अंकित मूल्य

D = छूट

मान लीजिए कि अंकित मूल्य $100x$ है

35% छूट के बाद विक्रय मूल्य = $100x \times \dfrac{65}{100}$

$\Rightarrow 65x$

अब, प्रश्न के अनुसार,

$\Rightarrow 35x$ = 238 रुपये

$\Rightarrow 65x = 238 \times \dfrac{65x}{35x}$ रुपये

$\Rightarrow 34 \times 13$ रुपये

$\Rightarrow 442$ रुपये

∴ राज ने कुर्सी के लिए 442 रुपये का भुगतान किया।

अतः विकल्प (B) सही है।

38. दिया है:

मूलधन = 1800 रूपए

समय = 5 वर्ष

ब्याज की दर = 8%

साधारण ब्याज = (मूलधन × समय × दर)/100

अर्जित किया गया साधारण ब्याज

$\Rightarrow \dfrac{1800 \times 5 \times 8}{100}$

$\Rightarrow 720$

∴ प्रति वर्ष ब्याज 720 रूपए है।

अतः विकल्प (A) सही है।

39. दिया है:

17 दिनों में 60 आदमी एक काम कर सकते हैं

5 श्रमिकों ने 6 दिनों के बाद काम छोड़ दिया

पुरुष × दिन = कुल कार्य

प्रश्न के अनुसार,

60 आदमी 17 दिनों में एक काम पूरा कर सकते हैं

किए जाने वाले कुल कार्य = 60 × 17

$\Rightarrow 1020$

6 दिनों से पहले 6 दिनों में 60 पुरुषों द्वारा किया गया कार्य

$\Rightarrow 60 \times 6$

$\Rightarrow 360$

6 दिनों के बाद बचे हुए कार्य को पूरा करने के लिए लिए गए दिनों की संख्या को 'x' दिन होने दें

पुरुषों की संख्या जब 5 कार्यकर्ता छोड़ दिए गए = (60 – 5)

$\Rightarrow 55$ पुरुष

55 पुरुषों द्वारा 'x' दिनों में किया गया कार्य

$\Rightarrow 55 \times x$

$\Rightarrow 55x$

हम जानते हैं कि,

कुल कार्य होना = 6 दिनों में 60 पुरुषों द्वारा किया गया कार्य + 'x' दिनों में 55 पुरुषों द्वारा किया गया कार्य

$\Rightarrow 1020 = 360 + 55x$

$\Rightarrow 660 = 55x$

$\Rightarrow \dfrac{660}{55} = x$

$\Rightarrow 12 = x$

$\Rightarrow x = 12$

∴ 6 दिनों के बाद काम पूरा करने में लगने वाले दिनों की संख्या 12 दिन है।

अतः विकल्प (D) सही है।

40. दिया है,

$$\dfrac{8 \div [(4-9) \div \{(7 \div 4 \text{ of } 3) + 1 \div 84 + 8 \times 5 \div 21\} + 3]}{7 \times 8 \div 4 - 8 \div 4 \text{ of } 2 - 7}$$

$$\Rightarrow \dfrac{8 \div \left[(4-9) \div \left\{\frac{7}{12} + \frac{1}{84} + \frac{40}{21}\right\} + 3\right]}{7 \times 2 - 8 \div \frac{1}{4 \times 2} - 7}$$

$$\Rightarrow \dfrac{8 \div \left[(-5) \div \left\{\frac{49+1+160}{84}\right\} + 3\right]}{14 - 1 - 7}$$

$$\Rightarrow \dfrac{8 \div \left[(-5) \div \left\{\frac{210}{84}\right\} + 3\right]}{14 - 1 - 7}$$

$$\Rightarrow \dfrac{8 + \left[(-5) + \left\{\frac{210}{84}\right\} + 3\right]}{14 - 1 - 7}$$

$$\Rightarrow \dfrac{8 + \left[(-5) \times \left\{\frac{84}{210}\right\} + 3\right]}{6}$$

$$\Rightarrow \dfrac{8 \div [-2 + 3]}{6}$$

$$\Rightarrow \dfrac{4}{3}$$

अतः विकल्प (B) सही है।

41. विश्व आर्थिक मंच (डब्ल्यूईएफ) ने छोटे और सीमांत किसानों का समर्थन करने के लिए कृत्रिम बुद्धिमत्ता (AI), इंटरनेट ऑफ थिंग्स (IoT), ब्लॉकचेन और ड्रोन जैसी उभरती तकनीकों का उपयोग करने के लिए सरकार के थिंक-टैंक नीति आयोग के साथ भागीदारी की है।

WEF ने देश भर में विभिन्न नवीन परियोजनाओं को लागू करने के लिए भारत में 'चौथी औद्योगिक क्रांति केंद्र' की स्थापना की थी।

अतः विकल्प (B) सही है।

42. स्वतंत्र भारत का पहला "निवारक निरोध बिल" 1950 में सरदार पटेल द्वारा पेश किया गया था। पटेल ने कहा था कि विधेयक पेश करना जरूरी है या नहीं, यह तय करने से पहले उनकी कई रातों की नींद उड़ी हुई थी। नतीजतन, निवारक निरोध अधिनियम, 1950 को संसद द्वारा 26 फरवरी 1950 को अधिनियमित किया गया था।

अतः विकल्प (C) सही है।

43. जनवरी 2022 में, जर्मनी ने G7 प्रेसीडेंसी का पदभार ग्रहण किया।

1 जनवरी को जर्मनी ने G7 प्रेसीडेंसी का पदभार ग्रहण किया। G7, या "ग्रुप ऑफ सेवन" में अमेरिका, कनाडा, जापान, फ्रांस, यूनाइटेड किंगडम, इटली और जर्मनी शामिल हैं। जून 2021 के शिखर सम्मेलन में, G7 नेताओं ने 2.3 बिलियन वैक्सीन खुराक वितरित करने पर सहमति व्यक्त की। COVAX टीकाकरण गठबंधन में जर्मनी दूसरा सबसे बड़ा दाता है।

अतः विकल्प (B) सही है।

44. रैडक्लिफ रेखा 17 अगस्त 1947 को भारत विभाजन के बाद भारत और पाकिस्तान के बीच सीमा बन गई। रैडक्लिफ रेखा भारत और पाकिस्तान को गुजरात में कच्छ के रण के माध्यम से जम्मू और कश्मीर में अंतरराष्ट्रीय सीमा तक दो अलग-अलग देशों में विभाजित करती है।

सर सिरिल रैडक्लिफ ने भारत को तीन भागों में विभाजित किया: पश्चिमी पाकिस्तान, पूर्वी पाकिस्तान और भारत। इसका नाम सीमा आयोगों के अध्यक्ष सर सिरिल रेडक्लिफ के नाम पर रखा गया था। वह इंग्लैंड के एक वकील थे जिन्हें कार्टोग्राफी का कोई पूर्व ज्ञान या अनुभव नहीं था।

अतः विकल्प (C) सही है।

45. तुंगभद्रा नदी कर्नाटक में निकलती है और अपने अधिकांश पाठ्यक्रम के दौरान यहां से बहती है, फिर तेलंगाना और आंध्र प्रदेश के बीच की सीमा के साथ, और अंत में कृष्णा में बहती है।

कोयना नदी महाबलेश्वर, सतारा जिले, पश्चिमी महाराष्ट्र से निकलती है और कृष्णा नदी में बहती है।

मूसी नदी तेलंगाना से होकर बहती है और कृष्णा नदी की एक सहायक नदी है। यह ऐतिहासिक पुराने शहर और नए शहर को अलग करने वाले हैदराबाद शहर के लिए एक विभाजन के रूप में कार्य करता है।

सबरी नदी गोदावरी की एक बाएं किनारे की सहायक नदी है। यह 1370 मीटर एमएसएल पर ओडिशा के सिंकराम पहाड़ी श्रृंखला से उगता है। इसे वैकल्पिक रूप से ओडिशा में कोलाब के नाम से जाना जाता है।

अतः विकल्प (D) सही है।

46. ग्रेफाइट को काला सीसा और प्लंबगो के रूप में भी जाना जाता है। ब्लैक लेड (काला सीसा) शब्द आमतौर पर पाउडर या संसाधित ग्रेफाइट, रंग में मैट ब्लैक को संदर्भित करता है। ग्रेफाइट कार्बन का एक क्रिस्टलीय अलॉट्रोपे (अपरूप) है जिसमें कार्बन को षट्कोण संरचना में व्यवस्थित किया जाता है। यह बिजली का अच्छा संवाहक है और यह इसे इलेक्ट्रॉनिक उत्पादों जैसे इलेक्ट्रोड, बैटरी और सौर पैनल में उपयोगी बनाता है।

अतः विकल्प (B) सही है।

47. हाइड्रोजन गैस का उपयोग वनस्पती घी, शराब और अमोनिया के निर्माण में किया जाता है।

वनस्पती घी का निर्माण वनस्पति या बीज के तेल से होता है, जिसे 'हाइड्रोजनीकरण' कहा जाता है।

त्वरित और आसान हाइड्रोजनीकरण के लिए, उत्प्रेरक जैसे Ni, Pt आदि का उपयोग किया जाता है।

आर्गन पृथ्वी के वायुमंडल में तीसरा सबसे प्रचुर गैस है।

आम तौर पर दुनिया भर में उत्पादित हाइड्रोजन का लगभग 55% अमोनिया संश्लेषण के लिए, 25% रिफाइनरियों में और लगभग 10% मेथनॉल उत्पादन के लिए उपयोग किया जाता है।

अतः विकल्प (B) सही है।

48. मानव हड्डी में कैल्शियम, कार्बन और फॉस्फोरस होते हैं।

- हड्डियां पूरी तरह से कैल्शियम से नहीं बनती हैं, बल्कि चोंड्रोइटिन सल्फेट और हाइड्रॉक्सीपैटाइट का मिश्रण होती हैं।

- हाइड्रोक्सीपाटाइट 39.8% कैल्शियम, 41.4% ऑक्सीजन, 18.5% फॉस्फोरस और 0.2% हाइड्रोजन द्रव्यमान से बना है।

- चोंड्रोइटिन सल्फेट एक शर्करा है जो मुख्य रूप से ऑक्सीजन और कार्बन से बना है।

अतः विकल्प (C) सही है।

49. केंद्रीय बजट 2021-22 ने बीमा क्षेत्र में एफडीआई सीमा को 49% से बढ़ाकर 74% कर दिया।

- ध्यान दें कि बजट बीमा क्षेत्र में सुरक्षा उपायों के साथ विदेशी स्वामित्व और नियंत्रण की भी अनुमति देता है।

- सार्वजनिक क्षेत्र के बैंकों को फिर से पूंजीकृत करने के लिए 20 हजार करोड़ रुपये का निवेश करने का प्रस्ताव किया गया है।

- वित्त मंत्री निर्मला सीतारामन ने बीमा अधिनियम 1938 में संशोधन कर 49 से 74% तक एफडीआई सीमा बढ़ाने तथा सुरक्षा उपयों सहित विदेशी स्वामित्व और नियंत्रण की अनुमति देने का प्रस्ताव किया।

अतः विकल्प (B) सही है।

50. संविधान में संशोधन संसद के किसी भी सदन द्वारा शुरू किया जा सकता है।

- राज्य विधानसभाओं द्वारा संविधान में संशोधन शुरू नहीं किया जा सकता है।

- राज्य विधानसभाएं केवल राज्य में विधान परिषद के निर्माण के लिए एक प्रस्ताव पारित कर सकती हैं जो कि आखिर संसद द्वारा भी तय किया जाता है।

- राष्ट्रपति केवल संशोधन करने की स्वीकृति दे सकते हैं और संशोधन शुरू नहीं कर सकते।

अतः विकल्प (D) सही है।

51. चापचर कुट मिजोरम राज्य का त्योहार है। यह आमतौर पर झूम खेती के बाद मर्च में मनाया जाता है। यह बहुमूल्य फसल की प्रत्याशा में आयोजित किए जाने वाला एक उत्सव है। लोग इकट्ठा होते हैं और बांसुरी, झांझ, ढोल आदि की धुन पर गाते हैं और नाचते हैं।

अतः विकल्प (B) सही है।

52. परमाणु खनिज अन्वेषण और अनुसंधान निदेशालय का मुख्यालय हैदराबाद में स्थित है। इसकी स्थापना 29 जुलाई, 1949 को दिल्ली में मुख्यालय के साथ 'दुर्लभ खनिज सर्वेक्षण इकाई' के रूप में की गयी थी। यह परमाणु ऊर्जा आयोग के तहत अनुसंधान और विकास संगठन के रूप में काम करता है।

अतः विकल्प (C) सही है।

53. संध्या अग्रवाल क्रिकेट से सम्बंधित हैं।

- संध्या अग्रवाल का जन्म भारत के मध्य प्रदेश में इंदौर में 1963 में हुआ था।

- वह भारत में भारतीय महिला क्रिकेट टीम की पूर्व कप्तान हैं।

- उनकी प्रमुख टीमों में भारत महिला और रेलवे महिला टीम शामिल हैं।

- इन दायें हाथ और दायें हाथ के ऑफ-ब्रेक गेंदबाज ने 1984 से 1995 की अवधि के दौरान कुल 13 टेस्ट मैच खेले हैं।

- उन्होंने 50.45 की बल्लेबाजी औसत के साथ 1110 रन बनाए जिसमें चार शतक और चार अर्धशतक भी शामिल थे।

- संध्या 1986 में इंग्लैंड टीम के खिलाफ खेलते हुए 190 के अपने उच्चतम स्कोर पर भी पहुंचीं।

- ओडीआई के अधिकार के साथ, उन्होंने 21 मैचों में 567 रन बनाए हैं, जिसमें 31.50 की बल्लेबाजी औसत के साथ चार अर्धशतक शामिल हैं।

अतः विकल्प (B) सही है।

54. हर वर्ष 29 अप्रैल को अंतर्राष्ट्रीय नृत्य दिवस मनाया जाता है।

अंतर्राष्ट्रीय नृत्य दिवस को अंतर्राष्ट्रीय रंगमंच संस्थान (आईटीआई) की नृत्य समिति, प्रदर्शन कला के लिए यूनेस्को के मुख्य भागीदार द्वारा बनाया गया था।

हर वर्ष 29 अप्रैल को, समारोह आधुनिक बैले के निर्माता जीन-जॉर्जेस नोवरे के जन्म की याद दिलाती है।

पूरे विश्व में तिथि के दिन आयोजित होने वाली गतिविधियों और त्योहारों का उद्देश्य नृत्य भागीदारी और शिक्षा को बढ़ावा देना है। यूनेस्को ने आधिकारिक तौर पर आईटीआई को इस कार्यक्रम के प्रचारकों और आयोजकों के रूप में मान्यता दी है।

अतः विकल्प (D) सही है।

55. अनुच्छेद 36-51 में राज्य नीति के निर्देशक सिद्धांत का उल्लेख है।

- यह भारत के संविधान के भाग IV में शामिल है।
- वे गैर न्यायिक हैं अर्थात् कानून की अदालत में गैर-प्रवर्तनीय हैं।
- वे कोई भी कानून बनाने के लिए सरकार के निर्देशों के रूप में कार्य करते हैं।
- वे 'निर्देशों के साधन' के रूप में कार्य करते हैं।
- डॉ.बी.आर अम्बेडकर ने हमारे संविधान के 'सिद्धांतों' के रूप में इन सिद्धांतों का उल्लेख किया।

अतः विकल्प (D) सही है।

56. वॉकर कप का नाम 1920 में संयुक्त राज्य गोल्फ संगठन (यूएसजीए) के अध्यक्ष जॉर्ज हर्बर्ट वॉकर के नाम पर रखा गया है।

अतः विकल्प (D) सही है।

57. तत्व और लैटिन नाम:

a. लेड	2. सीसा
b. एंटीमनी	1. स्टिबियम
c. टिन	4. स्टैनम
d. पोटैशियम	3. कैलियुम

अतः विकल्प (C) सही है।

58. प्रयोज्य आय, जो की प्रयोज्य निजी आय (DPI) से भी जानी जाती है, एक राशि है जो की आय टैक्सों के लेखे-जोखे के बाद गृहस्थी में खर्च करने एवं बचाने के लिए उपलब्ध होता है।

अतः विकल्प (A) सही है।

59. 'अंतर्राष्ट्रीय ओजोन दिवस' 16 सितंबर को मनाया जाता है। 'अंतर्राष्ट्रीय ओजोन दिवस' का विषय "जीवन के लिए ओजोन: ओजोन परत संरक्षण के 35 वर्ष" है। यह ओजोन परत की रिक्तता के बारे में लोगों में जागरूकता फैलाने और इसे संरक्षित करने के लिए संभावित समाधान खोजने के लिए मनाया जाता है।

अतः विकल्प (A) सही है।

60. यूनिसेफ की स्थापना 1946 में हुई थी। यह संयुक्त राष्ट्र महासभा द्वारा बनाया गया था। यूनिसेफ का पूर्ण रूप संयुक्त राष्ट्र बाल कोष है।

अतः विकल्प (D) सही है।

61. The author figures out all about the electric cars except that "They will eventually undermine rather than further driver autonomy".

Hence, the correct option is (D).

62. A major reason for tesla's remarkable sales is that people believe in the autonomy represented by private cars.

Hence, the correct option is (D).

63. The author concludes that "The car drivers dream of the autonomy but the future may be public transport."

Hence, the correct option is (C).

64. Certain words like 'think', 'hopeful', 'desirous', 'despair', 'confident', 'fond', 'abstain' etc. are followed by a preposition + gerund.

Therefore, 'to return' must be replaced with 'of returning' to form a grammatically correct sentence.

Hence, the correct option is (B).

65. Ignominious: deserving or causing public disgrace of shame

Discreditable: injurious to reputation

Honour: bestow honour or rewards upon

Reverence: regard with feelings of respect and reverence; consider hallowed, exalted or be in awe of

Bumptious: offensively self-assertive

Hence, the correct option is (B).

66. Bountiful: large in quantity

Meager: lacking in quantity or quality

Generous: showing a readiness to give more of something, especially money, than what is strictly necessary or expected

Copious: abundant in supply or quantity

Teeming: to be full of or swarming with

Hence, the correct option is (B).

67. Idiosyncrasy is correctly spelt word which means a mode of behaviour or way of thought peculiar to an individual.

The correct spellings of the other words along with their meanings are:

Impetus: the force or energy with which a body moves

Ignoble: not honourable in character or purpose

Ignominious: deserving or causing public disgrace or shame

Hence, the correct option is (D).

68. Black Box: an apparatus that records the fight data of an aeroplane and is also a voice recorder

Black binding: kidnapping for selling into slavery

Radio: the transmission and reception of electromagnetic waves of radio frequency, especially those carrying sound messages

Ammeter: an instrument for measuring electric current in amperes

Hence, the correct option is (D).

69. Frivolous: not having any serious purpose or value

Puerile: childishly silly and immature

Captious: tending to find fault or raise petty objections

Wise: having the power of discerning and judging properly as to what is true or right; possessing discernment, judgment, or discretion

Spiritual: relating to or affecting the human spirit or soul as opposed to material or physical things

Hence, the correct option is (C).

70. The idiom 'violent wind' means high condition with winds and precipitation, thunder, lightning, or tempest.

A tempest is a very violent storm. You can refer to a situation in which people are very angry or excited as a tempest.

Hence, the correct option is (D).

71. The given sentence is in active voice. It is of the simple future tense. Let us understand the structures for active/passive voices for such sentences.

Active: Subject + will/shall + verb (Ist form) + object...

Passive: Object+ will/shall + be + verb (IIIrd form) + by + subject...

So, with the help of the above structures, we can convert the sentence into passive voice:

The clothes will be returned by the washerman in the evening.

Hence, the correct option is (B).

72. The correct sequence for the given jumbled sentences is:

1) Agriculture

S. gives us food

P. cotton for our clothes

Q. raw materials like jute

R. sugarcane for our industries

6) and food for cattle.

Hence, the correct option is (D).

73. The correct sequence for the given jumbled sentences is:

1) If we take

Q. too much

S. from the rich

R. to help the poor

P. the rich

2) will rebel.

Hence, the correct option is (D).

74. The given passage is all about an educated women. The first sentence of the passage will be C i.e., 'what an educated woman wants. The next sentence will be A as the pronoun 'she' has been used for 'educated women'. The next sentence will be D as after marriage, sometimes, child mortality rate drops. The last sentence will be B.

Hence, the correct option is (B).

75. The idiom "see eye to eye" means to agree fully with someone or be in full agreement or to have the same views about something.

Example: I do not see eye to eye with him in this matter.

Hence, the correct option is (B).

76. Demagogue is the correctly spelt word which means a political orator or a leader who wins support by exciting the emotions of the common people.

The correct spelling of other words with their meanings are:

Deliberative: the act of thinking about or discussing something and deciding carefully

Delinquency: behaviour, especially of a young person, that is is illegal or not acceptable

Deliverance: the action of being rescued or set free

Hence, the correct option is (A).

77. The given sentence is of direct narration. To convert it into Indirect, the following rules will be followed:

Reporting verb "said" is followed by an object, therefore, it will be changed to "told" in the indirect speech.

The verb "told" will be followed by "that" to join the reporting verb and the reported speech.

Second person pronoun (you and your) changes according to the object (Robert - him and his) of reporting speech.

"Will" will change to "would".

The correct sentence is "Mary told Robert that his mother would be happy to see him."

Hence, the correct option is (D).

78. Acumen is correctly spelt among all three which means ability to make good decisions. Other three are incorrectly spelt.

Hence, the correct option is (D).

79. A Planetarium is a place a domed building in which images of stars, planets, and constellations are projected for public entertainment or education.

A Museum is a place where objects of historical, scientific, artistic, or cultural interest are stored and exhibited.

Institution an organization founded for a religious, educational, professional, or social purpose.

Dome a rounded vault forming the roof of a building or structure, typically with a circular base.

Hence, the correct option is (A).

80. Genesis is the most appropriate answer for the given group of words.

Introduction means the action of introducing something.

Generation means all of the people born and living at about the same time, regarded collectively.

Genetic means relating to genes or heredity.

Hence, the correct option is (B).

81. कनिष्ट की वर्तनी अशुद्ध है।

कनिष्ठ सही शब्द है।

अर्थ - जो मर्यादा अथवा पद अथवा आयु में छोटा हो।

विलोम - ज्येष्ठ, वरिष्ठ

अतः विकल्प (B) सही है।

82. "कली" शब्द का बहुवचन रूप "कलियाँ" होगा।

कली: कलियाँ

बहुवचन

शब्द के जिस रूप से अनेकता का बोध हो उसे बहुवचन कहते हैं।

जैसे-लड़के, गायें, कपड़े, टोपियाँ, मालाएँ, माताएँ, पुस्तकें, वधुएँ, गुरुजन, रोटियाँ, स्त्रियाँ, लताएँ, बेटे आदि।

अतः विकल्प (C) सही है।

83. नञ समास- जहाँ पहला पद निषेधात्मक हो, वहां नञ समास होता है।

अनंत- जिसका कोई अंत ना हो = न अंत।

अन्य उदहारण - अनिष्ट, अभाव आदि।

अतः विकल्प (C) सही है।

84. "पंचवटी" शब्द में "द्विगु समास" है।

पंचवटी (पांच वटों का समाहार) में 'समाहार द्विगु समास' है।

समूह का अर्थ प्रकट हो तो समाहार द्विगु होता है।

द्विगु समास की परिभाषा:

वह समास जिसका पहला पद संख्यावाचक विशेषण होता है तथा समस्तपद किसी समूह या फिर किसी समाहार का बोध करता है तो वह द्विगु समास कहलाता है।

जैसे:

- दोपहर : दो पहरों का समाहार
- शताब्दी : सौ सालों का समूह
- पंचतंत्र : पांच तंत्रों का समाहार
- सप्ताह : सात दिनों का समूह

अतः विकल्प (B) सही है।

85. 'उत्कंठा', 'उत्सुकता' तथा कुतूहल (कौतूहल) ये तीनों 'जिज्ञासा' के पर्यायवाची हैं।

जंग: लड़ाई, संग्राम, समर, युद्ध

उदक: पानी, सलिल, पय, मेघपुष्प, जल, वारि, नीर, तोय, अम्बु

संग्राम: लड़ाई, जंग, समर, युद्ध

अतः विकल्प (C) सही है।

86. उपर्युक्त गद्यांश के अनुसार संसार में सबसे मूल्यवान वस्तु समय है।

क्योंकि दुनिया की अधिकांश वस्तुओं को घटाया-बढ़ाया जा सकता है, पर समय का एक क्षण भी बढ़ा पाना व्यक्ति के बस में नहीं है।

अतः विकल्प (A) सही है।

87. उपर्युक्त गद्यांश के अनुसार समय के बीच जाने के पश्चात व्यक्ति के पास पछतावा रह जाता है।

पछतावा: पछताने की क्रिया, पश्चाताप

अतः विकल्प (B) सही है।

88. उपर्युक्त गद्यांश के अनुसार विद्यार्थी जीवन का मुख्य उद्देश्य शिक्षा प्राप्त करना है।

विद्यार्थी जीवन का उद्देश्य है शिक्षा प्राप्त करना। समय के उपयोग से ही शिक्षा प्राप्त की जा सकती है। जो विद्यार्थी अपना बहुमूल्य समय खेल-कूद, मौज-मस्ती तथा आलस्य में खो देते हैं वे जीवन भर पछताते रहते हैं, क्योंकि वे अच्छी शिक्षा प्राप्त करने से वंचित रह जाते हैं और जीवन में उन्नति नहीं कर पाते।

अतः विकल्प (B) सही है।

89. 'जिसने प्रतिष्ठा पा ली हो' वाक्यांश के लिए एक शब्द होगा- 'लब्धप्रतिष्ठ'

भाषा को सुंदर, आकर्षक और प्रभावशाली बनाने के लिए अनेक शब्दों के स्थान पर एक शब्द का प्रयोग किया जाता है तो वह वाक्यांश के लिए एक शब्द कहलाता है।

अतः विकल्प (C) सही है।

90. दिए गए विकल्पों में मुहावरा और अर्थ का अनुचित विकल्प 'मुंह जूठा करना - पेट भरना' होगा।

'मुंह जूठा करना' मुहावरे का उचित अर्थ है 'अल्प मात्रा में कुछ खा लेना'।

वाक्य - अगर आपको ज्यादा भूख नहीं है तो कोई बात नहीं थोड़ा सा मुंह ही जूठा कर लीजिए।

मुहावरे और अर्थ संबंधी अन्य विकल्प उचित रूप में हैं।

अतः विकल्प (D) सही है।

91. 'पर' यहाँ सही विकल्प है। पर शब्द के प्रयोग से परोपकार शब्द का निर्माण हुआ है। 'पर' उपसर्ग से तात्पर्य है 'दूसरों का'।

अतः विकल्प (A) सही है।

92. 'प' अपने वर्ग का यह पहला वर्ण है, 'द', 'त' वर्ग का तीसरा वर्ण है, 'क' अपने वर्ग का पहला वर्ण है इसलिए ये युग्म अल्पप्राण का सही विकल्प है।

जिन वर्णों के उच्चारण में कम श्वास निकले, उन्हें अल्पप्राण कहते हैं। अर्थात हर वर्ग का पहला, तीसरा और पाँचवाँ वर्ण अल्पप्राण हैं।

उदाहरण: क, ग, च, त आदि।

अतः विकल्प (B) सही है।

93. अलग होने के अर्थ में 'अपादान कारक' का प्रयोग किया जाता है।

जैसे: पेड़ से पत्ता गिरा, अर्थित पेड़ से पत्ते के अलग होने के भाव में यहाँ अपादान कारक का प्रयोग किया जाता है।

अतः विकल्प (A) सही है।

94. कर्म वाच्य:

पहचान- कर्म की प्रधानता

क्रिया का प्रयोग कर्म के आधार पर होता है।

उदाहरण-

- रावण को मारा गया।

- पुस्तक पढ़ी जाती है।
- सीता के द्वारा अख़बार पढ़ा जाता है।

अतः विकल्प (B) सही है।

95. जब उपमेय और उपमान में कोई अंतर नहीं दर्शाया जाता है तो वहां रूपक अलंकार होता है। "वन शारदी चन्द्रिका-चादर ओढ़े" में रूपक अलंकार है। यहाँ 'चन्द्रिका' उपमेय है और 'चादर' उपमान है, यहाँ उपमेय और उपमान में अभिन्नता बताई गयी है। क्योंकि उपर्युक्त पंक्ति में चन्द्रमा की रोशनी को चादर के जैसा न बताकर चादर ही बताया गया है।

अतः विकल्प (B) सही है।

96. विसर्ग का किसी स्वर या व्यंजन से मेल होने पर जो विकार (परिवर्तन) होता है वह विसर्ग संधि कहलाता है।

जैसे - मनः + बल = मनोबल

हरि:+ चंद्र = हरिश्चंद्र

अतः विकल्प (B) सही है।

97. अयादि संधि- यदि पहले शब्द के अंत में ए/ऐ, ओ/औ एक दूसरे के शब्द के आरंभ में भिन्न स्वर आए तो क्रमशः ए का अय, ऐ का आय, ओ का अव, तथा औ का आव हो जाता है।

जैसे - ने + अन = नयन

अतः विकल्प (D) सही है।

98. कुत्ता एवं पिल्ला दोनों ही जातिवाचक संज्ञा है।

जातिवाचक संज्ञा:

जिस शब्द से एक जाति के सभी प्राणियों अथवा वस्तुओं का बोध हो, उसे जातिवाचक संज्ञा कहते हैं। बच्चा, जानवर, नदी, अध्यापक, बाजार, गली, पहाड़, खिड़की, स्कूटर आदि शब्द एक ही प्रकार प्राणी, वस्तु और स्थान का बोध करा रहे हैं। इसलिए ये 'जातिवाचक संज्ञा' हैं।

व्यक्तिवाचक संज्ञा:

किसी भी विशेष व्यक्ति, वस्तु या स्थान के नाम का बोध कराने वाली संज्ञा ही व्यक्तिवाचक संज्ञा कहलाती हैं। यानी, व्यक्तिवाचक संज्ञा सभी व्यक्ति, वस्तु या स्थान की संपूर्ण जाती में से ख़ास का नाम बताती हैं। व्यक्ति- महात्मा गाँधी, भगत सिंह, रमेश, पवन, सीमा, विकास आदि। वस्तु- कुरान, बाइबल, रामायण आदि।

अतः विकल्प (A) सही है।

99. "तू" शब्द का प्रयोग संबंध बताने के लिए नहीं किया जाएगा।

"तू" मध्यम पुरुषवाचक सर्वनाम शब्द है।

मध्यम पुरुषवाचक सर्वनाम:

ऐसा सर्वनाम जहां वक्ता श्रोता के लिए करे, उसे मध्यम पुरुषवाचक सर्वनाम कहते हैं।

उदाहरण: तू, तुम, तुझे, तुम्हारा आदि।

अतः विकल्प (D) सही है।

100. क्षीर का तद्भव शब्द खीर है।

तद्भव शब्द: ऐसे शब्द जो संस्कृत से हिंदी में आने पर उनका रूप बदल गया।

जैसे- आग, खीर, छत आदि।

अतः विकल्प (B) सही है।

General Intelligence & Reasoning Ability

Q.1 उस शब्द का चयन कीजिए जो अन्य से भिन्न है।

A. भेड़　　**B.** गज़ेल　　**C.** टपीर　　**D.** कर्कशा

Q.2 निर्देश: निम्नलिखित प्रश्न में, दिए गए विकल्पों में से सम्बंधित अक्षरों का चयन कीजिये।

AGN : IOV : : BLM : ?

A. JTU　　**B.** KTU　　**C.** JUV　　**D.** TUJ

Q.3 उस शब्द का चयन कीजिए जो अन्य से भिन्न है।

A. कुत्ता　　**B.** घोड़ा　　**C.** बकरा　　**D.** लोमड़ी

Ques (4-5):निर्देश: दिए गए विकल्पों में से वह सही विकल्प चुनिए जो श्रृंखला को पूरा करे।

Q.4 4, 3, 6, 6, 8, 12, 10, 24, 12, ?

A. 34　　**B.** 14　　**C.** 48　　**D.** 28

Q.5 2, 4, 6, 10, 16, 26, 42, ?

A. 62　　**B.** 68　　**C.** 78　　**D.** 72

Ques (6-7):निर्देश: निम्नलिखित प्रश्न में दिए गए विकल्पों में से शब्दों को चुनिए।

Q.6 छेनी : मूर्तिकार :: हैरो : ?

A. माली　　　　　　**B.** मकान बनाने वाला

C. लोहार　　　　　　**D.** रक्षक

Q.7 इग्लू : कनाडा : : रोंडावेल्स : ?

A. अफ्रीका　　**B.** रंगून　　**C.** रूस　　**D.** इंडोनेशिया

Q.8 पुनीत एक महिला से कहता है, "तुम्हारे पिता की पत्नी की बहन, मेरी आंटी है', यह महिला पुनीत से किस प्रकार संबंधित है?

A. पुत्री　　　　　　**B.** पोती

C. भांजी　　　　　　**D.** चचेरी बहन

Ques (9-10): दिए गए उत्तर आकृतियों में से उस आकृति का चयन करें जिसमें प्रश्न आकृति छिपी हुई है/एम्बेडेड है।

Q.9

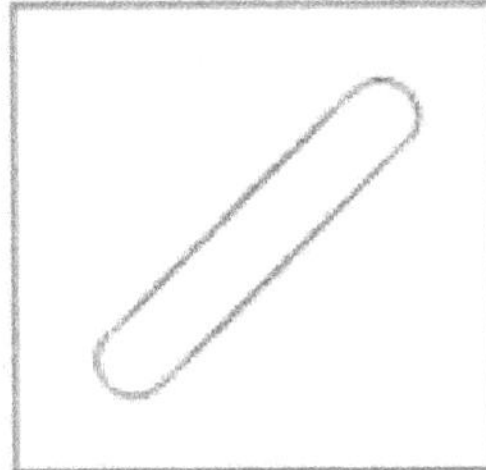

A.

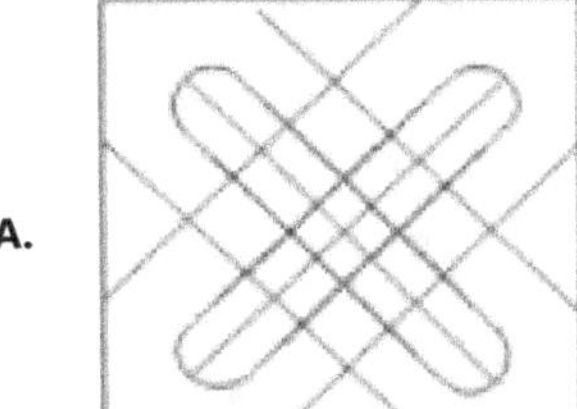

B.

C.

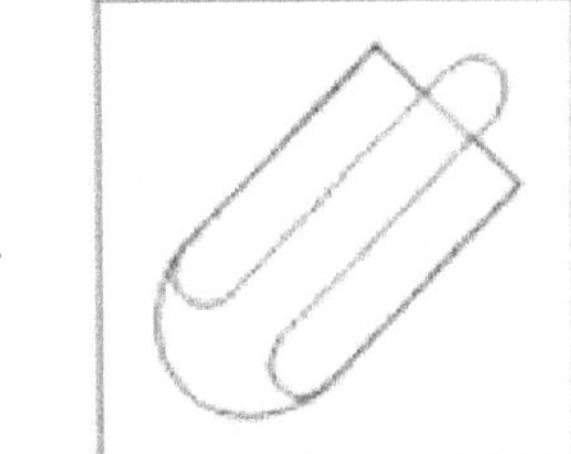

D.

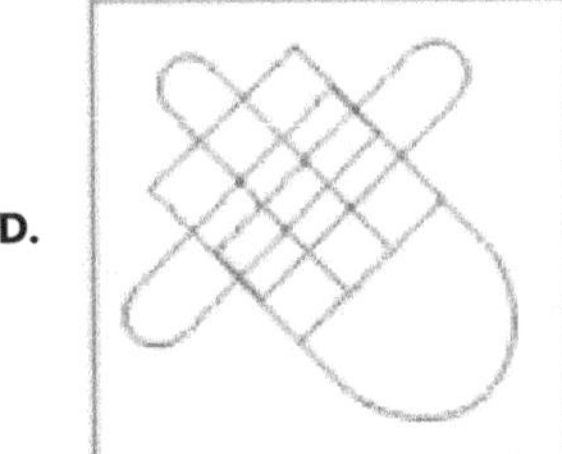

Q.10

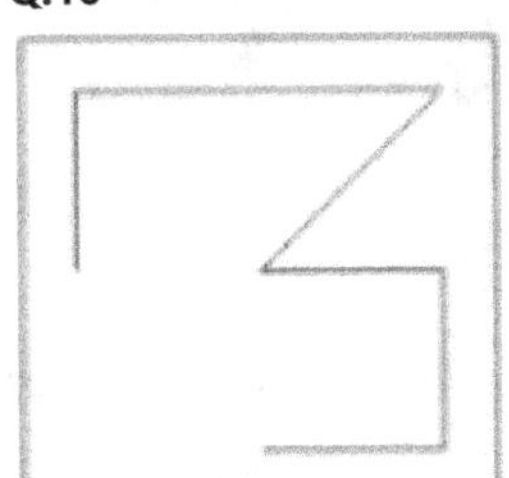

A. 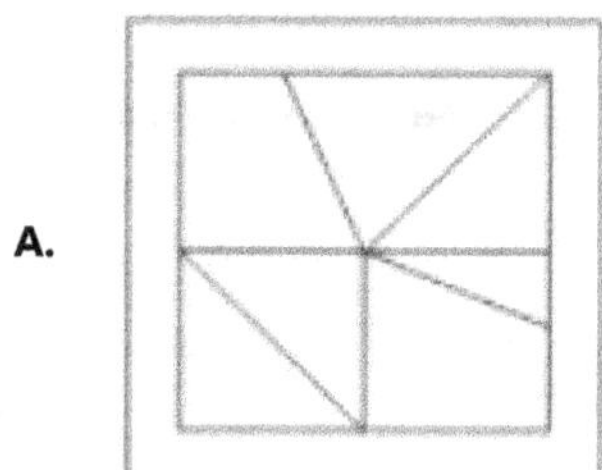

B. 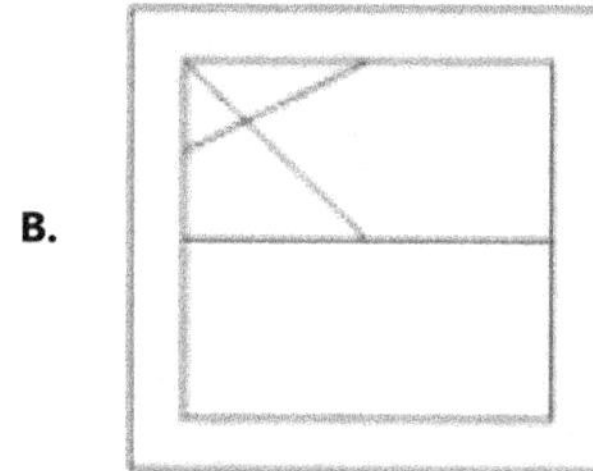

C. 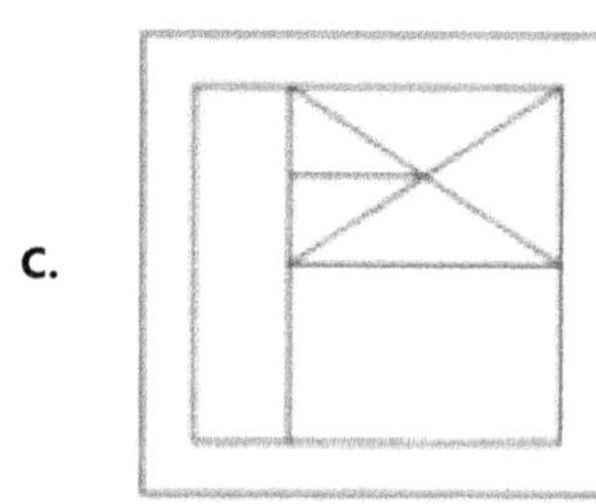

D. 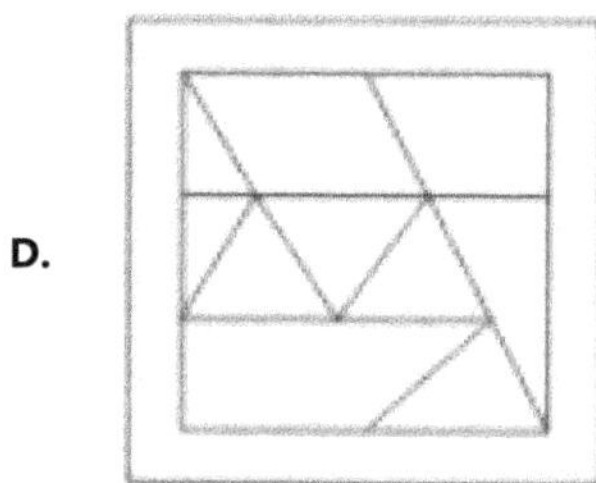

Ques (11-12):निर्देश: प्रश्न में, चिह्नित चार आकृतियों (1), (2), (3), और (4) में से तीन एक निश्चित तरीके से समान हैं। हालांकि, एक आकृति अन्य चार की तरह नहीं है। उस आकृति का चयन कीजिए जो शेष से भिन्न है।

Q.11

[SSC Sub Inspector (CPO), 2020]

A. (1)　　　**B.** (2)　　　**C.** (3)　　　**D.** (4)

Q.12

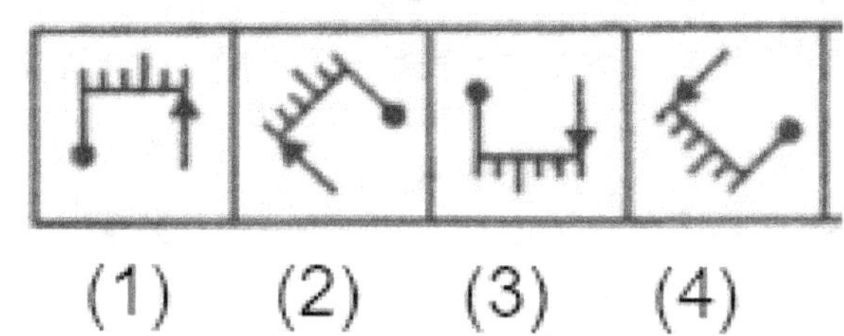

[UP Police Sub Inspector, 2021]

A. (1)　　　**B.** (2)　　　**C.** (3)　　　**D.** (4)

Q.13 एक शतरंज टूर्नामेंट में छह खिलाड़ियों में से प्रत्येक दूसरे खिलाड़ी से ठीक एक बार खेलेगा। टूर्नामेंट के दौरान कितने मैच खेले जाएंगे?

A. 12　　　**B.** 15　　　**C.** 30　　　**D.** 36

Q.14 एक चरवाहे के पास 27 भेड़ें थीं। 10 को छोड़कर सभी की मौत हो गई। वह कितने भेड़ों के साथ रह गया?

A. 10　　　**B.** 15　　　**C.** 17　　　**D.** 27

Q.15 एक पासे की तीन स्थितियां नीचे दर्शायी गई हैं। जिस फलक पर '4' है उसके विपरीत फलक पर कौन सी संख्या है?

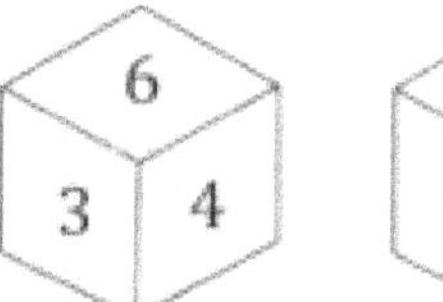 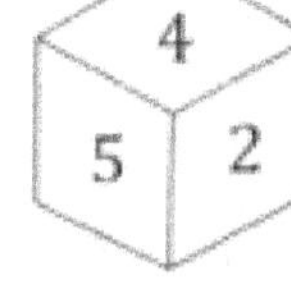 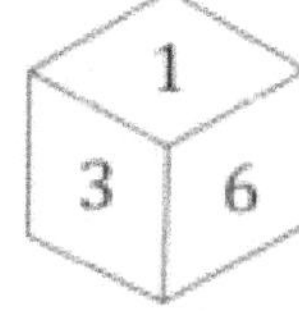

A. 1　　　**B.** 2　　　**C.** 4　　　**D.** 5

Ques (16-17):निर्देश: कौन सी उत्तर आकृति प्रश्न आकृति के पैटर्न को पूरा करेगी?

Q.16

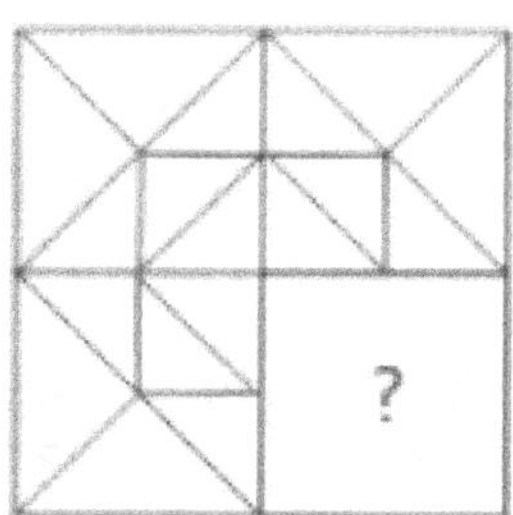

[Jawahar Navodaya Entrance Class VI, 2022], [Jawahar Navodaya Entrance Class VI, 2021], [AFCAT, 2021]

A. 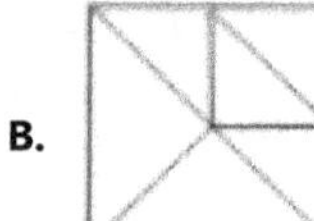　　　**B.**

C. 　　　**D.** 

Q.17

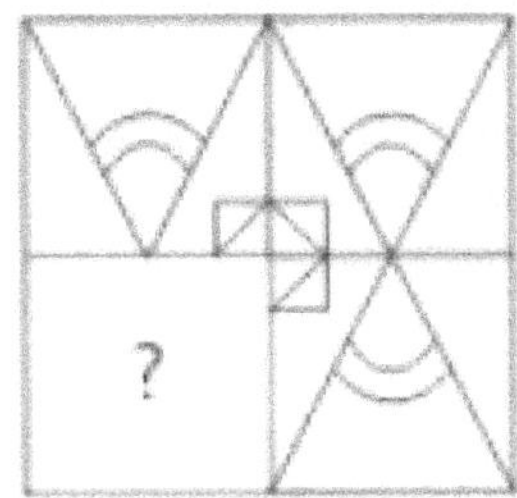

[Jawahar Navodaya Entrance Class VI, 2022], [Jawahar Navodaya Entrance Class VI, 2021], [AFCAT, 2021]

A. 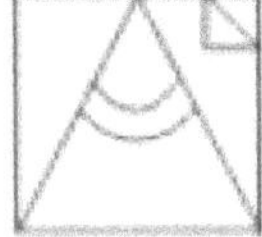

B. 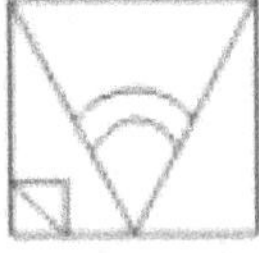

C. 

D. 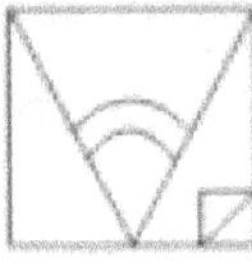

Q.18 दी गई आकृति में त्रिभुजों की संख्या ज्ञात कीजिए।

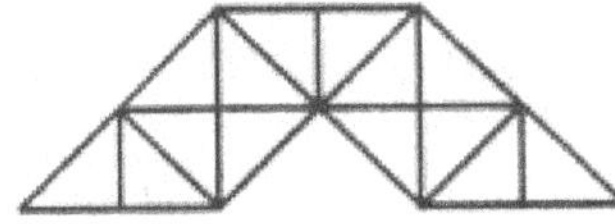

A. 23　　　**B.** 27　　　**C.** 29　　　**D.** 31

Q.19 एक कागज़ को प्रश्न आकृति के अनुरूप मोड़कर पंच किया जाता है। दी गई उत्तर आकृतियों में से उस आकृति का चयन कीजिये जो यह दर्शाती है कि कागज़ को खोलने पर यह कैसा प्रतीत होगा?

 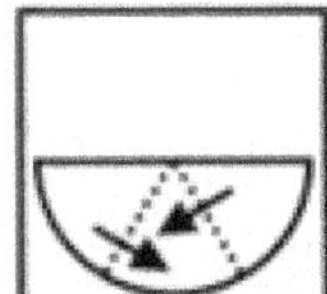 

A. 

B. 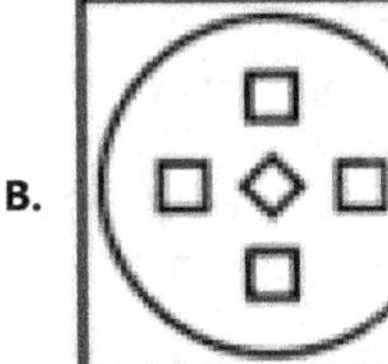

C. 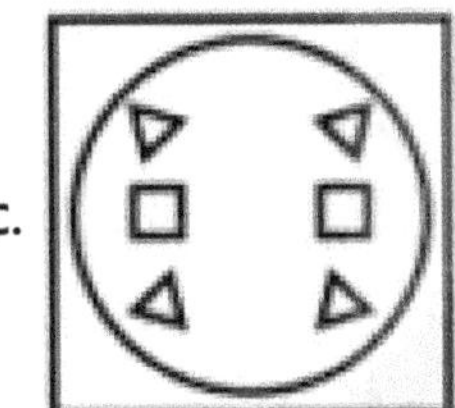

D. 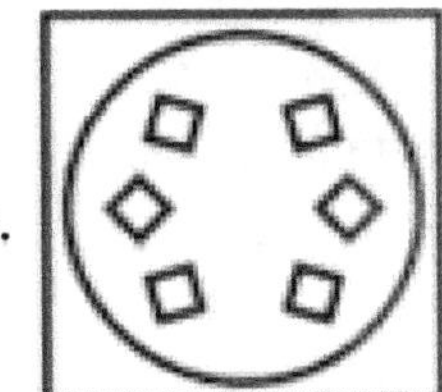

Q.20 दी गई आकृति में त्रिभुजों की संख्या ज्ञात कीजिए।

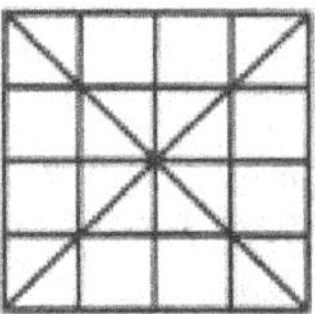

A. 36　　　**B.** 40　　　**C.** 44　　　**D.** 48

Arithmetical & Numerical Ability

Q.21 निम्नलिखित में से किसके आरोही क्रम में भिन्न हैं?

A. $\frac{2}{3}, \frac{3}{5}, \frac{7}{9}, \frac{9}{11}, \frac{8}{9}$　　　**B.** $\frac{3}{5}, \frac{2}{3}, \frac{9}{11}, \frac{7}{9}, \frac{8}{9}$

C. $\frac{3}{5}, \frac{2}{3}, \frac{7}{9}, \frac{9}{11}, \frac{8}{9}$　　　**D.** $\frac{8}{9}, \frac{9}{11}, \frac{7}{9}, \frac{2}{3}, \frac{3}{5}$

Q.22 $\frac{2}{3}, \frac{3}{4}, \frac{4}{5}$ और $\frac{5}{6}$ के बीच सबसे बड़े और सबसे छोटे अंश के बीच का अंतर क्या है?

A. $\frac{1}{6}$　　　**B.** $\frac{1}{12}$　　　**C.** $\frac{1}{20}$　　　**D.** $\frac{1}{30}$

Q.23 एक संख्या को जब 555 और 445 के योग से विभाजित किया जाता है तो उनके अंतर को भागफल के रूप में दोगुना और शेषफल के रूप में 30 प्राप्त होता है। संख्या है:

A. 220030　　**B.** 22030　　**C.** 1220　　**D.** 1250

Q.24 चार अभाज्य संख्याएँ आरोही क्रम में लिखी गई हैं। पहले तीन का गुणनफल 385 है और अंतिम तीन का 1001 है। पहली संख्या ज्ञात कीजिए?

A. 5　　　**B.** 7　　　**C.** 11　　　**D.** 17

Q.25 2 मीट्रिक टन का कितना प्रतिशत 40 क्विंटल है?

A. 100%　　**B.** 120%　　**C.** 180%　　**D.** 200%

Q.26 6.5 लीटर का कितना प्रतिशत 130 मिली है?

A. 1%　　　**B.** 2%　　　**C.** 3%　　　**D.** 4%

Q.27 108, 288 और 360 में म. स. प. ज्ञात कीजिए।

A. 30　　　**B.** 36　　　**C.** 40　　　**D.** 46

Q.28 72, 108 और 2100 में ल. स. प. ज्ञात कीजिए।

A. 39800　　**B.** 38700　　**C.** 36700　　**D.** 37800

Ques (29-30):निर्देश: प्रश्न में प्रश्नवाचक चिन्ह(?) के स्थान पर क्या मान आएगा?

Q.29 $\left[1\frac{1}{2} + 1\frac{2}{3}\right] \div \left[\frac{6}{7} - \frac{5}{6}\right] = ?$

A. $\frac{19}{180}$　　**B.** $\frac{19}{252}$　　**C.** $71\frac{1}{2}$　　**D.** 133

Q.30 1456 का $\frac{1}{6}$ का $\frac{3}{8}$ का $\frac{5}{7} = ?$

A. 52　　　**B.** 26　　　**C.** 65　　　**D.** 36

Q.31 एक आयत का क्षेत्रफल 460 वर्ग मीटर है। यदि लम्बाई चौड़ाई से 15% अधिक है, तो आयताकार खेत की चौड़ाई क्या है?

A. 17 मीटर　　**B.** 23 मीटर　　**C.** 20 मीटर　　**D.** 25 मीटर

Q.32 दो वर्गों के परिमाप 40 सेमी और 32 सेमी हैं। एक तीसरे वर्ग का परिमाप ज्ञात कीजिए जिसका क्षेत्रफल दो वर्गों के क्षेत्रफलों के अंतर के बराबर है।

A. 24 सेमी　　**B.** 26 सेमी　　**C.** 23 सेमी　　**D.** 28 सेमी

Q.33 छह संख्याओं का औसत x है और इनमें से तीन का औसत y है। यदि शेष तीन का औसत z है, तो:

A. $x = y + z$

B. $2x = y + z$

C. $x = 2y + z$

D. $x = y + 2z$

Q.34 3 वर्ष पूर्व पति, पत्नी और उनके बच्चे की औसत आयु 27 वर्ष थी और 5 वर्ष पूर्व पत्नी और बच्चे की औसत आयु 20 वर्ष थी। पति की वर्तमान आयु है:

A. 40 वर्ष

B. 35 वर्ष

C. 45 वर्ष

D. 55 वर्ष

Ques (35-37):निर्देश: निम्नलिखित तालिका का ध्यानपूर्वक अध्ययन करें और उस पर आधारित प्रश्न का उत्तर दें।

आय का स्रोत	A	B	C	D	E
वेतन	400	200	700	300	400
बोनस	80	40	150	80	100
अधिक समय तक	180	70	200	170	200
बकाया राशि	200	180	400	140	250
विविध	40	10	50	10	50
कुल	900	500	1500	700	1000

Q.35 निम्नलिखित में से कौन कर्मचारी अपनी कुल आय की तुलना में अधिकतम बोनस अर्जित करता है?

A. A

B. B

C. C

D. D

Q.36 कर्मचारी A के मामले में ओवरटाइम से होने वाली आय, बकाया से होने वाली आय का कितना प्रतिशत है?

A. 90

B. 80

C. 75

D. 40

Q.37 कितने कर्मचारियों का वेतन बोनस से आय के 3 गुना से कम है?

A. 1

B. 2

C. 4

D. इनमें से कोई नहीं

Q.38 10,000 रुपये पर चक्रवृद्धि ब्याज ज्ञात कीजिए। 2 साल में 4% प्रति वर्ष की दर से, ब्याज अर्ध-वार्षिक रूप से बढ़ाया जा रहा है।

A. 823 रुपये

B. 824.32 रुपये

C. 798.67 रुपये

D. 800 रुपये

Q.39 9 महीने के लिए 20% प्रति वर्ष की दर से 16,000 रुपये पर चक्रवृद्धि ब्याज ज्ञात कीजिए। तिमाही चक्रवृद्धि-

A. 2344 रुपये

B. 2455 रुपये

C. 3244 रुपये

D. 2522 रुपये

Q.40 1162 रुपये को A,B,C के बीच 35: 28: 20 के अनुपात में विभाजित करें।

A. A = 500, B = 390, C = 240

B. A = 490, B = 392, C = 280

C. A = 498, B = 396, C = 287

D. A = 491, B = 372, C = 286

General Awareness

Q.41 विद्यालय नहीं जाने वाले दिव्यांग बालकों को वित्तीय सहायता (18 वर्ष से कम आयु), हरियाणा राज्य सरकार के किस विभाग की वित्तीय सहायता योजना है?

[Haryana Police Constable Commando Wing, 2021]

A. वित्त

B. महिला तथा बाल विकास

C. सामाजिक न्याय तथा अधिकारिता

D. स्वास्थ्य एवं परिवार कल्याण

Q.42 वर्ष 2018 का रमन मैग्सेसे पुरस्कार किसे प्रदान किया गया है?

[Super TET Paper - I, 2019]

A. भरत वाटवानी

B. ब्रूस रिटमैन

C. रॉबर्ट लांगलैंड्स

D. रिचर्ड एच॰ थेलर

Q.43 1897 में पुणे के प्लेग कमिश्नर डब्ल्यू सी रैंड की हत्या किसने की?

A. गणेश सावरकर

B. चापेकर ब्रदर्स

C. वासुदेव बलवंत फड़के

D. चिपलूनकर ब्रदर्स

Q.44 पुष्कर मेला कहाँ आयोजित किया जाता है?

A. उदयपुर

B. जैसलमेर

C. जोधपुर

D. अजमेर

Q.45 सत्तिया किस राज्य का शास्त्रीय नृत्य है?

A. मणिपुर

B. उत्तर प्रदेश

C. असम

D. आंध्र प्रदेश

Q.46 केंद्र सरकार के खिलाफ अविश्वास प्रस्ताव निम्नलिखित में से किसमें शुरू किया जा सकता है?

A. केवल लोकसभा

B. केवल राज्यसभा

C. या तो लोकसभा या राज्यसभा

D. राष्ट्रपति की पूर्व सहमति से केवल लोकसभा

Q.47 निम्नलिखित में से कौन शिक्षा के अधिकार के दायरे में नहीं आता है?

A. सरकारी स्कूल

B. निजी स्कूल

C. मदरसे

D. निजी फंड से वित्त पोषित सरकारी स्कूल

Q.48 भारत के पहले आम चुनावों के बाद निम्नलिखित में से कौन लोकसभा की ताकत थी?

A. 289

B. 389

C. 489

D. 500

Q.49 समुद्री हवा किसके दौरान बनती है:

A. दिन के समय

B. दिन के समय

C. दोनों

D. मौसमी

Q.50 ब्राजील की धारा के पूर्व की ओर जारी रहने को कहा जाता है:

A. दक्षिण अटलांटिक बहाव

B. काउंटर इकेटोरियल बहाव

C. पश्चिम अटलांटिक बहाव

D. उत्तरी अटलांटिक बहाव

Q.51 वर्षा वाले बादल काले दिखते हैं क्योंकि:

A. सारा प्रकाश उनके द्वारा बिखरा हुआ है

B. उनमें बड़ी संख्या में पानी की बूंदें सूर्य के प्रकाश को अवशोषित कर लेती हैं

C. वे सूर्य के प्रकाश को वापस वायुमंडल में परावर्तित करते हैं

D. ऐसे बादलों में जलवाष्प पर बहुत अधिक धूल जम जाती है

Q.52 1857 का सिपाही विद्रोह किसके गवर्नर जनरलशिप के दौरान हुआ था:

A. लॉर्ड डलहौजी

B. लॉर्ड लिटन

C. लॉर्ड विलियम बेंटिक

D. लॉर्ड कैनिंग

Q.53 बॉम्बे विश्वविद्यालय की स्थापना कब हुई थी?

A. 1861

B. 1857

C. 1909

D. 1890

Q.54 हिंडाल्को _______ के क्षेत्र में कार्यरत एक कंपनी है।

A. कार और ऑटोमोबाइल

B. कपड़ा

C. सीमेंट निर्माण

D. एल्यूमीनियम और कॉपर रोलिंग

Q.55 अक्षर 'S' 'AFSPA' में क्या दर्शाता है एक संक्षिप्त नाम जिसे हम अक्सर समाचार पत्रों में देखते हैं?

A. स्लो   **B.** स्पेशल   **C.** स्टेट   **D.** सॉलिड

Q.56 निम्नलिखित में से कौन सा संक्षिप्त नाम खाद्य सुरक्षा से जुड़ा है?

A. एएसएचए   **B.** पीडीएस

C. डब्ल्यूटीओ   **D.** ओपीईसी

Q.57 जैव विविधता में समृद्ध है:

A. उष्णकटिबंधीय क्षेत्र   **B.** ध्रुवीय क्षेत्र

C. समशीतोष्ण क्षेत्र   **D.** महासागर

Q.58 लाल मिट्टी का रंग किसके कारण होता है-

A. एल्युमिनियम यौगिक   **B.** पारा यौगिक

C. लौह यौगिक   **D.** चिकनी मिट्टी

Q.59 दही के निर्माण के लिए कौन सा जीवाणु जिम्मेदार है?

[Sainik School Entrance Class VI, 2022]

A. लैक्टिक एसिड बैक्टीरिया

B. लैक्टोबैसिलस एसिडोफिलस

C. लैक्टोबैसिलस ऑरियस

D. बेरिलस रेडिसिकोला

Q.60 शहद गन्ने की चीनी या कॉर्न सिरप से अधिक मीठा होता है। निम्नलिखित में से कौन-सी कार्बन शर्करा इसके लिए उत्तरदायी है?

A. डेक्सट्रोज   **B.** लेवुलोज   **C.** सुक्रोज   **D.** फ्रक्टोज

English Language & Comprehension

Ques (61-63):Direction: Read the following passage carefully and answer the question that follow.

The Madras High Court on Friday granted 30 days of ordinary leave to S. Nalini, 52, a life convict in the former Prime Minister Rajiv Gandhi's assassination case. The order was passed after she argued her case in person and made a **fervent** plea to the judges in a choked voice that she may be allowed to step out of prison for some days to make arrangements for the marriage of her daughter, who is residing in London.

Nalini had many years ago come out on short paroles of a day each to attend her brother Bhagyanathan's wedding and her father's last rites.

Justices M.M. Sundresh and M. Nirmal Kumar took judicial notice that the State Cabinet itself had on September 9 last year made a recommendation to the Governor to release all seven convicts in the Rajiv Gandhi assassination case. "If, in the view of the government, the petitioner can be allowed to lead a normal life and she would not be a hindrance to the society, the request for leave can never be objected to," they said.

The judges also directed the State government to bear the expenses of providing escort to her during the period of leave since she expressed difficulty in paying the charges.

"There is no material to hold that she is a woman of means. Admittedly, she and her husband are in incarceration for decades. Asking the petitioner to pay the cost would in a way take away the very order passed by us when it is impossible of compliance," they said.

Q.61 Why was S. Nalini sentenced to lifetime imprisonment by the judiciary of the country?

A. She murdered a lot of people during her school days and that came out in the open later.

B. She murdered her family out of mercy though her husband had left her for another woman before that.

C. She did not do anything but the court was of the view that she could do something if left to fend for himself within the society.

D. She was involved in the assassination of the former Prime Minister of India.

Q.62 Which among the following is correct regarding the attitude of the State Government towards the sentence of life imprisonment given to S Nalini?

A. The state government has nothing to say in the whole issue since the case was dealt with by the central government.

B. The state government could not understand the fact that there was nothing wrong done by S Nalini many years ago.

C. The State government is of the opinion that the sentence given to S Nalini can be remitted at once.

D. The state government wants the convict to continue with the given sentence by the court for the crime committed by her.

Q.63 Which among the following is/ are NOT correct, as per the given passage?

I. This is the first time that S Nalini has been given the permission to come out on parole.

II. S Nalini has been granted the right to come out on parole to perform the last rites of her husband.

III. S Nalini has no child and that is why she is not at all happy with the sentence

A. Both I and II   **B.** Both II and III

C. Both I and III   **D.** All I, II and III

Ques (64-65):Direction: In the following question choose the word which is the exact OPPOSITE of the given words.

Q.64 Enormous

A. Soft   **B.** Average   **C.** Tiny   **D.** Weak

Q.65 Commissioned

A. Started   **B.** Closed

C. Finished   **D.** Terminated

Ques (66-67):Direction: In the following the question choose the word which best expresses the meaning of the given word.

Q.66 Browse

A. Heal   **B.** Deceive   **C.** Examine   **D.** Strike

Q.67 Infrequent

A. Never   **B.** Usual

C. Rare   **D.** Sometimes

Ques (68-70):Direction: In the question given below, a part of the sentence is italicised and bold. Below are given alternatives to the italicised part which may improve the sentence. Choose the correct alternative.

Q.68 Mr. Smith arrived **at** India in June last year.

A. to
B. by
C. in
D. No improvement

Q.69 But in all these cases conversion from scale **have well-formulated.**

A. can be well-formulated
B. are well-formulated
C. well-formulated
D. No improvement

Q.70 With a thundering roar the huge rocket **soared up** from the launching pad.

A. flew up
B. went upwards
C. took off
D. No improvement

Ques (71-72):Fill in the blank.

Q.71 I _______ tennis every Sunday morning.

A. playing
B. play
C. am playing
D. am play

Q.72 Don't make so much noise. Noriko _______ to study for her ESL test!

A. try
B. tries
C. tried
D. is trying

Ques (73-74):Direction: The idiom/phrase is given below together with their meanings. Choose the correct meaning of idiom/phrase.

Q.73 To smell a rat

A. To smell a rat
B. To get bad small of a bad dead rat
C. To suspect foul dealings
D. To be in a bad mood

Q.74 To hit the nail right on the head

A. To do the right thing
B. To destroy one's reputation
C. To announce one's fixed views
D. To teach someone a lesson

Ques (75-77):Direction: In question given below, a part of the sentence is italicised and bold. Below are given alternatives to the italicised part that are telling about parts of speech. Choose the correct part of speech.

Q.75 I bought a **beautiful** dress at the mall.

A. Preposition
B. Adjective
C. Noun
D. Pronoun

Q.76 What did **she** ask you to do?

A. Conjunction
B. Preposition
C. Pronoun
D. Adjective

Q.77 I left my shoes **under** the kitchen table.

A. Adjective
B. Preposition
C. Pronoun
D. Conjunction

Q.78 Find the correctly spelt word.

A. Dammage
B. Damaige
C. Dammege
D. Damage

Q.79 Find the correctly spelt word.

A. Accomplish
B. Acomplush
C. Ackmplesh
D. Accompalish

Q.80 Find the correctly spelt word.

A. Puerrile
B. Puerrille
C. Purrile
D. Puerile

Hindi Language & Comprehension

Ques (81-83):निर्देश: निम्नलिखित गद्यांश का ध्यानपूर्वक अध्ययन करें तथा दिए गए प्रश्न का सही उत्तर दें:

देश में पांचवें लॉकडाउन का लागू होना उतना ही जरूरी हो गया था, जितना लॉकडाउन में ढील देना। कड़ाई और ढील की मिली-जुली व्यवस्था ही समय की मांग है। प्रधानमंत्री ने मन की बात कार्यक्रम में भी इसी मजबूरी की ओर संकेत करते हुए चेताया है कि देश खुल गया है, अब ज्यादा सतर्क रहने की आवश्यकता है। वाकई सतर्कता आज प्राथमिकता है, तभी हम न केवल अपने कार्य-व्यापार को आगे बढ़ा पाएंगे, स्वयं को सुरक्षित रखने में भी कामयाब होंगे। जाहिर है, लॉकडाउन पांच पिछले लॉकडाउन की तरह नहीं है। अब केवल कंटेनमेंट जोन में ही लॉकडाउन रखना अनिवार्य होगा। साथ ही, इस बार राज्यों की भूमिका वाकई बहुत बढ़ गई है। उन्हें अपने स्तर पर बड़े फैसले करने हैं। मध्य प्रदेश, पंजाब, तमिलनाडु, बिहार इत्यादि राज्यों ने तो लॉकडाउन को 30 जून तक बढ़ाने का फैसला कर लिया है। कुछ राज्य 15 जून तक ही लॉकडाउन के पक्ष में हैं। आज कुछ राज्य ज्यादा चिंतित हैं, तो समझा जा सकता है। पिछले लॉकडाउन की अगर हम चर्चा करें, तो 14 दिनों में ही संक्रमण के लगभग 86 हजार मामले सामने आए हैं। आंकड़ों को अलग से देखें, तो चिंता होती है, लेकिन दूसरे देशों से तुलना करें, तो अपेक्षाकृत संतोष होता है। हमारा यह संतोष कायम रहना चाहिए।

यह चर्चा जारी रहेगी कि जब देश में 500 मामले भी नहीं थे, तब बहुत कड़ाई से लॉकडाउन लगाया गया था, लेकिन जब मामले दो लाख के करीब पहुंचने लगे हैं, तब अपने पास के लोगों लॉकडाउन में ढील दी जा रही है। जब केंद्र और राज्य सरकारें ढील पर विचार कर रही थीं, तब 30 मई को संक्रमण के मामलों में रिकॉर्ड इजाफा दर्ज हुआ है। अब एक दिन में 8,000 से ज्यादा मामले आने लगे हैं, तो आने वाले दिनों में क्या होगा? मरने वालों की संख्या भी 5,000 के पार जा चुकी है। ऐसे में, जब धर्मस्थल, रेस्तरां, होटल, शॉपिंग मॉल, स्कूल-कॉलेज खुल जाएंगे, तब क्या होगा? जब सड़कों पर सार्वजनिक वाहन दौड़ने लगेंगे, फिर क्या होगा? धर्म और शिक्षा के मंदिर देश में हमेशा से भीड़ भरे रहे हैं। ये हमारे समाज के सबसे कमजोर मोर्चे हैं, जहां संचालकों-प्रबंधकों को विशेष रूप से चौकस रहना होगा। धर्मस्थल के संचालकों की ओर से आ रहे दबाव को समझा जा सकता है, पर वहां फिजिकल डिस्टेंसिंग को सुनिश्चित रखना अच्छे संस्कार, सभ्यता की नई निशानी होगी। धर्म प्रेरित मानवता भी हमें एक-दूसरे की चिंता के लिए प्रेरित करती है। हम सभी न चाहते हुए भी एक-दूसरे को प्रभावित करते रहते हैं। कोरोना के संदर्भ में अनेक लोगों को अब यह नहीं पता चल रहा है कि उन्हें कोरोना किससे लगा? घर से निकलने वाला एक आदमी अगर अनेक लोगों के संपर्क में आएगा, तो यह पता लगाना उत्तरोत्तर कठिन होता जाएगा कि कोरोना की कौन-सी श्रृंखला आगे बढ़ रही है। लॉकडाउन पांच के समय देश ऐसी अनेक तरह की नई चुनौतियों की ओर बढ़ रहा है। संदिग्ध लोगों की निगरानी का काम हाथ-पैर फुला देगा। बेशक, अर्थव्यवस्था में कुछ सुधार हम देखेंगे और देश के लोगों को राहत देने के लिए यह अपरिहार्य है। ध्यान रहे, हर जगह पुलिस या सरकार खड़ी नहीं हो सकती, हमें स्वयं अनुशासित नागरिक बनकर अपनी और अपने पास के लोगों की पहरेदारी करनी है।

Q.81 देश में पाँचवे लॉकडाउन के बाद किन-किन चुनौतियों का सामना करना होगा?

A. सार्वजनिक स्थलों के खुलने के बाद भीड़भाड़ की स्थिति से निपटना

B. सोशल डिस्टेंसिंग का सख्ती से पालन करवाना
C. लोगों को जागरूक करना
D. उपरोक्त सभी

Q.82 'अच्छे संस्कार तथा सभ्यता की निशानी होगी' ये कथन किन चीज़ो को जहन मे रखते हुये कहा गया है?
A. सही ढंग से जीवनयापन करना
B. सफलता की ओर अग्रसर होना
C. सोशल डिस्टेंसिंग तथा साफ-सफाई पर ध्यान देना
D. बड़ों की सहायता करना

Q.83 संक्रमित व्यक्ति अगर घर से बाहर निकलता है तो इसके सबसे भयावह दुष्परिणाम क्या हो सकते है?
A. संक्रमित व्यक्ति की मौत हो सकती है
B. किसी दुसरे व्यक्ति की मौत हो जाये
C. संक्रमण श्रृंखला बन जाये ओर उसे ढूंड पाना मुश्किल हो जाए
D. इनमें से कोई नहीं

Ques (84-85):निर्देश: नीचे दिए गए पद्यांश में प्रस्फुटित होने वाले अलंकार के चार विकल्प दिए है , सही विकल्प का चयन करें।

Q.84 लाली मेरे लाल की, जित देखु तित लाल।
लाली देखन मो गई, मो भी हो गयी लाल।
A. यमक   **B.** तरुण   **C.** उपमा   **D.** मीलित

Q.85 मेरो मन अनत कहाँ सुख पावे।
जैसे उडी जहाज को पंछी फिरि जहाज पाई आवै।
A. उपमा   **B.** श्लेष   **C.** रूपक   **D.** यमक

Q.86 तारोंभरी में कौन सा समास है?
A. संप्रदान तत्पुरूष समास
B. करण तत्पुरूष समास
C. अपादान तत्पुरूष समास
D. संबध तत्पुरूष समास

Q.87 रचनाकार में कौन सा समास है?
A. अधिकरण तत्पुरूष समास
B. संबध तत्पुरूष समास
C. अपादान तत्पुरूष समास
D. कर्म तत्पुरूष समास

Ques (88-89): दिए गए शब्द का समानार्थी शब्द बताइए।

Q.88 पराश्रयी
A. नमनीय   **B.** पराश्रित   **C.** प्रहरी   **D.** थान

Q.89 जातिच्युत
A. भूगर्भशास्त्री   **B.** जिगीष
C. मुमूर्ष   **D.** जाति बहिष्कृत

Q.90 पुरोहित में उपसर्ग है:
A. पुरस   **B.** पुर: **C.** पुरा   **D.** पुर

Q.91 पुरोहित शब्द में किस उपसर्ग का प्रयोग हुआ है:
A. पुरः   **B.** पुर   **C.** पु   **D.** पर

Q.92 अधिमूल्यन का विलोम शब्द है:
A. अवमूल्यन   **B.** अगवानी   **C.** अनाक्रांत   **D.** अजेय

Q.93 अत्याधिक का विलोम शब्द है:
A. अग्रणी   **B.** जलचर   **C.** स्वल्प   **D.** जिजीविषु

Q.94 शब्द "यद्यपि" में प्रयुक्त संधि का नाम बताये ?
A. गुण संधि   **B.** अयादि संधि
C. यण संधि   **D.** दीर्घ संधि

Q.95 शब्द "नायक" में प्रयुक्त संधि का नाम बताये:
A. गुण संधि   **B.** विसर्ग: संधि
C. वृद्धि संधि   **D.** अयादि संधि

Ques (96-98): नीचे दिए गए वाक्य का प्रकार बताइये।

Q.96 दीपक जला और अंधेरा नष्ट हुआ।
A. संयुक्त   **B.** संकेत वाचक
C. विधान वाचक   **D.** मिश्र

Q.97 मुसीबत आ जाए तो भागना उचित नहीं।
A. संयुक्त   **B.** सरल   **C.** मिश्र   **D.** आज्ञार्थक

Q.98 जब तक तम जाओगे नहीं तब तक वह नहीं आएगा।
A. संयुक्त   **B.** सरल   **C.** मिश्र   **D.** आज्ञार्थक

Q.99 निम्नलिखित शब्दों में स्त्रीलिंग का चयन कीजिए।
A. वसंत   **B.** शरद   **C.** पांवस   **D.** शिशिर

Q.100 निम्नलिखित शब्दों में स्त्रीलिंग का चयन कीजिए।
A. सुशिल   **B.** सुशीला   **C.** हेमन्त   **D.** चाचा

// स्मार्ट उत्तर पुस्तिका //

सही उत्तर — उन छात्रों के प्रतिशत को इंगित करता है जिन्होंने प्रश्नों का सही उत्तर दिया था।

छोड़ दिया — उन छात्रों के प्रतिशत को इंगित करता है जिन्होंने प्रश्नों को छोड़ दिया था।

प्रश्न संख्या	उत्तर	सही उत्तर / छोड़ दिया
1	B	78.3 % / 16.57 %
2	A	62.97 % / 36.23 %
3	D	53.59 % / 37.8 %
4	C	52.91 % / 46.3 %
5	B	68.94 % / 30.72 %
6	A	60.39 % / 30.55 %
7	A	89.68 % / 10.22 %
8	D	54.42 % / 34.51 %
9	A	42.99 % / 54.36 %
10	A	68.26 % / 31.29 %
11	D	68.7 % / 31.28 %
12	A	59.53 % / 35.9 %
13	B	42.23 % / 40.39 %
14	A	51.81 % / 43.65 %
15	A	64.81 % / 33.18 %
16	D	52.93 % / 35.18 %

प्रश्न संख्या	उत्तर	सही उत्तर / छोड़ दिया
17	A	59.57 % / 34.39 %
18	C	13.26 % / 83.62 %
19	D	32.51 % / 67.01 %
20	D	54.89 % / 30.93 %
21	C	60.3 % / 38.83 %
22	A	53.48 % / 43.06 %
23	A	57.72 % / 40.36 %
24	A	26.59 % / 67.35 %
25	D	64.24 % / 34.92 %
26	B	59.41 % / 34.69 %
27	B	54.4 % / 43.44 %
28	D	48.38 % / 47.97 %
29	D	77.36 % / 20.54 %
30	C	77.37 % / 15.48 %
31	C	21.16 % / 69.0 %
32	A	43.64 % / 39.04 %

प्रश्न संख्या	उत्तर	सही उत्तर / छोड़ दिया
33	B	49.86 % / 44.46 %
34	A	53.97 % / 43.41 %
35	D	11.95 % / 74.71 %
36	A	25.99 % / 69.22 %
37	D	25.29 % / 69.82 %
38	B	58.48 % / 32.69 %
39	D	52.77 % / 39.54 %
40	B	57.03 % / 31.13 %
41	C	68.7 % / 30.66 %
42	A	59.81 % / 35.68 %
43	B	60.69 % / 34.2 %
44	D	86.56 % / 10.14 %
45	C	40.96 % / 32.78 %
46	A	28.4 % / 70.02 %
47	C	61.93 % / 32.34 %
48	C	80.12 % / 16.19 %

प्रश्न संख्या	उत्तर	सही उत्तर / छोड़ दिया
49	C	16.59 % / 70.62 %
50	A	82.84 % / 12.6 %
51	A	66.8 % / 31.6 %
52	D	77.85 % / 13.65 %
53	B	13.66 % / 81.55 %
54	D	84.23 % / 13.05 %
55	B	45.64 % / 48.23 %
56	B	79.58 % / 12.57 %
57	A	47.88 % / 44.31 %
58	C	53.32 % / 37.77 %
59	B	81.0 % / 14.37 %
60	B	63.53 % / 35.02 %
61	D	44.62 % / 55.38 %
62	C	66.33 % / 30.18 %
63	D	51.52 % / 33.67 %
64	C	46.55 % / 46.79 %

प्रश्न संख्या	उत्तर	सही उत्तर / छोड़ दिया
65	D	62.3 % / 34.91 %
66	C	54.94 % / 32.75 %
67	C	65.01 % / 34.87 %
68	C	69.81 % / 30.13 %
69	B	44.98 % / 41.95 %
70	C	50.07 % / 42.74 %
71	B	41.12 % / 32.64 %
72	D	50.51 % / 35.92 %
73	C	69.13 % / 30.8 %
74	A	55.7 % / 41.53 %
75	C	41.47 % / 39.15 %
76	C	48.82 % / 39.84 %
77	B	67.03 % / 31.51 %
78	D	64.61 % / 35.23 %
79	A	64.74 % / 34.24 %
80	D	49.93 % / 41.74 %

प्रश्न संख्या	उत्तर	सही उत्तर / छोड़ दिया
81	D	45.16 % / 46.63 %
82	C	45.08 % / 50.49 %
83	C	55.33 % / 31.03 %
84	B	58.89 % / 35.67 %

प्रश्न संख्या	उत्तर	सही उत्तर / छोड़ दिया
85	A	41.57 % / 33.2 %
86	B	41.79 % / 43.31 %
87	D	48.94 % / 38.62 %
88	B	45.68 % / 30.52 %

प्रश्न संख्या	उत्तर	सही उत्तर / छोड़ दिया
89	D	58.59 % / 32.58 %
90	B	56.79 % / 31.09 %
91	A	67.22 % / 32.13 %
92	A	61.92 % / 35.95 %

प्रश्न संख्या	उत्तर	सही उत्तर / छोड़ दिया
93	C	54.62 % / 36.24 %
94	C	65.85 % / 31.0 %
95	D	45.21 % / 34.04 %
96	A	66.25 % / 32.03 %

प्रश्न संख्या	उत्तर	सही उत्तर / छोड़ दिया
97	C	85.67 % / 11.95 %
98	C	60.78 % / 37.82 %
99	C	61.8 % / 30.83 %
100	B	52.74 % / 39.98 %

कार्य विश्लेषण

औसत अंक (%)	31.0%
टॉपर्स स्कोर (%)	63.0%
आपका स्कोर	

//संकेत और समाधान//

1. गज़ेल को छोड़कर सभी पहाड़ों में पाए जाने वाले जानवर हैं।

अतः विकल्प (B) सही है।

2. उपरोक्त प्रतिरूप निम्नलिखित है:

A	G	N
(+8)	(+8)	(+8)
I	O	V

इसी तरह, BLM

B	L	M
(+8)	(+8)	(+8)
J	T	U

अतः विकल्प (A) सही है।

3. लोमड़ी को छोड़कर सभी घरेलू जानवर हैं, जबकि लोमड़ी एक जंगली जानवर है।

अतः विकल्प (D) सही है।

4. दी गई श्रृंखला

4, 3, 6, 6, 8, 12, 10, 24, 12, ?

दो श्रृंखलाएँ हैं (4, 6, 8, 10, 12) और (3, 6, 12, 24, 48...)

एक वृद्धि को 2 से और दूसरी को 2 से गुणा करने पर ज्ञात कीजिए। इसलिए श्रृंखला है:

4, 3, 6, 6, 8, 12, 10, 24, 12, 48

अतः विकल्प (C) सही है।

5. श्रृंखला है:

$\Rightarrow 2 + 4 = 6$

$\Rightarrow 4 + 6 = 10$

$\Rightarrow 6 + 10 = 16$

$\Rightarrow 10 + 16 = 26$

$\Rightarrow 16 + 26 = 42$

$\Rightarrow 26 + 42 = 68$

अतः विकल्प (B) सही है।

6. यहां टूल-वर्कर संबंध दिखाया गया है। छेनी मूर्तिकार का उपकरण है।

इसी प्रकार हैरो माली का उपकरण है।

अतः विकल्प (A) सही है।

7. एक इग्लू जिसे स्नो हाउस या स्नो हट के रूप में भी जाना जाता है, बर्फ से निर्मित एक प्रकार का आश्रय है, जिसे आमतौर पर तब बनाया जाता है जब बर्फ उपयुक्त हो जो कनाडा में पाई जाती है।

अफ्रीका में पाए जाने वाले अतिथि कक्ष, भंडार कक्ष या अवकाश कुटीर के रूप में उपयोग किए जाने वाले रोंडावेल्स के डिजाइन पर आधारित एक इमारत।

अतः विकल्प (A) सही है।

8. प्रश्न में दी गई स्थिति से निम्नलिखित छवि को महसूस किया जा सकता है।

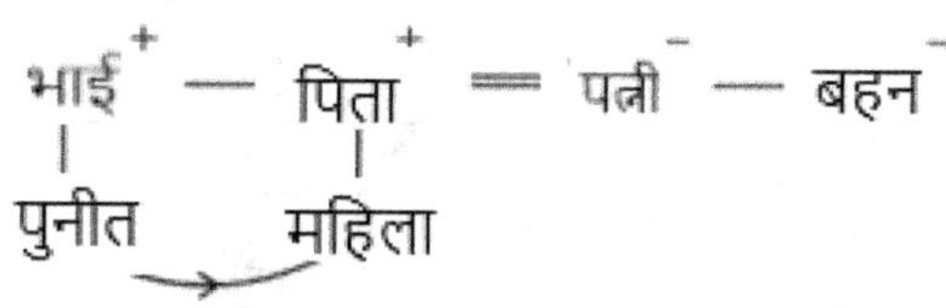

महिला पुनीत की चचेरी बहन है।

अतः विकल्प (D) सही है।

9. उत्तर आकृतियों को ध्यान से देखने के बाद, उत्तर आकृति (A) में प्रश्न आकृति छिपी हुई है।

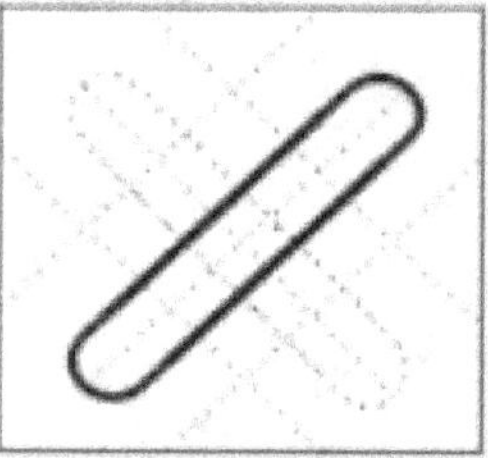

अतः विकल्प (A) सही है।

10. उत्तर आकृतियों को ध्यान से देखने के बाद, उत्तर आकृति (A) में प्रश्न आकृति छिपी हुई है।

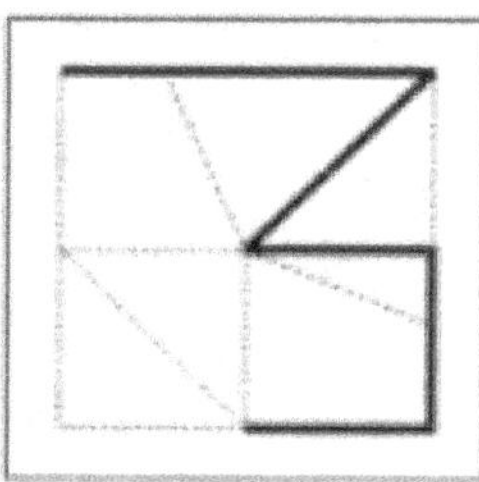

अतः विकल्प (A) सही है।

11. अन्य सभी आकृतियों में, तीर और + चिन्ह मुख्य आकृति के काले सिरे की ओर स्थित हैं।

अतः विकल्प (D) सही है।

12. अन्य सभी आकृतियों में पिन की ओर दो छोटे रेखाखंड और तीर की ओर तीन छोटे रेखाखंड हैं।

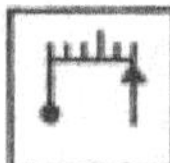

अतः विकल्प (A) सही है।

13. I. अन्य 5 खिलाड़ियों के साथ पहले खिलाड़ी के मैच।

II. पहले खिलाड़ी के अलावा 4 खिलाड़ियों के साथ दूसरे खिलाड़ी के मैच।

III. पहले खिलाड़ी और दूसरे खिलाड़ी के अलावा 3 खिलाड़ियों के साथ तीसरे खिलाड़ी के मैच।

IV. पहले खिलाड़ी, दूसरे खिलाड़ी और तीसरे खिलाड़ी के अलावा 2 खिलाड़ियों के साथ चौथे खिलाड़ी के मैच।

V. पहले खिलाड़ी, दूसरे खिलाड़ी, तीसरे खिलाड़ी और चौथे खिलाड़ी के अलावा 1 खिलाड़ी के साथ पांचवें खिलाड़ी के मैच।

अतः विकल्प (B) सही है।

14. "10 को छोड़कर सभी मर गए" का अर्थ है 10 को छोड़कर सभी मर गए, इसलिए वह 10 भेड़ों के साथ रह गया।

अतः विकल्प (A) सही है।

15. अवलोकन द्वारा,

1, 4 के विपरीत होगा

3, 2 के विपरीत होगा

6, 5 के विपरीत होगा

इसलिए, सही उत्तर 1 है।

अतः विकल्प (A) सही है।

16.

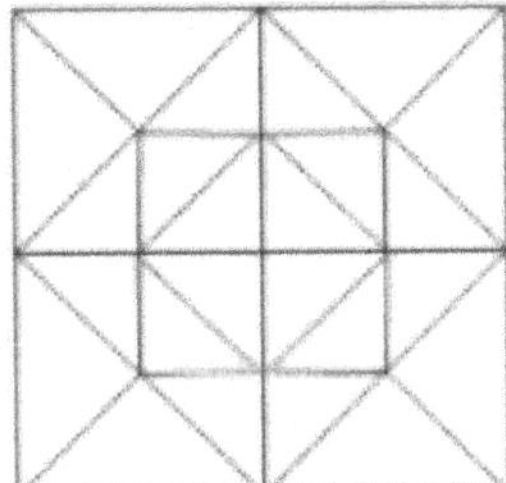

अतः विकल्प (D) सही है।

17. उत्तर आकृति (A) प्रश्न आकृति के पैटर्न को पूरा करेगी।

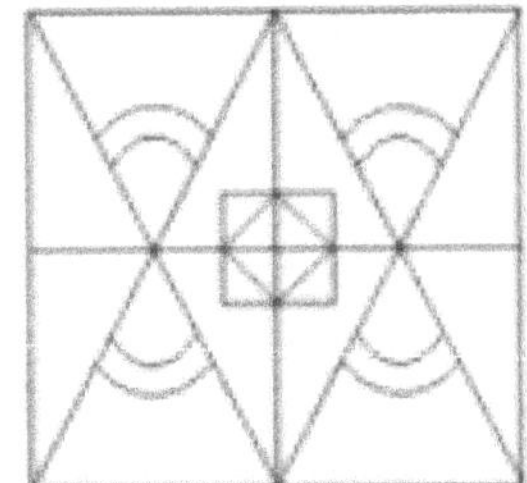

अतः विकल्प (A) सही है।

18. चित्र को दिखाए अनुसार लेबल किया जा सकता है।

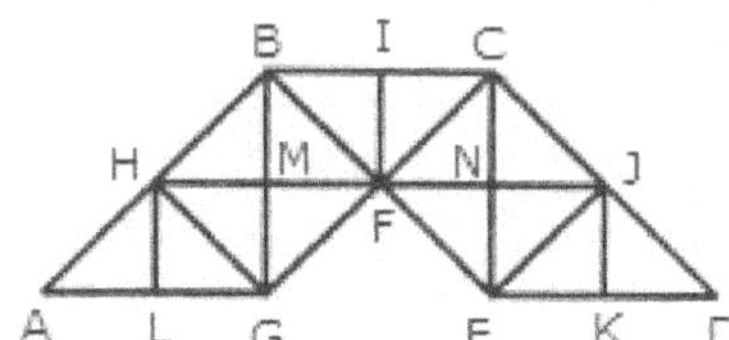

सबसे सरल त्रिभुज AHL, LHG, GHM, HMB, GMF, BMF, BIF, CIF, FNC, CNJ, FNE, NEJ, EKJ और JKD यानी संख्या में 14 हैं।

त्रिभुज AGH, BHG, HBF, BFG, HFG, BCF, CJF, CJE, JEF, CFE और JED अर्थात 11 की संख्या में दो घटकों से मिलकर बना है।

चार घटकों से बने त्रिभुज ABG, CBG, BCE और CED यानी संख्या में 4 हैं।

दी गई आकृति में त्रिभुजों की कुल संख्या = 14 + 11 + 4 = 29

अतः विकल्प (C) सही है।

19. तह के मूल सिद्धांत से, हम प्राप्त करते हैं,

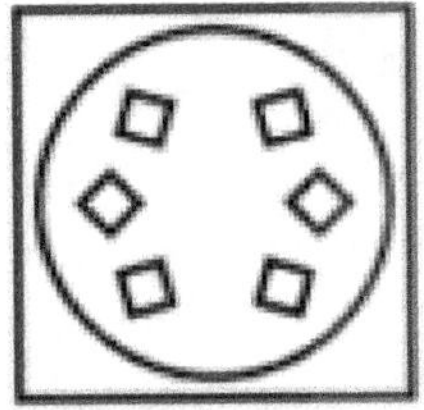

अतः विकल्प (D) सही है।

20. चित्र को दिखाए अनुसार लेबल किया जा सकता है।

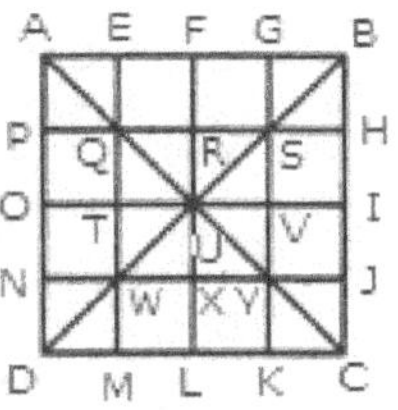

सबसे सरल त्रिभुज हैं APQ, AEQ, QTU, QRU, BGS, BHS, RSU, SUV, TUW, UWX, NWD, WDM, UVY, UXY, JCY और YKC यानी संख्या में 16 हैं।

प्रत्येक दो घटकों से बने त्रिभुज QUW, QSU, SYU और UWY यानी संख्या में 4 हैं।

तीन घटकों से बना त्रिभुज AOU, AFU, FBU, BIU, UIC, ULC, ULD और OUD यानी संख्या में 8 हैं।

प्रत्येक चार घटकों से बने त्रिभुज QYW, QSW, QSY और SYW यानी संख्या में 4 हैं।

छह घटकों से बने त्रिभुज AUD, ABU, BUC और DUC यानी संख्या में 4 हैं।

प्रत्येक सात घटकों से बने त्रिभुज QMC, कोई भी, EBW, PSD, CQH, AGY, DSK और BJW यानी संख्या में 8 हैं।

बारह घटकों से बने त्रिभुज ABD, ABC, BCD और ACD यानी संख्या में 4 हैं।

इस प्रकार, आकृति में 16 + 4 + 8 + 4 + 4 + 8 + 4 = 48 त्रिभुज हैं।

अतः विकल्प (D) सही है।

21. दिए गए भिन्नों में से प्रत्येक को दशमलव रूप में बदलने पर, हम प्राप्त करते हैं,

$$\frac{2}{3} = 0.66$$

$$\frac{3}{5} = 0.6$$

$$\frac{7}{9} = 0.77$$

$$\frac{9}{11} = 0.81$$

$$\frac{8}{9} = 0.88$$

स्पष्ट रूप से,

$$0.6 < 0.66 < 0.77 < 0.81 < 0.88$$

इसलिए,

$$\frac{3}{5} < \frac{2}{3} < \frac{7}{9} < \frac{9}{11} < \frac{8}{9}$$

अतः विकल्प (C) सही है।

22. दिया है,

$$\frac{2}{3}, \frac{3}{4}, \frac{4}{5} \text{ और } \frac{5}{6}$$

दिए गए भिन्नों में से प्रत्येक को दशमलव रूप में बदलने पर, हम प्राप्त करते हैं

$$\frac{2}{3} = 0.66$$

$$\frac{3}{4} = 0.75$$

$$\frac{4}{5} = 0.8$$

$$\frac{5}{6} = 0.833$$

क्योंकि,

$$0.833 > 0.8 > 0.75 > 0.66$$

इसलिए,

$$\frac{5}{6} > \frac{4}{5} > \frac{3}{4} > \frac{2}{3}$$

$$\text{आवश्यक अंतर } = \left(\frac{5}{6} - \frac{2}{3}\right)$$

$$= \frac{1}{6}$$

अतः विकल्प (A) सही है।

23. भाजक = 555 + 445 = 1000

भागफल = 2 × (555 - 445) = 220

शेषफल = 30

∴ लाभांश = भाजक × भागफल + शेषफल

= 1000 × 220 + 30

= 220030

अतः विकल्प (A) सही है।

24. दिया है,

आरोही क्रम में लिखी गई चार अभाज्य संख्याएँ। पहले तीन का गुणनफल 385 है और अंतिम तीन का 1001 है।

मान लीजिए कि संख्याएँ a, b, c, d हैं।

फिर,

$$abc = 385 \text{ तथा } bcd = 1001$$

$$\Rightarrow \frac{abc}{bcd} = \frac{385}{1001}$$

$$\Rightarrow \frac{a}{d} = \frac{5}{13}$$

$$\Rightarrow a = 5, d = 13$$

अतः विकल्प (A) सही है।

25. 1 मीट्रिक टन = 10 क्विंटल

आवश्यक प्रतिशत $= \left(\frac{40}{2 \times 10} \times 100\right)\%$

= 200%

अतः विकल्प (D) सही है।

26. माना 6.5 लीटर का x प्रतिशत 130 मिली है।

इसलिए, $\dfrac{x}{100} \times 6.5 = \dfrac{130}{1000}$

$$\Rightarrow \frac{x}{100} = \frac{130}{1000 \times 6.5}$$

$$\Rightarrow x = \frac{130 \times 100}{1000 \times 6.5}$$

$$\Rightarrow x = 2\%$$

अतः विकल्प (B) सही है।

27. दी गई संख्याएँ = 108, 288 और 360

$\Rightarrow 108 = 2^2 \times 3^2$

$\Rightarrow 288 = 2^5 \times 3^2$ और

$\Rightarrow 360 = 2^3 \times 5 \times 3^2$

म. स. प. $= 2^2 \times 3^2$

$\Rightarrow 36$

अतः विकल्प (B) सही है।

28. दी गई संख्याएँ = 72, 108 और 2100

$\Rightarrow 72 = 2^3 \times 3^2$

$\Rightarrow 108 = 3^3 \times 2^2$

$\Rightarrow 2100 = 2^2 \times 5^2 \times 3 \times 7$

ल. स. प. $= 2^3 \times 3^3 \times 5^2 \times 7$

$\Rightarrow 37800$

अतः विकल्प (D) सही है।

29. दिया है,

$$\left[1\frac{1}{2} + 1\frac{2}{3}\right] \div \left[\frac{6}{7} - \frac{5}{6}\right] = ?$$

$$\Rightarrow ? = \left[\frac{3}{2} + \frac{5}{3}\right] \div \left[\frac{1}{42}\right]$$

$$= \frac{19}{6} \times 42$$

$$= 133$$

अतः विकल्प (D) सही है।

30. दिया है,

$$1456 \text{ का } \frac{1}{6} \text{ का } \frac{3}{8} \text{ का } \frac{5}{7} = ?$$

$$\Rightarrow ? = 728 \times \frac{1}{8} \times \frac{5}{7}$$

$$= 13 \times 5$$

$= 65$

अतः विकल्प (C) सही है।

31. दिया है,

एक आयत का क्षेत्रफल 460 वर्ग मीटर है।

माना चौड़ाई $= x$ मीटर

फिर लंबाई $= \dfrac{115x}{100}$ मीटर

$= x \times \dfrac{115x}{100} = 460$

$\Rightarrow x^2 = \dfrac{(460 \times x \times 100)}{115}$

$\Rightarrow x^2 = 400$

$\Rightarrow x = 20$ मीटर

अतः विकल्प (C) सही है।

32. दिया है,

दो वर्गों के परिमाप 40 सेमी और 32 सेमी हैं।

इसलिए पहले वर्ग की भुजा $= \dfrac{40}{4} = 10$ सेमी

दूसरे वर्ग की भुजा $= \dfrac{32}{4} = 8$ सेमी

तीसरे वर्ग का क्षेत्रफल $= 10 \times 10 - 8 \times 8$

$= 36$ सेमी

इसलिए तीसरे वर्ग की भुजा $= 6$ [$\because$ वर्ग का क्षेत्रफल = भुजा × भुजा]

परिमाप $= 4 \times$ भुजा

$= 4 \times 6$

$= 24$ सेमी

अतः विकल्प (A) सही है।

33. दिया है,

छह संख्याओं का औसत x है और इनमें से तीन का औसत y है और शेष तीन का औसत z है।

$x = \dfrac{(3y + 3z)}{6}$

या

$2x = y + z$

अतः विकल्प (B) सही है।

34. दिया है,

3 वर्ष पहले पति, पत्नी और उनके बच्चे की औसत आयु 27 वर्ष थी और 5 वर्ष पहले पत्नी और बच्चे की औसत आयु 20 वर्ष थी।

पति, पत्नी और बच्चे की वर्तमान आयु का योग

$= (27 \times 3 + 3 \times 3)$ वर्ष

$= 90$ वर्ष

पत्नी और बच्चे की वर्तमान आयु का योग

$= (20 \times 2 + 5 \times 2)$ वर्ष

$= 50$ वर्ष

पति की वर्तमान आयु

$= (90 - 50)$ वर्ष

$= 40$ वर्ष

अतः विकल्प (A) सही है।

35. कर्मचारी 'A'-

$\Rightarrow \dfrac{80}{900} \times 100 = 8.88\%$

कर्मचारी 'B'-

$\Rightarrow \dfrac{40}{500} \times 100 = 8\%$

कर्मचारी 'C'-

$\Rightarrow \dfrac{150}{1500} \times 100 = 10\%$

कर्मचारी 'D'

$\Rightarrow \dfrac{80}{700} \times 100 = 11.42\%$

कर्मचारी 'E'-

$\Rightarrow \dfrac{100}{1000} \times 100 = 10\%$

कर्मचारी 'D' अपनी आय की तुलना में अधिकतम बोनस अर्जित करता है। अतः विकल्प (D) सही है।

36. कर्मचारी A के मामले में बकाया आय का प्रतिशत:

$= \dfrac{180}{200} \times 100$

$= 90\%$

अतः विकल्प (A) सही है।

37. कर्मचारी 'A'-

$\Rightarrow \dfrac{400}{80} = 5$

कर्मचारी 'B'-

$\Rightarrow \dfrac{200}{40} = 5$

कर्मचारी 'C'-

$\Rightarrow \dfrac{700}{150} = 4.6$

कर्मचारी 'D'-

$\Rightarrow \dfrac{300}{80} = 3.75$

कर्मचारी 'E'-

$\Rightarrow \dfrac{400}{100} = 4$

किसी भी कर्मचारी का वेतन बोनस से होने वाली आय के 3 गुना से कम नहीं है।

अतः विकल्प (D) सही है।

38. दिया है,

मूलधन = 10,000 रुपये

दर = 2% प्रति छमाही

समय = 2 वर्ष = 4 अर्धवर्ष

मिश्रधन = $\left[10000 \times \left(1 + \frac{2}{100}\right)^4\right]$ रुपये

$= 10000 \times \frac{51}{50} \times \frac{51}{50} \times \frac{51}{50} \times \frac{51}{50}$ रुपये

$= 10824.32$ रुपये

चक्रवृद्धि ब्याज $= (10824.32 - 10000)$ रुपये

$= 824.32$ रुपये

अतः विकल्प (B) सही है।

39. दिया है,

मूलधन = 16000 रुपये

समय = 9 महीने

= 3 तिमाही

दर = 20% प्रति वर्ष

= 5% प्रति तिमाही

मिश्रधन = $\left[16000 \times \left(1 + \left(\frac{5}{100}\right)^3\right)\right]$ रुपये

= 18522 रुपये

= (18522 - 16000) रुपये

= 2522 रुपये

अतः विकल्प (D) सही है।

40. अनुपात पदों का योग = (35 + 28 + 20)

= 83

A का हिस्सा = $\left(1162 \times \frac{35}{83}\right)$ रुपये

= 490 रुपये

B का हिस्सा = $\left(1162 \times \frac{28}{83}\right)$ रुपये

= 392 रुपये

C का हिस्सा = $\left(1162 \times \frac{20}{83}\right)$ रुपये

= 280 रुपये

अतः विकल्प (B) सही है।

41. विद्यालय नहीं जाने वाले दिव्यांग बालकों को वित्तीय सहायता (18 वर्ष से कम आयु), हरियाणा राज्य सरकार के सामाजिक न्याय तथा अधिकारिता विभाग की वित्तीय सहायता योजना है।

सामाजिक न्याय और अधिकारिता मंत्रालय भारत सरकार का मंत्रालय है। यह अनुसूचित जाति (एससी), अन्य पिछड़ा वर्ग (ओबीसी), हाथ से मैला ढोने वाले, विकलांगों, बुजुर्गों और नशीली दवाओं के शिकार सहित समाज के वंचित और हाशिए के वर्गों के कल्याण, सामाजिक न्याय और सशक्तिकरण के लिए जिम्मेदार है।

अतः विकल्प (C) सही है।

42. वर्ष 2018 का रमन मैग्सेसे पुरस्कार भरत वाटवानी को प्रदान किया गया है।

भरत वाटवानी मुंबई में एक भारतीय मनोचिकित्सक हैं। उन्हें 2018 में रमन मैग्सेसे पुरस्कार से सम्मानित किया गया था, जो हजारों मानसिक रूप से बीमार सड़क पर रहने वाले गरीबों के इलाज और उनके परिवारों के साथ पुनर्मिलन के लिए बचाव का नेतृत्व कर रहे थे। भरत वाटवानी और उनकी पत्नी ने सड़कों पर रहने वाले मानसिक रूप से बीमार व्यक्तियों को बचाने के उद्देश्य से 1988 में श्रद्धा पुनर्वास फाउंडेशन की स्थापना की; मुफ्त आश्रय, भोजन और मानसिक उपचार प्रदान करना; और उन्हें उनके परिवारों से मिलाना।

अतः विकल्प (A) सही है।

43. 1897 में पुणे के प्लेग कमिश्नर डब्ल्यू सी रैंड की हत्या चापेकर ब्रदर्स ने की थी।

22 जून 1897 को, भाइयों दामोदर हरि चापेकर और बालकृष्ण हरि चापेकर ने पुणे, महाराष्ट्र में ब्रिटिश अधिकारी डब्ल्यू सी रैंड और उनके सैन्य अनुरक्षण लेफ्टिनेंट आयर्स्ट की हत्या कर दी। 1857 के विद्रोह के बाद भारत में उग्रवादी राष्ट्रवाद का यह पहला मामला था।

अत: विकल्प (B) सही है।

44. पुष्कर मेला, जिसे पुष्कर ऊंट मेला या स्थानीय रूप से कार्तिक मेला या पुष्कर का मेला भी कहा जाता है, पुष्कर (राजस्थान, भारत) शहर में आयोजित एक वार्षिक बहु-दिवसीय पशुधन मेला और सांस्कृतिक उत्सव है। मेला कार्तिक के हिंदू कैलेंडर महीने से शुरू होता है और कार्तिक पूर्णिमा पर समाप्त होता है, जो आमतौर पर ग्रेगोरियन कैलेंडर में अक्टूबर के अंत और नवंबर की शुरुआत में होता है।

अतः विकल्प (D) सही है।

45. सत्रिया नृत्य रूप को 15 वीं शताब्दी ईस्वी में महान वैष्णव संत और असम के सुधारक, महापुरुष शंकरदेव द्वारा वैष्णव धर्म के प्रचार के लिए एक शक्तिशाली माध्यम के रूप में पेश किया गया था।

अतः विकल्प (C) सही है।

46. मंत्रिपरिषद सामूहिक रूप से लोकसभा के प्रति उत्तरदायी होती है और यह तब तक अपने पद पर बनी रहती है जब तक कि उसे लोकसभा में बहुमत का विश्वास प्राप्त नहीं हो जाता। इस प्रकार, मंत्रिपरिषद को हटाने के लिए अविश्वास प्रस्ताव पेश किया जाता है और इस तरह सरकार को पद से हटा दिया जाता है।

अविश्वास प्रस्ताव की शर्तें निम्नलिखित हैं:

- अविश्वास प्रस्ताव केवल लोकसभा (या राज्य विधानसभा जैसा भी मामला हो) में ही पेश किया जा सकता है। राज्य सभा (या राज्य विधान परिषद) में इसकी अनुमति नहीं है
- यह पूरी मंत्रिपरिषद के खिलाफ है न कि व्यक्तिगत मंत्रियों या निजी सदस्यों के खिलाफ।
- लोकसभा में पेश किए जाने पर इसे कम से कम 50 सदस्यों के समर्थन की आवश्यकता होती है।

अतः विकल्प (A) सही है।

47. मदरसे और वैदिक पाठशालाओं को बच्चों के निःशुल्क और अनिवार्य शिक्षा के अधिकार अधिनियम के दायरे से स्पष्ट रूप से बाहर रखा गया है।

अतः विकल्प (C) सही है।

48. उस समय, लोकसभा की अधिकतम शक्ति 500 सदस्य थी और सभी निर्वाचित सदस्य 489 थे।
अतः विकल्प (C) सही है।

49. समुद्री हवा जिसे तटवर्ती हवा भी कहा जाता है, एक कोमल हवा है जो जमीन के पास पानी के निकायों पर विकसित होती है, जो कि उनकी अलग-अलग गर्मी क्षमता द्वारा बनाए गए वायु दाब में अंतर के कारण होती है। यह सुबह के समय तटों पर एक सामान्य घटना है क्योंकि सौर विकिरण भूमि को पानी की तुलना में अधिक तेजी से गर्म करता है।
अतः विकल्प (C) सही है।

50. ब्राजील धारा के पूर्व की ओर जारी रहने को दक्षिण अटलांटिक बहाव कहा जाता है। इसे पश्चिमी पवन बहाव के रूप में भी जाना जाता है क्योंकि यह पश्चिमी हवाओं के प्रभाव के कारण 400 दक्षिण अक्षांश पर बनता है। पूर्व की ओर गति पृथ्वी के घूमने के कारण होती है।
अतः विकल्प (A) सही है।

51. किसी भी वस्तु का रंग प्रकाश की चयनित तरंग दैर्ध्य को प्रतिबिंबित करने की उसकी क्षमता पर निर्भर करता है। नतीजतन, यदि वस्तु किसी भी रंग को प्रतिबिंबित नहीं करती है, तो वह काली दिखाई देती है। बारिश के बादलों में पानी की छोटी-छोटी बूंदें सूर्य के सफेद प्रकाश को बिखेर देती हैं। लाल पहले बिखरा हुआ है, और बाद में बैंगनी। इस प्रकार, हम सूर्य की किरणें नहीं देखते हैं और इसके परिणामस्वरूप एक काला प्रभाव पड़ता है। एक सामान्य बादलों में पानी नहीं होता है, प्रकाश बिखरा नहीं होता है और इस प्रकार सफेद दिखता है।
अतः विकल्प (A) सही है।

52. सिपाही विद्रोह 10 मई 1857 को शुरू हुआ और 1858 तक जारी रहा। लॉर्ड कैनिंग (28 फरवरी 1856-1 नवंबर 1958) तब गवर्नर जनरल थे।
अतः विकल्प (D) सही है।

53. बॉम्बे विश्वविद्यालय, अब मुंबई विश्वविद्यालय की स्थापना 1857 में बॉम्बे एसोसिएशन की तत्कालीन ब्रिटिश सरकार को 'वुड्स डिस्पैच' के अनुसार 1854 में सर चार्ल्स वुड द्वारा तैयार की गई याचिका के बाद की गई थी। यह ग्रेट में विश्वविद्यालयों पर आधारित था। ब्रिटेन, विशेष रूप से लंदन विश्वविद्यालय। 4 सितंबर, 1996 को महाराष्ट्र सरकार के राजपत्र के अनुसार विश्वविद्यालय का नाम 'मुंबई विश्वविद्यालय' से बदलकर 'मुंबई विश्वविद्यालय' कर दिया गया है।
अतः विकल्प (B) सही है।

54. हिंडाल्को इंडस्ट्रीज लिमिटेड एक एल्यूमीनियम निर्माण कंपनी है और आदित्य बिड़ला समूह की सहायक कंपनी है।
अतः विकल्प (D) सही है।

55. सशस्त्र बल (विशेष शक्तियां) अधिनियम (AFSPA), भारत की संसद का एक अधिनियम है जिसे 11 सितंबर 1958 को पारित किया गया था। यह केवल छह धाराओं वाला एक कानून है जो भारतीय सशस्त्र बलों को विशेष अधिकार प्रदान करता है, जिसे 'अशांत क्षेत्र' अधिनियम के रूप में परिभाषित किया गया है। ।
अतः विकल्प (B) सही है।

56. सार्वजनिक वितरण प्रणाली (पीडीएस) एक भारतीय खाद्य सुरक्षा प्रणाली है। उपभोक्ता मामले, खाद्य और सार्वजनिक वितरण मंत्रालय के तहत भारत सरकार द्वारा स्थापित और भारत में राज्य सरकारों के साथ संयुक्त रूप से प्रबंधित, यह भारत के गरीबों को रियायती भोजन और गैर-खाद्य वस्तुओं का वितरण करता है।
अतः विकल्प (B) सही है।

57. उष्ण कटिबंधीय क्षेत्रों में जैव विविधता अधिक समृद्ध है क्योंकि उष्ण कटिबंधीय वातावरण अपेक्षाकृत अधिक स्थिर है, अधिक मात्रा में सौर विकिरण प्राप्त करता है। समशीतोष्ण क्षेत्रों में हिमनद होने पर यह उस हिस्से में अपेक्षाकृत कम नहीं रहा।
अतः विकल्प (A) सही है।

58. मिट्टी का रंग मिट्टी में मौजूद प्रोटीन की मात्रा से प्रभावित होता है पीली या लाल मिट्टी लोहे के आक्साइड की उपस्थिति को इंगित करती है।
अतः विकल्प (C) सही है।

59. लैक्टोबैसिलस दूध के लैक्टोज पर कार्य करता है और इसे लैक्टिक एसिड में बदल देता है। बढ़ी हुई अम्लता के कारण दूध प्रोटीन (कैसिइन) जम जाता है और दही बन जाता है।
अतः विकल्प (B) सही है।

60. शहद गन्ने की चीनी या कॉर्न सिरप से अधिक मीठा होता है। इसके लिए लेवुलोज जिम्मेदार है। लेवुलोज फ्रक्टोज के लिए एक और शब्द है। इसे सबसे मीठी चीनी के रूप में जाना जाता है जो स्वाभाविक रूप से होती है और इसे सुक्रोज से दोगुना मीठा भी पाया गया है।
अतः विकल्प (B) सही है।

61. According to the passage, "The Madras High Court on Friday granted 30 days of ordinary leave to S. Nalini, 52, a life convict in the former Prime Minister Rajiv Gandhi's assassination case."

Among the given options, we can see that our answer is described in Option (D) whereas all the other options are incorrect as per the given information in the passage. Hence, the correct option is (D).

62. According to the passage, "Justices M.M. Sundresh and M. Nirmal Kumar took judicial notice that the State Cabinet itself had on September 9 last year made a recommendation to the Governor to release all seven convicts in the Rajiv Gandhi assassination case."

It is the case that the state government already moved a petition to free all the seven prisoners in the Rajiv Gandhi assassination case implying that they have no issue with the rest of the sentence getting remitted by the competent authority. Among the given options, we can see that Option (C) is our pick whereas others are not correct as per the given information given in the passage.
Hence, the correct option is (C).

63. According to the passage, Statement I is not correct for the fact that S Nalini has been given permission to come out on parole for the third time as she was given the permission twice before also. Refer to, "Nalini had many years ago come out on short paroles of a day each to attend her brother Bhagyanathan's wedding and her father's last rites."

Statement II is also not correct for the fact that S Nalini has been released on parole in order to attend her daughter's wedding and to make arrangements for the marriage. Her daughter is staying in London. Refer to, "The order was passed after she argued her case in person and made a fervent plea to the judges in a choked voice that she may be allowed to step out of prison for some days to make arrangements for the marriage of her daughter, who is residing in London."

Statement III is also not correct for the fact that it is already said that S Nalini has a daughter and that easily makes this particular statement incorrect.
Hence, the correct option is (D).

64. Enormous : Extraordinary

Tiny : Small

Soft : Tender

Average : Quality

Weak : Not strong
Hence, the correct option is (C).

65. Commissioned : Plenipotentiary

Terminated To end

Started : To begin

Closed : Shut

Finished : Not able to continue
Hence, the correct option is (D).

66. Browse : Without a clear idea of what you are looking for

Examine : To consider or study an idea, a subject, etc. very carefully

Heal : To make something healthy again

Deceive : To try to make somebody believe something that is not true

Strike : A sudden military attack
Hence, the correct option is (C).

67. Infrequent : Happening rarely

Rare : Happening

Never : At no time

Usual : Used most often

Sometimes : Now and then
Hence, the correct option is (C).

68. Here we will use "in" in place of 'at'.

Then the sentence is, "Mr. Smith arrived *in* India in June last year."
Hence, the correct option is (C).

69. Here we will use "are well-formulated" in place of 'have well-formulated'.

Then the sentence is, "But in all these cases conversion from scale *are well-formulated.*"
Hence, the correct option is (B).

70. Here we will use "took off" in place of 'soared up.'

Then the sentence is, "With a thundering roar the huge rocket *took off* from the launching pad."
Hence, the correct option is (C).

71. Here we will use"**play**".

Then the sentence is, "I play tennis every Sunday morning."
Hence, the correct option is (B).

72. Here we will use "**is trying**".

Then the sentence is, "Don't make so much noise. Noriko is trying to study for her ESL test!"
Hence, the correct option is (D).

73. To smell a rat: To suspect foul dealings

To smell a rat is an idiom, the key word to understanding it is the adjective suspicious.
Hence, the correct option is (C).

74. To hit the nail right on the head: To do the right thing

To do exactly the right thing; to do something in the most effective and efficient way.
Hence, the correct option is (A).

75. A noun is a word that functions as the name of a specific object or set of objects, such as living creatures, places, actions, qualities.

I bought a beautiful dress at the mall. Here *beautiful* word is a noun.
Hence, the correct option is (C).

76. A pronoun is a word that takes the place of a noun.

Examples: He, she, it, they, someone, who. Pronouns can do all of the things that nouns can do.

Here she is a pronoun. "What did *she* ask you to do?"
Hence, the correct option is (C).

77. A preposition is a word or group of words used before a noun, pronoun, or noun phrase to show direction, time, place, location, spatial relationships, or to introduce an object. Some examples of prepositions are words like "in," "at," "on," "of," and "to."

Here under word is a preposition, "I left my shoes *under* the kitchen table."
Hence, the correct option is (B).

78. The correctly spelt word is "**Damage**".

Damage: Harm or injury caused when something is broken or spoiled
Hence, the correct option is (D).

79. The correctly spelt word is "**Accomplish**".

Accomplish: To succeed in doing something difficult that you planned to do
Hence, the correct option is (A).

80. The correctly spelt word is "**Puerile**".

Puerile: Childishly silly and immature.
Hence, the correct option is (D).

81. दिए गए गद्यांश के अनुसार, लॉकडाउन खुलने के बाद सबसे बड़ी दिक्कत सार्वजनिक स्थलों, दुकानों, होटल पर देखने को मिल सकता है, लगभग तीन महीने के बाद सरकार द्वारा दी गयी छूट लोगों में थोड़ी खुशी है पर रोज की तरह लोग अपने दिनचर्या का पालन करते वक़्त सोशल डिस्टेंसिंग अनदेखी कर सकते हैं जो जानलेवा साबित हो सकता है ओर ये सरकार तथा आम आदमी के लिये सही नहीं है। इन्हीं सब बातो को मद्देनज़र रखते हुए, सरकार तथा नागरिको की ज़िम्मेदारी बनती है की सोशल डिस्टेंसिंग का पालन करें ओर दूसरों को भी इस बारे मे जागरूक करें।
अतः विकल्प (D) सही है।

82. दिए गए गद्यांश के अनुसार, स्वास्थ्य के नजरिये से जब तक महामारी को रोकने का सही प्रतिबंध नही हो जाता तब तक हमें खुद तथा दुसरे को भी गन्दगी तथा भीड़ से बचाना है यही एक अच्छे संस्कार तथा सभ्यता का सटिक उदाहरण होगा। अतः सोशल डिस्टेंसिंग तथा साफ़-सफाई बहुत जरुरी है।
अतः विकल्प (C) सही है।

83. "घर से निकलने वाला एक आदमी अगर अनेक लोगों के संपर्क में आएगा" इस वाक्य से यह ज्ञात होता है कि संक्रमित व्यक्ति अपनी एक जान के साथ ना जाने कितने लोगो को संक्रमित कर चुका होगा यह कहना असम्भव है, विभिन्न लोगो के सम्पर्क मे आने श्रृंखला का रूप बहुत ही भयावह है। और उससे संक्रमित लोगो को ढूंड पाना कठिन होगा।

अतः विकल्प (C) सही है।

84. दिए गए पद्यांश में तरुण अलंकार है। जहां पर एक वस्तु अपना गुण छोड़कर अपने संगी का गुण ग्रहण करले वहां पर तरुण अलंकार होता है।

अतः विकल्प (B) सही है।

85. दिए गए पद्यांश में उपमा अलंकर है। जब किसी व्यक्ति या वस्तु की तुलना किसी दूसरे यक्ति या वस्तु से की जाए वहाँ पर उपमा अलंकार होता है। अर्थित जब किन्ही दो वस्तुओं के गुण, आकृति, स्वभाव आदि में समानता दिखाई जाए या दो भिन्न वस्तुओं कि तुलना कि जाए, तब वहां उपमा अलंकर होता है।

अतः विकल्प (A) सही है।

86. 'तारोंभरी' अर्थित तारो से भरी।

जिस समास का उत्तरपद प्रधान हो और पूर्वपद गौण एवं 'से' चिह्न का लोप हो उसे करण तत्पुरुष समास कहते हैं। अतः यह करण तत्पुरूष समास का उदाहरण है।

उदाहरण:

अकाल पीड़ित = अकाल से पीड़ित।

अतः विकल्प (B) सही है।

87. 'रचनाकार' अर्थित रचना को करने वाला।

जिस समास का उत्तरपद प्रधान हो और पूर्वपद गौण एवं 'को' चिह्न का लोप हो उसे कर्म तत्पुरुष समास कहते हैं। अतः यह कर्म तत्पुरूष समास का उदाहरण है।

उदाहरण:

शाकाहारी = शाक को खाने वाला।
अतः विकल्प (D) सही है।

88. 'पराश्रयी' अर्थित जो दुसरे के आश्रय में रहता हो।

'पराश्रित' अर्थित जो दुसरे के आश्रय में रहता हो।

'नमनीय' अर्थित जो आसानी से झुकाया जा सके।

'प्रहरी' अर्थित जो पहरा देने वाला हो।

'थान' अर्थित कुछ निश्चित लम्बाई का कपड़ा।
अतः विकल्प (B) सही है।

89. 'जातिच्युत' अर्थित जाति से निष्कासित।

'जाति बहिष्कृत' अर्थित जाति से निष्कासित।

'भूगर्भशास्त्री' अर्थित जिसको भूमि के अंदर की जानकारी हो।

'जिगीष' अर्थित किसी की जीतने की चाह।

'मुमूर्षा' अर्थित मर जाने की इच्छा।
अतः विकल्प (D) सही है।

90. पुरः शब्द के प्रयोग से पुरोहित शब्द का निर्माण हुआ है। 'पुरः' संस्कृत का उपसर्ग है जिसका अर्थ है पूर्व।

वह शब्दांश जो किसी शब्द के पूर्व अथवा पहले लगकर उस शब्द का अर्थ बदल देते हैं अथवा उसमें नई विशेषता उत्पन्न कर देते हैं उपसर्ग कहलाते हैं।

उदाहरण: प्र + हार = प्रहार, 'हार' शब्द का अर्थ है पराजय।
अतः विकल्प (B) सही है।

91. 'पुरः' उपसर्ग से पुरोहित तथा पुरस्कृत शब्द बना है।

अतः विकल्प (A) सही है।

92. 'अधिमूल्यन' अर्थित साधारण मूल्य से अधिक मुल्यवाला।

'अवमूल्यन' अर्थित किसी वस्तु के मूल्य के कम होने या घटने की अवस्था।

'अगवानी' अर्थित आगे बढ़कर स्वागत करना।

'अनाक्रांत' अर्थित जिस पर आक्रमण न किया गया हो।

'अजेय' अर्थित जिसे जीता न जा सके।
अतः विकल्प (A) सही है।

93. 'अत्याधिक' अर्थित भरपूर मात्रा।

'स्वल्प' अर्थित कम।

'अग्रणी' अर्थित जो सबसे आगे रहता हो।

'जलचर' अर्थित जल में विचरने वाले जीव।

'जिजीविषु' अर्थित अधिक समया तक जीते रहने को इच्छुक।
अतः विकल्प (C) सही है।

94. शब्द "यद्दपि" का विच्छेद होता है "यदि + अपि", यहाँ "इ" और "अ" मिलकर "य" हो जाता है, अतः यह एक यण संधि का उदाहरण है।

ऋ के आगे कोई भिन्न स्वर आता है तो ये क्रमश: य, व, र, ल् में परिवर्तित हो जाते हैं, इस परिवर्तन को यण सन्धि कहते हैं।

अतः विकल्प (C) सही है।

95. शब्द "नायक" का विच्छेद होता है "नै + अक", यहाँ "ऐ" + "अ" मिलकर "आय" हो जाता है, जो कि एक अयादि संधि का प्रकार है।

जब संधि करते समय ए , ऐ , ओ , औ के साथ कोई अन्य स्वर हो तो (ए का अय), (ऐ का आय), (ओ का अव), (औ – आव) बन जाता है। यही अयादि संधि कहलाती है।

अतः विकल्प (D) सही है।

96. जब भी दो या दो से अधिक सरल वाक्य इन योजकों (और, एवं, तथा, या, अथवा, इसलिए, अतः, फिर भी, तो, नहीं तो, किन्तु, परन्तु, लेकिन, पर आदि) से जुड़े होते हैं। वह संयुक्त वाक्य कहलाता है, "और" संयुक्त वाक्य का योजक चिन्ह है। अतः दिया गया वाक्य संयुक्त वाक्य है।

अतः विकल्प (A) सही है।

97. दो वाक्यों में एक वाकया प्रधान और दूसरा वाक्य गौण हो तथा आपस में (कि, जो, क्योंकि, जितना -उतना, जैसा -वैसा, जब -तब, जहाँ -वहाँ, जिधर -उधर)से जुड़े होते है, "तो" मिश्र वाक्य का योजक चिन्ह है। अतः दिया गया वाक्य मिश्र वाक्य है।

अतः विकल्प (C) सही है।

98. दो वाक्यों में एक वाकया प्रधान और दूसरा वाक्य गौण हो तथा आपस में (कि, जो, क्योंकि, जितना -उतना, जैसा -वैसा, जब -तब, जहाँ -वहाँ, जिधर -उधर)से जुड़े होते है, "(जब -तब)" मिश्र वाक्य का योजक चिन्ह है। अतः दिया गया वाक्य मिश्र वाक्य है।

अतः विकल्प (C) सही है।

99. पांवस स्त्रीलिंग शब्द है। स्त्रीलिंग शब्द है जैसे- प्रार्थना, वेदना, प्रस्तावना, रचना, घटना इत्यादि। (इ) उकारान्त संज्ञाएँ। जैसे- वायु, रेणु, रज्जु, जानु, मृत्यु, आयु, वस्तु, धातु इत्यादि। अपवाद- मधु, अश्रु, तालु, मेरु, हेतु, सेतु इत्यादि।

अतः विकल्प (C) सही है।

100. सुशीला स्त्रीलिंग शब्द है। स्त्रीलिंग शब्द है जैसे- प्रार्थना, वेदना, प्रस्तावना, रचना, घटना इत्यादि। (इ) उकारान्त संज्ञाएँ। जैसे- वायु, रेणु, रज्जु

जानु, मृत्यु, आयु, वस्तु, धातु इत्यादि। अपवाद- मधु, अश्रु, तालु, मेरु, हेतु, सेतु इत्यादि।

अतः विकल्प (B) सही है।

General Intelligence & Reasoning Ability

Ques (1-2):निर्देश: दिए गए प्रश्न में दिए गए विकल्पों में से संबंधित अक्षरों/संख्याओं/शब्दों को चुनिए।

Q.1 YONEX : DUUMG : : JASPO : ?

A. OGZXX **B.** OXXZF **C.** OZTYY **D.** OZXXG

Q.2 49 : 169 : : 66 : ?

A. 126 **B.** 132 **C.** 144 **D.** 162

Q.3 आप एक बस में हैं। बस आपके स्टॉप तक पहुँचती है लेकिन फिर भी भारी भीड़ के कारण आपने टिकट नहीं खरीदा है। आप क्या करेंगे?

[Uttarakhand Public Service Commission (UKPSC), 2016]

A. शर्मिंदगी से बचने के लिए जल्दी से बाहर निकलें

B. कंडक्टर को बुलाएँ, उसे पैसे दें और टिकट प्राप्त करें

C. पैसे को पास में बैठे किसी व्यक्ति को दें और वो पैसे कंडक्टर को सोप दें

D. ड्राइवर को पैसे दे दें

Q.4 निर्देश: निम्नलिखित प्रश्न में, दिए गए विकल्पों में से विषम शब्द का चयन कीजिये।

A. BN – P **B.** GI – R **C.** LM – Y **D.** TA – U

Q.5 निर्देश: दिए गए प्रश्न में दिए गए विकल्पों में से संबंधित अक्षरों/संख्याओं/शब्दों को चुनिए।

9 : 8 :: 16 : ?

A. 27 **B.** 17 **C.** 16 **D.** 18

Q.6 निर्देश: निम्न प्रश्न में, दी गई श्रृंखला से लुप्त संख्या ज्ञात कीजिए।

19, 11, 13, 16, 15, 17, 13, 19, 21, ?

A. 10 **B.** 11 **C.** 12 **D.** 15

Q.7 कौन सा शब्द दूसरों से संबंधित नहीं है?

A. शाखा **B.** गंदगी **C.** पत्ती **D.** जड़

Q.8 P, K की माता है; K, D की बहन है; D, J का पिता है। P, J से किस प्रकार संबंधित है?

A. माता **B.** दादी
C. चाची **D.** डेटा अपर्याप्त

Q.9 एक तस्वीर की ओर इशारा करते हुए अंजलि ने कहा, "वह मेरे दादा के इकलौते बेटे का बेटा है।" तस्वीर में दिख रहे व्यक्ति का अंजलि से क्या संबंध है?

A. भाई **B.** चाचा
C. बेटा **D.** डेटा अपर्याप्त

Q.10 निर्देश: निम्न प्रश्न में, किस गणितीय संक्रिया के प्रयोग से दिए गए व्यंजक को हल किया जा सकता है?

15 _ 3 _ 4 _ 20

A. x, ÷ और > **B.** ÷, x और <
C. ÷, x और = **D.** +, x और =

Q.11 यदि 19 $ 7 = 312 और 23 $ 9 = 448 है, तो 31 $ 11 = ?

A. 231 **B.** 441 **C.** 641 **D.** 840

Q.12 अक्षरों के चार समूह दिए गए हैं, उनमें से तीन एक निश्चित तरीके से एक जैसे हैं जबकि एक अलग है। वह चुनें जो अलग हो।

A. XT **B.** RL **C.** JF **D.** PL

Q.13 दी गई आकृति में कितने त्रिभुज हैं?

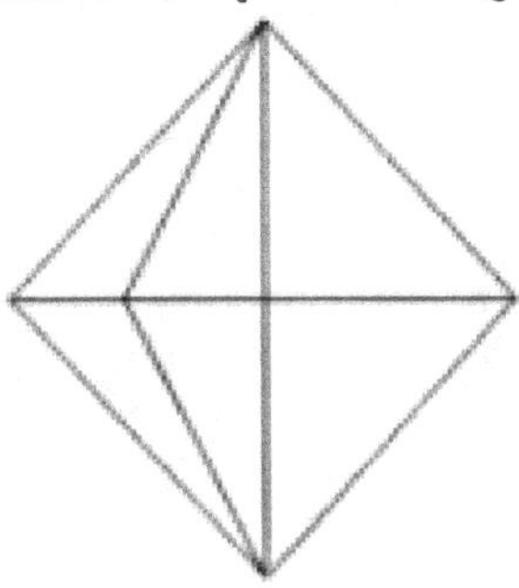

A. 12 **B.** 13 **C.** 15 **D.** 18

Q.14 कौन सी उत्तर आकृति प्रश्न आकृति के पैटर्न को पूरा करेगी?

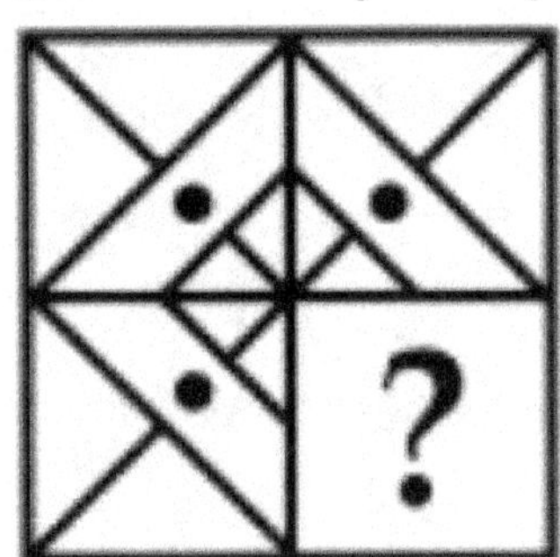

[UP Police Constable, 2019]

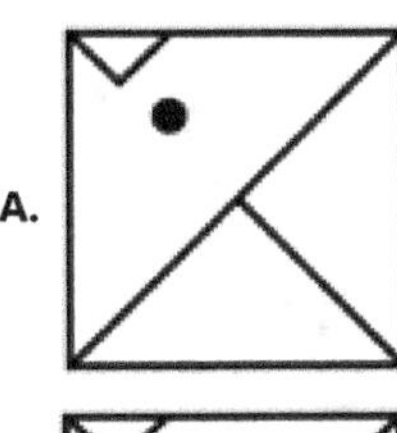
A.

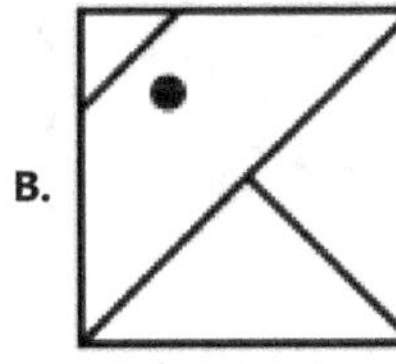
B.

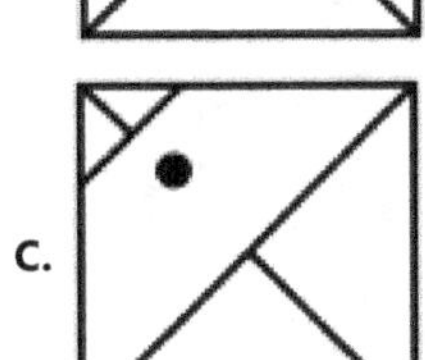
C.

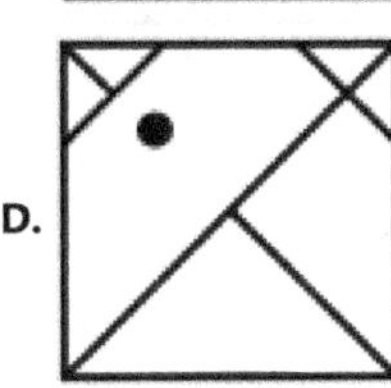
D.

Q.15 एक घन की तीन स्थितियां दर्शायी गई हैं। जिस फलक पर 'N' है उसके विपरीत फलक पर क्या होगा?

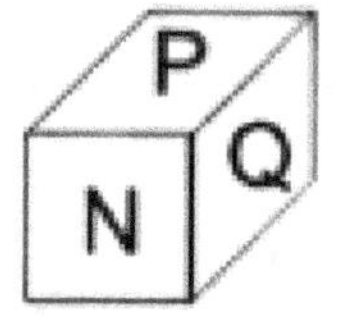 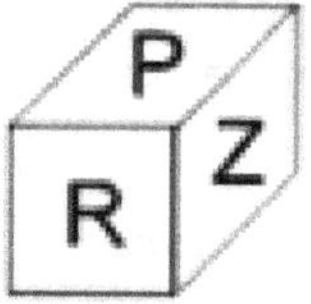 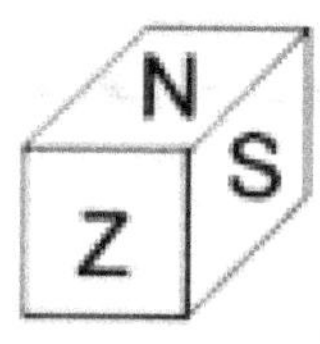

A. P   **B.** Q   **C.** R   **D.** Z

Q.16 वह वैकल्पिक आकृति ज्ञात कीजिए जिसके भाग के रूप में आकृति (X) है।

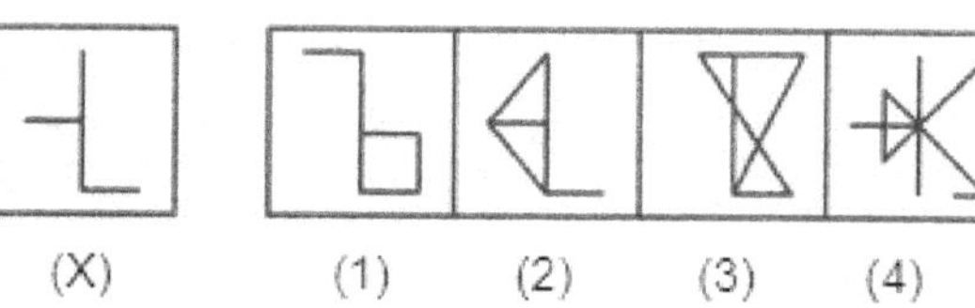

(X)   (1)   (2)   (3)   (4)

A. 1   **B.** 2   **C.** 3   **D.** 4

Ques (17-18):निर्देश: दी गई श्रृंखला में प्रश्नवाचक चिन्ह (?) के स्थान पर क्या आएगा:

Q.17 172, 176,192, 256, 512, ?

A. 1428   **B.** 1536   **C.** 1626   **D.** 1486

Q.18 11, 31, 59, 175, 347, ?

A. 1039   **B.** 987   **C.** 1123   **D.** 913

Q.19 आप सड़क पर चल रहे हैं और अचानक आपको फुटपाथ पर दो सौ रुपए के नोट दिखाई दे रहे हैं। क्या कार्रवाई करेंगे?

A. अपनी जेब में रख लेंगे।
B. जहां है वहीं छोड़ देंगे।
C. पैसे किसी भिखारी को दे देंगे।
D. इसे नजदीकी थाना में जमा करेंगे।

Q.20 निर्देश: उस विकल्प का चयन करें जो दिए गए संयोजन की दर्पण छवि के समान है।

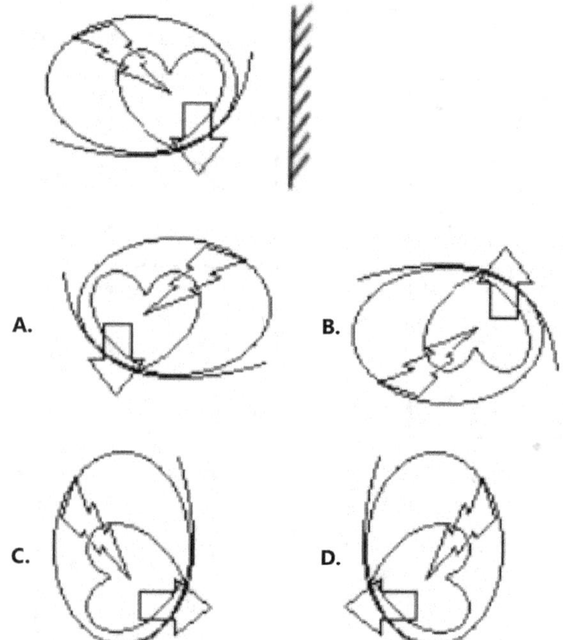

A.   **B.**   **C.**   **D.**

Arithmetical & Numerical Ability

Q.21 सरल करें: $\dfrac{(40.25 \div 5)+(0.07 \times 5)}{(0.15 \times 8)+(0.18 \div 0.2)}$

A. 7.5   **B.** 3   **C.** 5   **D.** 4

Q.22 95 से विभाज्य 5 अंकों की सबसे बड़ी संख्या _____ है।

A. 99936   **B.** 99935   **C.** 99940   **D.** 99933

Q.23 यदि $a:b = 3:8$ है तो $\dfrac{(5a-3b)}{(2a+b)}$ का मान ज्ञात कीजिए।

A. $\dfrac{9}{14}$ **B.** $\dfrac{14}{9}$ **C.** $\dfrac{-9}{14}$ **D.** $\dfrac{-14}{9}$

Q.24 एक कार 60 किमी प्रति घंटे की गति से चल रही है और एक निश्चित दूरी को एक घंटे में तय करती है। एक दूसरी कार जोकि 40 किमी प्रति घंटे की गति से चल रही है, को इस समान दूरी को तय करने में कितना समय लगेगा?

A. $\dfrac{3}{2}$ घंटे   **B.** $\dfrac{5}{2}$ घंटे   **C.** 2 घंटे   **D.** 1 घंटा

Q.25 एक कंपनी के लगातार 9 वर्षों का औसत राजस्व 76 लाख रुपये है। यदि पहले 5 वर्षों का औसत 71 लाख रुपये है और पिछले 5 वर्षों का औसत 83 लाख रुपये है, तो 5 साल के लिए राजस्व प्राप्त करें।

A. 88 लाख रु   **B.** 84 लाख रु
C. 86 लाख रु   **D.** 82 लाख रु

Q.26 1.08,0.36 और 0.9 का G.C.D है:

A. 0.03   **B.** 0.9   **C.** 0.18   **D.** 0.108

Q.27 एक बस के लखनऊ से गुज़रने के 5 घंटों के बाद, एक कार 70 किमी/घंटा से लखनऊ से गुजरते हुए उसके पीछे चलती है। यदि लखनऊ से गुजरने के 9 घंटे के बाद कार उस बस को ओवरटेक करती है, तो बस की गति क्या है?

A. 45 किमी/घंटा   **B.** 54 किमी/घंटा
C. 67.5 किमी/घंटा   **D.** 36 किमी/घंटा

Q.28 किसी वस्तु का अंकित मूल्य 200 रुपए है। किसी 1 वस्तु की खरीद पर 22% की छूट, 4 वस्तुओं की खरीद पर 33 % की छूट मिलती है। राबिया 5 वस्तु खरीदती है तो प्रभावी छूट क्या होगी?

A. 35 प्रतिशत   **B.** 30.8 प्रतिशत
C. 34 प्रतिशत   **D.** 20.4 प्रतिशत

Q.29 समीर और आनंद की वर्तमान आयु क्रमशः 5:4 अनुपात है। तीन साल बाद, क्रमशः उनकी आयु का अनुपात 11:9 हो जाएगा। आनंद की वर्तमान आयु वर्ष में क्या है?

A. 24   **B.** 27
C. 40   **D.** इनमें से कोई नही

Q.30 आकाश, बलदेव की तुलना में 3 गुना कुशल कारीगर है और इसलिए बलदेव की तुलना में किसी कार्य को 40 दिन कम समय में पूरा करने की योग्यता रखता है। मिलकर कार्य करने पर इसे कितने दिनों में पूरा किया जा सकता है?

A. 15 दिन   **B.** 60 दिन   **C.** 20 दिन   **D.** 10 दिन

Q.31 साधारण ब्याज पर एक धन 3 वर्ष में 815 रुपए हो जाता है और 4 वर्ष में 854 रुपए हो जाता है। मूलधन है:

A. 650   **B.** 690   **C.** 698   **D.** 700

Q.32 किसी वस्तु पर 20% की छूट दी जाती है। प्रोमो कोड लगाने पर ग्राहक 30% का कैश बैक जीतता है। प्रभावी छूट कितनी होगी?

A. 44 प्रतिशत
B. 30 प्रतिशत
C. 32 प्रतिशत
D. 22 प्रतिशत

Q.33 एक धनराशि साधारण ब्याज पर 8 वर्षों में स्वंय की तिगुनी हो जाती है। प्रतिवर्ष ब्याज की दर ज्ञात करे?

A. 30%
B. 25%
C. 22%
D. 18%

Q.34 दो विद्यार्थी किसी परीक्षा के लिए उपस्थित होतें हैं। उनमें से एक विद्यार्थी दूसरे विद्यार्थी से 19 अंक अधिक प्राप्त करता है और उसके अंक उनके अंको के योगफल का 60% है। दोनों विद्यार्थियों द्वारा कितने अंक प्राप्त किये गए है?

A. 78 और 59
B. 57 और 38
C. 45 और 26
D. 99 और 80

Q.35 एक अर्द्धगोले का सम्पूर्ण पृष्ठ क्षेत्रफल 41.58 सेमी है। इसका वक्र पृष्ठ क्षेत्रफल ज्ञात कीजिए।

A. 27.72 वर्ग सेमी
B. 55.44 वर्ग सेमी
C. 9.24 वर्ग सेमी
D. 13.86 वर्ग सेमी

Q.36 दो उम्मीदवारों के बीच एक चुनाव में, 75% मतदाताओं ने अपना वोट डाला, जिसमें से 2% वोट अवैध घोषित कर दिए गए। एक उम्मीदवार को 9261 मत मिले जो कुल वैध मतों का 75% था। मतों की कुल संख्या ज्ञात कीजिए।

A. 16800
B. 15800
C. 16700
D. 15700

Q.37 आरोही क्रम में भिन्नों को व्यवस्थित करें:

$$\frac{5}{8}, \frac{7}{12}, \frac{3}{4}, \frac{13}{16}$$

A. $\frac{5}{8} < \frac{7}{12} < \frac{3}{4} < \frac{13}{16}$

B. $\frac{5}{8} < \frac{7}{12} < \frac{13}{16} < \frac{3}{4}$

C. $\frac{5}{8} < \frac{3}{4} < \frac{13}{16} < \frac{7}{12}$

D. $\frac{7}{12} < \frac{5}{8} < \frac{3}{4} < \frac{13}{16}$

Q.38 296 से विभाजित होने पर एक संख्या, शेष के रूप में 75 देती है। जब उसी संख्या को 37 से विभाजित किया जाता है तो शेष होगा:

A. 1
B. 2
C. 8
D. 11

Q.39 72 विद्यार्थियों के औसत अंकों को 69 के रूप में दर्शाया जाता है। इसमें 54 अंक के स्थान पर 45 अंक की गलत प्रविष्टि शामिल है। सही औसत _______ होगा।

A. 68.875 अंक
B. 69.125 अंक
C. 68.625 अंक
D. 69.375 अंक

Q.40 डिशवाशर तथा वैक्यूम क्लीनर की कुल लागत 78750 रुपए है। वैक्यूम क्लीनर को 37% के लाभ और डिशवाशर को 27% की हानि पर बेचा जाता है। यदि दोनों वस्तुओं का विक्रय मूल्य समान था तो सस्ती वस्तु का लागत मूल्य _______ होगा।

A. 51375 रु.
B. 29375 रु.
C. 30750 रु.
D. 27375 रु.

General Awareness

Q.41 निम्नलिखित में से कौन सा रेल कॉरिडोर अदानी पोर्ट्स एंड स्पेशल इकोनॉमिक जोन (एपीएसईजेड) द्वारा अधिग्रहित किया गया है?

A. सरगुजा रेल कॉरिडोर
B. हावड़ा-हल्दिया रेल कॉरिडोर
C. ईस्टर्न डेडिकेटेड फ्रेट कॉरिडोर
D. उत्तर-दक्षिण समर्पित फ्रेट कॉरिडोर

Q.42 नई सौर ऊर्जा नीति 2021 की घोषणा निम्नलिखित में से किस राज्य द्वारा की गई है?

A. उत्तर प्रदेश
B. गुजरात
C. महाराष्ट्र
D. गोवा

Q.43 केंद्रीय मंत्री सर्बानंद सोनोवाल ने किस शहर में जुलाई 2022 में चाबहार दिवस सम्मेलन का उद्घाटन किया है?

A. चेन्नई
B. चाबहार
C. गांधीनगर
D. मुंबई

Q.44 हिमालय _______ का उदाहरण है।

A. वलित पर्वत
B. ब्लॉक पर्वत
C. प्राचीन पर्वत
D. अवशिष्ट पर्वत

Q.45 भारत में _____ का कृषि सत्र खरीफ फसल का है।

A. जनवरी-मार्च
B. फरवरी-अप्रैल
C. सितंबर-अक्टूबर
D. नवंबर-जनवरी

Q.46 राज्यसभा सदस्य का कार्यकाल _______ वर्ष होता है।

A. 8
B. 6
C. 5
D. 2

Q.47 भारतीय संविधान में मूलतः कितने भाग हैं?

A. 24
B. 18
C. 22
D. 25

Q.48 ली के कमीशन के बारे में निम्नलिखित जानकारी में से कौन सी सही हैं?

1. इसे 1923 में नियुक्त किया गया था
2. लॉर्ड ली आयोग के अध्यक्ष थे
3. इसने सिविल सेवा में भारतीयों की दर बढ़ाने की सिफारिश की थी
4. इसने लोक सेवा आयोग स्थापित करने की सिफारिश की थी
नीचे दिए गए कोड में से सही विकल्प चुनें।

A. 1 & 2
B. 1, 2 & 3
C. 2, 3 & 4
D. 1, 2, 3 & 4

Q.49 ग्रेट बैरियर रीफ कहाँ स्थित है?

A. ऑस्ट्रेलिया
B. भारत
C. कनाडा
D. चीन

Q.50 "वर्ल्ड हैप्पीनेस रिपोर्ट" किस संस्थान ने जारी की?

A. संयुक्त राष्ट्र
B. अंतर्राष्ट्रीय मुद्रा कोष
C. विश्व बैंक
D. डब्ल्यूआईपीओ

Q.51 महाराजा जय सिंह ने निम्नलिखित में से किस स्थान पर वेधशालाओं का निर्माण किया?

1. दिल्ली
2. जयपुर
3. उज्जैन
4. वाराणसी
नीचे दिए गए कूट में से सही विकल्प चुनें:

A. 1 और 2
B. 1 और 3
C. 2 और 3
D. 1, 2, 3 और 4

Q.52 अंतर्राष्ट्रीय हॉकी महासंघ (एफआईएचे) ने किस भारतीय हॉकी खिलाड़ी को 2019 वीमेन राइजिंग स्टार ऑफ द ईयर घोषित किया?

A. रानी रामपाल
B. लालरेमसियामी
C. नवनीत कौर
D. वंदना कटारिया

Q.53 पिघलने की प्रक्रिया को और किस नाम से भी जाना जाता है?

A. संलयन
B. गल्विनाइजेशन
C. क्रिस्टलीकरण
D. वाष्पीकरण

Q.54 मिल्क ऑफ़ मैग्नेशिया में कौन सा क्षार मौजूद है?

A. मैग्नीशियम हाइड्रॉक्साइड

B. अमोनियम हाइड्रॉक्साइड

C. सोडियम हाइड्रॉक्साइड

D. कैल्शियम हाइड्रॉक्साइड

Q.55 बॉर्डर-गावस्कर ट्रॉफी 2020-21 श्रृंखला का मैन ऑफ द सीरीज कौन था?

A. ऋषभ पंत

B. पैट कमिंस

C. चेतेश्वर पुजारा

D. मार्नस लाबुशेन

Q.56 जब पानी किसी तत्व या खनिज के साथ रासायनिक रूप से जुड़ता है, तो इसे क्या कहा जाता है?

A. कार्बोनेशन

B. डिसेलिनेशन

C. हाइड्रेशन

D. ऑक्सीकरण

Q.57 प्रोटीन बने होते हैं:

A. शुगर

B. एमिनो एसिड

C. फैटी एसिड

D. न्यूक्लिक एसिड

Q.58 कांजली आर्दभूमि किस राज्य में स्थित है?

A. गुजरात

B. असम

C. मध्य प्रदेश

D. पंजाब

Q.59 निम्नलिखित में से कौन 'डब्ल्यूआईपीओ' से संबंधित है?

A. निवेश

B. बौद्धिक सम्पदा

C. अंतर्राष्ट्रीय व्यापार

D. स्वदेशी लोग

Q.60 "खुली बेरोजगारी" शब्द का प्रयोग कब किया जाता है:

A. लोग काम करने को तैयार नहीं हैं

B. लोग तैयार हैं, लेकिन काम नहीं मिलता है

C. लोग बेहतर की तलाश में अपनी नौकरी छोड़ देते हैं

D. लोगों को नौकरी मिलती है लेकिन नियमित भुगतान नहीं मिलता है

English Language & Comprehension

Ques (61-62):Direction: In the given question, out of the four alternatives, choose the one which can be substituted for the given words/sentence.

Q.61 Open to more than one interpretation

A. Trite

B. Opposite

C. Exceptional

D. Ambiguous

Q.62 Something widely feared as a possible dangerous occurrence.

A. Specter

B. Beguile

C. Monolith

D. Canny

Ques (63-65):Direction: In the given question, out of the four alternatives, choose the one which best expresses the meaning of the given word.

Q.63 Opulent

A. Fake

B. Gloomy

C. Rich

D. Selfish

Q.64 Morose

A. Flatter

B. Gloomy

C. Friendly

D. Savvy

Q.65 Drivel

A. Intelligent

B. Blather

C. Judicious

D. Sane

Ques (66-67):Direction: In the given question, choose the word opposite in meaning to the given word.

Q.66 Vibrant

A. Drab

B. Gaudy

C. Jazzy

D. Vivid

Q.67 Deep-seated

A. Chronic

B. Temporary

C. Inbred

D. Subconscious

Q.68 Direction: Given below are four jumbled sentences. Out of the given options pick the one that gives their correct order.

A. Little did she know that I was out of a job once again.

B. But all the money soon vanished into the bottomless pit of household needs.

C. I returned home with my pockets full of my earnings.

D. However, my grandmother was happy that I had become responsible.

A. CDAB

B. BCDA

C. DBAC

D. CBDA

Ques (69-70):Direction: In the given question, out of the four alternatives, choose the alternative which best expresses the meaning of the idiom/Phrase.

Q.69 Zero tolerance

A. Accuracy is paramount

B. Non-acceptance of antisocial behaviour

C. No return without risk

D. No problem at all

Q.70 Variety is the spice of life

A. New experiences make life more interesting

B. Experimentation may be risky

C. Life is very beautiful

D. There is no life without excitement

Q.71 Direction: In the given question, choose the word opposite in meaning to the given word.

Vanity

A. Pride

B. Humility

C. Conceit

D. Ostentatious

Ques (72-76):Direction: Read the following passage carefully and answer the question that follow.

India is considering inviting expressions of interest to sell Air India Ltd by the end of next month as the government aims to complete the transaction this year, people with knowledge of the matter said.

"The government will conduct roadshows, as well as, be open to meet prospective buyers even before the expressions of interest are sought," the people said, declining to be identified as the discussions are private. "The process will likely allow the bidders to look at the accounts of the airline except for some portions that are confidential and also see the share purchase agreement," they said without providing details.

"The potential bidders will have the option to make suggestions for changes in the sale terms during the process of expressing their interest in the deal," the people said. The government is looking to sell its entire stake in the carrier, they said.

DS Malik, a spokesman of the Ministry of Finance, did not immediately answer two calls made to his mobile phone. Dhananjay Kumar, a spokesman of Air India, declined to comment.

The plan is being prepared after the government's attempt to partially exit the carrier failed to attract any bidder last year. In her budget presentation for the current financial year, Finance Minister Nirmala Sitharaman said that the government will revive plans to sell Air India and the divestment would be part of the government's efforts to raise Rs 1,05,000 crore ($15.3 billion) selling stakes in state-run companies.

Air India, which is surviving on a Rs 30,000 crore taxpayer-funded bailout, has failed to maintain its market dominance as a slew of carriers including InterGlobe Aviation Ltd and SpiceJet Ltd started to offer ultra-cheap, on-time flights more than a decade ago. The state-run airline has total debts of $8.4 billion and posted losses of more than Rs 7,600 crore last year, according to provisional estimates.

Q.72 Which among the following has been shown as the main reason for the present situation of Air India in the passage?

A. Air India does not have enough money to survive in the long run though it is trying to find out

B. Air India has lost all the deposits it had received from the government last year

C. Air India is in the process of earning deposits from the depositors and investors so that they are worried about the stake sale

D. Air India has got competition from other airlines and it has simply failed to live up to the same

Q.73 Which among the following is correct regarding the plan of the government about the disinvestment of Air India?

A. It has decided to sell off its entire stake in the national carrier in the recent round of disinvestment

B. It has decided to buy the entire stake from all the other investors so that it becomes the only owner

C. The government is of the opinion that the entire stake of Air India should be in the hands of some foreign carrier only

D. The government has decided to call off the disinvestment process of Air India for the time being

Q.74 Which among the following is NOT a liberty given to the prospective buyers of Air India, according to the passage?

A. They will not get to understand the financial structure of the company before giving the money to the government

B. They will not get to see the bank account details of the company before depositing the money

C. They will not have to share anything with the government regarding their own financial status

D. They will not get to look at all the finances of the company while making an offer for the airline

Q.75 What is the target set by the government from disinvestment in the state-run companies of the country as per the Union Budget?

A. Rs 105000 Crore

B. Rs 100000 Crore

C. Rs 200000 Crore

D. Rs 205000 Crore

Q.76 Which among the following is correct regarding the financial condition of Air India, according to the given passage?

A. Air India has posted loss of Rs 7500 crores in the last couple of financial years put together

B. Air India has not published the financial results in the last year due to some restriction from the government

C. Air India has posted losses of more than Rs 7600 crores in the last financial year as published by it

D. Air India is yet to understand the gravity of the financial situation in the country because of its financial burden

Q.77 Direction: In the given option, four words are given, out of which only one word is incorrectly spelled. Find the incorrectly spelled word.

A. Tranquility

B. Perseverence

C. Resplendence

D. Accommodation

Q.78 Direction: Given below are four jumbled sentences. Out of the given options pick the one that gives their correct order.

A. But when their short racing careers are over, greyhounds are adopted as household pets.

B. Greyhound racing is a popular spectator sport in the United States.

C. They worry that the greyhounds would need a large space to run to get sufficient exercise.

D. Unfortunately, many people hesitate to adopt a retired racing greyhound as a pet.

A. BDAC

B. DACB

C. DBCA

D. BADC

Q.79 Adjective of "partiality" is:

A. Partially

B. Partition

C. Partiliation

D. Partial

Q.80 The verb form of 'revival' is:

A. Rivals

B. Revive

C. Revised

D. Enrevive

Hindi Language & Comprehension

Q.81 'दही' शब्द है:

A. पुल्लिंग

B. स्त्रीलिंग

C. नपुंसक लिंग

D. उभयलिंग

Q.82 किस वाक्यांश में संबंध कारक है?

A. पुस्तकालय में

B. राम की एक पुस्तक

C. बहुत समय से

D. सुरक्षित रखी है

Q.83 'शुभागमन' में कौन सा समास है?

A. तत्पुरुष समास

B. कर्मधारय समास

C. बहुब्रीहि समास

D. द्वन्द समास

Q.84 'हरिशंकर' में कौन-सा समास है?

A. तत्पुरुष समास

B. द्वन्द्व समास

C. कर्मधारय समास

D. दिगु समास

Q.85 'महौजस्वी' में कौन सी सन्धि है?

A. वृद्धि सन्धि

B. यण सन्धि

C. दीर्घ सन्धि

D. अयादि सन्धि

Ques (86-87):निर्देश: नीचे दिए गए शब्द के लिए उसके नीचे दिए गए विकल्पों में से सही पर्यायवाची शब्द चुनकर उत्तर दीजिए।

Q.86 अर्वाचीन

A. प्राचीन   B. आधुनिक   C. चीनी   D. विदेशी

Q.87 क्रोध

A. घाम   B. अमर्ष   C. आलय   D. औक

Q.88 'मतैक्य' में कौन सी संधि है?

A. दीर्घ संधि   B. यण संधि   C. गुण संधि   D. वृद्धि संधि

Ques (89-90):निर्देश: नीचे दिए गए शब्द के विलोम स्वरूप चार विकल्प दिए गए हैं। दिए गए विकल्पों में से सही विकल्प चुनिए।

Q.89 मृदुल

A. रूद्र   B. कठोर   C. सुकुमार   D. कृश

Q.90 सन्धि

A. वैमनस्य   B. वैर   C. विग्रह   D. विद्वेष

Q.91 नीचे दिए गए पद इक प्रत्यय लगाने से बने है, इनमें से कौन सा पद गलत है?

A. दैविक   B. सामाजिक   C. भौमिक   D. प्रक्षिक

Q.92 'अवनत' शब्द में प्रयुक्त उपसर्ग है:

A. नत   B. अ   C. अव   D. अवन

Q.93 इनमें से कौन सा शब्द जातिवाचक संज्ञा से बनी भाववाचक संज्ञा नहीं हैं?

A. खुशहाली   B. चोरी   C. मजदूरी   D. दलाली

Q.94 निम्नलिखित शब्दों में से कौन-सा शब्द संज्ञा है?

A. क्रोधित   B. क्रोध   C. क्रुद्ध   D. हस्

Q.95 'जुगुप्सा' किस रस का स्थायी भाव है?

A. रौद्र रस   B. वीर रस

C. वीभत्स रस   D. करुण रस

Ques (96-100):निर्देश: नीचे दिए गए अपठित गद्यांश को ध्यानपूर्वक पढ़ें एवं उस पर आधारित प्रश्न के उत्तर दें।

शिक्षा जीवन के सर्वांगीण विकास हेतु अनिवार्य है। शिक्षा के बिना मनुष्य विवेकशील और शिष्ट नहीं बन सकता। विवेक से मनुष्य में सही और गलत का चयन करने की क्षमता उत्पन्न होती है। विवेक से ही मनुष्य के भीतर उसके चहुँ ओर नित्य प्रति होते घटनाक्रमों के प्रति एक छिद्रान्वेषी दृष्टिकोण उत्पन्न होता है। शिक्षा ही मानव को मानव के प्रति मानवीय भावनाओं से पोषित करती है। शिक्षा से मनुष्य अपने परिवेश के प्रति जाग्रत होकर कर्तव्यविमुख हो जाता है। 'स्व' से 'पर' की ओर अग्रसर होने लगता है। निर्बल की सहायता करना, दुखियों के दुःख दूर करने का प्रयास करना, दूसरों के दुःख से दुःखी हो जाना और दूसरों के सुख से स्वयं सुख का अनुभव करना जैसी बातें एक शिक्षित मानव में सरलता से देखने को मिल जाती हैं। इतिहास, साहित्य, राजनीतिशास्त्र, समाजशास्त्र, दर्शनशास्त्र इत्यादि पढ़कर विद्यार्थी विद्वान् ही नहीं बनता वरन् उसमें एक विशिष्ट जीवन दृष्टि, रचनात्मकता और परिपक्वता का सृजन भी होता है। शिक्षित सामाजिक परिवेश में व्यक्ति अशिक्षित सामाजिक परिवेश की तुलना में सदैव ही उच्च स्तर पर जीवन यापन करता है।

परन्तु आज शिक्षा का अर्थ बदल रहा है। शिक्षा भौतिक आकांक्षा की साध्य बनती जा रही है। व्यावसायिक शिक्षा के अन्धानुकरण में छात्र सैद्धान्तिक शिक्षा से दूर होते जा रहे हैं। रूस की क्रान्ति, फ्रांस की क्रान्ति, अमेरिकी क्रान्ति, समाजवाद, पूँजीवाद, राजनीतिक व्यवस्था, सांस्कृतिक मूल्यों आदि की सामान्य जानकारी भी व्यावसायिक शिक्षा ग्रहण करने वाले छात्रों को नहीं है। यह शिक्षा का विशुद्ध रोजगारकरण है। शिक्षा के प्रति इस प्रकार का

संकुचित दृष्टिकोण अपनाकर विवेकशील नांगरिकों का निर्माण नहीं किया जा सकता। भारत जैसे विकासशील देश में शिक्षा रोजगार का साधन न होकर साध्य हो गई है। इस कुप्रवृत्ति पर अंकुश लगाना अनिवार्य है। जहाँ मानविकी के छात्रों को पत्रकारिता, साहित्य-सृजन, विज्ञापन, जनसम्पर्क इत्यादि कोर्स भी कराए जाने चाहिए ताकि उन्हें रोजगार के लिए न भटकना पड़े, वहीं व्यावसायिक कोर्स करने वाले छात्रों को मानविकी के विषय; जैसे- इतिहास, साहित्य, राजनीतिशास्त्र व दर्शन आदि का थोड़ा बहुत अध्ययन अवश्य कराना चाहिए ताकि समाज को विवेकशील नागरिक प्राप्त होते रहें, तभी समाज में सन्तुलन बना रहेगा।

Q.96 छिद्रान्वेषी दृष्टिकोण से लेखक का क्या तात्पर्य है?

A. समन्वय की भावना उत्पन्न होना

B. उपयुक्त और अनुपयुक्त का बोध होना

C. मानवीयता का विकास होना

D. विवेकशीलता का विकास होना

Q.97 "शिक्षा ही मानव को मानव के प्रति मानवीय भावनाओं से पोषित करती है।" इस कथन के लिए उपयुक्त विकल्प चुनिए:

A. कटुता

B. सहृदयता की भावना का विकास

C. विनम्रता की भावना का विकास

D. घृणा की भावना का विकास

Q.98 शिक्षा से मनुष्य स्व' से 'पर' की ओर अभिगमन करने लगता है, क्यों?

A. शिक्षा मनुष्य को संवेदनशील बनाती है

B. शिक्षा से मनुष्य में सेवा भाव उत्पन्न होता है

C. शिक्षा मनुष्य को कर्त्तव्यपरायण बनाती है

D. शिक्षा मनुष्य में मानवीय भाव भरती है

Q.99 वर्तमान शिक्षा भौतिक आकांक्षा की साध्य किस प्रकार बन गई है?

A. शिक्षा के मात्र व्यावसायिक पक्ष को देखा जा रहा है

B. शिक्षा को मात्र सैद्धान्तिक बनाकर रख दिया गया है

C. शिक्षा रचनात्मकता और परिपक्वता की सर्जक बन गई है

D. शिक्षा को मात्र रोजगार से सम्बद्ध कर दिया गया है

Q.100 उपरोक्त गद्यांश का उपयुक्त शीर्षक क्या होगा?

A. शिक्षा

B. शिक्षा का जीवन में महत्त्व

C. शिक्षा का बदलता स्वरूप

D. सैद्धान्तिक व व्यावसायिक शिक्षा

// स्मार्ट उत्तर पुस्तिका //

सही उत्तर — उन छात्रों के प्रतिशत को इंगित करता है जिन्होंने प्रश्नों का सही उत्तर दिया था।

छोड़ दिया — उन छात्रों के प्रतिशत को इंगित करता है जिन्होंने प्रश्नों को छोड़ दिया था।

प्रश्न संख्या	उत्तर	सही उत्तर / छोड़ दिया	प्रश्न संख्या	उत्तर	सही उत्तर / छोड़ दिया	प्रश्न संख्या	उत्तर	सही उत्तर / छोड़ दिया	प्रश्न संख्या	उत्तर	सही उत्तर / छोड़ दिया	प्रश्न संख्या	उत्तर	सही उत्तर / छोड़ दिया
1	A	52.25 % / 39.88 %	17	B	28.51 % / 69.7 %	33	D	49.85 % / 48.15 %	49	A	79.3 % / 19.95 %	65	B	51.6 % / 32.34 %
2	C	55.96 % / 37.22 %	18	A	13.82 % / 81.49 %	34	B	66.62 % / 31.04 %	50	A	77.2 % / 19.9 %	66	A	81.94 % / 17.88 %
3	B	83.27 % / 12.25 %	19	D	78.83 % / 15.98 %	35	A	52.49 % / 46.39 %	51	D	13.95 % / 73.99 %	67	B	81.33 % / 11.02 %
4	B	86.32 % / 12.66 %	20	A	18.38 % / 68.33 %	36	A	60.83 % / 32.06 %	52	B	69.84 % / 30.15 %	68	D	48.36 % / 38.43 %
5	A	25.85 % / 67.33 %	21	D	58.45 % / 38.11 %	37	D	46.48 % / 32.03 %	53	A	81.73 % / 17.05 %	69	B	83.4 % / 12.99 %
6	A	50.13 % / 31.68 %	22	C	77.8 % / 11.33 %	38	A	43.34 % / 32.93 %	54	A	89.37 % / 10.6 %	70	A	86.55 % / 10.95 %
7	B	82.18 % / 14.68 %	23	C	48.96 % / 35.69 %	39	B	68.98 % / 30.22 %	55	B	86.59 % / 10.15 %	71	B	83.4 % / 16.2 %
8	B	76.96 % / 15.41 %	24	A	61.92 % / 36.0 %	40	D	45.95 % / 32.28 %	56	C	50.77 % / 34.7 %	72	D	86.79 % / 11.16 %
9	A	61.06 % / 38.14 %	25	C	59.12 % / 39.94 %	41	A	24.39 % / 73.66 %	57	B	87.63 % / 11.03 %	73	A	61.58 % / 30.24 %
10	C	69.81 % / 30.17 %	26	C	47.84 % / 35.07 %	42	B	44.59 % / 50.51 %	58	D	83.43 % / 11.73 %	74	D	88.33 % / 11.07 %
11	D	26.73 % / 67.59 %	27	A	68.16 % / 31.26 %	43	D	65.62 % / 34.3 %	59	B	69.77 % / 30.02 %	75	A	64.47 % / 30.53 %
12	B	88.3 % / 10.86 %	28	B	56.41 % / 41.01 %	44	A	67.24 % / 30.93 %	60	B	15.59 % / 75.4 %	76	C	41.99 % / 43.7 %
13	C	16.76 % / 80.46 %	29	A	60.68 % / 32.48 %	45	C	81.06 % / 17.76 %	61	D	79.57 % / 12.64 %	77	B	58.92 % / 37.11 %
14	C	45.87 % / 33.91 %	30	A	43.89 % / 41.17 %	46	B	77.19 % / 13.15 %	62	A	49.02 % / 40.63 %	78	D	30.95 % / 68.38 %
15	C	19.41 % / 70.35 %	31	C	42.01 % / 49.88 %	47	C	85.95 % / 10.48 %	63	C	63.55 % / 31.99 %	79	D	82.2 % / 11.01 %
16	B	80.54 % / 12.03 %	32	A	43.76 % / 36.97 %	48	D	13.21 % / 84.05 %	64	B	60.64 % / 34.01 %	80	B	85.66 % / 11.26 %

प्रश्न संख्या	उत्तर	सही उत्तर / छोड़ दिया
81	A	60.13 %
		34.29 %
82	B	87.68 %
		10.12 %
83	B	76.68 %
		19.37 %
84	B	66.09 %
		33.82 %

प्रश्न संख्या	उत्तर	सही उत्तर / छोड़ दिया
85	A	52.65 %
		41.78 %
86	B	67.84 %
		31.5 %
87	B	46.01 %
		36.58 %
88	D	23.25 %
		73.05 %

प्रश्न संख्या	उत्तर	सही उत्तर / छोड़ दिया
89	B	85.98 %
		11.08 %
90	C	83.18 %
		14.12 %
91	D	44.7 %
		48.95 %
92	C	62.42 %
		34.25 %

प्रश्न संख्या	उत्तर	सही उत्तर / छोड़ दिया
93	A	56.43 %
		41.14 %
94	B	45.8 %
		44.08 %
95	C	79.16 %
		15.97 %
96	B	62.72 %
		34.56 %

प्रश्न संख्या	उत्तर	सही उत्तर / छोड़ दिया
97	B	26.37 %
		69.63 %
98	C	47.78 %
		30.73 %
99	D	60.67 %
		33.06 %
100	B	55.23 %
		37.11 %

कार्य विश्लेषण	
औसत अंक (%)	48.0%
टॉपर्स स्कोर (%)	69.0%
आपका स्कोर	

//संकेत और समाधान//

1. इस प्रश्न में, चित्र में दिए अनुसार पैटर्न अनुसरण करता है:

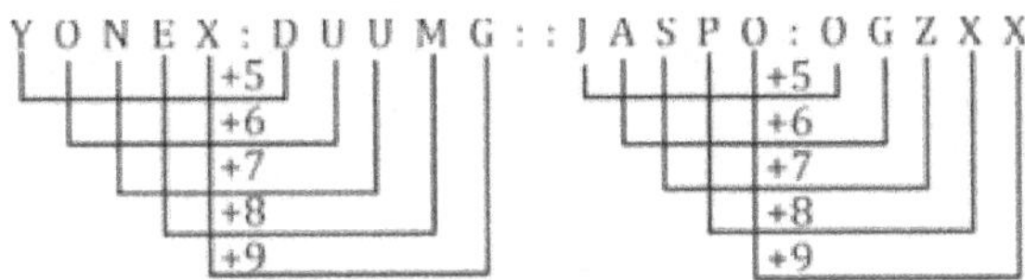

अतः विकल्प (A) सही है।

2. इस प्रश्न में पहले और दूसरे के बीच संबंध है:

$49 = 4+9 = 13$ and $13^2 = 169$,

तो,

$66 = 6+6 = 12$ and $12^2 = 144$

अतः विकल्प (C) सही है।

3. दी गई स्थिति में सबसे उपयुक्त कार्रवाई कंडक्टर को बुलाना, उसे पैसा देना और टिकट प्राप्त करना होगा क्योंकि वह टिकट देने का एकमात्र अधिकार है। अन्य विकल्प इस स्थिति के लिए मान्य नहीं हैं।

अतः विकल्प (B) सही है।

4. दिए गए प्रश्न में इस तरह के पैटर्न के बाद समान जोड़े-

$BN = 2+14 = 16 = P$

$LM = 12+13 = 25 = Y$

$TA = 20+1 = 21 = U$

परंतु,

$GI = 7+9 = 16 = R$ समान पैटर्न का पालन नहीं कर रहा है। इसमें R की जगह P है।

अतः विकल्प (B) सही है।

5. $9 = (3)^2$

$8 = (3-1)^3$

और $16 = (4)^2$

$? = (4-1)^3 = 27$

अतः विकल्प (A) सही है।

6. दी गई श्रृंखला में निम्नलिखित पैटर्न लागू होते हैं:

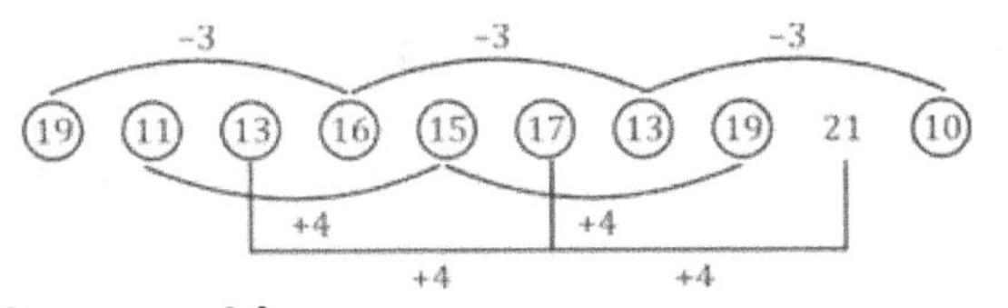

अतः विकल्प (A) राही है।

7. एक शाखा, पत्ती और जड़ सभी एक पेड़ के भाग हैं। गंदगी पेड़ का हिस्सा नहीं है।

अतः विकल्प (B) सही है।

8.

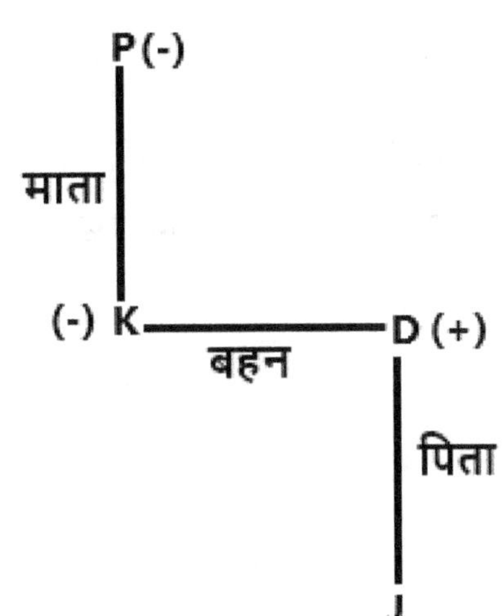

(+) - पुरुष

(-) - महिला

P, J की दादी है।

अतः विकल्प (B) सही है।

9.

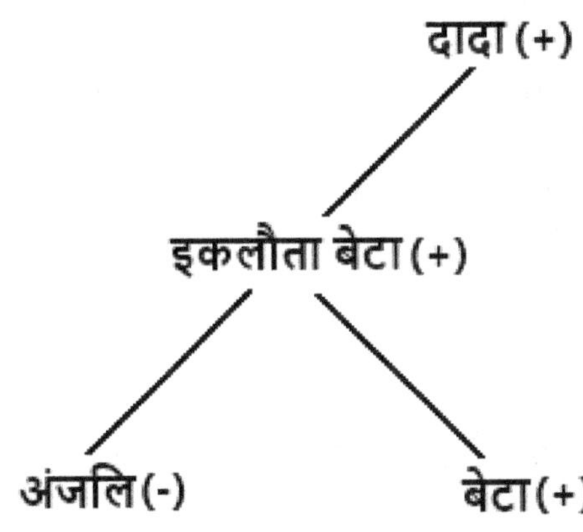

+) - पुरुष

(-) - महिला

तस्वीर में दिख रहा व्यक्ति अंजलि का भाई है।

अतः विकल्प (A) सही है।

10. दी गई सर्वसमिका में यदि हम '÷', x और '=' रखते हैं तो सर्वसमिका सही हो जाती है। इस प्रकार,

$15 ÷ 3 × 4 = 12$,

$5 × 4 = 20$

अतः विकल्प (C) सही है।

11. दिए गए प्रश्न में '$' का अर्थ 'घटाना' है, और वे निम्न पैटर्न का अनुसरण करते हैं-

$19^2 - 7^2 = 312$

$23^2 - 9^2 = 448$

इसी प्रकार,

$31^2 - 11^2 = 840$

अतः विकल्प (D) सही है।

12. समान समूहों में पहले और दूसरे अक्षर के बीच 3 अक्षरों का अंतर है। लेकिन "RL" में 5 अक्षरों का अन्तर है।

अतः विकल्प (B) सही है।

13.

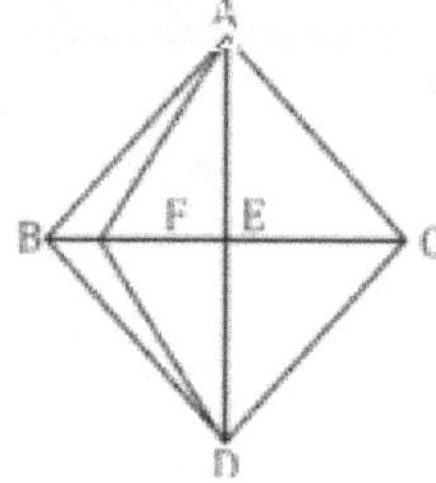

त्रिभुज हैं: ABC, ABF, AFE, AEC, AFC, ABE, BCD, BFD, BED, DEC, DFC, DFE, ACD, ABD, AFD

इस प्रकार, कुल 15 त्रिभुज हैं।

अतः विकल्प (C) सही है।

14. यदि हम प्रश्न आकृति के शेष भाग को पूरा करते हैं, तो हमें प्राप्त होता है:

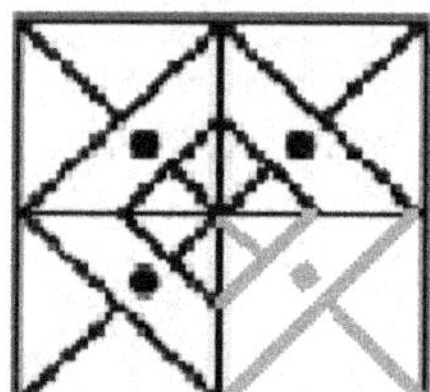

अतः विकल्प (C) सही है।

15. अगर हम घन को करीब से देखें, तो विपरीत फलक हैं:

P - S

Q - Z

N - R,

तब, R, N के विपरीत है

अतः विकल्प (C) सही है।

16.

अतः विकल्प (B) सही है।

17. $172 + 2^2 = 176$

$176 + 4^2 = 192$

$192 + 8^2 = 256$

$256 + 16^2 = 512$

$512 + 32^2 = 1536$

अतः विकल्प (B) सही है।

18. $11 \times 3 - 2 = 31$

$31 \times 2 - 3 = 59$

$59 \times 3 - 2 = 175$

$175 \times 2 - 3 = 347$

$347 \times 3 - 2 = 1039$

अतः विकल्प (A) सही है।

19. दी गई स्थिति में सबसे उपयुक्त कार्रवाई इसे नजदीकी थाना में जमा करना होगा।

अन्य तीन विकल्प उचित नहीं हैं।

अतः विकल्प (D) सही है।

20.

अतः विकल्प (A) सही है।

21. यहाँ, पहले हम कोष्ठक हल करेंगे

$$\therefore \frac{(40.25 \div 5) + (0.07 \times 5)}{(0.15 \times 8) + (0.18 \div 0.2)}$$

$$= \frac{8.05 + 0.35}{1.2 + 0.09}$$

$$= \frac{8.40}{2.1}$$

$$= 4$$

अतः विकल्प (D) सही है।

22. दिया गया है,

सबसे बड़ी 5 अंकीय संख्या 99999 है।

क्योंकि हमें 95 से विभाज्य 5 अंकों की सबसे बड़ी संख्या ज्ञात करनी है।

तब सबसे पहले हमें 99999 को 95 से भाग देना होगा।

```
        1052
   95 )99999(
        95
        499
        475
        249
        190
         59
```

यह 59 शेष के रूप में देता है,

तब आवश्यक संख्या = (99999-59) = 99940

अतः विकल्प (C) सही है।

23. दिया गया है,

$$a:b = 3:8$$

फिर,

$$\frac{a}{b} = \frac{3}{8}$$

$$\Rightarrow 8a = 3b$$

$$a = \frac{3b}{8}$$

प्रश्न $\frac{(5a-3b)}{2a+b}$ में ' a' का मान रखने पर

$$= \frac{5 \times \frac{3b}{8} - 3b}{2 \times \frac{3b}{8} + b}$$

$$= \frac{\frac{15b}{8} - 3b}{\frac{6b}{8} + b}$$

$$= \frac{\frac{15b-24b}{8}}{\frac{6b+8b}{8}}$$

$$= \frac{-9b}{14b} = \frac{-9}{14}$$

अतः विकल्प (C) सही है।

24. दिया गया है,

गति $= 60$ किमी प्रति घंटा

दूरी $=$ गति $\times$ समय

कुल दूरी $= 60 \times 1 = 60$ किमी

इसलिए, अन्य कार को 40 किमी प्रति घंटे की रफ्तार से समान दूरी को तय करने में लगा समय

$$= \frac{60}{40}$$

$$= \frac{3}{2} \text{ घंटा}$$

अतः सही विकल्प (A) है।

25. 9 लगातार वर्षों के लिए औसत राजस्व $= 76$ लाख रु।

9 वर्षों के लिए कुल राजस्व $= 76 \times 9 = 684$ लाख रु।

पहले 5 वर्षों के लिए औसत राजस्व $= 71$ लाख रु।

5 वर्षों के लिए राजस्व $= 71 \times 5 = 355$ लाख रु।

अन्तिम 5 वर्षों के लिए औसत राजस्व $= 83$ लाख रु।

अंत के 5 वर्षों के लिए राजस्व $= 83 \times 5 = 415$ लाख रुपए।

$\Rightarrow 5^{th}$ वर्ष के लिए राजस्व $=$ (पहले 5 वर्ष का राजस्व $+$ अन्तिम 5 वर्ष का राजस्व) $- 9$ लगातार वर्षों का राजस्व

$$= (355 + 415) - 684$$

$$= 770 - 684 = 86 \text{ लाख रु}$$

अतः सही विकल्प (C) है।

26. दी गई संख्याए $1.08, 0.36$ और 0.90 हैं

$1.08, 0.36$ और 0.90 का म.स.प. 18 है

[$\because$ जी.सी.डी और कुछ नहीं बल्कि म.स.प.] है

इसलिए दिए गए संख्याओ का म.स.प. $= 0.18$ है।

अतः विकल्प (C) सही है।

27. दिया गया है,

कार की गति 70 किमी प्रति घंटा है।

माना बस की गति x किमी प्रति घंटा है।

माना बस द्वारा $(5 + 9)$ घंटे में तय की गई दूरी 'd' है।

अब कार लखनऊ से 5 घंटे बाद गुजरती है और बस तक पहुँचने में 9 घंटे लेती है।

$\Rightarrow$ कार 'd' दूरी को 9 घंटे में 70 किमी प्रति घंटे की गति से तय करती है

$$\therefore d = s \times t = 70 \times 9 = 630 \text{ किमी}$$

यह समान दूरी बस द्वारा 14 घंटे में तय की जाती है।

$$\Rightarrow \text{बस की गति} = \frac{d}{t} = \frac{630}{14} = 45 \text{ किमी प्रति घंटा}$$

अतः सही विकल्प (A) है।

28. दिया गया है,

वस्तु का अंकित मूल्य 200 रुपए है 22% और 33% छूट दी गई है।

मिश्रण विधि द्वारा,

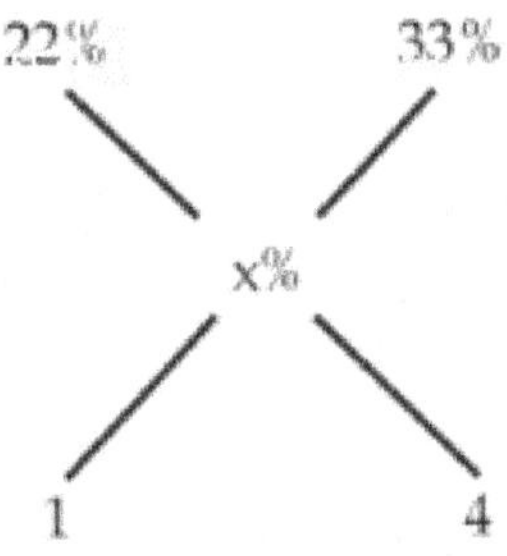

$$\therefore \frac{33-x}{x-22} = \frac{1}{4}$$

$$x = 30.8\%$$

अतः विकल्प (B) सही है।

29. माना समीर और आनन्द की आयु क्रमशः $5x$ वर्ष और $4x$ वर्ष है।

3 वर्ष के बाद उनकी आयु का अनुपात $11:9$ हो जाएगा।

प्रश्न के अनुसार,

$$\frac{5x+3}{4x+3} = \frac{11}{9}$$

$$\Rightarrow 9(5x + 3) = 11(4x + 3)$$

$$\Rightarrow 45x + 27 = 44x + 33$$

$$\Rightarrow 45x - 44x = 33 - 27$$

$$\Rightarrow x = 6$$

$\therefore$ आनंद की वर्तमान आयु $= 4x = 4 \times 6 = 24$ वर्ष।

अतः सही विकल्प (A) है।

30. दिया गया है,

आकाश बलदेव की अपेक्षा 3 गुना अधिक दक्ष है और वह एक कार्य को पूरा करने में बलदेव से 40 दिन कम लेता है।

```
                आकाश    बलदेव
क्षमता     →      3   :    1
समय       →      1   :    3
                2 इकाई  →40 दिन
                1 इकाई  →20 दिन
```

$\therefore$ कुल काम $= 20 \times 1 \times 3 = 60$ इकाई

जरुरी समय $= \frac{60}{3+1} = 15$

अतः विकल्प (A) सही है।

31. दिया गया है,

मिश्रधन 3 वर्ष में $= 815$ रु और 4 साल में 854 रु

साधारण ब्याज = मिश्रधन - मूलधन

1 वर्ष के लिए साधारण ब्याज $= (854 - 815) = 39$ रु

3 वर्ष के लिए साधारण ब्याज $= (39 \times 3) = 117$ रु

मूलधन $= (815 - 117) = 698$ रु

अतः सही विकल्प (C) है।

32. दिया गया है,

दी गई छूट 20% और प्रोमो कोड आफर 30%

माना वस्तु की कीमत $= 100x$

वस्तु पर 20% की छूट दी जाती है तब प्रभावी कीमत $= 80x$

30% नकद वापसी प्रोमो कोड लागू करने के बाद प्रभावी कीमत $= 30\%$ of $80x$

$$= (30 \times 80x) \div 100$$

$$= 80 - 24x = 56x$$

तब ग्राहक को प्राप्त प्रभावी छूट $= 100x - 56x = 44x$

इसलिए ग्राहक को 44% की प्रभावी छूट प्राप्त होगी।

अतः सही विकल्प (A) है।

33. दिया गया है,

धनराशि 8 वर्षों में साधारण ब्याज पर तिगुनी हो जाती है।

सूत्र: $S.I = \frac{PNR}{100}$

जहाँ P - मूलधन, $N -$ वर्षों की संख्या, $R -$ ब्याज की दर

दिया है, धनराशि तिगुनी होती है $= 3P$

हल:

तब मूल ब्याज की राशि जो हमे प्राप्त हुई $= 3P - P = 2P$

साधारण ब्याज $= \frac{PNR}{100}$

$$2P = \frac{P \times 8 \times R}{100}$$

$$2P = \frac{P \times 2 \times R}{25}$$

$$25 = \frac{P \times 2 \times R}{2 \times P}$$

$$R = 25$$

25% ब्याज की दर पर मूलधन स्वंय का तिगुना हो जाता है।

अतः सही विकल्प (B) है।

34. माना दो छात्रो द्वारा प्राप्त किए गए अंक x और $(x + 19)$ है

प्रश्न के अनुसार,

$$(x + 19) = \frac{60}{100}(x + x + 19)$$

$$\Rightarrow x = 38$$

$\therefore$ दो छात्रो द्वारा प्राप्त किए गए कुल अंक 57 and 38

अतः सही विकल्प (B) है।

35. दिया गया है,

अर्द्धगोले का सम्पूर्ण पृष्ठ क्षेत्रफल 41.58 वर्ग सेमी है

अर्द्धगोले के लिए वक्रपृष्ठ $= \frac{2}{3} \times$ सम्पूर्ण पृष्ठ $= \frac{2}{3} \times 41.58$

$$= 27.72 \text{ वर्ग सेमी}$$

अतः सही विकल्प (A) है।

36. मान लीजिए नामांकित मतों की कुल संख्या x है।

डाले गए मतों की संख्या = x का 75%

वैध वोट = x के 75 % का 98 %

अब, चूंकि 9261 वैध डाले गए मतों का 75% है, इसलिए,

x के 75 % के 98 % का 75 % = 9261

$$\Rightarrow \frac{75 \times 98 \times 75 \times x}{100 \times 100 \times 100} = 9261$$

$\Rightarrow x = 16800$

अतः सही विकल्प (A) है।

37. दिया गया है,

$\frac{5}{8}, \frac{7}{12}, \frac{3}{4}, \frac{13}{16}$

$\frac{5}{8} = 0.625$

$\frac{7}{12} = 0.583$

$\frac{3}{4} = 0.75$

$\frac{13}{16} = 0.8125$

सही आरोही क्रम है:

$\frac{7}{12}, \frac{5}{8}, \frac{3}{4}, \frac{13}{16}$

अतः विकल्प (D) सही है।

38. दिया गया है,

296 से विभाजित होने पर एक संख्या, शेष के रूप में 75 देती है।

माना q, शेष है,

प्रश्न के अनुसार,

$= 296q + 75$

$= (37 \times 8q + 37 \times 2) + 1$

$= 37(8q + 2) + 1$

इस प्रकार जब संख्या को 37 से विभाजित किया जाता है तो शेष 1 होगा।

अतः विकल्प (A) सही है।

39. दिया गया है,

72 छात्रो की औसत अंक 69 है।

72 छात्रो की कुल अंक $= 69 \times 72 = 4968$.

इसमें 45 अंक का 54 अंक के बदले गलत प्रविष्टि हो गई है

औसत गलत तरीके से घट जाएगा $= 54 - 45 = 9$.

72 छात्रो के कुल अंक $= 4968 + 9 = 4977$

72 छात्रो की औसत अंक $= \frac{4977}{72} = 69.125$

इसलिए सही औसत 69.125 अंक होगा।

अतः सही विकल्प (B) है।

40. माना वैक्यूम क्लीनर की क्रय मूल्य $= x$

डिशवाशर की क्रय मूल्य $= y$

$x + y = 78750$

$y = 78750 - x$

वैक्यूम क्लीनर की बिक्री मूल्य $= x + \left(\frac{37x}{100}\right) = 137 \times 100$

डिशवाशर की बिक्री मूल्य $= y - \left(\frac{27y}{100}\right)$

$= \frac{73y}{100}$

$= \frac{73(78750-x)}{100}$

प्रश्न के अनुसार,

$\frac{137x}{100} = \frac{73(78750-x)}{100}$

$137 \times 100 = \frac{73 \times 78750 - 73x}{100}$

$\frac{137x}{100} = \left(73 \times \frac{78750}{100}\right) - \left(\frac{73x}{100}\right)$

$\frac{(137x+73x)}{100} = 73 \times \frac{1575}{2}$

$\frac{210x}{100} = 73 \times \frac{1575}{2}$

$x = \frac{(73 \times 1575 \times 100)}{(2 \times 210)}$

$= 27375$

$= 78750 - x$

$= 78750 - 27375$

$= 51375$

बैक्यूम क्लीनर की क्रय मूल्य 27375 है और डिशवाशर की क्रयमूल्य 51375 है।

अतः सही विकल्प (D) है।

41. सरगुजा रेल कॉरिडोर प्राइवेट लिमिटेड (एसआरसीपीएल) के अधिग्रहण के लिए अदाणी पोर्ट्स एंड स्पेशल इकोनॉमिक जोन (एपीएसईजेड) की समग्र योजना को नेशनल कंपनी लॉ ट्रिब्यूनल (एनसीएलटी) ने मंजूरी दे दी है। यह 1 अप्रैल, 2021 की नियत तारीख से प्रभावी होगा। एक बार समेकित होने के बाद, एसआरसीपीएल 450 करोड़ रुपये या एपीएसईजेड के कुल एबिटा (ब्याज कर, मूल्यह्रास और परिशोधन से पहले की कमाई) का पांच प्रतिशत जोड़ देगा।

अतः विकल्प (A) सही है।

42. गुजरात राज्य ने नई सौर ऊर्जा नीति -2021 की घोषणा की है। राज्य ने 11,000 मेगा वाट उत्पादन क्षमता हासिल कर ली है और अब 2022 तक 30,000 मेगा वाट ग्रीन ऊर्जा उत्पादन का लक्ष्य रखा है जिसमें मुख्य रूप से सौर और पवन ऊर्जा शामिल होंगे। नई सौर ऊर्जा नीति 2021 में सौर ऊर्जा की खपत और उत्पादन में वृद्धि होगी और इस प्रकार उद्योगों के लिए उत्पादन लागत कम होगी और मेड इन गुजरात ब्रांड वैश्विक बाजारों में अपनी उपस्थिति बढ़ाने में मदद करेगा।

राज्य के ऊर्जा मंत्री सौरभ पटेल और प्रमुख सचिव (ऊर्जा और पेट्रोकेमिकल) सुनैना तोमर की उपस्थिति में गांधीनगर में प्रेस कॉन्फ्रेंस में यह घोषणा की गई। सिक्योरिटी डिपॉजिट 25 लाख रुपये प्रति मेगा वॉट से घटाकर 5 लाख रुपये प्रति मेगा वॉट हो जाता है।

अतः विकल्प (B) सही है।

43. केंद्रीय मंत्री सर्बानंद सोनोवाल ने 31 जुलाई 2022 को मुंबई में चाबहार दिवस सम्मेलन का उद्घाटन किया।

केंद्रीय पोत परिवहन और जलमार्ग मंत्रालय ने 'चाबहार दिवस' के अवसर पर इस सम्मेलन का आयोजन किया। यह दिन अंतर्राष्ट्रीय उत्तर-दक्षिण परिवहन गलियारे (INSTC) की शुरुआत को चिह्नित करने के लिए मनाया जाता है।

अतः विकल्प (D) सही है।

44. वलित पर्वत पृथ्वी की पर्पटी में वलन से बनने वाले पहाड़ हैं। जब दो प्लेट एक साथ चलती हैं तो वलित पर्वत बनते हैं। यह वह स्थान होती है जहां दो महाद्वीपीय प्लेटें या एक महाद्वीपीय और एक महासागरीय प्लेट एक दूसरे की ओर बढ़ती हैं। हिमालय वलित पर्वत का एक उदाहरण है।

अतः विकल्प (A) सही है।

45. दक्षिण-पश्चिम मानसून के मौसम में बोई जाने वाली फसलों को खरीफ या मानसून की फसल कहा जाता है। इन फसलों को मई के अंत से जून की शुरुआत तक मौसम की शुरुआत में बोया जाता है और सितंबर-अक्टूबर से मानसून की बारिश के बाद काटा जाता है। कुछ खरीफ फसलों के उदाहरण हैं- चावल, मक्का, आदि।

अतः विकल्प (C) सही है।

46. राज्यसभा सदस्य का कार्यकाल 6 वर्ष का होता है।

राज्य सभा या राज्य परिषद भारत के द्विसदनीय संसद का ऊपरी सदन है। वर्तमान में इसकी अधिकतम सदस्यता 245 है, जिनमें से 233 राज्यों और केंद्र शासित प्रदेशों के विधायकों द्वारा खुले बैलट के माध्यम से एकल हस्तांतरणीय मतों का उपयोग करते हुए चुने जाते हैं, जबकि राष्ट्रपति कला, साहित्य, विज्ञान और सामाजिक सेवाओं में अपने योगदान के लिए 12 सदस्यों को मनोनीत कर सकते हैं।

अतः विकल्प (B) सही है।

47. संप्रभु राष्ट्र में भारत का संविधान दुनिया का सबसे लंबा है। इसके अधिनियमन के समय इसमें एक प्रस्तावना, 395 अनुच्छेद, 22 भाग और 8 अनुसूचियां थीं। अपने वर्तमान स्वरूप में, भारतीय संविधान में प्रस्तावना, 450 से अधिक अनुच्छेदो के साथ 25 भाग, 12 अनुसूचियां हैं।

अतः विकल्प (C) सही है।

48. 1923 में भारत सरकार की श्रेष्ठ भारतीय सार्वजनिक सेवाओं की जातीय संरचना पर विचार करने के लिए ब्रिटिश सरकार द्वारा ली आयोग की नियुक्ति की गई थी। फरेहम के लॉर्ड ली चेयरमैन थे, और भारतीय और ब्रिटिश सदस्यों की समान संख्या थी। इन्होंने वर्ष 1924 में अपनी रिपोर्ट प्रस्तुत की। इन्होंने सिविल सेवा में भारतीयों की दर बढ़ाने की सिफारिश की और लोक सेवा आयोग स्थापित करने की भी सिफारिश की थी।

अतः विकल्प (D) सही है।

49. ग्रेट बैरियर रीफ ऑस्ट्रेलिया के क्वींसलैंड के तट पर कोरल सागर में स्थित है।

यह दुनिया की सबसे बड़ी प्रवाल भित्ति प्रणाली है जो 2,900 से अधिक व्यक्तिगत भित्तियों और 900 द्वीपों से बना है जो लगभग 344,400 वर्ग किलोमीटर के क्षेत्र में 2,300 किलोमीटर से अधिक तक फैला है।

अतः विकल्प (A) सही है।

50. विश्व हैप्पीनेस रिपोर्ट संयुक्त राष्ट्र का एक वार्षिक प्रकाशन है। 20 मार्च 2020 को जारी 2020 वर्ल्ड हैप्पीनेस रिपोर्ट, आठवीं वर्ल्ड हैप्पीनेस रिपोर्ट है। यह 156 देशों को रैंक करता है। फिनलैंड लगातार तीसरे वर्ष दुनिया का सबसे खुशहाल देश का दर्जा रखता है। इसके बाद डेनमार्क और स्विट्जरलैंड हैं। इस रैंकिंग में भारत 144 वें स्थान पर है।

अतः विकल्प (A) सही है।

51. महाराजा जय सिंह ने पाँच स्थानों पर वेधशालाएँ बनवाई जो इस प्रकार हैं- दिल्ली, मथुरा, जयपुर, उज्जैन और वाराणसी। महाराजा जय सिंह एक महान ज्योतिषी थे।

अतः विकल्प (D) सही है।

52. अंतराष्ट्रीय हॉकी महासंघ (एफआईएच) द्वारा ऐस भारतीय हॉकी खिलाड़ी लालरेम्सियामी को '2019 एफआईएच महिला के राइजिंग स्टार ऑफ द ईयर' के रूप में नामित किया गया है। मिजोरम राज्य की 19 वर्षीय खिलाड़ी, यह पुरस्कार जीतने वाली पहली भारतीय महिला खिलाड़ी हैं।

पुरुष वर्ग में, भारतीय पुरुष टीम के मिडफील्डर विवेक सागर प्रसाद को एफआईजेड द्वारा '2019 राइजिंग स्टार ऑफ द ईयर' के रूप में नामित किया गया था।

अतः विकल्प (B) सही है।

53. पिघलना या संलयन एक भौतिक प्रक्रिया है जिसके परिणामस्वरूप एक ठोस से तरल तक चरण संक्रमण होता है।

गैल्वनाइजेशन स्टील या लोहे को सुरक्षात्मक जस्ता कोटिंग लगाने की प्रक्रिया है, जिससे जंग को रोका जा सके।

क्रिस्टलीकरण एक ऐसी प्रक्रिया है जिसके द्वारा जहां परमाणुओं या अणुओं को जिन्हें क्रिस्टल के रूप में जाना जाता है को एक ठोस संरचना में अत्यधिक व्यवस्थित किया जाता है।

वाष्पीकरण एक प्रकार का वाष्पीकरण है जो किसी तरल की सतह पर होता है क्योंकि यह गैस चरण में बदल जाता है।

अतः विकल्प (A) सही है।

54. मिल्क ऑफ मैग्नेशिया पानी में क्षार मैग्नीशियम हाइड्रॉक्साइड $Mg(OH)_2$ का निलंबन है।

इस दवा का उपयोग सामयिक कब्ज के इलाज के लिए थोड़े समय के लिए किया जाता है।

अतः विकल्प (A) सही है।

55. पैट कमिंस को हाल ही में बॉर्डर-गावस्कर ट्रॉफी 2020-21 में मैन ऑफ द सीरीज़ से सम्मानित किया गया। भारत ने 2-1 से श्रृंखला जीती। ऋषभ पंत को चौथे टेस्ट में मैन ऑफ द मैच से नवाजा गया।

अतः विकल्प (B) सही है।

56. जब पानी खुद रासायनिक रूप से किसी तत्व या खनिज को जोड़ता है उसे हाइड्रेशन कहते हैं।

कार्बनीकरण कार्बोनेट, बाइकार्बोनेट और कार्बोनिक एसिड देने के लिए कार्बन डाइऑक्साइड की रासायनिक प्रतिक्रिया है।

विलवणीकरण एक प्रक्रिया है जो खारे पानी से खनिज घटकों को दूर ले जाती है।

ऑक्सीकरण को एक रासायनिक प्रक्रिया के रूप में परिभाषित किया जा सकता है जिसमें एक पदार्थ ऑक्सीजन प्राप्त करता है या इलेक्ट्रॉनों और हाइड्रोजन को खो देता है।

अतः विकल्प (C) सही है।

57. प्रोटीन छोटे निर्माण खंडों से बने होते हैं जिन्हें अमीनो एसिड कहा जाता है, जिन्हें अमीनो एसिड कहा जाता है। प्रोटीन एक मैक्रोन्यूट्रिएंट है जो मांसपेशियों के निर्माण के लिए आवश्यक है। यह आमतौर पर पशु उत्पादों में पाया जाता है, हालांकि यह अन्य स्रोतों में भी मौजूद है, जैसे नट और फलियां।

अतः विकल्प (B) सही है।

58. कांजली आर्दभूमि, एक मानव निर्मित आर्दभूमि है जो भारत में पंजाब राज्य के कपूरथला जिले में कांजली झील में स्थित है। कांजली आर्दभूमि, पंजाब के तीन रामसर स्थलों में से एक है।

अतः विकल्प (D) सही है।

59. विश्व बौद्धिक संपदा संगठन (डब्ल्यूआईपीओ) देशों के साथ-साथ अंतर्राष्ट्रीय संगठनों के साथ सहयोग करके दुनिया भर में बौद्धिक संपदा को बढ़ावा देने और उनकी रक्षा करने के लिए बनाया गया था। इसने 26 अप्रैल 1970 को संचालन शुरू किया जब सन्धि प्रवर्तनीय हुआ।

अतः विकल्प (A) सही है।

60. खुली बेरोजगारी वह स्थिति है जब कोई व्यक्ति काम करने के लिए तैयार होता है, शिक्षित होता है लेकिन नौकरी और काम पाने में असमर्थ होता है। इस तरह की बेरोजगारी समाज में स्पष्ट रूप से दिखाई देती है। हमारे पास कई शिक्षित लोग आते हैं जो यह कहते हुए अपने विचार व्यक्त करते हैं कि मैं इस तरह के एक प्रतिष्ठित कॉलेज से स्नातक हूं, लेकिन अभी भी नौकरी की तलाश में हूं। इस तरह की बेरोजगारी के ग्रामीण और शहरी क्षेत्रों में अलग-अलग मापदंड हैं। खुली बेरोजगारी शहरों के साथ-साथ छोटे शहरों और गाँवो में अलग तरह से व्यवहार करती है।

अतः विकल्प (B) सही है।

61. 'Ambiguous' means having or expressing more than one possible meaning, sometimes intentionally.

'Trite' means a remark or an opinion etc. It seems boring and dull because it has been used or expressed many times before.

'Opposition' means in a position on the other side of somebody or something.

'Exceptional' means are very unusual.

Hence, the correct option is (D)

62. 'Spectre' means something widely feared as a possible dangerous occurrence.

'Beguile' means a charm or enchant (someone), often in a deceptive way.

'Monolith' used for a geological feature consisting of a single massive stone or rock, such as some mountains, or a single large piece of rock.

'Canny' means having or showing shrewdness and good judgement, especially in money or business matters.

Hence, the correct option is (A).

63. 'Opulent' means ostentatiously costly and luxurious. Hence rich is the correct choice.

'Fake' means to copy something and try to make people believe it is the real thing.

'Gloomy' means dark in a way that makes you feel sad.

'Selfish' means thinking only about your own needs or wishes and not about other people's.

Hence, the correct option is (C).

64. 'Morose' means sullen and ill-tempered.

'Gloomy' means dark in a way that makes you feel sad.

'Friendly' means behaving in a kind and open way.

'Savvy' means the ability to make good judgments.

Hence, the correct option is (B).

65. 'Drivel' means nonsense.

'Blather' means talking in a long-winded way without making very much sense.

'Judicious' means sensible and carefully considered.

'Sane' means mentally normal.

Hence, the correct option is (B).

66. 'Vibrant' means full of energy and life.

'Drab' means lacking brightness or interest.

'Gaudy' means very bright or decorated and therefore unpleasant.

'Jazzy' means bright or colorful.

'Vivid' means having or producing a strong, clear picture in your mind.

Hence, the correct option is (A).

67. 'Deep-seated' means strongly felt or believed and very difficult to change.

'Temporary' means lasting for only a limited period of time.

'Chronic' means that continues for a long time.

'Inbred' means produced by breeding among closely related members of a group of animals, people, or plants.

'Subconscious' means the hidden part of your mind that can affect the way that you behave without you realizing it.

Hence, the correct option is (B).

68. The correct structure is CBDA.

I returned home with my pockets full of my earnings. But all the money soon vanished into the bottomless pit of household needs. However, my grandmother was happy that I had become responsible. Little did she know that I was out of the job once again.

Hence, the correct option is (D).

69. Zero tolerance means absolutely no toleration of even the smallest infraction of a rule. Tolerance cannot be related to accuracy.

Hence, the correct option is (B).

70. Variety is the spice of life means new and exciting experiences make life more interesting. One should attempt lots of different types of experiences because trying different things maintains life exciting.

Hence, the correct option is (A).

71. Vanity: Conceit, egoism.

Humility: Modesty, humbleness.

Pride: Self-esteem, self-regard.

Conceit: Excessive pride in oneself.

Ostentatious: Showy, pretentious.

Hence, the correct option is (B).

72. Refer to, "Air India, which is surviving on a Rs 30,000 crore taxpayer-funded bailout, has failed to maintain its market dominance as a slew of carriers including InterGlobe Aviation Ltd and SpiceJet Ltd started to offer ultra-cheap, on-time flights more than a decade ago."

It is clear from the above lines that Air India got stiff competition from various other airlines since they started giving cheap tickets and operating flights on time. Among the given options, we can easily pick out Option D since it gives us the actual reason of the decline in status of Air India as a carrier in India. Other options are eliminated since they do not follow from the passage.

Hence, the correct option is (D).

73. Refer to, "The government is looking to sell its entire stake in the carrier, they said."

It is clear that the government wants to sell its entire stake in the carrier and that is why it has expressed interest in this. Among the given options, we can easily pick out Option (A) since it gives us the correct decision of the government about the disinvestment of Air India. Other options are irrelevant in the context of the passage and hence, are eliminated from consideration.

Hence, the correct option is (A).

74. Refer to, "The process will likely allow the bidders to look at the accounts of the airline except for some portions that are confidential and also see the share purchase agreement," they said without providing details."

It is clear from the above lines that the prospective buyers will not get to have a look at all the finances of Air India while making an offer to buy the same. It will get to look at some of the finances of the company as that is required but that does not imply all the confidential and sensitive information will be shared with the buyers before buying.

Hence, the correct option is (D).

75. Refer to, "In her budget presentation for the current financial year, Finance Minister Nirmala Sitharaman said that the government will revive plans to sell Air India and the divestment would be part of the government's efforts to raise Rs 1,05,000 crore ($15.3 billion) selling stakes in state-run companies."

It is clear from the above lines that the government is planning to raise money by selling its stake in the public sector companies and the target set by the government is Rs 105000 Crores as announced in the Union Budget. This is confirmed in Option (A) whereas the rest are not correct as per the given passage.

Hence, the correct option is (A).

76. Refer to, "The state-run airline has total debts of $8.4 billion and posted losses of more than Rs 7,600 crore last year, according to provisional estimates."

It is clear that Air India is running into losses and it has been published as per the provisional estimates that it has posted losses of more than Rs 7600 crores in the last financial year. Among the given options, we can choose only Option (C) since it gives us the correct financial picture of the company whereas the rest can be eliminated because they are not correct as per the information given in the passage.

Hence, the correct option is (C).

77. 'Perseverance' is incorrectly spelled its correct spelling is 'Perseverance'. It means persistence in doing something despite difficulty or delay in achieving success.

'Tranquility' means calmness, peacefulness.

'Resplendence' means a very bright or beautiful appearance.

'Accommodation' means a place for somebody to live or stay.

Hence, the correct option is (B).

78. The correct structure of the sentence is BADC.

Greyhound racing is a popular spectator sport in the United States. But when their short racing careers are over, greyhounds are adopted as household pets. Unfortunately, many people hesitate to adopt a retired racing greyhound as a pet. They worry that the greyhounds would need a large space to run to get sufficient exercise

Hence, the correct option is (D).

79. Adjective of 'partiality' is 'partial'.

Partiality means the unfair support of one person, team, etc.

A word that describes or modifies nouns and pronouns in a sentence, is known as an adjective.

Hence, the correct option is (D).

80. The verb form of 'revival' revives.

'Revive' means to begin to do or use something again.

Verbs are words that show action (sing), occurrence (develop), or state of being (exist). Almost every sentence requires a verb.

Hence, the correct option is (B).

81. 'दही' एक पुल्लिंग शब्द है।

जिन शब्दों से पुरुष जाति का बोध होता है, पुल्लिंग कहलाता है। ग्रहों, देशों, द्रव्य पदार्थों, अनाजों, पर्वतों आदि के नाम पुल्लिंग में आते हैं। जैसे- सूर्य, भारत, लोहा, घी, दही, पीपल, आदि।

अतः सही विकल्प (A) है।

82. 'राम की एक पुस्तक' वाक्यांश में सम्बन्ध कारक है।

संज्ञा या सर्वनाम का वह रूप जो हमें किन्हीं दो वस्तुओं के बीच संबंध का बोध कराता है, वह संबंध कारक कहलाता है। सम्बन्ध कारक के विभक्ति चिन्ह का, के, की, ना, ने, नो, रा, रे, री आदि हैं।

अतः सही विकल्प (B) है।

83. शुभागमन का समास विग्रह है- शुभ है जो आगमन। इसमें कर्मधारय समास है।

वह समास जिसका पहला पद विशेषण एवं दूसरा पद विशेष्य होता है अथवा पूर्वपद एवं उत्तरपद में उपमान – उपमेय का सम्बन्ध माना जाता है, कर्मधारय समास कहलाता है।

अतः विकल्प (B) सही है।

84. 'हरिशंकर' का समास विग्रह है- हरि और शंकर। इस शब्द में द्वन्द्व समास है।

जिस समास में दोनों पद प्रधान होता है, वहां द्वन्द्व समास होता है। समास विग्रह करते समय और, या, एवं आदि का प्रयोग किया जाता है।

अतः विकल्प (B) सही है।

85. 'महौजस्वी' का सन्धि विच्छेद है- महा+औजस्वी। इसमें 'आ +ओ = औ' सूत्र का प्रयोग हुआ है। इसलिए इसमें वृद्धि सन्धि है।

'अ' अथवा 'आ' का मेल 'ए' अथवा 'ऐ' से होने पर 'ऐ' तथा 'अ' अथवा 'आ' का मेल 'ओ' अथवा 'औ' से होने पर 'औ' बनता है तो वहाँ पर वृद्धि सन्धि होती है।

अतः विकल्प (A) सही है।

86. 'अर्वाचीन' का पर्यायवाची आधुनिक है।

'अर्वाचीन' का अर्थ है- आधुनिक, वर्तमान का, नया, नूतन, इत्यादि।

'प्राचीन' शब्द अर्वाचीन का विलोम है तथा 'चीनी' और 'विदेशी' अन्य शब्द है।

अतः विकल्प (B) सही है।

87. 'अमर्ष' का अर्थ है – क्रोध, कोप, अपने अपमान, तिरस्कार आदि से उत्पन्न क्षोभ।

'घाम' का अर्थ है - सूर्यताप, धूप. कठिनाई, इत्यादि।

'आलय' का अर्थ है - घर, आवास, गेह, गृह, निकेतन, निलय, निवास, भवन, वास, वास, स्थान, शाला, सदन, इत्यादि।

'औक' का अर्थ है- आलय, निवास, धाम, इत्यादि।

अतः सही विकल्प (B) है।

88. 'मतैक्य' का सन्धि विच्छेद 'मत+ऐक्य' है। इसमे वृद्धि सन्धि का प्रयोग हुआ है।

इस संधि को बनाने का नियम 'अ + ऐ = ऐ' है।

वृद्धि संधि स्वर संधि का एक भेद अथवा प्रकार है। जब संधि करते समय अ, आ के साथ ए, ऐ हो तो 'ऐ' बनता है और जब अ, आ के साथ ओ, औ हो तो 'औ' बनता है। उसे वृधि संधि कहते हैं।

अतः सही विकल्प (D) है।

89. 'मृदुल' शब्द का अर्थ है -दयालु, दयामय, कृपालु, कोमल, मुलायम। 'मृदुल' का विलोम 'कठोर' है।

'रुद्र' शब्द का अर्थ है- डरावना, भयंकर, इत्यादि।

'सुकुमार' शब्द का अर्थ है- कोमल, नाजुक अंगोवाला, सुंदर बालक, इत्यादि।

'कृश' का अर्थ है- दुबला-पतला, कमजोर, इत्यादि।

अतः सही विकल्प (B) है।

90. 'संधि' का अर्थ है- मिलना, जुड़ना, मेल, संयोग। संधि का विलोम विच्छेद है।

'विच्छेद' का अर्थ है- अलग करना, तोड़ना।

'वैमनस्य' का अर्थ है- दुश्मन या शत्रु होने की अवस्था या भाव।

'वैर' का अर्थ है- विरोध, शत्रुता।

'विद्वेष' का अर्थ है- जलन, शत्रुता।

अतः सही विकल्प (C) है।

91. दैविक, सामाजिक तथा भौमिक में 'इक' प्रत्यय लगा है।

नए शब्दों की रचना करने के क्रम में कुछ शब्दांशों को शब्दों के पीछे या उनके अंत में जोड़ दिया जाता है। इससे मूलशब्द के अर्थ में बदलाव या विशेषता आ जाती है। ये शब्दांश प्रत्यय कहलाते हैं।

अतः सही विकल्प (D) है।

92. 'अवनत' शब्द में 'अव' उपसर्ग लगा है।

'अवनत' का अर्थ है- नीचे की ओर झुका या लटका हुआ।

उपसर्ग ऐसे शब्द होते है जिनके किसी शब्द के प्रारम्भ में लगाकर नया शब्द बनाया जाता है।

अतः सही विकल्प (C) है।

93. 'खुशहाली' जातिवाचक से बनी भाववाचक संज्ञा नही है।

जिस संज्ञा शब्द से किसी व्यक्ति,वस्तु,स्थान की संपूर्ण जाति का बोध हो उसे जातिवाचक संज्ञा कहते हैं। जैसे - मनुष्य, नदी, पर्वत, पशु, पक्षी, लड़का, कुत्ता, गाय, घोड़ा, भैंस, बकरी, नारी, गाँव, शहर, भवन आदि। जिस संज्ञा शब्द से पदार्थों की अवस्था, गुण-दोष, धर्म आदि का बोध हो उसे भाववाचक संज्ञा कहते हैं।

अतः सही विकल्प (A) है।

94. दिए गए शब्दो में 'क्रोध' संज्ञा है क्योंकि यह भावना को दिखाता है।

ऐसे सभी शब्द जो किसी स्थान, जाति, समूह, पदार्थ, भावना आदि का नाम व्यक्त करते हैं वे संज्ञा कहलाते हैं।

अतः सही विकल्प (B) है।

95. वीभत्स रस का स्थायी भाव 'जुगुप्सा' है।

घृणित वस्तुओं, घृणित व्यक्ति आदि को देखकर या उनके संबंध मे विचार करके या उनके सम्बन्ध में सुनकर मन में उत्पन्न होने वाली घृणा या ग्लानि ही वीभत्स रस की पुष्टि करती है।

अतः सही विकल्प (C) है।

96. छिद्रान्वेषी दृष्टिकोण से लेखक का तात्पर्य उपयुक्त और अनुपयुक्त का बोध होना है।

प्रस्तुत गद्यांश के अनुसार, " विवेक से मनुष्य में सही और गलत का चयन करने की क्षमता उत्पन्न होती है। विवेक से ही मनुष्य के भीतर उसके चहुँ ओर नित्य प्रति होते घटनाक्रमों के प्रति एक छिद्रान्वेषी दृष्टिकोण उत्पन्न होता है।"

अतः सही विकल्प (B) है।

97. प्रस्तुत गद्यांश के अनुसार, "शिक्षा ही मानव को मानव के प्रति मानवीय भावनाओं से पोषित करती है। शिक्षा से मनुष्य अपने परिवेश के प्रति जाग्रत होकर कर्तव्यविमुख हो जाता है। 'स्व' से 'पर' की ओर अग्रसर होने लगता है। निर्बल की सहायता करना, दुखियों के दुःख दूर करने का प्रयास करना, दूसरों के दुःख से दुःखी हो जाना और दूसरों के सुख से स्वयं सुख का अनुभव करना जैसी बातें एक शिक्षित मानव में सरलता से देखने को मिल जाती हैं।"

उपरोक्त अनुच्छेद को पढ़कर यह निर्षक्ष निकाला जा सकता है कि दिए गए कथन के लिए उपयुक्त विकल्प सहृदयता की भावना का विकास होगा।

अतः सही विकल्प (B) है।

98. प्रस्तुत गद्यांश के अनुसार, "शिक्षा से मनुष्य अपने परिवेश के प्रति जाग्रत होकर कर्तव्यविमुख हो जाता है। 'स्व' से 'पर' की ओर अग्रसर होने लगता है। निर्बल की सहायता करना, दुखियों के दुःख दूर करने का प्रयास करना, दूसरों के दुःख से दुःखी हो जाना और दूसरों के सुख से स्वयं सुख का अनुभव करना जैसी बातें एक शिक्षित मानव में सरलता से देखने को मिल जाती हैं।"

शिक्षा से मनुष्य स्व' से 'पर' की ओर अभिगमन करने लगता है, क्योंकि उसमें कर्तव्यपरायणता का बोध जागृत होता है।

अतः सही विकल्प (C) है।

99. प्रस्तुत गद्यांश के अनुसार, "परन्तु आज शिक्षा का अर्थ बदल रहा है। शिक्षा भौतिक आकांक्षा की साध्य बनती जा रही है। व्यावसायिक शिक्षा के अन्धानुकरण में छात्र सैद्धान्तिक शिक्षा से दूर होते जा रहे हैं। रूस की क्रान्ति, फ्रांस की क्रान्ति, अमेरिकी क्रान्ति, समाजवाद, पूँजीवाद, राजनीतिक व्यवस्था, सांस्कृतिक मूल्यों आदि की सामान्य जानकारी भी व्यावसायिक शिक्षा ग्रहण करने वाले छात्रों को नहीं है।"

अतः सही विकल्प (D) है।

100. उपरोक्त गद्यांश का उपयुक्त शीर्षक शिक्षा का जीवन में महत्व होगा।

अतः सही विकल्प (B) है।

General Intelligence & Reasoning Ability

Ques (1-2):निर्देश: दिए गए प्रश्न में दिए गए विकल्पों में से संबंधित अक्षरों/संख्याओं/शब्दों को चुनिए।

Q.1 8 : ? : : 5 : 24

A. 34　　　B. 28　　　C. 33　　　D. 24

Q.2 पुलोवर : ऊन :: दीवार : ?

A. रंग　　　B. ईंट　　　C. धातु　　　D. सोना

Q.3 दिए गये विकल्पों में से विषम संख्या ज्ञात कीजिये।

A. 48 – 54　　　B. 38 – 44　　　C. 34 – 40　　　D. 32 – 39

Q.4 दिए गये विकल्पों में से विषम शब्द ज्ञात कीजिये।

A. हास्यास्पद　　　B. मूर्ख　　　C. ऊटपटांग　　　D. विश्वसनीय

Q.5 निर्देश: निम्नलिखित श्रृंखला में प्रश्नवाचक चिन्ह (?) के स्थान पर क्या आएगा?

147, 148, 150, 159, 223, ?

A. 448　　　B. 612　　　C. 368　　　D. 848

Q.6 निर्देश: निम्नलिखित प्रश्न में एक कथन दिया गया है और दो निष्कर्ष दिए गए हैं, जवाब दो:

कथन:

सरकार ने इन संस्थानों के निदेशकों के रूप में नौकरशाहों की नियुक्ति करके कई शीर्ष रैंकिंग वित्तीय संस्थानों को खराब कर दिया है।

निष्कर्ष:

I. सरकार को वित्तीय संस्थानों के निदेशकों की नियुक्ति करनी चाहिए वित्त के क्षेत्र में व्यक्ति की विशेषज्ञता पर विचार करें।

II. वित्तीय संस्थान के निदेशक के पास विशेषज्ञता होनी चाहिए संस्थान द्वारा किए गए वित्तीय कार्यों के अनुरूप।

A. केवल निष्कर्ष I अनुसरण करता है

B. केवल निष्कर्ष II अनुसरण करता है

C. या तो I या II अनुसरण करता है

D. I और II दोनों अनुसरण करते हैं

Q.7 निर्देश: निम्नलिखित श्रृंखला में प्रश्नवाचक चिन्ह (?) के स्थान पर क्या आएगा?

11, 12.5, 26.5, 81, 325.5, ?

A. 1426　　　B. 1545　　　C. 1629　　　D. 1577

Q.8 निर्देश: दिए गए प्रश्न में दिए गए विकल्पों में से संबंधित अक्षरों/संख्याओं/शब्दों को चुनिए।

HG : EGHJFH :: BIN : ?

A. CAJHOM　　　B. CAHJMOC

C. ACJHMO　　　D. ACHJMO

Q.9 वह संख्या चुनिए जो शेष से भिन्न है?

A. 28　　　B. 45　　　C. 72　　　D. 81

Q.10 रीता और सीता बहनें हैं | प्रेम, सीता का पिता है| प्रेम का रीना के अतिरिक्त कोई अन्य सहोदर (Sibling) नहीं है, जो प्रेम की बहन है| रेनू प्रेम की भांजी है| रोहन, रीना का नाती है| प्रेम, रोहन से किस प्रकार संबंधित है ?

A. नाना　　　B. चाची　　　C. पोता　　　D. पुत्र

Q.11 निम्नलिखित में से कौन सा चिह्न का आदान-प्रदान दिए गए समीकरण को सही बना देगा?

64 - 8 × 9 ÷ 8 = 64

A. + और -　　　B. ÷ और ×　　　C. + और ÷　　　D. – और ÷

Q.12 संकेतों का कौन सा आदान-प्रदान निम्नलिखित समीकरण को सही करेगा?

10 + 10 ÷ 10 – 10 × 10 = 10

A. + और –　　　B. + और ÷　　　C. + और ×　　　D. ÷ और +

Q.13 निर्देश: कौन सी उत्तर आकृति, दी गयी प्रश्न आकृति का सही जल प्रतिबिंब है ?

प्रश्न आकृति

उत्तर आकृति

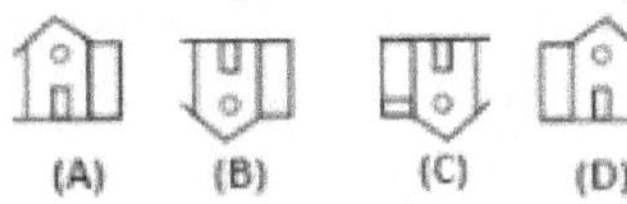

(A)　　(B)　　(C)　　(D)

A. (A)　　　B. (B)　　　C. (C)　　　D. (D)

Q.14 निर्देश: कौन सी उत्तर आकृति आकृति के पैटर्न को पूरा करेगी?

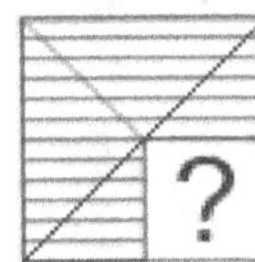

A.　　　B.　　　C.　　　D.

Q.15 आकाश ने मोहित से कहा, "नीली शर्ट वाला वह लड़का मेरे पिता की पत्नी की बेटी के दो भाइयों में छोटा है।" नीले रंग की शर्ट वाला लड़का आकाश से किस प्रकार संबंधित है?

A. पिता　　　B. चाचा　　　C. भाई　　　D. भतीजा

Q.16 निम्नलिखित संख्या श्रृंखला में प्रश्न चिन्ह (?) के स्थान पर क्या आएगा?

11, 27, 59, 123, ?

A. 351　　　B. 400　　　C. 251　　　D. 525

Q.17 निर्देश: दी गयी आकृति में त्रिकोणों की संख्या ज्ञात कीजिए।

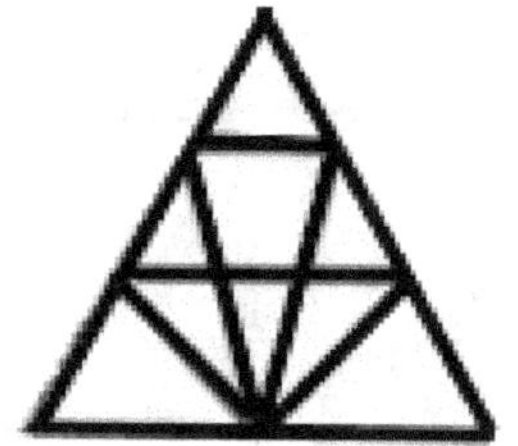

A. 12   **B.** 18   **C.** 22   **D.** 26

Q.18 यदि P \$ Q का अर्थ P, Q का पिता है; P # Q का अर्थ है P, Q की माता है और P * Q का अर्थ है कि P, Q की बहन है, तो N # L \$ P * Q, Q का N से कौन सा संबंध दर्शाता है?

A. पोता   **B.** पोती
C. भतीजा   **D.** डेटा अपर्याप्त है

Q.19 दी गई उत्तर आकृतियों मे से उस आकृति का चयन कीजिये जिसमें प्रश्न आकृति छिपी हुई/निहित है।

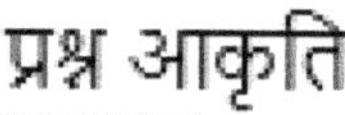

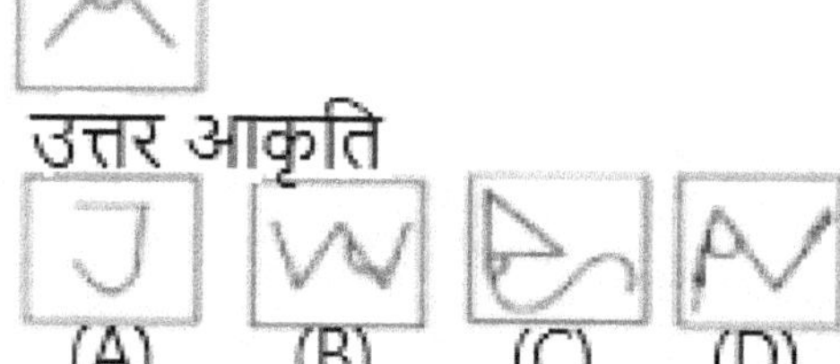

A. (A)   **B.** (B)   **C.** (C)   **D.** (D)

Q.20 निर्देश: निम्नलिखित प्रश्न में एक स्थिति प्रस्तुत है और आपको उस विशेष परिस्थिति के बारे में निर्णय लेने के लिए कहता है। दी गई जानकारी के आधार पर उत्तर चुनें।

फिल्म निर्देशक लुसी की प्रमुख भूमिका के लिए एक अभिनेत्री चाहते हैं जो मूल पटकथा में दिखाई देने वाले विवरण पर पूरी तरह से फिट बैठती है। वह उन अभिनेत्रियों पर विचार करने को तैयार नहीं हैं, जो किरदार से मिलती-जुलती नहीं हैं, जैसा कि पटकथा में वर्णित है, चाहे वे कितनी भी प्रतिभाशाली हों। पटकथा लुसी को एक औसत आकार, कुछ चालीस के करीब- लाल बाल वाली के रूप में वर्णित करती है, जिसमें गहरी भूरी आंखें, बहुत सफेद त्वचा और एक शानदार मुस्कान है। कास्टिंग एजेंट के दिमाग में चार अभिनेत्रियाँ होती हैं।

अभिनेत्री 1 एक आश्चर्यजनक लाल बालों वाली सुंदरी है, जो 5'9" फीट और अपने मध्य-बीसवें वर्ष में है। उसकी आँखें भूरी हैं और उसकी त्वचा का रंग जैतून है।

अभिनेत्री 2 लाल बाल, बड़ी भूरी आंखें और एक सफेद रंग की है। वह अपने मध्य-चालीसवें वर्ष में है और 5'5" फीट की है।

अभिनेत्री 3 5'4" और औसत आकार की है। उसके लाल बाल, भूरी आंखें हैं, और वह अपने शुरुआती चालीसवें वर्ष में है।

अभिनेत्री 4 अपने शुरुआती तीसवें वर्ष में, एक नीली आंखों और लाल बाल वाली है। वह बहुत औसत आकार की और 5' फीट की है।

A. 1, 2   **B.** 2, 3   **C.** 1, 4   **D.** 2, 4

Arithmetical & Numerical Ability

Q.21 A , B और C एक काम को क्रमशः 8 ,12 और 15 दिनों में कर सकते हैं। A और B काम करना शुरू करते हैं लेकिन A, 2 दिन के बाद काम छोड़ देता है इसके बाद B और C दोनों एक साथ काम को खत्म करते हैं। कितने दिनों में काम पूरा हो जायेगा?

A. $5\frac{8}{9}$ दिन   **B.** $4\frac{6}{7}$ दिन   **C.** $6\frac{7}{13}$ दिन   **D.** $3\frac{3}{4}$ दिन

Q.22 पांच प्रश्नों के एक परीक्षा पत्र में, 5% उम्मीदवारों ने उन सभी का उत्तर दिया और 5% उम्मीदवारों ने कोई उत्तर नहीं दिया। शेष में से, 25% उम्मीदवारों ने केवल 1 प्रश्न का उत्तर दिया और 20% ने 4 प्रश्नों का उत्तर दिया। यदि 396 उम्मीदवारों ने 2 प्रश्न या 3 प्रश्नों का उत्तर दिया, तो परीक्षा के लिए उपस्थित उम्मीदवारों की संख्या ज्ञात कीजिये।

A. 1000   **B.** 900   **C.** 800   **D.** 850

Q.23 कक्षा में 30 लड़कों की औसत आयु 15 वर्ष है। 20 वर्ष की उम्र के एक लड़के ने कक्षा छोड़ दी, उसकी जगह पर दो नए लड़के आये जिनकी उम्र में 5 वर्ष का अंतर है। यदि कक्षा में अब सभी लड़कों की औसत आयु 15 वर्ष हो जाती है, तो युवा नवागंतुक की उम्र है:

A. 20 वर्ष   **B.** 15 वर्ष   **C.** 10 वर्ष   **D.** 8 वर्ष

Q.24 एक प्लॉट की सभी सीमाओं पर एक ठोस पथ होता है, जिसमें 4 मी की एकसमान चौड़ाई होती है। भूखंड 20 मी और 15 मी के किनारों के साथ आयताकार है। कंक्रीट हटाने का शुल्क 6 रु प्रति वर्ग मी। सभी कंक्रीट को निकालने में कितना खर्च होता है?

A. 1548 रु   **B.** 1296 रु   **C.** 1500 रु   **D.** 1083 रु

Q.25 एक व्यक्ति ने एक घोड़े को 15% लाभ पर बेचा। अगर उसने इसे 25% कम पर खरीदा और इसे रु. 600 कम में बेच दिया। उसने 32% का लाभ कमाया होगा। घोड़े का क्रय मूल्य था-

A. रु. 3,750   **B.** रु. 3,250   **C.** रु. 2,750   **D.** रु. 2,250

Q.26 9 सेमी, 12 सेमी और 15 सेमी त्रिज्या की तीन गोलाकार गेंदों को एक नई गोलाकार गेंद बनाने के लिए पिघलाया जाता है। नई गेंद की त्रिज्या (सेमी में) क्या है?

A. 17 सेमी   **B.** 28 सेमी   **C.** 18 सेमी   **D.** 16 सेमी

Q.27 एक दुकानदार एक वस्तु पर दो 15% और 10% की लगातार छूट की पेशकश कर रहा था, जबकि दूसरा एक ही वस्तु पर फ्लैट 25% की छूट दे रहा है। मुझे किस दुकानदार से वस्तु खरीदनी चाहिए?

A. पहला दुकानदार
B. दूसरा दुकानदार
C. उनमे से कोई भी; दोनों समान हैं
D. डेटा अपर्याप्त है

Q.28 छह घंटियाँ क्रमशः 2,4,6,8,10 और 12 सेकंड के अंतराल पर एक साथ बजना शुरू करती हैं। 30 मिनट में, वे साथ में कितनी बार बजती हैं?

A. 4   **B.** 10   **C.** 15   **D.** 16

Q.29 एक कार की कीमत 3,25,000 रुपये है। इसकी मूल कीमत के 85% मूल्य पर इसका बीमा किया गया था। कार दुर्घटना में पूरी तरह क्षतिग्रस्त हो गयी थी और बीमा कंपनी ने बीमा का 90% भुगतान कर दिया था। कार की कीमत और प्राप्त राशि के बीच क्या अंतर था?

A. 76,375 रुपये   **B.** 34,000 रुपये
C. 82,150 रुपये   **D.** 70,000 रुपये

Q.30 दो दी गई संख्याओं P और Q का योग 56 है। उनका LCM और HCF क्रमशः 96 और 8 है। $\frac{1}{p} + \frac{1}{Q}$ का योग ज्ञात कीजिए।

A. $\frac{1}{96}$ B. $\frac{1}{56}$ C. $\frac{7}{96}$ D. $\frac{1}{8}$

Q.31 एक ट्रेन और एक कार की गति के बीच अनुपात क्रमशः $18 : 13$ है। साथ ही, एक बस ने 12 घंटे में 480 किमी की दूरी तय की। बस की गति ट्रेन की गति का $\frac{5}{9}$ है। 5 घंटों में कार कितनी दूरी तय करेगी?

A. 250 किमी

B. 280 किमी

C. 260 किमी

D. निर्धारित नहीं किया जा सकता है

Ques (32-33):निर्देश: निम्नलिखित प्रश्नों में प्रश्नवाचक चिन्ह (?) के स्थान पर क्या आएगा?

Q.32 7854 × 549 ÷ 3 – 1425 × 321 + $\sqrt{961}$ = ?

A. 979999 B. 979888 C. 979910 D. 989890

Q.33 $(0.0625)^4 × 0.125 ÷ (0.5)^9 = (0.5)^? ÷ 0.25$

A. 13 B. 16 C. 10 D. 12

Q.34 एक नाव बिंदु A से बिंदु B की ओर धारा के प्रतिकूल यात्रा करती है और बिंदु B से बिंदु A की ओर धारा के अनुकूल दिशा में वापस लौटती है। यदि 216 किमी का पूरा चक्र करने में 15 घंटे लेती हैं और शांत जल में नाव की चाल, धारा की चाल से 12 किमी प्रति घंटा ज्यादा है, तो धारा के अनुकूल दिशा में की गयी यात्रा का समय ज्ञात करे।

A. 12 घंटे B. 4 घंटे C. 8 घंटे D. 6 घंटे

Q.35 एक काम 3 कुशल कामगारों द्वारा 20 दिनों में या 5 लड़कों द्वारा 30 दिनों में किया जा सकता है। यदि वे एक साथ कार्य करते हैं तो उन्हें कितने दिन लगेंगे?

A. 8 दिन B. 10 दिन C. 11 दिन D. 12 दिन

Q.36 जब $73 × 75 × 78 × 57 × 197 × 37$, 34 द्वारा विभाजित होता है। शेष का पता लगाएं।

A. 32 B. 30 C. 15 D. 28

Ques (37-39):निर्देश: निम्नलिखित ग्राफ का अध्ययन करें और प्रश्न का उत्तर दें।

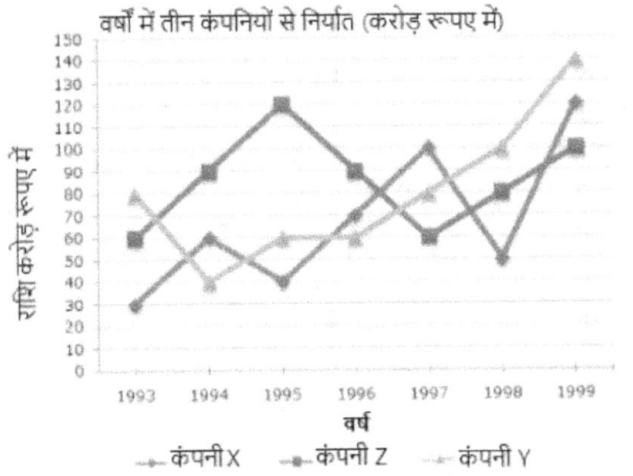

Q.37 निम्नलिखित में से किस वर्ष के लिए तीन कंपनियों का एक साथ कुल निर्यात बराबर हैं?

A. 1995 और 1998 B. 1996 और 1998

C. 1997 और 1998 D. 1995 और 1996

Q.38 कंपनी Y के लिए दी गई अवधि के दौरान औसत वार्षिक निर्यात कंपनी Z के लिए औसत वार्षिक निर्यात का लगभग कितना प्रतिशत है?

A. 87.12% B. 89.64% C. 91.21% D. 93.33%

Q.39 किस वर्ष में कंपनी X और Y से निर्यात के बीच अंतर न्यूनतम था?

A. 1994 B. 1995 C. 1996 D. 1997

Q.40 $\frac{(74.6-38.9-5.7)}{(26.4-18.9)}$ का मूल्य क्या होगा?

A. 3.5 B. 2.25 C. 2.0 D. 4.0

General Awareness

Q.41 महात्मा गांधी राष्ट्रीय ग्रामीण रोजगार गारंटी योजना (मनरेगा) के तहत लोकपाल के रूप में किसे नियुक्त किया गया है?

A. एस. एल. थाओसेन B. अजय कुमार श्रीवास्तव

C. स्वरूप कुमार साहा D. एन जे ओझा

Q.42 पीएनएस तैमूर, जिसे चीन ने पाकिस्तान को दिया था, एक ________ है?

A. कौर्वेट B. फ्रिगेट

C. डिस्ट्रॉयर D. विमान वाहक

Q.43 मोढेरा, जिसे भारत का पहला 24×7 सौर ऊर्जा संचालित गांव घोषित किया गया था, किस राज्य/केंद्र शासित प्रदेश में स्थित है?

A. हिमाचल प्रदेश B. राजस्थान

C. गुजरात D. महाराष्ट्र

Q.44 कौन सा एक विटामिन B संयोजक का सदस्य है?

A. ज़ाइलीन B. ऑक्जेलिक अम्ल

C. एस्कॉर्बिक अम्ल D. राइबोफ्लेविन

Q.45 एक उपकरण जो विद्युत प्रवाह की तीव्रता को मापने के लिए प्रयोग किया जाता है वह______ है?

A. एलेक्ट्रोमीटर B. डाइनेमोमीटर

C. गैल्वेनोमीटर D. ग्रेवीमीटर

Q.46 भारत में वित्त आयोग के सदस्यों के रूप में नियुक्ति के लिए आवश्यक योग्यता ________ द्वारा निर्धारित की जाती है?

A. संसद के एक अधिनियम B. केंद्रीय मंत्रिमंडल

C. मंत्रिमंडल D. भारत के राष्ट्रपति

Q.47 निम्न में से किसने फ्रेंच ओपन 2021 का खिताब जीता?

A. रोजर फेडरर B. राफेल नडाल

C. नोवाक जोकोविक D. इनमें से कोई नहीं

Q.48 1839 में कलकत्ता में तत्वबोधिनी सभा की स्थापना करने वाले निम्नलिखित नेता कौन हैं?

A. शिवानाथ सासरी B. राजा राममोहन राय

C. देबेन्द्र नाथ टैगोर D. केशब चंद्र सेन

Q.49 ओजोन परत के संरक्षण के लिए अंतर्राष्ट्रीय दितस गनाया जाता है:

A. 25 सितंबर B. 17 सितंबर

C. 16 सितंबर D. 20 सितंबर

Q.50 प्लास्टर ऑफ़ पेरिस का रासायनिक सूत्र क्या है?

A. $CaSO_4.MgO$ B. $2CaSO_4.H_2O$

C. $CaSO_4.5H_2O$ D. $(CaSO_4) H_2O$

Q.51 बृहदेश्वर मंदिर जो शिव को समर्पित है _________ द्वारा बनाया गया था?

A. चंद्र गुप्त
B. राज राजा चोल तृतीय
C. राज राजा चोल प्रथम
D. इनमे से कोई नहीं

Q.52 राज्य सरकार जिसने ग्रामीण स्वच्छता और स्वच्छता अभियान 'स्वच्छमेव जयते' लॉन्च किया है वह ____ है?

A. कर्नाटक
B. ओडिशा
C. राजस्थान
D. मध्य प्रदेश

Q.53 हड़प्पा के लोगों के बारे में कथन पर विचार करें जो गलत हैं-

A. उन्होंने अपने देवताओं को मंदिरों में रखा
B. उन्होंने धरती को प्रजनन देवी के रूप में देखा
C. उन्होंने मनुष्यों के रूप में देवताओं की पूजा की
D. हड़प्पा फालस उपासक थे

Q.54 डंकन मार्ग किसके बीच स्थित है:

A. मिनिकॉय और अमीनदीव
B. मिनिकॉय और मालदीव
C. लिटिल अंडमान और कार निकोबार
D. दक्षिण अंडमान और लिटिल अंडमान

Q.55 राष्ट्रीय अनुसूचित जाति/अनुसूचित जनजाति, अन्य पिछड़ा वर्ग और आंग्ल भारतीयों के लिए _________ में विशेष प्रावधान किए गए हैं?

A. भारतीय संविधान का भाग XIII
B. भारतीय संविधान का भाग XI
C. भारतीय संविधान का भाग XVI
D. भारतीय संविधान का भाग XXI

Q.56 पटकाई बूम पहाड़ियाँ भारत के किस भाग में स्थित हैं?

A. भारत का दक्षिणी भाग
B. भारत का पूर्वी भाग
C. भारत का उत्तरी भाग
D. भारत का पश्चिमी भाग

Q.57 सुप्रीम कोर्ट ने ______ कहा कि राज्य नीति के निर्देशक सिद्धांत मौलिक अधिकारों को रद्द नहीं कर सकते हैं?

A. मिनर्वा मिल्स बनाम भारत संघ फैसले में
B. उन्नाकृष्णनन बनाम आंध्र प्रदेश राज्य फैसले में
C. केशवानंद भारती बनाम भारत संघ फैसले में
D. मद्रास राज्य बनाम चंपकम दोराईराजन फैसले में

Q.58 निम्नलिखित में से कौन सा निकाय सतत विकास की अवधारणा की सिफारिश करता है?

A. विश्व आर्थिक मंच
B. विश्व बैंक
C. ब्रेटनवुड आयोग
D. ब्रुंडलैंड आयोग

Q.59 आईपीएल में 6000 रन पूरे करने वाले पहले बल्लेबाज कौन बने हैं?

A. रोहित शर्मा
B. विराट कोहली
C. डेविड वार्नर
D. शिखर धवन

Q.60 निम्नलिखित में से कौन-से युग्म सही सुम्मेलित हैं?

1. ली कमीशन – सिविल सेवा
2. मैकडोनेल कमीशन – सार्वजनिक सेवाएं
3. सरजेंट प्लान – शिक्षा
4. एचीसन कमीशन – प्रेस

सही उत्तर कूट का चयन कीजिए:

A. 1, 2, 3
B. 1, 3
C. 1, 3, 4
D. 2, 4

English Language & Comprehension

Ques (61-62):Direction: In the question, a sentence has an error. Find out which part of the sentence has an error. The number of that part is your answer. If there is no error, the answer would be (D).

Q.61 The Bhagavad Gita is more than a religious or philosophical text (A)/ its 700 plus verses offer insight into (B)/ every aspect of life and are universal relevant. (C)/ No Error (D)

A. (A)
B. (B)
C. (C)
D. (D)

Q.62 Perfection is attained when our real self completely eliminates (A)/ our worldly egoistic covering, becomes aware of (B)/ an existence of Supreme Power. (C)/ No Error (D)

A. (A)
B. (B)
C. (C)
D. (D)

Q.63 Direction: The sentence is given with a blank to be filled in with an appropriate Preposition. Some alternatives are suggested for each question. Choose the correct alternative out of the given alternatives.

He has to be motivated to exercise restraint, change his lifestyle, and comply with_______ medical advice.

A. to
B. with
C. for
D. from

Q.64 Direction: In the question, a sentence is given with a blank to be filled in with appropriate word(s). Some alternatives are suggested for each question. Choose the correct alternative from the given alternatives.

We learn two things from the_________ of the Buddha, the first is how to handle suffering and the second is how to create happiness.

A. teaching
B. teachings
C. lives
D. entire life

Ques (65-66):Direction: In the question out of the four alternatives, choose the one which is the best expresses the meaning of the given word.

Q.65 Flinch
A. Forge
B. Plunder
C. Slovenly
D. Blench

Q.66 Deplored
A. Endorse
B. Execrate
C. Constrain
D. Consent

Ques (67-68):Direction: In the question, choose the word opposite in meaning to the given word.

Q.67 Charlatan
A. Swindler
B. Hoaxer
C. Exponent
D. Cajole

Q.68 Forbid
A. Facilitate
B. Deprive
C. Cease
D. Expropriate

Ques (69-70):Direction: In the question, four alternatives are given for the meaning of the given idiom/Phrase. Choose the alternative which best expresses the meaning of the idiom/Phrase.

Q.69 To hang fire

A. To give false hope

B. To do the dangerous task

C. Remain unsolved

D. Repeat the arguments

Q.70 To smell a rat

A. Smell a bad odor

B. To observe something

C. To suspect a trick

D. Judge something

Q.71 Unfortunately, many amongst us may find it difficult to follow values such as honesty, forgiveness in our lives because we have not perceived the subtle gains **which** come to us by following these values.

A. that

B. when

C. which will

D. no improvement

Q.72 I think every one of us **know** that we have to handle one's suffering first and we have to make the choice right away to pick what is in front of us first.

A. knew

B. knowing

C. knows

D. no improvement

Ques (73-74):Direction: In the question, out of the given alternatives, choose the one which can be substituted for the given words/sentence.

Q.73 Intense fear of stealing

A. Claustrophobia

B. Cacophobia

C. Cynophobia

D. Kleptophobia

Q.74 One who can be fooled easily

A. Gullible

B. fastidious

C. Pedant

D. Diffident

Ques (75-78):Direction: Read the passage and answer the question that follow:

More than three lakh workers will be employed in the solar and wind energy sectors to meet the country's target of generating 175 gigawatts of electricity from renewable sources by 2022, an International Labour Organization (ILO) report said. The report titled, World Employment and Social Outlook (WESO) 2018: Greening with Jobs, quoted from a study conducted by the Council on Energy, Environment and Water (CEEW) and the Natural Resources Defense Council (NRDC), on the changes in sectoral employment that will occur in order to meet India's target. The study was based on surveys of solar and wind companies, developers and manufacturers.

"India is rapidly increasing its share of renewable energy sources, but still relies on coal, oil, natural gas, and the related carbon emissions for 80% of its electricity," the report released on Tuesday said. This formed a small part of the report, which focused on the trajectory of the labour market in the backdrop of environmentally sustainable production practices. Tackling the misconception that green economies pave the way for economically undesirable outcomes, the report said rather than a trade-off between the two, their development goes hand in hand. According to the ILO report, there will be a net increase of 18 million jobs across the globe as a result of environmentally sustainable measures taken in the production and use of energy. This net figure is based on the estimation that the resultant job losses of six million will eventually lead to an increase of 24 million jobs as greener practices are adopted. Of this, 14 million jobs created will be in Asia and the Pacific.

"The transition to a green economy will inevitably cause job losses in certain sectors as carbon and resource-intensive industries are scaled-down, but they will be offset by new job opportunities," the report said. However, the report emphasized that the net increase of 18 million jobs is dependent on a supportive policy framework to aid displaced workers and skill development programs to help ease them into jobs that require new skills. It mentioned that although India does have a specific body or council to address the skills development for the green transition, it has no existing institutional mechanism to anticipate skills needs and adapt training provision. Of the 27 countries surveyed, India and seven others fall under this category. "Developing and emerging economies have the relatively weaker institutional capacity for integrating skills and environmental sustainability," the report said.

The report stressed the urgency of economies adopting sustainable practices, adding, in 2013, humanity used 1.7 times the amount of resources and waste that the biosphere was able to regenerate and absorb. The report reads, "It is striking that in a context of scarce resources and limited ability to absorb waste, current patterns of economic growth rely largely on the extraction of resources, manufacturing, consumption and waste." It explained this urgency from the perspective of the job market by connecting labour productivity to climate change."Looking ahead, projected temperature increases will make heat stress more common, reducing the total number of working hours by 2% globally by 2030 and affecting workers in agriculture, and developing countries," the report said.

Q.75 What can be some steps that can be taken by India to improve its institutional capacity for integrating skills and environmental sustainability?

I. The government must improve the quality of skill development programs.

II. Set up institutes to produce more skilled people in this domain.

III. There should be adequate funding to support the shift of displaced workers into jobs that require new skills

A. Only I

B. Only III

C. Only I and II

D. All of the above

Q.76 Which of the following weakens the argument of increasing the share of renewable energy in the energy sector?

I. The environmental impacts associated with renewable energy include habitat loss, water use, and the use of hazardous materials in manufacturing, they cause more harm than good in the long run.

II. It is easy to harness and store renewable energy than the traditional sources of energy.

III. The shift to renewable energy sources would create jobs.

A. Only I

B. Only II

C. Only I and II

D. Only II and III

Q.77 Which of the following statements weakens the argument about the urgency of economies in adopting sustainable practices?

A. The increase in temperature because of climate change would reduce the number of working hours hence productivity will suffer.

B. The resource available to us is limited and nature's ability to replenish them is limited.

C. Developing countries are dependent on agriculture which would be adversely affected because of climate change.

D. The impact of sustainable solutions for energy needs would be limited because for it to be effective all the countries need to participate which is not the case.

Q.78 As per the passage, which of the following could be a/some reason/s for the misconceptions surrounding green economies.

I. There is a belief that adopting a green economy would lead to loss of jobs which could severely impact the economy.

II. The shift from traditional energy sources to renewable energy would be expensive.

III. The technological capability required to transform into a green economy is still in the elementary phase.

A. Only II
B. Only I
C. Only II and III
D. Only III

Q.79 Find the correctly spelled word.

A. Apallation
B. Appellation
C. Appelation
D. Appallation

Q.80 Direction: In the question, choose the word opposite in meaning to the given word.

Crowded

A. Deserted
B. Lonely
C. Empty
D. Barren

Hindi Language & Comprehension

Q.81 'जंगम' का विलोम शब्द है।

A. अगम
B. दुर्गम
C. स्थावर
D. चंचल

Q.82 निर्देश: नीचे दी गई पंक्तियों को पढ़कर उत्तर दीजिये।

मन रे तन कागद का पुतला।

लागै बूँद बिनसि जाय छिन में,

गरब करे क्या इतना।।

इन पंक्तियों में कौन-सा रस है?

A. भक्ति रस
B. शांत रस
C. श्रृंगार रस
D. करुण रस

Q.83 आरोग्य का पर्यायवाची है:

A. रोग
B. स्वस्थ
C. रोगी
D. अस्वस्थता

Q.84 इनमें से एकवचन-बहुवचन का कौन-सा युग्म सही नहीं है?

A. घोड़ा-घोड़े
B. आँसू-आँसुओं
C. गली-गलियाँ
D. चिड़िया-चिड़ियाँ

Q.85 'विद्वान' विशेषण से बनी भाववाचक संज्ञा है:

A. विद्वता
B. वरदान
C. विधाता
D. विदुषी

Q.86 निम्नलिखित विकल्पों में से कौनसे विकल्प में सभी सर्वनाम पुरुषवाचक हैं?

A. मैं, वे, तू आप
B. मैं, तुम, कौन, वह
C. तू, तुम, कौन, यह
D. वे, आप, हम, जो

Q.87 "पराधीन" एवं "परोक्ष" शब्दों में उपसर्ग होंगे ?

A. परा पर
B. पर परः
C. परा परि
D. परा परः

Q.88 'गूलर का फूल' मुहावरे का अर्थ है:

A. व्यर्थ की वस्तु
B. अज्ञानी
C. बहुत सुन्दर
D. असंभव बात

Q.89 'औंधी खोपड़ी' मुहावरे का अर्थ है:

A. मूर्ख होना
B. कुछ निर्णय न कर पाना
C. किंकर्तव्यविमूढ़ होना
D. झगड़ालू होना

Q.90 निम्न में से कौन सा गणेश का पर्यायवाची नहीं है:

A. भवानीनन्दन
B. विनायक
C. विष्णुपदी
D. मूषकवाहन

Q.91 निम्न में से कौन सा शब्द-विलोम का युग्म सही सुमेलित नहीं है:

A. आर्विभाव - तिरोभाव
B. अनुज - अग्रज
C. आधुनिक - नवीन
D. अनुरक्ति - विरक्ति

Q.92 ''मृत्यु + उपरांत'' में संधि करने से कौन सा शब्द निर्मित होगा?

A. मत्योपरांत
B. मृत्युपरांत
C. मृत्योपरांत
D. मृत्युपर्यन्त

Q.93 कारक चिन्हों को क्या कहा जाता है?

A. अव्यय
B. संज्ञा चिन्ह
C. परसर्ग
D. संयोजक

Q.94 "समास" किसे कहते है?

A. स्वर से स्वर के मेल को
B. अक्षर के मेल को
C. शब्दों के मेल को
D. स्वर के साथ व्यंजन के मेल को

Q.95 निम्नलिखित पांच में से चार समानार्थी शब्द हैं। जिस विकल्प में इनसे भिन्न शब्द दिया गया है वही आपका उत्तर है।

A. जालक
B. कोरक
C. कलिका
D. द्विज

Q.96 'देव' शब्द का स्त्रीलिंग रूप क्या है?

A. देवा
B. देवानी
C. देवी
D. देवित्री

Ques (97-100):निर्देश: निम्नलिखित गद्यांश को पढ़ें और प्रश्न का उत्तर दें:

1971 के भारत-पाक युद्ध में समुद्र में जीत हासिल करने में भारतीय नौसेना द्वारा निभाई गई निर्णायक भूमिका की याद में प्रति वर्ष 04 दिसंबर को नौसेना दिवस मनाया जाता है | यह एक ऐसा अवसर है जब हम अपने शहीदों को श्रद्धांजलि अर्पित करते हैं तथा अपने सेवानिवृत्त सैनिकों और युद्ध-विधवाओं के बलिदान को याद करते हैं | इस दिन भारतीय नौसेना राष्ट्र की निरंतर सेवा के प्रति अपनी वचनबद्धता और निष्ठा को दोहराती है | भारत की समुद्री शक्ति के प्रमुख उपादान और अभिव्यक्ति के रूप में समुद्री अधिकार-क्षेत्र में राष्ट्रीय सुरक्षा की निगरानी और उसमें बढ़ोत्तरी के लिए भारतीय नौसेना एक अहम भूमिका का निर्वाह करती है अधिकांशत: जनता की नजरों से दूर 'खामोशी के साथ काम करने वाली इस सेना' के आकार और क्षमता में स्वतंत्रता-प्राप्ति के बाद वृद्धि हुई है, जो सतत रूप से बढ़ते इसके कार्यक्षेत्र तथा राष्ट्रीय सुरक्षा में इसके बढ़ते महत्व के अनुरूप है | नौसेना की सक्रियात्मक गतिविधियों में तदनुसार संगत विस्तार हुआ है तथा इसमें हिंद महासागरीय क्षेत्र तथा उससे परे के क्षेत्रों का भी समावेश हो गया है | यह जानकर शुख्द अनुभूति होती है कि नौसेना हमारी विस्तृत समुद्री सीमाओं की निरंतर चौकसी कर रही है और उनमें पेश आने वाले खतरों और चुनौतियों का हमेशा तेजी से और पूरी दक्षता के साथ मुकाबला किया है

| समुद्री डकैती की रोकथाम, प्राकृतिक आपदाओं और मानवीय त्रासदी के दौरान तत्काल सहायता उपलब्ध कराने में भारतीय नौसेना की अनवरत प्रतिवद्धता वास्तव में सराहनीय है | मुझे पूरा विश्वास है कि हमारे समर्पित और निष्ठावान नौसेना कार्मिक राष्ट्र द्वारा उन्हें सौंपे गए दायित्वों को पूरा करने के लिए सतत प्रयास करते रहेंगे |

Q.97 'समावेश' शब्द में कौन-सी संधि है?

A. गुण

B. वृद्धि

C. अयादि संधि

D. दीर्घ संधि

Q.98 'सामना करना' के लिए अनुच्छेद में आया है:

A. चौकसी करना

B. निर्वाह करना

C. मुकाबला करना

D. भूमिका निभाना

Q.99 'परंपरागत' से तात्पर्य है:

A. परंपरा से गए हुए

B. परंपरा से मिले-जुले

C. परंपरा से आए हुए

D. पराए वश में पड़े हुए

Q.100 यह जानकर बहुत आनंद प्राप्त होता है कि हमारी नौसेना:

A. विशाल समुद्री सीमा की चौकसी कर रही है

B. विशाल युद्धों में भाग लेती है

C. जनता की नजरों से दूर रह कर काम करती है

D. विशाल हिंद महासागर में स्थित है

// स्मार्ट उत्तर पुस्तिका //

सही उत्तर — उन छात्रों के प्रतिशत को इंगित करता है जिन्होंने प्रश्नों का सही उत्तर दिया था।

छोड़ दिया — उन छात्रों के प्रतिशत को इंगित करता है जिन्होंने प्रश्नों को छोड़ दिया था।

प्रश्न संख्या	उत्तर	सही उत्तर / छोड़ दिया
1	C	54.74 % / 41.35 %
2	B	61.34 % / 33.3 %
3	D	57.02 % / 33.31 %
4	D	44.99 % / 42.36 %
5	D	16.4 % / 67.31 %
6	D	54.72 % / 35.42 %
7	C	45.86 % / 33.78 %
8	D	43.21 % / 53.24 %
9	A	76.69 % / 22.77 %
10	A	62.37 % / 34.55 %
11	D	10.5 % / 73.78 %
12	C	80.83 % / 18.79 %
13	B	66.14 % / 31.63 %
14	C	54.14 % / 37.94 %
15	C	65.41 % / 31.48 %
16	C	53.5 % / 41.51 %

प्रश्न संख्या	उत्तर	सही उत्तर / छोड़ दिया
17	B	47.22 % / 46.27 %
18	D	54.07 % / 36.38 %
19	D	55.98 % / 31.89 %
20	B	63.91 % / 34.56 %
21	A	45.24 % / 32.77 %
22	C	53.81 % / 39.33 %
23	B	87.57 % / 10.47 %
24	B	55.19 % / 35.56 %
25	D	14.09 % / 68.36 %
26	C	54.1 % / 40.97 %
27	B	63.65 % / 31.39 %
28	D	48.59 % / 31.48 %
29	A	58.36 % / 41.31 %
30	C	69.32 % / 30.43 %
31	C	49.7 % / 36.13 %
32	B	69.34 % / 30.09 %

प्रश्न संख्या	उत्तर	सही उत्तर / छोड़ दिया
33	D	42.77 % / 51.59 %
34	D	67.5 % / 32.16 %
35	D	11.91 % / 77.23 %
36	A	66.39 % / 30.11 %
37	D	64.88 % / 32.21 %
38	D	42.67 % / 43.94 %
39	C	67.02 % / 31.3 %
40	D	47.42 % / 38.36 %
41	D	53.35 % / 41.46 %
42	B	51.74 % / 43.64 %
43	C	40.7 % / 36.17 %
44	D	76.44 % / 16.85 %
45	C	40.24 % / 55.45 %
46	A	82.37 % / 11.31 %
47	C	82.35 % / 11.44 %
48	C	51.95 % / 41.24 %

प्रश्न संख्या	उत्तर	सही उत्तर / छोड़ दिया
49	C	89.81 % / 10.11 %
50	B	57.68 % / 35.72 %
51	C	58.11 % / 37.43 %
52	A	79.07 % / 19.49 %
53	A	67.68 % / 30.39 %
54	D	83.99 % / 12.94 %
55	C	52.91 % / 39.19 %
56	B	54.77 % / 44.43 %
57	D	47.64 % / 48.8 %
58	D	80.31 % / 13.76 %
59	B	56.41 % / 39.53 %
60	B	49.25 % / 49.12 %
61	C	44.65 % / 51.72 %
62	C	49.08 % / 37.65 %
63	B	40.79 % / 50.73 %
64	B	88.5 % / 10.65 %

प्रश्न संख्या	उत्तर	सही उत्तर / छोड़ दिया
65	D	43.6 % / 33.66 %
66	B	52.02 % / 46.7 %
67	C	47.98 % / 32.01 %
68	A	44.72 % / 53.8 %
69	C	53.64 % / 36.91 %
70	C	54.61 % / 35.19 %
71	A	49.95 % / 38.21 %
72	C	59.19 % / 33.2 %
73	D	52.52 % / 47.06 %
74	A	49.68 % / 49.16 %
75	D	88.37 % / 11.13 %
76	A	44.18 % / 43.2 %
77	D	51.27 % / 44.5 %
78	B	43.24 % / 32.73 %
79	B	26.3 % / 68.8 %
80	A	51.62 % / 32.81 %

प्रश्न संख्या	उत्तर	सही उत्तर / छोड़ दिया
81	C	83.34 % / 12.57 %
82	B	87.09 % / 10.14 %
83	B	48.39 % / 44.95 %
84	B	80.38 % / 13.28 %

प्रश्न संख्या	उत्तर	सही उत्तर / छोड़ दिया
85	A	66.77 % / 33.21 %
86	A	83.87 % / 13.28 %
87	B	66.78 % / 30.8 %
88	A	52.31 % / 31.74 %

प्रश्न संख्या	उत्तर	सही उत्तर / छोड़ दिया
89	A	44.43 % / 54.59 %
90	C	69.56 % / 30.06 %
91	C	66.85 % / 31.27 %
92	B	55.15 % / 43.68 %

प्रश्न संख्या	उत्तर	सही उत्तर / छोड़ दिया
93	C	84.66 % / 15.02 %
94	C	80.76 % / 17.39 %
95	D	57.55 % / 35.32 %
96	C	42.2 % / 53.82 %

प्रश्न संख्या	उत्तर	सही उत्तर / छोड़ दिया
97	D	68.41 % / 30.62 %
98	C	56.14 % / 37.66 %
99	B	49.12 % / 49.76 %
100	A	54.94 % / 41.75 %

कार्य विश्लेषण	
औसत अंक (%)	45.0%
टॉपर्स स्कोर (%)	55.0%
आपका स्कोर	

//संकेत और समाधान//

1. दायीं ओर की समरूपता में

$5 \times 3 + 9 = 24$

इसी प्रकार,

$8 \times 3 + 9 = 33$

अतः विकल्प (C) सही है।

2. जिस प्रकार, पुलोवर ऊन से बना होता है, उसी प्रकार, दीवार ईंट से बनी होती है।

अतः विकल्प (B) सही है।

3. विकल्प (D) के अतिरिक्त, अन्य सभी में संख्याओं के बीच 6 का अंतर है।

अतः विकल्प (D) सही है।

4. विकल्प (D) के अतिरिक्त, अन्य सभी एक-दूसरे के समानार्थी शब्द हैं।

अतः विकल्प (D) सही है।

5. $147 + 1^0 = 148$

$148 + 2^1 = 150$

$150 + 3^2 = 159$

$159 + 4^3 = 223$

$223 + 5^4 = 848$

अतः विकल्प (D) सही है।

6. कथन के अनुसार, सरकार ने नौकरशाहों को निदेशक नियुक्त करके वित्तीय संस्थानों को बिगाड़ दिया है। इसका मतलब यह है कि केवल उन व्यक्तियों को निदेशक के रूप में नियुक्त किया जाना चाहिए जो वित्त के विशेषज्ञ हैं और संस्थान के वित्तीय कार्यों से परिचित हैं। इसलिए, I और II दोनों अनुसरण करते हैं।

अतः विकल्प (D) सही है।

7. $11 \times 1 + 1.5 = 12.5$

$12.5 \times 2 + 1.5 = 26.5$

$26.5 \times 3 + 1.5 = 81$

$81 \times 4 + 1.5 = 325.5$

$325.5 \times 5 + 1.5 = 1629$

अतः विकल्प (C) सही है।

8.

FIG : EGHJFH ⇒ E⟨F⟩G H⟨I⟩J F⟨G⟩H

इसी तरह,

BIN : ACHJMO ⇒ A⟨B⟩C H⟨I⟩J M⟨N⟩O

अतः विकल्प (D) सही है।

9. समान संख्याओं में अंकों का योग 9 होता है।

$4 + 5 = 9$

$7 + 2 = 9$

$8 + 1 = 9$

$2 + 8 = 10$

अतः विकल्प (A) सही है।

10. दी गई जानकारी के अनुसार, हम निम्नलिखित रक्त संबंध आरेख बनाते हैं,

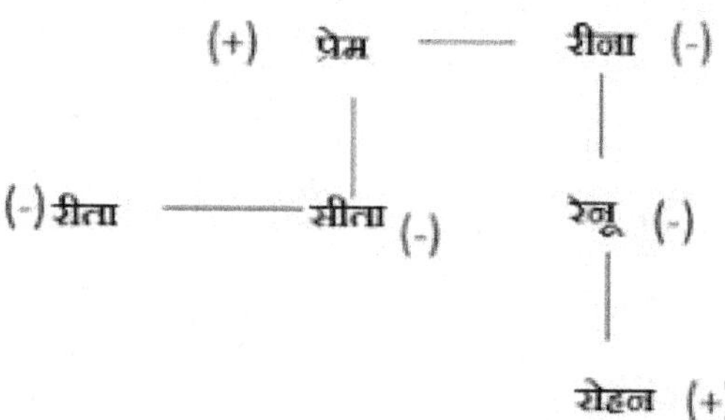

चूंकि, प्रेम और रीना सहोदर हैं तथा रेनू, रीना की पुत्री है और रोहन, रीना का नाती है, तो प्रेम, रोहन का नाना है।

अतः विकल्प (A) सही है।

11. चौथे विकल्प से, हम प्राप्त करते हैं

$64 - 8 \times 9 \div 8 = 64$

समीकरण में (- और ÷) रखने पर,

$\Rightarrow 64 \div 8 \times 9 - 8 = 64$

$\Rightarrow 8 \times 9 - 8 = 64$

$\Rightarrow 72 - 8 = 64$

$\Rightarrow 64 = 64$

अतः विकल्प (D) सही है।

12. विकल्प 3 से, हम प्राप्त करते हैं:

$\Rightarrow 10 + 10 \div 10 - 10 \times 10 = 10$

$\Rightarrow 10 \times 10 \div 10 - 10 + 10 = 10$

$\Rightarrow 10 - 10 + 10 = 10$

अतः विकल्प (C) सही है।

13.

अतः विकल्प (B) सही है।

14. बारीकी से देखने पर, हम पाते हैं कि विकल्प सी पैटर्न को पूरा करेगा जब प्रश्न आकृति के रिक्त स्थान में रखा जाएगा जैसा कि नीचे दिखाया गया है:

| समुद्री डकैती की रोकथाम, प्राकृतिक आपदाओं और मानवीय त्रासदी के दौरान तत्काल सहायता उपलब्ध कराने में भारतीय नौसेना की अनवरत प्रतिवद्धता वास्तव में सराहनीय है | मुझे पूरा विश्वास है कि हमारे समर्पित और निष्ठावान नौसेना कार्मिक राष्ट्र द्वारा उन्हें सौंपे गए दायित्वों को पूरा करने के लिए सतत प्रयास करते रहेंगे |

Q.97 'समावेश' शब्द में कौन-सी संधि है?

A. गुण
B. वृद्धि
C. अयादि संधि
D. दीर्घ संधि

Q.98 'सामना करना' के लिए अनुच्छेद में आया है:

A. चौकसी करना
B. निर्वह करना
C. मुकाबला करना
D. भूमिका निभाना

Q.99 'परंपरागत' से तात्पर्य है:

A. परंपरा से गए हुए
B. परंपरा से मिले-जुले
C. परंपरा से आए हुए
D. पराए वश में पड़े हुए

Q.100 यह जानकर बहुत आनंद प्राप्त होता है कि हमारी नौसेना:

A. विशाल समुद्री सीमा की चौकसी कर रही है
B. विशाल युद्धों में भाग लेती है
C. जनता की नजरों से दूर रह कर काम करती है
D. विशाल हिंद महासागर में स्थित है

// स्मार्ट उत्तर पुस्तिका //

सही उत्तर — उन छात्रों के प्रतिशत को इंगित करता है जिन्होंने प्रश्नों का सही उत्तर दिया था।

छोड़ दिया — उन छात्रों के प्रतिशत को इंगित करता है जिन्होंने प्रश्नों को छोड़ दिया था।

प्रश्न संख्या	उत्तर	सही उत्तर / छोड़ दिया	प्रश्न संख्या	उत्तर	सही उत्तर / छोड़ दिया	प्रश्न संख्या	उत्तर	सही उत्तर / छोड़ दिया	प्रश्न संख्या	उत्तर	सही उत्तर / छोड़ दिया	प्रश्न संख्या	उत्तर	सही उत्तर / छोड़ दिया
1	C	54.74 % / 41.35 %	17	B	47.22 % / 46.27 %	33	D	42.77 % / 51.59 %	49	C	89.81 % / 10.11 %	65	D	43.6 % / 33.66 %
2	B	61.34 % / 33.3 %	18	D	54.07 % / 36.38 %	34	D	67.5 % / 32.16 %	50	B	57.68 % / 35.72 %	66	B	52.02 % / 46.7 %
3	D	57.02 % / 33.31 %	19	D	55.98 % / 31.89 %	35	D	11.91 % / 77.23 %	51	C	58.11 % / 37.43 %	67	C	47.98 % / 32.01 %
4	D	44.99 % / 42.36 %	20	B	63.91 % / 34.56 %	36	A	66.39 % / 30.11 %	52	A	79.07 % / 19.49 %	68	A	44.72 % / 53.8 %
5	D	16.4 % / 67.31 %	21	A	45.24 % / 32.77 %	37	D	64.88 % / 32.21 %	53	A	67.68 % / 30.39 %	69	C	53.64 % / 36.91 %
6	D	54.72 % / 35.42 %	22	C	53.81 % / 39.33 %	38	D	42.67 % / 43.94 %	54	D	83.99 % / 12.94 %	70	C	54.61 % / 35.19 %
7	C	45.86 % / 33.78 %	23	B	87.57 % / 10.47 %	39	C	67.02 % / 31.3 %	55	C	52.91 % / 39.19 %	71	A	49.95 % / 38.21 %
8	D	43.21 % / 53.24 %	24	B	55.19 % / 35.56 %	40	D	47.42 % / 38.36 %	56	B	54.77 % / 44.43 %	72	C	59.19 % / 33.2 %
9	A	76.69 % / 22.77 %	25	D	14.09 % / 68.36 %	41	D	53.35 % / 41.46 %	57	D	47.64 % / 48.8 %	73	D	52.52 % / 47.06 %
10	A	62.37 % / 34.55 %	26	C	54.1 % / 40.97 %	42	B	51.74 % / 43.64 %	58	D	80.31 % / 13.76 %	74	A	49.68 % / 49.16 %
11	D	10.5 % / 73.78 %	27	B	63.65 % / 31.39 %	43	C	40.7 % / 36.17 %	59	B	56.41 % / 39.53 %	75	D	88.37 % / 11.13 %
12	C	80.83 % / 18.79 %	28	D	48.59 % / 31.48 %	44	D	76.44 % / 16.85 %	60	B	49.25 % / 49.12 %	76	A	44.18 % / 43.2 %
13	B	66.14 % / 31.63 %	29	A	58.36 % / 41.31 %	45	C	40.24 % / 55.45 %	61	C	44.65 % / 51.72 %	77	D	51.27 % / 44.5 %
14	C	54.14 % / 37.94 %	30	C	69.32 % / 30.43 %	46	A	82.37 % / 11.31 %	62	C	49.08 % / 37.65 %	78	B	43.24 % / 32.73 %
15	C	65.41 % / 31.48 %	31	C	49.7 % / 36.13 %	47	C	82.35 % / 11.44 %	63	B	40.79 % / 50.73 %	79	B	26.3 % / 68.8 %
16	C	53.5 % / 41.51 %	32	B	69.34 % / 30.09 %	48	C	51.95 % / 41.24 %	64	B	88.5 % / 10.65 %	80	A	51.62 % / 32.81 %

प्रश्न संख्या	उत्तर	सही उत्तर / छोड़ दिया
81	C	83.34 % / 12.57 %
82	B	87.09 % / 10.14 %
83	B	48.39 % / 44.95 %
84	B	80.38 % / 13.28 %

प्रश्न संख्या	उत्तर	सही उत्तर / छोड़ दिया
85	A	66.77 % / 33.21 %
86	A	83.87 % / 13.28 %
87	B	66.78 % / 30.8 %
88	A	52.31 % / 31.74 %

प्रश्न संख्या	उत्तर	सही उत्तर / छोड़ दिया
89	A	44.43 % / 54.59 %
90	C	69.56 % / 30.06 %
91	C	66.85 % / 31.27 %
92	B	55.15 % / 43.68 %

प्रश्न संख्या	उत्तर	सही उत्तर / छोड़ दिया
93	C	84.66 % / 15.02 %
94	C	80.76 % / 17.39 %
95	D	57.55 % / 35.32 %
96	C	42.2 % / 53.82 %

प्रश्न संख्या	उत्तर	सही उत्तर / छोड़ दिया
97	D	68.41 % / 30.62 %
98	C	56.14 % / 37.66 %
99	B	49.12 % / 49.76 %
100	A	54.94 % / 41.75 %

कार्य विश्लेषण

औसत अंक (%)	45.0%
टॉपर्स स्कोर (%)	55.0%
आपका स्कोर	

//संकेत और समाधान//

1. दायीं ओर की समरूपता में

$5 \times 3 + 9 = 24$

इसी प्रकार,

$8 \times 3 + 9 = 33$

अतः विकल्प (C) सही है।

2. जिस प्रकार, पुलोवर ऊन से बना होता है, उसी प्रकार, दीवार ईंट से बनी होती है।

अतः विकल्प (B) सही है।

3. विकल्प (D) के अतिरिक्त, अन्य सभी में संख्याओं के बीच 6 का अंतर है।

अतः विकल्प (D) सही है।

4. विकल्प (D) के अतिरिक्त, अन्य सभी एक-दूसरे के समानार्थी शब्द हैं।

अतः विकल्प (D) सही है।

5. $147 + 1^0 = 148$

$148 + 2^1 = 150$

$150 + 3^2 = 159$

$159 + 4^3 = 223$

$223 + 5^4 = 848$

अतः विकल्प (D) सही है।

6. कथन के अनुसार, सरकार ने नौकरशाहों को निदेशक नियुक्त करके वित्तीय संस्थानों को बिगाड़ दिया है। इसका मतलब यह है कि केवल उन व्यक्तियों को निदेशक के रूप में नियुक्त किया जाना चाहिए जो वित्त के विशेषज्ञ हैं और संस्थान के वित्तीय कार्यों से परिचित हैं। इसलिए, I और II दोनों अनुसरण करते हैं।

अतः विकल्प (D) सही है।

7. $11 \times 1 + 1.5 = 12.5$

$12.5 \times 2 + 1.5 = 26.5$

$26.5 \times 3 + 1.5 = 81$

$81 \times 4 + 1.5 = 325.5$

$325.5 \times 5 + 1.5 = 1629$

अतः विकल्प (C) सही है।

8.

FIG : EGHJFH ⇒ E⬚FG H⬚IJ F⬚GH

इसी तरह,

BIN : ACHJMO ⇒ A⬚BC H⬚IJ M⬚NO

अतः विकल्प (D) सही है।

9. समान संख्याओं में अंकों का योग 9 होता है।

$4 + 5 = 9$

$7 + 2 = 9$

$8 + 1 = 9$

$2 + 8 = 10$

अतः विकल्प (A) सही है।

10. दी गई जानकारी के अनुसार, हम निम्नलिखित रक्त संबंध आरेख बनाते हैं,

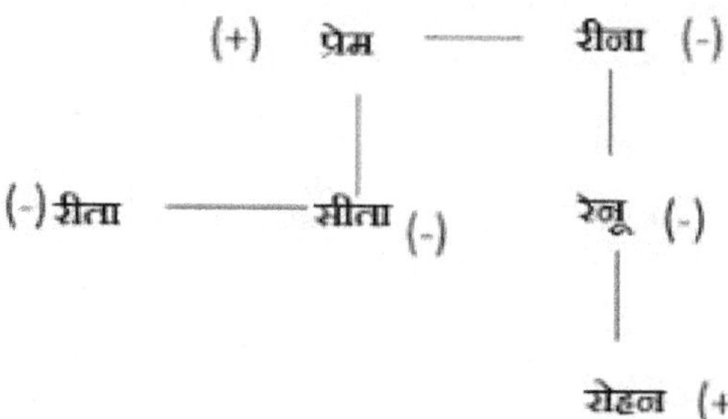

चूंकि, प्रेम और रीना सहोदर हैं तथा रेनू रीना की पुत्री है और रोहन, रीना का नाती है, तो प्रेम, रोहन का नाना है।

अतः विकल्प (A) सही है।

11. चौथे विकल्प से, हम प्राप्त करते हैं

$64 - 8 \times 9 \div 8 = 64$

समीकरण में (- और ÷) रखने पर,

$\Rightarrow 64 \div 8 \times 9 - 8 = 64$

$\Rightarrow 8 \times 9 - 8 = 64$

$\Rightarrow 72 - 8 = 64$

$\Rightarrow 64 = 64$

अतः विकल्प (D) सही है।

12. विकल्प 3 से, हम प्राप्त करते हैं:

$\Rightarrow 10 + 10 \div 10 - 10 \times 10 = 10$

$\Rightarrow 10 \times 10 \div 10 - 10 + 10 = 10$

$\Rightarrow 10 - 10 + 10 = 10$

अतः विकल्प (C) सही है।

13.

अतः विकल्प (B) सही है।

14. बारीकी से देखने पर, हम पाते हैं कि विकल्प सी पैटर्न को पूरा करेगा जब प्रश्न आकृति के रिक्त स्थान में रखा जाएगा जैसा कि नीचे दिखाया गया है:

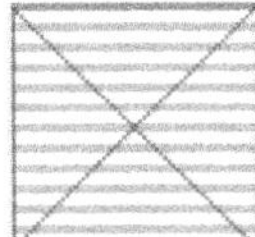

अतः विकल्प (C) सही है।

15.

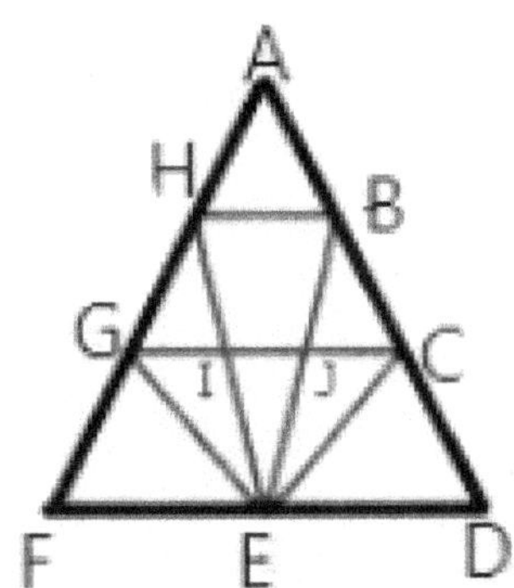

अतः विकल्प (C) सही है।

16. शृंखला का पैटर्न इस प्रकार है:

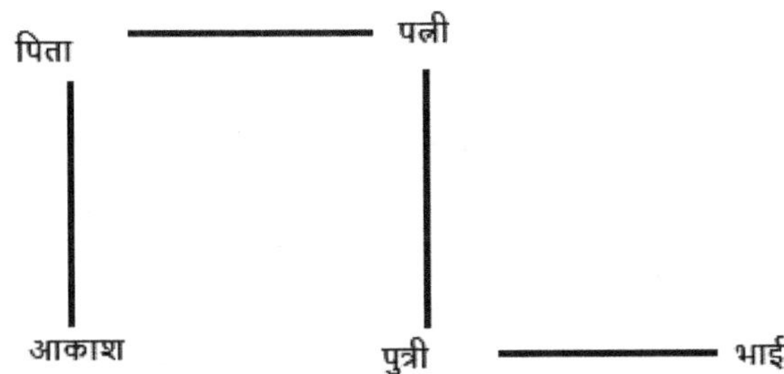

अतः विकल्प (C) सही है।

17. आकृति को इस प्रकार अंकित किया जा सकता है।

सबसे सरल त्रिकोण AHB, GHI, BJC, GFE, GIE, IJE, CEJ and CDE यानी संख्या में 8 हैं।

त्रिकोण दो घटकों से बना HEG, BEC, HBE, JGE और ICE यानी 5 की संख्या है।

तीन घटकों से बना त्रिकोण प्रत्येक FHE, GCE और BED अर्थात् संख्या में 3 है।

केवल एक त्रिभुज है यानी AGC चार घटकों से बना है।

केवल एक त्रिभुज है यानी AFD नौ घटकों से बना है।

इस प्रकार, दी गयी आकृति में में 8 + 5 + 3 + 1 + 1 = 18 त्रिकोण हैं। अतः विकल्प (B) सही है।

18.

Q का लिंग ज्ञात नहीं है, इसलिए, डेटा अपर्याप्त है।

अतः विकल्प (D) सही है।

19. प्रेक्षण द्वारा, प्रश्न आकृति निम्नलिखित आकृति में छिपी/समाहित है।

अतः विकल्प (D) सही है।

20. अभिनेत्रियों 2 और 3 के पास आवश्यक लक्षण हैं। उन दोनों अभिनेत्रियों के लाल बाल और भूरी आँखें हैं, और वे औसत आकार की हैं वे अपने मध्य-चालीसवें वर्ष में हैं। अभिनेत्री 1 बहुत लंबी है और केवल उसके मध्य-बीसवें वर्ष में है। उसका जैतून का रंग है। अभिनेत्री 4 बहुत औसत आकार की है और अपने शुरुआती तीसवें वर्ष में है। उसकी भी नीली आंखें हैं।

अतः विकल्प (B) सही है।

21. 1 दिन में A और B द्वारा किया गया काम

$$\Rightarrow \frac{1}{8} + \frac{1}{12} = \frac{5}{24}$$

A और B का 2 दिन का काम $= \frac{10}{24}$

2 दिन के बाद A ने काम छोड़ दिया

$\therefore$ बचा हुआ काम $= 1 - \frac{10}{24}$

$$= \frac{14}{24}$$

1 दिन में B और C के द्वारा किया गया काम $= \frac{1}{12} + \frac{1}{15}$

$$= \frac{9}{60}$$

तो, काम खत्म करने के लिए B और C द्वारा आवश्यक दिनों की संख्या

$$\Rightarrow \frac{\frac{14}{24}}{\frac{9}{60}} = \frac{14}{24} \times \frac{60}{9} = \frac{35}{9}$$

∴ काम पूरा करने के लिए कुल दिन

$$\Rightarrow 2 + \frac{35}{9} = \frac{53}{9}$$

$$= 5\frac{8}{9} \text{ दिन}$$

अतः विकल्प (A) सही है।

22. 5% उम्मीदवारों ने उन सभी का उत्तर दिया और 5% उम्मीदवारों ने उत्तर नहीं दिया।

शेष $= 90\%$

1 प्रश्न का उत्तर देने वाले उम्मीदवारों का प्रतिशत

$$\Rightarrow 90 \times \frac{25}{100} = 22.5\%$$

4 प्रश्न का उत्तर देने वाले उम्मीदवारों का प्रतिशत

$$\Rightarrow 90 \times \frac{20}{100} = 18\%$$

कुल प्रतिशत $(18 + 22.5 + 10) = 50.5\%$

उम्मीदवारों का शेष प्रतिशत $= 49.5\%$

माना उम्मीदवारों की कुल संख्या $= x$

$$x \times \frac{49.5}{100} = 396$$

$$\Rightarrow x = \frac{396 \times 100}{49.5}$$

$$\Rightarrow x = 800$$

अतः विकल्प (C) सही है।

23. 30 लड़कों की कुल आयु

$$\Rightarrow 30 \times 15 = 450 \text{ वर्ष}$$

20 वर्ष की उम्र के एक लड़के ने कक्षा छोड़ दी

अब 29 लड़कों की कुल आयु

$$\Rightarrow 450 - 20 = 430 \text{ वर्ष}$$

फिर, दो नए लड़के कक्षा में शामिल हो गए

तब, 31 लड़कों की कुल आयु

$$\Rightarrow 15 \times 31 = 465 \text{ वर्ष}$$

दो नए लड़कों की उम्र

$$\Rightarrow 465 - 430 = 35 \text{ वर्ष}$$

माना दो लड़कों की व्यक्तिगत उम्र x और y वर्ष है,

$$x + y = 35$$

$x - y = 5$ (प्रश्न के अनुसार)

ऊपर के दो समीकरणों को जोड़ने पर,

$$\therefore 2x = 40$$

$$x = \frac{40}{2} \text{ वर्ष}$$

∴ $y = 15$ वर्ष

∴ तो युवा नवागंतुक की उम्र

$= 15$ वर्ष

अतः विकल्प (B) सही है।

24. कथानक और ठोस पथ निम्नानुसार खींचे जा सकते हैं:

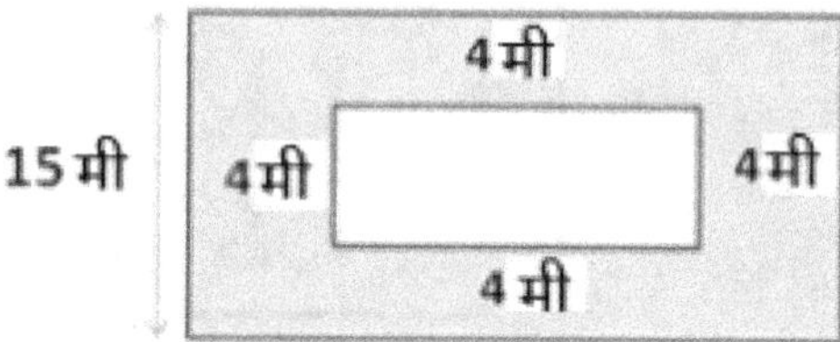

कंक्रीट क्षेत्र $=$ कुल क्षेत्र - गैर-कंक्रीट क्षेत्र

हमारे द्वारा प्राप्त सभी तरफ से मार्ग की चौड़ाई को घटाते हुए,

लंबाई $= 20 - 4 - 4 = 12$ मी

चौड़ाई $= 15 - 4 - 4 = 7$ मी

∴ कंक्रीट क्षेत्रफल $= 20 \times 15 - 12 \times 7$

$$\Rightarrow 300 - 84 = 216$$

कंक्रीट को हटाने की कुल लागत $=$ दर × क्षेत्रफल $= 6 \times 216$

$= 1296$ रु

अतः विकल्प (B) सही है।

25. माना मूल क्रय मूल्य $=$ रु. X है

इसलिये,

विक्रय मूल्य $= X + X$ का 15%

$$= \frac{115X}{100}$$

$$= \text{रु} . \frac{23X}{20}$$

नया क्रय मूल्य $= X - X$ का 25%

$$\Rightarrow \frac{75X}{100} = \frac{3X}{4}$$

नया विक्रय मूल्य $= \frac{3X}{4} + \frac{3x}{4}$ का 32%

प्रश्न के अनुसार,

$$\frac{23X}{20} - \frac{99X}{100} = 600$$

या, $\frac{115X - 99X}{100} = 600$

$$16X = 600 \times 100$$

$$X = 600 \times \frac{100}{16}$$

$=$ रु. 3750

अतः विकल्प (D) सही है।

26. दिया है:

9 सेमी, 12 सेमी और 15 सेमी त्रिज्या की तीन गोलाकार गेंदों को एक नई गोलाकार गेंद बनाने के लिए पिघलाया जाता है।

हम जानते है कि,

गोले का आयतन $= \left(\frac{4}{3}\right)\pi r^3$

तीन गेंदों के आयतन का योग $= \left(\frac{4}{3}\right)\pi\{(9)^3 + (12)^3 + (15)^3\}$

$= \left(\frac{4}{3}\right)\pi(3)^3\{(3)^3 + (4)^3 + (5)^3\}$

$= \left(\frac{4\pi}{3}\right) \times 27 \times 216$

मान लीजिये कि नए गोले की त्रिज्या ' r ' है।

इसलिए,

$\left(\frac{4}{3}\right)\pi r^3 = \left(\frac{4\pi}{3}\right) \times 27 \times 216$

$\Rightarrow r^3 = 27 \times 216$

$\Rightarrow r = 3 \times 6$ सेमी

$\Rightarrow r = 18$ सेमी

$\therefore$ नई गेंद की त्रिज्या 18 सेमी है।

अतः विकल्प (C) सही है।

27. सूत्र के अनुसार,

2 एकल छूट के बराबर $=$ योग-गुणा$/$ 100 है

योग $= 15 + 10 = 25$

गुणा$/$ 100 $= \frac{15 \times 10}{100} = 1.5$

$\therefore$ एक समान $= 25 - 1.5 = 23.5\%$

पहले दुकानदार द्वारा दी जाने वाली एकल समकक्ष छूट 23.5% है

दूसरा दुकानदार इसे 25% पर दे रहा है, जो वस्तु को खरीदार के लिए सस्ता बनाता है।

अतः विकल्प (B) सही है।

28. सभी संख्याओं का ल.स.म. लेने से:

2,4,6,8,10,12 का ल.स.म. 120 है

इसलिए, घंटी हर 120 सेकंड या (2 मिनट) के बाद एक साथ बजेगी।

30 मिनट में, वे एक साथ $\frac{30}{2} + 1 = 16$ बार बजेंगे

$\frac{30}{2} + 1 = 16$ बार

अतः विकल्प (D) सही है।

29. कार की कीमत $= 3,25,000$ रुपये

कार 85% कीमत पर बीमाकृत थी

$\Rightarrow$ बीमाकृत मूल्य $= \frac{325000 \times 85}{100}$

बीमा कंपनी ने बीमा का 90% भुगतान किया

बीमा कंपनी द्वारा भुगतान की गई राशि $=$ बीमाकृत मूल्य $\times \frac{90}{100}$

$\Rightarrow \frac{325000 \times 85}{100} \times \frac{90}{100} = 325 \times 85 \times 9$

$= 248625$ रुपये

कार की कीमत और प्राप्त राशि के बीच अंतर

$\Rightarrow 325000$ रुपये $- 248625$ रुपये $= 76375$ रुपये

अतः विकल्प (A) सही है।

30. माना संख्या P तथा Q है

साथ ही, $P + Q = 56$ तथा $PQ = HCF \times LCM = 8 \times 96$

$\frac{1}{P} + \frac{1}{Q}$

$= \frac{P+Q}{PQ}$

$= \frac{56}{8 \times 96}$

$= \frac{7}{96}$

अतः विकल्प (B) सही है।

31. बस की गति

$=$ तय की गई दूरी/समय लगेगा

$= \frac{480}{12}$

$= 40$ किमी प्रति घंटे

$\therefore$ ट्रेन की गति $= \frac{9}{5} \times 40$

$= 72$ किमी प्रति घंटे

$\therefore 18 = 72$

$\therefore 1 = \frac{72}{18}$

$= 4$

$\therefore 13 = 14 \times 13$

$= 52$ किमी प्रति घंटे

$=$ कार की गति

$\therefore$ 5 घंटे में कार द्वारा तय की गई दूरी

$= 5 \times 52$

$= 260$ किमी

अतः विकल्प (C) सही है।

32. $7854 \times 549 \div 3 - 1425 \times 321 + \sqrt{961} = ?$

या, 7854 × 183 – 1425 × 321 + 31 = ?

या, 1437282 – 457425 + 31 = ?

या, ? = 979888

अतः विकल्प (B) सही है।

33. $(0.0625)^4 × 0.125 ÷ (0.5)^9 = (0.5)^? ÷ 0.25$

$⇒ ((0.5)^4)^4 × (0.5)^3 ÷ (0.5)^9 = (0.5)^? ÷ (0.5)^2$

$⇒ (0.5)^{16} × (0.5)^3 ÷ (0.5)^9 = (0.5)^? ÷ (0.5)^2$

$⇒ 16 + 3 – 9 = ? – 2$

$⇒ 10 + 2 = ?$

$⇒ 12 = ?$

अतः विकल्प (D) सही है।

34. माना की शांत जल में नाव की चाल 'B' और धारा की चाल 'S' हो, तब हमें मिलता है,

$$\frac{108}{B+S} + \frac{108}{B-S} = 15$$

तथा, $B - S = 12$ (दिया गया है)

इसलिए, धारा के अनुकूल दिशा में की गयी यात्रा का समय

$$= \frac{108}{B+S} = 15 - 9 = 6 \text{ घंटे}$$

अतः विकल्प (D) सही है।

35. 3 पुरुषों का 1 दिन का कार्य $= \frac{1}{20}$

5 लड़कों का 1 दिन का काम $= \frac{1}{30}$

(3 पुरुष $+5$ लड़के का 1 दिन का काम

$$= \left(\frac{1}{20} + \frac{1}{30}\right)$$

$$= \frac{5}{60}$$

$$= \frac{1}{12}$$

∴ 3 पुरुष और 5 लड़के 12 दिनों में कार्य को पूरा करेंगो।

अतः विकल्प (D) सही है।

36. शेष,

$$\frac{73×75×78×57×197×37}{34}$$

$$= \frac{5×7×10×23×27×3}{34}$$

[हमने व्यक्तिगत शेष लिया है, जिसका अर्थ है कि यदि 73 को व्यक्तिगत रूप से विभाजित किया जाता है, तो यह शेष 95,75 विभाजित होगा 34 शेष 7 और इतने पर देता है।]

$$\frac{5×7×10×23×27×3}{34}$$

$$= \frac{35×30×23×27}{34}$$

$$= \frac{1×–4×–11×–7}{34}$$

$$= \frac{28×–11}{34}$$

$$= \frac{–6×–11}{34}$$

$$= \frac{66}{34}$$

$$R = 32$$

आवश्यक शेष $= 32$

अतः विकल्प (A) सही है।

37. विभिन्न वर्षों के दौरान कंपनियों X, Y और Z के कुल निर्यात हैं:

1993 में $=$ रु. $(30 + 80 + 60)$ करोड़ $=$ रु. 170 करोड़

1994 में $=$ रु. $(60 + 40 + 90)$ करोड़ $=$ रु. 190 करोड़

1995 में $=$ रु. $(40 + 60 + 120)$ करोड़ $=$ रु. 220 करोड़

1996 में $=$ रु. $(70 + 60 + 90)$ करोड़ $=$ रु. 220 करोड़

1997 में $=$ रु. $(100 + 80 + 60)$ करोड़ $=$ रु. 240 करोड़

1998 में $=$ रु. $(50 + 100 + 80)$ करोड़ $=$ रु. 230 करोड़

1999 में $=$ रु. $(120 + 140 + 100)$ करोड़ $=$ रु. 360 करोड़

स्पष्ट रूप से, विभिन्न वर्षों के दौरान कंपनियों X, Y और Z के कुल निर्यात 1995 और 1996 में बराबर हैं।

अतः विकल्प (D) सही है।

38. ग्राफ का विश्लेषण: ग्राफ से यह स्पष्ट है कि

1. वर्ष 1993,1994,1995,1996,1997,1998 और 1999 में कंपनी X (करोड़ रुपये में) के निर्यात की राशि क्रमशः 30,60,40,70,100,50 और 120 है

2. वर्ष 1993,1994,1995,1996,1997,1998 और 1999 में कंपनी Y के निर्यात की राशि क्रमशः 80,40,60,60,80,100 और 140 है

3. वर्ष 1993,1994,1995,1996,1997,1998 और 1999 में कंपनी Z के निर्यात की राशि क्रमशः 60,90,120,90,60,80 और 100 है

दी गई अवधि के दौरान कंपनी Y का औसत वार्षिक निर्यात (रु करोड़ में)
$= \frac{1}{7} × (80 + 40 + 60 + 60 + 80 + 100 + 140) = \frac{560}{7} = 80$

दी गई अवधि के दौरान कंपनी Z का औसत वार्षिक निर्यात (रु. करोड़ में)
$= \frac{1}{7} × (60 + 90 + 120 + 90 + 60 + 80 + 100) = \left(\frac{600}{7}\right)$

∴ आवश्यक प्रतिशत $= \left[\frac{80}{\left(\frac{60}{7}\right)} × 100\right] \% ≈ 93.33\%$

अतः विकल्प (D) सही है।

39. विभिन्न वर्षों के दौरान कंपनी X और Y से निर्यात के बीच अंतर हैं:

1993 में = रु. $(80 - 30)$ करोड़ = रु. 50 करोड़

1994 में = रु. $(60 - 40)$ करोड़ = रु. 20 करोड़

1995 में = रु. $(60 - 40)$ करोड़ = रु. 20 करोड़

1996 में = रु. $(70 - 60)$ करोड़ = रु. 10 करोड़

1997 में = रु. $(100 - 80)$ करोड़ = रु. 20 करोड़

1998 में = रु. $(100 - 50)$ करोड़ = रु. 50 करोड़

1999 में = रु. $(140 - 120)$ करोड़ = रु. 20 करोड़

स्पष्ट रूप से, वर्ष 1996 में अंतर न्यूनतम है।

अतः विकल्प (C) सही है।

40.
$$\frac{74.6 - 38.9 - 5.7}{26.4 - 18.9}$$

$$= \frac{74 + 0.6 - 38 - 0.9 - 5 - 0.7}{26 + 0.4 - 18 - 0.9}$$

$$= \frac{74 - 38 - 5 + 0.6 - 0.9 - 0.7}{26 - 18 + 0.4 - 0.9}$$

$$= \frac{31 - 1.0}{8 - 0.5} = \frac{30}{7.5} = 4$$

अतः विकल्प (D) सही है।

41. एन जे ओझा को महात्मा गांधी राष्ट्रीय ग्रामीण रोजगार गारंटी योजना के तहत दो साल के लिए लोकपाल नियुक्त किया गया है। ओझा के पास मनरेगा कर्मचारियों द्वारा लगाए गए आरोपों की जांच करने, उन पर विचार करने, शिकायत प्राप्त होने के 30 दिनों के भीतर पुरस्कार देने का अधिकार है।

अतः विकल्प (D) सही है।

42. पीएनएस तैमूर पाकिस्तान को चीन से प्राप्त दूसरा प्रकार 054ए/पी युद्धपोत है। पोत को शंघाई के हुडोंग-झोंगहुआ शिपयार्ड में कमीशन किया गया था। इस साल जनवरी में, पीएनएस तुगरिल पाकिस्तान नेवी फ्लीट का हिस्सा बनने वाला पहला टाइप 054ए/पी फ्रिगेट बना।

अतः विकल्प (B) सही है।

43. प्रधान मंत्री नरेंद्र मोदी ने गुजरात के मेहसाणा जिले के एक गांव मोढेरा को भारत का पहला सौर ऊर्जा संचालित गांव घोषित किया।

गुजरात सरकार के अनुसार, गांव के घरों में 1000 से अधिक सौर पैनल लगाए गए हैं, जिससे ग्रामीणों के लिए बिजली पैदा हो रही है। उन्हें जीरो कॉस्ट पर सोलर बिजली मुहैया कराई जाएगी।

अतः विकल्प (C) सही है।

44. विटामिन B संयोजक में 8 विटामिन होते हैं अर्थात B_1, B_2, B_3, B_5, B_6, B_7, B_9 और B_{12}, विटामिन B1 थायमिन है, विटामिन B_2 राइबोफ्लेविन है, विटामिन B_3 नियासिन है, विटामिन B_5 पैंटोथेनिक अम्ल है, विटामिन B_6 पाइरोडॉक्सिन, बायोटिन, फोलिक अम्ल और विटामिन B_{12} साइनोकोबालामेन है।

अतः विकल्प (D) सही है।

45. गैल्वेनोमीटर विद्युत प्रवाह की तीव्रता को मापने के लिए प्रयोग किया जाता है। निरंतर चुंबकीय क्षेत्र में एक तार के माध्यम से बहने वाले विद्युत प्रवाह के परिणामस्वरूप, एक गैल्वेनोमीटर एक रोटरी विक्षेपण का उत्पादन करके एक एक्ट्यूएटर के रूप में काम करता है।

अतः विकल्प (C) सही है।

46. भारत में वित्त आयोग के सदस्यों के रूप में नियुक्ति के लिए आवश्यक योग्यता संसद के एक अधिनियम द्वारा निर्धारित की जाती है। अनुच्छेद 280 में, संसद कानून द्वारा योग्यता निर्धारित कर सकती है जो आयोग के सदस्यों के रूप में नियुक्ति के लिए आवश्यक होगी और जिस तरीके से उन्हें चुना जाएगा। उपरोक्त आलेख के संदर्भ में, संसद ने वित्त आयोग (विविध प्रावधान) अधिनियम 1951 को अधिनियमित किया।

अतः विकल्प (A) सही है।

47. नोवाक जोकोविक ने फ्रेंच ओपन 2021 का खिताब जीता। इसी के साथ नोवाक जोकोविक ने कुल 19 ग्रैन्ड स्लैम खिताब अपने नाम किये।

अतः विकल्प (C) सही है।

48. देबेन्द्र नाथ टैगोर ने राजा राममोहन राय के विचारों का प्रचार करने के लिए कलकत्ता में तत्वबोधिनी सभा (1839) की स्थापना की। 1839 में, ब्रह्मो सभा के एक नेता पंडित रामचन्द्र विद्याबागीश के प्रशिक्षण के साथ, उन्होंने अपने नए अनुभव और ज्ञान फैलाने के लिए अपनी सक्रिय तत्वबोधिनी सभा (ट्रुथसीकर्स एसोसिएशन) का गठन किया। 1843 में, देवेंद्रनाथ ने तत्वबोधिनी पत्रिका को तत्वबोधिनी सभा के मुखपत्र के रूप में शुरू किया।

अतः विकल्प (C) सही है।

49. 16 सितंबर को संयुक्त राष्ट्र महासभा द्वारा ओजोन परत के संरक्षण के लिए अंतर्राष्ट्रीय दिवस के रूप में नामित किया गया था। यह पदनाम 19 दिसंबर 2000 को उस तिथि के उपलक्ष्य में बनाया गया था, जिस पर 1987 में राष्ट्रों ने ओज़ोन परत को नष्ट करने वाले पदार्थों को लेकर मॉन्ट्रियल प्रोटोकॉल पर हस्ताक्षर किए थे।

अतः विकल्प (C) सही है।

50. प्लास्टर ऑफ़ पेरिस नाम इस तथ्य से आया है कि यह सबसे पहले जिप्सम को गर्म करके बनाया गया था जो मुख्य रूप से पेरिस में पाया गया था। पेरिस का यौगिक प्लास्टर 120°C पर जिप्सम को गर्म करके तैयार किया जाता है।

$$CaSO_4 . 2H_2O \rightarrow CaSO_4 . \frac{1}{2}H_2O + \frac{3}{2}H_2O$$

प्लास्टर ऑफ़ पेरिस का रासायनिक सूत्र $(CaSO_4) H_2O$ है और इसे बेहतर तरीके से कैल्शियम सल्फेट हेमीहाइड्रेट के रूप में जाना जाता है।

प्लास्टर ऑफ़ पेरिस के अनुप्रयोग:

* डॉक्टरों द्वारा सही स्थिति में फ्रैक्चर हड्डियों का समर्थन करने के लिए प्लास्टर ऑफ़ पेरिस का उपयोग किया जाता है।
* इसका उपयोग खिलौने और सजावटी सामग्री बनाने के लिए किया जाता है।
* इसका उपयोग सतहों की चिकनाई बढ़ाने के लिए भी किया जाता है।

अतः विकल्प (B) सही है।

51. बृहदेश्वर मंदिर जो शिव को समर्पित है, राज राजा चोल प्रथम द्वारा बनाया गया था। बृहदेश्वर मंदिर, जिसे राजराजेश्वर या पेरुवुडैयार कोयिल भी कहा जाता है, चेन्नई के 350 किलोमीटर दक्षिण-पश्चिम में तंजावुर शहर में स्थित एक हिंदू मंदिर है।

अतः विकल्प (C) सही है।

52. कर्नाटक सरकार ने स्वच्छमेव जयते (एसएमजे) नामक एक राज्यव्यापी जन-नेतृत्व आंदोलन को सक्रिय किया है। यह अभियान प्रत्येक व्यक्ति, परिवार, समुदाय और संगठन को कर्नाटक को स्वच्छ, स्वस्थ और पानी सुरक्षित बनाने की दिशा में एक साथ आने का एक स्पष्ट आह्वान है।

अतः विकल्प (A) सही है।

53. हड़प्पावासी मनुष्यों के रूप में देवताओं की पूजा करते थे, वे पृथ्वी को एक प्रजनन देवी के रूप में देखते थे, ये सभी हड़प्पा लोगों के बारे में सच हैं। समृद्ध हड़प्पा समाज प्रकृति में गहरा धार्मिक था। किसी भी मंदिर, वेदी, या देवताओं की मूर्ति के खंडहर के अभाव में, हमें उनकी धार्मिक मान्यता के बारे में एक

विचार रखने के लिए केवल धार्मिक महत्व की मूर्तियों और मुहरों पर निर्भर रहना पड़ता है।

अतः विकल्प (A) सही है।

54. डंकन मार्ग हिंद महासागर में एक जलडमरूमध्य है। यह दक्षिण अंडमान और लिटिल अंडमान के बीच में स्थित है। डंकन पैसेज के पश्चिम में बंगाल की खाड़ी है, पूर्व में अंडमान सागर है।
अतः विकल्प (D) सही है।

55. अनुसूचित जातियों और अनुसूचित जनजातियों, अन्य पिछड़ा वर्ग और आंग्ल भारतीयों के सुधार के लिए भारतीय संविधान के भाग XVI में विशेष प्रावधान रहे हैं। इन प्रावधानों में एससी, एसटीसी और ओबीसी के लिए नौकरियों, विधायिकाओं आदि का आरक्षण है।
अतः विकल्प (C) सही है।

56. पटकाई बूम, बर्मा या म्यांमार के साथ भारत की उत्तर-पूर्वी सीमा पर पहाड़ियाँ हैं। वे उन्हीं विवर्तनिक प्रक्रियाओं द्वारा बनाए गए थे जिनसे मेसोज़ोइक में हिमालय का निर्माण हुआ था।
अतः विकल्प (B) सही है।

57. चंपकम दोराईराजन बनाम राज्य मद्रास (1951) में सर्वोच्च न्यायालय ने कहा कि राज्य नीति के निर्देशक सिद्धांत संविधान के भाग III के प्रावधानों को समाप्त नहीं कर सकता है। निर्णय के अनुसार, राज्य नीति के निर्देशक सिद्धांत को मूल अधिकार के सहायक के रुप में होता है और उनकी पुष्टि करनी होगी।

संसद ने राज्य नीति के निर्देशक सिद्धांत के साथ संघर्ष में आने वाले विभिन्न मूल अधिकारों में संशोधनक करके इसपर प्रतिक्रिया दी।
अतः विकल्प (D) सही है।

58. ब्रुंडलैंड आयोग द्वारा सतत विकास की अवधारणा की सिफारिश की जाती है। पूर्व में पर्यावरण और विकास पर विश्व आयोग के रूप में जाना जाता है, ब्रुंडलैंड आयोग का मिशन देशों को सतत विकास के लिए आगे बढ़ाने के लिए एकजुट करना है।
अतः विकल्प (D) सही है।

59. रॉयल चैलेंजर्स बैंगलोर के कप्तान विराट कोहली इंडियन प्रीमियर लीग (आईपीएल) में 6,000 रन बनाने वाले पहले बल्लेबाज बन गए हैं।

अतः विकल्प (B) सही है।

60.

1. ली कमीशन – नागरिक सेवाएं
2. एचीसन कमीशन – सार्वजनिक सेवाएं
3. सरजेंट प्लान – शिक्षा
4. मैकडोनेल कमीशन – अकाल

अतः विकल्प (B) सही है।

61. Universally should be used in place of universal, as an adverb is required here and to modify a verb, an adverb is used.

Therefore, the correct structure of the sentence is: The Bhagavad Gita is more than a religious or philosophical text its 700 plus verses offer insight into every aspect of life and are universally relevant.
Hence, the correct option is (C).

62. 'The' should be used in place of 'an', as definite article 'the' is used to talk about a particular person or thing and in this sentence, the existence of Supreme Power is specified.

Therefore, the correct structure of the sentence is: Perfection is attained when our real self completely eliminates our worldly egoistic covering, becomes aware of the existence of Supreme Power.
Hence, the correct option is (C).

63. The standard form for that phrasal verb is "comply with", which means "to act or be in accordance with a wish, request, demand, requirement, or condition".

Hence, the correct option is (B).

64. Teachings should be used here, as a plural noun is required here and teaching means the principles and the ideas that are taught by a person.

Hence, the correct option is (B).

65. Flinch: make a quick, nervous movement

Blench: a sudden movement out of fear and pain

Forge: make something from scratch

Plunder: obtain goods and money illegally

Slovenly: Messy or untidy
Hence, the correct option is (D).

66. Deplored: feel or express strong condemnation of (something)

Execrate: feel or express great loathing for

Endorse: support or authorize

Constrain: limit or restrict

Consent: give permission for something
Hence, the correct option is (B).

67. Charlatan: a person falsely claiming to have a special knowledge or skill

Exponent: someone who is very good at a particular skill or activity and is an example to other people

Swindler: one who cheats a person out of money or other assets

Hoaxer: a person who trick or deceive someone by means of a hoax

Cajole: persuade someone
Hence, the correct option is (C).

68. Forbid: Refuse to allow

Facilitate: means to assist the progress of a person

Deprive: take away something Wanted

Expropriate: to dispose of ownership

Hence, the correct option is (A).

69. The meaning of the given idiom/phrase "to hang fire" is remain unsolved

Example: The problem of unemployment has been hanging fire for the last many years.

Hence, the correct option is (C).

70. The meaning of the given idiom/phrase "to smell a rat" is to suspect a trick

Example: She thought she smelled a rat when she saw his boyfriend in the market with someone else.

Hence, the correct option is (C).

71. Since, the clause following the bracket is a restrictive one(essential to complete the context of the sentence), 'that' should be used in place of 'which'.

Therefore, the correct sentence is: Unfortunately, many amongst us may find it difficult to follow values such as honesty, forgiveness in our lives because we have not perceived the subtle gains that come to us by following these values.
Hence, the correct option is (A).

72. Third-person singular simple present indicative form of know i.e. 'knows' should be used here, as a singular verb is used after each of, everyone of, etc.

Therefore the correct sentence is: I think every one of us knows that we have to handle one's suffering first and we have to make the choice right away to pick what is in front of us first.
Hence, the correct option is (C).

73. Kleptophobia: Intense fear of stealing

Claustrophobia: Intense fear of confined spaces

Cacophobia: Intense fear of ugliness

Cynophobia: Intense fear of dogs
Hence, the correct option is (D).

74. Gullible: One who can be fooled easily

Fastidious: one who is hard to please

Pedant: one who is concerned with displaying academic learning

Diffident: one who lacks confidence
Hence, the correct option is (A).

75. All of the statements are correct as all state valid ways of improving India's institutional capacity for integrating skills and environmental sustainability.

Hence, the correct option is (D).

76. Statement II and Statement III strengthen the argument for renewable energy.

Statement I is correct. It weakens the argument as the whole point of increasing the share of renewable energy in the energy sector is to reduce environmental degradation in the long run.
Hence, the correct option is (A).

77. Options (A), (B) and (C) talk about the reasons for adopting sustainable practices.

Only option (D) fits in. If true, this weakens the point of adopting sustainable policies.

Hence, the correct option is (D).

78. Statement II and Statement III have not been mentioned in the passage.

Refer to: there will be a net increase of 18 million jobs across the globe as a result of environmentally sustainable measures taken in the production and use of energy.

"The transition to a green economy will inevitably cause job losses in certain sectors as carbon and resource-intensive industries are scaled-down, but they will be offset by new job opportunities," the report said. However, the report emphasized that the net increase of 18 million jobs is dependent.
Hence, the correct option is (B).

79. It means an identifying name or title, designation was entitled to the appellation "doctor", a geographical name (as of a region, village, or vineyard) under which a winegrower is authorized to identify and market wine.

Hence, the correct option is (B).

80. Crowded: (of a space) full of people, leaving little or no room for movement; packed.

Deserted: (of a place) empty of people.

Lonely: sad because one has no friends or company.

Empty: containing nothing; not filled or occupied.

Barren: (of land) too poor to produce much or any vegetation.

Hence, the correct option is (A).

81. जंगम का विलोम स्थावर होता है, दुर्गम का विलोम सुगम होता है, आगम का विलोम सुगम तथा चंचल का विलोम स्थित होता है।

अतः विकल्प (C) सही है।

82. संसार की असारता तथा परमात्मा की सत्ता का ज्ञान हो जाने पर संसार तथा सांसारिक उपभोग के प्रति हृदय में एक प्रकार की ग्लानि अथवा वैराग्य-सा हो जाता है और संसार का सब-कुछ छोड़कर ईश्वर-भक्ति, ईश गुण-श्रवण, कीर्तन आदि में एक विशेष आनन्द आने लगता है।हृदय की इस वैराग्य भावना को ही निर्वेद कहते हैं। यही निर्वेद जब स्थायी होकर विभाव, अनुभाव तथा संचारी भावों से संयुक्त होकर रस रूप में परिणत हो जाता है, तब शान्त रस कहलाता है। इन पंक्तियों में शांत रस दिखाई देता है।

अतः विकल्प (B) सही है।

83. आरोग्य के सभी पर्यायवाची शब्द स्वस्थ, स्वास्थ्य, पुष्ट, दृढ़, तंदुरुस्त, सेहतमंद, सेहत आदि हैं।

अतः विकल्प (B) सही है।

84. इन सबमे आँसू-आँसुओ में एकवचन और बहुवचन युग्म नहीं हैं बाकी सब में युग्म है।

कुछ शब्द सदैव बहुवचन के रूप में प्रयोग किए जाते हैं; जैसे- आँसू, दर्शन, हस्ताक्षर आदि।

अतः विकल्प (B) सही है।

85. विद्वान सब्द की संज्ञा विद्वता होगी। विशेषण लगने के बाद संज्ञा का अर्थ सिमित हो जाता है। इसका अर्थ यह है कि विशेषण रहित संज्ञा से जिस वस्तु का बोध होता है, विशेषण लगने पर उसका अर्थ सिमित हो जाता है। जैसे- 'घोड़ा', संज्ञा से घोड़ा-जाति के सभी प्राणियों का बोध होता है, पर 'काला घोड़ा' कहने से केवल काले घोड़े का बोध होता है, सभी तरह के घोड़ों का नहीं।

अतः विकल्प (A) सही है।

86. जो सर्वनाम वक्ता (बोलनेवाले), श्रोता (सुननेवाले) तथा किसी अन्य के लिए प्रयुक्त होता है, उसे पुरूषवाचक सर्वनाम कहते हैं। जैसे- मैं, तू, वह आदि। जिन सर्वनाम का प्रयोग वक्ता श्रोता या अन्य के लिए किया जाता है वह पुरूषवाचक कहलाता है।

अतः विकल्प (A) सही है।

87. उपसर्ग उस शब्दांश या अव्यय को कहते है, जो किसी शब्द के पहले आकर उसका विशेष अर्थ प्रकट करता है। दूसरे शब्दों में- "उपसर्ग वह शब्दांश या अव्यय है, जो किसी शब्द के आरंभ में जुड़कर उसके अर्थ में (मूल शब्द के अर्थ में) विशेषता ला दे या उसका अर्थ ही बदल दे।" वे उपसर्ग कहलाते है।

जैसे- प्रसिद्ध, अभिमान, विनाश, उपकार।

इनमे कमशः 'प्र', 'अभि', 'वि' और 'उप' उपसर्ग है।

अतः विकल्प (B) सही है।

88. 'गूलर का फूल' मुहावरे का अर्थ है- व्यर्थ की वस्तु।

अतः विकल्प (A) सही है।

89. 'औंधी खोपड़ी' मुहावरे का अर्थ है 'निरा मूर्ख' होना; जैसे- वह औंधी खोपड़ी वाला है, तुम्हारी तर्कपूर्ण बातें उसकी समझ में नहीं आएँगी |

अतः विकल्प (A) सही है |

90. विष्णुपदी, गंगा का पर्यायवाची हैं।

गणेश के अन्य पर्यायवाची हैं - लम्बोदर, गजानन, मोदकप्रिय, हेरम्ब, एकदन्त आदि।

अतः विकल्प (C) सही है।

91. शब्द-विलोम का "आधुनिक - नवीन" युग्म सही सुमेलित नहीं है। आधुनिक का विलोम "प्राचीन" होगा।

अतः विकल्प (C) सही है।

92. 'मृत्युपरांत' का संधि-विच्छेद मृत्यु + उपरांत होगा। संधि की परिभाषा के अनुसार दो वर्णों के मेल से उत्पन्न विकार को व्याकरण में संधि कहते है। सरल शब्दों में कहे तो दो निर्दिष्ट अक्षरों के पास-पास आने के कारण, उनके संयोग से जो विकार उत्पन्न होता है, उसे संधि कहते है। संधि तीन प्रकार की होती है:

1. स्वर संधि

2. व्यंजन संधि

3. विसर्ग संधि

अतः विकल्प (B) सही है।

93. परसर्ग उन्हे कहते हैं जो शब्दों के साथ जुड़कर अर्थपूर्ण वाक्य बनातें हैं

जैसे की - ने , से , के लिए, पर आदि

अतः विकल्प (C) सही है।

94. समास का मतलब है संक्षिप्तीकरण। दो या दो से अधिक शब्द मिलकर एक नया एवं सार्थक शब्द की रचना करते हैं। यह नया शब्द ही समास कहलाता है। यानी कम से कम शब्दों में अधिक से अधिक अर्थ को प्रकट किया जा सके वही समास होता है।

अतः विकल्प (C) सही है।

95. द्विज = दांत

और सब का अर्थ है = कली

अतः विकल्प (D) सही है।

96. देव शब्द रूप: आजकल हिंदी में 'देवता' शब्द का देव शब्द के समान पुल्लिंग में व्यवहार होता है। स्त्रीलिंग में दोनों का रूप देवी है।

अतः विकल्प (C) सही है।

97. अ, आ, इ, ई, उ, ऊ, ऋ वर्णों के होने वाली संधि को दीर्घ संधि कहते है। समावेश शब्द में दीर्घ संधि है।

अतः विकल्प (D) सही है।

98. सामना करना' के लिए अनुच्छेद में आया है: मुकाबला करना। अन्य सभी विकल्प इसके लिए नहीं है।

अतः विकल्प (C) सही है।

99. 'परंपरागत' से तात्पर्य है: परंपरा से मिले-जुले।

अतः विकल्प (B) सही है।

100. यह जानकर बहुत आनंद प्राप्त होता है कि हमारी नौसेना विशाल समुद्री सीमा की चौकसी कर रही है।

अतः विकल्प (A) सही है।

// टिप्पणियाँ //

// टिप्पणियाँ //